Kostenfallen im Internet

Talbot Zander

Kostenfallen im Internet

Schutzmechanismen des Verbraucherrechts auf dem Prüfstand

Springer Gabler

Talbot Zander
Kassel, Deutschland

Dissertation Universität Kassel, Fachbereich Wirtschaftswissenschaften, 29. November 2012

Titel der Dissertation: Deutscher Verbraucherschutz im E-Commerce am Beispiel von Abonnement- bzw. Vertragsfallen im Internet (verschleierte oder versteckte Preisangaben und Vertragsbindungen)

ISBN 978-3-658-07632-0 ISBN 978-3-658-07633-7 (eBook)
DOI 10.1007/978-3-658-07633-7

Die Deutsche Nationalbibliothek verzeichnet diese Publikation in der Deutschen Nationalbibliografie; detaillierte bibliografische Daten sind im Internet über http://dnb.d-nb.de abrufbar.

Springer Gabler

Gedruckt auf säurefreiem und chlorfrei gebleichtem Papier

Springer Fachmedien Wiesbaden ist Teil der Fachverlagsgruppe Springer Science+Business Media (www.springer.com)

Meinen Eltern

Vorwort

Verbraucher werden bei der Nutzung des World Wide Web immer wieder zu Opfern sogenannter Abonnement- bzw. Vertragsfallen. Obwohl diese Internetplattformen sowohl im Hinblick auf ihre Gestaltung als auch in Bezug auf ihren Inhalt äußerst wandelbar und anpassungsfähig sind, folgt ihre Funktionsweise stets einem einfachen Prinzip: Sie erwecken den Eindruck, die dort präsentierten Waren oder Dienstleistungen seien unentgeltlich, indem bestimmte Vertragsbedingungen – insbesondere die Regelung der Kostenpflichtigkeit – gezielt verschleiert bzw. versteckt werden. Hierdurch ist dem Verbraucher bis zum Erhalt der Zahlungsaufforderung durch den Anbieter nicht bewusst, dass er eine entgeltliche Leistung in Anspruch nimmt bzw. genommen hat. Die Frage, ob im Zusammenhang mit Abonnement- bzw. Vertragsfallen im Internet überhaupt ein wirksames Vertragsverhältnis zwischen einem Anbieter und einem Verbraucher zustande kommen kann, aus dem sich der durch den Anbieter geltend gemachte Anspruch auf Vergütung seiner Leistungen ergeben könnte, wurde bislang mit unterschiedlichen Begründungen im Ergebnis meist schnell verneint. Dabei wurden jedoch immer nur einzelne Merkmale spezifischer Abonnement- bzw. Vertragsfallen im Internet herausgegriffen und isoliert betrachtet. Einig war man sich allenfalls darin, dass „[...] nicht sein kann, was nicht sein darf" (*Christian Morgenstern*, Die unmögliche Tatsache, 1910). Eine detaillierte wissenschaftliche Auseinandersetzung mit den facettenreichen und komplexen Fragestellungen, die sich im Zusammenhang mit Abonnement- bzw. Vertragsfallen im Internet ergeben, erfolgte hingegen nicht. Hier setzt die vorliegende Arbeit an, die es sich zur Aufgabe gemacht hat, die Effektivität der bestehenden verbraucherschutzrechtlichen Vorschriften losgelöst von einzelnen Gestaltungsformen oder speziellen Inhalten systematisch zu untersuchen und sowohl deren Grenzen als auch Möglichkeiten zur Erreichung eines effektiven und vollumfänglichen Schutzes des Verbrauchers aufzuzeigen.

Die vorliegende Arbeit ist während meiner Tätigkeit als wissenschaftlicher Mitarbeiter am Fachgebiet Bürgerliches Recht, Unternehmensrecht und Informationsrecht des Instituts für Wirtschaftsrecht der Universität Kassel entstanden und wurde im November 2012 vom Fachbereich Wirtschaftswissenschaften der Universität Kassel als rechtswissenschaftliche Dissertation mit dem Titel „Deutscher Verbraucherschutz im E-Commerce am Beispiel von Abonnement- bzw. Vertragsfallen im Internet (verschleierte oder versteckte Preisangaben und Vertragsbindungen)" angenommen. Veränderungen in der Gesetzgebung sowie nachfolgend veröffentlichte Rechtsprechung und Literatur wurden bis November 2013 berücksichtigt und für die Drucklegung, soweit möglich, punktuell nachgetragen.

Zuallererst möchte ich mich ganz herzlich bei meinem Doktorvater, Herrn Prof. Dr. Dr. Walter Blocher, bedanken, der mir größtmöglichen Freiraum bei meiner wissenschaftlichen Arbeit ließ, zugleich aber auch stets mit fachlichem Rat zur Seite stand und mir durch seine jederzeitige Gesprächsbereitschaft wertvollen Rückhalt bot. Bedanken möchte ich mich außerdem bei Frau Prof. Dr. Martina Deckert für die freundliche Bereitschaft zur Übernahme und die rasche Erstellung des Zweitgutachtens sowie bei Herrn Prof. Dr. Alexander Roßnagel und Herrn Prof. Dr. Georg von Wangenheim für ihre Mitwirkung in der Promotionskommission. Ebenfalls möchte ich mich bei meinen ehemaligen Kolleginnen und Kollegen für die immer angenehme Zusammenarbeit am Institut bedanken.

Größter Dank gilt auch den wichtigsten Menschen in meinem Leben, meinen Eltern und meinem Bruder, die mich in meiner persönlichen und beruflichen Entwicklung stets gefördert haben und auf deren bedingungslosen Rückhalt ich mich jederzeit verlassen konnte, sowie meiner Freundin, die mich immer liebevoll und unermüdlich unterstützt hat.

Talbot Zander

Inhaltsübersicht

Inhaltsverzeichnis

Abkürzungsverzeichnis

Neben den im „Duden – Die deutsche Rechtschreibung" enthaltenen Abkürzungen und Akronymen wurden in dieser Arbeit verwendet:

A. A.	Andere Ansicht
ABlEG	Amtsblatt der Europäischen Gemeinschaften
ABlEU	Amtsblatt der Europäischen Union
AcP	Archiv für die civilistische Praxis
a. E.	am Ende
AEUV	Vertrag über die Arbeitsweise der Europäischen Union
a. F.	alte Fassung
AGB	Allgemeine Geschäftsbedingungen
AGBG	Gesetz zur Regelung des Rechts der Allgemeinen Geschäftsbedingungen (AGB-Gesetz)
allg.	allgemein
Alt.	Alternative
Anm. z.	Anmerkung zu
AnwBl	Anwaltsblatt
AT	Allgemeiner Teil
BAG	Bundesarbeitsgericht
BB	Betriebs-Berater
Bearb.	Bearbeiter
bearb.	bearbeitet

BeckRS	Beck-Rechtsprechung
Begr.	Begründer
Beschl.	Beschluss
BGB AT	Allgemeiner Teil des Bürgerlichen Gesetzbuches
BGB-InfoV	Verordnung über Informationspflichten nach bürgerlichem Recht (BGB-Informationspflichten-Verordnung – BGB-InfoV)
BGH	Bundesgerichtshof
BGHZ	Entscheidungen des Bundesgerichtshofs in Zivilsachen
BR	Bürgerliches Recht
BR AT	Allgemeiner Teil des Bürgerlichen Rechts
BT-Drs.	Bundestags-Drucksache
CISG	Übereinkommen der Vereinten Nationen über Verträge über den internationalen Warenkauf (United Nations Convention on Contracts for the International Sale of Goods)
CR	Computer und Recht
DB	Der Betrieb
DNotZ	Deutsche Notar-Zeitschrift
DStR	Deutsches Steuerrecht
DZWir	Deutsche Zeitschrift für Wirtschafts- und Insolvenzrecht
EGBGB	Einführungsgesetz zum Bürgerlichen Gesetzbuche
EGG	Gesetz über rechtliche Rahmenbedingungen für den elektronischen Geschäftsverkehr (Elektronischer Geschäftsverkehr-Gesetz – EGG)
Einf v	Einführung vor

ElGVG	Gesetz zur Vereinheitlichung von Vorschriften über bestimmte elektronische Informations- und Kommunikationsdienste (Elektronischer-Geschäftsverkehr-Vereinheitlichungsgesetz – ElGVG)
erg.	ergänzt
erw.	erweitert
EuGH	Gerichtshof der Europäischen Gemeinschaften
EuGVVO	Verordnung (EG) Nr. 44/2001 des Rates vom 22. Dezember 2000 über die gerichtliche Zuständigkeit und die Anerkennung und Vollstreckung von Entscheidungen in Zivil- und Handelssachen
EUV	Vertrag über die Europäische Union
EuZW	Europäische Zeitschrift für Wirtschaftsrecht
EVÜ	Übereinkommen über das auf vertragliche Schuldverhältnisse anzuwendende Recht aufgelegt zur Unterzeichnung am 19. Juni 1980 in Rom (80/934/EWG)
EWR	Europäischer Wirtschaftsraum
EWS	Europäisches Wirtschafts- und Steuerrecht
FernAbsG	Fernabsatzgesetz (FernAbsG)
GRUR	Gewerblicher Rechtsschutz und Urheberrecht
GRUR-RR	Gewerblicher Rechtsschutz und Urheberrecht – Rechtsprechungs-Report
Halbs.	Halbsatz
IHR	Internationales Handelsrecht
insb.	insbesondere
IPRax	Praxis des Internationalen Privat- und Verfahrensrechts
i. S. v.	im Sinne von

IuKDG	Gesetz zur Regelung der Rahmenbedingungen für Informations- und Kommunikationsdienste (Informations- und Kommunikationsdienste-Gesetz – IuKDG)
i. V. m.	in Verbindung mit
JA	Juristische Arbeitsblätter
Jher. Jb.	Jherings Jahrbücher für die Dogmatik des heutigen römischen und deutschen Privatrechts
JR	Juristische Rundschau
JURA	Juristische Ausbildung
JuS	Juristische Schulung
JZ	JuristenZeitung
K&R	Kommunikation und Recht
KG	Kammergericht
KritV	Kritische Vierteljahresschrift für Gesetzgebung und Rechtswissenschaft
LIDC	Ligue Internationale du Droit de la Concurrence
Lfg.	Lieferung
Losebl.-Ausg.	Loseblattausgabe
MDR	Monatsschrift für Deutsches Recht
mit Anl.	mit Anlage
MMR	MultiMedia und Recht
m. w. N.	mit weiteren Nachweisen
Neubearb.	Neubearbeitung
n. F.	neue Fassung
NIP	Neue Juristische Internet-Praxis
NJ	Neue Justiz

NJOZ	Neue Juristische Online Zeitschrift
NJW	Neue Juristische Wochenschrift
NJW-aktuell	Neue Juristische Wochenschrift – aktuell
NJW-CoR	NJW-Computerreport
NJW-RR	Neue Juristische Wochenschrift – Rechtsprechungsreport
NStZ	Neue Zeitschrift für Strafrecht
NZA	Neue Zeitschrift für Arbeitsrecht
NZBau	Neue Zeitschrift für Baurecht und Vergaberecht
NZM	Neue Zeitschrift für Miet- und Wohnungsrecht
PAngV	Preisangabenverordnung
RabelsZ	Rabels Zeitschrift für ausländisches und internationales Privatrecht
Rechtsent.	Rechtsentscheid
Red.	Redakteur
RG	Reichsgericht
RGZ	Entscheidungen des Reichsgerichts in Zivilsachen
Richtlinie 85/374/EWG	Richtlinie des Rates vom 25. Juli 1985 zur Angleichung der Rechts- und Verwaltungsvorschriften der Mitgliedstaaten über die Haftung für fehlerhafte Produkte (85/374/EWG)
Richtlinie 85/577/EWG	Richtlinie des Rates vom 20. Dezember 1985 betreffend den Verbraucherschutz im Falle von außerhalb von Geschäftsräumen geschlossenen Verträgen (85/577/EWG)
Richtlinie 93/13/EWG	Richtlinie 93/13/EWG des Rates vom 5. April 1993 über mißbräuchliche Klauseln in Verbraucherverträgen
Richtlinie 97/7/EG	Richtlinie 97/7/EG des Europäischen Parlaments und des Rates vom 20. Mai 1997 über den Verbraucherschutz bei Vertragsabschlüssen im Fernabsatz

Richtlinie 2000/31/EG	Richtlinie 2000/31/EG des Europäischen Parlaments und des Rates vom 8. Juni 2000 über bestimmte rechtliche Aspekte der Dienste der Informationsgesellschaft, insbesondere des elektronischen Geschäftsverkehrs, im Binnenmarkt („Richtlinie über den elektronischen Geschäftsverkehr“)
Richtlinie 2002/65/EG	Richtlinie 2002/65/EG des Europäischen Parlaments und des Rates vom 23. September 2002 über den Fernabsatz von Finanzdienstleistungen an Verbraucher und zur Änderung der Richtlinie 90/619/EWG des Rates und der Richtlinien 97/7/EG und 98/27/EG
Richtlinie 2011/83/EU	Richtlinie 2011/83/EU des Europäischen Parlaments und des Rates vom 25. Oktober 2011 über die Rechte der Verbraucher, zur Abänderung der Richtlinie 93/13/EWG des Rates und der Richtlinie 1999/44/EG des Europäischen Parlaments und des Rates sowie zur Aufhebung der Richtlinie 85/577/EWG des Rates und der Richtlinie 97/7/EG des Europäischen Parlaments und des Rates
RIW	Recht der Internationalen Wirtschaft
Rn.	Randnummer
Rom I	Verordnung (EG) Nr. 593/2008 des Europäischen Parlaments und des Rates vom 17. Juni 2008 über das auf vertragliche Schuldverhältnisse anzuwendende Recht (Rom I)
Rom II	Verordnung (EG) Nr. 864/2007 des Europäischen Parlaments und des Rates vom 11. Juli 2007 über das auf außervertragliche Schuldverhältnisse anzuwendende Recht („Rom II“)
RVG	Rechtsanwaltsvergütungsgesetz
S.	Satz / Seite
SMS	Short Message Service
TDG	Gesetz über die Nutzung von Telediensten (Teledienstegesetz – TDG)

TMG	Telemediengesetz (TMG)
TzWrG	Gesetzes über die Veräußerung von Teilzeitnutzungsrechten an Wohngebäuden (Teilzeit-Wohnrechtegesetz – TzWrG)
überarb.	überarbeitet
Überbl v	Überblick vor
UKlaG	Gesetz über Unterlassungsklagen bei Verbraucherrechts- und anderen Verstößen (Unterlassungsklagengesetz – UKlaG)
UNIDROIT	Institut international pour l'unification du droit; International Institute for the Unification of Private Law
Unterabs.	Unterabsatz
unveränd.	unverändert
Urt.	Urteil
UWG	Gesetz gegen den unlauteren Wettbewerb
Verordnung (EG) Nr. 593/2008	Verordnung (EG) Nr. 593/2008 des Europäischen Parlaments und des Rates vom 17. Juni 2008 über das auf vertragliche Schuldverhältnisse anzuwendende Recht (Rom I)
VersR	Versicherungsrecht – Zeitschrift für Versicherungsrecht, Haftungs- und Schadensrecht
Vertrag von Lissabon	Vertrag von Lissabon zur Änderung des Vertrags über die Europäische Union und des Vertrags zur Gründung der Europäischen Gemeinschaft
Vorb. / Vorbem	Vorbemerkung
VuR	Verbraucher und Recht – Zeitschrift für Wirtschafts- und Verbraucherrecht
Wiss. Red.	Wissenschaftliche Redaktion
WM	Wertpapiermitteilungen – Zeitschrift für Wirtschafts- und Bankrecht

WRP	Wettbewerb in Recht und Praxis
ZEuP	Zeitschrift für Europäisches Privatrecht
ZGR	Zeitschrift für Unternehmens- und Gesellschaftsrecht
ZIP	Zeitschrift für Wirtschaftsrecht
ZRP	Zeitschrift für Rechtspolitik
ZUM	Zeitschrift für Urheber- und Medienrecht
ZVersWiss	Zeitschrift für die gesamte Versicherungswissenschaft
ZVglRWiss	Zeitschrift für Vergleichende Rechtswissenschaft

1. Teil: Einleitung

A. Einleitung und Problemstellung

Die Nutzung des Internets und hier gerade des World Wide Web (kurz: WWW) ist – auch im privaten Bereich – zu einem festen Bestandteil des täglichen Lebens geworden. Viele Verbraucherinnen und Verbraucher[1] nutzen diese Möglichkeit, um einfach und unkompliziert auf eine Vielzahl an Informationen und andere Inhalte zugreifen zu können, oder um kostenlose Leistungen wie das Herunterladen von Dateien wie beispielsweise Musik, Bilder oder auch Software in Anspruch zu nehmen.[2] Dabei stoßen sie nicht selten auch auf eine Reihe unseriöser Betreiber diverser Internetplattformen. Zu diesen Betreibern zählen bereits seit einigen Jahren insbesondere die Anbieter sogenannter Abonnement- bzw. Vertragsfallen im Internet (auch als „Kostenfallen“[3], „Abofallen“[4] oder „Vertragsfallen“[5] bezeichnet).[6] Diese Abonnement- bzw. Vertragsfallen sind für ihre Anbieter ein äußerst lukratives Geschäftsmodell[7] und avancieren deshalb zunehmend zu einem weit verbreiteten Phänomen.[8] Damit steigt

---

1 Im Folgenden soll in dieser Untersuchung nur die männliche Form verwendet werden; es ist jedoch stets auch die weibliche Form damit gemeint.

2 So auch *BT-Drs.* 17/7745, S. 6.

3 Vgl. etwa *BT-Drs.* 17/7745, S. 6; *Alexander*, Neuregelungen zum Schutz vor Kostenfallen im Internet, NJW 2012, 1985 (1985); *Blasek*, Kostenfallen im Internet – ein Dauerbrenner, GRUR 2010, 396 (396); *Eisele*, Zur Strafbarkeit von sog. „Kostenfallen“ im Internet, NStZ 2010, 193 (193); *Kirschbaum*, Die gesetzliche Neuregelung der sog. „Internetfalle", MMR 2012, 8 (8); *Klas/Küster*, So geht's „Abofallen-Anwälten“ an den Kragen, NJW-aktuell 39/2009, XIV (XIV); *Kredig/Uffmann*, Kostenfallen im elektronischen Geschäftsverkehr, ZRP 2011, 36 (36); *Meyer-van-Raay/Deitermann*, Gefangen in der (Internet-)Kostenfalle?, VuR 2009, 335 (335).

4 So bspw. auch *BT-Drs.* 17/7745, S. 6; *Buchmann/Majer*, Eine „Button-Lösung“ für den elektronischen Geschäftsverkehr?, K&R 2010, 635 (635); *Eisele*, Zur Strafbarkeit von sog. „Kostenfallen“ im Internet, NStZ 2010, 193 (193); *Klas/Küster*, So geht's „Abofallen-Anwälten“ an den Kragen, NJW-aktuell 39/2009, XIV (XIV); *Meyer-van-Raay/Deitermann*, Gefangen in der (Internet-)Kostenfalle?, VuR 2009, 335 (335).

5 So bspw. auch *Buchmann/Majer*, Eine „Button-Lösung“ für den elektronischen Geschäftsverkehr?, K&R 2010, 635 (635); *Buchmann/Majer/Hertfelder/Vögelein*, „Vertragsfallen“ im Internet – Rechtliche Würdigung und Gegenstrategien, NJW 2009, 3189; *Eisele*, Zur Strafbarkeit von sog. „Kostenfallen“ im Internet, NStZ 2010, 193 (193).

6 Vgl. nur *Klas/Küster*, So geht's „Abofallen-Anwälten“ an den Kragen, NJW-aktuell 39/2009, XIV (XIV).

7 Vgl. *Alexander*, Neuregelungen zum Schutz vor Kostenfallen im Internet, NJW 2012, 1985 (1985).

8 Vgl. etwa *Alexander*, Neuregelungen zum Schutz vor Kostenfallen im Internet, NJW 2012, 1985 (1985); *Buchmann/Majer*, Eine „Button-Lösung“ für den elektronischen Geschäftsverkehr?, K&R 2010, 635 (635); *Kirschbaum*, Die gesetzliche Neuregelung der sog. „Internetfalle", MMR 2012, 8 (8); *Kredig/Uffmann*, Kostenfallen im elektronischen Geschäftsverkehr, ZRP 2011, 36 (36).

aber auch die Gefahr für den Verbraucher,[9] selbst zum Opfer einer solchen Abonnement- bzw. Vertragsfalle im Internet zu werden.[10] Die Funktionsweise dieser Abonnement- bzw. Vertragsfallen folgt – mit etlichen ideenreichen Modifikationen im Detail – stets einem einfachen Prinzip:[11] Das „Geschäftsmodell" baut darauf auf, dass der Verbraucher – meist aufgrund der Eingabe bestimmter Schlagwörter oder Begriffe in eine Suchmaschine oder durch das Anklicken entsprechend platzierter Werbeanzeigen – auf die Internetseite des jeweiligen Anbieters geführt wird, die beliebte und verbreitete Themen bzw. Angebote der unterschiedlichsten Art bereithält.[12] So finden sich – beispielsweise auf der Liste mit Verfahren des Verbraucherzentrale Bundesverbandes zu Kostenfallen im Internet[13] – Seiten zu den unterschiedlichsten Themen wie Namens- und Ahnenforschung[14], Berechnung der eigenen Lebenserwartung[15], Mitfahrgelegenheiten[16], Routenplanern[17], Kochrezepten[18], Hausaufgabenhilfen, Dokumentenvorlagen[19], Gedicht- und Grafikarchiven[20], Berufswahl- und IQ-Tests[21], Spieledatenbanken, Gehaltsrechnern, kostenfreier Versand von SMS[22], Gratis-Download von Software[23] und vielen weiteren Informationsangeboten.[24] Zugriff

---

9 So auch *Alexander*, Neuregelungen zum Schutz vor Kostenfallen im Internet, NJW 2012, 1985 (1985); *Kirschbaum*, Die gesetzliche Neuregelung der sog. „Internetfalle", MMR 2012, 8 (8).

10 So auch *BT-Drs.* 17/7745, S. 6.

11 So auch *Alexander*, Neuregelungen zum Schutz vor Kostenfallen im Internet, NJW 2012, 1985 (1985); *Kirschbaum*, Die gesetzliche Neuregelung der sog. „Internetfalle", MMR 2012, 8 (8).

12 So auch *Eisele*, Zur Strafbarkeit von sog. „Kostenfallen" im Internet, NStZ 2010, 193 (193); *Klas/Küster*, So geht's „Abofallen-Anwälten" an den Kragen, NJW-aktuell 39/2009, XIV (XIV); *Meyer-van-Raay/Deitermann*, Gefangen in der (Internet-)Kostenfalle?, VuR 2009, 335 (335).

13 Abrufbar unter http://www.vzbv.de/mediapics/kostenfallen_im_internet.pdf (letzter Zugriff am 04.11.2012).

14 Vgl. hierzu bspw. *OLG Frankfurt am Main*, Urt. v. 04.12.2008 - 6 U 187/07, K&R 2009, 197 (198) = BeckRS 2009, 04881.

15 Vgl. hierzu bspw. *AG München*, Urt. v. 16.01.2007 - 161 C 23695/06, VuR 2008, 398 (398); *LG Hanau*, Urt. v. 07.12.2007 - 9 O 870/07, MMR 2008, 488 (488).

16 Vgl. hierzu bspw. *LG Landshut*, Urt. v. 16.08.2011 - 54 O 1465/11, BeckRS 2011, 25738.

17 Vgl. hierzu bspw. *LG Darmstadt*, Urt. v. 02.03.2012 - 15 O 126/11, abrufbar unter http://www.vzbv.de/cps/rde/xbcr/vzbv/LG_Darmstadt-Webtains-Routenplaner-2012_03_02.pdf (letzter Zugriff am 04.11.2012).

18 Vgl. hierzu bspw. *LG Frankfurt am Main*, Urt. v. 27.06.2007 - 2-6 O 803/06, abrufbar unter http://www.vzbv.de/cps/rde/xbcr/vzbv/lg_frankfurt_27_06_07.pdf (letzter Zugriff am 04.11.2012).

19 Vgl. hierzu bspw. *LG Frankfurt am Main*, Urt. v. 27.06.2007 - 2-6 O 803/06, abrufbar unter http://www.vzbv.de/cps/rde/xbcr/vzbv/lg_frankfurt_27_06_07.pdf (letzter Zugriff am 04.11.2012).

20 Vgl. hierzu bspw. *OLG Frankfurt am Main*, Urt. v. 04.12.2008 - 6 U 186/07, GRUR-RR 2009, 265 (265); *LG Frankfurt am Main*, Urt. v. 27.06.2007 - 2-6 O 803/06, abrufbar unter http://www.vzbv.de/cps/rde/xbcr/vzbv/lg_frankfurt_27_06_07.pdf (letzter Zugriff am 04.11.2012).

21 Vgl. hierzu bspw. *LG Hanau*, Urt. v. 07.12.2007 - 9 O 870/07, MMR 2008, 488 (488).

22 Vgl. hierzu bspw. *LG Leipzig*, Urt. v. 28.03.2008 - 08 O 3988/07, BeckRS 2010, 02694; *LG Stuttgart*, Urt. v. 15.05.2007 - 17 O 490/06, MMR 2007, 668 (668); *AG Hamm*, Urt. v. 26.03.2008 - 17 C 62/08, NJW-RR 2008, 1078 (1078).

23 Vgl. hierzu bspw. *LG Berlin*, Urt. v. 28.11.2007 - 96 O 175/07, BeckRS 2010, 02692; *LG Mannheim*, Urt. v. 14.01.2010 - 10 S 53/09, MMR 2010, 241 (241).

auf die dort angebotenen Inhalte erhalten die Verbraucher in der Regel jedoch erst, wenn sie sich zuvor durch die Eingabe ihrer persönlichen Daten auf der jeweiligen Internetseite registriert haben.[25] Hierzu hält der Anbieter üblicherweise ein Online-formular bereit, das die Verbraucher nach dem Ausfüllen über das abschließende Anklicken einer entsprechenden Schaltfläche absenden.[26] Diese Schaltflächen sind häufig mit einer missverständlichen oder nichtssagenden Beschriftung versehen, wie zum Beispiel „anmelden“[27], „starten“[28], „weiter“[29] oder „bestellen“.[30]

Ungewöhnlich und zugleich das Kernstück des Konzepts einer jeden Abonnement- bzw. Vertragsfalle im Internet ist dabei allerdings die Gestaltung der Internetseiten, die den Eindruck der Kostenlosigkeit erwecken[31]. Denn durch eine entsprechend unklare oder irreführende Aufmachung dieser Seiten versuchen die Anbieter gezielt zu verschleiern, dass die dort in Aussicht gestellten Leistungen keineswegs unentgeltlich erbracht werden sollen, sondern dass mit der Registrierung ein kostenpflichtiger Vertrag zwischen dem Verbraucher und dem Anbieter zustande kommen soll.[32] Unterstützt wird dieser (falsche) Gesamteindruck teilweise noch dadurch, dass die in Wahrheit kostenpflichtigen Leistungen auf der Internetseite in gestalterisch deutlich hervorgehobener Form als „gratis“, „free“, „kostenlos“[33] oder durch die Verwendung

---

24 So bspw. auch *OLG Frankfurt am Main*, Urt. v. 20.05.2010 - 6 U 33/09, GRUR-RR 2010, 482 (482); *OLG Frankfurt am Main*, Beschl. v. 17.12.2010 - 1 Ws 29/09, NJW 2011, 398 (399) = GRUR 2011, 249 (250); *Alexander*, Neuregelungen zum Schutz vor Kostenfallen im Internet, NJW 2012, 1985 (1985); *Eisele*, Zur Strafbarkeit von sog. „Kostenfallen“ im Internet, NStZ 2010, 193 (193).

25 So bspw. auch *Alexander*, Neuregelungen zum Schutz vor Kostenfallen im Internet, NJW 2012, 1985 (1985); *Buchmann/Majer*, Eine „Button-Lösung“ für den elektronischen Geschäftsverkehr?, K&R 2010, 635 (635); *Buchmann/Majer/Hertfelder/Vögelein*, „Vertragsfallen“ im Internet – Rechtliche Würdigung und Gegenstrategien, NJW 2009, 3189 (3189); *Klas/Küster*, So geht's „Abofallen-Anwälten“ an den Kragen, NJW-aktuell 39/2009, XIV (XIV); .

26 So auch *Alexander*, Neuregelungen zum Schutz vor Kostenfallen im Internet, NJW 2012, 1985 (1986).

27 Vgl. hierzu bspw. *OLG Frankfurt am Main*, Urt. v. 04.12.2008 - 6 U 186/07, GRUR-RR 2009, 265 (266).

28 Vgl. hierzu bspw. *OLG Frankfurt am Main*, Urt. v. 04.12.2008 - 6 U 187/07, K&R 2009, 197 (198) = BeckRS 2009, 04881.

29 Vgl. hierzu bspw. *LG Leipzig*, Urt. v. 28.03.2008 - 08 O 3988/07, BeckRS 2010, 02694.

30 So auch *BT-Drs.* 17/7745, S. 6.

31 So auch *OLG Frankfurt am Main*, Urt. v. 04.12.2008 - 6 U 186/07, GRUR-RR 2009, 265 (265 f.); *OLG Frankfurt am Main*, Urt. v. 04.12.2008 - 6 U 187/07, K&R 2009, 197 (198) = BeckRS 2009, 04881; *OLG Koblenz*, Urt. v. 18.03.2009 - 4 U 1173/08, GRURR-RR 2009, 262 (263) = MMR 2009, 475 (475); *AG Hamm*, Urt. v. 26.03.2008 - 17 C 62/08, NJW-RR 2008, 1078 (1078); *Blasek*, Kostenfallen im Internet – ein Dauerbrenner, GRUR 2010, 396 (396).

32 So bspw. auch *BT-Drs.* 17/7745, S. 6; *Alexander*, Neuregelungen zum Schutz vor Kostenfallen im Internet, NJW 2012, 1985 (1985); *Eisele*, Zur Strafbarkeit von sog. „Kostenfallen“ im Internet, NStZ 2010, 193 (193); *Kirschbaum*, Die gesetzliche Neuregelung der sog. „Internetfalle", MMR 2012, 8 (8); *Klas/Küster*, So geht's „Abofallen-Anwälten“ an den Kragen, NJW-aktuell 39/2009, XIV (XIV).

33 Vgl. hierzu *LG Berlin*, Urt. v. 28.11.2007 - 96 O 175/07, BeckRS 2010, 02692; *AG Hamm*, Urt. v. 26.03.2008 - 17 C 62/08, NJW-RR 2008, 1078 (1078).

ähnlicher Bezeichnungen (wie etwa „Treuegeschenk" oder „Dankeschön auspacken"[34]) als unentgeltlich beworben werden.[35]

Die Informationen über die Kostenpflicht der bestellten Leistung oder über den Abschluss eines entgeltpflichtigen Abonnementvertrages sind zwar sehr wohl vorhanden. Doch während das Eingabefeld zentral platziert ist, sind diese Hinweise weitaus schwieriger zu finden, da sie sich in der Regel nur in unauffälligen, schwer zu lesenden Sternchenzusätzen[36], im Fließtext bzw. im Kleingedruckten unterhalb des Anmelde- oder Bestellbuttons[37] oder meist versteckt in den Allgemeinen Geschäftsbedingungen[38] des Anbieters befinden.[39] Diese Informationen sind darüber hinaus oft nur in kleinen oder kontrastarmen Schriftzeichen dargestellt oder werden dem Verbraucher erst dann angezeigt, wenn dieser zuvor weiter nach unten gescrollt hat.[40] Aufgrund dieser Gestaltungen können Verbraucher nur schwer erkennen, dass die vermeintlich unentgeltlich angebotene Leistung letzten Endes doch mit Kosten verbunden ist.[41]

Es kann sicherlich davon ausgegangen werden, dass kaum ein Verbraucher dazu bereit wäre, für die dort angebotenen Inhalte, die in gleicher oder ähnlicher Form auch kostenlos über das Internet bezogen werden können, einen entgeltpflichtigen Vertrag abzuschließen, wenn ihm diese finanzielle Konsequenz aufgrund einer deutlichen

34 Vgl. hierzu *OLG Koblenz*, Urt. v. 18.03.2009 - 4 U 1173/08, GRURR-RR 2009, 262 (263) = MMR 2009, 475 (475).

35 Vgl. etwa *BT-Drs.* 17/7745, S. 6; *Bundesministerium der Justiz*, Kostenfallen im Internet, abrufbar unter http://www.bmj.de/DE/Buerger/verbraucher/KostenfallenInternet/kostenfallenInternet_node.html (letzter Zugriff am 04.11.2012); *Alexander*, Neuregelungen zum Schutz vor Kostenfallen im Internet, NJW 2012, 1985 (1985); *Blasek*, Kostenfallen im Internet – ein Dauerbrenner, GRUR 2010, 396 (396).

36 Vgl. hierzu *OLG Frankfurt am Main*, Urt. v. 04.12.2008 - 6 U 186/07, GRUR-RR 2009, 265 (266); *LG Hanau*, Urt. v. 07.12.2007 - 9 O 870/07, MMR 2008, 488 (489).

37 Vgl. hierzu *OLG Koblenz*, Urt. v. 18.03.2009 - 4 U 1173/08, GRURR-RR 2009, 262 (263) = MMR 2009, 475 (475); *LG Stuttgart*, Urt. v. 15.05.2007 - 17 O 490/06, MMR 2007, 668 (670); *AG München*, Urt. v. 16.01.2007 - 161 C 23695/06, VuR 2008, 398 (398); *Buchmann/Majer*, Eine „Button-Lösung" für den elektronischen Geschäftsverkehr?, K&R 2010, 635 (635); *Kredig/Uffmann*, Kostenfallen im elektronischen Geschäftsverkehr, ZRP 2011, 36 (36).

38 Vgl. hierzu bspw. *BT-Drs.* 17/2409, S. 1; *LG Berlin*, Urt. v. 28.11.2007 - 96 O 175/07, BeckRS 2010, 02692; *AG Hamm*, Urt. v. 26.03.2008 - 17 C 62/08, NJW-RR 2008, 1078 (1078); *Buchmann/Majer*, Eine „Button-Lösung" für den elektronischen Geschäftsverkehr?, K&R 2010, 635 (636); *Eisele*, Zur Strafbarkeit von sog. „Kostenfallen" im Internet, NStZ 2010, 193 (193).

39 Vgl. etwa *BT-Drs.* 17/7745, S. 6; *Alexander*, Neuregelungen zum Schutz vor Kostenfallen im Internet, NJW 2012, 1985 (1985); *Blasek*, Kostenfallen im Internet – ein Dauerbrenner, GRUR 2010, 396 (396); *Klas/Küster*, So geht's „Abofallen-Anwälten" an den Kragen, NJW-aktuell 39/2009, XIV (XIV); *Meyer-van-Raay/Deitermann*, Gefangen in der (Internet-)Kostenfalle?, VuR 2009, 335 (335).

40 Vgl. *BT-Drs.* 17/7745, S. 6; *Kredig/Uffmann*, Kostenfallen im elektronischen Geschäftsverkehr, ZRP 2011, 36 (36); .

41 So auch *BT-Drs.* 17/7745, S. 6.

Kennzeichnung bewusst wäre.[42] Das böse Erwachen kommt für die betroffenen Verbraucher daher erst später, nämlich dann, wenn sie der Anbieter der Abonnement- bzw. Vertragsfalle – üblicherweise nach dem (angeblichen) Ablauf der einschlägigen Widerrufsfristen[43] – in Form einer Rechnung zur Zahlung eines Jahresbeitrags auffordert,[44] da (angeblich) ein kostenpflichtiger Vertrag über ein Abonnement mit einer Laufzeit von bis zu zwei Jahren oder einer einmaligen Nutzungsgebühr zustande gekommen sei.[45] Die Höhe der eingeforderten Beträge ist üblicherweise relativ gering und bewegt sich zumeist in einem Rahmen von etwa 60 Euro bis knapp unter 100 Euro.[46] Doch anstatt die Bezahlung dieser oft zu Unrecht erhobenen Forderungen zu verweigern,[47] gleichen viele Verbraucher die Rechnungen aus. Dies beruht vor allem auf drei Beweggründen:

Erstens besteht bei den Verbrauchern zumeist eine erhebliche Rechtsunsicherheit; die Rechtslage zu ihren Gunsten ist ihnen oft nicht bekannt.[48] Dass es in vielen Fällen gar nicht zu einem wirksamen Vertragsabschluss zwischen ihnen und dem jeweiligen Anbieter der Abonnement- bzw. Vertragsfalle im Internet kommt und diesem somit auch kein vertraglicher Anspruch auf die Zahlung eines Entgelts zusteht, kann ein Verbraucher in der Regel nicht ohne Weiteres beurteilen.

Zweitens ist bei vielen Verbrauchern aufgrund ihrer Rechtsunsicherheit, aber beispielweise auch aufgrund der Scheu, sich einer lästigen juristischen Auseinandersetzung auszusetzen[49] oder aus dem Selbstvorwurf heraus, nicht besser aufgepasst zu

---

42 So auch *Klas/Küster*, So geht's „Abofallen-Anwälten" an den Kragen, NJW-aktuell 39/2009, XIV (XIV).

43 Vgl. *Buchmann/Majer*, Eine „Button-Lösung" für den elektronischen Geschäftsverkehr?, K&R 2010, 635 (635); *Kirschbaum*, Die gesetzliche Neuregelung der sog. „Internetfalle", MMR 2012, 8 (8).

44 Vgl. etwa *Bundesministerium der Justiz*, Kostenfallen im Internet, abrufbar unter http://www.bmj.de/DE/Buerger/verbraucher/KostenfallenInternet/kostenfallenInternet_node.html (letzter Zugriff am 04.11. 2012); *Eisele*, Zur Strafbarkeit von sog. „Kostenfallen" im Internet, NStZ 2010, 193 (193); *Kredig/Uffmann*, Kostenfallen im elektronischen Geschäftsverkehr, ZRP 2011, 36 (36).

45 Vgl. *Buchmann/Majer*, Eine „Button-Lösung" für den elektronischen Geschäftsverkehr?, K&R 2010, 635 (635); *Buchmann/Majer/Hertfelder/Vögelein*, „Vertragsfallen" im Internet – Rechtliche Würdigung und Gegenstrategien, NJW 2009, 3189 (3189).

46 So auch *Buchmann/Majer*, Eine „Button-Lösung" für den elektronischen Geschäftsverkehr?, K&R 2010, 635 (635); *Buchmann/Majer/Hertfelder/Vögelein*, „Vertragsfallen" im Internet – Rechtliche Würdigung und Gegenstrategien, NJW 2009, 3189 (3189); *Eisele*, Zur Strafbarkeit von sog. „Kostenfallen" im Internet, NStZ 2010, 193 (193).

47 So auch *Blasek*, Kostenfallen im Internet – ein Dauerbrenner, GRUR 2010, 396 (397).

48 Vgl. *Blasek*, Kostenfallen im Internet – ein Dauerbrenner, GRUR 2010, 396 (397); *Raue*, „Kostenpflichtig bestellen" – ohne Kostenfalle?, MMR 2012, 438 (439).

49 Vgl. *OLG Frankfurt am Main*, Urt. v. 04.12.2008 - 6 U 186/07, GRUR-RR 2009, 265 (267); *Eisele*, Zur Strafbarkeit von sog. „Kostenfallen" im Internet, NStZ 2010, 193 (193); *Raue*, „Kostenpflichtig bestellen" – ohne Kostenfalle?, MMR 2012, 438 (439).

haben[50], oft keine Motivation vorhanden, sich gegen die unberechtigten Zahlungsaufforderungen entschieden zur Wehr zu setzen.[51] Es ist gerade auch Teil der Strategie der Anbieter, dass diese Zahlungsaufforderungen für sich alleine betrachtet zumindest zu Beginn verhältnismäßig geringe Beträge[52] (sogenannte Bagatell- und Streuschäden) umfassen und damit auch eine gewisse Lästigkeitshöhe nicht überschreiten.[53]

Drittens und schließlich am entscheidendsten wirkt sich die Art und Weise, mit der die Anbieter ihren Zahlungsaufforderungen Nachdruck verleihen, auf die Verbraucher als juristische Laien einschüchternd aus.[54] Denn zahlt der Verbraucher die vermeintliche Forderung nicht umgehend, erhält er schnell scharf formulierte Mahnungen, teils verbunden mit erheblichen Drohungen (zum Beispiel mit einem Eintrag bei der Schufa, strafrechtlichen Konsequenzen oder einer zivilrechtlichen Klage), und es kommt im weiteren Verlauf typischerweise auch zur Einschaltung von aggressiv werdenden Inkassounternehmen sowie Rechtsanwälten, welche die vom Anbieter geltend gemachten Ansprüche gegenüber dem Verbraucher durchsetzen sollen.[55]

Leider lassen sich die betroffenen Verbraucher durch solche Handlungen der Anbieter (sowie der von ihnen beauftragten Inkassounternehmer und Rechtsanwälte) aber nach wie vor einschüchtern und begleichen das in Rechnung gestellte Entgelt sowie gegebenenfalls noch hinzugetretene Kosten, da sie sich hierdurch vermeintlichen weiteren „Ärger“ ersparen wollen: Die Abonnement- bzw. Vertragsfalle ist zugeschnappt.[56] Doch das ist noch längst nicht das Ende, denn erfolgt ein solcher Ausgleich, so erhal-

---

50 Vgl. *OLG Frankfurt am Main,* Urt. v. 04.12.2008 - 6 U 186/07, GRUR-RR 2009, 265 (267).

51 Vgl. nur *Blasek*, Kostenfallen im Internet – ein Dauerbrenner, GRUR 2010, 396 (397); *Raue*, „Kostenpflichtig bestellen“ – ohne Kostenfalle?, MMR 2012, 438 (439).

52 Vgl. nur *Blasek*, Kostenfallen im Internet – ein Dauerbrenner, GRUR 2010, 396 (396 f.) m. w. N. sowie die Liste mit Verfahren des Verbraucherzentrale Bundesverbandes zu Kostenfallen im Internet, abrufbar unter http://www.vzbv.de/mediapics/kostenfallen_im_internet.pdf (letzter Zugriff am 04.11.2012).

53 Vgl. etwa *Blasek*, Kostenfallen im Internet – ein Dauerbrenner, GRUR 2010, 396 (396 f.) m. w. N.; *Eisele*, Zur Strafbarkeit von sog. „Kostenfallen“ im Internet, NStZ 2010, 193 (193); *Kirschbaum*, Die gesetzliche Neuregelung der sog. „Internetfalle”, MMR 2012, 8 (8).

54 So auch *Blasek*, Kostenfallen im Internet – ein Dauerbrenner, GRUR 2010, 396 (397) m. w. N.

55 Vgl. etwa *Buchmann/Majer*, Eine „Button-Lösung“ für den elektronischen Geschäftsverkehr?, K&R 2010, 635 (635); *Buchmann/Majer/Hertfelder/Vögelein*, „Vertragsfallen“ im Internet – Rechtliche Würdigung und Gegenstrategien, NJW 2009, 3189 (3189); *Eisele*, Zur Strafbarkeit von sog. „Kostenfallen“ im Internet, NStZ 2010, 193 (193); *Kirschbaum*, Die gesetzliche Neuregelung der sog. „Internetfalle”, MMR 2012, 8 (8); *Klas/Küster*, So geht's „Abofallen-Anwälten“ an den Kragen, NJW-aktuell 39/2009, XIV (XVI); *Meyer-van-Raay/Deitermann*, Gefangen in der (Internet-)Kostenfalle?, VuR 2009, 335 (336).

56 So auch *Klas/Küster*, So geht's „Abofallen-Anwälten“ an den Kragen, NJW-aktuell 39/2009, XIV (XVI).

ten die betroffenen Verbraucher nicht selten nach dem Ablauf der (angeblichen) Erstlaufzeit des Vertrages – in der Regel also zwei Jahre später – abermals eine Aufforderung zur Zahlung, da sich der Vertrag mangels einer Kündigung um ein weiteres Jahr verlängert habe.[57]

Durch dieses „Geschäftsmodell", das dem dahinter stehenden Anbieter enorme Umsätze und bei überschaubaren Kosten beachtliche Gewinne einbringt,[58] entstehen Verbrauchern jedes Jahr erhebliche Schäden.[59] Doch es ist nicht nur dieser Schaden allein, der bei jedem einzelnen der betroffenen Verbraucher eintritt: Abonnement- bzw. Vertragsfallen im Internet richten darüber hinaus auch im Wirtschaftsleben einen Schaden an, der noch weitaus größer ist.[60] Sie hinterlassen den redlichen Wettbewerbern frustrierte und verunsicherte Verbraucher, die aufgrund der gemachten Erfahrungen nun auch besseren Angeboten mit fairen Bedingungen skeptisch und zurückhaltend gegenüberstehen.[61] Das Vertrauen der Verbraucher in den E-Commerce droht hierdurch verloren zu gehen.[62]

Während dieses Thema zu Beginn der Untersuchung im Jahr 2008 nur vereinzelt in der Rechtsprechung[63] zu finden war und auch kaum eine wissenschaftliche Auseinandersetzung dazu existierte,[64] setzten sich gerade in den letzten Jahren zunehmend Erörterungen sowohl in der Literatur[65] als auch in der Rechtsprechung[66] mit diesem

57 Vgl. auch *Buchmann/Majer*, Eine „Button-Lösung" für den elektronischen Geschäftsverkehr?, K&R 2010, 635 (635).

58 Vgl. nur *Blasek*, Kostenfallen im Internet – ein Dauerbrenner, GRUR 2010, 396 (396) m. w. N.

59 Vgl. nur *Kredig/Uffmann*, Kostenfallen im elektronischen Geschäftsverkehr, ZRP 2011, 36 (36).

60 Vgl. *Buchmann/Majer/Hertfelder/Vögelein*, „Vertragsfallen" im Internet – Rechtliche Würdigung und Gegenstrategien, NJW 2009, 3189 (3194).

61 Vgl. *Blasek*, Kostenfallen im Internet – ein Dauerbrenner, GRUR 2010, 396 (397).

62 Vgl. *Buchmann/Majer/Hertfelder/Vögelein*, „Vertragsfallen" im Internet – Rechtliche Würdigung und Gegenstrategien, NJW 2009, 3189 (3194).

63 Vgl. etwa *LG Berlin*, Urt. v. 28.11.2007 - 96 O 175/07, BeckRS 2010, 02692; *LG Frankfurt am Main*, Urt. v. 27.06.2007 - 2-6 O 803/06, abrufbar unter http://www.vzbv.de/cps/rde/xbcr/vzbv/lg_frankfurt_27_06_07.pdf (letzter Zugriff am 04.11.2012); *LG Hanau*, Urt. v. 07.12.2007 - 9 O 870/07, MMR 2008, 488 (488); *LG Stuttgart*, Urt. v. 15.05.2007 - 17 O 490/06, MMR 2007, 668 (668); *AG München*, Urt. v. 16.01.2007 - 161 C 23695/06, VuR 2008, 398 (398).

64 Vgl. auch *Buchmann/Majer/Hertfelder/Vögelein*, „Vertragsfallen" im Internet – Rechtliche Würdigung und Gegenstrategien, NJW 2009, 3189 (3189).

65 Vgl. etwa *Alexander*, Neuregelungen zum Schutz vor Kostenfallen im Internet, NJW 2012, S. 1985-1990; *Blasek*, Kostenfallen im Internet – ein Dauerbrenner, GRUR 2010, S. 396-402; *Borges*, Gesetz gegen Internet-Kostenfallen – ein Button als Allheilmittel gegen „Abzocke"?, BB 2011, S. 2369; *Buchmann/Majer*, Eine „Button-Lösung" für den elektronischen Geschäftsverkehr?, K&R 2010, S. 635-637; *Buchmann/Majer/Hertfelder/Vögelein*, „Vertragsfallen" im Internet – Rechtliche Würdi-

Problem auseinander.[67] Und auch der Gesetzgeber hat zwischenzeitlich reagiert und sich – wenn auch nach langer Inaktivität – überraschend plötzlich diesem Problem und dem lauter werdenden Ruf nach einer gesetzlichen Maßnahme gegen dieses „Geschäftsmodell“ gewidmet: Am 01.08.2012 ist Art. 1 des Gesetzes zur Änderung des Bürgerlichen Gesetzbuchs zum besseren Schutz der Verbraucherinnen und Verbraucher vor Kostenfallen im elektronischen Geschäftsverkehr und zur Änderung des Wohnungseigentumsgesetzes vom 10. Mai 2012[68] in Kraft getreten und mit ihm die sogenannte Buttonlösung, von der sich der Gesetzgeber einen besseren Schutz der Verbraucher vor Abonnement- bzw. Vertragsfallen im Internet erhofft.[69] Gleichzeitig wurde mit diesem Gesetz eine partielle Vorab-Umsetzung (die Umsetzungsfrist währt noch bis zum 13.12.2013) der Richtlinie 2011/83/EU des Europäischen Parlaments und des Rates vom 25. Oktober 2011 über die Rechte der Verbraucher, zur Abänderung der Richtlinie 93/13/EWG des Rates und der Richtlinie 1999/44/EG des Europäischen Parlaments und des Rates sowie zur Aufhebung der Richtlinie 85/577/EWG des Rates und der Richtlinie 97/7/EG des Europäischen Parlaments und des Rates[70] (im Folgenden: Richtlinie 2011/83/EU) in nationales Recht vorgenommen.[71]

gung und Gegenstrategien, NJW 2009, S. 3189-3194; *Eisele*, Zur Strafbarkeit von sog. „Kostenfallen“ im Internet, NStZ 2010, S. 193-199; *Kirschbaum*, Die gesetzliche Neuregelung der sog. „Internetfalle”, MMR 2012, S. 8-12; *Klas/Küster*, So geht's „Abofallen-Anwälten“ an den Kragen, NJW-aktuell 39/2009, XIV-XVI; *Klas/Schwarz*, Kostenfallen im Internet – Resumée nach einem Jahr, VuR 2010, S. 346-349; *Klas/Schwarz*, Neue Wege im Kampf gegen Kostenfallen im Internet, VuR 2009, S. 341-345; *Kredig/Uffmann*, Kostenfallen im elektronischen Geschäftsverkehr, ZRP 2011, S. 36-40; *Meyer-van-Raay/Deitermann*, Gefangen in der (Internet-)Kostenfalle?, VuR 2009, S. 335-341; *Raue*, „Kostenpflichtig bestellen“ – ohne Kostenfalle?, MMR 2012, S. 438-443.

66 Vgl. etwa *OLG Frankfurt am Main*, Urt. v. 04.12.2008 - 6 U 186/07, GRUR-RR 2009, 265 (266); *OLG Frankfurt am Main*, Urt. v. 04.12.2008 - 6 U 187/07, K&R 2009, S. 197-202 = BeckRS 2009, 04881; *OLG Frankfurt am Main*, Urt. v. 20.05.2010 - 6 U 33/09, GRUR-RR 2010, 482 (482); *OLG Frankfurt am Main*, Beschl. v. 17.12.2010 - 1 Ws 29/09, NJW 2011, 398 (399) = GRUR 2011, 249 (250); *OLG Koblenz*, Urt. v. 18.03.2009 - 4 U 1173/08, GRURR-RR 2009, 262 (263) = MMR 2009, 475 (475); *LG Darmstadt*, Urt. v. 02.03.2012 - 15 O 126/11, abrufbar unter http://www.vzbv.de/cps/rde/xbcr/vzbv/LG_Darmstadt-Webtains-Routenplaner-2012_03_02.pdf (letzter Zugriff am 04.11.2012); *LG Landshut*, Urt. v. 16.08.2011 - 54 O 1465/11, BeckRS 2011, 25738; *LG Leipzig*, Urt. v. 28.03.2008 - 08 O 3988/07, BeckRS 2010, 02694; *LG Mannheim*, Urt. v. 14.01.2010 - 10 S 53/09, MMR 2010, 241 (241); *AG Hamm*, Urt. v. 26.03.2008 - 17 C 62/08, NJW-RR 2008, 1078 (1078).

67 So auch *Alexander*, Neuregelungen zum Schutz vor Kostenfallen im Internet, NJW 2012, 1985 (1985) m. w. N.; *Kirschbaum*, Die gesetzliche Neuregelung der sog. „Internetfalle”, MMR 2012, 8 (8) m. w. N.

68 *BGBl.* I 2012/21, S. 1084-1085.

69 Vgl. nur *BT-Drs.* 17/7745, S. 6 f.

70 *ABlEU* Nr. L 304 v. 22.11.2011, S. 64-88.

71 So auch *Alexander*, Neuregelungen zum Schutz vor Kostenfallen im Internet, NJW 2012, 1985 (1985).

B. Entwicklung des europäischen Verbraucherrechts

Bei näherer Auseinandersetzung mit verbraucherschützenden Regelungen lässt sich – insbesondere im Hinblick auf ihre Entstehungsgeschichte – unschwer der starke europarechtliche Einfluss auf die entsprechenden Vorschriften (wie hier zum Beispiel auf die des deutschen Rechts) feststellen.[72] So sind beispielsweise sämtliche im Untertitel „Besondere Vertriebsformen“ (§§ 312 bis 312 i BGB) enthaltenen Vorschriften auf die Umsetzung verschiedener europäischer Richtlinienbestimmungen zurückzuführen:[73] Das in den §§ 312 und 312 a BGB geregelte Recht der Haustürgeschäfte beruht auf der Richtlinie des Rates vom 20. Dezember 1985 betreffend den Verbraucherschutz im Falle von außerhalb von Geschäftsräumen geschlossenen Verträgen (85/577/EWG)[74] (im Folgenden: Richtlinie 85/577/EWG).[75] Das in den §§ 312 b bis 312 f BGB normierte Fernabsatzrecht geht auf die Richtlinie 97/7/EG des Europäischen Parlaments und des Rates vom 20. Mai 1997 über den Verbraucherschutz bei Vertragsabschlüssen im Fernabsatz[76] (im Folgenden: Richtlinie 97/7/EG) sowie auf die darauf aufbauende Richtlinie 2002/65/EG des Europäischen Parlaments und des Rates vom 23. September 2002 über den Fernabsatz von Finanzdienstleistungen an Verbraucher und zur Änderung der Richtlinie 90/619/EWG des Rates und der Richtlinien 97/7/EG und 98/27/EG[77] (im Folgenden: Richtlinie 2002/65/EG) zurück.[78] Und das mit der Vorschrift des § 312 g BGB geschaffene Recht des elektronischen Geschäftsverkehrs folgt schließlich aus der Umsetzung der Richtlinie 2000/31/EG des Europäischen Parlaments und des Rates vom 8. Juni 2000 über bestimmte rechtliche Aspekte der Dienste der Informationsgesellschaft, insbesondere des elektronischen Geschäftsverkehrs, im

---

72 So allg. auch *Tonner* in: Tamm/Tonner, § 4, Rn. 70.

73 So bspw. auch *Everling*, Zur Auslegung des durch EG-Richtlinien angeglichenen nationalen Rechts, ZGR 1992, 376 (378); *Götz*, Europäische Gesetzgebung durch Richtlinien, NJW 1992, 1849 (1853 f.); *Grüneberg* in: Palandt, BGB, § 312 b, Rn. 2; *Hommelhoff*, Zivilrecht unter dem Einfluß europäischer Rechtsangleichung, AcP 192 (1992), 71 (95); *Lutter*, Die Auslegung angeglichenen Rechts, JZ 1992, 593 (598); *Thüsing* in: Staudinger, BGB, Vorb. zu §§ 312 b-f, Rn. 11; *Tonner* in: Tamm/Tonner, § 4, Rn. 70; *Wendehorst* in: Münchener Kommentar, BGB, Vor § 312 b, Rn. 9.

74 *ABlEG* Nr. L 372 v. 31.12.1985, S. 31-33.

75 So bspw. auch *Grüneberg* in: Palandt, BGB, Vorb. vor § 312, Rn. 1; § 312, Rn. 1; *Thüsing* in: Staudinger, BGB, Vorb. zu §§ 312, 312 a, Rn. 2.

76 *ABlEG* Nr. L 144 v. 04.06.1997, S. 19-27.

77 *ABlEG* Nr. L 271 v. 09.10.2002, S. 16-24.

78 So bspw. auch *Grüneberg* in: Palandt, BGB, Vorb. vor § 312, Rn. 1; *Thüsing* in: Staudinger, BGB, Vorb. zu §§ 312 b-f, Rn. 1, 11; *Wendehorst* in: Münchener Kommentar, BGB, Vor § 312 b, Rn. 1, 7.

Binnenmarkt („Richtlinie über den elektronischen Geschäftsverkehr“)[79] (im Folgenden: Richtlinie 2000/31/EG).[80]

Im Zusammenhang mit den verbrauchervertragsrechtlichen Regelungen, die unabhängig vom jeweiligen Vertragstyp anzuwenden sind, ist vor allem auf die Richtlinie 93/13/EWG des Rates vom 5. April 1993 über mißbräuchliche Klauseln in Verbraucherverträgen[81] (im Folgenden: Richtlinie 93/13/EWG) hinzuweisen, deren Umsetzung das noch heute geltende AGB-Recht weiterentwickelte.[82] Darüber hinaus zeigt sich der europarechtliche Hintergrund bei vielen Vorschriften auch durch die Begründung umfangreicher Informationspflichten, die als klassisches gemeinschaftsrechtliches Verbraucherschutzinstrument Gegenstand zahlreicher Richtlinien sind und eine hinreichende und formgerechte Information des Verbrauchers sicherstellen sollen (vgl. beispielsweise §§ 312 c sowie 312 g BGB jeweils in Verbindung mit Art. 246 §§ 1 und 2 bzw. § 3 EGBGB).[83] Und auch der Bereich des grenzüberschreitenden Verbraucherschutzes, der hier als abschließendes Beispiel dienen soll, besteht aus europäischem Recht, wie der Verordnung (EG) Nr. 44/2001 des Rates vom 22. Dezember 2000 über die gerichtliche Zuständigkeit und die Anerkennung und Vollstreckung von Entscheidungen in Zivil- und Handelssachen[84] (kurz: EuGVVO), die den Gerichtsstand regelt, und der Verordnung (EG) Nr. 593/2008 des Europäischen Parlaments und des Rates vom 17. Juni 2008 über das auf vertragliche Schuldverhältnisse anzuwendende Recht (Rom I)[85] (im Folgenden: Verordnung (EG) Nr. 593/2008), die sich mit dem anwendbaren Vertragsrecht befasst.[86]

Die Anfänge des Verbraucherschutzes als eigenständiger Bestandteil der staatlichen Politik gehen zurück auf das Jahr 1962, in dem der damalige Präsident der Vereinig-

---

79 *ABlEG* Nr. L 178 v. 17.07.2000, S. 1-15 (mit Anhang S. 16).

80 So bspw. auch *Grüneberg* in: Palandt, BGB, Vorb. vor § 312, Rn. 1, § 312 e, Rn. 1; *Spindler/Weber* in: Spindler/Schuster, BGB, § 312 e, Rn. 1; *Thüsing* in: Staudinger, BGB, Vorb. zu §§ 312 b-f, Rn. 26; *Wendehorst* in: Münchener Kommentar, BGB, Vor § 312 b, Rn. 1, 7, 12.

81 *ABlEG* Nr. L 95 v. 21.04.1993, S. 29-32 (mit Anhang S. 33-34).

82 So auch *Tonner* in: Tamm/Tonner, § 4, Rn. 71.

83 So bspw. auch *Fuchs*, Das Fernabsatzgesetz im neuen System des Verbraucherschutzrechts, ZIP 2000, 1273 (1274); *Grüneberg* in: Palandt, BGB, Vorb. vor § 312, Rn. 1, 3; *C. Horn*, Verbraucherschutz bei Internetgeschäften, MMR 2002, 209 (211); *Thüsing* in: Staudinger, BGB, Vorb. zu §§ 312 b-f, Rn. 8; *Tonner* in: Tamm/Tonner, § 4, Rn. 71; *Wendehorst* in: Münchener Kommentar, BGB, Vor § 312 b, Rn. 3.

84 *ABlEG* Nr. L 12 v. 16.01.2001, S. 1-17 (mit Anhängen S. 18-23).

85 *ABlEU* Nr. L 177 v. 04.07.2008, S. 6-16.

86 So auch *Tonner* in: Tamm/Tonner, § 4, Rn. 73.

ten Staaten von Amerika John F. Kennedy am 15. März in seiner berühmten Verbraucherbotschaft (Special Message to the Congress on Protecting the Consumer Interest)[87] vier grundlegende Rechte für den Verbraucher verkündete: das Recht auf Sicherheit, das Recht auf Information, das Recht auf Wahlfreiheit (im Sinne des Zugangs zu einer Vielzahl an Produkten und Dienstleistungen zu wettbewerbsfähigen Preisen) und das Recht auf Anhörung.[88] Die in dieser Rede formulierten Grundrechte des Verbrauchers wurden in die verbraucherpolitischen Programme der damaligen Europäischen Wirtschaftsgemeinschaft in den 1970er Jahren aufgenommen (vgl. etwa die Entschliessung des Rates vom 14. April 1975 betreffend ein Erstes Programm der Europäischen Wirtschaftsgemeinschaft für eine Politik zum Schutz und zur Unterrichtung der Verbraucher[89]) und schließlich mit dem Vertrag über die Europäische Union[90] (kurz: EUV oder auch Vertrag von Maastricht genannt) als ein eigenständiger, lediglich auf der Vorschrift des Artikel 129 a beruhender Titel zum Verbraucherschutz in das Primärrecht eingeführt.[91] Nach der Verabschiedung des Vertrags von Lissabon zur Änderung des Vertrags über die Europäische Union und des Vertrags zur Gründung der Europäischen Gemeinschaft[92] (im Folgenden: Vertrag von Lissabon) sind sie nunmehr in Art. 169 des Vertrags über die Arbeitsweise der Europäischen Union[93] (kurz: AEUV) wiederzufinden, dessen Zielkatalog sich nach wie vor an das klassische, an der wohlfahrtsstaatlichen Politik der 1960er und 70er Jahre ausgerichtete Modell anlehnt (vgl. Abs. 1).[94]

Obwohl es die Vorschrift des Art. 169 AEUV ist, welche die eigentliche Kompetenzgrundlage für verbraucherschützende Maßnahmen der Europäischen Union bildet, wurde diese – abgesehen von der Richtlinie 98/6/EG des Europäischen Parlaments und Rates vom 16. Februar 1998 über den Schutz der Verbraucher bei der Angabe der Preise der ihnen angebotenen Erzeugnisse[95] – bisher nur selten als solche herangezogen.[96] Stattdessen stützt sich das gesamte Verbraucherschutzrecht der Europäischen

---

87 Abgedruckt bei v. Hippel, S. 281-290.

88 Vgl. etwa *v. Hippel*, S. 6; *Pfeiffer* in: Grabitz/Hilf, AEUV, Art. 169, Rn. 8; *Tonner* in: Tamm/Tonner, § 4, Rn. 1.

89 *ABlEG* Nr. C 92 v. 25.04.1975, S. 1.

90 *ABlEG* Nr. C 191 v. 29.07.1992, S. 1-67 (mit Protokollen, Anhängen etc. S. 68-110).

91 Vgl. *Pfeiffer* in: Grabitz/Hilf, AEUV, Art. 169, Rn. 1, 8; *Tonner* in: Tamm/Tonner, § 4, Rn. 1, 20, 23.

92 *ABlEU* Nr. C 306 v. 17.12.2007, S. 1-145 (mit Protokollen, Anhängen etc. S. 147-271).

93 *ABlEU* Nr. C 83 v. 30.03.2010, S. 47-199.

94 Vgl. *Tonner* in: Tamm/Tonner, § 4, Rn. 1, 20, 23.

95 *ABlEG* Nr. L 80 v. 18.03.1998, S. 27-30.

96 Vgl. *Pfeiffer* in: Grabitz/Hilf, AEUV, Art. 169, Rn. 2 f.; *Tonner* in: Tamm/Tonner, § 4, Rn. 20, 25.

Union – wie auch von Art. 169 Abs. 2 lit. a AEUV ausdrücklich vorgesehen – regelmäßig auf die in der Vorschrift des heutigen Art. 114 AEUV enthaltene Binnenmarktkompetenz,[97] was damit begründet wird, dass das Vorhandensein nationaler verbraucherschützender Regelungen in einzelnen Mitgliedstaaten ein Hindernis für den freien Waren- und Dienstleistungsverkehr darstelle und daher im Interesse der Realisierung des Binnenmarktes zu beseitigen sei.[98]

Und auch die durch den Vertrag von Lissabon zu verbindlichem und den Verträgen rechtlich gleichrangigem Recht gewordene Charta der Grundrechte der Europäischen Union[99] (vgl. Art. 6 Abs. 1 EUV) enthält einen Artikel über den Verbraucherschutz, wonach die Politiken der Union ein hohes Verbraucherschutzniveau sicherstellen (vgl. Art. 38).[100] Der Wert dieser Vorschrift, die bezüglich ihres Inhaltes zudem nicht über die Vorschrift des Art. 169 AEUV hinausgeht, relativiert sich allerdings dadurch, dass sie lediglich ein Prinzip, jedoch kein subjektives Recht zum Ausdruck bringt.[101]

Doch nicht nur die damalige Europäische Wirtschaftsgemeinschaft, sondern auch einzelne Mitgliedstaaten entdeckten zu dieser Zeit das Thema des Verbraucherschutzes als politisches Aktionsfeld und verabschiedeten in den 1970er Jahren diverse Gesetze auf diesem Gebiet; aus deutscher Sicht ist vor allem das aus dem Jahre 1976 stammende Gesetz zur Regelung des Rechts der Allgemeinen Geschäftsbedingungen (AGB-Gesetz)[102] hervorzuheben,[103] welches auch international große Anerkennung fand.[104]

Während die erwähnten primärrechtlichen Vorschriften allerdings lediglich entsprechende Vorgaben für ein europäisches Verbraucherschutzrecht enthalten, erschließt sich der eigentliche Inhalt der Regelungen erst aus dem darauf basierenden Sekundärrecht;[105] der Erlass der ersten Richtlinien im Bereich des zivilrechtlichen Verbraucherschutzes einschließlich der Regulierung von Werbung und Marketing erfolgte

97 Vgl. *Pfeiffer* in: Grabitz/Hilf, AEUV, Art. 169, Rn. 3; *Tonner* in: Tamm/Tonner, § 4, Rn. 25, 31.
98 Vgl. *Tonner* in: Tamm/Tonner, § 4, Rn. 31.
99 *ABlEG* Nr. C 364 v. 18.12.2000, S. 1-22.
100 So bspw. auch *Tonner* in: Tamm/Tonner, § 4, Rn. 38.
101 Vgl. *Tonner* in: Tamm/Tonner, § 4, Rn. 38 m. w. N.
102 *BGBl.* I 1976/142, S. 3317-3324.
103 Vgl. *Micklitz* in: Münchener Kommentar, BGB, Vorbemerkung zu §§ 13, 14, Rn. 19, 24 m. w. N.; *Tonner* in: Tamm/Tonner, § 4, Rn. 2.
104 Vgl. *Micklitz* in: Münchener Kommentar, BGB, Vorbemerkung zu §§ 13, 14, Rn. 19.
105 So bspw. auch *Tonner* in: Tamm/Tonner, § 4, Rn. 39.

jedoch erst Mitte der 1980er Jahre – zu nennen sind hier die Richtlinie des Rates vom 10. September 1984 zur Angleichung der Rechts- und Verwaltungsvorschriften der Mitgliedstaaten über irreführende Werbung (84/450/EWG)[106], die Richtlinie des Rates vom 25. Juli 1985 zur Angleichung der Rechts- und Verwaltungsvorschriften der Mitgliedstaaten über die Haftung für fehlerhafte Produkte (85/374/EWG)[107] (im Folgenden: Richtlinie 85/374/EWG), die Richtlinie 85/577/EWG sowie die Richtlinie des Rates vom 22. Dezember 1986 zur Angleichung der Rechts- und Verwaltungsvorschriften der Mitgliedstaaten über den Verbraucherkredit (87/102/EWG)[108].[109] Hieran schloss sich nach dem Inkrafttreten der Einheitlichen Europäischen Akte[110] in kurzen Zeitabständen die Verabschiedung weiterer Richtlinien an, namentlich der Richtlinie des Rates vom 13. Juni 1990 über Pauschalreisen (90/314/EWG)[111], der Richtlinie 93/13/EWG, der Richtlinie 97/7/EG sowie schließlich der Richtlinie 1999/44/EG des Europäischen Parlaments und des Rates vom 25. Mai 1999 zu bestimmten Aspekten des Verbrauchsgüterkaufs und der Garantien für Verbrauchsgüter[112], um nur die wichtigsten Rechtsakte im Bereich des Schutzes der wirtschaftlichen Interessen der Verbraucher zu nennen,[113] mit denen im Jahre 1999 der Kernbestand eines materiellen europäischen Verbrauchervertragsrechts vervollständigt war.[114]

Mit Ausnahme der Richtlinie 85/374/EWG liegt oder lag all diesen Richtlinien das sogenannte Prinzip der Mindestharmonisierung zugrunde, nach welchem es den Gesetzgebern der einzelnen Mitgliedstaaten gestattet ist, ein bereits bestehendes höheres Verbraucherschutzniveau zu erhalten bzw. auszubauen oder ein solches neu einzuführen.[115] Dies hat allerdings zur Folge, dass es bisher nur zu einer Rechtsannäherung im Bereich des materiellen europäischen Verbrauchervertragsrechts kam, nicht dagegen zu einer Rechtsvereinheitlichung.[116] Obgleich inzwischen mit der Überarbeitung des

---

106 *ABlEG* Nr. L 250 v. 19.09.1984, S. 17-20.
107 *ABlEG* Nr. L 210 v. 07.08.1985, S. 29-33.
108 *ABlEG* Nr. L 42 v. 12.02.1987, S. 48-52 (mit Anhang S. 53).
109 So bspw. auch *Micklitz* in: Münchener Kommentar, BGB, Vorbemerkung zu §§ 13, 14, Rn. 24 f.; *Pfeiffer* in: Grabitz/Hilf, AEUV, Art. 169, Rn. 14; *Tonner* in: Tamm/Tonner, § 4, Rn. 3, 39.
110 *ABlEG* Nr. L 169 v. 29.06.1987, S. 1-19 (mit Schlußakte und Erklärungen S. 20-29).
111 *ABlEG* Nr. L 158 v. 23.06.1990, S. 59-63 (mit Anhang S. 64).
112 *ABlEG* Nr. L 171 v. 07.07.1999, S. 12-16.
113 So bspw. auch *Micklitz* in: Münchener Kommentar, BGB, Vorbemerkung zu §§ 13, 14, Rn. 27; *Pfeiffer* in: Grabitz/Hilf, AEUV, Art. 169, Rn. 14; *Tonner* in: Tamm/Tonner, § 4, Rn. 3, 39.
114 Vgl. *Tonner* in: Tamm/Tonner, § 4, Rn. 3, 46.
115 So bspw. auch *Micklitz* in: Münchener Kommentar, BGB, Vorbemerkung zu §§ 13, 14, Rn. 32; *Pfeiffer* in: Grabitz/Hilf, AEUV, Art. 169, Rn. 42; *Tonner* in: Tamm/Tonner, § 4, Rn. 4, 29, 39.
116 So auch *Tonner* in: Tamm/Tonner, § 4, Rn. 4.

europäischen Verbraucherrechts begonnen wurde und sich der damit verfolgte Wechsel von der Minimalharmonisierung hin zur Vollharmonisierung bereits abzeichnet – insbesondere durch die Richtlinie 2002/65/EG, die Richtlinie 2005/29/EG des Europäischen Parlaments und des Rates vom 11. Mai 2005 über unlautere Geschäftspraktiken im binnenmarktinternen Geschäftsverkehr zwischen Unternehmen und Verbrauchern und zur Änderung der Richtlinie 84/450/EWG des Rates, der Richtlinien 97/7/EG, 98/27/EG und 2002/65/EG des Europäischen Parlaments und des Rates sowie der Verordnung (EG) Nr. 2006/2004 des Europäischen Parlaments und des Rates (Richtlinie über unlautere Geschäftspraktiken)[117], die Richtlinie 2008/48/EG des Europäischen Parlaments und des Rates vom 23. April 2008 über Verbraucherkreditverträge und zur Aufhebung der Richtlinie 87/102/EWG des Rates[118] und die Richtlinie 2008/122/EG des Europäischen Parlaments und des Rates vom 14. Januar 2009 über den Schutz der Verbraucher im Hinblick auf bestimmte Aspekte von Teilzeitnutzungsverträgen, Verträgen über langfristige Urlaubsprodukte sowie Wiederverkaufs- und Tauschverträgen[119] oder nunmehr die Verabschiedung der Richtlinie 2011/83/EU, welche (auch wenn sie letztlich auf eine Zusammenfassung der Richtlinie 85/577/EWG und der Richtlinie 97/7/EG beschränkt wurde) die Durchsetzung dieser Tendenz verdeutlicht –,[120] konzentriert sich die Untersuchung aus den oben genannten Gründen auf die Rechtsordnung eines einzelnen Mitgliedstaates, nämlich die der Bundesrepublik Deutschland, und damit einhergehend auch auf die in dieser Rechtsordnung enthaltenen Vorschriften zur Umsetzung der verbraucherschützenden Richtlinienbestimmungen.

C. Gegenstand der Untersuchung: Die Effektivität des deutschen Verbraucherschutzrechts am Beispiel von Abonnement- bzw. Vertragsfallen im Internet

Wie die Untersuchung zeigen wird, kommt ein wirksamer Vertragsabschluss zwischen dem Anbieter einer Abonnement- bzw. Vertragsfalle im Internet und dem Verbraucher gerade bei stark ausgeprägten Formen des Verschleierns bzw. Versteckens

117 *ABlEU* Nr. L 149 v. 11.06.2005, S. 22-34 (mit Anhängen S. 35-39).
118 *ABlEU* Nr. L 133 v. 22.05.2008, S. 66-83 (mit Anhängen S. 84-92).
119 *ABlEU* Nr. L 33 v. 03.02.2009, S. 10-17 (mit Anhängen S. 18-30).
120 So auch *Micklitz* in: Münchener Kommentar, BGB, Vorbemerkung zu §§ 13, 14, Rn. 23, 31 f., 38; *Tonner* in: Tamm/Tonner, § 4, Rn. 46, 48 f.

von Vertragsbedingungen nicht zustande, was auf die unterschiedlichsten Gründe, d. h. das Eingreifen verschiedenster Schutzvorschriften, zurückzuführen ist. Dies gilt insbesondere im Hinblick auf das Verschleiern bzw. Verstecken der Entgeltlichkeit der angebotenen Leistung, wie es vor allem bei früheren Erscheinungsformen von Abonnement- bzw. Vertragsfallen im Internet zu finden war. Dem Anbieter steht in diesen Fällen kein vertraglicher Zahlungsanspruch gegen den Verbraucher zu.

Abonnement- bzw. Vertragsfallen sind jedoch sowohl hinsichtlich ihrer Gestaltung als auch in Bezug auf ihren Inhalt äußerst wandelbar und anpassungsfähig und verzeichnen eine deutliche Entwicklung: Kaum ergeht eine gerichtliche Entscheidung, die eine bestimmte Form – zumeist in gestalterischer Hinsicht – für unzulässig erklärt, werden die betroffenen Plattformen unter Vermeidung genau dieses Aspektes entsprechend angepasst oder umgestellt. Betrachtet man diesbezüglich die bisher ergangenen Urteile, so wird der Eindruck erweckt, dass die Anbieter sich hier in einer rechtlichen Grauzone bewegen, und es ist davon auszugehen, dass sie ihre Internetseiten noch solange anpassen werden, solange das Funktionieren der Abonnement- bzw. Vertragsfallen nicht gänzlich vereitelt wird. „Funktionieren" bedeutet in diesem Zusammenhang, dass dem Verbraucher zumindest bis zum Abschluss des Vertrages, besser noch, bis zum Erhalt der Zahlungsaufforderung seitens des Anbieters nicht bewusst wird, dass er eine entgeltliche Leistung in Anspruch nimmt bzw. genommen hat.

In dieser Arbeit soll daher auch nicht auf einzelne Gestaltungsformen oder spezielle Inhalte von Abonnement- bzw. Vertragsfallen im Internet eingegangen werden. Denn es ist naheliegend, dass als Folge der in dieser Untersuchung erarbeiteten Ergebnisse auch wieder Anpassungen der entsprechenden Punkte vorgenommen werden würden, soweit dies überhaupt noch möglich sein sollte.

Die vorliegende Arbeit geht hier vielmehr einen neuen Weg: Um den Gegenstand der Untersuchung möglichst offen zu halten und um zu vermeiden, dass die Ergebnisse durch eine (leichte) Abwandlung umgangen werden könnten und so nur für den jeweils betrachteten Fall aussagekräftig wären, sollen keine allzu konkreten Gestaltungsvarianten bzw. Inhalte von Abonnement- bzw. Vertragsfallen im Internet untersucht werden. Vielmehr sollen hier die einschlägigen rechtlichen Anforderungen dargestellt und geprüft werden, die sich im Zusammenhang mit dem Abschluss eines Vertrages über das Internet ergeben. Dabei liegt der Fokus der Untersuchung auf der Frage, ob bei der Erfüllung dieser notwendigen Voraussetzungen Spielräume im Einzelnen bestehen, die ein Anbieter für die Gestaltung seiner Plattform ausnutzen kann, um das einer jeden Abonnement- bzw. Vertragsfalle im Internet zugrundeliegende Ziel, nämlich den Nutzer über die tatsächliche Tragweite seiner Handlung (namentlich die kostenpflichtige Bestellung bzw. Registrierung) im Unklaren zu lassen, zu erreichen. Gleichzeitig geht die Untersuchung der Frage nach, ob diese Spielräume bei konsequenter Anwendung der bereits bestehenden Schutzinstrumente derart eingeschränkt werden können, dass das Funktionieren einer Abonnement- bzw. Vertragsfalle vereitelt wird und ein weitergehender Schutz des Verbrauchers somit nicht erforderlich ist. Hierzu werden auch die jeweiligen Herleitungen und Begründungen darzustellen und zu hinterfragen sein, denn das BGB kannte zur Zeit seiner Entstehung keine Verträge, die über das Internet abgeschlossen werden; vielmehr wurden – und das grundsätzlich zu Recht – bestehende Regelungen des BGB auf diese moderne Form von Vertragsabschlüssen angewandt und dabei immer wieder entsprechend den technischen Entwicklungen angepasst. Ob aufgrund dieser Anpassungen eventuell Schutzlücken entstanden sind, oder ob diese Regelungen bei den hier untersuchten Abonnement- bzw. Vertragsfallen im Internet nun an ihre Grenzen hinsichtlich des Schutzes der Verbraucher gestoßen sind, sodass womöglich ein gesetzgeberisches Tätigwerden notwendig wird, werden die Ergebnisse dieser Untersuchung zeigen.

In der folgenden Untersuchung wird eine Abonnement- bzw. Vertragsfalle im Internet als ein Angebot definiert, bei dem einem Verbraucher die Entgeltlichkeit der präsentierten Waren oder Dienstleistungen aufgrund der Verschleierung bzw. des Versteckens von bestimmten Vertragsbedingungen – und hierbei insbesondere der Regelung der Kostenpflichtigkeit der angebotenen Leistungen – nicht bewusst ist. Dabei finden sich die für das Funktionieren der Abonnement- bzw. Vertragsfalle im Internet notwendigen Bestimmungen in den Allgemeinen Geschäftsbedingungen wieder. Dort ist die Entgeltlichkeit der Leistung von maximal knapp unter 100 Euro pro Jahr geregelt. Außerdem findet sich hier die Festsetzung der erstmaligen Vertragslaufzeit von 24 Monaten, die sich jeweils um weitere 12 Monate verlängert, sofern der Vertrag nicht spätestens drei Monate vor Ablauf gekündigt wird. Auf Einzelheiten und Charakteristika besonderer Ausprägungen von Abonnement- bzw. Vertragsfallen wird zudem an inhaltlich geeigneter Stelle eingegangen.

Die Bewertungen der jeweils untersuchten Voraussetzungen bzw. Merkmale insbesondere im Hinblick auf die Frage, ob hierdurch das Funktionieren einer Abonnement- bzw. Vertragsfalle bereits vereitelt wird oder ob dem Anbieter Spielräume verbleiben, sollen stets im Zusammenhang mit der entsprechenden Untersuchung erfolgen. Des Weiteren konzentrieren sich die folgenden Ausführungen der Untersuchung, die sich schwerpunktmäßig mit Regelungen zum Schutz des Verbrauchers befasst, allein auf die vertragsrechtlichen Aspekte; auf wettbewerbsrechtliche[121], beweisrechtliche[122], strafrechtliche[123] oder andere Aspekte wird hingegen nicht näher eingegangen, um den Rahmen dieser Arbeit nicht zu überschreiten.

Der Verbraucher wird im Folgenden auch als Nutzer und der Anbieter als Unternehmer bezeichnet, soweit es auf die entsprechenden Eigenschaften ankommt. Um die Lesbarkeit zu erleichtern, wird zudem von Vertragsabschlüssen im Zusammenhang mit Abonnement- bzw. Vertragsfallen im Internet gesprochen. Dies soll jedoch keinesfalls das Ergebnis dieser Untersuchung vorwegnehmen. Ob ein wirksamer Vertrag zustande kommt, soll im Einzelnen erst untersucht werden.

D. Gang der Untersuchung

Die Untersuchung konzentriert sich auf die drei für den Schutz des Verbrauchers vor Abonnement- bzw. Vertragsfallen im Internet maßgeblichen Regelungsbereiche des Bürgerlichen Rechts, nämlich auf die im Zusammenhang mit dem Abschluss eines Vertrages einschlägigen Vorschriften des Allgemeinen Teils, das Recht der Allgemeinen Geschäftsbedingungen sowie das Fernabsatzrecht.

Anhand der einschlägigen Vorschriften des Allgemeinen Teils soll untersucht werden, ob im Zusammenhang mit Abonnement- bzw. Vertragsfallen im Internet überhaupt ein wirksames Vertragsverhältnis zwischen einem Anbieter und einem Verbraucher zustande kommt, aus dem sich ein vertraglicher Anspruch des Anbieters auf Vergütung seiner Leistungen ergeben könnte (siehe 2. Teil: Vertragsabschluss über das Internet).

---

121 Vgl. hierzu bspw. *Blasek*, Kostenfallen im Internet – ein Dauerbrenner, GRUR 2010, S. 396-402.

122 Vgl. hierzu bspw. *Heermann*, Vertrags- und wettbewerbsrechtliche Probleme bei der E-Mail-Nutzung, K&R 1999, S. 6-16.

123 Vgl. hierzu bspw. *Eisele*, Zur Strafbarkeit von sog. „Kostenfallen“ im Internet, NStZ 2010, S. 193-199.

Sodann richtet die Untersuchung ihren Blick auf die bei Abonnement- bzw. Vertragsfallen im Internet typischerweise verwendeten Allgemeinen Geschäftsbedingungen, die den Inhalt des Vertrages maßgeblich bestimmen, und beschäftigt sich mit der Frage, ob diese Klauseln wirksamer Bestandteil des zwischen dem Anbieter und dem Verbraucher zustande gekommenen Vertrages werden (siehe 3. Teil: Verbraucherschutz durch das AGB-Recht). Denn in diesen Allgemeinen Geschäftsbedingungen sind üblicherweise die für das Funktionieren einer Abonnement- bzw. Vertragsfalle im Internet notwendigen Vertragsbestimmungen, insbesondere aber die Regelung der Entgeltlichkeit der angebotenen Leistung, zu finden.

Die sich aus dem Fernabsatzrecht ergebenden umfangreichen Informations- und Mitteilungspflichten des Anbieters, die schließlich noch dazu führen könnten, dass sich der Verbraucher der tatsächlichen Tragweite seiner Erklärung bewusst wird, und die somit das Funktionieren der Abonnement- bzw. Vertragsfalle im Internet vereiteln könnten, sind Gegenstand des darauf folgenden Teils der Arbeit (siehe 4. Teil: Schutz des Verbrauchers durch das Fernabsatzrecht).

Sollte die Untersuchung ergeben, dass ein Anbieter sämtliche gesetzlichen Vorgaben erfüllen kann, ohne dabei das Funktionieren der Abonnement- bzw. Vertragsfalle im Internet zu vereiteln, mit anderen Worten, ohne dass dem Nutzer die tatsächliche Tragweite seiner Erklärung bewusst wird, so würde dies entsprechende gesetzgeberische Reaktionen rechtfertigen. In diesem Fall werden anhand der Ergebnisse Ansätze und Empfehlungen aufgezeigt, die für die Verbesserung des Schutzes des Verbrauchers vor Abonnement- bzw. Vertragsfallen im Internet notwendig sind (siehe 6. Teil: Ergebnisse der Untersuchung).

Zuvor setzt sich die Untersuchung allerdings noch eingehend mit dem Vertragsstatut auseinander, genauer gesagt mit der Frage, ob der Anbieter im Rahmen des Internationalen Vertragsrechts die Möglichkeit hat, entsprechend seinem Ziel Einfluss darauf zu nehmen, welche Rechtsordnung auf die vorliegend untersuchten Vertragsabschlüsse im Zusammenhang mit Abonnement- bzw. Vertragsfallen im Internet Anwendung findet (siehe 5. Teil: Verbraucherschutz im Internationalen Vertragsrecht). Denn hierdurch könnte er diese Vertragsverhältnisse womöglich der deutschen Rechtsordnung und damit auch den für den Schutz des Verbrauchers maßgeblichen Regelungsbereichen des deutschen Rechts entziehen.

Während § 312 g BGB in seiner alten Fassung keine weitere Relevanz für den Schutz des Verbrauchers vor Abonnement- bzw. Vertragsfallen im Internet zukam, rückt er nun im letzten Teil dieser Arbeit aufgrund seiner Neufassung in den Fokus der Untersuchung. Denn anhand der Untersuchungsergebnisse soll abschließend die jüngst von der deutschen Bundesregierung auf europäischer Ebene initiierte und national bereits vorab in § 312 g Abs. 2 bis 4 BGB umgesetzte Buttonlösung dahingehend begutachtet und bewertet werden, ob diese nun tatsächlich den erhofften effektiven Schutz des Verbrauchers gewährleistet (siehe 7. Teil: Schutz des Verbrauchers durch die Buttonlösung).

2. Teil: Vertragsabschluss über das Internet

A. Einleitung

In diesem Teil der Arbeit beschäftigt sich die Untersuchung mit der Frage, ob im Zusammenhang mit den hier untersuchten Abonnement- bzw. Vertragsfallen im Internet überhaupt ein wirksames Vertragsverhältnis zwischen einem Anbieter und einem Nutzer zustande kommt, aus dem sich ein vertraglicher Anspruch des Anbieters auf Vergütung seiner Leistungen ergeben könnte.

Grundsätzlich gelten für Rechtsgeschäfte im Internet zwar ohne Weiteres die Regelungen des Bürgerlichen Rechts,[124] sodass Verträge im Allgemeinen genauso abgeschlossen werden können wie im normalen Geschäftsleben auch.[125] Doch bestehen Besonderheiten, die sich bei der Anwendung dieser allgemeinen zivilrechtlichen Regelungen beim Abschluss eines Vertrags über das Internet ergeben.[126] Bevor sich die Untersuchung in Kapitel C dieses Teils der Arbeit jedoch darauf konzentriert, wann und unter welchen Voraussetzungen im Einzelnen ein rechtswirksamer Vertrag über das Internet zustande kommt, stellt sich in Kapitel B zunächst einmal die Frage, ob die im Zusammenhang mit Abonnement- bzw. Vertragsfallen typischerweise vorkommenden Erklärungen, die über das Internet abgegeben werden, überhaupt wirksame Willenserklärungen im rechtlichen Sinne darstellen.

B. Willenserklärung

Wie einleitend erwähnt, konzentriert sich die Untersuchung in diesem Kapitel darauf, ob es sich bei den Erklärungen, die typischerweise im Zusammenhang mit Abonnement- bzw. Vertragsfallen vorkommen und über das Internet abgegeben werden, tatsächlich um wirksame Willenserklärungen im rechtlichen Sinne handelt. Denn auch im Internet ist eine wirksame Willenserklärung notwendiger Bestandteil eines jeden

---

124 Vgl. nur *OLG Hamm*, Urt. v. 14.12.2000 - 2 U 58/00, CR 2001, 117 (118) = NJW 2001, 1142 (1142); *Leupold/Glossner* in: Leupold/Glossner, IT-Recht, Teil 2, Rn. 26; *Stempfle* in: Bräutigam/Leupold, Online-Handel, B III, Rn. 147.

125 Vgl. nur *Hoeren*, AGB, Rn. 43; *Hoeren*, Internetrecht, S. 301.

126 Vgl. nur *Dilger*, S. 19.

Rechtsgeschäfts und somit auch eines im Internet abgeschlossenen Vertrages.[127] Im Folgenden ist daher zunächst einmal anhand der Definition einer Willenserklärung und ihrer Tatbestandsvoraussetzungen zu prüfen, ob grundsätzlich Willenserklärungen im rechtlichen Sinne vorliegen (siehe Abschnitt I) und ob und insbesondere zu welchem Zeitpunkt diese wem gegenüber wirksam werden (siehe Abschnitt II). Dabei rücken als mögliche Willenserklärungen insbesondere die folgenden, in chronologischer Reihenfolge genannten Erklärungen, die im Zusammenhang mit Abonnement- bzw. Vertragsfallen typischerweise vorkommen und über das Internet abgegeben werden, in den Fokus der Untersuchung:

Als erstes könnte die vom Nutzer aufgerufene Internetseite mit den darauf präsentierten Waren bzw. Dienstleistungen bereits eine wirksame Willenserklärung seitens des Anbieters darstellen. Sodann könnte in dem Anklicken eines entsprechenden Buttons auf der Internetseite des Anbieters bzw. in dem Ausfüllen und Absenden des auf der Bestell- bzw. Registrierungsseite vorgehaltenen Formulars eine Willenserklärung des Nutzers zu sehen sein. Und schließlich kommt noch die im Anschluss an den Bestell- bzw. Registrierungsvorgang versendete E-Mail des Anbieters bzw. ihr Inhalt als Willenserklärung in Frage.

I. Definition der Willenserklärung und ihre Tatbestandsvoraussetzungen im Falle elektronischer Willenserklärungen

Der Begriff der Willenserklärung ist zwar ein zentraler Begriff des Bürgerlichen Gesetzbuches (vgl. etwa § 105 Abs. 1 und 2, §§ 107, 116 ff., 130 ff. BGB), gleichwohl ist eine gesetzliche Definition darin nicht vorhanden;[128] nur in den §§ 116 ff. BGB finden sich vereinzelt nähere Bestimmungen im Hinblick auf die subjektiven Voraussetzungen einer Willenserklärung.[129] Diese Problematik ist historisch bedingt und lässt sich darauf zurückführen, dass sich zur Zeit der Entstehung des Bürgerlichen

---

127 Vgl. *Kitz* in: Hoeren/Sieber, Multimedia-Recht, Teil 13.1, Rn. 5; *Leupold/Glossner* in: Leupold/Glossner, IT-Recht, Teil 2, Rn. 27; *Stempfle* in: Bräutigam/Leupold, Online-Handel, B III, Rn. 149.

128 Vgl. etwa *Bydlinski*, Erklärungsbewusstsein und Rechtsgeschäft, JZ 1975, 1 (2); *Hirsch*, BGB AT, Rn. 157; *Kitz* in: Hoeren/Sieber, Multimedia-Recht, Teil 13.1, Rn. 6; *Klein-Blenkers*, Zwei Fälle „nicht gewollter" Willenserklärungen, JURA 1993, 640 (640); *Knothe* in: Staudinger, BGB, Vorbemerkung zu §§ 116-144, Rn. 1; *H. Köhler*, BGB AT, § 6, Rn. 1; *Kramer* in: Münchener Kommentar, BGB, Vor § 116, Rn. 1; *Petersen*, Der Tatbestand der Willenserklärung, JURA 2006, 178 (179); *Rüthers*, BGB AT, Rn. 192.

129 Vgl. *Petersen*, Der Tatbestand der Willenserklärung, JURA 2006, 178 (179).

Gesetzbuches im 19. Jahrhundert mit der Erklärungstheorie und der Willenstheorie zwei unvereinbare Ansichten über den Begriff der Willenserklärung gegenüberstanden, die der Gesetzgeber nicht oder nur fallweise entscheiden wollte.[130] Dennoch hat sich im deutschen Recht eine gebräuchliche Definition herausgebildet, nach der es sich bei einer Willenserklärung um die menschliche Äußerung eines Willens handelt, der unmittelbar auf die Herbeiführung einer privatrechtlichen Rechtsfolge – in Abgrenzung zu einer Willensäußerung im Bereich des öffentlichen Rechts – gerichtet ist.[131]

Wie schon aus dem Wort „Willenserklärung" hervorgeht, muss ein Wille vorliegen, der erklärt, also geäußert wird.[132] Eine Willenserklärung besteht demnach aus zwei Elementen, einerseits dem inneren bzw. subjektiven Tatbestand, nämlich einem bestimmten Willen des Erklärenden („das Gewollte"), und andererseits dem äußeren bzw. objektiven Tatbestand, nämlich der Kundgabe oder Äußerung dieses Willens („das Erklärte").[133]

1. Objektiver Tatbestand

Im Hinblick auf den äußeren bzw. objektiven Tatbestand ist für das Vorliegen einer Willenserklärung die Kundgabe eines entsprechenden Rechtsfolgewillens erforderlich.[134] Unter einer solchen Willensäußerung ist jedes nach außen gerichtete und damit äußerlich erkennbare Verhalten des Erklärenden zu verstehen, das den auf die Herbeiführung einer bestimmten Rechtsfolge gerichteten Willen des Erklärenden (den sogenannten Rechtsfolgewillen) erkennen lässt.[135] Denn der bloße, lediglich innerlich

[130] Vgl. nur *Klein-Blenkers*, Zwei Fälle „nicht gewollter" Willenserklärungen, JURA 1993, 640 (641) m. w. N.

[131] Vgl. etwa *BGH*, Urt. v. 24.05.1993 - II ZR 73/92, NJW 1993, 2100 (2100); *BGH*, Urt. v. 17.10.2000 - X ZR 97/99, BGHZ 145, 343 (346) = NJW 2001, 289 (290) m. w. N.; *Brox/Walker*, BGB AT, Rn. 82 f.; *Ellenberger* in: Palandt, BGB, Einf v § 116, Rn. 1; *Hirsch*, BGB AT, Rn. 157; *Knothe* in: Staudinger, BGB, Vorbemerkung zu §§ 116-144, Rn. 1; *H. Köhler*, BGB AT, § 6, Rn. 1; *Lange*, Die Willenserklärung, JA 2007, 687 (687).

[132] Vgl. *Hirsch*, BGB AT, Rn. 159; *Rüthers*, BGB AT, Rn. 190.

[133] Vgl. *Brox/Walker*, BGB AT, Rn. 83; *Hirsch*, BGB AT, Rn. 159; *Klein-Blenkers*, Zwei Fälle „nicht gewollter" Willenserklärungen, JURA 1993, 640 (640) m. w. N.; *H. Köhler*, BGB AT, § 6, Rn. 1; *Lange*, Die Willenserklärung, JA 2007, 687 (687); *Leupold/Glossner* in: Leupold/Glossner, IT-Recht, Teil 2, Rn. 28; *Rüthers*, BGB AT, Rn. 190.

[134] Vgl. etwa *Brox/Walker*, BGB AT, Rn. 88; *H. Köhler*, BGB AT, § 6, Rn. 2; *Lange*, Die Willenserklärung, JA 2007, 687 (687); *Petersen*, Der Tatbestand der Willenserklärung, JURA 2006, 178 (179); *Rüthers*, BGB AT, Rn. 193.

[135] Vgl. *Brox/Walker*, BGB AT, Rn. 88; *Klein-Blenkers*, Zwei Fälle „nicht gewollter" Willenserklärungen, JURA 1993, 640 (640); *Lange*, Die Willenserklärung, JA 2007, 687 (687 f.).

gegebene Wille, durch rechtsgeschäftliches Handeln eine Rechtsfolge herbeizuführen, ist nach außen nicht erkennbar und muss daher grundsätzlich durch eine tatsächliche Erklärungshandlung nach außen hin zum Ausdruck gebracht werden, um eine Rechtswirkung auszulösen.[136] Da eine solche Willensäußerung im Ergebnis, d. h. wenn auch alle weiteren Voraussetzungen für die Wirksamkeit der Willenserklärung vorliegen, dazu führt, dass sich der Erklärende rechtlich an das von ihm Erklärte bindet, spricht man diesbezüglich auch vom Erfordernis der Kundgabe eines entsprechenden Rechtsbindungswillens.[137]

a) Kundgabe eines Rechtsfolgewillens

Die Kundgabe eines Rechtsfolgewillens kann auf unterschiedliche Weise erfolgen, und zwar sowohl durch ein ausdrücklich als auch durch ein konkludent geäußertes Verhalten.[138] Entscheidend für das Vorliegen einer solchen Kundgabe ist jedoch, dass von dem äußerlich erkennbaren Verhalten der Schluss auf einen dadurch ausgedrückten Rechtsfolgewillen des Erklärenden zulässig sein muss.[139]

Ob ein solcher Schluss tatsächlich zulässig ist, dadurch also eine entsprechende Kundgabe eines Rechtsfolgewillens vorliegt und damit ein Erklärungstatbestand geschaffen wurde, ergibt sich durch Auslegung des fraglichen Verhaltens nach Treu und Glauben unter Berücksichtigung der Verkehrssitte (vgl. §§ 133, 157 BGB) und unter Zugrundelegung aller Umstände des Einzelfalls, wobei ausschließlich objektiv anhand des sogenannten objektiven Empfängerhorizonts zu prüfen ist, das heißt die Beurteilung erfolgt aus Sicht eines objektiven Beurteilers (eines Außenstehenden).[140]

---

136 Vgl. etwa *BGH*, Urt. v. 22.06.1956 - I ZR 198/54, BGHZ 21, 102 (106 f.) = NJW 1956, 1313 (1313); *BGH*, Urt. v. 03.11.1983 - III ZR 125/82, BGHZ 88, 373 (382) = NJW 1984, 1533 (1536); *Brox/Walker*, BGB AT, Rn. 83; *Giesen*, Grundsätze der Konfliktlösung bei fehlgeschlagenen Rechtsverhältnissen, JURA 1980, 23 (25); *H. Köhler*, BGB AT, § 6, Rn. 2; *Larenz/Wolf*, BR AT, § 24, Rn. 14; *Rüthers*, BGB AT, Rn. 191; *Rüthers/Stadler*, BGB AT, § 17, Rn. 3.

137 Vgl. etwa *H. Köhler*, BGB AT, § 6, Rn. 2.

138 Vgl. nur *Brox/Walker*, BGB AT, Rn. 88; *Hirsch*, BGB AT, Rn. 159; *H. Köhler*, BGB AT, § 6, Rn. 4; *Lange*, Die Willenserklärung, JA 2007, 687 (687 f.); *Larenz/Wolf*, BR AT, § 24, Rn. 14; *Petersen*, Der Tatbestand der Willenserklärung, JURA 2006, 178 (179).

139 Vgl. *Brox/Walker*, BGB AT, Rn. 88; *Klein-Blenkers*, Zwei Fälle „nicht gewollter" Willenserklärungen, JURA 1993, 640 (640); *H. Köhler*, BGB AT, § 6, Rn. 2; *Petersen*, Der Tatbestand der Willenserklärung, JURA 2006, 178 (179).

140 Vgl. etwa *BGH*, Urt. v. 22.06.1956 - I ZR 198/54, BGHZ 21, 102 (106 f.) = NJW 1956, 1313 (1313); *BGH*, Urt. v. 10.10.1984 - VIII ZR 152/83, NJW 1985, 313 (313); *BGH*, Urt. v. 26.01.2005 - VIII ZR 66/04, NJW-RR 2005, 639 (640); *Hirsch*, BGB AT, Rn. 164; *Knothe* in: Staudinger, BGB, Vorbemer-

Der tatsächliche subjektive Wille des Erklärenden ist hingegen erst beim subjektiven Tatbestand von Relevanz.[141]

Im Zusammenhang mit der nach objektiven Maßstäben zu prüfenden Frage, ob ein entsprechender Rechtsfolgewille zum Ausdruck gekommen ist, ist vor allem auf zwei Äußerungsformen näher einzugehen.[142] Bei diesen beiden Äußerungsformen fehlt es dem Erklärenden erkennbar an dem Willen, eine Rechtsfolge herbeizuführen, da er sich durch diese Äußerung gar nicht rechtlich binden will:[143] So ist die rechtlich bindende Erklärung zum einen von der rechtlich unverbindlichen sogenannten Gefälligkeitszusage oder auch Gefälligkeitsäußerung, wie sie im täglichen Leben vorkommt, abzugrenzen.[144] Denn beispielsweise bei Zusagen im rein gesellschaftlichen Bereich (wie einer Einladung zum Essen) oder bei einem ähnlichen Vorgang wird der Schluss auf das Vorhandensein eines Rechtsfolgewillens des Erklärenden in der Regel nicht zulässig und das Vorliegen einer Willenserklärung daher zu verneinen sein.[145] Auf diese Gefälligkeitszusagen ist im Rahmen dieser Untersuchung allerdings nicht weiter einzugehen, da es sich bei Abonnement- bzw. Vertragsfallen im Internet nämlich nicht – auch wenn der Nutzer davon ausgeht – um eine unentgeltliche Leistung des Anbieters handelt.

Zum anderen ist die rechtlich bindende Erklärung von der sogenannten invitatio ad offerendum abzugrenzen,[146] bei der sich der Erklärende ebenfalls nicht rechtlich binden, sondern vielmehr nur potenzielle Vertragspartner dazu auffordern will, selbst ein verbindliches Angebot zum Eingehen eines Vertragsabschlusses abzugeben.[147] Diese invitatio ad offerendum ist gerade bei Vertragsabschlüssen über das Internet relevant; auf sie wird jedoch erst im Zusammenhang mit dem Vorliegen eines wirksamen

---

kung zu §§ 116-144, Rn. 1; *H. Köhler*, BGB AT, § 6, Rn. 2; *Kramer* in: Münchener Kommentar, BGB, Vor § 116, Rn. 22; *Lange*, Die Willenserklärung, JA 2007, 687 (688); *Petersen*, Der Tatbestand der Willenserklärung, JURA 2006, 178 (179).

141 Vgl. nur *Lange*, Die Willenserklärung, JA 2007, 687 (688).

142 Vgl. ebd.

143 Vgl. nur *Hirsch*, BGB AT, Rn. 163.

144 Vgl. nur *H. Köhler*, BGB AT, § 6, Rn. 2; *Lange*, Die Willenserklärung, JA 2007, 687 (688); *Petersen*, Der Tatbestand der Willenserklärung, JURA 2006, 178 (179).

145 Vgl. *H. Köhler*, BGB AT, § 6, Rn. 2.

146 Vgl. nur *Lange*, Die Willenserklärung, JA 2007, 687 (688); *Petersen*, Der Tatbestand der Willenserklärung, JURA 2006, 178 (179).

147 Vgl. etwa *Brox/Walker*, BGB AT, Rn. 165a; *Kitz* in: Hoeren/Sieber, Multimedia-Recht, Teil 13.1, Rn. 84; *Lange*, Die Willenserklärung, JA 2007, 687 (688); *Stempfle* in: Bräutigam/Leupold, Online-Handel, B III, Rn. 160.

Angebots bei der Prüfung des Zustandekommens eines Vertrages in einem späteren Teil dieser Untersuchung näher eingegangen[148].

aa) Ausdrückliche Willenserklärung

Zunächst kann der Rechtsfolgewille ausdrücklich erklärt werden.[149] Eine solche ausdrückliche (direkte, unmittelbare) Willenserklärung liegt immer dann vor, wenn der Wille des Erklärenden, eine bestimmte Rechtsfolge in Geltung zu setzen, unmittelbar aus der Erklärung zu entnehmen ist und dem Erklärungsempfänger somit völlige Klarheit über die Rechtslage verschafft.[150] Dabei kann grundsätzlich jedes willensgesteuerte Verhalten als Verständigungsmittel zur Äußerung einer entsprechenden ausdrücklichen Erklärung dienen,[151] solange es zumindest aus Empfängersicht (also für denjenigen, für den die Erklärung bestimmt ist) verständlich ist und einen entsprechenden Erklärungsgehalt aufweist:[152] So kann der Rechtsfolgewillen des Erklärenden unmittelbar durch Worte zum Ausdruck gebracht werden, nämlich entweder mit Hilfe (fern)mündlicher oder durch schriftlich abgefasste Erklärungen.[153] Unproblematisch ist dies beispielsweise dann, wenn die Kundgabe des Willens expressis verbis erfolgt, also etwa durch Formulierungen wie „Ich erkläre hiermit, dass [...]", „Hiermit bestelle ich verbindlich [...]" oder „Hiermit akzeptiere ich Ihr Angebot vom [...]".[154] Denn zum Verständnis einer solchen förmlichen Willensäußerung ist es nicht notwendig, die sie begleitenden (konkludenten) Umstände heranzuziehen; dies darf jedoch nicht dahingehend verstanden werden, dass sie für die Interpretation einer solchen ausdrücklichen Willensäußerung keine Bedeutung hätten.[155] Ist es hingegen nicht klar, ob ein entsprechender Erklärungsgehalt vorliegt, so ist dies – auch

148 Siehe 2. Teil, C, I, 3.

149 Vgl. etwa *Brox/Walker*, BGB AT, Rn. 88; *Hirsch*, BGB AT, Rn. 159; *H. Köhler*, BGB AT, § 6, Rn. 4; *Lange*, Die Willenserklärung, JA 2007, 687 (687 f.); *Larenz/Wolf*, BR AT, § 24, Rn. 14.

150 Vgl. etwa *Brox/Walker*, BGB AT, Rn. 89; *Knothe* in: Staudinger, BGB, Vorbemerkung zu §§ 116-144, Rn. 51 f.; *Larenz/Wolf*, BR AT, § 24, Rn. 15.

151 Vgl. nur *Rüthers*, BGB AT, Rn. 193; *Rüthers/Stadler*, BGB AT, § 17, Rn. 3.

152 Vgl. etwa *Brox/Walker*, BGB AT, Rn. 88; *Kitz* in: Hoeren/Sieber, Multimedia-Recht, Teil 13.1, Rn. 8; *Klein-Blenkers*, Zwei Fälle „nicht gewollter" Willenserklärungen, JURA 1993, 640 (640); *H. Köhler*, BGB AT, § 6, Rn. 2; *Stempfle* in: Bräutigam/Leupold, Online-Handel, B III, Rn. 150.

153 Vgl. etwa *Ernst*, Der Mausklick als Rechtsproblem – Willenserklärungen im Internet, NJW-CoR 1997, 165 (165); *Hirsch*, BGB AT, Rn. 159; *Larenz/Wolf*, BR AT, § 24, Rn. 15; *Rüthers*, BGB AT, Rn. 193; *Rüthers/Stadler*, BGB AT, § 17, Rn. 3; *Stempfle* in: Bräutigam/Leupold, Online-Handel, B III, Rn. 150.

154 Vgl. *Brox/Walker*, BGB AT, Rn. 89; *Kramer* in: Münchener Kommentar, BGB, Vor § 116, Rn. 22.

155 Vgl. *Kramer* in: Münchener Kommentar, BGB, Vor § 116, Rn. 22.

im Zusammenhang mit dem Internet – im Wege der Auslegung anhand der §§ 133 sowie 157 BGB zu ermitteln.[156]

Im Internet kann der Erklärende seinen Willen vor allem durch die Eingabe von Text über die Tastatur zum Ausdruck bringen.[157] Ausdrückliche Willenserklärungen finden sich daher beispielsweise im Text einer E-Mail[158], eines Online-Formulars[159] oder auf einer Internetseite[160] selbst. Der Erklärende kann aber nicht nur durch die Eingabe von Text über die Tastatur, sondern auch mit Hilfe der Computer-Maus ausdrückliche Willenserklärungen im Internet abgeben, indem er durch eine entsprechende Positionierung des Mauszeigers und Drücken einer Maustaste bestimmte (interaktive) Elemente auf einer Internetseite oder in einer E-Mail bedient bzw. auslöst.[161] Bei diesen Elementen kann es sich beispielsweise um eine (virtuelle) Schaltfläche ähnlich eines Tasters handeln, einen sogenannten „Button“,[162] der durch das Anklicken „gedrückt“ wird. Vergleichbar mit dem Drücken eines Buttons ist das Anklicken eines Text-Links[163] oder eines verlinkten Objekts (etwa eines Bildes oder Symbols[164]). Aber auch eine Auswahl bzw. Bestätigung ist durch das Anklicken eines entsprechenden Bereiches (beispielsweise eines Kästchens) möglich, in dem

---

156 Vgl. nur *BGH*, Urt. v. 07.11.2001 - VIII ZR 13/01, BGHZ 149, 129 (134) = NJW 2002, 363 (364); *Kitz* in: Hoeren/Sieber, Multimedia-Recht, Teil 13.1, Rn. 9; *Leupold/Glossner* in: Leupold/Glossner, IT-Recht, Teil 2, Rn. 28.

157 So bspw. auch *Borges*, S. 192; *Ernst*, Der Mausklick als Rechtsproblem – Willenserklärungen im Internet, NJW-CoR 1997, 165 (165 f.); *Kitz* in: Hoeren/Sieber, Multimedia-Recht, Teil 13.1, Rn. 8; *Rüthers*, BGB AT, Rn. 193; *Rüthers/Stadler*, BGB AT, § 17, Rn. 3; *Stempfle* in: Bräutigam/Leupold, Online-Handel, B III, Rn. 150.

158 So bspw. auch *Borges*, S. 194; *Ernst*, Der Mausklick als Rechtsproblem – Willenserklärungen im Internet, NJW-CoR 1997, 165 (165); *Fringuelli/Wallhäuser*, Formerfordernisse beim Vertragsschluß im Internet, CR 1999, 93 (93); *U. Hübner*, Vertragsschluß und Probleme des Internationalen Privatrechts beim E-Commerce, ZVersWiss 2001, 351 (354); *Kitz* in: Hoeren/Sieber, Multimedia-Recht, Teil 13.1, Rn. 9.

159 So bspw. auch *Fringuelli/Wallhäuser*, Formerfordernisse beim Vertragsschluß im Internet, CR 1999, 93 (93); *Kitz* in: Hoeren/Sieber, Multimedia-Recht, Teil 13.1, Rn. 9.

160 So bspw. auch *Borges*, S. 219, 221; *Ernst*, Der Mausklick als Rechtsproblem – Willenserklärungen im Internet, NJW-CoR 1997, 165 (165).

161 So bspw. auch *BGH*, Urt. v. 07.11.2001 - VIII ZR 13/01, BGHZ 149, 129 (134 f.) = NJW 2002, 363 (364); *OLG Hamm*, Urt. v. 14.12.2000 - 2 U 58/00, CR 2001, 117 (118) = NJW 2001, 1142 (1142); *LG Münster*, Urt. v. 21.01.2000 - 4 O 424/99, MMR 2000, 280 (281); *Borges*, S. 194; *Brox/Walker*, BGB AT, Rn. 89; *Ernst*, Der Mausklick als Rechtsproblem – Willenserklärungen im Internet, NJW-CoR 1997, 165 (165); *Hirsch*, BGB AT, Rn. 159; *U. Hübner*, Vertragsschluß und Probleme des Internationalen Privatrechts beim E-Commerce, ZVersWiss 2001, 351 (354); *Kitz* in: Hoeren/Sieber, Multimedia-Recht, Teil 13.1, Rn. 9; *Stempfle* in: Bräutigam/Leupold, Online-Handel, B III, Rn. 150.

162 So bspw. auch *AG Moers*, Urt. v. 11.02.2004 - 532 C 109/03, NJW 2004, 1330 (1330); *Kitz* in: Hoeren/Sieber, Multimedia-Recht, Teil 13.1, Rn. 9.

163 So bspw. auch *Kitz* in: Hoeren/Sieber, Multimedia-Recht, Teil 13.1, Rn. 9.

164 So bspw. auch *Borges*, S. 194; *U. Hübner*, Vertragsschluß und Probleme des Internationalen Privatrechts beim E-Commerce, ZVersWiss 2001, 351 (354).

dann meist eine Markierung (wie etwa ein Punkt oder ein Haken) erscheint. In all diesen und weiteren Fällen wird durch den Mausklick eine mit dem jeweiligen Element verbundene Funktion ausgelöst. Diese entweder sofort oder erst später durch einen oder mehrere Mausklicks ausgelöste Funktion kann, sofern mit dem zugrundeliegenden Element ein bestimmter Inhalt, nämlich eine bereits vorgegebene Erklärung, verbunden ist, den auf die Herbeiführung einer bestimmten Rechtsfolge gerichteten Willen des Erklärenden unmittelbar und eindeutig zum Ausdruck bringen, da dieses Auslösen zumindest für den jeweiligen Erklärungsempfänger als aktive Handlung des Erklärenden erkennbar und verständlich ist und einen mit dem jeweiligen Element verbundenen Erklärungsgehalt aufweist. Selbst das Anklicken eines schlichten „Weiter“-, „Senden“- oder „OK“-Buttons kann also, einen geeigneten Kontext vorausgesetzt, eine ausdrückliche Erklärung des Nutzers darstellen.

bb) Konkludente Willenserklärung

Der Rechtsfolgewille kann aber nicht nur mit Hilfe (fern)mündlicher oder durch schriftlich abgefasste Erklärungen ausdrücklich, sondern vielmehr auch wortlos, nämlich konkludent, erklärt werden, da der Erklärende – wie bereits erwähnt – grundsätzlich auch mit jedem sonstigen willensgesteuerten Verhalten zum Ausdruck bringen kann, dass er eine bestimmte Rechtsfolge herbeiführen möchte.[165]

Eine solche konkludente (indirekte, mittelbare) Willenserklärung liegt immer dann vor, wenn eine bestimmte (nonverbale) Verhaltensweise (auch konkludentes Verhalten genannt) für sich allein betrachtet zwar keinen bestimmten Sinn enthält und somit auch unmittelbar keinen Rechtsfolgewillen zum Ausdruck bringt – der Handelnde verfolgt damit ja eigentlich auch einen anderen Zweck –, dieses Verhalten aber in bestimmten Situationen und in Verbindung mit anderen Umständen mittelbar auf einen bestimmten dadurch ausgedrückten Rechtsfolgewillen des Erklärenden schließen lässt.[166] Ein solches Verhalten wird daher auch als schlüssiges Verhalten bezeichnet.[167]

---

[165] Vgl. etwa *Brox/Walker*, BGB AT, Rn. 88; *Hirsch*, BGB AT, Rn. 159 f.; *Kitz* in: Hoeren/Sieber, Multimedia-Recht, Teil 13.1, Rn. 8; *H. Köhler*, BGB AT, § 6, Rn. 4; *Lange*, Die Willenserklärung, JA 2007, 687 (687 f.); *Larenz/Wolf*, BR AT, § 24, Rn. 14, 17; *Petersen*, Der Tatbestand der Willenserklärung, JURA 2006, 178 (179); *Rüthers*, BGB AT, Rn. 193; *Rüthers/Stadler*, BGB AT, § 17, Rn. 3.

[166] Vgl. etwa *Brox/Walker*, BGB AT, Rn. 90; *Ellenberger* in: Palandt, BGB, Einf v § 116, Rn. 6; *Knothe* in: Staudinger, BGB, Vorbemerkung zu §§ 116-144, Rn. 53; *H. Köhler*, BGB AT, § 6, Rn. 4; *Kramer*

So können etwa Gesten wie ein Handzeichen (Winken, Zeigen oder das Anzeigen des Kaufpreises) oder eine Kopfbewegung (Nicken oder Kopfschütteln),[168] unter Umständen aber auch das bloße Schweigen des Erklärenden, eine solche (nonverbale) Verhaltensweise darstellen, aus der ein bestimmter Sinn erschlossen werden kann.[169] Ist der Sinn dieser Verhaltensweise hingegen unklar und ist es daher fraglich, ob eine konkludente Willenserklärung vorliegt bzw. welchen Inhalt diese Erklärung hat, so ist dies im Wege der Auslegung anhand der §§ 133 sowie 157 BGB zu ermitteln.[170]

Eine typische konkludente Willenserklärung liegt aber auch dann vor, wenn der Handelnde solche Waren oder Dienstleistungen in Anspruch nimmt, die im Normalfall kostenpflichtig, also nur gegen die Zahlung eines entsprechenden Entgelts angeboten werden.[171] Auf das Umfeld des Internets übertragen ist es daher durchaus vorstellbar, dass der Kunde ein Angebot in Anspruch nimmt, welches klar und verständlich als kostenpflichtig gekennzeichnet war, und so, nämlich durch dieses schlüssige Verhalten, zum Ausdruck bringt, dass er ein Vertragsverhältnis zu den genannten Bedingungen eingehen will.[172]

Eine solche Inanspruchnahme eines kostenpflichtigen Angebots und die damit verbundene Abgabe einer konkludenten Willenserklärung kommt vor allem durch das Anklicken bestimmter (interaktiver) Elemente (beispielsweise eines Buttons, Text-Links oder anderer verlinkter Objekte wie Bildern) auf einer Internetseite oder in einer E-Mail in Betracht, wodurch der Kunde primär an die damit verknüpften Inhalte gelangen bzw. diese beziehen will. Dies gilt allerdings nur, sofern mit diesem Element nicht schon ein bestimmter Inhalt, nämlich eine vorgegebene Erklärung, verbunden ist und damit durch das Anklicken bereits eine ausdrückliche Willenserklärung abgegeben wurde.

---

in: Münchener Kommentar, BGB, Vor § 116, Rn. 22; *Larenz/Wolf*, BR AT, § 24, Rn. 17; *Rüthers*, BGB AT, Rn. 193; *Rüthers/Stadler*, BGB AT, § 17, Rn. 3.

167 Vgl. nur *Ellenberger* in: Palandt, BGB, Einf v § 116, Rn. 6; *Hirsch*, BGB AT, Rn. 160; *Larenz/Wolf*, BR AT, § 24, Rn. 17.

168 Vgl. nur *Rüthers*, BGB AT, Rn. 193; *Rüthers/Stadler*, BGB AT, § 17, Rn. 3.

169 Vgl. nur *Larenz/Wolf*, BR AT, § 24, Rn. 17.

170 Vgl. *BGH*, Urt. v. 07.11.2001 - VIII ZR 13/01, BGHZ 149, 129 (134) = NJW 2002, 363 (364); *Kitz* in: Hoeren/Sieber, Multimedia-Recht, Teil 13.1, Rn. 9; *Knothe* in: Staudinger, BGB, Vorbemerkung zu §§ 116-144, Rn. 54; *Leupold/Glossner* in: Leupold/Glossner, IT-Recht, Teil 2, Rn. 28.

171 Vgl. *Knothe* in: Staudinger, BGB, Vorbemerkung zu §§ 116-144, Rn. 54.

172 So auch *Kitz* in: Hoeren/Sieber, Multimedia-Recht, Teil 13.1, Rn. 9.

Bei den hier untersuchten Abonnement- bzw. Vertragsfallen ist ein solcher Fall jedoch eher fernliegend, da deren Anbieter auf die Eingabe bestimmter Daten des Nutzers, wie beispielsweise seines Namens, seiner E-Mail- oder Postadresse, angewiesen sind. Diese Eingabe wird durch eine obligatorische Anmeldung bzw. Registrierung sichergestellt. Diese Anmeldung bzw. Registrierung verhindert aber auch, dass der Nutzer zuvor an die von ihm gewünschten Inhalte gelangt, womit er das Angebot gar nicht erst in Anspruch nehmen und so auch keine entsprechende Erklärung aufgrund schlüssigen Verhaltens abgeben kann.

Während das Vorliegen einer konkludenten Willenserklärung zumindest eine Handlung – nämlich ein schlüssiges Verhalten des Erklärenden – verlangt, ist im Rahmen des objektiven Tatbestands einer Willenserklärung insbesondere noch auf das Schweigen des Erklärenden einzugehen, welches eine Sonderform des schlüssigen Verhaltens darstellt.[173] Denn grundsätzlich liegt in einem Nichtstun des Erklärenden – und dazu zählt auch sein Schweigen – keine Handlung, durch die ein Rechtsfolgewille zum Ausdruck gebracht werden soll.[174] Es gibt allerdings Ausnahmen, in denen das Schweigen des Erklärenden beredt ist und damit als Willenserklärung gilt.[175] Diese können sich aus einer entsprechenden Vereinbarung der Vertragsparteien ergeben,[176] gegebenenfalls muss hier aber das Klauselverbot des § 308 Nr. 5 BGB beachtet werden,[177] auf das im 3. Teil dieser Arbeit[178] noch eingegangen wird. Des Weiteren legt das Gesetz in bestimmten Fällen dem Schweigen des Erklärenden die Wirkung einer Willenserklärung bei, was bedeutet, dass in diesen Fällen eine Willenserklärung gesetzlich fingiert wird (sogenanntes normiertes Schweigen), und zwar unabhängig davon, ob diese Rechtsfolge dem Willen des Erklärenden entspricht.[179]

---

173 Vgl. *Lange*, Die Willenserklärung, JA 2007, 687 (688); *Larenz/Wolf*, BR AT, § 24, Rn. 20, § 28, Rn. 66 ff.

174 Vgl. etwa *BGH*, Urt. v. 04.04.1951 - II ZR 52/50, BGHZ 1, 353 (355) = NJW 1951, 711 (711); *BGH*, Urt. v. 29.09.1955 - II ZR 210/54, BGHZ 18, 212 (216) = NJW 1955, 1794 (1795); *BGH*, Urt. v. 10.02.1999 - IV ZR 56/98, NJW-RR 1999, 818 (819); *BGH*, Beschl. v. 19.09.2002 - V ZB 37/02, BGHZ 152, 63 (68) = NJW 2002, 3629 (3630); *Brox/Walker*, BGB AT, Rn. 91; *Ellenberger* in: Palandt, BGB, Einf v § 116, Rn. 7; *H. Köhler*, BGB AT, § 6, Rn. 5; *Lange*, Die Willenserklärung, JA 2007, 687 (688); *Larenz/Wolf*, BR AT, § 24, Rn. 20, § 28, Rn. 67.

175 Vgl. nur *Ellenberger* in: Palandt, BGB, Einf v § 116, Rn. 7; *Larenz/Wolf*, BR AT, § 28, Rn. 67.

176 Vgl. nur *Brox/Walker*, BGB AT, Rn. 91; *Ellenberger* in: Palandt, BGB, Einf v § 116, Rn. 7; *Lange*, Die Willenserklärung, JA 2007, 687 (688); *Larenz/Wolf*, BR AT, § 28, Rn. 70.

177 So auch *H. Köhler*, BGB AT, § 6, Rn. 5.

178 Siehe 3. Teil, D, III, 3.

179 Vgl. nur *Ellenberger* in: Palandt, BGB, Einf v § 116, Rn. 9; *H. Köhler*, BGB AT, § 6, Rn. 6; *Larenz/Wolf*, BR AT, § 28, Rn. 77.

b) Elektronische Willenserklärungen – Auf einem menschlichen Willen beruhende Erklärungen?

Sollen das Internet bzw. seine Dienste zu Kommunikationszwecken, und hier insbesondere zur elektronischen Übermittlung von Erklärungen genutzt werden, sind sowohl der Erklärende selbst als auch der Empfänger zwangsläufig auf den Einsatz elektronischer Hilfsmittel wie den Computer angewiesen.[180] Ein Computer bzw. ein Computersystem kann dabei aber nicht nur für den elektronischen Versand sowie den Empfang von Erklärungen eingesetzt, sondern bereits für die Erstellung dieser Erklärungen genutzt werden, die sogar gänzlich automatisiert von diesem generiert werden können.[181]

Hinsichtlich der Frage, ob solche Erklärungen auch die Voraussetzungen für das Vorliegen einer Willenserklärung erfüllen – insbesondere ob sie auf einem menschlichen Willen beruhen –, ist zwischen zwei Arten dieser „elektronischen Erklärungen" zu unterscheiden, die zwei unterschiedliche, voneinander weitgehend unabhängige Phänomene betreffen: nämlich zum einen diejenigen Erklärungen, die lediglich mit Hilfe eines Computers auf elektronischem Wege übermittelt werden, und zum anderen diejenigen Erklärungen, die durch ein Computersystem vollautomatisch erzeugt und anschließend über das Internet versendet werden.[182]

Die erste Fallgruppe erfasst all diejenigen Erklärungen im Internet, die der Erklärende mit ihrem konkreten Inhalt selbst erzeugt, dann aber in elektronischer Form, beispielsweise enthalten im Text einer E-Mail, abgibt und – online – zum Empfänger übermittelt.[183] Solche Erklärungen werden in der Literatur unter anderem als „Telekommunikationserklärungen"[184] oder „digitale"[185] bzw. „elektronische Willenserklärungen"[186] bezeichnet. Einem verbreiteten Gebrauch folgend, werden in dieser Arbeit

---

180 So auch *Borges*, S. 191 f.; *Heun*, Die elektronische Willenserklärung, CR 1994, 595 (595); *Klewitz*, S. 38.

181 So auch *Heun*, Die elektronische Willenserklärung, CR 1994, 595 (595); *Klewitz*, S. 38.

182 Vgl. nur *Borges*, S. 191 f.; *Heun*, Die elektronische Willenserklärung, CR 1994, 595 (595); *Klewitz*, S. 38; *Stempfle* in: Bräutigam/Leupold, Online-Handel, B III, Rn. 151 f.

183 Vgl. etwa *Dilger*, S. 19; *Fritzsche/Malzer*, Ausgewählte zivilrechtliche Probleme elektronisch signierter Willenserklärungen, DNotZ 1995, 3 (8); *Heun*, Die elektronische Willenserklärung, CR 1994, 595 (595); *Klewitz*, S. 38; *Stempfle* in: Bräutigam/Leupold, Online-Handel, B III, Rn. 151; *v. Herget/Reimer*, Rechtsformen und Inhalte von Verträgen im Online-Bereich, DStR 1996, 1288 (1291).

184 Vgl. etwa *Heun*, Die elektronische Willenserklärung, CR 1994, 595 (595).

185 Vgl. etwa *Härting*, Rn. 57 ff.; *Stempfle* in: Bräutigam/Leupold, Online-Handel, B III, Rn. 151.

186 Vgl. etwa *Dilger*, S. 20; *Fritzsche/Malzer*, Ausgewählte zivilrechtliche Probleme elektronisch signierter Willenserklärungen, DNotZ 1995, 3 (6 ff.); *Melullis*, Zum Regelungsbedarf bei der elektronischen

die Bezeichnungen „elektronisch übermittelte Erklärung“[187] und – soweit auch die übrigen Voraussetzungen einer Willenserklärung vorliegen bzw. untersucht werden sollen – „elektronisch übermittelte Willenserklärung“ verwendet.

Vergleicht man eine solche elektronisch übermittelte Erklärung mit einer Erklärung, die beispielsweise handschriftlich auf Papier verfasst wird und dann auf dem Postweg zum Empfänger gelangt, so unterscheiden sich die beiden zugrundeliegenden Vorgänge nicht voneinander, und auch die Besonderheiten des technischen Transports rechtfertigen keine abweichende Qualifizierung dieser Art von Erklärungen.[188] Entscheidend ist also nur, dass der Erklärende den Computer lediglich als technisches Hilfsmittel einsetzt, um unmittelbar seinen Willen in elektronischer Form über das Internet zu übermitteln.[189] Elektronisch übermittelte Erklärungen beruhen daher auf einem entsprechenden menschlichen Willen.[190]

Die zweite Fallgruppe dieser „elektronischen Erklärungen“ bilden diejenigen Erklärungen, die ein Computersystem aufgrund einer entsprechenden Programmierung vollautomatisch erzeugt und anschließend über das Internet an den jeweiligen Empfänger der Erklärung versendet; diese Erklärungen werden mit dem Begriff „automatisierte Willenserklärung“ oder auch „Computererklärung“ bezeichnet.[191] Ob eine solche Computererklärung allerdings auch die Voraussetzungen für das Vorliegen einer Willenserklärung erfüllt – insbesondere ob diese auf einem menschlichen Willen beruhen –, erscheint vor allem im Hinblick auf das Erfordernis einer „menschlichen

Willenserklärung, MDR 1994, 109 (110); *Taupitz/Kritter*, Electronic Commerce – Probleme bei Rechtsgeschäften im Internet, JuS 1999, 839 (839); *v. Herget/Reimer*, Rechtsformen und Inhalte von Verträgen im Online-Bereich, DStR 1996, 1288 (1291).

187 So bspw. auch *Borges*, S. 193.

188 So auch *Klewitz*, S. 38; *Melullis*, Zum Regelungsbedarf bei der elektronischen Willenserklärung, MDR 1994, 109 (111).

189 So auch *M. Köhler/Arndt/Fetzer*, Rn. 167; *Taupitz/Kritter*, Electronic Commerce – Probleme bei Rechtsgeschäften im Internet, JuS 1999, 839 (839).

190 So bspw. auch *Dilger*, S. 19; *Heun*, Die elektronische Willenserklärung, CR 1994, 595 (595); *M. Köhler/Arndt/Fetzer*, Rn. 167; *Moritz*, Quo vadis elektronischer Geschäftsverkehr?, CR 2000, 61 (62); *Taupitz/Kritter*, Electronic Commerce – Probleme bei Rechtsgeschäften im Internet, JuS 1999, 839 (839).

191 Vgl. etwa *Boehme-Neßler*, S. 140; *Borges*, S. 192 f.; *Clemens*, Die elektronische Willenserklärung – Chancen und Gefahren, NJW 1985, 1998 (2001); *Cornelius*, Vertragsabschluss durch autonome elektronische Agenten, MMR 2002, 353 (354); *Dilger*, S. 19; *Fringuelli/Wallhäuser*, Formerfordernisse beim Vertragsschluß im Internet, CR 1999, 93 (93); *Fritzsche/Malzer*, Ausgewählte zivilrechtliche Probleme elektronisch signierter Willenserklärungen, DNotZ 1995, 3 (6 ff.); *Heun*, Die elektronische Willenserklärung, CR 1994, 595 (595); *Klewitz*, S. 38; *M. Köhler/Arndt/Fetzer*, Rn. 167; *Leupold/Glossner* in: Leupold/Glossner, IT-Recht, Teil 2, Rn. 27; *Mehrings*, Vertragsabschluß im Internet, MMR 1998, 30 (31); *Stempfle* in: Bräutigam/Leupold, Online-Handel, B III, Rn. 152; *Taupitz/Kritter*, Electronic Commerce – Probleme bei Rechtsgeschäften im Internet, JuS 1999, 839 (839).

Willenserklärung“ problematisch und ist daher nicht unumstritten.[192] Denn bei einer solchen Computererklärung ersetzt das verwendete Computersystem im Zeitpunkt der jeweiligen Erklärungserstellung den Menschen, sodass in diesem Moment keine aktive menschliche Mitwirkung und damit keine Kontrolle im Einzelfall mehr vorliegt.[193] Das Zugrundeliegen eines menschlichen Willens ist jedoch eine für das Vorliegen einer wirksamen Willenserklärung erforderliche Voraussetzung.[194]

Das dahinterstehende Rechtsproblem, nämlich ob auch solche vollautomatisch erzeugten Computererklärungen als Willenserklärungen zu qualifizieren sind, ist aber keineswegs internetspezifisch, sondern stellt sich immer dann, wenn eine elektronische Datenverarbeitung (kurz: EDV) dazu eingesetzt wird, vollautomatisiert rechtsgeschäftliche Erklärungen zu erstellen, sodass sich die Literatur[195] bereits früher umfassend mit dieser Fragestellung auseinandergesetzt hat.[196]

Von der herrschenden Meinung in der Literatur[197] wird aber – wenn auch mit unterschiedlichen Begründungen im Detail – im Ergebnis auch eine Computererklärung zu

---

192 So bspw. auch *Boehme-Neßler*, S. 141; *Borges*, S. 194; *Cornelius*, Vertragsabschluss durch autonome elektronische Agenten, MMR 2002, 353 (354); *Dilger*, S. 19; *Fringuelli/Wallhäuser*, Formerfordernisse beim Vertragsschluß im Internet, CR 1999, 93 (93); *Heun*, Die elektronische Willenserklärung, CR 1994, 595 (595 f.); *Leupold/Glossner* in: Leupold/Glossner, IT-Recht, Teil 2, Rn. 27; *Taupitz/Kritter*, Electronic Commerce – Probleme bei Rechtsgeschäften im Internet, JuS 1999, 839 (840).

193 Vgl. etwa *Cornelius*, Vertragsabschluss durch autonome elektronische Agenten, MMR 2002, 353 (354); *Dilger*, S. 19; *Klewitz*, S. 39; *H. Köhler*, Die Problematik automatisierter Rechtsvorgänge, insbesondere von Willenserklärungen, AcP 182 (1982), 126 (128); *M. Köhler/Arndt/Fetzer*, Rn. 167; *Leupold/Glossner* in: Leupold/Glossner, IT-Recht, Teil 2, Rn. 27; *Taupitz/Kritter*, Electronic Commerce – Probleme bei Rechtsgeschäften im Internet, JuS 1999, 839 (840).

194 Vgl. nur *Boehme-Neßler*, S. 141; *Fringuelli/Wallhäuser*, Formerfordernisse beim Vertragsschluß im Internet, CR 1999, 93 (93); *Heun*, Die elektronische Willenserklärung, CR 1994, 595 (595); *Taupitz/Kritter*, Electronic Commerce – Probleme bei Rechtsgeschäften im Internet, JuS 1999, 839 (839 f.).

195 Vgl. etwa *Clemens*, Die elektronische Willenserklärung – Chancen und Gefahren, NJW 1985, 1998 (2001 f.); *Heun*, Die elektronische Willenserklärung, CR 1994, 595 (595 f.); *H. Köhler*, Die Problematik automatisierter Rechtsvorgänge, insbesondere von Willenserklärungen, AcP 182 (1982), 126 (132 ff.); *Möschel*, Dogmatische Strukturen des bargeldlosen Zahlungsverkehrs, AcP 186 (1986), 187 (195 f.); *Redeker*, Geschäftsabwicklung mit externen Rechnern im Bildschirmtextdienst, NJW 1984, 2390 (2391 f.); *Susat/Stolzenburg*, Gedanken zur Automation, MDR 1957, 146 (146 f.).

196 So auch *Borges*, S. 192; *Dilger*, S. 19.

197 Vgl. etwa *Boehme-Neßler*, S. 141; *Borges*, S. 194; *Cornelius*, Vertragsabschluss durch autonome elektronische Agenten, MMR 2002, 353 (354 f.); *Dilger*, S. 19 f.; *Fringuelli/Wallhäuser*, Formerfordernisse beim Vertragsschluß im Internet, CR 1999, 93 (93); *Fritzsche/Malzer*, Ausgewählte zivilrechtliche Probleme elektronisch signierter Willenserklärungen, DNotZ 1995, 3 (7 f.); *Härting*, Rn. 59; *Heun*, Die elektronische Willenserklärung, CR 1994, 595 (596); *Klewitz*, S. 39; *H. Köhler*, Die Problematik automatisierter Rechtsvorgänge, insbesondere von Willenserklärungen, AcP 182 (1982), 126 (134); *M. Köhler/Arndt/Fetzer*, Rn. 167; *Leupold/Glossner* in: Leupold/Glossner, IT-Recht, Teil 2, Rn. 27; *Mehrings*, Vertragsabschluß im Internet, MMR 1998, 30 (31); *Melullis*, Zum Regelungsbedarf

Recht als wirksame Willenserklärung qualifiziert. Diese Ansicht wird vor allem darauf gestützt, dass die EDV-Anlage letzten Endes nur das eingegebene Programm ausführen könne, sodass bei der Erstellung der Erklärung im Einzelfall zwar keine aktive menschliche Mitwirkung bzw. Kontrolle vorläge, der Unternehmer aber bereits mit der Einführung dieser Anlage die Willensbildung sowohl im Hinblick auf den Inhalt der Erklärung als auch hinsichtlich des Zeitpunkts ihrer Abgabe in allgemeiner Form durch die Programmierung der Anlage bzw. der darauf eingesetzten Software festgelegt habe und diese somit auf einem menschlichen Willen beruhe.[198] Folglich sind sowohl die vollautomatisch erzeugten und anschließend über das Internet versendeten Computererklärungen als auch die elektronisch übermittelten Erklärungen, die lediglich mit Hilfe eines Computers auf elektronischem Wege übermittelt werden, im Ergebnis als Willenserklärungen im Rechtssinn zu qualifizieren; sie sollen daher im weiteren Verlauf dieser Arbeit unter der Bezeichnung „elektronische Erklärung" und – soweit auch die übrigen Voraussetzungen einer Willenserklärung vorliegen bzw. untersucht werden sollen – als „elektronische Willenserklärung" zusammengefasst werden.[199]

2. Subjektiver Tatbestand

Um das Vorliegen einer Willenserklärung bejahen zu können, muss aber nicht nur der objektive Tatbestand durch das nach außen als Kundgabe eines entsprechenden Rechtsfolgewillens erkennbare und damit als Willenserklärung erscheinende Verhalten stets voll verwirklicht sein.[200] Es bedarf vielmehr noch eines subjektiven Tatbestandsteils,[201] der durch den tatsächlichen Willen des Erklärenden gebildet wird.[202]

bei der elektronischen Willenserklärung, MDR 1994, 109 (111); *Moritz*, Quo vadis elektronischer Geschäftsverkehr?, CR 2000, 61 (62); *Redeker*, Geschäftsabwicklung mit externen Rechnern im Bildschirmtextdienst, NJW 1984, 2390 (2392); *Stempfle* in: Bräutigam/Leupold, Online-Handel, B III, Rn. 152; *Taupitz/Kritter*, Electronic Commerce – Probleme bei Rechtsgeschäften im Internet, JuS 1999, 839 (840). A. A. *Clemens*, Die elektronische Willenserklärung – Chancen und Gefahren, NJW 1985, 1998 (2001); *Möschel*, Dogmatische Strukturen des bargeldlosen Zahlungsverkehrs, AcP 186 (1986), 187 (195 f.); *Susat/Stolzenburg*, Gedanken zur Automation, MDR 1957, 146 (146).

198 Vgl. nur *Boehme-Neßler*, S. 141; *Fritzsche/Malzer*, Ausgewählte zivilrechtliche Probleme elektronisch signierter Willenserklärungen, DNotZ 1995, 3 (7 f.); *Heun*, Die elektronische Willenserklärung, CR 1994, 595 (596); *Klewitz*, S. 39; *M. Köhler/Arndt/Fetzer*, Rn. 167; *Mehrings*, Vertragsabschluß im Internet, MMR 1998, 30 (31).

199 So allg. auch *Dilger*, S. 20.

200 Vgl. etwa *Härting*, Rn. 61; *Knothe* in: Staudinger, BGB, Vorbemerkung zu §§ 116-144, Rn. 1; *H. Köhler*, BGB AT, § 6, Rn. 3; *Rüthers/Stadler*, BGB AT, § 17, Rn. 6.

201 Vgl. etwa *Härting*, Rn. 61.

202 Vgl. etwa *Lange*, Die Willenserklärung, JA 2007, 687 (688).

Im Normalfall liegt dieser (innere) Wille der objektiven Kundgabe des Rechtsfolgewillens zugrunde.[203] Dieser Wille des Erklärenden und die durch sein Verhalten zum Ausdruck gebrachte Erklärung können aber auch auseinanderfallen.[204] Denn was der Erklärende durch sein Verhalten nach außen zum Ausdruck bringt, muss keinesfalls auch das sein, was er tatsächlich (innerlich) gewollt hat.[205] Dies zeigt sich gerade und recht deutlich an den in dieser Arbeit untersuchten Abonnement- bzw. Vertragsfallen (vgl. hierzu die im Rahmen des Erklärungsbewusstseins folgenden Ausführungen[206]). Um die verschiedenen Fälle, in denen Wille und Erklärung auseinanderfallen, systematisch erfassen und untersuchen zu können, wird der den subjektiven Tatbestand einer Willenserklärung bildende (innere) Wille traditionell – angelehnt an die Erkenntnisse der Psychologie zur Zeit der Entstehung des Bürgerlichen Gesetzbuches – in drei Bestandteile unterteilt: den das äußere Verhalten beherrschenden Willen (den sogenannten Handlungswillen), das Bewusstsein, eine rechtsgeschäftlich bindende Erklärung abzugeben (das sogenannte Erklärungsbewusstsein) sowie die auf einen bestimmten rechtsgeschäftlichen Erfolg gerichtete Absicht (den sogenannten Geschäftswillen).[207]

Allerdings ist umstritten, ob und inwieweit das Vorliegen dieser drei subjektiven Elemente als Tatbestands- oder als Wirksamkeitsvoraussetzung einer Willenserklärung anzusehen sind, da diese Fälle nur teilweise gesetzlich geregelt wurden.[208] Im Einzelnen:

a) Handlungswille

Eine notwendige Voraussetzung für das Vorliegen einer wirksamen Willenserklärung ist in jedem Fall das subjektive Tatbestandsmerkmal des Handlungswillens.[209] Wie

---

203 Vgl. nur *H. Köhler*, BGB AT, § 6, Rn. 3; *Lange*, Die Willenserklärung, JA 2007, 687 (688).

204 Vgl. ebd.

205 So auch *H. Köhler*, BGB AT, § 6, Rn. 3.

206 Siehe 2. Teil, B, I, 2, b.

207 Vgl. etwa *Brox/Walker*, BGB AT, Rn. 84; *Ellenberger* in: Palandt, BGB, Einf v § 116, Rn. 1; *Eisenhardt*, Zum subjektiven Tatbestand der Willenserklärung, JZ 1986, 875 (879); *Giesen*, Grundsätze der Konfliktlösung bei fehlgeschlagenen Rechtsverhältnissen, JURA 1980, 23 (25 f.); *Härting*, Rn. 61; *Kitz* in: Hoeren/Sieber, Multimedia-Recht, Teil 13.1, Rn. 16; *H. Köhler*, BGB AT, § 6, Rn. 3; *Leupold/Glossner* in: Leupold/Glossner, IT-Recht, Teil 2, Rn. 29; *Petersen*, Der Tatbestand der Willenserklärung, JURA 2006, 178 (180 f.); *Rüthers*, BGB AT, Rn. 198; *Rüthers/Stadler*, BGB AT, § 17, Rn. 6; *Stempfle* in: Bräutigam/Leupold, Online-Handel, B III, Rn. 153.

208 So auch *Eisenhardt*, Zum subjektiven Tatbestand der Willenserklärung, JZ 1986, 875 (876 ff.); *H. Köhler*, BGB AT, § 6, Rn. 3; *Lange*, Die Willenserklärung, JA 2007, 687 (688); *Petersen*, Der Tatbestand der Willenserklärung, JURA 2006, 178 (180).

209 Vgl. etwa *Eisenhardt*, Zum subjektiven Tatbestand der Willenserklärung, JZ 1986, 875 (879); *Giesen*, Grundsätze der Konfliktlösung bei fehlgeschlagenen Rechtsverhältnissen, JURA 1980, 23 (25); *Kitz*

bereits dargestellt, wird der bloße, lediglich innerlich gegebene Wille erst durch die Erklärung nach außen hin zum Ausdruck gebracht. Diese Erklärung aber erfordert wiederum ein den (inneren) Willen äußerndes Verhalten, d. h. eine Handlung des Erklärenden.[210] Eine Handlung im Rechtssinne – und damit auch eine Willenserklärung – liegt jedoch nur dann vor, wenn diese Handlung auch von einem Willen des Handelnden gesteuert ist.[211] Ein solcher Wille, der das äußere Verhalten des Erklärenden beherrscht bzw. steuert, durch welches überhaupt irgendeine Äußerung bzw. eine Kundgabe (unabhängig davon, welchen Inhalt sie hat), herbeigeführt werden soll, wird als Handlungswille bezeichnet.[212] Der Handlungswille kann dabei zum Beispiel auf das Sprechen oder Schreiben, bestimmte Gesten oder auf Schweigen gerichtet sein.[213]

Der Wille, sich überhaupt durch ein Verhalten in irgendeiner Form zu äußern, fehlt hingegen bei einem unbewussten Verhalten (beispielsweise Aussagen unter Hypnose, Reflexbewegungen, Bewegungen im Schlaf), bei unmittelbarem körperlichen Zwang (sogenannter vis absoluta – beispielsweise wenn die Hand des Erklärenden bei der Vertragsunterschrift gewaltsam geführt wird) und anderem nicht willentlichen Verhalten, sodass in diesen (seltenen) Fällen auch keine wirksame Willenserklärung vorliegt.[214]

Die Fälle, in denen unmittelbarer körperlicher Zwang zum Einsatz kommt, dürfen jedoch nicht mit denjenigen verwechselt werden, in denen der Erklärende durch eine arglistige Täuschung oder widerrechtlich durch eine Drohung zur Abgabe einer Willenserklärung veranlasst worden ist (sogenannte vis compulsiva).[215] Hier ist der

---

in: Hoeren/Sieber, Multimedia-Recht, Teil 13.1, Rn. 16; *Klein-Blenkers*, Zwei Fälle „nicht gewollter" Willenserklärungen, JURA 1993, 640 (640); *Lange*, Die Willenserklärung, JA 2007, 687 (688); *Leupold/Glossner* in: Leupold/Glossner, IT-Recht, Teil 2, Rn. 29; *Medicus*, BGB AT, Rn. 606; *Petersen*, Der Tatbestand der Willenserklärung, JURA 2006, 178 (180); *Rüthers/Stadler*, BGB AT, § 17, Rn. 7; *Stempfle* in: Bräutigam/Leupold, Online-Handel, B III, Rn. 153.

210 Vgl. nur *Rüthers*, BGB AT, Rn. 199.

211 Vgl. ebd.

212 Vgl. nur *Brox/Walker*, BGB AT, Rn. 84; *Ellenberger* in: Palandt, BGB, Einf v § 116, Rn. 1; *Rüthers/Stadler*, BGB AT, § 17, Rn. 7.

213 Vgl. nur *Brox/Walker*, BGB AT, Rn. 84.

214 Vgl. etwa *Brox/Walker*, BGB AT, Rn. 84; *Giesen*, Grundsätze der Konfliktlösung bei fehlgeschlagenen Rechtsverhältnissen, JURA 1980, 23 (25); *Kitz* in: Hoeren/Sieber, Multimedia-Recht, Teil 13.1, Rn. 17; *Klein-Blenkers*, Zwei Fälle „nicht gewollter" Willenserklärungen, JURA 1993, 640 (640); *Lange*, Die Willenserklärung, JA 2007, 687 (688); *Leupold/Glossner* in: Leupold/Glossner, IT-Recht, Teil 2, Rn. 29; *Medicus*, BGB AT, Rn. 606; *Petersen*, Der Tatbestand der Willenserklärung, JURA 2006, 178 (180); *Rüthers/Stadler*, BGB AT, § 17, Rn. 7.

215 So auch *Rüthers/Stadler*, BGB AT, § 17, Rn. 7.

Handlungswille des Erklärenden nämlich durchaus gegeben (schließlich liegt eine bewusste Kundgabe des entsprechenden Rechtsfolgewillens nach außen hin vor und damit eine bewusste Verwirklichung des objektiven Tatbestandsteils der Willenserklärung), auch wenn seine Handlung nicht freiwillig, sondern nur aufgrund der widerrechtlichen Drohung bzw. irrtumsbedingt durch die arglistige Täuschung erfolgte; es kommt dann allerdings eine Anfechtung der Erklärung gemäß § 123 BGB in Betracht.[216]

Da das Tatbestandmerkmal des Handlungswillens also lediglich verlangt, dass der Erklärungshandlung ein entsprechender Wille des Erklärenden zugrunde liegt, ist diese Voraussetzung bereits dann erfüllt, wenn ein Nutzer bewusst und gewollt eine beliebige Taste an seinem Computer betätigt,[217] also wenn er entweder Text über die Tastatur eingibt oder ein (interaktives) Element mit der Computer-Maus anklickt. Allen im Zusammenhang mit einer Abonnement- bzw. Vertragsfalle im Internet üblicherweise vorkommenden Erklärungen liegt somit ein Handlungswille des jeweils Erklärenden zugrunde.

b) Erklärungsbewusstsein (Rechtsbindungswille)

Vom Vorhandensein eines Erklärungsbewusstseins ist immer dann auszugehen, wenn sich der Handelnde darüber bewusst ist, dass er mit seinem Handeln eine rechtlich erhebliche Erklärung gleich welchen Inhalts abgibt.[218] Der Handelnde muss also eine Vorstellung davon haben, dass sein jeweiliges Verhalten als eine rechtserhebliche Erklärung aufgefasst werden kann, er also allgemein am Rechtsverkehr teilnimmt.[219] Wesentlich für das Vorhandensein eines Erklärungsbewusstseins ist in der Regel, dass der Erklärende den Willen hat, sich überhaupt in irgendeiner Art rechtlich an die von ihm abgegebene Erklärung zu binden (der sogenannte Rechtsbindungswille).[220]

---

216 So auch *Rüthers/Stadler*, BGB AT, § 17, Rn. 7.

217 So auch *Kitz* in: Hoeren/Sieber, Multimedia-Recht, Teil 13.1, Rn. 18.

218 Vgl. etwa *Brox/Walker*, BGB AT, Rn. 85; *Eisenhardt*, Zum subjektiven Tatbestand der Willenserklärung, JZ 1986, 875 (879); *Kitz* in: Hoeren/Sieber, Multimedia-Recht, Teil 13.1, Rn. 19; *Lange*, Die Willenserklärung, JA 2007, 687 (688); *Petersen*, Der Tatbestand der Willenserklärung, JURA 2006, 178 (180 f.); *Rüthers*, BGB AT, Rn. 200; *Rüthers/Stadler*, BGB AT, § 17, Rn. 8.

219 Vgl. etwa *Brox/Walker*, BGB AT, Rn. 85; *Klein-Blenkers*, Zwei Fälle „nicht gewollter“ Willenserklärungen, JURA 1993, 640 (640); *Rüthers*, BGB AT, Rn. 200; *Rüthers/Stadler*, BGB AT, § 17, Rn. 8.

220 Vgl. etwa *Kitz* in: Hoeren/Sieber, Multimedia-Recht, Teil 13.1, Rn. 19; *Petersen*, Der Tatbestand der Willenserklärung, JURA 2006, 178 (180); *Rüthers*, BGB AT, Rn. 200; *Rüthers/Stadler*, BGB AT, § 17, Rn. 8.

aa) Fehlendes Erklärungsbewusstsein

Negativ formuliert fehlt das Erklärungsbewusstsein also immer dann, wenn der Erklärende die Handlung zwar bewusst, also mit Handlungswillen, ausführt, er jedoch nicht weiß, dass dieser Handlung irgendeine rechtsgeschäftliche Bedeutung zukommt.[221]

Im Studium der Rechtswissenschaften dient als klassisches Beispiel für fehlendes Erklärungsbewusstsein zumeist der Fall der „Trierer Weinversteigerung“[222]. In diesem Schulfall geht es um einen Gast, der während der laufenden Versteigerung die Hand hebt, um einem Bekannten zuzuwinken, ohne jedoch zu wissen, dass ein solches Verhalten (das Heben der Hand) eine rechtserhebliche Erklärung, nämlich die Abgabe eines Gebotes, darstellt.

So fernliegend diese Fallkonstellation in der Ausbildung auch erscheinen mag, im Zusammenhang mit dem Abschluss von Verträgen über das Internet erlangt sie eine neue Aktualität.[223] Denn im Internet sind solche Fälle vermeintlich harmloser Handlungen nicht selten,[224] wie sich beispielsweise bei der Nutzung einer Computer-Maus und gerade im Zusammenhang mit den hier untersuchten Abonnement- bzw. Vertragsfallen zeigt: Das Anklicken bestimmter (interaktiver) Elemente auf einer Internetseite mit der Computer-Maus dient in der Regel – als schlichte (im Sinne einer rein tatsächlichen) Handlung zur Nutzung des Internets, genauer gesagt des World Wide Web – der Navigation, d. h. der Nutzer will hierdurch nur weitere Seiten oder andere Inhalte auf- bzw. abrufen. In einem entsprechenden Kontext kann ein solcher Mausklick aber auch, wie bereits gezeigt, als rechtserhebliche Erklärung verstanden werden. Bemerkt ein Kunde beispielsweise nicht, dass es sich um kostenpflichtige Inhalte handelt, obwohl dies klar und verständlich durch eine entsprechende Kennzeichnung oder aus dem Kontext hervorgeht, und nimmt er dieses Angebot durch das Anklicken eines bestimmten (interaktiven) Elements (beispielsweise eines Buttons, Text-Links oder eines anderen verlinkten Objekts) auf einer Internetseite oder in

[221] So auch *Kitz* in: Hoeren/Sieber, Multimedia-Recht, Teil 13.1, Rn. 19; *Lange*, Die Willenserklärung, JA 2007, 687 (689); *Leupold/Glossner* in: Leupold/Glossner, IT-Recht, Teil 2, Rn. 30; *Petersen*, Der Tatbestand der Willenserklärung, JURA 2006, 178 (180).

[222] Vgl. etwa *Brox/Walker*, BGB AT, Rn. 85, 137; *Giesen*, Grundsätze der Konfliktlösung bei fehlgeschlagenen Rechtsverhältnissen, JURA 1980, 23 (26); *Larenz/Wolf*, BR AT, § 24, Rn. 7.

[223] So auch *Leupold/Glossner* in: Leupold/Glossner, IT-Recht, Teil 2, Rn. 30.

[224] So auch *Kitz* in: Hoeren/Sieber, Multimedia-Recht, Teil 13.1, Rn. 20.

einer E-Mail an, so kann dieses Verhalten – wie bereits dargestellt – als Erklärung gewertet werden, einen Vertrag über diese kostenpflichtigen Inhalte abschließen zu wollen.[225] Hierbei fehlt es dem Kunden aber an einem tatsächlichen (inneren) Willen, sich rechtlich zu binden, denn ihm war nicht bewusst, dass er mit dem betreffenden Mausklick überhaupt eine rechtserhebliche Erklärung abgibt.[226]

Eine solche „versehentliche" Inanspruchnahme kostenpflichtiger Angebote durch einen unaufmerksamen Mausklick ist – und das gerade auf Internetseiten mit Abonnement- bzw. Vertragsfallen – schnell geschehen und der betroffene Nutzer steht dann vor der Frage, ob sich hieraus Rechtsfolgen für ihn ergeben.[227]

bb) Rechtsfolgen bei fehlendem Erklärungsbewusstsein

Welche Rechtsfolge sich aus dem Fehlen des Erklärungsbewusstseins ergibt, hängt von der Frage ab, ob das Erklärungsbewusstsein einen notwendigen Bestandteil des subjektiven Tatbestands und damit eine notwendige Voraussetzung für das Vorliegen einer wirksamen Willenserklärung darstellt.[228]

Würde man diese Frage bejahen, dann hätte im Ergebnis der Nutzer durch den unaufmerksamen Mausklick auf das mit einer entsprechenden Angebotserklärung verbundene (interaktive) Element keine Willenserklärung abgegeben.[229] Dieses Ergebnis käme ihm sicherlich entgegen, da er (auch durch sein sonstiges Verhalten) nichts rechtlich Erhebliches erklären wollte, ja nicht einmal das Bewusstsein dazu hatte.

Andererseits stellt das willensgesteuerte Anklicken bestimmter (interaktiver) Elemente auf einer Internetseite oder in einer E-Mail ein Verhalten dar, das in einem entsprechenden Kontext einen rechtsgeschäftlichen Willen des Nutzers zum Ausdruck bringt, nämlich die Erklärung, dass er ein Vertragsverhältnis zu den genannten Bedingungen eingehen will. Und auf die Wirksamkeit dieser Erklärung vertraut der Empfänger als potenzieller Vertragspartner – zu Recht, denn durch das Anklicken des entsprechenden

---

225 So auch *Kitz* in: Hoeren/Sieber, Multimedia-Recht, Teil 13.1, Rn. 20.

226 Ebd.

227 So allg. auch *Leupold/Glossner* in: Leupold/Glossner, IT-Recht, Teil 2, Rn. 30.

228 So bspw. auch *Eisenhardt*, Zum subjektiven Tatbestand der Willenserklärung, JZ 1986, 875 (876); *Klein-Blenkers*, Zwei Fälle „nicht gewollter" Willenserklärungen, JURA 1993, 640 (640); *Lange*, Die Willenserklärung, JA 2007, 687 (689).

229 So allg. auch *Klein-Blenkers*, Zwei Fälle „nicht gewollter" Willenserklärungen, JURA 1993, 640 (640); *Rüthers*, BGB AT, Rn. 202.

(interaktiven) Elements wurde schließlich der objektive Tatbestand der Willenserklärung vollständig erfüllt.[230]

Würde man diesen Gesichtspunkt außer Acht lassen, indem man allein auf den Willen des Handelnden abstellt, würde der für das gesamte Privatrecht wichtige Aspekt des Vertrauensschutzes nicht ausreichend beachtet.[231] Orientieren kann sich der Erklärungsempfänger nämlich nur an der für ihn erkennbaren Willensäußerung; ob das Verhalten dabei auf einen tatsächlich vorhandenen rechtserheblichen Willen des Erklärenden zurückzuführen ist, kann der Adressat im Einzelfall grundsätzlich weder wissen noch nachprüfen.[232] Wenn der Empfänger das Verhalten des Erklärenden als Willenserklärung verstehen darf und muss, dann ist er demzufolge – wenigstens dem Grunde nach – auch schutzwürdig.[233] Fraglich ist also, wer (und gegebenenfalls unter welchen Voraussetzungen) das Risiko einer solchen nicht gewollten Erklärung zu tragen hat.[234]

Der Gesetzgeber hat über die Frage, ob und wie sich das Fehlen des Erklärungsbewusstseins allgemein auswirkt, keine ausdrückliche Entscheidung und somit auch keine gesetzliche Regelung getroffen.[235] Und auch aus den §§ 116 ff. BGB, insbesondere aus den §§ 118 und 119 BGB, kann nicht sicher geschlossen werden, ob das Erklärungsbewusstsein ein notwendiger Bestandteil des subjektiven Tatbestands der Willenserklärung ist oder nicht.[236] Die zu dieser Frage vertretenen Ansichten in der Literatur sind dementsprechend umstritten.[237]

Im nachfolgenden Verlauf der Untersuchung wird daher unter Verzicht auf besonders subtile Nuancen nur auf die wesentlichen Argumente der Vertreter der einzelnen Meinungen eingegangen:

---

230 So allg. auch *Rüthers/Stadler*, BGB AT, § 17, Rn. 9.

231 Vgl. *Rüthers*, BGB AT, Rn. 202.

232 Vgl. ebd.

233 So auch *Rüthers*, BGB AT, Rn. 202.

234 So auch *Rüthers/Stadler*, BGB AT, § 17, Rn. 9.

235 Vgl. nur *H. Köhler*, BGB AT, § 7, Rn. 5; *Kramer* in: Münchener Kommentar, BGB, Vor § 116, Rn. 13; Wiebe, S. 64.

236 Vgl. nur *H. Köhler*, BGB AT, § 7, Rn. 5.

237 So bspw. auch *BGH*, Urt. v. 07.06.1984 - IX ZR 66/83, BGHZ 91, 324 (327 f.) = NJW 1984, 2279 (2279 f.); *BGH*, Urt. v. 02.11.1989 - IX ZR 197/88, BGHZ 109, 171 (177) = NJW 1990, 454 (456); *Bydlinski*, Erklärungsbewusstsein und Rechtsgeschäft, JZ 1975, 1 (1 ff.); *Eisenhardt*, Zum subjektiven Tatbestand der Willenserklärung, JZ 1986, 875 (876 ff.); *Kitz* in: Hoeren/Sieber, Multimedia-Recht, Teil 13.1, Rn. 22; *Klein-Blenkers*, Zwei Fälle „nicht gewollter" Willenserklärungen, JURA 1993, 640 (640); *H. Köhler*, BGB AT, § 7, Rn. 5; *Kramer* in: Münchener Kommentar, BGB, Vor § 116, Rn. 13, § 119, Rn. 96; *Lange*, Die Willenserklärung, JA 2007, 687 (689); *Medicus*, BGB AT, Rn. 607 ff.; *Schmidt-Salzer*, Subjektiver Wille und Willenserklärung, JR 1969, 281 (282); Wiebe, S. 64 f.

aaa) Meinungsstand

Eine auf der Willenstheorie beruhende ältere Ansicht[238] (die früher überwiegende Meinung) ging bzw. geht davon aus, dass das Erklärungsbewusstsein als Teil des subjektiven Tatbestands eine notwendige Voraussetzung für das Vorliegen einer wirksamen Willenserklärung sei. Das Fehlen des Erklärungsbewusstseins führe demnach zur Nichtigkeit der Willenserklärung.

Begründet wird dies zum einen damit, dass das Erklärungsbewusstsein ein konstitutives Erfordernis des Tatbestands sei und es somit bei Nichtvorliegen an einer Willenserklärung überhaupt fehle.[239] Aus einer solchen Erklärung könnten daher auch keinerlei rechtliche Folgen hergeleitet werden, sodass der Erklärende dazu berechtigt sei, sich auf deren Nichtigkeit zu berufen, und zwar ohne dass es dazu einer Anfechtung bedürfe.[240]

Zum anderen ergebe sich die Nichtigkeit der Willenserklärung durch eine entsprechende Anwendung des § 118 BGB:[241] Nach dieser Vorschrift ist eine nicht ernstlich gemeinte Willenserklärung (eine sogenannte Scherzerklärung[242]) nichtig. Grund für die Nichtigkeit ist allein die subjektive Erwartung des Erklärenden, dass der Empfänger der Erklärung den Mangel der Ernstlichkeit nicht verkennen werde[243], sodass die Vorschrift des § 118 BGB auch in dem Fall eingreift, in dem das Fehlen der Ernstlichkeit objektiv gar nicht erkennbar ist, also der äußere Tatbestand einer Willenserklärung vorliegt.[244] Wenn nun das Gesetz aber schon für eine solche nicht

238 Vgl. etwa *Canaris*, S. 217, 427 f.; *Canaris*, Zivilrechtliche Probleme des Warenhausdiebstahls, NJW 1974, 521 (528); *Canaris*, Anm. z. BGH, Urt. v. 07.06.1984 - IX ZR 66/83, NJW 1984, 2281 (2281); *Enneccerus/Nipperdey*, BR AT, S. 901 ff., 945; *Fabricius*, Stillschweigen als Willenserklärung, JuS 1966, 1 (8, 11); *Frotz*, S. 469 ff.; *H. Hübner*, BGB AT, Rn. 388; *H. Lehmann/H. Hübner*, BGB AT, § 34 III 1b; *Singer*, Geltungsgrund und Rechtsfolgen der fehlerhaften Willenserklärung, JZ 1989, 1030 (1034 f.); *Singer*, S. 169 ff.; *Thiele*, Zu einem Allgemeinen Teil des Deutschen Bürgerlichen Rechts, JZ 1969, 405 (407); *Wieacker*, Die Methode der Auslegung des Rechtsgeschäfts, JZ 1967, 385 (389).

239 Vgl. nur *Canaris*, S. 427 f.; *Enneccerus/Nipperdey*, BR AT, S. 901 f.; *Fabricius*, Stillschweigen als Willenserklärung, JuS 1966, 1 (8); *Frotz*, S. 471; *H. Hübner*, BGB AT, Rn. 388; *H. Lehmann/H. Hübner*, BGB AT, § 34 III 1b.

240 Vgl. nur *Canaris*, S. 550 f.; *Canaris*, Anm. z. BGH, Urt. v. 07.06.1984 - IX ZR 66/83, NJW 1984, 2281 (2281); *Enneccerus/Nipperdey*, BR AT, S. 901 f.; *H. Lehmann/H. Hübner*, BGB AT, § 34 III 1b.

241 Vgl. nur *Canaris*, S. 549 f.; *Canaris*, Anm. z. BGH, Urt. v. 07.06.1984 - IX ZR 66/83, NJW 1984, 2281 (2281); *H. Lehmann/H. Hübner*, BGB AT, § 34 III 1b; *Singer*, S. 177.

242 Vgl. nur *Larenz/Wolf*, BR AT, § 35, Rn. 12.

243 Vgl. nur *Larenz/Wolf*, BR AT, § 35, Rn. 13.

244 Vgl. nur *Ellenberger* in: Palandt, BGB, Einf v § 116, Rn. 2; *Hirsch*, BGB AT, Rn. 558.

ernstlich gemeinte und damit bewusst ohne Rechtsfolgewillen abgegebene Willenserklärung ohne Weiteres die Nichtigkeit anordnet – eine Anfechtung also selbst dann nicht notwendig ist, wenn der äußere Tatbestand einer Willenserklärung gesetzt wird –, dann müsse dies auch und erst recht für diejenigen Erklärungen gelten, die nicht einmal in dem Bewusstsein abgegeben werden, damit etwas rechtlich Erhebliches zu erklären.[245] Schließlich läge bei einer bewusst abgegebenen Scherzerklärung die Zurechenbarkeit des vom Erklärenden gesetzten Rechtsscheins einer Willenserklärung deutlich näher als bei demjenigen, der ohne das Bewusstsein handelt, eine rechtserhebliche Erklärung abzugeben.[246] Daher sei der in § 118 BGB gesetzlich geregelte Fall des fehlenden Erklärungsbewusstseins zu verallgemeinern, sodass eine Willenserklärung ohne Erklärungsbewusstsein stets nichtig sei.[247] Das Vertrauen des Erklärungsempfängers wird im Falle fehlenden Erklärungsbewusstseins allerdings insoweit geschützt, als ihm die Vertreter dieser Ansicht einen Schadensersatzanspruch analog § 122 BGB zugestehen.[248]

Zudem wird teilweise angenommen, dass auf das Erklärungsbewusstsein als ein Bestandteil der Willenserklärung nicht verzichtet werden könne, wenn nicht der eigentliche Grund für die Zurechnung der rechtsgeschäftlichen Bindung, nämlich das Recht des Erklärenden auf freie Selbstbestimmung, aufgegeben und die Verkehrssicherheit gefährdet werden soll.[249]

Schließlich findet sich noch der Hinweis auf die Vorschrift des § 119 Abs. 1 BGB, nach dessen Wortlaut vorausgesetzt wird, dass der Erklärende eine Erklärung dieses Inhalts überhaupt nicht abgeben wollte; nach Wortlaut und Sinn sei daraus zu folgern, dass immerhin eine Erklärung, nämlich eine anderen Inhalts, vorliegen müsse.[250]

---

245 Vgl. etwa *Canaris*, S. 550; *Canaris*, Anm. z. BGH, Urt. v. 07.06.1984 - IX ZR 66/83, NJW 1984, 2281 (2281); *Frotz*, S. 471; *H. Lehmann/H. Hübner*, BGB AT, § 34 III 1b; *Singer*, Geltungsgrund und Rechtsfolgen der fehlerhaften Willenserklärung, JZ 1989, 1030 (1034 f.); *Singer*, S. 177.

246 Vgl. nur *Canaris*, S. 550; *Singer*, S. 177.

247 Vgl. nur *Canaris*, S. 550 f.; *Canaris*, Anm. z. BGH, Urt. v. 07.06.1984 - IX ZR 66/83, NJW 1984, 2281 (2281).

248 Vgl. etwa *Canaris*, S. 217, 537, 549 ff.; *Frotz*, S. 470 f.; *H. Hübner*, BGB AT, Rn. 338, 388, 391; *H. Lehmann/H. Hübner*, BGB AT, § 34 III 1b; *Singer*, S. 172, 177; *Wieacker*, Die Methode der Auslegung des Rechtsgeschäfts, JZ 1967, 385 (389).

249 Vgl. nur *Canaris*, S. 427 f., 551; *Thiele*, Zu einem Allgemeinen Teil des Deutschen Bürgerlichen Rechts, JZ 1969, 405 (407).

250 Vgl. nur *H. Lehmann/H. Hübner*, BGB AT, § 34 III 1b.

Demgegenüber lehnt die Gegenansicht[251] zunächst den zur Nichtigkeit der Willenserklärung führenden Schluss aus der Regelung des § 118 BGB ab, da sie in dieser Vorschrift eine Sonderregelung sieht, die auf andere Fälle, in denen das Erklärungsbewusstsein fehlt, nicht übertragbar sei.[252] Zudem geht diese Ansicht – mit Differenzierungen im Detail – davon aus, dass das Erklärungsbewusstsein keine notwendige Voraussetzung für die Wirksamkeit einer Willenserklärung ist: Eine ohne entsprechendes Bewusstsein abgegebene Erklärung, die ihr Empfänger als rechtsgeschäftliche Erklärung auffassen durfte, sei – unter Vertrauens- und Verkehrssicherheitsaspekten, insbesondere unter Hervorhebung des Empfängerschutzes – vielmehr wirksam und soll regelmäßig[253] oder doch zumindest dann, wenn der Erklärende ihre rechtliche Bedeutung hätte erkennen können, wie ein Erklärungsirrtum im Sinne des § 119 Abs. 1 BGB behandelt werden.[254] Infolgedessen sei der Erklärende aber auch dazu berechtigt, die Wirksamkeit seiner Willenserklärung gemäß § 119 Abs. 1 BGB anzufechten und damit zu vernichten.[255] In diesem Fall stehe dem Erklärungsempfänger gegebenenfalls ein Anspruch auf Ersatz seines Vertrauensschadens gemäß § 122 BGB zu.[256]

---

251 Vgl. etwa *Brox*, S. 50 ff.; *Bydlinski*, Erklärungsbewusstsein und Rechtsgeschäft, JZ 1975, 1 (2 ff.); *Flume*, AT II, S. 449 f.; *Gudian*, Fehlen des Erklärungsbewußtseins, AcP 169 (1969), 232 (232 ff.); *Hefermehl* in: Soergel, BGB, Vor § 116, Rn 7; *Hirsch*, BGB AT, Rn. 561; *Kellmann*, Grundprobleme der Willenserklärung, JuS 1971, 609 (612 f.); *H. Köhler*, BGB AT, § 7, Rn. 5; *Kramer* in: Münchener Kommentar, BGB, § 119, Rn. 96 ff.; *Larenz*, S. 82 ff.; *Larenz*, BR AT, S. 355 ff.; *Larenz/Wolf*, BR AT, § 35, Rn. 13, § 36, Rn. 25 f.; *Medicus*, BGB AT, Rn. 607 f.; *Röder*, Zur Übung: Bürgerliches Recht, Jus 1982, 125 (126 f.); *Rothoeft*, S. 73 ff.; *Schmidt-Salzer*, Subjektiver Wille und Willenserklärung, JR 1969, 281 (284 f., 288 f.); *v. Craushaar*, Die Bedeutung der Rechtsgeschäftslehre für die Problematik der Scheinvollmacht, AcP 174 (1974), 2 (6 ff.).

252 Vgl. insb. *Brox*, S. 52 f.; *Bydlinski*, Erklärungsbewusstsein und Rechtsgeschäft, JZ 1975, 1 (2 f.); *Ellenberger* in: Palandt, BGB, Einf v § 116, Rn. 18; *Flume*, AT II, S. 414 f.; *Kellmann*, Grundprobleme der Willenserklärung, JuS 1971, 609 (613); *Larenz/Wolf*, BR AT, § 35, Rn. 13; *Medicus*, BGB AT, Rn. 607; *Röder*, Zur Übung: Bürgerliches Recht, Jus 1982, 125 (126).

253 Vgl. insb. *v. Craushaar*, Die Bedeutung der Rechtsgeschäftslehre für die Problematik der Scheinvollmacht, AcP 174 (1974), 2 (9 ff.).

254 Vgl. etwa *Bydlinski*, Erklärungsbewusstsein und Rechtsgeschäft, JZ 1975, 1 (5); *Flume*, AT II, S. 311 f., 415, 449 f.; *Gudian*, Fehlen des Erklärungsbewußtseins, AcP 169 (1969), 232 (235 f.); *Hirsch*, BGB AT, Rn. 558, 560 f.; *Kramer* in: Münchener Kommentar, BGB, § 119, Rn. 96, 99; *Larenz*, S. 83; *Larenz*, BR AT, S. 355 ff.; *Röder*, Zur Übung: Bürgerliches Recht, Jus 1982, 125 (126 f.).

255 Vgl. nur *Flume*, AT II, S. 449 f.; *Gudian*, Fehlen des Erklärungsbewußtseins, AcP 169 (1969), 232 (233); *Kramer* in: Münchener Kommentar, BGB, § 119, Rn. 96, 99; *Larenz*, S. 83 f.; *Larenz*, BR AT, S. 357; *Medicus*, BGB AT, Rn. 607; *Röder*, Zur Übung: Bürgerliches Recht, Jus 1982, 125 (126 f.). Analoge Anwendung etwa *Bydlinski*, Erklärungsbewusstsein und Rechtsgeschäft, JZ 1975, 1 (5); *Hirsch*, BGB AT, Rn. 561; *H. Köhler*, BGB AT, § 7, Rn. 5.

256 Vgl. nur *Bydlinski*, Erklärungsbewusstsein und Rechtsgeschäft, JZ 1975, 1 (5); *Flume*, AT II, S. 449 f.; *Gudian*, Fehlen des Erklärungsbewußtseins, AcP 169 (1969), 232 (236); *Larenz*, S. 84; *Larenz*, BR AT, S. 357. Analoge Anwendung etwa *H. Köhler*, BGB AT, § 7, Rn. 5.

Die höchstgerichtliche Rechtsprechung hatte die Frage, ob das Erklärungsbewusstsein einen notwendigen Bestandteil des subjektiven Tatbestands und damit eine notwendige Voraussetzung für das Vorliegen einer wirksamen Willenserklärung darstellt, zunächst nicht abschließend entschieden, sondern diese in einer Reihe von Urteilen[257] ausdrücklich offengelassen.[258] Die Definition des Begriffs der Willenserklärung erfolgte zwar stets vom vertrauenstheoretisch bestimmten Empfängerhorizont aus;[259] zur Frage, ob das Erklärungsbewusstseins notwendige Voraussetzung einer wirksamen Willenserklärung ist, wurde jedoch nicht Stellung bezogen.[260] Erst in einer Entscheidung aus dem Jahr 1984[261] hat der BGH schließlich gegen die früher überwiegende Meinung Stellung bezogen und sich ausdrücklich der Gegenansicht angeschlossen,[262] wonach das Erklärungsbewusstsein kein konstitutives Erfordernis des Tatbestands einer Willenserklärung sei.[263]

Nach Auffassung des BGH[264] komme es nicht darauf an, ob der Erklärende den Willen oder auch nur das Bewusstsein hatte, eine rechtsgeschäftliche Erklärung abzugeben. Vielmehr könne eine (wirksame) Willenserklärung auch dann vorliegen, wenn das Erklärungsbewusstsein fehle, sofern diese dem Erklärenden als solche zurechenbar sei. Voraussetzung für eine solche Zurechnung sei zum einen, dass der Erklärende, wenn er denn die im Verkehr erforderliche Sorgfalt angewendet hätte, hätte erkennen und vermeiden können, dass seine Erklärung oder sein Verhalten vom Erklärungsempfänger nach Treu und Glauben und mit Rücksicht auf die Verkehrssitte als Willenserklärung verstanden werden durfte. Der BGH hat damit quasi ein „potenziel-

---

257 Vgl. nur *BGH*, Urt. v. 20.10.1952 - IV ZR 44/52, NJW 1953, 58 (58); *BGH*, Urt. v. 11.07.1968 - II ZR 157/65, NJW 1968, 2102 (2103); *BGH*, Urt. v. 16.06.1981 - V ZR 114/80, WM 1982, 443 (444).

258 So bspw. auch *BGH*, Urt. v. 07.06.1984 - IX ZR 66/83, BGHZ 91, 324 (328) = NJW 1984, 2279 (2280); *Klein-Blenkers*, Zwei Fälle „nicht gewollter" Willenserklärungen, JURA 1993, 640 (640); *Kramer* in: Münchener Kommentar, BGB, § 119, Rn. 96; *Petersen*, Der Tatbestand der Willenserklärung, JURA 2006, 178 (181); *Hefermehl* in: Soergel, BGB, Vor § 116, Rn. 12.

259 Vgl. nur *BGH*, Urt. v. 22.06.1956 - I ZR 198/54, BGHZ 21, 102 (106 f.) = NJW 1956, 1313 (1313).

260 So bspw. auch *Kramer* in: Münchener Kommentar, BGB, § 119, Rn. 96.

261 Vgl. *BGH*, Urt. v. 07.06.1984 - IX ZR 66/83, BGHZ 91, S. 324-333 = NJW 1984, S. 2279-2282. Bestätigt bspw. durch *BGH*, Urt. v. 02.11.1989 - IX ZR 197/88, BGHZ 109, S. 171-178 = NJW 1990, S. 454-456; *BGH*, Urt. v. 07.11.2001 - VIII ZR 13/01, BGHZ 149, S. 129-139 = NJW 2002, S. 363-365; *BGH*, Beschl. v. 19.09.2002 - V ZB 37/02, BGHZ 152, S. 63-75 = NJW 2002, S. 3629-3632; *BGH*, Urt. v. 13.07.2005 - VIII ZR 255/04, NJW 2005, S. 2620-2621; *BGH*, Urt. v. 16.12.2009 - XII ZR 146/07, BGHZ 184, S. 35-49 = NJW 2010, S. 861-864.

262 Vgl. *BGH*, Urt. v. 07.06.1984 - IX ZR 66/83, BGHZ 91, 324 (329 f.) = NJW 1984, 2279 (2280).

263 So bspw. auch *Hirsch*, BGB AT, Rn. 561; *Klein-Blenkers*, Zwei Fälle „nicht gewollter" Willenserklärungen, JURA 1993, 640 (640); *Kramer* in: Münchener Kommentar, BGB, § 119, Rn. 96; *Medicus/Petersen*, BR, Rn. 130.

264 Vgl. nur *BGH*, Urt. v. 07.06.1984 - IX ZR 66/83, BGHZ 91, 324 (329 f.) = NJW 1984, 2279 (2280).

les Erklärungsbewusstsein" statuiert, das in der Literatur auch mit dem Begriff der Erklärungsfahrlässigkeit umschrieben wird.[265]

Zum anderen müsse der Empfänger die Erklärung auch tatsächlich so verstanden haben.[266] Eine solche ohne Erklärungsbewusstsein vorliegende Willenserklärung könne aber gemäß §§ 119, 121, 143 BGB angefochten werden.[267] In einem Urteil von 1989[268] hat der BGH diese Ansicht auch ausdrücklich in allen Fällen schlüssigen Verhaltens ohne Erklärungsbewusstsein für anwendbar erklärt.[269]

bbb) Selbstbestimmung oder Vertrauensschutz – der zugrundeliegende Theorienstreit

Letztlich geht es also bei den unterschiedlichen Meinungen um die Frage, ob der Selbstbestimmung oder dem Vertrauensschutz Vorrang gegeben werden soll. Das aufgezeigte Problem geht auf einen langen und bis heute andauernden Streit zurück, der die deutsche Vertragslehre insbesondere in der zweiten Hälfte des 19. Jahrhunderts bis zur Kodifikation prägte.[270] Im Hinblick auf die Frage, worin der Geltungsgrund der durch die Willenserklärung herbeigeführten Rechtsfolge liegt, was also den Kern einer Willenserklärung ausmacht, stehen sich die Willenstheorie und die Erklärungstheorie gegenüber:[271]

Die Willenstheorie wurde maßgeblich durch Savigny[272] geprägt, an dessen Leitgedanken sich vor allem Windscheid[273], Enneccerus[274] und Zitelmann[275] orientierten.[276]

---

265 Vgl. nur *Petersen*, Der Tatbestand der Willenserklärung, JURA 2006, 178 (181); *Schwab*, Willenserklärung ohne Erklärungsbewusstsein?, Iurratio 2009, 86 (89).

266 Vgl. etwa *BGH*, Urt. v. 02.11.1989 - IX ZR 197/88, BGHZ 109, 171 (177) = NJW 1990, 454 (456); *BGH*, Beschl. v. 19.09.2002 - V ZB 37/02, BGHZ 152, 63 (70) = NJW 2002, 3629 (3631); *BGH*, Urt. v. 13.07.2005 - VIII ZR 255/04, NJW 2005, 2620 (2621).

267 Vgl. *BGH*, Urt. v. 07.06.1984 - IX ZR 66/83, BGHZ 91, 324 (331 ff.) = NJW 1984, 2279 (2280 f.).

268 Vgl. *BGH*, Urt. v. 02.11.1989 - IX ZR 197/88, BGHZ 109, S. 171-178 = NJW 1990, S. 454-456. Bestätigt bspw. durch *BGH*, Urt. v. 29.11.1994 - XI ZR 175/93, NJW 1995, S. 953.

269 Vgl. *BGH*, Urt. v. 02.11.1989 - IX ZR 197/88, BGHZ 109, 171 (177) = NJW 1990, 454 (456). So bspw. auch *Klein-Blenkers*, Zwei Fälle „nicht gewollter" Willenserklärungen, JURA 1993, 640 (641); *Kramer* in: Münchener Kommentar, BGB, Vor § 116, Rn. 9; *Medicus/Petersen*, BR, Rn. 130.

270 Vgl. nur *Eisenhardt*, Zum subjektiven Tatbestand der Willenserklärung, JZ 1986, 875 (877); *Klein-Blenkers*, Zwei Fälle „nicht gewollter" Willenserklärungen, JURA 1993, 640 (641); *Kramer* in: Münchener Kommentar, BGB, Vor § 116, Rn. 4; Wiebe, S. 64 f.

271 So bspw. auch *Eisenhardt*, Zum subjektiven Tatbestand der Willenserklärung, JZ 1986, 875 (877); *Ellenberger* in: Palandt, BGB, Einf v § 116, Rn. 2; *Klein-Blenkers*, Zwei Fälle „nicht gewollter" Willenserklärungen, JURA 1993, 640 (641); Wiebe, S. 64 f.

272 Vgl. *Savigny*, S. 257 ff.

Für Savigny war ausschließlich der tatsächliche rechtsgeschäftliche Wille des Erklärenden von konstitutiver Bedeutung, während die eigentliche Erklärung dem Empfänger lediglich zur Erkennung dieses Willens diene.[277] Für den Fall, dass Wille und Erklärung nicht übereinstimmen, wird aus dem Leitgedanken dieser Theorie die Nichtigkeit der Willenserklärung gefolgert.[278] Für die Vertreter der Willenstheorie und deren Abwandlungen stellt das Erklärungsbewusstsein somit eine notwendige Voraussetzung für das Vorliegen einer wirksamen Willenserklärung dar.[279]

Für die Erklärungstheorie, zu deren ersten konsequenten Vertretern Roever[280] und Bähr[281] zählten (wobei Bähr seine Ablehnung gegenüber der Willenstheorie mit dem entscheidenden Hinweis auf das Vertrauensargument begründete)[282],[283] ist hingegen allein der nach außen erkennbare Erklärungsgehalt maßgeblich, also das, was der Erklärungsempfänger aus dem äußerlich erkennbaren Verhalten des Erklärenden nach Treu und Glauben schließen durfte.[284] Entspricht die Erklärung nicht dem tatsächlichen (inneren) Willen, so geht diese Ansicht von einem grundsätzlichen Vorrang der (objektiven) Erklärung vor dem (subjektiven) Willen des Erklärenden aus.[285] Der Schutz des Vertrauens rechtsfertige es, die Berufung auf einen fehlenden Rechtsfolgewillen grundsätzlich zu untersagen und den Erklärenden für ein äußerlich erkennbares Verhalten, das den Schluss auf einen dadurch ausgedrückten Rechtsfolgewillen zulässt, haften zu lassen, als ob diese Erklärung tatsächlich seinem Willen entspräche.[286]

---

273 Vgl. *Windscheid*, S. 384 ff.

274 Vgl. *Enneccerus*, S. 67 ff.

275 Vgl. *Zitelmann*, Die juristische Willenserklärung, in: Jher. Jb., 16 (1878), 357 (357 ff.).

276 Vgl. etwa *Eisenhardt*, Zum subjektiven Tatbestand der Willenserklärung, JZ 1986, 875 (877 f.); *Ellenberger* in: Palandt, BGB, Einf v § 116, Rn. 2; *Kramer* in: Münchener Kommentar, BGB, Vor § 116, Rn. 4.

277 Vgl. *Savigny*, S. 258.

278 Vgl. nur *Windscheid*, S. 386; *Zitelmann*, Die juristische Willenserklärung, in: Jher. Jb., 16 (1878), 357 (435 f.). So bspw. auch *Eisenhardt*, Zum subjektiven Tatbestand der Willenserklärung, JZ 1986, 875 (878); *Ellenberger* in: Palandt, BGB, Einf v § 116, Rn. 2; *Klein-Blenkers*, Zwei Fälle „nicht gewollter" Willenserklärungen, JURA 1993, 640 (641); *Kramer* in: Münchener Kommentar, BGB, Vor § 116, Rn. 4.

279 So bspw. auch *Hirsch*, BGB AT, Rn. 559.

280 Vgl. Roever, S. 17 ff.

281 Vgl. *Bähr*, Über Irrungen im Contrahiren, in: Jher. Jb., 14 (1875), 393 (400 ff.).

282 Vgl. *Bähr*, Über Irrungen im Contrahiren, in: Jher. Jb., 14 (1875), 393 (400 f.).

283 Vgl. etwa *Kramer* in: Münchener Kommentar, BGB, Vor § 116, Rn. 4

284 Vgl. nur *Bähr*, Über Irrungen im Contrahiren, in: Jher. Jb., 14 (1875), 393 (401).

285 Vgl. nur Roever, S. 19. So bspw. auch *Eisenhardt*, Zum subjektiven Tatbestand der Willenserklärung, JZ 1986, 875 (878); *Hirsch*, BGB AT, Rn. 560.

286 Vgl. nur *Bähr*, Über Irrungen im Contrahiren, in: Jher. Jb., 14 (1875), 393 (401).

Seit sich der BGH in seiner Entscheidung aus dem Jahr 1984[287] ausdrücklich der damals noch im Vordringen befindlichen, nunmehr wohl überwiegend in der Literatur vertretenen Ansicht angeschlossen hat, ist diese auf der Anfechtungslösung basierende Ansicht zur herrschenden Meinung geworden.[288] Indem diese Ansicht – sofern bestimmte Voraussetzungen für eine Zurechnung vorliegen – das Vorliegen einer wirksamen, aber anfechtbaren Willenserklärung selbst bei fehlendem Erklärungsbewusstsein bejaht, wird die Willenstheorie noch weiter zurückgedrängt.[289]

Erforderlich für eine solche Zurechnung ist zunächst ein zurechenbarer Vertrauenstatbestand, d. h. der Handelnde hätte bei Anwendung pflichtgemäßer Sorgfalt erkennen und vermeiden können, dass seine Handlung nach Treu und Glauben unter Berücksichtigung der Verkehrssitte als möglicherweise rechtserhebliches Verhalten, nämlich als Willenserklärung, aufgefasst werden durfte,[290] er also insoweit fahrlässig (vgl. § 276 Abs. 2 BGB) gehandelt hat.[291] Des Weiteren wird eine Schutzbedürftigkeit des Erklärungsempfängers vorausgesetzt,[292] d. h. dessen mangelnde Kenntnis vom Fehlen des Erklärungsbewusstseins[293]. Denn die Zurechnung eines Verhaltens als Willenserklärung dient dem Schutz des Vertrauens auf einen bestimmten nach außen erkennbaren Erklärungsinhalt,[294] den der Erklärende beim Erklärungsempfänger hervorgerufen haben muss.[295] Kannte der Erklärungsempfänger also das Fehlen des Erklärungsbewusstseins oder rechnete er zumindest damit, scheidet mangels eines

287 Vgl. *BGH*, Urt. v. 07.06.1984 - IX ZR 66/83, BGHZ 91, S. 324-333 = NJW 1984, S. 2279-2282.

288 So bspw. auch *Hirsch*, BGB AT, Rn. 561; *Medicus*, Grundwissen BR, Rn. 88; *Lange*, Die Willenserklärung, JA 2007, 687 (689).

289 Vgl. nur *Klein-Blenkers*, Zwei Fälle „nicht gewollter" Willenserklärungen, JURA 1993, 640 (641) m. w. N.

290 Vgl. etwa *BGH*, Urt. v. 07.06.1984 - IX ZR 66/83, BGHZ 91, 324 (330) = NJW 1984, 2279 (2280) m. w. N.; *BGH*, Urt. v. 29.11.1994 - I ZR 175/93, NJW 1995, 953 (953); *BGH*, Urt. v. 13.07.2005 - VIII ZR 255/04, NJW 2005, 2620 (2621); *BGH*, Urt. v. 16.12.2009 - XII ZR 146/07, BGHZ 184, 35 (40) = NJW 2010, 861 (862); *Bydlinski*, Erklärungsbewusstsein und Rechtsgeschäft, JZ 1975, 1 (5); *Ellenberger* in: Palandt, BGB, Einf v § 116, Rn. 17; *Gudian*, Fehlen des Erklärungsbewußtseins, AcP 169 (1969), 232 (235 f.); *H. Köhler*, BGB AT, § 7, Rn. 5; *Kramer* in: Münchener Kommentar, BGB, § 119, Rn. 99; *Lange*, Die Willenserklärung, JA 2007, 687 (689); *Larenz*, S. 82; *Larenz*, BR AT, S. 356; *Röder*, Zur Übung: Bürgerliches Recht, Jus 1982, 125 (126 f.).

291 Vgl. nur *BGH*, Urt. v. 29.11.1994 - I ZR 175/93, NJW 1995, 953 (953); *Hirsch*, BGB AT, Rn. 562.

292 Vgl. nur *BGH*, Urt. v. 29.11.1994 - XI ZR 175/93, NJW 1995, 953 (953); *Ellenberger* in: Palandt, BGB, Einf v § 116, Rn. 17; *Gudian*, Fehlen des Erklärungsbewußtseins, AcP 169 (1969), 232 (235 f.).

293 Vgl. nur *Lange*, Die Willenserklärung, JA 2007, 687 (689).

294 Vgl. nur *Gudian*, Fehlen des Erklärungsbewußtseins, AcP 169 (1969), 232 (235); *H. Köhler*, BGB AT, § 7, Rn. 5.

295 Vgl. nur *BGH*, Urt. v. 29.11.1994 - XI ZR 175/93, NJW 1995, 953 (953); *Ellenberger* in: Palandt, BGB, Einf v § 116, Rn. 17; *Gudian*, Fehlen des Erklärungsbewußtseins, AcP 169 (1969), 232 (235).

schutzbedürftigen Vertrauenstatbestands eine Zurechnung von vornherein aus, sodass keine wirksame Willenserklärung vorliegt.[296]

Sind hingegen beide Voraussetzungen erfüllt, liegt – trotz fehlenden Erklärungsbewusstseins – eine wirksame Willenserklärung vor.[297] Der Erklärende kann diese Willenserklärung jedoch, mit den sich aus allgemeinen Grundsätzen ergebenden Einschränkungen, gemäß § 119 Abs. 1 Alt. 2 BGB anfechten,[298] wobei er dann aber auch den daraus resultierenden Vertrauensschaden gemäß § 122 BGB ersetzen muss.[299]

ccc) Überzeugende Meinung

Diese vom BGH sowie überwiegend in der Literatur vertretene Ansicht ist weitaus überzeugender als die Gegenansicht.[300] Auch wenn diese Lösung für den Schutz des Verbrauchers vor Abonnement- bzw. Vertragsfallen im Internet nachteilig ist – denn käme es allein auf seinen (inneren) Willen an, läge keine wirksame Willenserklärung vor –, sprechen doch gewichtige Gründe dafür:

Zunächst trifft bereits der Hinweis auf den Wortlaut des § 119 Abs. 1 BGB nicht zu, da die Schlussfolgerung schon rein logisch falsch ist: „Eine Erklärung dieses Inhalts" hat nicht nur derjenige nicht abgeben wollen, der eine Erklärung anderen rechtsgeschäftlichen Inhalts abgeben wollte, sondern auch derjenige, der überhaupt gar keine Erklärung abgeben wollte.[301] Aus dem Wortlaut lassen sich daher weder Argumente für noch gegen das Erklärungsbewusstsein als erforderlichen Bestandteil der Willens-

---

296 So bspw. auch *Ellenberger* in: Palandt, BGB, Einf v § 116, Rn. 17; *H. Köhler*, BGB AT, § 7, Rn. 5; *Lange*, Die Willenserklärung, JA 2007, 687 (689).

297 Vgl. nur *BGH*, Urt. v. 07.06.1984 - IX ZR 66/83, BGHZ 91, 324 (330) = NJW 1984, 2279 (2280); *BGH*, Urt. v. 13.07.2005 - VIII ZR 255/04, NJW 2005, 2620 (2621); *Lange*, Die Willenserklärung, JA 2007, 687 (689).

298 Vgl. etwa *OLG Dresden*, Urt. v. 22.04.1998 - 12 U 175/98, WM 1999, 949 (951); *Bydlinski*, Erklärungsbewusstsein und Rechtsgeschäft, JZ 1975, 1 (5); *Gudian*, Fehlen des Erklärungsbewußtseins, AcP 169 (1969), 232 (233); *Larenz*, S. 83 f.; *Larenz*, BR AT, S. 357; *Medicus*, BGB AT, Rn. 607. Analoge Anwendung etwa *Ellenberger* in: Palandt, BGB, Einf v § 116, Rn. 17; *Hirsch*, BGB AT, Rn. 561; *H. Köhler*, BGB AT, § 7, Rn. 5; *Lange*, Die Willenserklärung, JA 2007, 687 (689).

299 Vgl. etwa *Bydlinski*, Erklärungsbewusstsein und Rechtsgeschäft, JZ 1975, 1 (5); *Gudian*, Fehlen des Erklärungsbewußtseins, AcP 169 (1969), 232 (236); *Larenz*, BR AT, S. 357. Analoge Anwendung etwa *H. Köhler*, BGB AT, § 7, Rn. 5; *Lange*, Die Willenserklärung, JA 2007, 687 (689).

300 So bspw. auch *Hirsch*, BGB AT, Rn. 561; *Klein-Blenkers*, Zwei Fälle „nicht gewollter" Willenserklärungen, JURA 1993, 640 (641).

301 So bspw. auch *BGH*, Urt. v. 07.06.1984 - IX ZR 66/83, BGHZ 91, 324 (329) = NJW 1984, 2279 (2280); *Bydlinski*, Erklärungsbewusstsein und Rechtsgeschäft, JZ 1975, 1 (2); *Kellmann*, Grundprobleme der Willenserklärung, JuS 1971, 609 (613); *Kramer* in: Münchener Kommentar, BGB, § 119, Rn. 98.

erklärung herleiten, zumal sich weder in der Norm selbst noch an anderer Stelle im Gesetz eine Definition des Begriffs der (anfechtbaren) Willenserklärung findet.[302]

Vor allem aber beruht die aus § 118 BGB hergeleitete Argumentation der Gegenansicht, wonach das Fehlen des Erklärungsbewusstseins – ohne dass es einer Anfechtung bedürfe – immer zur Nichtigkeit der Erklärung führe, auf einem Erst-Recht-Schluss, der hier nicht stichhaltig ist:[303] Ein solcher Größenschluss (sogenanntes argumentum a minori ad maius)[304] setzt nämlich voraus, dass derjenige Fall, aus dem geschlossen werden soll, zu demjenigen Fall, auf den geschlossen werden soll, hinsichtlich des entscheidungsrelevanten Punktes ein Stufen- (d. h. ein Plus/Minus-) Verhältnis aufweist.[305] Vergleicht man jedoch den Fall des § 118 BGB mit dem des fehlenden Erklärungsbewusstseins, so verhält dieser sich nicht wie das Größere zum Kleineren;[306] diese Fälle betreffen vielmehr unterschiedliche und damit nicht vergleichbare Dinge:[307] Im Falle des § 118 BGB entspricht die Nichtigkeit dem wirklichen Willen des Erklärenden, denn bei der nicht ernstlich gemeinten Willenserklärung will er die Nichtgeltung seiner Erklärung und damit bewusst keine rechtliche Bindung – schließlich erwartet er, dass der Mangel der Ernstlichkeit seiner (Scherz-)Erklärung nicht verkannt werde.[308] Da hier aber von Anfang an feststeht, dass der Erklärende schon bei Abgabe der (Scherz-) Erklärung die durch sie zum Ausdruck gebrachten Rechtsfolgen bewusst ablehnt – damit also schon einen entsprechenden Willen gebildet hat –, so braucht ihm auch nicht die Wahl eingeräumt zu werden, die Erklärung und damit die darin ausgedrückten Rechtsfolgen gegen bzw. für sich gelten zu lassen oder diese anzufechten.[309]

---

302 So bspw. auch *BGH*, Urt. v. 07.06.1984 - IX ZR 66/83, BGHZ 91, 324 (329) = NJW 1984, 2279 (2280); *Bydlinski*, Erklärungsbewusstsein und Rechtsgeschäft, JZ 1975, 1 (2); *Kramer* in: Münchener Kommentar, BGB, BGB, § 119, Rn. 98.

303 So bspw. auch *BGH*, Urt. v. 07.06.1984 - IX ZR 66/83, BGHZ 91, 324 (329) = NJW 1984, 2279 (2280); *Bydlinski*, Erklärungsbewusstsein und Rechtsgeschäft, JZ 1975, 1 (3); *Flume*, AT II, S. 414; *Kramer* in: Münchener Kommentar, BGB, § 119, Rn. 98.

304 Vgl. *Frotz*, S. 471; *Kramer* in: Münchener Kommentar, BGB, § 119, Rn. 98.

305 Vgl. nur *Schwab*, Willenserklärung ohne Erklärungsbewusstsein?, Iurratio 2009, 86 (89).

306 Vgl. nur *Bydlinski*, Erklärungsbewusstsein und Rechtsgeschäft, JZ 1975, 1 (3); *Kramer* in: Münchener Kommentar, BGB, § 119, Rn. 98.

307 Vgl. nur *BGH*, Urt. v. 07.06.1984 - IX ZR 66/83, BGHZ 91, 324 (329) = NJW 1984, 2279 (2280); *Bydlinski*, Erklärungsbewusstsein und Rechtsgeschäft, JZ 1975, 1 (3); *Flume*, AT II, S. 415; *Kramer* in: Münchener Kommentar, BGB, § 119, Rn. 98.

308 Vgl. etwa *BGH*, Urt. v. 07.06.1984 - IX ZR 66/83, BGHZ 91, 324 (329) = NJW 1984, 2279 (2280); *Bydlinski*, Erklärungsbewusstsein und Rechtsgeschäft, JZ 1975, 1 (3); *Flume*, AT II, S. 414; *Medicus*, BGB AT, Rn. 607; *Medicus/Petersen*, BR, Rn. 130; *Röder*, Zur Übung: Bürgerliches Recht, Jus 1982, 125 (126).

309 Vgl. nur *BGH*, Urt. v. 07.06.1984 - IX ZR 66/83, BGHZ 91, 324 (329) = NJW 1984, 2279 (2280); *Bydlinski*, Erklärungsbewusstsein und Rechtsgeschäft, JZ 1975, 1 (3); *Flume*, AT II, S. 414; *Röder*, Zur Übung: Bürgerliches Recht, Jus 1982, 125 (126).

Bei fehlendem Erklärungsbewusstsein trifft dies indessen nicht zu.[310] In diesen Fällen fehlt demjenigen, von dem das Erklärungsverhalten ausgeht, jegliches Bewusstsein für eine Erklärung und die darin begründeten Rechtsfolgen.[311] Er hat daher auch noch keinen Willen über die Rechtsgeltung gebildet.[312] Hier erscheint es im Unterschied zu der Situation bei § 118 BGB durchaus sinnvoll und auch angemessen, nicht von der Nichtigkeit der ohne Erklärungsbewusstsein abgegebenen Erklärung auszugehen, sondern dem Erklärenden eine solche Willensbildung nachträglich zu ermöglichen, indem ihm durch die Annahme bloßer Anfechtbarkeit ein Wahlrecht gewährt wird.[313] So kann er wählen, ob er die Erklärung gemäß § 119 Abs. 1 BGB anfechten will, dann aber gegebenenfalls auch zum Ersatz des Vertrauensschadens nach § 122 BGB verpflichtet ist, oder ob er an seiner Erklärung festhalten will, was für den Erklärenden dann durchaus sinnvoll sein kann, wenn der Erhalt einer etwaigen Gegenleistung für ihn günstiger wäre als die Schadensersatzpflicht.[314] Der Erklärende darf somit wie im Falle eines Irrtums noch nachträglich über die Geltung seiner Erklärung entscheiden.[315] Dies ist sachgerecht, zumal eine Erklärung, die ohne das Bewusstsein abgegeben wird, dass der Empfänger sie als rechtsgeschäftliche Erklärung auffasst, einer zwar irrtümlichen, jedoch als rechtserheblich gewollten Erklärung vergleichbar ist.[316] Denn derjenige, der zwar eine auf Kaufen gerichtete Erklärung abgibt, tatsächlich aber verkaufen wollte, ist in einer vergleichbaren Situation wie jemand, der das übliche Zeichen für Kaufen verwendet, dabei aber gar nicht an einen Kauf denkt.[317]

Einwenden ließe sich zwar, dass sich die in der Vorschrift des § 119 Abs. 1 BGB aufgeführten Fälle von den vorliegenden unterscheiden, da der Erklärende hier von seinem

310 So auch *Bydlinski*, Erklärungsbewusstsein und Rechtsgeschäft, JZ 1975, 1 (3); *Medicus*, BGB AT, Rn. 607.

311 Vgl. nur *Bydlinski*, Erklärungsbewusstsein und Rechtsgeschäft, JZ 1975, 1 (3).

312 Vgl. nur *Medicus*, BGB AT, Rn. 607; *Medicus/Petersen*, BR, Rn. 130; *Röder*, Zur Übung: Bürgerliches Recht, Jus 1982, 125 (126).

313 So bspw. auch *BGH*, Urt. v. 07.06.1984 - IX ZR 66/83, BGHZ 91, 324 (329 f.) = NJW 1984, 2279 (2280); *Bydlinski*, Erklärungsbewusstsein und Rechtsgeschäft, JZ 1975, 1 (3); *Flume*, AT II, S. 415; *Medicus*, BGB AT, Rn. 607; *Röder*, Zur Übung: Bürgerliches Recht, Jus 1982, 125 (126).

314 Vgl. nur *BGH*, Urt. v. 07.06.1984 - IX ZR 66/83, BGHZ 91, 324 (329 f.) = NJW 1984, 2279 (2280); *Bydlinski*, Erklärungsbewusstsein und Rechtsgeschäft, JZ 1975, 1 (3); *Flume*, AT II, S. 415, 449 f.; *Klein-Blenkers*, Zwei Fälle „nicht gewollter" Willenserklärungen, JURA 1993, 640 (641).

315 So auch *Klein-Blenkers*, Zwei Fälle „nicht gewollter" Willenserklärungen, JURA 1993, 640 (641); *Medicus/Petersen*, BR, Rn. 130; *Röder*, Zur Übung: Bürgerliches Recht, Jus 1982, 125 (126).

316 Vgl. *BGH*, Urt. v. 07.06.1984 - IX ZR 66/83, BGHZ 91, 324 (329) = NJW 1984, 2279 (2280); *Flume*, AT II, S. 450; *Hirsch*, BGB AT, Rn. 561; *Klein-Blenkers*, Zwei Fälle „nicht gewollter" Willenserklärungen, JURA 1993, 640 (641).

317 Vgl. etwa *BGH*, Urt. v. 07.06.1984 - IX ZR 66/83, BGHZ 91, 324 (329) = NJW 1984, 2279 (2280); *Bydlinski*, Erklärungsbewusstsein und Rechtsgeschäft, JZ 1975, 1 (5); *H. Köhler*, BGB AT, § 7, Rn. 5; *Klein-Blenkers*, Zwei Fälle „nicht gewollter" Willenserklärungen, JURA 1993, 640 (641); *Larenz*, BR AT, S. 356.

rechtgeschäftlichen Tätigwerden nicht einmal wisse und er zudem auch nur innerhalb der in § 121 BGB genannten Frist seine Erklärung anfechten könne, doch relativieren sich diese beiden Einwände insofern, als das Vorliegen einer Willenserklärung nur für den Fall angenommen werden soll, dass der Erklärende die Deutung seines Verhaltens als Willenserklärung sowohl hätte erkennen als auch hätte vermeiden können.[318]

Des Weiteren wird mit dieser Wahlmöglichkeit auch der Einwand entkräftet, dass nur bei Vorliegen von Erklärungsbewusstsein eine privatautonome Gestaltung in Selbstbestimmung gewährleistet sei, welche durch Selbstverantwortung allein keinesfalls ersetzbar sei.[319] Das Recht der Willenserklärung basiert nicht bloß auf der Selbstbestimmung des Rechtsträgers, sondern schützt in den §§ 119, 157 BGB auch das Vertrauen des Erklärungsempfängers sowie die Verkehrssicherheit, indem der Erklärende an die Rechtsfolgen einer irrtümlichen und – was dem gleichzusetzen ist – einer unbewusst abgegebenen rechtserheblichen Erklärung gebunden wird.[320]

Gleichwohl wird der Gedanke der Selbstbestimmung hinreichend gewürdigt.[321] Der Aspekt der Selbstverantwortung erfordert nämlich nicht, dass der Erklärende dauerhaft an seiner Erklärung festgehalten wird.[322] Vielmehr wird ihm die Möglichkeit eröffnet, die Rechtsfolgen seiner Erklärung gelten zu lassen oder diese durch Anfechtung rückwirkend (§ 142 Abs. 1 BGB) zu vernichten.[323] Er kann durch diese Wahlmöglichkeit seine Rechtsverhältnisse in Selbstbestimmung gestalten,[324] indem er zumindest nachträglich seinem tatsächlichen Willen in der einen oder anderen Richtung Geltung verschafft.[325]

---

318 Vgl. *Klein-Blenkers*, Zwei Fälle „nicht gewollter" Willenserklärungen, JURA 1993, 640 (641).

319 Vgl. *BGH*, Urt. v. 07.06.1984 - IX ZR 66/83, BGHZ 91, 324 (330) = NJW 1984, 2279 (2280); *Hefermehl* in: Soergel, BGB, Vor § 116, Rn. 14; *H. Köhler*, BGB AT, § 7, Rn. 5.

320 Vgl. *BGH*, Urt. v. 07.06.1984 - IX ZR 66/83, BGHZ 91, 324 (330) = NJW 1984, 2279 (2280); *Bydlinski*, Erklärungsbewusstsein und Rechtsgeschäft, JZ 1975, 1 (4); *Hefermehl* in: Soergel, BGB, Vor § 116, Rn. 14; *Kramer* in: Münchener Kommentar, BGB, § 119, Rn. 99.

321 Vgl. *BGH*, Urt. v. 07.06.1984 - IX ZR 66/83, BGHZ 91, 324 (330) = NJW 1984, 2279 (2280); *Hefermehl* in: Soergel, BGB, Vor § 116, Rn. 14.

322 Vgl. *H. Köhler*, BGB AT, § 7, Rn. 5.

323 Vgl. *BGH*, Urt. v. 07.06.1984 - IX ZR 66/83, BGHZ 91, 324 (330) = NJW 1984, 2279 (2280); *Hefermehl* in: Soergel, BGB, Vor § 116, Rn. 14; *Klein-Blenkers*, Zwei Fälle „nicht gewollter" Willenserklärungen, JURA 1993, 640 (641).

324 Vgl. *BGH*, Urt. v. 07.06.1984 - IX ZR 66/83, BGHZ 91, 324 (330) = NJW 1984, 2279 (2280); *H. Köhler*, BGB AT, § 7, Rn. 5.

325 Vgl. nur *Klein-Blenkers*, Zwei Fälle „nicht gewollter" Willenserklärungen, JURA 1993, 640 (641); *Röder*, Zur Übung: Bürgerliches Recht, Jus 1982, 125 (126).

Aber auch der Erklärungsempfänger, der auf die Ernstlichkeit der Erklärung vertraut hat, wird ausreichend geschützt.[326] Zwar wird ihm im Falle der Anfechtung die erwartete Rechtsposition wieder entzogen, der Erklärende haftet dann jedoch nach § 122 BGB auf Ersatz des Vertrauensschadens.[327] Soweit er Leistungen in Anspruch genommen hat, muss er sie gemäß § 812 Abs. 1 S. 1 BGB herausgeben bzw. nach § 818 Abs. 2 BGB den Wert ersetzen.[328]

Diese Lösung entspricht letztlich auch der Intention des Gesetzgebers, einen angemessenen Ausgleich unter Abwägung der sich gegenüberstehenden Interessen von Erklärendem und Erklärungsempfänger zu finden.[329]

ddd) Zurechnung im Zusammenhang mit Abonnement- bzw. Vertragsfallen

Dass also dem Nutzer, der bewusst und damit mit Handlungswillen das mit einer entsprechenden Angebotserklärung verbundene (interaktive) Element etwa mit Hilfe seiner Computer-Maus anklickt, dabei jedoch nicht weiß, dass seiner Handlung eine rechtsgeschäftliche Bedeutung zukommt (nämlich die, das Vertragsverhältnis zu den genannten Bedingungen eingehen zu wollen), ein tatsächlicher (innerer) Wille oder auch nur das Bewusstsein fehlt, ist demzufolge unbeachtlich. Denn eine wirksame Willenserklärung kann – wie soeben ausführlich dargestellt – selbst dann vorliegen, wenn dem Nutzer das entsprechende Erklärungsbewusstsein fehlt, sofern ihm die rechtsgeschäftliche Erklärung als solche nur zurechenbar ist.

Unter der Prämisse, dass ein Anbieter sich an sämtliche gesetzlichen Vorgaben – insbesondere an diejenigen, die sich aus den Schutzvorschriften des AGB-Rechts sowie des Fernabsatzrechts ergeben – hält, erscheint eine solche Zurechnung auch im Zusammenhang mit den in dieser Arbeit untersuchten Abonnement- bzw. Vertragsfallen im Internet durchaus möglich; ob dann allerdings auch das Funktionieren der Abonnement- bzw. Vertragsfalle vereitelt wird, sodass der Schutz des Verbrauchers gewährleistet wäre, soll die folgende Untersuchung zeigen.

---

326 Vgl. nur *Klein-Blenkers*, Zwei Fälle „nicht gewollter" Willenserklärungen, JURA 1993, 640 (641); *H. Köhler*, BGB AT, § 7, Rn. 5; *Larenz/Wolf*, BR AT, § 35, Rn. 16.

327 Vgl. etwa *Bydlinski*, Erklärungsbewusstsein und Rechtsgeschäft, JZ 1975, 1 (5); *Klein-Blenkers*, Zwei Fälle „nicht gewollter" Willenserklärungen, JURA 1993, 640 (641); *Larenz/Wolf*, BR AT, § 35, Rn. 16. Analoge Anwendung etwa *H. Köhler*, BGB AT, § 7, Rn. 5.

328 Vgl. nur *H. Köhler*, BGB AT, § 7, Rn. 5.

329 Vgl. *Klein-Blenkers*, Zwei Fälle „nicht gewollter" Willenserklärungen, JURA 1993, 640 (641).

Damit dem Nutzer die rechtsgeschäftliche Erklärung zugerechnet werden kann, ist zunächst einmal ein zurechenbarer Vertrauenstatbestand erforderlich. Das heißt, der Nutzer hätte bei Anwendung pflichtgemäßer Sorgfalt erkennen und vermeiden können, dass seine Handlung nach Treu und Glauben unter Berücksichtigung der Verkehrssitte als möglicherweise rechtserhebliches Verhalten, nämlich als Willenserklärung, aufgefasst werden durfte. Unterstellt man hier den Fall, dass der Anbieter tatsächlich – und zwar abgesehen von der Frage, ob eine solche Abonnement- bzw. Vertragsfalle im Internet unter dieser Annahme überhaupt noch funktionieren könnte – die strengen Anforderungen an die Einbeziehung und Wirksamkeit von Allgemeinen Geschäftsbedingungen (siehe 3. Teil dieser Untersuchung) sowie die umfangreichen fernabsatzrechtlichen Informations- und Mitteilungspflichten (siehe 4. Teil dieser Untersuchung) erfüllt, so liegen dem Nutzer umfangreiche Informationen über das abzuschließende Vertragsverhältnis vor. Er kann sich folglich – und hierfür sorgen insbesondere das AGB-rechtliche wie auch das fernabsatzrechtliche Transparenzgebot – selbst ein klares Bild vom Gegenstand des jeweiligen Vertrages sowie der sich aus einem Vertragsabschluss für ihn ergebenden Verpflichtungen machen. Insbesondere die vom Anbieter nach § 312 c Abs. 1 BGB i. V. m. Art. 246 § 1 Abs. 1 Nr. 4 EGBGB zu erteilenden Information darüber, wie der Vertrag zustande kommt, d. h. durch welche Erklärung der Nutzer die vertragliche Bindung eingeht, kann ihm die rechtsgeschäftliche Bedeutung seiner Handlung verdeutlichen und damit ein entsprechendes Bewusstsein schaffen. Denn dieser Verpflichtung kann der Anbieter nur nachkommen, indem er die entsprechende Handlung benennt, d. h. den Nutzer darüber informiert, dass durch das Anklicken eines entsprechenden (interaktiven) Elements bzw. durch das Absenden des ausgefüllten Bestell- bzw. Registrierungsformulars die Annahme erklärt wird und somit ein Vertrag zustande kommt (siehe zu alledem die Ausführungen zum Inhalt der Informationspflicht und hierunter die wesentlichen Produktmerkmale und das Zustandekommen des Vertrages[330]). Der Nutzer hätte anhand dieser umfangreichen Informationen über das abzuschließende Vertragsverhältnis bei Anwendung pflichtgemäßer Sorgfalt demnach erkennen und vermeiden können, dass seine Handlung, nämlich das Anklicken des entsprechenden (interaktiven) Elements bzw. das Absenden des ausgefüllten Bestell- bzw. Registrierungsformulars, als Willenserklärung verstanden werden durfte, sodass hier insoweit eine Fahrlässigkeit zu bejahen ist.

330 Siehe 4. Teil, C, I, 2.

Des Weiteren muss die Schutzbedürftigkeit des Erklärungsempfängers gegeben sein, d. h. der Anbieter einer Abonnement- bzw. Vertragsfalle im Internet darf keine Kenntnis vom fehlenden Erklärungsbewusstsein des Nutzers haben. Von einer positiven Kenntnis des Anbieters kann sicherlich nicht ausgegangen werden, da sich diese weder aus dem Anklicken des entsprechenden (interaktiven) Elements noch aus dem Absenden des ausgefüllten Bestell- bzw. Registrierungsformulars ergibt und darüber hinaus keine Kommunikation zwischen den Vertragsparteien stattfindet. Fraglich ist aber, ob der Anbieter nicht zumindest mit dem Fehlen des Erklärungsbewusstseins gerechnet hat. Dies zu unterstellen, liegt sicherlich gerade bei dem Anbieter einer Abonnement- bzw. Vertragsfalle nahe, da eine solche Abonnement- bzw. Vertragsfalle in der Regel schließlich darauf basiert, dass die für das Funktionieren notwendigen Vertragsbedingungen – und hier insbesondere die Entgeltvereinbarung – verschleiert bzw. versteckt werden, der Anbieter es also gerade darauf anlegt, dass dem Nutzer die rechtsgeschäftliche Bedeutung seiner Handlung zumindest in ihrer tatsächlichen Tragweite verborgen bleibt. Je ausgeprägter diese Formen des Verschleierns bzw. Versteckens sind, desto eindeutiger lassen sich auch ein schutzwürdiges Vertrauen des Anbieters und damit eine Zurechnung verneinen. Sofern also die typischen Merkmale einer Abonnement- bzw. Vertragsfalle in einer gewissen Ausprägung vorliegen, wird eine Zurechnung und somit das Vorliegen einer wirksamen Willenserklärung des Nutzers wohl zu verneinen sein.

Auf der anderen Seite muss es aber auch eine Grenze geben, ab welcher einem Anbieter nicht mehr unterstellt werden kann, dass er mit dem Fehlen des Erklärungsbewusstseins gerechnet hat. Wo genau eine solche Grenze zu ziehen ist, ist sicherlich nur sehr schwer festzulegen und wird zudem auch vom jeweiligen Einzelfall bzw. der konkret zu untersuchenden Abonnement- bzw. Vertragsfalle abhängen. Dennoch ist davon auszugehen, dass diese Grenze jedenfalls dann überschritten ist, wenn sich der Anbieter, wie oben beschrieben, an sämtliche gesetzlichen Vorgaben hält, insbesondere an diejenigen, die sich aus den Schutzvorschriften des AGB-Rechts sowie des Fernabsatzrechts ergeben. Denn schließlich würde auch jedem anderen Unternehmer, der – entsprechend „redliche Absichten" angenommen – seine Waren oder Dienstleistungen gleichsam im Internet anbietet, nicht unterstellt werden können, dass er mit dem Fehlen des Erklärungsbewusstseins gerechnet hat. Da unter der genannten Prämisse somit beide Voraussetzungen für eine Zurechnung erfüllt sind, liegt trotz fehlenden Erklärungsbewusstseins eine wirksame Willenserklärung des Nutzers vor.

c) Geschäftswille

Von dem soeben dargestellten Erklärungsbewusstsein ist das letzte der drei subjektiven Tatbestandsmerkmale, nämlich der Geschäftswille des Erklärenden, zu unterscheiden: Während das Erklärungsbewusstsein lediglich auf ein rechtsgeschäftliches Handeln an sich gerichtet ist, d. h. sich auf die Vorstellung des Erklärenden bezieht, überhaupt eine rechtsgeschäftliche Erklärung irgendeiner Art abzugeben, geht es beim Geschäftswillen darum, mit der Erklärung ein Rechtsgeschäft mit einem ganz bestimmten Inhalt abzuschließen,[331] wie etwa einen Vertrag über den Erwerb einer bestimmten Sache zu einem bestimmten Preis.[332]

Dass ein solcher Wille bzw. eine solche Absicht allerdings keinen notwendigen Bestandteil des subjektiven Tatbestands und damit keine notwendige Voraussetzung für das Vorliegen einer wirksamen Willenserklärung darstellt,[333] ist nicht unbestritten.[334] Dafür, dass eine Willenserklärung aber auch dann wirksam ist, wenn der Geschäftswille des Erklärenden fehlt, d. h. wenn das objektiv Erklärte nicht mit seinem (inneren) Willen übereinstimmt, mit anderen Worten, wenn er subjektiv etwas anderes will als er in objektiver Hinsicht erklärt,[335] spricht vor allem, dass das Gesetz gerade für solche Fälle, in denen der (innere) Wille des Erklärenden und der durch sein Handeln zum Ausdruck gebrachte objektive Inhalt der Erklärung auseinanderfallen, die Anfechtung gemäß §§ 119 ff. BGB bereithält.[336]

---

[331] Vgl. etwa *Brox/Walker*, BGB AT, Rn. 86; *Giesen*, Grundsätze der Konfliktlösung bei fehlgeschlagenen Rechtsverhältnissen, JURA 1980, 23 (26); *Kitz* in: Hoeren/Sieber, Multimedia-Recht, Teil 13.1, Rn. 26; *Klein-Blenkers*, Zwei Fälle „nicht gewollter" Willenserklärungen, JURA 1993, 640 (640, Fn. 3); *Lange*, Die Willenserklärung, JA 2007, 687 (689); *Petersen*, Der Tatbestand der Willenserklärung, JURA 2006, 178 (180); *Rüthers*, BGB AT, Rn. 207; *Rüthers/Stadler*, BGB AT, § 17, Rn. 12.

[332] Vgl. *Klein-Blenkers*, Zwei Fälle „nicht gewollter" Willenserklärungen, JURA 1993, 640 (640, Fn. 3); *Rüthers*, BGB AT, Rn. 207; *Rüthers/Stadler*, BGB AT, § 17, Rn. 12.

[333] Vgl. etwa *BGH*, Urt. v. 07.06.1984 - IX ZR 66/83, BGHZ 91, 324 (328 f.) = NJW 1984, 2279 (2280); *BGH*, Urt. v. 02.11.1989 - IX ZR 197/88, BGHZ 109, 171 (177) = NJW 1990, 454 (456); *Giesen*, Grundsätze der Konfliktlösung bei fehlgeschlagenen Rechtsverhältnissen, JURA 1980, 23 (26); *Kitz* in: Hoeren/Sieber, Multimedia-Recht, Teil 13.1, Rn. 26; *Klein-Blenkers*, Zwei Fälle „nicht gewollter" Willenserklärungen, JURA 1993, 640 (640, Fn. 3); *Lange*, Die Willenserklärung, JA 2007, 687 (689); *Petersen*, Der Tatbestand der Willenserklärung, JURA 2006, 178 (180); *Rüthers*, BGB AT, Rn. 208; *Rüthers/Stadler*, BGB AT, § 17, Rn. 12.

[334] Vgl. nur *Kitz* in: Hoeren/Sieber, Multimedia-Recht, Teil 13.1, Rn. 6, 26.

[335] Vgl. etwa *Klein-Blenkers*, Zwei Fälle „nicht gewollter" Willenserklärungen, JURA 1993, 640 (640, Fn. 3); *H. Köhler*, BGB AT, § 7, Rn. 6; *Lange*, Die Willenserklärung, JA 2007, 687 (689); *Petersen*, Der Tatbestand der Willenserklärung, JURA 2006, 178 (180).

[336] Vgl. etwa *Kitz* in: Hoeren/Sieber, Multimedia-Recht, Teil 13.1, Rn. 26; *Lange*, Die Willenserklärung, JA 2007, 687 (689); *Petersen*, Der Tatbestand der Willenserklärung, JURA 2006, 178 (180).

Dass dem Nutzer einer Abonnement- bzw. Vertragsfalle im Internet ein entsprechender Geschäftswille fehlt, ist für die Wirksamkeit der Willenserklärung somit unerheblich.

II. Wirksamwerden elektronischer Willenserklärungen

Nachdem im letzten Abschnitt dieses Kapitels erarbeitet wurde, dass die im Zusammenhang mit Abonnement- bzw. Vertragsfallen typischerweise vorkommenden Erklärungen allesamt wirksame Willenserklärungen im rechtlichen Sinne darstellen, rückt nun die Frage, unter welchen Voraussetzungen bzw. Besonderheiten und insbesondere zu welchem Zeitpunkt eine elektronische Willenserklärung wirksam wird, in den Fokus der Untersuchung.

Im Hinblick auf die Voraussetzungen für die Wirksamkeit ist zunächst einmal zwischen nicht empfangsbedürftigen und empfangsbedürftigen Willenserklärungen zu unterscheiden: Das Wirksamwerden einer nicht empfangsbedürftigen Willenserklärung, wie zum Beispiel bei einem Testament (vgl. § 2231 BGB) oder einer Auslobung (vgl. § 657 BGB),[337] ist gesetzlich nicht geregelt.[338] Da es bei ihr nicht auf die Wahrnehmung durch einen Erklärungsempfänger ankommt, ergibt sich aus der Natur der Sache, dass eine solche Willenserklärung bereits mit ihrer Abgabe regelmäßig auch wirksam wird.[339]

Bei einer empfangsbedürftigen Willenserklärung (etwa bei einem Angebot auf Abschluss eines Vertrages oder einer Kündigung) ist die Abgabe hingegen nur eine der Wirksamkeitsvoraussetzungen;[340] sie reicht daher alleine nicht aus, um die Erklärung wirksam werden zu lassen, wie § 130 Abs. 1 S. 1 BGB klar zum Ausdruck bringt. Diese Vorschrift regelt nämlich die Frage, wann eine empfangsbedürftige Willenserklärung unter Abwesenden wirksam wird. Entscheidend für das Wirksamwerden ist hiernach der Zeitpunkt des Zugangs der Erklärung beim Empfänger.[341] Die Vor-

---

337 Vgl. auch *Weiler*, Der Zugang von Willenserklärungen, JuS 2005, 788 (788).

338 Vgl. nur *Einsele* in: Münchener Kommentar, BGB, § 130, Rn. 1, 5.

339 Vgl. nur *Brox/Walker*, BGB AT, Rn. 148; *Einsele* in: Münchener Kommentar, BGB, § 130, Rn. 5; *Ellenberger* in: Palandt, BGB, § 130, Rn. 1; *Medicus*, BGB AT, Rn. 264; *Weiler*, Der Zugang von Willenserklärungen, JuS 2005, 788 (789).

340 Vgl. *Brox/Walker*, BGB AT, Rn. 148; *Härting*, Rn. 68.

341 Vgl. etwa *RG*, Urt. v. 27.10.1905 - VII 7/05, RGZ 61, 414 (415); *RG*, Urt. v. 08.02.1943 - III 111/42, RGZ 170, 380 (382); *Brox/Walker*, BGB AT, Rn. 141; *Ellenberger* in: Palandt, BGB, § 130, Rn. 2; *Larenz/Wolf*, BR AT, § 26, Rn. 11 f.; *Stempfle* in: Bräutigam/Leupold, Online-Handel, B III, Rn. 155; *Weiler*, Der Zugang von Willenserklärungen, JuS 2005, 788 (789).

schrift unterscheidet folglich zwischen der Abgabe einer Willenserklärung und ihrem Zugang.[342] Zur Frage des Wirksamwerdens empfangsbedürftiger Willenserklärungen unter Anwesenden schweigt das Gesetz hingegen; hier wird § 130 Abs. 1 S. 1 BGB analog angewandt.[343] Dieser Fall ist vorliegend allerdings nicht weiter von Bedeutung, da die im Rahmen dieser Untersuchung relevanten Willenserklärungen alle im Zusammenhang mit dem zu prüfenden Vertragsabschluss stehen und daher stets empfangsbedürftig sind.

Entscheidend für das Wirksamwerden dieser Willenserklärungen ist somit neben dem Zeitpunkt ihrer Abgabe vor allem der Zeitpunkt, zu dem sie dem Vertragspartner als Erklärungsempfänger zugehen.[344] Allerdings ist weder der Begriff der Abgabe noch der des Zugangs gesetzlich definiert.[345]

1. Abgabe von Willenserklärungen über das Internet

Für das Wirksamwerden einer empfangsbedürftigen Willenserklärung ist zunächst deren Abgabe erforderlich.[346] Denn die Abgabe der Erklärung stellt – und das ist bei einer empfangsbedürftigen Willenserklärung nicht anders – eine eigenständige Wirksamkeitsvoraussetzung dar; dies trifft ebenfalls auf elektronische Willenserklärungen zu.[347] Wie eingangs bereits erwähnt, gibt es jedoch keine gesetzlichen Regelungen über die Abgabe von elektronischen Willenserklärungen,[348] sodass auch für diese Erklärungen ausschließlich die allgemeinen Grundsätze anzuwenden sind.[349] Nach diesen allgemeinen Grundsätzen liegt die Abgabe einer Willenserklärung dann vor, wenn der Erklärende alles seinerseits Erforderliche unternommen hat, um die Wirksamkeit der Erklärung herbeizuführen.[350] Dies setzt voraus, dass der Erklärende seinen

---

342 Vgl. nur *Brox/Walker*, BGB AT, Rn. 141.

343 Vgl. *Brox/Walker*, BGB AT, Rn. 155; *Hoeren*, Internetrecht, S. 315.

344 So allg. etwa auch *Dilger*, S. 21; *Einsele* in: Münchener Kommentar, BGB, § 130, Rn. 16; *Weiler*, Der Zugang von Willenserklärungen, JuS 2005, 788 (789).

345 Vgl. nur *Leupold/Glossner* in: Leupold/Glossner, IT-Recht, Teil 2, Rn. 32; *Medicus*, BGB AT, Rn. 263.

346 Vgl. nur *Härting*, Rn. 68.

347 Vgl. nur *Borges*, S. 219.

348 Vgl. etwa *Borges*, S. 219 f.; *Leupold/Glossner* in: Leupold/Glossner, IT-Recht, Teil 2, Rn. 32; *Medicus*, BGB AT, Rn. 263; *Vehslage*, Elektronisch übermittelte Willenserklärungen, AnwBl 2002, 86 (86).

349 Vgl. nur *Borges*, S. 220.

350 Vgl. etwa *RG*, Urt. v. 08.02.1943 - III 111/42, RGZ 170, 380 (382); *Borges*, S. 220; *Einsele* in: Münchener Kommentar, BGB, § 130, Rn. 13; *H. Hübner*, BGB AT, Rn. 415; *Medicus*, BGB AT, Rn. 263; *Vehslage*, Elektronisch übermittelte Willenserklärungen, AnwBl 2002, 86 (86).

Willen so erkennbar zum Ausdruck gebracht hat, dass kein Grund besteht, an der Endgültigkeit der Äußerung zu zweifeln.[351] Bei einer empfangsbedürftigen Willenserklärung ist es darüber hinaus erforderlich, dass diese mit dem Willen des Erklärenden in Richtung des Empfängers in den Rechtsverkehr gebracht wird,[352] und zwar in einer Weise, dass der Erklärende bei Zugrundelegung gewöhnlicher Verhältnisse mit ihrem Zugang beim Empfänger rechnen kann.[353]

Bei einem typischen Vertragsabschluss über das Internet, wie er auch im Zusammenhang mit den hier untersuchten Abonnement- bzw. Vertragsfallen stattfindet, erfolgt die Abgabe einer mit Hilfe des Internets übermittelten Willenserklärung vor allem auf zwei verschiedene Arten: nämlich zum einen im Text einer E-Mail und zum anderen im Text auf einer bzw. an eine Internetseite.

a) Abgabe im Text einer E-Mail

Zunächst kann die Abgabe einer elektronischen Willenserklärung per E-Mail erfolgen. Bei den hier untersuchten Abonnement- bzw. Vertragsfallen wird eine entsprechende Willenserklärung vor allem im Text der vom Anbieter an den Nutzer versendeten E-Mail enthalten sein, mit der in der Regel die eingegebene E-Mail-Adresse überprüft wird und gegebenenfalls eine Freischaltung des Benutzerkontos erfolgt. In diesem Fall ist die Erklärungshandlung abgeschlossen, sobald der Erklärende den Befehl zum Senden der E-Mail – meist durch einen Mausklick oder durch das Betätigen einer entsprechenden Taste oder Tastenkombination auf seiner Tastatur – willentlich

351 Vgl. etwa *Borges*, S. 220; *Ellenberger* in: Palandt, BGB, § 130, Rn. 4; *Flume*, AT II, S. 225 f.; *Härting*, Rn. 68; *Kitz* in: Hoeren/Sieber, Multimedia-Recht, Teil 13.1, Rn. 29; *Larenz/Wolf*, BR AT, § 26, Rn. 2 f.; *Medicus*, BGB AT, Rn. 264.

352 Vgl. etwa *RG*, Urt. v. 08.02.1943 - III 111/42, RGZ 170, 380 (382); *BGH*, Urt. v. 30.05.1975 - V ZR 206/73, BGHZ 65 13 (14 f.) = NJW 1975, 2101 (2102 f.); *BGH*, Urt. v. 11.05.1979 - V ZR 177/77, NJW 1979, 2032 (2033); *Borges*, S. 220; *Dilger*, S. 21; *Einsele* in: Münchener Kommentar, BGB, § 130, Rn. 13; *Ellenberger* in: Palandt, BGB, § 130, Rn. 4; *Flume*, AT II, S. 225; *Fritzsche/Malzer*, Ausgewählte zivilrechtliche Probleme elektronisch signierter Willenserklärungen, DNotZ 1995, 3 (11); *Härting*, Rn. 68; *Kitz* in: Hoeren/Sieber, Multimedia-Recht, Teil 13.1, Rn. 29; *Larenz/Wolf*, BR AT, § 26, Rn. 3; *Leupold/Glossner* in: Leupold/Glossner, IT-Recht, Teil 2, Rn. 32; *Vehslage*, Elektronisch übermittelte Willenserklärungen, AnwBl 2002, 86 (86).

353 Vgl. etwa *RG*, Urt. v. 08.02.1943 - III 111/42, RGZ 170, 380 (382); *BGH*, Urt. v. 11.05.1979 - V ZR 177/77, NJW 1979, 2032 (2033); *Borges*, S. 220; *Brox/Walker*, BGB AT, Rn. 143, 147; *Einsele* in: Münchener Kommentar, BGB, § 130, Rn. 13; *Ellenberger* in: Palandt, BGB, § 130, Rn. 4; *U. Hübner*, Vertragsschluß und Probleme des Internationalen Privatrechts beim E-Commerce, ZVersWiss 2001, 351 (354); *Leupold/Glossner* in: Leupold/Glossner, IT-Recht, Teil 2, Rn. 32; *Vehslage*, Elektronisch übermittelte Willenserklärungen, AnwBl 2002, 86 (86).

auslöst,[354] da dann kein Zweifel mehr an der Endgültigkeit der Äußerung besteht.[355] Gleichzeitig hat der Erklärende – vorausgesetzt, er war zu dieser Zeit direkt mit dem Internet verbunden[356] – die Willenserklärung in Form eines elektronischen Signals in einer Weise in Richtung des Empfängers in den Rechtsverkehr gebracht,[357] dass er üblicherweise auch mit ihrem Zugang rechnen durfte. Der Erklärende hat damit alles unternommen, was seinerseits erforderlich war, um die Wirksamkeit seiner Erklärung herbeizuführen.[358]

Die Abgabe einer elektronischen Willenserklärung, die im Text einer E-Mail enthalten ist, liegt daher mit der letzten zum Absenden dieser E-Mail erforderlichen Handlung des Erklärenden vor, üblicherweise also mit dem Auslösen des Befehls, der endgültig zum Versenden führt.[359]

b) Abgabe auf einer bzw. an eine Internetseite

Bei elektronischen Willenserklärungen, die über eine Internetseite abgegeben werden, sind zwei Fälle zu unterscheiden: zum einen können Erklärungen bereits im Text einer aufgerufenen Internetseite enthalten sein, und zum anderen kann der Kunde Erklärungen an eine Internetseite absenden.[360] Als Beispiel für eine bereits im Text der aufgerufenen Internetseite enthaltene Willenserklärung kann – je nach rechtlicher Qualifizierung im Einzelfall (vgl. hierzu die Ausführungen zur Abgrenzung

---

[354] So bspw. auch *Borges*, S. 221; *Dilger*, S. 21; *Einsele* in: Münchener Kommentar, BGB, § 130, Rn. 13; *Fritzsche/Malzer*, Ausgewählte zivilrechtliche Probleme elektronisch signierter Willenserklärungen, DNotZ 1995, 3 (11); *Heermann*, Vertrags- und wettbewerbsrechtliche Probleme bei der E-Mail-Nutzung, K&R 1999, 6 (8); *Taupitz/Kritter*, Electronic Commerce – Probleme bei Rechtsgeschäften im Internet, JuS 1999, 839 (840); *Ultsch*, Zugangsprobleme bei elektronischen Willenserklärungen, NJW 1997, 3007 (3007); *Vehslage*, Elektronisch übermittelte Willenserklärungen, AnwBl 2002, 86 (86).

[355] So auch *Härting*, Rn. 69; *Kitz* in: Hoeren/Sieber, Multimedia-Recht, Teil 13.1, Rn. 29, 31.

[356] So auch *Kitz* in: Hoeren/Sieber, Multimedia-Recht, Teil 13.1, Rn. 31; *Vehslage*, Elektronisch übermittelte Willenserklärungen, AnwBl 2002, 86 (86).

[357] So auch *Borges*, S. 221; *Brox/Walker*, BGB AT, Rn. 147; *Kitz* in: Hoeren/Sieber, Multimedia-Recht, Teil 13.1, Rn. 31.

[358] So auch *Borges*, S. 220; *Einsele* in: Münchener Kommentar, BGB, § 130, Rn. 13; *Kitz* in: Hoeren/Sieber, Multimedia-Recht, Teil 13.1, Rn. 31; *Vehslage*, Elektronisch übermittelte Willenserklärungen, AnwBl 2002, 86 (86).

[359] So bspw. auch *Borges*, S. 221; *Einsele* in: Münchener Kommentar, BGB, § 130, Rn. 13; *Fritzsche/Malzer*, Ausgewählte zivilrechtliche Probleme elektronisch signierter Willenserklärungen, DNotZ 1995, 3 (11); *Heermann*, Vertrags- und wettbewerbsrechtliche Probleme bei der E-Mail-Nutzung, K&R 1999, 6 (8); *Ultsch*, Zivilrechtliche Probleme elektronischer Erklärungen, DZWir 1997, 466 (467); *Ultsch*, Zugangsprobleme bei elektronischen Willenserklärungen, NJW 1997, 3007 (3007); *v. Herget/Reimer*, Rechtsformen und Inhalte von Verträgen im Online-Bereich, DStR 1996, 1288 (1291).

[360] Vgl. *Borges*, S. 221.

zwischen einem verbindlichen Angebot und einer invitatio ad offerendum[361]) – etwa das Angebot eines Anbieters genannt werden, der seine Waren oder Dienstleistungen auf der Internetseite präsentiert und vertreibt.[362]

Ein anderer Fall von elektronischen Willenserklärungen, die über eine Internetseite abgegeben werden, sind diejenigen Erklärungen, deren Abgabe von einer Seite im Internet ermöglicht wird und die an diese bzw. an das dahinter stehende Computersystem gesandt werden.[363] So stellt beispielsweise ein Anbieter, der seine Produkte über eine Internetseite vertreibt, üblicherweise auch ein Formular auf dieser zur Verfügung, das der Kunde direkt (online) ausfüllen und durch Anklicken eines entsprechenden (interaktiven) Elements – meist ein „Senden"- oder „Bestellen"-Button – auch versenden kann, wodurch er seine auf den Abschluss eines Vertrages gerichtete Willenserklärung abgibt.[364] Auch bei den hier untersuchen Abonnement- bzw. Vertragsfallen wird in der Regel ein Bestell- bzw. Registrierungsformular bereitgehalten, das der Nutzer ausfüllen und absenden muss, um Zugriff auf die von ihm gewünschten Inhalte zu erhalten.

Bei der Abgabe einer Erklärung an eine Internetseite bzw. an das dahinter stehende Computersystem ist die Erklärungshandlung ebenfalls abgeschlossen, sobald der Erklärende durch das willentliche Anklicken des mit der entsprechenden Funktion versehenen (interaktiven) Elements den Befehl zum Absenden des zuvor von ihm ausgefüllten Formulars und damit der Erklärung auslöst,[365] da dann kein Zweifel mehr an der Endgültigkeit der Äußerung besteht.[366] Dem Absenden des ausgefüllten Formulars kommt es gleich, wenn der Erklärende ein (interaktives) Element, welches mit einer bereits vorgegebenen Erklärung verbunden ist, bewusst anklickt und damit den Befehl zum Absenden dieser Erklärung an die Internetseite gibt.

Durch beide Handlungen hat der Erklärende die jeweilige Erklärung in Form eines elektronischen Signals gleichzeitig auch in einer Weise in Richtung des Empfängers

---

361 Siehe 2. Teil, C, I, 3.

362 So bspw. auch *Borges*, S. 221; *Dilger*, S. 21.

363 Vgl. *Borges*, S. 222.

364 So allg. auch *Borges*, S. 222; *Taupitz/Kritter*, Electronic Commerce – Probleme bei Rechtsgeschäften im Internet, JuS 1999, 839 (840).

365 So bspw. auch *Borges*, S. 222; *Fritzsche/Malzer*, Ausgewählte zivilrechtliche Probleme elektronisch signierter Willenserklärungen, DNotZ 1995, 3 (11); *Petersen*, Allgemeiner Teil des BGB und Internet, JURA 2002, 387 (387); *Taupitz/Kritter*, Electronic Commerce – Probleme bei Rechtsgeschäften im Internet, JuS 1999, 839 (840).

366 So auch *Härting*, Rn. 68; *Kitz* in: Hoeren/Sieber, Multimedia-Recht, Teil 13.1, Rn. 29 f.

in den Rechtsverkehr gebracht,[367] dass er üblicherweise auch mit ihrem Zugang rechnen durfte. Der Erklärende hat damit alles unternommen, was von seiner Seite aus erforderlich war, um die Wirksamkeit seiner Erklärung herbeizuführen.[368] Die Abgabe einer elektronischen Willenserklärung an eine Internetseite bzw. an das dahinter stehende Computersystem liegt daher – wie auch bei der Abgabe per E-Mail – mit der letzten zum Absenden erforderlichen Handlung des Erklärenden vor, regelmäßig also mit dem Anklicken des Buttons bzw. dem Auslösen des Befehls, der zum Absenden des ausgefüllten Formulars führt.[369]

2. Zugang von Willenserklärungen über das Internet

Wie eingangs bereits dargestellt, werden empfangsbedürftige Willenserklärungen – wie sie beispielsweise zur Herbeiführung eines Vertragsabschlusses wechselseitig auszutauschen sind – nur dann wirksam, wenn sie dem jeweiligen Erklärungsempfänger auch zugehen.[370] Hinsichtlich des Zugangs – und damit hinsichtlich des Zeitpunkts, zu dem eine empfangsbedürftige Willenserklärung wirksam wird – kommt es nach deutschem Recht darauf an, ob die Erklärung unter Anwesenden oder unter Abwesenden abgegeben wurde.[371]

Denn während der Zugang einer unter Anwesenden abgegebenen Willenserklärung nach der sogenannten Vernehmungstheorie bereits zum Zeitpunkt der akustisch richtigen Vernehmung und damit sofort erfolgt,[372] wird eine Erklärung, die gegenüber einem Abwesenden abgegeben wird, nach § 130 Abs. 1 S. 1 BGB erst zu dem Zeitpunkt wirksam, in dem sie dem Empfänger der Erklärung zugeht.[373] Die Frage, wann eine mit Hilfe des Internets übermittelte empfangsbedürftige Willenserklärung zugeht und damit wirksam wird, richtet sich folglich danach, ob es sich bei einer solchen

---

[367] Vgl. nur *Borges*, S. 221 f.; *Brox/Walker*, BGB AT, Rn. 147.

[368] So auch *Borges*, S. 220; *Vehslage*, Elektronisch übermittelte Willenserklärungen, AnwBl 2002, 86 (86).

[369] So auch *Borges*, S. 222; *U. Hübner*, Vertragsschluß und Probleme des Internationalen Privatrechts beim E-Commerce, ZVersWiss 2001, 351 (354).

[370] So allg. auch *Stempfle* in: Bräutigam/Leupold, Online-Handel, B III, Rn. 202.

[371] Vgl. etwa *Dilger*, S. 22; *Ende/Klein*, S. 19; *Hoeren*, AGB, Rn. 48; *Hoeren*, Internetrecht, S. 315; *Leupold/Glossner* in: Leupold/Glossner, IT-Recht, Teil 2, Rn. 33; *Stempfle* in: Bräutigam/Leupold, Online-Handel, B III, Rn. 202; *Weiler*, Der Zugang von Willenserklärungen, JuS 2005, 788 (789).

[372] Vgl. nur *Hoeren*, AGB, Rn. 48; *Leupold/Glossner* in: Leupold/Glossner, IT-Recht, Teil 2, Rn. 33.

[373] Vgl. nur *Ende/Klein*, S. 20; *Härting*, Rn. 74; *Leupold/Glossner* in: Leupold/Glossner, IT-Recht, Teil 2, Rn. 33; *Weiler*, Der Zugang von Willenserklärungen, JuS 2005, 788 (789).

elektronischen Willenserklärung um eine Erklärung unter Anwesenden oder aber um eine Erklärung unter Abwesenden handelt.[374]

a) Erklärung unter Anwesenden oder unter Abwesenden – Maßgebliche Regelungen für elektronische Willenserklärungen

Zu der Frage, ob eine elektronische Willenserklärung, die über das Internet versendet wird, nun nach der sogenannten Vernehmungstheorie sofort wirksam wird, oder ob ihre Wirksamkeit erst mit dem Zugang der Erklärung beim Empfänger gemäß § 130 Abs. 1 S. 1 BGB zu bejahen ist, werden in der Literatur vor allem zwei Ansichten vertreten:[375] Während ein Teil in der Literatur[376] – mit unterschiedlichen Begründungen im Detail – die Ansicht vertritt, dass für die Frage des Wirksamwerdens einer über das Internet versendeten elektronischen Willenserklärung ausnahmslos § 130 Abs. 1 S. 1 BGB maßgeblich sei und eine solche Willenserklärung daher auch immer erst mit ihrem Zugang beim Erklärungsempfänger wirksam werde, will ein anderer Teil in der Literatur[377] – gestützt auf die vertragsrechtliche Sonderregelung für die Kommunikation mittels Fernsprecher (vgl. § 147 Abs. 1 S. 2 BGB a. F.) – danach unterscheiden, ob die Vertragsparteien beim Austausch der elektronischen Willenserklärung unmittelbar miteinander verbunden sind (in diesem Fall soll es sich um eine Willenserklärung unter Anwesenden handeln) oder ob eine solche direkte Verbindung nicht gegeben ist (dann soll von einer Erklärungen unter Abwesenden auszugehen sein).[378]

Der letztgenannten Ansicht hat sich zwar auch der Gesetzgeber angeschlossen – durch das Gesetz zur Anpassung der Formvorschriften des Privatrechts und anderer Vorschriften an den modernen Rechtsgeschäftsverkehr vom 13. Juli 2001[379] wurde mit

---

374 So auch *Dilger*, S. 22; *Ende/Klein*, S. 19; *Klewitz*, S. 40; *M. Köhler/Arndt/Fetzer*, Rn. 174.

375 Vgl. *Dilger*, S. 22.

376 Vgl. etwa *Ernst*, Der Mausklick als Rechtsproblem – Willenserklärungen im Internet, NJW-CoR 1997, 165 (166); *Härting*, Rn. 77; *Heermann*, Vertrags- und wettbewerbsrechtliche Probleme bei der E-Mail-Nutzung, K&R 1999, 6 (8); *Herwig*, Zugang und Zustellung in elektronischen Medien, MMR 2001, 145 (145); *Kitz* in: Hoeren/Sieber, Multimedia-Recht, Teil 13.1, Rn. 34 ff.; *Mehrings*, Vertragsabschluß im Internet, MMR 1998, 30 (32 f.); *Petersen*, Allgemeiner Teil des BGB und Internet, JURA 2002, 387 (387); *Ultsch*, Zugangsprobleme bei elektronischen Willenserklärungen, NJW 1997, 3007 (3007).

377 Vgl. etwa *Fritzsche/Malzer*, Ausgewählte zivilrechtliche Probleme elektronisch signierter Willenserklärungen, DNotZ 1995, 3 (11); *Heun*, Die elektronische Willenserklärung, CR 1994, 595 (597 f.); *Taupitz/Kritter*, Electronic Commerce – Probleme bei Rechtsgeschäften im Internet, JuS 1999, 839 (841); *v. Herget/Reimer*, Rechtsformen und Inhalte von Verträgen im Online-Bereich, DStR 1996, 1288 (1291).

378 Vgl. *Dilger*, S. 22.

379 *BGBl* I 2001/35, S. 1542-1549.

Wirkung zum 01.08.2001 § 147 Abs. 1 S. 2 BGB geändert und der einem Anwesenden gemachte Antrag einem Antrag gleichgestellt, der mittels eines Fernsprechers oder einer sonstigen technischen Einrichtung von Person zu Person gemacht wird –,[380] doch ist die von ihr vorgenommene Abgrenzung zu ungenau, da sie keine differenzierte Betrachtung der in ihren einzelnen Ausprägungen doch sehr unterschiedlichen Internetdienste vornimmt.[381] Eine solche differenzierende Betrachtung der unterschiedlichen Internetdienste erscheint allerdings durchaus sinnvoll, da sich unter Heranziehung der von der neueren Lehre allgemein zum Zugang von Willenserklärungen erarbeiteten Differenzierungskriterien[382] auch sämtliche Internetdienste eindeutig voneinander abgrenzen und zuordnen lassen.[383] Hierzu ist die aus § 130 Abs. 1 S. 1 BGB folgende Unterscheidung in Willenserklärungen unter Anwesenden und Willenserklärungen unter Abwesenden nochmals zu unterteilen, nämlich danach, ob es sich bei der entsprechenden Willenserklärung um eine verkörperte oder aber um eine unverkörperte Erklärung handelt.[384] Liegt eine verkörperte Willenserklärung vor, so ist für die Frage ihres Wirksamwerdens stets die sogenannte Empfangstheorie maßgeblich;[385] handelt es sich hingegen um eine nicht verkörperte Willenserklärung unter Anwesenden, so richtet sich ihr Wirksamwerden nach herrschender Meinung ausschließlich nach der Vernehmungstheorie.[386] Entscheidend für das Vorliegen einer entsprechenden Verkörperung ist, dass die Erklärung nach ihrer Abgabe in einer Weise perpetuiert wird,[387] dass der Empfänger sie körperlich und damit dauerhaft darstellen kann,[388] sie

---

380 So auch *Klewitz*, S. 41.

381 So auch *Dilger*, S. 23.

382 Vgl. etwa *Burgard*, Das Wirksamwerden empfangsbedürftiger Willenserklärungen im Zeitalter moderner Telekommunikation, AcP 195 (1995), 74 (80 ff.); *John*, Grundsätzliches zum Wirksamwerden empfangsbedürftiger Willenserklärungen, AcP 184 (1984), 385 (390 ff.).

383 So auch *Dilger*, S. 23.

384 Vgl. nur *Dilger*, S. 23; *Enneccerus/Nipperdey*, BR AT, S. 979; *Hefermehl* in: Soergel, BGB, § 130, Rn. 3, 5 ff.; *John*, Grundsätzliches zum Wirksamwerden empfangsbedürftiger Willenserklärungen, AcP 184 (1984), 385 (387); *Medicus*, BGB AT, Rn. 291.

385 Vgl. nur *RG*, Urt. v. 27.10.1905 - VII 7/05, RGZ 61, 414 (415); *Burgard*, Das Wirksamwerden empfangsbedürftiger Willenserklärungen im Zeitalter moderner Telekommunikation, AcP 195 (1995), 74 (81); *Dilger*, S. 23; *Ellenberger* in: Palandt, BGB, § 130, Rn. 2, 13; *Hefermehl* in: Soergel, BGB, § 130, Rn. 3.

386 Vgl. nur *BAG*, Urt. v. 27.08.1982 - 7 AZR 30/80, ZIP 1982, 1466 (1467); *BGH*, Urt. v. 25.01.1989 - IVb ZR 44/88, WM 1989, 650 (652 f.); *Burgard*, Das Wirksamwerden empfangsbedürftiger Willenserklärungen im Zeitalter moderner Telekommunikation, AcP 195 (1995), 74 (81); *Dilger*, S. 23; *Ellenberger* in: Palandt, BGB, § 130, Rn. 14; *Enneccerus/Nipperdey*, BR AT, S. 981; *Flume*, AT II, S. 240 f.; *Hefermehl* in: Soergel, BGB, § 130, Rn. 3.

387 Vgl. *Dilger*, S. 24.

388 Vgl. etwa *Dietrich*, Der Zugang einer per E-Mail übermittelten Willenserklärung, K&R 2002, 138 (139); *Herwig*, Zugang und Zustellung in elektronischen Medien, MMR 2001, 145 (146 f.); *Kitz* in: Hoeren/Sieber, Multimedia-Recht, Teil 13.1, Rn. 35.

also nicht flüchtig und einmalig ist wie beispielsweise bei gesprochener Sprache oder bei Gesten.[389] Elektronische Willenserklärungen, die über das Internet versendet werden, bzw. die hierzu verwendeten Internetdienste lassen sich somit eindeutig voneinander abgrenzen und zuordnen.[390] Im Zusammenhang mit den hier untersuchten Abonnement- bzw. Vertragsfallen im Internet ist neben dem Internetdienst E-Mail vor allem das World Wide Web relevant.

Werden elektronische Willenserklärungen mittels des Internetdienstes E-Mail ausgetauscht, so ist in der Regel keine unmittelbare Verbindung zwischen dem Erklärenden und dem Empfänger der Erklärung und damit auch keine Nachfragemöglichkeit gegeben, sodass hier bereits das Kriterium der Anwesenheit zu verneinen ist.[391] Der entscheidende Punkt ist aber, dass die per E-Mail übermittelte elektronische Willenserklärung nach ihrer Abgabe durch das Abspeichern auf einem Datenträger perpetuiert wird und somit vom Empfänger auch nachträglich noch dargestellt und zur Kenntnis genommen werden kann.[392] Da folglich eine Verkörperung der Willenserklärung unter Abwesenden zu bejahen ist, richtet sich das Wirksamwerden einer über den Internetdienst E-Mail versendeten Willenserklärung nach § 130 Abs. 1 S. 1 BGB.[393]

Neben dem Austausch einer elektronischen Willenserklärung per E-Mail kommt vor allem dem World Wide Web eine große Bedeutung zu, da sowohl die im Text auf einer Internetseite als auch die an eine Internetseite bzw. an das dahinter stehende Computersystem versendeten elektronischen Willenserklärungen mit Hilfe dieses Internetdienstes übermittelt werden. Gibt beispielsweise der Nutzer durch das Absenden des ausgefüllten Bestell- bzw. Registrierungsformulars seine auf die Annahme eines Vertrages gerichtete elektronische Willenserklärung ab, so wird diese an die Internetseite bzw. an das dahinter stehende Computersystem übermittelt, auf der in

---

389 Vgl. *Kitz* in: Hoeren/Sieber, Multimedia-Recht, Teil 13.1, Rn. 35; *Ultsch*, Zugangsprobleme bei elektronischen Willenserklärungen, NJW 1997, 3007 (3007, Fn. 8).

390 Vgl. *Dilger*, S. 24.

391 So bspw. auch *Dietrich*, Der Zugang einer per E-Mail übermittelten Willenserklärung, K&R 2002, 138 (139); *Dilger*, S. 24; *Heermann*, Vertrags- und wettbewerbsrechtliche Probleme bei der E-Mail-Nutzung, K&R 1999, 6 (8); *Herwig*, Zugang und Zustellung in elektronischen Medien, MMR 2001, 145 (145); *Kitz* in: Hoeren/Sieber, Multimedia-Recht, Teil 13.1, Rn. 34 ff.

392 So bspw. auch *Dietrich*, Der Zugang einer per E-Mail übermittelten Willenserklärung, K&R 2002, 138 (139); *Dilger*, S. 24; *Ultsch*, Zugangsprobleme bei elektronischen Willenserklärungen, NJW 1997, 3007 (3007).

393 So bspw. auch *Dietrich*, Der Zugang einer per E-Mail übermittelten Willenserklärung, K&R 2002, 138 (139); *Dilger*, S. 24 f.; *Ernst*, Der Mausklick als Rechtsproblem – Willenserklärungen im Internet, NJW-CoR 1997, 165 (166); *Klewitz*, S. 40; *Taupitz/Kritter*, Electronic Commerce – Probleme bei Rechtsgeschäften im Internet, JuS 1999, 839 (841).

der Regel eine Speicherung der eingegangenen Erklärung auf einem Datenträger erfolgt und diese somit – und das ist auch hier entscheidend – perpetuiert wird. Außerdem ist auch bei dieser Form der Übermittlung regelmäßig keine unmittelbare Verbindung zwischen dem Erklärenden und dem Empfänger der Erklärung und damit auch keine Nachfragemöglichkeit gegeben, wie nach der Vernehmungstheorie vorausgesetzt wird.[394] Da somit ebenfalls eine verkörperte Willenserklärung unter Abwesenden vorliegt, richtet sich auch das Wirksamwerden einer mithilfe des Internetdienstes World Wide Web versendeten Willenserklärung nach § 130 Abs. 1 S. 1 BGB.[395]

b) Voraussetzungen und Zeitpunkt des Zugangs von elektronischen Willenserklärungen unter Abwesenden

Hinsichtlich des Zugangs – und damit hinsichtlich des Zeitpunkts, zu dem eine solche elektronische Willenserklärung unter Abwesenden wirksam wird – kommt es nach der maßgeblichen Empfangstheorie darauf an, dass die Willenserklärung so in den Machtbereich des abwesenden Empfängers gelangt ist, dass dieser die Möglichkeit hat, von der Willenserklärung Kenntnis zu nehmen und ihre Kenntnisnahme unter gewöhnlichen Umständen auch zu erwarten ist.[396] Dieser Zugangsbegriff enthält nach dieser Definition zwei Elemente, nämlich ein Machtbereichs- sowie ein Zeitelement:[397]

---

394 So allg. auch *Dilger*, S. 25.

395 So bspw. auch *Dilger*, S. 25; *Herwig*, Zugang und Zustellung in elektronischen Medien, MMR 2001, 145 (145); *Kitz* in: Hoeren/Sieber, Multimedia-Recht, Teil 13.1, Rn. 34 ff.; *Klewitz*, S. 40; *Taupitz/ Kritter*, Electronic Commerce – Probleme bei Rechtsgeschäften im Internet, JuS 1999, 839 (841).

396 Vgl. etwa *RG*, Urt. v. 29.03.1905 - V 445/04, RGZ 60, 334 (336); *BGH*, Urt. v. 03.11.1976 - VIII ZR 140/75, BGHZ 67, 271 (275) = NJW 1977, 194 (194); *BGH*, Urt. v. 13.02.1980 - VIII ZR 5/79, NJW 1980, 990 (990); *BGH*, Urt. v. 27.10.1982 - V ZR 24/82, NJW 1983, 929 (930); *BGH*, Urt. v. 15.03.1989 - VIII ZR 303/87, NJW-RR 1989, 757 (758); *BGH*, Urt. v. 26.11.1997 - VIII ZR 22/97, BGHZ 137, 205 (208) = NJW 1998, 976 (977); *BGH*, Urt. v. 11.04.2002 - I ZR 306/99, NJW 2002, 2391 (2393); *BGH*, Urt. v. 21.01.2004 - XII ZR 214/00, NJW 2004, 1320 (1320); *Brox/Walker*, BGB AT, Rn. 149; *Burgard*, Das Wirksamwerden empfangsbedürftiger Willenserklärungen im Zeitalter moderner Telekommunikation, AcP 195 (1995), 74 (80); *Dilger*, S. 26; *Einsele* in: Münchener Kommentar, BGB, § 130, Rn. 9, 16; *Ellenberger* in: Palandt, BGB, § 130, Rn. 5; *Flume*, AT II, S. 230; *Härting*, Rn. 78; *Hefermehl* in: Soergel, BGB, § 130, Rn. 8; *Hoeren*, AGB, Rn. 48; *Klewitz*, S. 42; *Kloepfer/Neun*, S. 201; *M. Köhler/Arndt/Fetzer*, Rn. 174; *Leupold/Glossner* in: Leupold/Glossner, IT-Recht, Teil 2, Rn. 33; *Medicus*, BGB AT, Rn. 270, 274; *Stempfle* in: Bräutigam/Leupold, Online-Handel, B III, Rn. 202; *Taupitz/Kritter*, Electronic Commerce – Probleme bei Rechtsgeschäften im Internet, JuS 1999, 839 (841).

397 Vgl. nur *Kitz* in: Hoeren/Sieber, Multimedia-Recht, Teil 13.1, Rn. 37 f.

aa) Machtbereich des Empfängers

Für den Zugang einer Willenserklärung unter Abwesenden ist es zunächst erforderlich, dass diese in den Machtbereich des Empfängers gelangt ist.[398] Zu diesem Bereich gehören insbesondere sämtliche vom Empfänger zur Entgegennahme von Erklärungen bereitgehaltenen Empfangsvorrichtungen.[399] Somit liegt ein Eindringen in den Machtbereich und damit in die Sphäre des Empfängers vor, wenn die Erklärung eine typischerweise für den Empfang von Willenserklärungen geschaffene Einrichtung bzw. Vorrichtung erreicht.[400]

aaa) Empfangsvorrichtung

Eine solche typische Empfangsvorrichtung ist beispielsweise bei der herkömmlichen Briefpost der Hausbriefkasten am Wohn- bzw. Geschäftssitz des Erklärungsempfängers oder auch ein gegebenenfalls vorhandenes Postfach.[401] Im Zusammenhang mit elektronischen Willenserklärungen kann ein E-Mail-Postfach, auch als Mailbox bezeichnet, d. h. ein für den Empfang elektronischer Nachrichten reservierter Speicherbereich auf dem eigenen Computer oder auf dem Server eines Providers, eine dem Hausbriefkasten vergleichbare typische Empfangsvorrichtung sein.[402] Eine weitere typische Empfangseinrichtung für elektronische Willenserklärungen kann aber auch das Computersystem sein, auf dem beispielsweise die Erklärungen von Kunden ein-

---

398 Vgl. nur *Brox/Walker*, BGB AT, Rn. 149; *Kitz* in: Hoeren/Sieber, Multimedia-Recht, Teil 13.1, Rn. 38.

399 Vgl. etwa *Einsele* in: Münchener Kommentar, BGB, § 130, Rn. 17; *Ellenberger* in: Palandt, BGB, § 130, Rn. 5; *Hefermehl* in: Soergel, BGB, § 130, Rn. 8; *Kitz* in: Hoeren/Sieber, Multimedia-Recht, Teil 13.1, Rn. 39; *Stempfle* in: Bräutigam/Leupold, Online-Handel, B III, Rn. 202.

400 So bspw. auch *Dietrich*, Der Zugang einer per E-Mail übermittelten Willenserklärung, K&R 2002, 138 (140); *Dilger*, S. 26; *Ellenberger* in: Palandt, BGB, § 130, Rn. 5; *Hefermehl* in: Soergel, BGB, § 130, Rn. 8; *Kitz* in: Hoeren/Sieber, Multimedia-Recht, Teil 13.1, Rn. 39; *Klewitz*, S. 42; *Ultsch*, Zivilrechtliche Probleme elektronischer Erklärungen, DZWir 1997, 466 (468); *Ultsch*, Zugangsprobleme bei elektronischen Willenserklärungen, NJW 1997, 3007 (3007).

401 Vgl. etwa *BGH*, Urt. v. 11.04.2002 - I ZR 306/99, NJW 2002, 2391 (2393); *Dilger*, S. 26; *Einsele* in: Münchener Kommentar, BGB, § 130, Rn. 17; *Ellenberger* in: Palandt, BGB, § 130, Rn. 5; *Stempfle* in: Bräutigam/Leupold, Online-Handel, B III, Rn. 202.

402 Vgl. etwa *Dilger*, S. 26; *Einsele* in: Münchener Kommentar, BGB, § 130, Rn. 18; *Ellenberger* in: Palandt, BGB, § 130, Rn. 5; *Kitz* in: Hoeren/Sieber, Multimedia-Recht, Teil 13.1, Rn. 40; *Kloepfer/Neun*, S. 201; *Taupitz/Kritter*, Electronic Commerce – Probleme bei Rechtsgeschäften im Internet, JuS 1999, 839 (841).

gehen, die im Rahmen einer Bestellung über eine Internetseite an den Inhaber bzw. den Betreiber dieser Seite gerichtet sind.[403]

bbb) Widmungsakt

Allerdings kann eine Empfangsvorrichtung – wie sie beispielsweise durch die Einrichtung einer Mailbox entsteht – und mit ihr die Eröffnung eines bestimmten Kommunikationsweges einem Erklärungsempfänger nicht ohne Weiteres „untergeschoben" werden.[404] Vielmehr muss der Empfänger diese Vorrichtung gerade für den Empfang von Willenserklärungen geschaffen haben, was einen aktiven, zielgerichteten Widmungsakt seitens des Empfängers erfordert.[405] Bei einer Mailbox als Vorrichtung für den Empfang von E-Mails bedeutet dies etwa, dass der Empfänger seine Mailbox nicht nur bewusst eingerichtet, sondern dem Rechtsverkehr auch die zugehörige Adresse mitgeteilt haben muss.[406]

Bei geschäftlichen Empfängern, wie beispielsweise einem Unternehmer, aber auch bei Behörden ist davon auszugehen, dass eine eingerichtete und dem Empfang von Willenserklärungen gewidmete Mailbox zur Verfügung steht,[407] wenn die Empfänger die E-Mail-Adresse in ihre Kontaktdaten (zum Beispiel auf einer Internetseite, einem Briefbogen oder einer Visitenkarte) aufnehmen oder sie ohnehin selbst den Kontakt zu einem Empfänger über diese E-Mail-Adresse bzw. den damit verbundenen Kommunikationsweg hergestellt haben.[408]

Dieser Maßstab wird heutzutage aber grundsätzlich auch bei einem privaten Empfänger anzulegen sein.[409] Das heißt, dass auch im privaten Bereich jedenfalls dann

---

403 Vgl. *Borges*, S. 274.

404 Vgl. *Kitz* in: Hoeren/Sieber, Multimedia-Recht, Teil 13.1, Rn. 41.

405 Vgl. *Einsele* in: Münchener Kommentar, BGB, § 130, Rn. 18; *Kitz* in: Hoeren/Sieber, Multimedia-Recht, Teil 13.1, Rn. 41; *Ultsch*, Zivilrechtliche Probleme elektronischer Erklärungen, DZWir 1997, 466 (468).

406 Vgl.etwa *Kitz* in: Hoeren/Sieber, Multimedia-Recht, Teil 13.1, Rn. 41; *Taupitz/Kritter*, Electronic Commerce – Probleme bei Rechtsgeschäften im Internet, JuS 1999, 839 (841); *Ultsch*, Zugangsprobleme bei elektronischen Willenserklärungen, NJW 1997, 3007 (3007).

407 Vgl. *Dilger*, S. 26.

408 Vgl. etwa *Einsele* in: Münchener Kommentar, BGB, § 130, Rn. 18; *Kitz* in: Hoeren/Sieber, Multimedia-Recht, Teil 13.1, Rn. 42; *Taupitz/Kritter*, Electronic Commerce – Probleme bei Rechtsgeschäften im Internet, JuS 1999, 839 (841); *Ultsch*, Zivilrechtliche Probleme elektronischer Erklärungen, DZWir 1997, 466 (468).

409 Vgl. *Kitz* in: Hoeren/Sieber, Multimedia-Recht, Teil 13.1, Rn. 42; *Ultsch*, Zivilrechtliche Probleme elektronischer Erklärungen, DZWir 1997, 466 (468).

von einer als Empfangsvorrichtung vorgesehenen und entsprechend gewidmeten Mailbox auszugehen ist, wenn der private Empfänger dem Erklärenden seine E-Mail-Adresse selbst bekanntgegeben hat.[410] In diesem Fall kann sich der private Empfänger nämlich nicht mehr darauf berufen, diese Vorrichtung bzw. den damit verbundenen Kommunikationsweg gar nicht oder lediglich im privaten Bereich für den Empfang von Willenserklärungen nutzen zu wollen.[411]

In den in dieser Arbeit untersuchten Fällen erfolgt eine entsprechende Bekanntgabe durch den Nutzer, indem er seine E-Mail-Adresse im Rahmen des Bestell- bzw. Registrierungsvorgangs in das hierfür vorgesehene Formular auf der Internetseite des Anbieters einer Abonnement- bzw. Vertragsfalle einträgt und dieses Formular an den Anbieter absendet. Mit einer solchen Eintragung hat der private Empfänger – und damit auch der jeweilige Nutzer – nach außen hin zu verstehen gegeben, dass er seine Mailbox auch für den Empfang von Willenserklärungen des Erklärenden bereithält.[412]

ccc) Eingang in den Machtbereich des Empfängers

Schließlich muss die elektronische Willenserklärung noch in den Machtbereich des Empfängers gelangt sein,[413] sodass es nun lediglich noch an diesem liegt, von der eingegangenen Erklärung Kenntnis zu nehmen[414].

Die herrschende Meinung[415] geht bei einer elektronischen Willenserklärung davon aus, dass diese auf jeden Fall dann in den Machtbereich des Empfängers gelangt sei, wenn sie bzw. die betreffenden Daten den Übertragungsweg verlassen und die Schnittstelle vom allgemeinen Netz zur Empfangsvorrichtung des Empfängers passiert haben. Dies sei immer dann gegeben, wenn eine elektronische Willenserklärung unmittelbar vom Absender an den Empfänger übermittelt wird. Denn an der Schnittstelle

410 So auch *Dilger*, S. 26; *M. Köhler/Arndt/Fetzer*, Rn. 176; *Ultsch*, Zivilrechtliche Probleme elektronischer Erklärungen, DZWir 1997, 466 (468).

411 So auch *Kitz* in: Hoeren/Sieber, Multimedia-Recht, Teil 13.1, Rn. 42.

412 So allg. auch *Dilger*, S. 26; *M. Köhler/Arndt/Fetzer*, Rn. 176; *Ultsch*, Zivilrechtliche Probleme elektronischer Erklärungen, DZWiR 1997, 466 (468).

413 Vgl. nur *Brox/Walker*, BGB AT, Rn. 149 f.; *Kitz* in: Hoeren/Sieber, Multimedia-Recht, Teil 13.1, Rn. 38.

414 Vgl. nur *Dilger*, S. 27; *Einsele* in: Münchener Kommentar, BGB, § 130, Rn. 16.

415 Vgl. nur *Dethloff*, Vertragsschluss, Widerrufs- und Rückgaberecht im E-Commerce, JURA 2003, 730 (734); *Dietrich*, Der Zugang einer per E-Mail übermittelten Willenserklärung, K&R 2002, 138 (142); *Heun*, Die elektronische Willenserklärung, CR 1994, 595 (598); *Kitz* in: Hoeren/Sieber, Multimedia-Recht, Teil 13.1, Rn. 44; *Mehrings*, Vertragsabschluß im Internet, MMR 1998, 30 (33).

– regelmäßig eine Dose, an die der Empfänger die zum Empfang elektronischer Erklärungen erforderlichen Ein- bzw. Vorrichtungen (beispielsweise eine EDV-Anlage und zwar einschließlich der hierfür notwendigen Kabelverbindungen) angeschlossen hat – beginne der Machtbereich des Empfängers.[416]

Während eine elektronische Willenserklärung, die von einer Internetseite bzw. dem dahinter stehenden Computersystem übermittelt worden ist, lediglich das Vorhandensein eines internetfähigen Endgeräts, in der Regel eines gewöhnlichen Computers, zum Empfang voraussetzt, erfordert der Empfang von E-Mails, die unmittelbar vom Absender zum Empfänger übermittelt werden, ohne dass zunächst ein Provider zum Empfang der E-Mails zwischengeschaltet ist, aber bereits das Vorhandensein eines Mail-Servers auf Seiten des Empfängers.[417] Größere Unternehmen und Behörden verfügen üblicherweise über einen solchen Mail-Server, an den alle an sie gerichteten E-Mails – und damit natürlich auch diejenige E-Mail, die eine Willenserklärung beinhaltet – direkt übermittelt werden.[418]

Ist eine E-Mail erst einmal auf dem unternehmenseigenen Mail-Server eingegangen, so ist die erforderliche Kenntnisnahmemöglichkeit gegeben, da es nun nur noch am Unternehmer selbst bzw. an einem seiner Mitarbeiter liegt, von der E-Mail und damit von der Willenserklärung Kenntnis zu nehmen.[419] Die Erklärung ist in diesem Fall also mit dem Passieren der Schnittstelle vom allgemeinen Netz zur Empfangsvorrichtung des Unternehmers in dessen Machtbereich gelangt.[420]

Ein privater Empfänger verfügt in der Regel hingegen nicht über einen solchen (eigenen) Mail-Server, sondern muss sich vielmehr des Mail-Servers eines Dritten, nämlich seines Providers, bedienen, der die unmittelbar vom Absender an den Empfänger übermittelten E-Mails zunächst für ihn empfängt und diese in einem für ihn reservierten Speicherbereich, seiner persönlichen Mailbox, abspeichert.[421] Unter solchen

416 Vgl. nur *Heun*, Die elektronische Willenserklärung, CR 1994, 595 (598).

417 So auch *Dietrich*, Der Zugang einer per E-Mail übermittelten Willenserklärung, K&R 2002, 138 (141); *Kitz* in: Hoeren/Sieber, Multimedia-Recht, Teil 13.1, Rn. 44; *Taupitz/Kritter*, Electronic Commerce – Probleme bei Rechtsgeschäften im Internet, JuS 1999, 839 (841).

418 Vgl. *Dilger*, S. 27.

419 Vgl. *Dilger*, S. 27; *Einsele* in: Münchener Kommentar, BGB, § 130, Rn. 16.

420 So bspw. auch *Dietrich*, Der Zugang einer per E-Mail übermittelten Willenserklärung, K&R 2002, 138 (142); *Heun*, Die elektronische Willenserklärung, CR 1994, 595 (598).

421 So auch *Dilger*, S. 27.

Umständen erlangt der Empfänger allerdings auch erst dann Kenntnis vom Eingang einer neuen E-Mail bzw. der darin enthaltenen Willenserklärung, wenn er sich über das Internet mit dem Mail-Server des Providers verbindet, seine Mailbox auf den Eingang neuer Nachrichten hin überprüft und diese dann durch Abruf auf seinen eigenen Computer überträgt.[422] Es ist daher umstritten, ob bereits ein Eingang in den Machtbereich des Empfängers vorliegt und somit von einem Zugang der Erklärung auszugehen ist, wenn die an den Empfänger übermittelte E-Mail zwar durch dessen Provider empfangen und in seiner persönlichen Mailbox abgespeichert worden ist, der Empfänger diese E-Mail von dort aber noch nicht abgerufen hat.[423] Ein Teil der Literatur[424] vertritt daher die Ansicht, dass eine per E-Mail übermittelte Willenserklärung erst dann in den Machtbereich des Empfängers gelangt sei, wenn dieser sie durch den Abruf vom Mail-Server des Providers auf seinen eigenen Computer übertragen habe.

Diese Auffassung ist jedoch abzulehnen. Dagegen spricht nämlich allein schon der Vergleich mit der Lagerung von herkömmlichen Briefen in einem Postfach, das jederzeit für den Empfänger zugänglich ist, oder mit dem Einwurf von Briefen in den Briefkasten des Empfängers.[425] Ein herkömmlicher Brief ist dann in den Machtbereich des Empfängers gelangt, wenn er in ein solches Postfach eingelegt bzw. in einen solchen Briefkasten des Empfängers – beide stellen typische Empfangsvorrichtungen für den Erhalt von Postsendungen dar – eingeworfen wird.[426] Nichts anderes stellt aber auch die „Einlagerung" eingehender E-Mails dar, die im elektronischen Postfach des Empfängers – die Mailbox ist ebenfalls eine typische Empfangsvorrichtung – abgespeichert werden.[427] Da der Empfänger sich zu jeder Tages- und Nachtzeit mit dem Mail-Server seines Providers verbinden und somit auch jederzeit auf seine persönliche Mailbox zugreifen kann, erstreckt sich seine tatsächliche Verfügungsmacht auch auf

---

422 So auch *Dilger*, S. 27.

423 Vgl. *Kitz* in: Hoeren/Sieber, Multimedia-Recht, Teil 13.1, Rn. 45.

424 Vgl. etwa *Dietrich*, Der Zugang einer per E-Mail übermittelten Willenserklärung, K&R 2002, 138 (140 f.); *Härting*, Rn. 80; *Herwig*, Zugang und Zustellung in elektronischen Medien, MMR 2001, 145 (146).

425 So auch *Dethloff*, Vertragsschluss, Widerrufs- und Rückgaberecht im E-Commerce, JURA 2003, 730 (734); *Dilger*, S. 28.

426 Vgl. etwa *RG*, Urt. v. 29.03.1905 - V 445/04, RGZ 60, 334 (336); *Dietrich*, Der Zugang einer per E-Mail übermittelten Willenserklärung, K&R 2002, 138 (140); *Dilger*, S. 28; *Einsele* in: Münchener Kommentar, BGB, § 130, Rn. 17; *Ellenberger*, in: Palandt, BGB, § 130, Rn. 5 f.

427 So bspw. auch *Dethloff*, Vertragsschluss, Widerrufs- und Rückgaberecht im E-Commerce, JURA 2003, 730 (734); *Dilger*, S. 26, 28; *Einsele* in: Münchener Kommentar, BGB, § 130, Rn. 17 f.; *Heermann*, Vertrags- und wettbewerbsrechtliche Probleme bei der E-Mail-Nutzung, K&R 1999, 6 (8); *Kitz* in: Hoeren/Sieber, Multimedia-Recht, Teil 13.1, Rn. 40, 45; *Kloepfer/Neun*, S. 201; *Taupitz/Kritter*, Electronic Commerce – Probleme bei Rechtsgeschäften im Internet, JuS 1999, 839 (841).

diese Empfangsvorrichtung.[428] Somit ist, zusammen mit der herrschenden Meinung[429], vielmehr davon auszugehen, dass eine per E-Mail übermittelte Willenserklärung bereits dann in den Machtbereich des Empfängers gelangt ist, wenn sie in dessen persönlicher Mailbox auf dem Server seines Providers gespeichert wurde und er sie von dort jederzeit abrufen kann.

Im Ergebnis ist eine per E-Mail übermittelte Willenserklärung damit stets dann in den Machtbereich des Erklärungsempfängers gelangt, wenn sie auf einem Mail-Server abrufbar gespeichert wurde, und zwar unabhängig von dem Umstand, ob der jeweilige Empfänger einen eigenen Server betreibt oder der Mail-Server von einem Dritten verwaltet wird.[430]

bb) Möglichkeit der Kenntnisnahme

Hat der Empfänger nun eine entsprechende Empfangsvorrichtung eingerichtet und diese auch dem Empfang von elektronischen Willenserklärungen im Rechts- und Geschäftsverkehr gewidmet, so stellt sich als nächstes die Frage, zu welchem Zeitpunkt die Erklärung zugegangen ist.[431] Denn eine Willenserklärung ist nicht bereits dann zugegangen, wenn sie in die entsprechende Empfangsvorrichtung und damit in den Machtbereich des Empfängers gelangt ist, sodass ihm eine Kenntnisnahme vom Inhalt der Erklärung möglich ist.[432] Vielmehr ist der Zugang einer elektronischen Willenserklärung unter Abwesenden nach überwiegender Ansicht in Rechtsprechung[433]

---

428 So auch *Dethloff*, Vertragsschluss, Widerrufs- und Rückgaberecht im E-Commerce, JURA 2003, 730 (734); *Dilger*, S. 28; *Kitz* in: Hoeren/Sieber, Multimedia-Recht, Teil 13.1, Rn. 45.

429 Vgl. etwa *Dethloff*, Vertragsschluss, Widerrufs- und Rückgaberecht im E-Commerce, JURA 2003, 730 (734); *Dörner*, Rechtsgeschäfte im Internet, AcP 202 (2002), 363 (366 f.); *Ellenberger* in: Palandt, BGB, § 130, Rn. 7 f.; *Heun*, Die elektronische Willenserklärung, CR 1994, 595 (598); *Kitz* in: Hoeren/Sieber, Multimedia-Recht, Teil 13.1, Rn. 45; *Mehrings*, Vertragsabschluß im Internet, MMR 1998, 30 (33); *Petersen*, Allgemeiner Teil des BGB und Internet, JURA 2002, 387 (387 f.); *Taupitz/Kritter*, Electronic Commerce – Probleme bei Rechtsgeschäften im Internet, JuS 1999, 839 (841).

430 So bspw. auch *Dilger*, S. 28; *Dörner*, Rechtsgeschäfte im Internet, AcP 202 (2002), 363 (366 f.); *Ellenberger*, in: Palandt, BGB, § 130, Rn. 7a; *M. Köhler/Arndt/Fetzer*, Rn. 176, 179; *Leupold/Glossner* in: Leupold/Glossner, IT-Recht, Teil 2, Rn. 34.

431 So auch *Einsele* in: Münchener Kommentar, BGB, § 130, Rn. 19; *Stempfle* in: Bräutigam/Leupold, Online-Handel, B III, Rn. 210.

432 Vgl. nur *Borges*, S. 274; *Kitz* in: Hoeren/Sieber, Multimedia-Recht, Teil 13.1, Rn. 49.

433 Vgl. etwa *RG*, Urt. v. 29.03.1905 - V 445/04, RGZ 60, 334 (336); *BGH*, Urt. v. 03.11.1976 - VIII ZR 140/75, BGHZ 67, 271 (275) = NJW 1977, 194 (194); *BGH*, Urt. v. 13.02.1980 - VIII ZR 5/79, NJW 1980, 990 (990); *BGH*, Urt. v. 27.10.1982 - V ZR 24/82, NJW 1983, 929 (930); *BGH*, Urt. v. 15.03.1989 - VIII ZR 303/87, NJW-RR 1989, 757 (758); *BGH*, Urt. v. 26.11.1997 - VIII ZR 22/97,

und Literatur[434] erst dann vollendet, wenn die Kenntnisnahme unter gewöhnlichen Umständen auch zu erwarten ist.

Die Beurteilung, ob die Kenntnisnahme zu erwarten ist, muss unabhängig vom jeweiligen Einzelfall erfolgen,[435] sodass es für die Vollendung des Zugangs nicht notwendig ist, dass der Empfänger der Willenserklärung diese auch tatsächlich zur Kenntnis nimmt.[436] Die nähere Bestimmung des Zeitpunkts dieser Zugangsfiktion muss vielmehr anhand der Verkehrsanschauung sowie der zumutbaren Risikoverteilung erfolgen:[437]

Entsprechend der bereits ergangenen Rechtsprechung zur Übermittlung von Willenserklärungen durch einen Brief ist für den Zugang einer per E-Mail versendeten Willenserklärung somit der Zeitpunkt maßgeblich, zu dem eine Leerung des elektronischen Postfachs, also der Abruf der E-Mail durch den Empfänger, unter gewöhnlichen Umständen erwartet werden kann.[438] Für die Frage, wann mit dem Abruf und damit der Möglichkeit zur Kenntnisnahme der E-Mail gerechnet werden kann, ist abermals zwischen einem geschäftlichen und einem privaten Empfänger zu differenzieren;[439] außerdem ist zu unterscheiden, ob der Unternehmer ein vollautomatisiertes Verfahren zum Empfang und zur Bearbeitung eingehender E-Mails einsetzt oder ob die Kenntnisnahme durch ihn oder durch einen seiner Mitarbeiter erforderlich ist.[440]

BGHZ 137, 205 (208) = NJW 1998, 976 (977); *BGH*, Urt. v. 11.04.2002 - I ZR 306/99, NJW 2002, 2391 (2393); *BGH*, Urt. v. 21.01.2004 - XII ZR 214/00, NJW 2004, 1320 (1320).

434 Vgl. etwa *Brox/Walker*, BGB AT, Rn. 149, 150; *Burgard*, Das Wirksamwerden empfangsbedürftiger Willenserklärungen im Zeitalter moderner Telekommunikation, AcP 195 (1995), 74 (80); *Dilger*, S. 26; *Einsele* in: Münchener Kommentar, BGB, § 130, Rn. 9, 16; *Ellenberger* in: Palandt, BGB, § 130, Rn. 5; *Härting*, Rn. 78; *Hefermehl* in: Soergel, BGB, § 130, Rn. 8, 13d; *Hoeren*, AGB, Rn. 48; *Klewitz*, S. 42; *Kloepfer/Neun*, S. 201; *M. Köhler/Arndt/Fetzer*, Rn. 174; *Leupold/Glossner* in: Leupold/Glossner, IT-Recht, Teil 2, Rn. 33; *Medicus*, BGB AT, Rn. 270, 274; *Stempfle* in: Bräutigam/Leupold, Online-Handel, B III, Rn. 202; *Taupitz/Kritter*, Electronic Commerce – Probleme bei Rechtsgeschäften im Internet, JuS 1999, 839 (841).

435 Vgl. *Brox/Walker*, BGB AT, Rn. 150.

436 Vgl. *RG*, Urt. v. 29.03.1905 - V 445/04, RGZ 60, 334 (336); *BAG*, Urt. v. 02.03.1989 - 2 AZR 275/88, NJW 1989, 2213 (2213); *BAG*, Urt. v. 11.11.1992 - 2 AZR 328/92, NJW 1993, 1093 (1093 f.); *Kitz* in: Hoeren/Sieber, Multimedia-Recht, Teil 13.1, Rn. 38, 49.

437 Vgl. nur *M. Köhler/Arndt/Fetzer*, Rn. 177.

438 So bspw. auch *Einsele* in: Münchener Kommentar, BGB, § 130, Rn. 19; *Hoeren*, AGB, Rn. 48; *Hoeren*, Internetrecht, S. 316; *Stempfle* in: Bräutigam/Leupold, Online-Handel, B III, Rn. 210; *Ultsch*, Zivilrechtliche Probleme elektronischer Erklärungen, DZWir 1997, 466 (468).

439 Vgl. etwa *Heermann*, Vertrags- und wettbewerbsrechtliche Probleme bei der E-Mail-Nutzung, K&R 1999, 6 (8); *Hoeren*, AGB, Rn. 48; *Hoeren*, Internetrecht, S. 316; *M. Köhler/Arndt/Fetzer*, Rn. 177; *Petersen*, Allgemeiner Teil des BGB und Internet, JURA 2002, 387 (388); *Taupitz/Kritter*, Electronic Commerce – Probleme bei Rechtsgeschäften im Internet, JuS 1999, 839 (841).

440 Vgl. nur *M. Köhler/Arndt/Fetzer*, Rn. 177.

aaa) Geschäftlicher Empfänger

Sofern es beim Empfang einer E-Mail auf Seiten des Unternehmers noch der menschlichen Kenntnisnahme und Bearbeitung bedarf, ist fraglich, ob der Zugang einer E-Mail und damit der elektronischen Willenserklärung zu jeder Tages- und Nachtzeit unmittelbar mit ihrer technischen Abrufbarkeit auf dem unternehmenseigenen Mail-Server oder dem des Providers fingiert werden kann, oder ob mit einer Kenntnisnahme nur zu den üblichen Geschäftszeiten gerechnet werden kann.[441]

Der Einsatz von elektronischer Post im geschäftlichen Bereich ist mit der geschäftlichen Nutzung eines Telefaxgerätes vergleichbar, sodass sich die hierfür geltenden Grundsätze[442] auf E-Mails übertragen lassen:[443] Auch beim Einsatz von E-Mails im geschäftlichen Bereich muss der Unternehmer – ebenso wie beim Betrieb eines Telefaxgerätes – jederzeit mit dem Eingang einer Nachricht rechnen und ist daher verpflichtet, grundsätzlich während der gesamten Geschäftszeit regelmäßig zu überprüfen, ob ihm neue E-Mails zugegangen sind.[444] Die Festlegung eines bestimmten allgemeingültigen Intervalls für die Kenntnisnahme neuer E-Mails im geschäftlichen Bereich ist dennoch nicht möglich,[445] da diese Intervalle etwa durch einen automatischen Abruf in kurzen zeitlichen Abständen oder gar durch eine Push-Funktion des Mail-Servers auch wesentlich verkürzt werden können. Anderseits kann von einem geschäftlichen Empfänger sicherlich nicht erwartet werden, dass er während der gesamten Geschäftszeit ununterbrochen seinen E-Mail-Eingang überprüft, sodass die Ansicht[446],

---

441 So auch *M. Köhler/Arndt/Fetzer*, Rn. 178 f.

442 Vgl. etwa *Ebnet*, Rechtsprobleme bei der Verwendung von Telefax, NJW 1992, 2985 (2990); *Elzer/ Jacoby*, Durch Fax übermittelte Willenserklärungen und Prozesshandlungen, ZIP 1997, 1821 (1822); *Schmittmann*, Zu Telefaxübermittlungen im Geschäftsverkehr und den Gefahren der Manipulation, DB 1993, 2575 (2575).

443 So bspw. auch *Dilger*, S. 28; *Ernst*, Der Mausklick als Rechtsproblem – Willenserklärungen im Internet, NJW-CoR 1997, 165 (166); *Fringuelli/Wallhäuser*, Formerfordernisse beim Vertragsschluß im Internet, CR 1999, 93 (99); *Klewitz*, S. 43; *Taupitz/Kritter*, Electronic Commerce – Probleme bei Rechtsgeschäften im Internet, JuS 1999, 839 (841).

444 Vgl. etwa *Ebnet*, Rechtsprobleme bei der Verwendung von Telefax, NJW 1992, 2985 (2990); *Elzer/ Jacoby*, Durch Fax übermittelte Willenserklärungen und Prozesshandlungen, ZIP 1997, 1821 (1822); *Ernst*, Der Mausklick als Rechtsproblem – Willenserklärungen im Internet, NJW-CoR 1997, 165 (166); *Hoeren*, AGB, Rn. 48; *Hoeren*, Internetrecht, S. 316; *Kitz* in: Hoeren/Sieber, Multimedia-Recht, Teil 13.1, Rn. 50; *Mehrings*, Vertragsabschluß im Internet, MMR 1998, 30 (33); *Taupitz/Kritter*, Electronic Commerce – Probleme bei Rechtsgeschäften im Internet, JuS 1999, 839 (841 f.).

445 Vgl. *Kitz* in: Hoeren/Sieber, Multimedia-Recht, Teil 13.1, Rn. 50.

446 Vgl. nur *Hoeren*, AGB, Rn. 48; *Hoeren*, Internetrecht, S. 316; *Taupitz/Kritter*, Electronic Commerce – Probleme bei Rechtsgeschäften im Internet, JuS 1999, 839 (842).

dass E-Mails, die während der Geschäftszeiten eingehen und somit abrufbar sind, im gleichen Zeitpunkt als zugegangen gelten, sicherlich zu weit geht.[447]

Weil der genaue Zeitpunkt des Zugangs aber sehr wichtig sein kann – er spielt insbesondere bei fristgebundenen Willenserklärungen wie etwa bei Kündigungserklärungen oder im Hinblick auf einen Widerruf gemäß § 130 S. 2 BGB[448] eine bedeutsame Rolle[449] – sind im Rechtsverkehr jedenfalls allgemeine Mindestmaßstäbe anzulegen.[450] Wie bereits erwähnt, muss der Unternehmer während der gesamten Geschäftszeit mit dem Eingang von Nachrichten rechnen, sodass – wiederum vergleichbar mit dem Betrieb eines Telefaxgerätes – unter gewöhnlichen Umständen zu erwarten ist, dass er zumindest am Ende des Arbeitstages überprüft, ob neue E-Mails auf dem Server bzw. in seiner Mailbox eingegangen sind, da eine neue Nachricht auch noch kurz vor Geschäftsschluss eingehen kann.[451] Herausgebildet hat sich daher die Annahme, dass eine im Verlauf eines Arbeitstages per E-Mail übermittelte Willenserklärung an einen geschäftlichen Empfänger grundsätzlich spätestens bis zum Ende desselben Arbeitstages zugegangen ist.[452] Der Zugang bis zum Ende desselben Arbeitstages ist also als Spätestens-Regel zu begreifen, denn wird die E-Mail und damit die elektronische Willenserklärung zu einem früheren Zeitpunkt zur Kenntnis genommen, ist ihr Zugang mit der tatsächlichen Kenntnisnahme bereits bewirkt.[453] E-Mails, die unmittelbar vor Ende oder jedenfalls außerhalb der üblichen Geschäftszeiten (zur sogenannten Unzeit) eintreffen, gehen hingegen – wie auch schon beim Empfang einer per Fax übermittelten Nachricht[454] – erst zu, wenn üblicherweise mit der Überprüfung des E-Mail-

---

[447] So auch *Kitz* in: Hoeren/Sieber, Multimedia-Recht, Teil 13.1, Rn. 50.

[448] Vgl. hierzu *Kitz* in: Hoeren/Sieber, Multimedia-Recht, Teil 13.1, Rn. 58.

[449] Vgl. *Brox/Walker*, BGB AT, Rn. 150.

[450] Vgl. *Kitz* in: Hoeren/Sieber, Multimedia-Recht, Teil 13.1, Rn. 50.

[451] So auch *Dilger*, S. 28 f.

[452] So bspw. auch *LG Nürnberg-Fürth*, Urt. v. 07.05.2002, NJW-RR 2002, 1721 (1722); *Dilger*, S. 29; *Ernst*, Der Mausklick als Rechtsproblem – Willenserklärungen im Internet, NJW-CoR 1997, 165 (166); *Kaiser/Voigt*, Vertragsschluß und Abwicklung des Electronic Commerce im Internet – Chancen und Risiken, K&R 1999, 445 (447); *Kitz* in: Hoeren/Sieber, Multimedia-Recht, Teil 13.1, Rn. 50; *Petersen*, Allgemeiner Teil des BGB und Internet, JURA 2002, 387 (388); *Ultsch*, Zugangsprobleme bei elektronischen Willenserklärungen, NJW 1997, 3007 (3008).

[453] Vgl. nur *Kitz* in: Hoeren/Sieber, Multimedia-Recht, Teil 13.1, Rn. 49 f.; *Mankowski*, Zum Nachweis des Zugangs bei elektronischen Erklärungen, NJW 2004, 1901 (1902); *Medicus*, BGB AT, Rn. 276; *Taupitz/Kritter*, Electronic Commerce – Probleme bei Rechtsgeschäften im Internet, JuS 1999, 839 (841).

[454] Vgl. etwa *OLG Rostock*, Urt. v. 24.09.1997 - 5 U 23-96, NJW-RR 1998, 526 (527); *AG Frankfurt am Main*, Urt. v. 11.03.1993 - 30 C 3203/92 - 20, NJW-RR 1993, 1332 (1332); *Elzer/Jacoby*, Durch Fax übermittelte Willenserklärungen und Prozesshandlungen, ZIP 1997, 1821 (1822).

Eingangs zu rechnen ist, regelmäßig also mit Wiederbeginn der Geschäftszeit am darauf folgenden Arbeitstag.[455]

Anders sind die Fälle zu beurteilen, in denen sich der Unternehmer eines vollautomatisierten Verfahrens bedient: Werden eingehende E-Mails automatisch verarbeitet, sodass die Kenntnisnahme und Bearbeitung durch ihn oder durch einen seiner Mitarbeiter nicht erforderlich ist, besteht nämlich kein Anlass, von einer Kenntnisnahme nur zu den üblichen Geschäftszeiten auszugehen.[456]

Diese Ergebnisse lassen sich auf elektronische Willenserklärungen, die an eine Internetseite bzw. an das dahinter stehende Computersystem abgegeben werden, übertragen: Werden die auf der Computeranlage des Empfängers eingehenden Erklärungen mit Hilfe eines vollautomatisierten Verfahrens verarbeitet – und davon ist bei den hier untersuchten Abonnement- bzw. Vertragsfallen im Internet zweifelsohne auszugehen – so besteht auch hier kein Anlass dazu, von einer Kenntnisnahme nur zu den üblichen Geschäftszeiten auszugehen. In der Literatur wird der Einsatz eines solchen Verfahrens daher auch als Verzicht des Unternehmers auf die Möglichkeit der Kenntnisnahme angesehen,[457] sodass dem Zeitelement des Zugangsbegriffs in diesem Fall keine Bedeutung zukommt.

Wird eine eingehende elektronische Willenserklärung mit Hilfe der Computeranlage des Erklärungsempfängers automatisch verarbeitet, sodass die Kenntnisnahme und Bearbeitung durch den Anbieter oder einen seiner Mitarbeiter nicht erforderlich ist, so ist im Ergebnis unabhängig vom Zeitpunkt ihres Eingangs und unabhängig davon, ob die Erklärung per E-Mail oder an eine Internetseite versendet wurde, von einer Vollendung des Zugangs bereits in dem Zeitpunkt auszugehen, in dem die elektronische Erklärung in den Machtbereich des Empfängers gelangt ist.[458]

---

455 So bspw. auch *Einsele* in: Münchener Kommentar, BGB, § 130, Rn. 19; *Hoeren*, AGB, Rn. 48; *Hoeren*, Internetrecht, S. 316; *Kitz* in: Hoeren/Sieber, Multimedia-Recht, Teil 13.1, Rn. 50; *Klewitz*, S. 43; *Taupitz/Kritter*, Electronic Commerce – Probleme bei Rechtsgeschäften im Internet, JuS 1999, 839 (842); *Ultsch*, Zugangsprobleme bei elektronischen Willenserklärungen, NJW 1997, 3007 (3008).

456 So auch *M. Köhler/Arndt/Fetzer*, Rn. 178 f.

457 Vgl. nur *Dilger*, S. 29 m. w. N.

458 So auch *Dethloff*, Vertragsschluss, Widerrufs- und Rückgaberecht im E-Commerce, JURA 2003, 730 (734); *Dilger*, S. 30; *Fritzsche/Malzer*, Ausgewählte zivilrechtliehe Probleme elektronisch signierter Willenserklärungen, DNotZ 1995, 3 (13); *Klewitz*, S. 43; *Taupitz/Kritter*, Electronic Commerce – Probleme bei Rechtsgeschäften im Internet, JuS 1999, 839 (842).

bbb) Privater Empfänger

Davon zu unterscheiden sind diejenigen Fälle, in denen der Empfänger einer per E-Mail übermittelten Willenserklärung eine Privatperson ist.[459] Denn die für den geschäftlichen Bereich entwickelten Maßstäbe bezüglich der Überprüfung des elektronischen Postfachs auf den Eingang neuer E-Mails sind nur eingeschränkt auf den privaten Bereich übertragbar.[460] Es ist nämlich nicht ohne Weiteres davon auszugehen, dass eine Privatperson, die über eine E-Mail-Adresse verfügt, auch jederzeit Zugang zu einem internetfähigen Endgerät hat bzw. dieses zum Abruf eigener (privater) E-Mails nutzen darf (beispielsweise einen mit dem Internet verbundenen Computer am Arbeitsplatz),[461] sodass sie mehrmals am Tag oder gar durchgehend online ist und abfragen kann, ob neue Nachrichten auf dem Server des Providers eingegangen sind.[462] Die Festlegung eines bestimmten allgemeingültigen Intervalls für die Kenntnisnahme neuer E-Mails ist im privaten Bereich ebenso schwierig wie im geschäftlichen Bereich, sodass auch hier wiederum nur mit einer Mindestannahme gearbeitet werden kann.[463] Bei einer Privatperson, die ihre E-Mail-Adresse bekanntgegeben und somit ihre Mailbox auch dem Empfang von elektronischen Willenserklärungen im Rechts- und Geschäftsverkehr gewidmet hat, kann – entsprechend den Grundsätzen für den Zugang normaler Briefpost – davon ausgegangen werden, dass sie wenigstens einmal täglich ihre Mailbox auf neue Nachrichten hin überprüft und eingegangene E-Mails vom Server des Providers abruft.[464] Damit gilt eine per E-Mail versendete Willenserklärung spätestens am Tag nach dem Eingang in der Mailbox eines privaten Empfängers als zugegangen.[465] Auch dies ist als Spätestens-Regel zu begreifen,[466] die nur zur An-

---

459 So bspw. auch *M. Köhler/Arndt/Fetzer*, Rn. 180; *Petersen*, Allgemeiner Teil des BGB und Internet, JURA 2002, 387 (388); *Taupitz/Kritter*, Electronic Commerce – Probleme bei Rechtsgeschäften im Internet, JuS 1999, 839 (841 f.).

460 So bspw. auch *Dilger*, S. 29; *Ernst*, Der Mausklick als Rechtsproblem – Willenserklärungen im Internet, NJW-CoR 1997, 165 (166); *Mehrings*, Vertragsabschluß im Internet, MMR 1998, 30 (33).

461 So auch *M. Köhler/Arndt/Fetzer*, Rn. 180.

462 So auch *Dilger*, S. 29; *Kitz* in: Hoeren/Sieber, Multimedia-Recht, Teil 13.1, Rn. 52; *Klewitz*, S. 44.

463 Vgl. nur *Kitz* in: Hoeren/Sieber, Multimedia-Recht, Teil 13.1, Rn. 52.

464 Vgl. etwa *Dilger*, S. 29; *Heun*, Die elektronische Willenserklärung, CR 1994, 595 (599); *Hoeren*, AGB, Rn. 48; *Hoeren*, Internetrecht, S. 316; *Kitz* in: Hoeren/Sieber, Multimedia-Recht, Teil 13.1, Rn. 52; *Klewitz*, S. 44; *Leupold/Glossner* in: Leupold/Glossner, IT-Recht, Teil 2, Rn. 34.

465 So bspw. auch *Dilger, S.* 29; *Ernst*, Der Mausklick als Rechtsproblem – Willenserklärungen im Internet, NJW-CoR 1997, 165 (166); *Hoeren*, AGB, Rn. 48; *Hoeren*, Internetrecht, S. 316; *Kaiser/Voigt*, Vertragsschluß und Abwicklung des Electronic Commerce im Internet – Chancen und Risiken, K&R 1999, 445 (447); *Kitz* in: Hoeren/Sieber, Multimedia-Recht, Teil 13.1, Rn. 52; *Leupold/Glossner* in:

wendung gelangt, wenn der private Empfänger die E-Mail und damit die elektronische Willenserklärung nicht zu einem früheren Zeitpunkt zur Kenntnis genommen hat.[467]

c) Exkurs: Zugangsfiktion des § 312 g BGB

An den soeben dargestellten Grundsätzen zur Bestimmung des Zugangs einer elektronischen Willenserklärung ändert auch die Vorschrift des § 312 g Abs. 1 S. 2 BGB nichts,[468] der den Zugangsbegriff speziell für Verträge im elektronischen Geschäftsverkehr näher bestimmt,[469] die auch im Zusammenhang mit den in dieser Arbeit untersuchten Abonnement- bzw. Vertragsfallen im Internet einschlägig sind. Danach gelten Bestellungen und Empfangsbestätigungen im Sinne von Abs. 1 S. 1 Nr. 3 dieser Vorschrift zwar als zugegangen – und zwar ohne dass es dabei auf die tatsächliche Kenntnisnahme durch den Erklärungsempfänger ankommt –, wenn es den Parteien, für die sie bestimmt sind, möglich ist, diese unter gewöhnlichen Umständen abzurufen,[470] sodass es rein nach dem Wortlaut naheliegt, von einer gesetzlichen Zugangsfiktion auszugehen,[471] die gerade vom sonstigen gesetzlichen Zugangsbegriff abweicht – eine solche Fiktion wäre ansonsten auch nicht notwendig.[472]

Doch soll die Regelung in § 312 g Abs. 1 S. 2 BGB nach dem ausdrücklichen Willen des Gesetzgebers mit der Rechtsprechung zum Zugang einer Willenserklärung gegenüber Abwesenden im Sinne des § 130 BGB übereinstimmen.[473] Die fragliche Wortwahl der Regelung beruht lediglich darauf, dass diese wörtlich aus Art. 11 Abs. 1, 2. Spiegelstrich der Richtlinie 2000/31/EG übernommen wurde.[474]

Leupold/Glossner, IT-Recht, Teil 2, Rn. 34; *Mankowski*, Zum Nachweis des Zugangs bei elektronischen Erklärungen, NJW 2004, 1901 (1902). A. A. *Dörner*, Rechtsgeschäfte im Internet, AcP 202 (2002), 363 (368); *Hefermehl* in: Soergel, BGB, § 130, Rn. 13d.

466 Vgl. nur *Kitz* in: Hoeren/Sieber, Multimedia-Recht, Teil 13.1, Rn. 52. A. A. *Petersen*, Allgemeiner Teil des BGB und Internet, JURA 2002, 387 (388); *Taupitz/Kritter*, Electronic Commerce – Probleme bei Rechtsgeschäften im Internet, JuS 1999, 839 (842).

467 Vgl. nur *Kitz* in: Hoeren/Sieber, Multimedia-Recht, Teil 13.1, Rn. 49, 52; *Medicus*, BGB AT, Rn. 276; *Taupitz/Kritter*, Electronic Commerce – Probleme bei Rechtsgeschäften im Internet, JuS 1999, 839 (841).

468 So auch *Stempfle* in: Bräutigam/Leupold, Online-Handel, B III, Rn. 215.

469 Vgl. nur *Kitz* in: Hoeren/Sieber, Multimedia-Recht, Teil 13.1, Rn. 37.

470 Vgl. nur *Kitz* in: Hoeren/Sieber, Multimedia-Recht, Teil 13.1, Rn. 37; *Leupold/Glossner* in: Leupold/Glossner, IT-Recht, Teil 2, Rn. 35; *Stempfle* in: Bräutigam/Leupold, Online-Handel, B III, Rn. 215.

471 So auch *Hoeren*, AGB, Rn. 48a; *Kitz* in: Hoeren/Sieber, Multimedia-Recht, Teil 13.1, Rn. 37.

472 So auch *Kitz* in: Hoeren/Sieber, Multimedia-Recht, Teil 13.1, Rn. 37.

473 Vgl. *BT-Drs*. 14/6040, S. 172; *Kitz* in: Hoeren/Sieber, Multimedia-Recht, Teil 13.1, Rn. 37.

474 Vgl. nur *Kitz* in: Hoeren/Sieber, Multimedia-Recht, Teil 13.1, Rn. 37.

Dafür, dass der Regelung des § 312 g Abs. 1 S. 2 BGB lediglich eine klarstellende Funktion zukommt, spricht auch noch ein weiterer Gesichtspunkt: Lägen die dort genannten Voraussetzungen vor, so wäre eine elektronische Willenserklärung nach den oben geschilderten Grundsätzen bereits zugegangen, sodass eine Fiktion ihres Zugangs nicht mehr notwendig wäre und die Regelung mithin ins Leere liefe.[475]

d) Kein Widerruf gemäß § 130 Abs. 1 S. 2 BGB

Endgültige Rechts- und Dispositionssicherheit erlangt der Vertragspartner als Erklärungsempfänger in der Regel jedoch erst ab dem Zeitpunkt, an dem die entsprechende Willenserklärung nicht mehr rechtswirksam widerrufen werden kann.[476] Denn trotz ihres Zugangs kann das Wirksamwerden einer empfangsbedürftigen Willenserklärung noch gemäß § 130 Abs. 1 S. 2 BGB durch einen Widerruf der Erklärung verhindert werden, der dem Erklärungsempfänger vor dem Zugang oder gleichzeitig mit dieser zugeht.[477] Dabei kommt es weder auf die Reihenfolge, in der die Erklärung und ihr Widerruf in den Machtbereich des Empfängers gelangt sind,[478] noch auf den Zeitpunkt ihrer Kenntnisnahme an.[479] Vielmehr stellt § 130 Abs. 1 S. 2 BGB ausschließlich auf den Zeitpunkt des Zugangs der beiden Erklärungen ab; ein zur selben Zeit zugegangener Widerruf entfaltet somit selbst dann Wirksamkeit, wenn der Empfänger zuerst die Erklärung zur Kenntnis nimmt.[480]

Entscheidend ist also nur, dass der Widerruf rechtzeitig erfolgt, d. h. spätestens bis zu dem Zeitpunkt vorliegen muss, zu dem die Kenntnisnahme vom Inhalt der Erklärung durch den Empfänger unter gewöhnlichen Umständen zu erwarten ist[481]; der Erklärungsempfänger ist sonst in seinem Vertrauen auf die Wirksamkeit der ihm zugegan-

475 So auch *Grüneberg* in: Palandt, BGB, § 312 e, Rn. 3; *Leupold/Glossner* in: Leupold/Glossner, IT-Recht, Teil 2, Rn. 35.

476 So auch *Ende/Klein*, S. 19.

477 So bspw. auch *Brox/Walker*, BGB AT, Rn. 154; *Dilger*, S. 30; *Einsele* in: Münchener Kommentar, BGB, § 130, Rn. 40; *Ellenberger* in: Palandt, BGB, § 130, Rn. 11; *Ende/Klein*, S. 20; *Kitz* in: Hoeren/Sieber, Multimedia-Recht, Teil 13.1, Rn. 58; *M. Köhler/Arndt/Fetzer*, Rn. 189.

478 Vgl. nur *Dilger*, S. 30.

479 Vgl. nur *RG*, Urt. v. 25.10.1917 - VI 367/17, RGZ 91, 60 (63); *BGH*, Urt. v. 30.10.1974 - IV ZR 172/73, NJW 1975, 382 (384); *Einsele* in: Münchener Kommentar, BGB, § 130, Rn. 40; *Ellenberger* in: Palandt, BGB, § 130, Rn. 11; *Heun*, Die elektronische Willenserklärung, CR 1994, 595 (599).

480 Vgl. nur *RG*, Urt. v. 25.10.1917 - VI 367/17, RGZ 91, 60 (62 f.); *BGH*, Urt. v. 30.10.1974 - IV ZR 172/73, NJW 1975, 382 (384); *Einsele* in: Münchener Kommentar, BGB, § 130, Rn. 40; *Ellenberger* in: Palandt, BGB, § 130, Rn. 11.

481 So auch *Dilger*, S. 30.

genen Willenserklärung grundsätzlich schutzwürdig.[482] Für die Rechtzeitigkeit des Widerrufs kommt es daher gerade im Zusammenhang mit der Übermittlung einer elektronischen Willenserklärung darauf an, den Zeitpunkt sehr genau zu bestimmen, an dem die einzelne Erklärung zugeht,[483] da sie aufgrund der hohen Übertragungsgeschwindigkeit des Internets nahezu zeitgleich mit ihrer Abgabe auch schon die entsprechende Empfangsvorrichtung des Erklärungsempfängers erreicht und damit in seinen Machtbereich gelangt.[484]

Ein Widerruf kann daher nur unter der Voraussetzung das Wirksamwerden der ursprünglichen Willenserklärung noch verhindern, dass die ursprüngliche Willenserklärung die entsprechende Empfangsvorrichtung des Erklärungsempfängers zwar bereits erreicht hat, ihr Zugang jedoch nicht vollendet ist, da mit ihrer Kenntnisnahme noch nicht zu rechnen war.[485] Denkbar wäre ein solcher Fall beispielsweise, wenn der Vertragspartner des Unternehmers diesem unmittelbar vor Geschäftsschluss oder außerhalb der gewöhnlichen Geschäftszeiten eine auf den Abschluss eines Vertrages gerichtete Willenserklärung per E-Mail übermittelt und sich der Unternehmer keines Verfahrens zur automatischen Verarbeitung eingehender E-Mails bedient.[486] In diesem Fall käme nämlich – sofern keine tatsächliche Kenntnisnahme erfolgte – die Spätestens-Regel vom Zugang bei Geschäftsschluss zur Anwendung, sodass mit einer Kenntnisnahme durch den Unternehmer oder durch einen seiner Mitarbeiter erst am nächsten Arbeitstag zu rechnen ist.[487] Geht der Widerruf spätestens bis zum Beginn des darauffolgenden Arbeitstages beim Unternehmer ein, so erlangt die ursprüngliche Erklärung – hier also die auf den Abschluss des Vertrages gerichtete Willenserklärung – keine Wirksamkeit.[488]

Bei den hier untersuchten Abonnement- bzw. Vertragsfallen im Internet gibt der Nutzer in der Regel mit dem Anklicken eines entsprechenden (interaktiven) Elements bzw.

---

482 Vgl. *Brox/Walker*, BGB AT, Rn. 154; *Kitz* in: Hoeren/Sieber, Multimedia-Recht, Teil 13.1, Rn. 62; *Medicus*, BGB AT, Rn. 276.

483 So auch *Kitz* in: Hoeren/Sieber, Multimedia-Recht, Teil 13.1, Rn. 61.

484 So bspw. auch *Dilger*, S. 30; *Ende/Klein*, S. 20 f.; *M. Köhler/Arndt/Fetzer*, Rn. 189; *Paefgen*, Forum: Bildschirmtext – Herausforderung zum Wandel der allgemeinen Rechtsgeschäftslehre?, JuS 1988, 592 (593).

485 So auch *Dilger*, S. 30. m. w. N.

486 So auch *Dilger*, S. 30.

487 So bspw. auch *Dilger*, S. 30; *Einsele* in: Münchener Kommentar, BGB, § 130, Rn. 19; *Kitz* in: Hoeren/Sieber, Multimedia-Recht, Teil 13.1, Rn. 49 f., 61 f.; *Taupitz/Kritter*, Electronic Commerce – Probleme bei Rechtsgeschäften im Internet, JuS 1999, 839 (842); *Ultsch*, Zugangsprobleme bei elektronischen Willenserklärungen, NJW 1997, 3007 (3008).

488 So auch *Dilger*, S. 30 f.

mit dem Auslösen des Befehls, der zum Absenden des ausgefüllten Formulars führt, eine elektronische Willenserklärung ab. Die Verarbeitung der daraufhin an die Internetseite bzw. an das dahinter stehende Computersystem des Anbieters gesendeten elektronischen Willenserklärung übernimmt ein automatisiertes Verfahren.[489] In diesem Fall geht die jeweilige Erklärung jedoch – wie dargestellt – bereits im Zeitpunkt des Eingangs in den Machtbereich des Empfängers zu, sodass sich dem Nutzer keine Möglichkeit bietet, seine Erklärung zu widerrufen, da diese aufgrund der hohen Übertragungsgeschwindigkeit nahezu zeitgleich mit ihrer Abgabe auch schon die entsprechende Empfangsvorrichtung des Erklärungsempfängers erreicht.[490] Die Möglichkeit des Widerrufs einer elektronischen Willenserklärung ist daher in der Regel faktisch ausgeschlossen, sodass das in § 130 Abs. 1 S. 2 BGB verankerte Widerrufsrecht praktisch ohne Bedeutung ist.[491]

Hiervon zu unterscheiden ist das Widerrufsrecht bei Verbraucherverträgen gemäß § 355 BGB, das einem Verbraucher unter den dort genannten Voraussetzungen bzw. in den darauf verweisenden Vorschriften eingeräumt wird und von den vorstehenden Ausführungen selbstverständlich nicht betroffen ist.[492]

C. Abschluss des Vertrages

Nachdem in den letzten beiden Kapiteln erarbeitet wurde, dass die im Zusammenhang mit Abonnement- bzw. Vertragsfallen im Internet typischerweise vorkommenden Erklärungen grundsätzlich Willenserklärungen im rechtlichen Sinne darstellen, konzentriert sich die Untersuchung in diesem Kapitel darauf, wann und unter welchen Voraussetzungen ein rechtswirksamer Vertragsabschluss über das Internet zustande kommt.[493]

---

489 Vgl. allg. *Dilger*, S. 31.

490 Vgl. *Dilger*, S. 31; *Ende/Klein*, S. 20 f.; *M. Köhler/Arndt/Fetzer*, Rn. 189.

491 So bspw. auch *Dilger*, S. 31; *Ende/Klein*, S. 21; *Heun*, Die elektronische Willenserklärung, CR 1994, 595 (599); *Hoeren*, Internetrecht, S. 316; *M. Köhler/Arndt/Fetzer*, Rn. 189.

492 Vgl. nur *Ende/Klein*, S. 22; *Kitz* in: Hoeren/Sieber, Multimedia-Recht, Teil 13.1, Rn. 59.

493 Zu dieser Frage vgl. allg. etwa *Clemens*, Die elektronische Willenserklärung – Chancen und Gefahren, NJW 1985, S. 1998-2005; *Ende/Klein*, S. 17 ff.; *Fritzsche/Malzer*, Ausgewählte zivilrechtliche Probleme elektronisch signierter Willenserklärungen, DNotZ 1995, S. 3-26; *Heun*, Die elektronische Willenserklärung, CR 1994, S. 595-600.

Grundsätzlich gelten für Rechtsgeschäfte im Internet ohne Weiteres die Regelungen des Bürgerlichen Rechts,[494] Verträge können also prinzipiell genauso abgeschlossen werden wie im normalen Geschäftsleben auch.[495] Maßgeblich sind somit die Allgemeinen Vorschriften für Verträge, die sich in den §§ 145 ff. BGB finden.[496]

Nach diesen allgemeinen vertragsrechtlichen Grundsätzen erfordert das Zustandekommen eines wirksamen Vertrages das Vorliegen zweier jeweils wirksamer und inhaltlich übereinstimmender Willenserklärungen,[497] die auf die Herbeiführung des bezweckten rechtlichen Erfolgs (hier den Abschluss eines entsprechenden Vertragsverhältnisses) gerichtet sind, nämlich zum einen ein Vertragsangebot (Antrag) und zum anderen die Annahme dieses Antrages.[498] Ob darüber hinaus weitere Anforderungen und Besonderheiten zu beachten sind, wenn ein Vertrag über das Internet zustande kommt, soll im Folgenden untersucht werden.

I. Angebot

Die zeitlich erste der beiden wechselseitig für einen Vertragsabschluss abzugebenden Erklärungen wird Antrag oder auch Angebot genannt.[499] Ein solches Angebot im Sinne des § 145 BGB stellt eine einseitige, empfangsbedürftige Willenserklärung dar.[500]

---

494 Vgl. nur *OLG Hamm*, Urt. v. 14.12.2000 - 2 U 58/00, CR 2001, 117 (118) = NJW 2001, 1142 (1142); *Leupold/Glossner* in: Leupold/Glossner, IT-Recht, Teil 2, Rn. 26; *Stempfle* in: Bräutigam/Leupold, Online-Handel, B III, Rn. 147.

495 So auch *Hoeren*, AGB, Rn. 43; *Hoeren*, Internetrecht, S. 301.

496 So auch *OLG Köln*, Urt. v. 13.01.2006 - 19 U 120/05, NJW 2006, 1676 (1676); *Brox/Walker*, BGB AT, Rn. 77; *Czeguhn*, Vertragsschluss im Internet, JA 2001, 708 (710).

497 Vgl. etwa *BGH*, Urt. v. 07.11.2001 - VIII ZR 13/01, BGHZ 149, 129 (133) = NJW 2002, 363 (364); *Ernst*, Der Mausklick als Rechtsproblem – Willenserklärungen im Internet, NJW-CoR 1997, 165 (165); *Kaiser/Voigt*, Vertragsschluß und Abwicklung des Electronic Commerce im Internet – Chancen und Risiken, K&R 1999, 445 (446); *Kitz* in: Hoeren/Sieber, Multimedia-Recht, Teil 13.1, Rn. 80; *Lauktien/Varadinek*, Der Vertragsabschluss im Internet, ZUM 2000, 466 (467).

498 Vgl. etwa *BGH*, Urt. v. 07.11.2001 - VIII ZR 13/01, BGHZ 149, 129 (133) = NJW 2002, 363 (364); *OLG Hamm*, Urt. v. 14.12.2000 - 2 U 58/00, CR 2001, 117 (118) = NJW 2001, 1142 (1142); *LG Münster*, Urt. v. 21.01.2000 - 4 O 424/99, MMR 2000, 280 (281); *Brox/Walker*, BGB AT, Rn. 78 ff.; *Ende/Klein*, S. 17; *Härting*, Rn. 87; *Kaiser/Voigt*, Vertragsschluß und Abwicklung des Electronic Commerce im Internet – Chancen und Risiken, K&R 1999, 445 (446); *Lauktien/Varadinek*, Der Vertragsabschluss im Internet, ZUM 2000, 466 (467); *Leupold/Glossner* in: Leupold/Glossner, IT-Recht, Teil 2, Rn. 26; *Stempfle* in: Bräutigam/Leupold, Online-Handel, B III, Rn. 148, 158.

499 Vgl. nur *Brox/Walker*, BGB AT, Rn. 78; *Stempfle* in: Bräutigam/Leupold, Online-Handel, B III, Rn. 148.

500 Vgl. nur *Brox/Walker*, BGB AT, Rn. 165; *Ellenberger* in: Palandt, BGB, § 145, Rn. 1; *Kitz* in: Hoeren/Sieber, Multimedia-Recht, Teil 13.1, Rn. 81; *Kramer* in: Münchener Kommentar, BGB, § 145, Rn. 3.

Das bedeutet, dass diese auf den Abschluss eines Vertrages gerichtete Erklärung nicht bereits mit ihrer Abgabe, sondern gemäß § 130 Abs. 1 S. 1 BGB erst mit ihrem Zugang beim Empfänger – hier also dem potenziellen Vertragspartner – wirksam wird,[501] sofern sie bis dahin nicht – wie bereits dargestellt – widerrufen wurde (vgl. § 130 Abs. 1 S. 2 BGB).[502]

Demzufolge ist für das Vorliegen eines wirksamen Angebotes zunächst einmal die Erfüllung sämtlicher Voraussetzungen einer wirksamen, empfangsbedürftigen Willenserklärung notwendig.[503] Außerdem setzt die Wirksamkeit des Angebotes inhaltliche Bestimmtheit bzw. Bestimmbarkeit voraus.[504] Und schließlich muss auch der Wille des Anbietenden zur rechtlichen Bindung im Angebot zum Ausdruck kommen.[505]

Liegen all diese Voraussetzungen vor, so ist der Antragende gemäß § 145 BGB an seinen Antrag gebunden und kann ihn daher grundsätzlich auch nicht widerrufen,[506] es sei denn, dass er diese Bindungswirkung ausgeschlossen hat. Die Bindungswirkung tritt mit dem Zugang des Antrags beim Erklärungsempfängers ein und endet mit dem Erlöschen des Antrags (vgl. § 146 BGB).[507] Aufgrund dieser Gebundenheit des Antragenden erlangt der Erklärungsempfänger eine für ihn günstige Rechtsposition: Er kann nun eine Entscheidung darüber treffen, ob er das Angebot annimmt oder besser ablehnt.[508]

1. Wirksamkeit der Willenserklärung im Rahmen des Angebots

Die einzelnen Voraussetzungen für die Wirksamkeit einer empfangsbedürftigen Willenserklärung wurden bereits in Kapitel B ausführlich dargestellt. Dabei wurde insbe-

---

501 So bspw. auch *Brox/Walker*, BGB AT, Rn. 149, 166; *Ellenberger* in: Palandt, BGB, § 145, Rn. 1; *Kramer* in: Münchener Kommentar, BGB, § 145, Rn. 18; *Stempfle* in: Bräutigam/Leupold, Online-Handel, B III, Rn. 148.

502 So bspw. auch *Brox/Walker*, BGB AT, Rn. 166; *Einsele* in: Münchener Kommentar, BGB, § 130, Rn. 40.

503 So bspw. auch *Kitz* in: Hoeren/Sieber, Multimedia-Recht, Teil 13.1, Rn. 82.

504 Vgl. nur *Brox/Walker*, BGB AT, Rn. 167; *Ellenberger* in: Palandt, BGB, § 145, Rn. 1; *Kitz* in: Hoeren/Sieber, Multimedia-Recht, Teil 13.1, Rn. 83; *Kramer* in: Münchener Kommentar, BGB, § 145, Rn. 4.

505 Vgl. nur *Ellenberger* in: Palandt, BGB, § 145, Rn. 2; *Kramer* in: Münchener Kommentar, BGB, § 145, Rn. 4.

506 So bspw. auch *Brox/Walker*, BGB AT, Rn. 169; *Ellenberger* in: Palandt, BGB, § 145, Rn. 3; *Kramer* in: Münchener Kommentar, BGB, § 145, Rn. 1.

507 Vgl. nur *Ellenberger* in: Palandt, BGB, § 145, Rn. 3; *Kitz* in: Hoeren/Sieber, Multimedia-Recht, Teil 13.1, Rn. 92; *Kramer* in: Münchener Kommentar, BGB, § 147, Rn. 3.

508 Vgl. nur *Brox/Walker*, BGB AT, Rn. 169; *Kramer* in: Münchener Kommentar, BGB, § 145, Rn. 22.

sondere auf Erklärungen eingegangen, die auf der Internetseite eines Anbieters, durch das Absenden einer E-Mail, das Anklicken eines entsprechenden (interaktiven) Elements oder das Ausfüllen und Absenden eines bereitgestellten Bestell- bzw. Registrierungsformulars auf der Internetseite übermittelt werden.

Als Angebot kommt hier die Erklärung auf der Internetseite des Anbieters infrage, da diese die zeitlich erste auf den Abschluss eines entsprechenden Vertragsverhältnisses gerichtete Willenserklärung darstellen könnte. Denn wie gezeigt kann eine Erklärung auf einer Internetseite grundsätzlich – außer es handelt sich hierbei lediglich um eine Aufforderung zur Abgabe eines Angebots (invitatio ad offerendum), auf die im Folgenden noch eingegangen wird – eine Willenserklärung darstellen, die dem Nutzer mit dem Aufruf der Seite zugeht und somit wirksam wird.

2. Bestimmtheit bzw. Bestimmbarkeit des Angebots

Das Erfordernis der Bestimmtheit bzw. Bestimmbarkeit verlangt – es kommt für das Zustandekommen des Vertrages schließlich auf das Einverständnis des Vertragspartners an –, dass der Inhalt des Angebotes so bestimmt bzw. bestimmbar ist, dass das Angebot allein durch die Zustimmung des potenziellen Vertragspartners angenommen werden kann.[509] Damit ein Vertrag beispielsweise durch ein einfaches „Ja" des Annehmenden zustande kommen kann, müssen alle wesentlichen Punkte des angetragenen Vertrages – die sogenannten essentialia negotii – bereits im Angebot enthalten sein.[510] Jedenfalls müssen diese aber – gegebenenfalls im Wege der Auslegung gemäß der §§ 133, 157 BGB, anhand der Vorschriften über die einseitigen Leistungsbestimmungsrechte in den §§ 315 bis 319 BGB oder durch sonstige gesetzliche Regelungen (wie etwa in den §§ 612 oder 632 BGB) – bestimmbar sein.[511] Ansonsten liegt kein wirksames Angebot und damit auch kein wirksames Schuldverhältnis vor.[512]

[509] Vgl. nur *Brox/Walker*, BGB AT, Rn. 167; *Ellenberger* in: Palandt, BGB, § 145, Rn. 1; *Kitz* in: Hoeren/Sieber, Multimedia-Recht, Teil 13.1, Rn. 83; *Kramer* in: Münchener Kommentar, BGB, § 145, Rn. 5.

[510] Vgl. nur *Brox/Walker*, BGB AT, Rn. 167; *Kitz* in: Hoeren/Sieber, Multimedia-Recht, Teil 13.1, Rn. 83; *Kramer* in: Münchener Kommentar, BGB, § 145, Rn. 4.

[511] Vgl. nur *Brox/Walker*, BGB AT, Rn. 167; *Ellenberger* in: Palandt, BGB, § 241, Rn. 3; *Kitz* in: Hoeren/Sieber, Multimedia-Recht, Teil 13.1, Rn. 83; *Kramer* in: Münchener Kommentar, BGB, § 145, Rn. 4.

[512] So auch *BGH*, Urt. v. 27.01.1971 - VIII ZR 151/69, BGHZ 55, 248 (251) = NJW 1971, 653 (654); *Ellenberger* in: Palandt, BGB, § 241, Rn. 3; *Grüneberg* in: Palandt, BGB, § 315, Rn. 1.

Zu den essentialia negotii gehört in jedem Fall eine exakte Bezeichnung des Gegenstands und Inhalts des Vertrages, also des Inhalts von Leistung und Gegenleistung.[513] Und auch die Bestimmung des Vertragspartners, also der Person des Antragsempfängers gehört grundsätzlich zum erforderlichen Inhalt eines hinreichend bestimmten Antrags,[514] da sich der Antragende in der Regel nämlich aussuchen möchte, mit wem er ein Vertragsverhältnis eingeht.[515]

Es gibt aber durchaus auch Ausnahmen, in denen ein wirksames Angebot vorliegt, obwohl die eigentlich erforderliche Vollständigkeit des Antrags nicht gegeben ist. Dies ist etwa dann der Fall, wenn dem Antragenden sein zukünftiger Vertragspartner gleichgültig ist und nicht die Möglichkeit besteht, jedem Empfänger ein individuelles Angebot zu unterbreiten,[516] wie beispielsweise im Zusammenhang mit einem Angebot auf einer Internetseite. Denn hier darf sich die Erklärung auch auf einen unbestimmten Personenkreis beziehen, oder mit anderen Worten an die Allgemeinheit richten, und ist trotz der Unbestimmtheit des Adressatenkreises bereits als Angebot aufzufassen (sogenanntes Angebot ad incertas personas).[517] Bei einem solchen Angebot kommt es zum Abschluss eines Vertragsverhältnisses mit all denen, die das Vertragsangebot annehmen.[518]

Dass die als Angebot infrage kommende Erklärung auf der Internetseite des Anbieters bei den hier untersuchten Abonnement- bzw. Vertragsfallen die erforderliche Bestimmtheit bzw. Bestimmbarkeit des Inhalts aufweist, kann – vorbehaltlich der Ergebnisse im Laufe der weiteren Untersuchung (insbesondere im Hinblick auf die wirksame Einbeziehung der Allgemeinen Geschäftsbedingungen des Anbieters, die üblicherweise die wesentlichen Punkte des angestrebten Vertrages beinhalten) – unterstellt werden.

---

513 Vgl. nur *Kitz* in: Hoeren/Sieber, Multimedia-Recht, Teil 13.1, Rn. 83.

514 Vgl. etwa *OLG Karlsruhe*, Urt. v. 25.03.1987 - 10 U 198/87, DNotZ 1988, 694 (694 f.); *Brox/Walker*, BGB AT, Rn. 167; *Ellenberger* in: Palandt, BGB, § 145, Rn. 1; *Kitz* in: Hoeren/Sieber, Multimedia-Recht, Teil 13.1, Rn. 83.

515 Vgl. nur *Brox/Walker*, BGB AT, Rn. 167.

516 Vgl. ebd.

517 Vgl. etwa *BGH*, Urt. v. 07.11.2001 - VIII ZR 13/01, BGHZ 149, 129 (135) = NJW 2002, 363 (364); *Brox/Walker*, BGB AT, Rn. 167; *Kitz* in: Hoeren/Sieber, Multimedia-Recht, Teil 13.1, Rn. 83; *Kramer* in: Münchener Kommentar, BGB, § 145, Rn. 10.

518 Vgl. nur *Kitz* in: Hoeren/Sieber, Multimedia-Recht, Teil 13.1, Rn. 83.

3. Wille zur rechtlichen Bindung – Abgrenzung zwischen einem verbindlichen Angebot und einer invitatio ad offerendum

Wesentlich für ein verbindliches Vertragsangebot ist neben dem Erfordernis der Bestimmtheit bzw. Bestimmbarkeit, dass die entsprechende Willenserklärung den auf die Herbeiführung einer rechtlichen Bindung gerichteten Willen des Antragenden (den Rechtsbindungswillen) nach außen hin zum Ausdruck bringt,[519] dieser also für einen objektiven Beurteiler (einen Außenstehenden) in der Person des Erklärungsempfängers erkennbar wird.[520] Denn das Vorhandensein des Rechtsbindungswillens des Erklärenden ist das entscheidende Abgrenzungskriterium zwischen einem verbindlichen Angebot und unverbindlichen Handlungen, die der bloßen Vorbereitung und Anbahnung eines Rechtsgeschäfts dienen und bei denen der Wille des Erklärenden, sich durch diese rechtlich zu binden, erkennbar fehlt;[521] ein Beispiel hierfür ist die sogenannte invitatio ad offerendum.[522] Diese ist nämlich nur eine Aufforderung des Erklärenden an potenzielle Vertragspartner, ihrerseits ein verbindliches Angebot zum Eingehen eines Vertragsabschlusses mit ihm abzugeben.[523] Die invitatio ad offerendum stellt somit keine Willenserklärung dar und führt deshalb für denjenigen, der zur Abgabe von Angeboten aufgefordert hat, auch nicht zu einer rechtlichen Bindung gemäß § 145 BGB;[524] er kann vielmehr frei entscheiden, ob er das ihm unterbreitete Angebot annehmen oder ablehnen möchte.[525]

In diesem Zusammenhang ergibt sich beim Vertragsabschluss über das Internet die Frage nach der Rechtsnatur von Angaben auf der Internetseite des Produktanbieters.[526]

---

519 Vgl. nur *Ellenberger* in: Palandt, BGB, § 145, Rn. 2; *Kramer* in: Münchener Kommentar, BGB, § 145, Rn. 6; *Stempfle* in: Bräutigam/Leupold, Online-Handel, B III, Rn. 162.

520 Vgl. nur *Kramer* in: Münchener Kommentar, BGB, § 145, Rn. 6, 10; *Leupold/Glossner* in: Leupold/Glossner, IT-Recht, Teil 2, Rn. 36.

521 Vgl. nur *Ellenberger* in: Palandt, BGB, § 145, Rn. 2; *Kramer* in: Münchener Kommentar, BGB, § 145, Rn. 10; *Leupold/Glossner* in: Leupold/Glossner, IT-Recht, Teil 2, Rn. 36; *Stempfle* in: Bräutigam/Leupold, Online-Handel, B III, Rn. 160, 162.

522 Vgl. nur *Ellenberger* in: Palandt, BGB, § 145, Rn. 2; *Kramer* in: Münchener Kommentar, BGB, § 145, Rn. 7, 10; *Stempfle* in: Bräutigam/Leupold, Online-Handel, B III, Rn. 160, 162.

523 Vgl. nur *Brox/Walker*, BGB AT, Rn. 165a; *Ellenberger* in: Palandt, BGB, § 145, Rn. 2; *Kitz* in: Hoeren/Sieber, Multimedia-Recht, Teil 13.1, Rn. 84; *Kramer* in: Münchener Kommentar, BGB, § 145, Rn. 7, 10; *Stempfle* in: Bräutigam/Leupold, Online-Handel, B III, Rn. 160.

524 So auch *Kitz* in: Hoeren/Sieber, Multimedia-Recht, Teil 13.1, Rn. 84.

525 So auch *Brox/Walker*, BGB AT, Rn. 165a.

526 So auch *Leupold/Glossner* in: Leupold/Glossner, IT-Recht, Teil 2, Rn. 36; *Taupitz/Kritter*, Electronic Commerce – Probleme bei Rechtsgeschäften im Internet, JuS 1999, 839 (840).

Denn diese Angaben enthalten in der Regel Beschreibungen und häufig auch fotografische Abbildungen der Produkte, Preisangaben, ein Bestellformular sowie weitere Hinweise zum Bestellvorgang.[527] Außerdem finden sich neben der Präsentation des Produktes meist auch Allgemeine Geschäftsbedingungen auf der Internetseite des Anbieters (diese werden im 3. Teil der Arbeit untersucht).[528] Durch die Ermöglichung einer sofortigen Bestellung der Leistungen über die Internetseite begibt sich der Anbieter aber bereits in das Stadium der Vertragsanbahnung,[529] sodass die Darstellung der angebotenen Produkte auf der Internetseite bereits als eine Angebotserklärung verstanden werden könnte.[530]

Die zugrunde liegende Problematik ist so alt wie das BGB und in Rechtsprechung und Literatur seit langem bekannt:[531] Stellt die Präsentation einer Leistung bereits ein verbindliches Angebot dar, d. h. einen Antrag auf Abschluss eines Vertrages im Sinne des § 145 BGB, oder stellt sie lediglich eine unverbindliche invitatio ad offerendum dar, also nur eine Aufforderung an andere, ihrerseits ein bindendes Angebot zu machen?[532]

Ob es sich bei der Präsentation eines potenziellen Vertragsgegenstands auf einer Internetseite lediglich um eine invitatio ad offerendum oder bereits um ein rechtlich bindendes Angebot ad incertas personas handelt, kann der Erklärende in der Person des Anbieters selbst bestimmen, indem er dies ausdrücklich festlegt.[533] So kann er eine vertragliche Bindung gemäß § 145 BGB ausschließen,[534] indem er sein Angebot durch besondere Hinweise – beispielsweise als „unverbindlich“, „freibleibend“ oder „solange Vorrat reicht“ – kennzeichnet und so deutlich macht, dass es nicht verbind-

527 So auch *Dilger*, S. 32; *Lauktien/Varadinek*, Der Vertragsabschluss im Internet, ZUM 2000, 466 (466).

528 So auch *Dilger*, S. 32.

529 Vgl. *Borges*, S. 196; *Czeguhn*, Vertragsschluss im Internet, JA 2001, 708 (710); *Härting*, Rn. 88.

530 So auch *Leupold/Glossner* in: Leupold/Glossner, IT-Recht, Teil 2, Rn. 36.

531 Vgl. nur *Boehme-Neßler*, S. 141; *M. Köhler/Arndt/Fetzer*, Rn. 173.

532 Vgl. etwa *Boehme-Neßler*, S. 141; *Borges*, S. 196; *Brox/Walker*, BGB AT, Rn. 165a; *Czeguhn*, Vertragsschluss im Internet, JA 2001, 708 (710); *Dilger*, S. 31; *Dörner*, Rechtsgeschäfte im Internet, AcP 202 (2002), 363 (377); *Ende/Klein*, S. 17; *M. Köhler/Arndt/Fetzer*, Rn. 173; *Kramer* in: Münchener Kommentar, BGB, § 145, Rn. 10; *Stempfle* in: Bräutigam/Leupold, Online-Handel, B III, Rn. 160; *Taupitz/Kritter*, Electronic Commerce – Probleme bei Rechtsgeschäften im Internet, JuS 1999, 839 (840).

533 Vgl. etwa *LG Darmstadt*, Urt. v. 24.01.2002 - 3 O 289/01, NJW-RR 2002, 1139 (1139); *AG Kerpen*, Urt. v. 25.05.2001 - 21 C 53/01, NJW 2001, 3274 (3274); *Kitz* in: Hoeren/Sieber, Multimedia-Recht, Teil 13.1, Rn. 86; *Muscheler/Schewe*, Die invitatio ad offerendum auf dem Prüfstand, JURA 2000, 565 (568).

534 Vgl. nur *Ellenberger* in: Palandt, BGB, § 145, Rn. 4; *Kitz* in: Hoeren/Sieber, Multimedia-Recht, Teil 13.1, Rn. 86.

lich sein soll,[535] sondern vielmehr nur eine invitatio ad offerendum vorliegt. Umgekehrt kann er durch entsprechende Angaben aber auch zum Ausdruck bringen, dass die jeweilige Produktpräsentation ein rechtlich bindendes Angebot im Sinne von § 145 BGB darstellen soll.[536] Fehlt hingegen eine solche ausdrückliche Angabe – wie es bei einer Abonnement- bzw. Vertragsfalle meist der Fall ist, da der Anbieter in aller Regel verschleiern will, dass es zu einem Vertragsabschluss kommt –, mit der sich der Internetanbieter in dem einen oder anderen Sinne festlegt, darf nicht automatisch angenommen werden, dass der Erklärende den Willen zu einer rechtlichen Bindung hat.[537] Vielmehr ist dann im Wege der Auslegung anhand der §§ 133, 157 BGB zu ermitteln, ob er sich rechtlich binden will,[538] und eine solche Produktpräsentation somit bereits als Antrag auf Abschluss eines Vertrages im Sinne des § 145 BGB zu werten ist, oder ob er durch die Darstellung auf seiner Internetseite lediglich eine unverbindliche Produktinformation übermitteln will,[539] und damit nur eine Aufforderung zur Abgabe entsprechender Angebote vorliegt.[540]

Diese Auslegungsfrage ist ausschließlich nach dem Verständnishorizont des Erklärungsempfängers – hier also eines Kunden, der die Internetseite liest – zu beurteilen,[541] wobei auf einen durchschnittlichen, juristisch nicht vorgebildeten Empfänger abzustellen ist.[542] Für die Abgrenzung ist folglich nicht der innere Wille des Anbietenden maßgeblich, sondern allein der objektive Erklärungswert seines Verhaltens,[543]

---

535 Vgl. etwa *Kitz* in: Hoeren/Sieber, Multimedia-Recht, Teil 13.1, Rn. 86; *Mehrings*, Vertragsabschluß im Internet, MMR 1998, 30 (32); *Muscheler/Schewe*, Die invitatio ad offerendum auf dem Prüfstand, JURA 2000, 565 (568).

536 Vgl. nur *Kitz* in: Hoeren/Sieber, Multimedia-Recht, Teil 13.1, Rn. 86.

537 So allg. auch *Kitz* in: Hoeren/Sieber, Multimedia-Recht, Teil 13.1, Rn. 87; *Ultsch*, Zivilrechtliche Probleme elektronischer Erklärungen, DZWir 1997, 466 (467).

538 Vgl. etwa *BGH*, Urt. v. 22.06.1956 - I ZR 198/54, BGHZ 21, 102 (106 f.) = NJW 1956, 1313 (1313); *BGH*, Urt. v. 07.06.1984 - IX ZR 66/83, BGHZ 91, 324 (328) = NJW 1984, 2279 (2280); *Ellenberger* in: Palandt, BGB, § 145, Rn. 2; *Kitz* in: Hoeren/Sieber, Multimedia-Recht, Teil 13.1, Rn. 87.

539 So auch *Kitz* in: Hoeren/Sieber, Multimedia-Recht, Teil 13.1, Rn. 87.

540 So auch *Stempfle* in: Bräutigam/Leupold, Online-Handel, B III, Rn. 163.

541 Vgl. etwa *BGH*, Urt. v. 05.10.1961 - VII ZR 207/60, BGHZ 36, 30 (33) = NJW 1961, 2252 (2253); *BGH*, Urt. v. 24.02.1988 - VIII ZR 145/87, BGHZ 103, 275 (280) = NJW 1988, 1378 (1379); *BGH*, Urt. v. 05.07.1990 - IX ZR 10/90, NJW 1990, 3206 (3206); *BGH*, Urt. v. 12.03.1992 - IX ZR 141/91, NJW 1992, 1446 (1446 f.); *Dilger*, S. 32; *Härting*, Rn. 89; *Kramer* in: Münchener Kommentar, BGB, § 145, Rn. 10; *Mehrings*, Vertragsabschluß im Internet, MMR 1998, 30 (32).

542 Vgl. nur *Ende/Klein*, S. 18; *Mehrings*, Verbraucherschutz im Cyberlaw: Zur Einbeziehung von AGB im Internet, BB 1998, 2373 (2375).

543 So bspw. auch *BGH*, Urt. v. 05.10.1961 - VII ZR 207/60, BGHZ 36, 30 (33) = NJW 1961, 2252 (2253); *BGH*, Urt. v. 07.06.1984 - IX ZR 66/83, BGHZ 91, 324 (328) = NJW 1984, 2279 (2280); *Ellenberger* in: Palandt, BGB, § 145, Rn. 2; *Ende/Klein*, S. 18; *Kitz* in: Hoeren/Sieber, Multimedia-Recht, Teil 13.1, Rn. 87; *Mehrings*, Verbraucherschutz im Cyberlaw: Zur Einbeziehung von AGB im Internet, BB 1998, 2373 (2375); *Stempfle* in: Bräutigam/Leupold, Online-Handel, B III, Rn. 163.

wie also der Leser als Erklärungsempfänger den Inhalt der Internetseite nach Treu und Glauben und unter Berücksichtigung der Verkehrssitte verstehen musste.[544]

Hiervon ausgehend wird in der Literatur[545] zum Teil die Ansicht vertreten, dass die Darstellung bestimmter Leistungen auf der Internetseite eines Anbieters verbunden mit der Möglichkeit zur sofortigen Bestellung über diese Seite grundsätzlich als rechtlich bindendes Angebot an die Vielzahl der Internetnutzer zu verstehen sei. Insbesondere bei Angeboten, die reißerisch gestaltetet oder ausdrücklich zeitlich befristetet sind,[546] werde etwa durch Hinweise wie „Bestellen Sie jetzt! Versand noch heute!" oder „Schnell anmelden und sofort Zugriff erhalten!" die unmittelbare Verfügbarkeit des Warenbestandes oder der Dienstleistung signalisiert und damit eine unbedingte Leistungsbereitschaft des Anbieters zum Ausdruck gebracht, die häufig sogar durch die Aufforderung verstärkt wird, die Zahlungsabwicklung mittels Kreditkarte direkt zu veranlassen.[547] Hieran müsse sich der Anbieter dann auch festhalten lassen, denn dass er sich trotz dieser uneingeschränkten Leistungsbereitschaft durch das „Angebot" noch nicht rechtlich binden wollte, sei für den durchschnittlichen, juristisch nicht vorgebildeten Kunden nicht nachvollziehbar.[548] Eine unangemessene Benachteiligung den Internetanbietern gegenüber sei darin nicht zu sehen, da es ihnen schließlich zugemutet werden könne, ihre Produktpräsentationen mit entsprechenden Vorbehalten zu kennzeichnen.[549] Sofern der Anbieter mit besonderen, klarstellenden Hinweisen bzw. Vorbehalten wie beispielsweise „unverbindlich", „frei-

544 So bspw. auch *BGH*, Urt. v. 22.06.1956 - I ZR 198/54, BGHZ 21, 102 (106 f.) = NJW 1956, 1313 (1313); *BGH*, Urt. v. 05.10.1961 - VII ZR 207/60, BGHZ 36, 30 (33) = NJW 1961, 2252 (2253); *BGH*, Urt. v. 07.06.1984 - IX ZR 66/83, BGHZ 91, 324 (328) = NJW 1984, 2279 (2280); *BGH*, Urt. v. 05.07.1990 - IX ZR 10/90, NJW 1990, 3206 (3206); *BGH*, Urt. v. 12.03.1992 - IX ZR 141/91, NJW 1992, 1446 (1446 f.); *Dilger*, S. 32; *Ende/Klein*, S. 18; *Kitz* in: Hoeren/Sieber, Multimedia-Recht, Teil 13.1, Rn. 87; *M. Köhler/Arndt/Fetzer*, Rn. 173; *Mehrings*, Vertragsabschluß im Internet, MMR 1998, 30 (32); *Taupitz/Kritter*, Electronic Commerce – Probleme bei Rechtsgeschäften im Internet, JuS 1999, 839 (840).

545 Vgl. etwa *Boehme-Neßler*, S. 142; *Borges*, S. 196 ff., 219; *Ende/Klein*, S. 18; *Mehrings*, Verbraucherschutz im Cyberlaw: Zur Einbeziehung von AGB im Internet, BB 1998, 2373 (2375); *Mehrings*, Vertragsabschluß im Internet, MMR 1998, 30 (32); *Muscheler/Schewe*, Die invitatio ad offerendum auf dem Prüfstand, JURA 2000, 565 (568). Vgl. zu BTX auch *Lachmann*, Ausgewählte Probleme aus dem Recht des Bildschirmtextes, NJW 1984, 405 (408); *Micklitz*, Verbraucherschutz und Bildschirmtext, NJW 1982, 263 (266).

546 Vgl. *Ende/Klein*, S. 18.

547 Vgl. etwa *Klewitz*, S. 104; *Mehrings*, Verbraucherschutz im Cyberlaw: Zur Einbeziehung von AGB im Internet, BB 1998, 2373 (2375); *Mehrings*, Vertragsabschluß im Internet, MMR 1998, 30 (32).

548 Vgl. *Boehme-Neßler*, S. 142; *Klewitz*, S. 104.

549 Vgl. *Ende/Klein*, S. 18.

bleibend“ oder „nur solange Vorrat reicht“[550] eindeutig zum Ausdruck bringe, dass es sich gerade nicht um ein rechtlich bindendes Angebot handeln soll, sei ausnahmsweise von einer invitatio ad offerendum auszugehen.[551]

Die Rechtsprechung[552] sowie die meisten Stellungnahmen in der Literatur[553] zur Abgrenzung von einem Angebot im Sinne des § 145 BGB und einer invitatio ad offerendum bei Bestellungen über das Internet vertreten hingegen die Ansicht – größtenteils jedoch ohne weitere Differenzierung –, dass die mit einer Bestellmöglichkeit verbundene Darstellung bestimmter Leistungen auf einer Internetseite (jedenfalls beim Warenkauf) regelmäßig nicht als verbindliches Vertragsangebot, sondern bloß als invitatio ad offerendum zu werten sei. Nur im Einzelfall könne aufgrund der besonderen Gestaltung der Internetseite ausnahmsweise von einem verbindlichen Angebot an eine Vielzahl von Internetnutzern ausgegangen werden.[554] Begründet wird diese Auffassung damit, dass dem Internetanbieter der Rechtsbindungswille fehle und dies

---

550 Vgl. *Ende/Klein*, S. 18; *Mehrings*, Vertragsabschluß im Internet, MMR 1998, 30 (32).

551 Vgl. *Klewitz*, S. 104 f.; *Mehrings*, Verbraucherschutz im Cyberlaw: Zur Einbeziehung von AGB im Internet, BB 1998, 2373 (2375).

552 Vgl. etwa *BGH*, Urt. v. 26.01.2005 - VIII ZR 79/04, NJW 2005, 976 (976); *BGH*, Urt. v. 21.09.2005 - VIII ZR 284/04, NJW, 3567 (3568); *OLG Frankfurt am Main*, Urt. v. 20.11.2002 - 9 U 94/02, MMR 2003, 405 (406); *OLG Stuttgart*, Beschl. v. 12.07.2006 - 12 U 91/06, MMR 2006, 819 (819); *LG Essen*, Urt. v. 13.02.2003 - 16 O 416/02, NJW-RR 2003, 1207 (1207); *LG Gießen*, Urt. v. 04.06.2003 - 1 S 413/02, NJW-RR 2003, 1206 (1206); *LG Münster*, Urt. v. 21.01.2000 - 4 O 424/99, MMR 2000, 280 (282) = DB 2000, 663 (664); *AG Butzbach*, Urt. v. 14.06.2002 - 51 C 25/02/(71), CR 2002, 765 (765) = MMR 2002, 765 (765).

553 Vgl. etwa *Czeguhn*, Vertragsschluss im Internet, JA 2001, 708 (710); *Dethloff*, Vertragsschluss, Widerrufs- und Rückgaberecht im E-Commerce, JURA 2003, 730 (732); *Dörner*, Rechtsgeschäfte im Internet, AcP 202 (2002), 363 (377 f.); *Ellenberger* in: Palandt, BGB, § 145, Rn. 2; *Ernst*, Der Mausklick als Rechtsproblem – Willenserklärungen im Internet, NJW-CoR 1997, 165 (165); *Härting*, Rn. 89; *Hoeren*, AGB, Rn. 43; *Kaiser/Voigt*, Vertragsschluß und Abwicklung des Electronic Commerce im Internet – Chancen und Risiken, K&R 1999, 445 (446); *Kitz* in: Hoeren/Sieber, Multimedia-Recht, Teil 13.1, Rn. 88; *Koehler*, Allgemeine Geschäftsbedingungen im Internet, MMR 1998, 289 (290); *H. Köhler*, Die Rechte des Verbrauchers beim Teleshopping (TV-Shopping, Internet-Shopping), NJW 1998, 185 (187); *M. Köhler/Arndt/Fetzer*, Rn. 173; *Kramer* in: Münchener Kommentar, BGB, § 145, Rn. 10; *Lauktien/Varadinek*, Der Vertragsabschluss im Internet, ZUM 2000, 466 (467); *Löhnig*, Die Einbeziehung von AGB bei Internet-Geschäften, NJW 1997, 1688 (1688); *Rüßmann*, Verbraucherschutz im Internet, K&R 1998, 129 (129); *Taupitz/Kritter*, Electronic Commerce – Probleme bei Rechtsgeschäften im Internet, JuS 1999, 839 (840 f.); *Ultsch*, Zivilrechtliche Probleme elektronischer Erklärungen, DZWir 1997, 466 (467); *Waldenberger*, Grenzen des Verbraucherschutzes beim Abschluß von Verträgen im Internet, BB 1996, 2365 (2365). Vgl. zu BTX auch *Brinkmann*, Vertragsrechtliche Probleme bei Warenbestellungen über Bildschirmtext, BB 1981, 1183 (1185); *Redeker*, Geschäftsabwicklung mit externen Rechnern im Bildschirmtextdienst, NJW 1984, 2390 (2391).

554 Vgl. nur *M. Köhler/Arndt/Fetzer*, Rn. 173.

auch nach außen hin erkennbar sei.[555] Die Auffassung stützt sich dabei vor allem auf zwei Begründungslinien:[556]

Zum einen wird auf das Risiko einer Haftung sowie die Prüfung der Bonität verwiesen.[557] Ein Anbieter, der seine Waren bzw. Dienstleistungen auf einer Seite im Internet präsentiert, sodass die dargestellten Inhalte für eine unbegrenzte Anzahl von Personen abrufbar sind,[558] habe in der Regel nicht den Willen, sich hierdurch bereits rechtlich zu binden und damit ein unabsehbares Haftungsrisiko einzugehen.[559] Eine solche Gefahr bestünde nämlich, wenn es sich um ein verbindliches Angebot handeln würde, da eine unerwartet große Zahl von Kunden dieses durch bloße Erklärung annehmen könnte und der Anbieter infolgedessen Leistungspflichten aus einer Vielzahl von wirksam zustande gekommenen Vertragsverhältnissen ausgesetzt wäre,[560] die er möglicherweise mangels eines ausreichenden Vorrats an Waren gar nicht alle erfüllen kann,[561] sodass er sich gegenüber seinen Vertragspartnern wegen Nichterfüllung schadensersatzpflichtig machen würde.[562] Außerdem wird angeführt, der Anbieter habe ein Interesse daran, die Identität seines Vertragspartners bereits vor Abschluss des Vertrages zu kennen.[563] Denn nur durch die vorherige Überprüfung des potenziellen Kunden könne er sichergehen, dass es nicht zu einem Vertragsabschluss mit einer „unerwünschten" Person kommt, die beispielsweise zahlungsunfähig ist oder nach seiner Erfahrung ständig Reklamationen oder sonstige Beschwerden erhebt.[564]

---

555 Vgl. nur *Kramer* in: Münchener Kommentar, BGB, § 145, Rn. 10; *Waldenberger*, Grenzen des Verbraucherschutzes beim Abschluß von Verträgen im Internet, BB 1996, 2365 (2365).

556 So auch *Borges*, S. 197.

557 Vgl. etwa *AG Butzbach*, Urt. v. 14.06.2002 - 51 C 25/02(71), CR 2002, 765 (765); *Ellenberger* in: Palandt, BGB, § 145, Rn. 2; *Kitz* in: Hoeren/Sieber, Multimedia-Recht, Teil 13.1, Rn. 85; *Taupitz/ Kritter*, Electronic Commerce – Probleme bei Rechtsgeschäften im Internet, JuS 1999, 839 (840). So auch *Borges*, S. 197 m. w. N.

558 Vgl. etwa *Czeguhn*, Vertragsschluss im Internet, JA 2001, 708 (710); *Ende/Klein*, S. 17; *Härting*, Rn. 89; *Kaiser/Voigt*, Vertragsschluß und Abwicklung des Electronic Commerce im Internet – Chancen und Risiken, K&R 1999, 445 (446).

559 Vgl. nur *Kaiser/Voigt*, Vertragsschluß und Abwicklung des Electronic Commerce im Internet – Chancen und Risiken, K&R 1999, 445 (446).

560 Vgl. etwa *Czeguhn*, Vertragsschluss im Internet, JA 2001, 708 (710); *Ende/Klein*, S. 17; *Kaiser/Voigt*, Vertragsschluß und Abwicklung des Electronic Commerce im Internet – Chancen und Risiken, K&R 1999, 445 (446); *Kitz* in: Hoeren/Sieber, Multimedia-Recht, Teil 13.1, Rn. 85.

561 Vgl. nur *Ende/Klein*, S. 17; *Härting*, Rn. 89; *Kaiser/Voigt*, Vertragsschluß und Abwicklung des Electronic Commerce im Internet – Chancen und Risiken, K&R 1999, 445 (446); *Kitz* in: Hoeren/ Sieber, Multimedia-Recht, Teil 13.1, Rn. 85.

562 Vgl. nur *Brox/Walker*, BGB AT, Rn. 165a; *Kaiser/Voigt*, Vertragsschluß und Abwicklung des Electronic Commerce im Internet – Chancen und Risiken, K&R 1999, 445 (446).

563 So auch *Borges*, S. 197 m. w. N.

564 Vgl. etwa *Brox/Walker*, BGB AT, Rn. 165a; *Ellenberger* in: Palandt, BGB, § 145, Rn. 2; *Ende/Klein*, S. 17; *Kitz* in: Hoeren/Sieber, Multimedia-Recht, Teil 13.1, Rn. 85.

Auf der anderen Seite wird besonders auf allgemeine Grundsätze bzw. auf Wertungen in Situationen hingewiesen, die mit der Präsentation von Waren oder Dienstleistungen auf einer Internetseite vergleichbar sind, etwa bei entsprechenden Bekanntmachungen an die Allgemeinheit, wie „Angeboten" in Zeitungsanzeigen und auf Plakaten, in Postwurfsendungen, Versandhauskatalogen oder Schaufenstern.[565] So gebe es keinen Grund, ein „virtuelles Schaufenster" – und nichts anderes sei eine Internetseite – rechtlich anders zu behandeln als ein reales Schaufenster, in dem ein Händler seine Waren präsentiert.[566] Und dabei handele es sich, auch wenn die Waren entsprechend der Preisangabenverordnung (PAngV) vom 18. Oktober 2002[567] mit einer verbindlichen Preisangabe versehen sind, schließlich auch nicht um Angebote im Rechtssinne; der Händler will vielmehr potenzielle Kunden dazu bewegen, selbst ein verbindliches Angebot abzugeben.[568]

Gleiches gelte im Hinblick auf Kataloge (etwa von Versandhäusern), mit denen die Präsentation von Waren auf einer Internetseite ebenfalls vergleichbar sei.[569] Ähnlich einem gedruckten Katalog enthalte die Internetseite Beschreibungen und häufig auch fotografische Abbildungen der Produkte, Preisangaben sowie ein Bestellformular und weitere Hinweise zum Bestellvorgang.[570] Genau wie bei einem Katalog könne durch das Ausfüllen und Absenden eines auf der Internetseite bereitgestellten Bestellformulars die gewünschte Ware bestellt werden.[571] Dass die Bestellung auf elektronischem Wege über das Internet erfolgt, spiele für die rechtliche Wertung keine Rolle.

---

565 Vgl. etwa *OLG Frankfurt am Main,* Urt. v. 20.11.2002 - 9 U 94/02, MMR 2003, 405 (406); *AG Butzbach*, Urt. v. 14.06.2002 - 51 C 25/02(71), CR 2002, 765 (765); *Brox/Walker*, BGB AT, Rn. 165a; *Dethloff*, Vertragsschluss, Widerrufs- und Rückgaberecht im E-Commerce, JURA 2003, 730 (731); *Ellenberger* in: Palandt, BGB, § 145, Rn. 2; *Kitz* in: Hoeren/Sieber, Multimedia-Recht, Teil 13.1, Rn. 88; *Leupold/Glossner* in: Leupold/Glossner, IT-Recht, Teil 2, Rn. 36; *Stempfle* in: Bräutigam/Leupold, Online-Handel, B III, Rn. 163; *Taupitz/Kritter*, Electronic Commerce – Probleme bei Rechtsgeschäften im Internet, JuS 1999, 839 (840). So auch *Borges*, S. 197 m. w. N.

566 Vgl. *AG Butzbach*, Urt. v. 14.06.2002 - 51 C 25/02(71), CR 2002, 765 (765); *Boehme-Neßler*, S. 142; *M. Köhler/Arndt/Fetzer*, Rn. 173.

567 *BGBl.* I 2002/76, S. 4197-4204.

568 Vgl. nur *BGH*, Urt. v. 16.01.1980 – I ZR 25/78, NJW 1980, 1388 (1388); *Brox/Walker*, BGB AT, Rn. 165a; *Ellenberger* in: Palandt, BGB, § 145, Rn. 2.

569 Vgl. etwa *OLG Frankfurt am Main,* Urt. v. 20.11.2002 - 9 U 94/02, MMR 2003, 405 (406); *Dethloff*, Vertragsschluss, Widerrufs- und Rückgaberecht im E-Commerce, JURA 2003, 730 (731); *Kitz* in: Hoeren/Sieber, Multimedia-Recht, Teil 13.1, Rn. 88; *Koehler*, Allgemeine Geschäftsbedingungen im Internet, MMR 1998, 289 (290); *Taupitz/Kritter*, Electronic Commerce – Probleme bei Rechtsgeschäften im Internet, JuS 1999, 839 (840); *Ultsch*, Zivilrechtliche Probleme elektronischer Erklärungen, DZWir 1997, 466 (467).

570 Vgl. nur *AG Butzbach*, Urt. v. 14.06.2002 - 51 C 25/02(71), CR 2002, 765 (765); *Dilger*, S. 32.

571 Vgl. nur *Borges*, S. 217.

Nach dieser Ansicht ist es demnach der Kunde, der durch seine Bestellung (beispielsweise durch das Ausfüllen und Absenden des Bestellformulars) ein bindendes Angebot auf Abschluss eines Vertrages im Sinne von § 145 BGB abgibt.[572]

Die in der Literatur zum Teil vertretene Ansicht, dass die Darstellung bestimmter Leistungen auf der Internetseite eines Anbieters, verbunden mit der sofortigen Bestellmöglichkeit, grundsätzlich als rechtlich bindendes Angebot ad incertas personas zu verstehen sei, sofern der Anbieter nicht durch einen besonderen, klarstellenden Hinweis kenntlich macht, dass es sich um ein unverbindliches Angebot handelt, überzeugt nicht und ist daher gerade für den Regelfall abzulehnen.[573] Denn aus der für die Auslegungsfrage maßgeblichen Sicht eines durchschnittlichen, juristisch nicht vorgebildeten Kunden stellt sich eine solche Produktpräsentation auch ohne einen entsprechenden Hinweis des Anbieters nicht unbedingt als ein verbindliches Angebot auf Abschluss eines Vertrages dar, da der Kunde durchaus nachvollziehen kann, dass der Anbieter durch die Darstellung seiner Waren auf einer Internetseite lediglich unverbindliche Produktinformationen übermitteln will.[574] Für den Kunden liegt es nämlich nahe, ähnlich wie bei einer realen Schaufensterpräsentation oder einem gedruckten Versandhauskatalog davon auszugehen, dass der Händler vor Vertragsabschluss zunächst die eigenen Warenvorräte und damit seine Liefermöglichkeiten, aber auch den potenziellen Kunden beispielsweise auf dessen Zahlungsfähigkeit hin überprüfen möchte, bevor es zu einem Vertragsabschluss mit diesem kommt.[575] Außerdem ist für den Kunden erkennbar, dass die Internetseite weltweit und damit von einer quasi unbegrenzten Anzahl von Personen aufgerufen werden kann,[576] sodass er davon ausgehen wird, dass der Anbieter unter diesen Umständen nicht ernsthaft den Willen haben

[572] Vgl. etwa *BGH*, Urt. v. 26.01.2005 - VIII ZR 79/04, NJW 2005, 976 (976); *OLG Frankfurt am Main*, Urt. v. 20.11.2002 - 9 U 94/02, MMR 2003, 405 (406); *Härting*, Rn. 89; *Hoeren*, AGB, Rn. 43; *Hoeren*, Internetrecht, S. 301 f.; *Kitz* in: Hoeren/Sieber, Multimedia-Recht, Teil 13.1, Rn. 91; *Lauktien/Varadinek*, Der Vertragsabschluss im Internet, ZUM 2000, 466 (467); *Leupold/Glossner* in: Leupold/Glossner, IT-Recht, Teil 2, Rn. 36.

[573] So bspw. auch *Dilger*, S. 32; *M. Köhler/Arndt/Fetzer*, Rn. 173.

[574] So bspw. auch *AG Butzbach*, Urt. v. 14.06.2002 - 51 C 25/02(71), CR 2002, 765 (765) = MMR 2002, 765 (765); *Dilger*, S. 32; *Kitz* in: Hoeren/Sieber, Multimedia-Recht, Teil 13.1, Rn. 88; *M. Köhler/Arndt/Fetzer*, Rn. 173.

[575] So bspw. auch *AG Butzbach*, Urt. v. 14.06.2002 - 51 C 25/02(71), CR 2002, 765 (765) = MMR 2002, 765 (765); *Dilger*, S. 32; *Kitz* in: Hoeren/Sieber, Multimedia-Recht, Teil 13.1, Rn. 88; *M. Köhler/Arndt/Fetzer*, Rn. 173; *Taupitz/Kritter*, Electronic Commerce – Probleme bei Rechtsgeschäften im Internet, JuS 1999, 839 (840).

[576] So auch *Czeguhn*, Vertragsschluss im Internet, JA 2001, 708 (710); *Härting*, Rn. 89.

kann, sich gegenüber jedermann zu binden, der sein „Angebot“ annimmt.[577] Der Wille des Anbieters ist vielmehr erkennbar darauf gerichtet, Bestellungen von potenziellen Kunden entgegenzunehmen, um dann selbst eine Entscheidung darüber treffen zu können, ob und in welchem Umfang er sich vertraglich binden möchte.[578]

Aus dem Ergebnis, dass ein besonderer, klarstellender Hinweis des Anbieters nicht notwendig ist, darf auf der anderen Seite aber auch nicht der Schluss gezogen werden, dass in jedem Fall der von der Rechtsprechung sowie den meisten Stellungnahmen in der Literatur vertretenen Ansicht gefolgt werden soll. Denn dass die mit einer Bestellmöglichkeit verbundene Darstellung bestimmter Leistungen auf einer Internetseite (jedenfalls beim Warenkauf) regelmäßig nicht als verbindliches Vertragsangebot, sondern bloß als invitatio ad offerendum zu werten sei, ist nur im Hinblick auf sogenannte Offlinegeschäfte wirklich überzeugend. Denn bei diesen Offlinegeschäften, d. h. bei Geschäften, bei denen nur der Abschluss des Vertrages über das Internet stattfindet, die Leistung aber in herkömmlicher Weise erbracht wird (etwa durch Auslieferung der Ware über einen Zustelldienst),[579] ist es für den Kunden aus den eben dargestellten Gründen durchaus nachvollziehbar, dass in der Regel noch kein verbindliches Vertragsangebot vorliegt, da sich der Anbieter noch nicht endgültig binden will, und eine solche Produktpräsentation daher nur eine invitatio ad offerendum darstellt.[580]

Neben der Durchführung von Offlinegeschäften können über das Internet aber auch sogenannte Onlinegeschäfte abgewickelt werden.[581] Bei Onlinegeschäften erfolgt nicht nur der Abschluss des Vertrages über das Internet, sondern auch die Erbringung der vertraglich geschuldeten Leistung.[582] Dies setzt allerdings voraus, dass die zu liefernden Waren digital oder zumindest digitalisierbar sind,[583] damit sie über das Internet übermittelt werden können. Als Beispiel ist hier der Vertrieb von Software oder

---

577 So auch *Czeguhn*, Vertragsschluss im Internet, JA 2001, 708 (710); *Kitz* in: Hoeren/Sieber, Multimedia-Recht, Teil 13.1, Rn. 88.

578 Vgl. *Czeguhn*, Vertragsschluss im Internet, JA 2001, 708 (710); *Härting*, Rn. 89.

579 Vgl. nur *Dilger*, S. 33; *Taupitz/Kritter*, Electronic Commerce – Probleme bei Rechtsgeschäften im Internet, JuS 1999, 839 (840).

580 So auch *Dilger*, S. 32; *Taupitz/Kritter*, Electronic Commerce – Probleme bei Rechtsgeschäften im Internet, JuS 1999, 839 (840).

581 Ebd.

582 Vgl. nur *Borges*, S. 216; *Dilger*, S. 33; *Taupitz/Kritter*, Electronic Commerce – Probleme bei Rechtsgeschäften im Internet, JuS 1999, 839 (840).

583 Vgl. nur *Dilger*, S. 33; *Taupitz/Kritter*, Electronic Commerce – Probleme bei Rechtsgeschäften im Internet, JuS 1999, 839 (840).

Musik als Download zu nennen; aber auch Dienstleistungen, wie etwa die Nutzung einer Datenbank zu Recherchezwecken, können über das Internet erbracht werden.[584]

Die Besonderheit bei Geschäften dieser Art besteht also darin, dass die angebotenen Produkte allesamt reproduzierbar sind.[585] Einige Stimmen in der Literatur[586] vertreten daher im Hinblick auf die Frage, ob es sich bei der Produktpräsentation auf einer Internetseite bereits um ein Angebot ad incertas personas auf Abschluss eines Vertrages oder nur um eine invitatio ad offerendum handelt, die Ansicht, dass zwischen Offline- und Onlinegeschäften unterschieden werden müsste. Bei Offlinegeschäften – hierunter sind all diejenigen Geschäfte zu verstehen, bei denen die Darstellung der materiellen Güter auf der Internetseite, die anschließende Auslieferung der Waren an den Kunden jedoch auf herkömmlichem Weg erfolgt – soll nach dieser Ansicht in der Darstellung von Waren kein rechtsverbindliches Angebot zu sehen sein, sondern lediglich eine Aufforderung zur Abgabe entsprechender Angebote.[587] Bei Onlinegeschäften – hierbei handelt es sich um all diejenigen Geschäfte, bei denen auch die vertraglich geschuldete Leistung unmittelbar über das Internet erbracht wird – geht diese Ansicht hingegen davon aus, dass der Anbieter ein rechtlich bindendes Angebot an die Vielzahl der Nutzer auf der Internetseite abgegeben hat.[588]

Dieser Ansicht ist zu folgen: Der Kunde wird bei Leistungen, die in digitaler Form erbracht werden, nämlich kaum nachvollziehen können, dass sich der Anbieter noch nicht endgültig binden will.[589] Aus seiner Sicht stellt sich eine solche Produktpräsentation somit als ein verbindliches Angebot auf Abschluss eines Vertrages dar. Denn er wird bei derartigen Leistungen nicht unbedingt davon ausgehen, dass der Anbieter vor Vertragsabschluss zunächst die eigenen Warenvorräte und damit seine Liefermöglichkeiten überprüfen muss, da die online vertriebenen Waren bzw. Dienstleis-

---

584 Vgl. *Borges*, S. 216; *Dilger*, S. 33; *Kaiser/Voigt*, Vertragsschluß und Abwicklung des Electronic Commerce im Internet – Chancen und Risiken, K&R 1999, 445 (446).

585 Vgl. *Dethloff*, Vertragsschluss, Widerrufs- und Rückgaberecht im E-Commerce, JURA 2003, 730 (731); *Dilger*, S. 33; *Taupitz/Kritter*, Electronic Commerce – Probleme bei Rechtsgeschäften im Internet, JuS 1999, 839 (840 f.).

586 Vgl. etwa *Borges*, S. 214 ff., 219; *Busse*, Softwarevertrieb in Netzen, CR 1996, 389 (390); *Ernst*, Der Mausklick als Rechtsproblem – Willenserklärungen im Internet, NJW-CoR 1997, 165 (165). A. A. *Taupitz/Kritter*, Electronic Commerce – Probleme bei Rechtsgeschäften im Internet, JuS 1999, 839 (840 f.); *Ultsch*, Zivilrechtliche Probleme elektronischer Erklärungen, DZWiR 1997, 466 (467).

587 Vgl. nur *Taupitz/Kritter*, Electronic Commerce – Probleme bei Rechtsgeschäften im Internet, JuS 1999, 839 (840). So auch *Dilger*, S. 33.

588 Vgl. nur *Busse*, Softwarevertrieb in Netzen, CR 1996, 389 (390); *Ernst*, Der Mausklick als Rechtsproblem – Willenserklärungen im Internet, NJW-CoR 1997, 165 (165). So auch *Dilger*, S. 33.

589 Anders *Dilger*, S. 33.

tungen quasi unbegrenzt reproduzierbar bzw. erbringbar sind. Dass seitens des Anbieters der Bindungswille fehlen könnte, weil beispielsweise aufgrund technischer Schwierigkeiten eine Datenbank nicht verfügbar oder die Reproduktion des gewünschten digitalen Produkts nicht möglich ist,[590] ist für den Kunden hingegen nicht erkennbar.[591] Er wird vielmehr gerade von der Verfügbarkeit der angebotenen Produkte ausgehen, wenn ihm diese unmittelbar auf der Seite des Anbieters präsentiert werden, und wenn insbesondere die Abwicklung des Bestell- bzw. Registrierungsvorgangs über dessen Internetseite möglich ist. Auch die Überprüfung der Zahlungsfähigkeit des potenziellen Kunden spielt aus seiner Sicht keine Rolle mehr[592] – erst recht, wenn er nach der Registrierung bzw. Bestellung bereits unmittelbaren Zugriff auf die digitalen Inhalte bzw. Leistungen hat. Schließlich spricht bei Onlinegeschäften auch die Tatsache, dass die Internetseite weltweit und damit von einer quasi unbegrenzten Anzahl von Personen aufgerufen werden kann, nicht gegen einen Bindungswillen des Anbieters. Denn gerade weil die digitalen Leistungen aus Sicht des Kunden unbegrenzt reproduzierbar sind, wird dieser davon ausgehen können, dass sich der Anbieter unter diesen Umständen auch gegenüber jedermann binden will, der sein Angebot annimmt.

Aus den genannten Gründen ist auch bei den hier untersuchten Abonnement- bzw. Vertragsfallen im Internet davon auszugehen, dass die Präsentation der auf einer Internetseite angebotenen Produkte bereits als rechtlich bindendes Angebot ad incertas personas des jeweiligen Anbieters zu qualifizieren ist, d. h. ein Antrag auf Abschluss eines Vertrages im Sinne des § 145 BGB vorliegt.

II. Annahme

Die spätere der beiden wechselseitig für einen Vertragsabschluss abzugebenden Erklärungen wird als Annahme bezeichnet (vgl. § 146 BGB).[593] Mit dieser Erklärung, mit der der Antragsempfänger dem Antragenden gegenüber zu verstehen gibt, dass

---

590 Vgl. nur *Taupitz/Kritter*, Electronic Commerce – Probleme bei Rechtsgeschäften im Internet, JuS 1999, 839 (841); *Ultsch*, Zivilrechtliche Probleme elektronischer Erklärungen, DZWir 1997, 466 (467).

591 Anders *Dilger*, S. 33.

592 Ebd.

593 Vgl. nur *Brox/Walker*, BGB AT, Rn. 78 ff.; *Stempfle* in: Bräutigam/Leupold, Online-Handel, B III, Rn. 148.

er vorbehaltslos mit dem ihm angebotenen Vertragsabschluss einverstanden ist,[594] kommt der Vertrag zustande.[595]

Wie bei einem Angebot handelt es sich auch bei einer Annahme um eine einseitige, empfangsbedürftige Willenserklärung (vgl. § 149 S. 1 BGB).[596] Das bedeutet, dass diese Erklärung, die auf das Zustandekommen des Vertrages zu den im Antrag genannten Bedingungen gerichtet ist,[597] nicht bereits mit ihrer Abgabe, sondern gemäß § 130 Abs. 1 S. 1 BGB erst mit ihrem Zugang beim Empfänger – hier also dem Antragenden – wirksam wird,[598] sofern sie bis dahin nicht – wie bereits dargestellt – widerrufen wurde (vgl. § 130 Abs. 1 S. 2 BGB).[599] Wie bei einem Angebot ist für das Vorliegen einer wirksamen Annahme zunächst einmal die Erfüllung sämtlicher Voraussetzungen einer wirksamen empfangsbedürftigen Willenserklärung notwendig.[600] Außerdem ist es für eine wirksame Annahme erforderlich, dass der Antrag im Zeitpunkt der Annahme noch nicht erloschen ist.[601] Und schließlich muss die Annahmeerklärung inhaltlich auch mit dem gemachten Antrag übereinstimmen.[602]

Liegen all diese Voraussetzungen vor, kommt durch die wirksame Annahme ein Vertrag zustande und der Nutzer hat einen Anspruch auf Erfüllung dieses Vertrages.[603] Dies bedeutet aber auch, und das ist im Hinblick auf den Untersuchungsgegenstand dieser Arbeit viel interessanter, dass durch eine wirksame Annahmeerklärung des Nutzers der Anbieter einer Abonnement- bzw. Vertragsfalle – vorbehaltlich der weiteren Untersuchungsergebnisse – einen vertraglichen Zahlungsanspruch erhält.

---

594 Vgl. nur *Brox/Walker*, BGB AT, Rn. 176; *Ellenberger* in: Palandt, BGB, § 147, Rn. 1; *Stempfle* in: Bräutigam/Leupold, Online-Handel, B III, Rn. 165.

595 Vgl. nur *Härting*, Rn. 90; *Kitz* in: Hoeren/Sieber, Multimedia-Recht, Teil 13.1, Rn. 100.

596 Vgl. etwa *Brox/Walker*, BGB AT, Rn. 176; *Ellenberger* in: Palandt, BGB, § 147, Rn. 1; *Kitz* in: Hoeren/Sieber, Multimedia-Recht, Teil 13.1, Rn. 100; *Stempfle* in: Bräutigam/Leupold, Online-Handel, B III, Rn. 165.

597 Vgl. nur *Kitz* in: Hoeren/Sieber, Multimedia-Recht, Teil 13.1, Rn. 100; *Stempfle* in: Bräutigam/Leupold, Online-Handel, B III, Rn. 165.

598 So bspw. auch *Brox/Walker*, BGB AT, Rn. 176; *Ellenberger* in: Palandt, BGB, § 145, Rn. 1; *Leupold/Glossner* in: Leupold/Glossner, IT-Recht, Teil 2, Rn. 40; *Stempfle* in: Bräutigam/Leupold, Online-Handel, B III, Rn. 148, 165.

599 So bspw. auch *Brox/Walker*, BGB AT, Rn. 166; *Einsele* in: Münchener Kommentar, BGB, § 130, Rn. 40.

600 So bspw. auch *Kitz* in: Hoeren/Sieber, Multimedia-Recht, Teil 13.1, Rn. 101.

601 Vgl. nur *Brox/Walker*, BGB AT, Rn. 168; *Kitz* in: Hoeren/Sieber, Multimedia-Recht, Teil 13.1, Rn. 92; *Leupold/Glossner* in: Leupold/Glossner, IT-Recht, Teil 2, Rn. 41; *Stempfle* in: Bräutigam/Leupold, Online-Handel, B III, Rn. 172.

602 Vgl. nur *Brox/Walker*, BGB AT, Rn. 180; *Ellenberger* in: Palandt, BGB, § 147, Rn. 1; *Kitz* in: Hoeren/Sieber, Multimedia-Recht, Teil 13.1, Rn. 112.

603 Vgl. allg. *Härting*, Rn. 90; *Kitz* in: Hoeren/Sieber, Multimedia-Recht, Teil 13.1, Rn. 100.

1. Wirksamkeit der Willenserklärung im Rahmen der Annahme

Wie bereits beim Angebot erwähnt, wurden die einzelnen Voraussetzungen für die Wirksamkeit einer empfangsbedürftigen Willenserklärung schon in Kapitel B ausführlich dargestellt. Dabei wurde insbesondere auf Erklärungen eingegangen, die auf der Internetseite eines Anbieters, durch das Absenden einer E-Mail, das Anklicken eines entsprechenden (interaktiven) Elements oder das Ausfüllen und Absenden eines bereitgestellten Bestell- bzw. Registrierungsformulars auf der Internetseite übermittelt werden.

Als Annahme kommt hier die Erklärung des Nutzers infrage, die er bei einer Abonnement- bzw. Vertragsfalle üblicherweise durch das Anklicken eines entsprechenden (interaktiven) Elements auf der Internetseite des Anbieters bzw. durch das Ausfüllen und Absenden eines auf der Bestell- bzw. Registrierungsseite vorgehaltenen Formulars abgibt. Nachdem die Erklärung auf der Internetseite des Anbieters nämlich bereits als verbindliches Angebot auf Abschluss eines Vertrages zu werten ist, könnte diese zeitlich nachfolgende Erklärung die zweite der beiden auf den Abschluss eines entsprechenden Vertragsverhältnisses gerichtete Willenserklärung darstellen. Denn wie gezeigt, kann das Anklicken eines solchen (interaktiven) Elements auf einer Internetseite als Willenserklärung zu qualifizieren sein, die dem Anbieter mit Eingang auf seinem Server zugeht und somit wirksam wird. Der für die Wirksamkeit einer (empfangsbedürftigen) Willenserklärung notwendige, aber dem Nutzer bei den hier untersuchten Abonnement- bzw. Vertragsfallen fehlende Rechtsbindungswille wird dem Nutzer, wie bereits ausführlich dargestellt[604], unter den oben angenommenen Voraussetzungen zugerechnet.

2. Kein Erlöschen nach §§ 146 ff. BGB

Gemäß § 146 BGB kommt es zum Erlöschen des Antrages, wenn dieser dem Antragenden gegenüber abgelehnt oder nicht gemäß den §§ 147 bis 149 BGB rechtzeitig, d. h. innerhalb der vom Antragenden erklärten oder gesetzlich bestimmten Annahmefrist,[605]

---

[604] Siehe 2. Teil, B, I, 2, b, bb, ddd.

[605] Vgl. nur *Brox/Walker*, BGB AT, Rn. 172 f.; *Kitz* in: Hoeren/Sieber, Multimedia-Recht, Teil 13.1, Rn. 92; *Stempfle* in: Bräutigam/Leupold, Online-Handel, B III, Rn. 172.

angenommen wird. Als Ablehnung des Vertragsangebots gilt gemäß § 150 Abs. 2 BGB auch eine Annahme, die eine Erweiterung, Einschränkung oder sonstige Änderung gegenüber dem gemachten Antrag enthält. Eine solche „Annahmeerklärung", die somit keine Annahme im rechtlichen Sinne darstellt,[606] gilt nach § 150 Abs. 2 BGB als neues Vertragsangebot. Allerdings hat der Nutzer, wenn er das Vertragsangebot des Anbieters (im Internet in der Regel durch Mausklick) annimmt, praktisch keine Möglichkeit, Erweiterungen, Einschränkungen oder sonstige Änderungen gegenüber dem vom Anbieter gemachten Antrag vorzunehmen, sodass dieser Fall für Vertragsabschlüsse im Internet kaum eine praktische Relevanz hat.

Erfolgt der Zugang der Annahme erst nach Ablauf der genannten Fristen und damit verspätet, so erlischt das ursprüngliche Vertragsangebot gemäß § 146 BGB und ist damit nicht mehr wirksam, sodass in der Folge auch kein wirksamer Vertrag zustande kommt.[607] Die verspätete Annahmeerklärung gilt aber dann gemäß § 150 Abs. 1 BGB wiederum als neues Vertragsangebot. Hat der Antragende für die Annahme seines Vertragsangebots keine bestimmte Frist gesetzt, so erfolgt die Fristbestimmung durch das Gesetz, nämlich gemäß § 147 BGB, wonach zwischen einer Erklärung unter Anwesenden und einer Erklärung unter Abwesenden zu unterscheiden ist:[608]

Hinsichtlich eines Antrags, der gegenüber einem Anwesenden gemacht wird, bestimmt § 147 Abs. 1 S. 1 BGB, dass dieser nur sofort angenommen werden kann, was nach Satz 2 der Vorschrift gleichfalls für Erklärungen gilt, die mittels eines Fernsprechers oder einer sonstigen technischen Einrichtung von einer Person an eine andere abgegeben werden. Den hier untersuchten Vertragsabschlüssen über das Internet fehlt es jedoch – wie bereits im Zusammenhang mit dem Zugang von elektronischen Willenserklärungen über das Internet ausführlich dargestellt[609] – an der unmittelbaren Kommunikation, wie sie beispielsweise bei der Nutzung von Internetchats oder Internettelefonie möglich wäre.[610] Aus diesem Grund handelt es sich bei einem Vertragsabschluss, der per E-Mail oder per Mausklick zustande kommt, um eine Einigung unter Abwesenden.[611] Die Rechtzeitigkeit der Annahme richtet sich

---

606 So auch *Brox/Walker*, BGB AT, Rn. 171.

607 So auch *Kitz* in: Hoeren/Sieber, Multimedia-Recht, Teil 13.1, Rn. 92.

608 So auch *Brox/Walker*, BGB AT, Rn. 172 f; *Leupold/Glossner* in: Leupold/Glossner, IT-Recht, Teil 2, Rn. 41; *Stempfle* in: Bräutigam/Leupold, Online-Handel, B III, Rn. 172.

609 Siehe 2. Teil, B, II, 2, a.

610 So allg. etwa auch *M. Köhler/Arndt/Fetzer*, Rn. 184.

611 So bspw. auch *Ernst*, Der Mausklick als Rechtsproblem – Willenserklärungen im Internet, NJW-CoR

in diesem Fall also nach § 147 Abs. 2 BGB, sodass der Antrag nur bis zu dem Zeitpunkt angenommen werden kann, bis zu dem der Antragende den Eingang der Antwort unter regelmäßigen Umständen erwarten darf.[612]

Bei der Berechnung dieser gesetzlich nicht weiter bestimmten Annahmefrist ist die Zeit für die Übermittlung des Antrags an den Erklärungsempfänger, dessen Überlegungs- und Bearbeitungszeit sowie die Zeit für die Übermittlung der Annahmeerklärung an den Antragenden zu berücksichtigen.[613] Aufgrund der hohen Übertragungsgeschwindigkeit des Internets sind die Zeiten für die Übermittlung des Antrags sowie für die Übermittlung der entsprechenden Annahmeerklärung jedoch zu vernachlässigen.[614] Die Annahmefrist reduziert sich in diesen Fällen somit allein auf die Überlegungs- und Bearbeitungszeit des Empfängers und kann im Extremfall – sofern ein Unternehmer ein vollautomatisiertes Verfahren einsetzt – sogar nur solange dauern, wie dies für die elektronische Durchführung von Kontrollen, beispielsweise die Überprüfung der eigenen Lagerbestände oder der Zahlungsfähigkeit des potenziellen Kunden, erforderlich ist.[615] In Anbetracht der hohen Leistungsfähigkeit der heutzutage verwendeten Computerhardware bzw. der darauf eingesetzten Datenbanksysteme führt dies dazu, dass sich die von § 147 Abs. 2 BGB eigentlich gewährte Überlegungs- und Bearbeitungszeit des Empfängers auch auf wenige Sekunden verkürzt,[616] sodass diese Zeiten im Ergebnis ebenfalls zu vernachlässigen sind.

In den vorliegend untersuchten Fällen ist es allerdings der Nutzer, der – selbstverständlich ohne den Einsatz eines vollautomatisierten Verfahrens – nach einer kurzen Überlegungs- und gegebenenfalls Bearbeitungszeit durch das Anklicken eines entsprechenden (interaktiven) Elements auf der Internetseite des Anbieters bzw. durch das Ausfüllen und Absenden eines auf der Bestell- bzw. Registrierungsseite vorgehaltenen Formulars das ihm verbindlich unterbreitete Angebot des Anbieters diesem

1997, 165 (166); *Heun*, Die elektronische Willenserklärung, CR 1994, 595 (597); *M. Köhler/Arndt/Fetzer*, Rn. 184; *Leupold/Glossner* in: Leupold/Glossner, IT-Recht, Teil 2, Rn. 41; *Mehrings*, Vertragsabschluß im Internet, MMR 1998, 30 (32).

612 So bspw. auch *Brox/Walker*, BGB AT, Rn. 173; *Ende/Klein*, S. 20; *Klewitz*, S. 48; *M. Köhler/Arndt/Fetzer*, Rn. 185; *Leupold/Glossner* in: Leupold/Glossner, IT-Recht, Teil 2, Rn. 41; *Stempfle* in: Bräutigam/Leupold, Online-Handel, B III, Rn. 174.

613 Vgl. etwa *OLG Frankfurt am Main*, Urt. v. 13.11.1985 - 17 U 203/84, NJW-RR 1986, 329 (329) m. w. N.; *Brox/Walker*, BGB AT, Rn. 173; *Wolf* in: Soergel, BGB, § 147, Rn. 8, 11; *Klewitz*, S. 48; *M. Köhler/Arndt/Fetzer*, Rn. 185; *Kramer* in: Münchener Kommentar, BGB, § 147, Rn. 6; *Stempfle* in: Bräutigam/Leupold, Online-Handel, B III, Rn. 174.

614 So bspw. auch *Dilger*, S. 30; *Ende/Klein*, S. 20 f.; *M. Köhler/Arndt/Fetzer*, Rn. 185.

615 Vgl. nur *Klewitz*, S. 48; *M. Köhler/Arndt/Fetzer*, Rn. 185.

616 Vgl. *Dörner*, Rechtsgeschäfte im Internet, AcP 202 (2002), 363 (375 f.); *M. Köhler/Arndt/Fetzer*, Rn. 185.

gegenüber annimmt. Dass diese Annahme auch rechtzeitig erfolgt und somit der Antrag im Zeitpunkt der Annahme noch nicht erloschen war, kann hier unproblematisch unterstellt werden.

3. Inhaltliche Deckung

Auch von der inhaltlichen Übereinstimmung der Annahmeerklärung mit dem Angebot kann hier ohne Weiteres ausgegangen werden, sodass im Ergebnis eine wirksame Annahme vorliegt. Denn in der Regel kann der Nutzer das Vertragsangebot des Anbieters nur vorbehaltslos annehmen, nämlich durch das Anklicken eines entsprechenden (interaktiven) Elements oder durch das Ausfüllen und Absenden des auf der Bestell- bzw. Registrierungsseite vorgehaltenen Formulars. In beiden Fällen besteht aber, wie bereits erwähnt, praktisch keine Möglichkeit, Erweiterungen, Einschränkungen oder sonstige Änderungen gegenüber dem vom Anbieter gemachten Antrag vorzunehmen. Denn auch das Formular bietet nur die vom Anbieter vorgegebenen Felder, die zwar die Eingabe eines Namens, einer E-Mail-Adresse oder Ähnlichem zulassen, die Eingabe eines Freitextes (etwa für Anmerkungen) jedoch nicht ermöglichen.

III. Zwischenergebnis Vertragsabschluss

Bei den hier untersuchten Fällen ist davon auszugehen, dass die Präsentation der auf einer Internetseite angebotenen Produkte bereits als rechtlich bindendes Angebot ad incertas personas des jeweiligen Anbieters der Abonnement- bzw. Vertragsfalle zu qualifizieren ist, d. h. ein Antrag auf Abschluss eines Vertrages im Sinne des § 145 BGB vorliegt. Die Annahme dieses Antrags erklärt der Nutzer dadurch, dass er ein bestimmtes (interaktives) Element auf der Internetseite des Anbieters mit der Computer-Maus anklickt bzw. ein auf der Bestell- bzw. Registrierungsseite vorgehaltenes Formular ausfüllt und absendet. Obwohl er dabei nicht weiß, dass dieser Handlung eine rechtsgeschäftliche Bedeutung zukommt (nämlich die, das Vertragsverhältnis zu den genannten Bedingungen eingehen zu wollen), liegt trotz fehlenden Erklärungsbewusstseins eine wirksame Willenserklärung des Nutzers vor, da ihm dieses Verhalten, genauer gesagt die hierdurch geäußerte rechtsgeschäftliche Erklärung, unter den bereits dargestellten Voraussetzungen zugerechnet werden kann. Vorbehaltlich der weiteren Untersuchungsergebnisse kommt somit grundsätzlich ein wirksamer Vertrag zwischen dem Anbieter einer Abonnement- bzw. Vertragsfalle im Internet und dem Nutzer zustande.

Da der Anbieter aber, wie bereits dargestellt, auf die Eingabe der persönlichen Daten des Nutzers unbedingt angewiesen ist, spielt im Zusammenhang mit den hier untersuchten Abonnement- bzw. Vertragsfallen im Internet die zweite Möglichkeit zur Abgabe einer Willenserklärung, nämlich das Ausfüllen und Absenden des bereitgestellten Bestell- bzw. Registrierungsformulars, die entscheidende Rolle. Da das Absenden dieses Formulars im Ergebnis aber auch wieder über das Anklicken eines entsprechenden (interaktiven) Elements geschieht, und sich hieraus keine Einschränkungen für die weitere Untersuchung ergeben, soll im Folgenden – soweit nicht anders vermerkt – zur Vereinfachung sowie zur Vermeidung von Wiederholungen allein auf das Absenden eines entsprechenden Bestell- bzw. Registrierungsformulars als Abgabe der Annahmeerklärung des Nutzers abgestellt werden.

3. Teil: Verbraucherschutz durch das AGB-Recht

A. Einleitung

In diesem Teil der Arbeit geht die Untersuchung der Frage nach, ob die im Zusammenhang mit Abonnement- bzw. Vertragsfallen im Internet typischerweise verwendeten und für deren Funktionieren notwendigen Bestimmungen wirksamer Bestandteil des zwischen dem Anbieter und dem Nutzer zustande gekommenen Vertrages werden und somit den Inhalt des Vertrages maßgeblich bestimmen. Während in Bezug auf den Anwendungsbereich des AGB-Rechts sowie die materielle Inhaltskontrolle bei über das Internet abgeschlossenen Verträgen keinerlei Besonderheiten bestehen, sodass auch hier wiederum die allgemeinen Grundsätze Geltung haben,[617] sind Besonderheiten im Hinblick auf die wirksame Einbeziehung von Allgemeinen Geschäftsbedingungen zu beachten, die im Folgenden ausführlich untersucht werden sollen.

Bevor die Untersuchung in Kapitel C dieses Teils der Arbeit darauf eingeht, ob überhaupt, und wenn ja, unter welchen Voraussetzungen im Einzelnen eine wirksame Einbeziehung der für das Funktionieren einer Abonnement- bzw. Vertragsfalle im Internet notwendigen Allgemeinen Geschäftsbedingungen in den Vertrag vorliegt, soll in Kapitel B zunächst einmal die Frage beantwortet werden, ob diese Bestimmungen überhaupt vom Anwendungsbereich des AGB-Rechts erfasst werden. In Kapitel D konzentriert sich die Untersuchung anschließend auf die Frage, ob die wirksam einbezogenen AGB-Klauseln auch einer materiellen Inhaltskontrolle standhalten.

B. Anwendungsbereich der §§ 305 bis 310 BGB

Obwohl der AGB-rechtliche Anwendungsbereich bei den typischen Abonnement- bzw. Vertragsfallen im Internet so vermeintlich klar eröffnet ist, sollen – wie bereits einleitend erwähnt – auch in diesem Teil der Arbeit die Voraussetzungen und Besonderheiten im Einzelnen genauer untersucht werden. Denn die Schutzvorschriften des AGB-

---

617 So auch *Dilger*, S. 52.

Rechts würden dem Verbraucher nichts nutzen, wenn der Verwender durch eine Veränderung der „Vertragsbestandteile“, beispielsweise durch eine andere Gestaltung, Benennung oder Anordnung des Textes, den Anwendungsbereich des AGB-Rechts umgehen könnte. Die entscheidende Frage lautet also, ob der Anwendungsbereich und damit der Schutz der AGB-rechtlichen Vorschriften bei den hier untersuchten Abonnement- bzw. Vertragsfallen im Internet eröffnet ist.

§ 305 Abs. 1 BGB, der wörtlich § 1 AGBG entspricht,[618] legt durch die Definition des Begriffs der Allgemeinen Geschäftsbedingungen den persönlichen und sachlichen Anwendungsbereich des AGB-Rechts fest und bildet damit die Grundlage für die Anwendbarkeit der §§ 305 Abs. 2 bis 309 BGB sowie des § 1 des Gesetzes über Unterlassungsklagen bei Verbraucherrechts- und anderen Verstößen (Unterlassungsklagengesetz – UKlaG)[619].[620] Ergänzt wird diese Vorschrift durch die Sonderregelungen des § 310 BGB für gegenüber Unternehmern, juristischen Personen des öffentlichen Rechts oder öffentlich-rechtlichen Sondervermögen verwandte Allgemeine Geschäftsbedingungen (vgl. Abs. 1), für Bedingungen der Versorgungswirtschaft (vgl. Abs. 2), Verbraucherverträge (vgl. Abs. 3) sowie hinsichtlich einzelner Rechtsgebiete (vgl. Abs. 4).[621] Diese Systematik ist durchaus irritierend, denn § 310 BGB legt – entgegen der amtlichen Überschrift – nicht den grundsätzlichen Anwendungsbereich der §§ 305 Abs. 2 ff. BGB fest,[622] sondern modifiziert diesen,[623] indem der erste Absatz den persönlichen und der zweite Absatz den sachlichen Anwendungsbereich des Rechts der Allgemeinen Geschäftsbedingungen, so wie er durch die in § 305 Abs. 1 BGB enthaltene Definition festgelegt wird, für die dort ausführlich dargestellten Fälle einschränkt, während der dritte Absatz dazu führt, dass sich die AGB-rechtlichen Vorschriften auch auf solche Fälle erstrecken, die von der Definition des AGB-Begriffs gemäß § 305 Abs. 1 BGB überhaupt nicht erfasst werden.[624]

618 Vgl. nur *Schlosser* in: Staudinger, BGB, § 305, Rn. 1.
619 *BGBl.* I 2002/62, S. 3422-3426, berichtigt in *BGBl.* I 2002/78, S. 4346.
620 Vgl. nur *Grüneberg* in: Palandt, BGB, § 305, Rn. 1, § 310, Rn.1; *Pfeiffer* in: Wolf/Lindacher/Pfeiffer, AGB, § 305, Rn. 3.
621 So auch *Pfeiffer* in: Wolf/Lindacher/Pfeiffer, AGB, § 305, Rn. 3.
622 Vgl. *Grüneberg* in: Palandt, BGB, § 310, Rn. 1.
623 Vgl. nur *Wolf* in: Wolf/Lindacher/Pfeiffer, AGB, § 310 Abs. 1, Rn. 2.
624 Vgl. *Basedow* in: Münchener Kommentar, BGB, § 310, Rn. 29.

I. Persönlicher Anwendungsbereich des AGB-Rechts

Grundsätzlich kommt der allgemeine, d. h. weder eingeschränkte noch erweiterte, Schutz des AGB-Rechts gemäß § 305 Abs. 1 S. 1 BGB jeder Vertragspartei zugute, deren Vertragspartner bei Abschluss eines Vertrages vorformulierte Vertragsbedingungen stellt, die für eine Vielzahl von Verträgen bestimmt sind.[625] Dennoch hat das AGB-Recht, anders als etwa die Vorschriften zu Haustürgeschäften (§§ 312 und 312 a BGB), Fernabsatzverträgen (§§ 312 b bis 312 f BGB) und Verträgen im elektronischen Geschäftsverkehr (§ 312 g BGB), keinen einheitlichen persönlichen Anwendungsbereich.[626] Denn bei der Ermittlung des persönlichen Anwendungsbereichs ist neben der in § 310 Abs. 1 BGB geregelten Sonderbehandlung von Unternehmern, juristischen Personen des öffentlichen Rechts oder öffentlich-rechtlichen Sondervermögen auch die Sonderregelung des dritten Absatzes für Verbraucherverträge zu beachten.[627] Dies führt dazu, dass je nach Status der am Vertrag beteiligten Personen die §§ 305 Abs. 2 bis 309 BGB in drei Fassungen zur Anwendung kommen, die eine abgestufte Schutzintensität aufweisen:[628]

Auf der ersten Stufe, welche die am schwächsten ausgeprägte Schutzintensität aufweist, sind all diejenigen Fälle einzuordnen, in denen Allgemeine Geschäftsbedingungen gegenüber einem Unternehmer oder einem der anderen in § 310 Abs. 1 S. 1 BGB genannten Vertragspartner in der Position des Kunden verwendet werden,[629] da dann die §§ 305 Abs. 2 bis 309 BGB ohne die in § 310 Abs. 1 BGB genannten Vorschriften gelten[630] und somit die Schutzvorschriften des AGB-Rechts nur teilweise zur Anwendung gelangen.[631] Auf der zweiten Stufe stehen die Fälle, in denen Allgemeine Geschäftsbedingungen zwischen zwei Verbrauchern Verwendung finden.[632] Nur diese Verträge fallen in den allgemeinen Anwendungsbereich des AGB-Rechts, in dem die §§ 305 Abs. 2 bis 309 BGB ohne Modifikationen durch die Sonderre-

---

625 So auch *Klewitz*, S. 98.
626 Vgl. nur *Dilger*, S. 36.
627 Vgl. nur *Schlosser* in: Staudinger, BGB, § 310, Rn. 43.
628 So bspw. auch *Basedow* in: Münchener Kommentar, BGB, § 310, Rn. 36 f.; *Dilger*, S. 36; *Grüneberg* in: Palandt, BGB, Überbl v § 305, Rn. 10; *Schlosser* in: Staudinger, BGB, § 310, Rn. 43.
629 Vgl. nur *Dilger*, S. 36; *Wolf* in: Wolf/Lindacher/Pfeiffer, AGB, § 310 Abs. 1, Rn. 3.
630 So auch *Schlosser* in: Staudinger, BGB, § 310, Rn. 45.
631 So bspw. auch *Dilger*, S. 36; *Wolf* in: Wolf/Lindacher/Pfeiffer, AGB, § 310 Abs. 1, Rn. 3 f.
632 Vgl. nur *Dilger*, S. 36; *Grüneberg* in: Palandt, BGB, Überbl v § 305, Rn. 12.

gelungen des § 310 BGB gelten.[633] Auf der dritten Stufe mit der höchsten Schutzintensität stehen schließlich die im Rahmen dieser Arbeit untersuchten Verträge zwischen einem Unternehmer als AGB-Verwender und einem Verbraucher in der Position des Kunden.[634] Für diese Verbraucherverträge gilt der allgemeine Schutzbereich des AGB-Rechts und zusätzlich der Schutz durch § 310 Abs. 3 BGB[635] mit dem gegenüber § 305 Abs. 1 BGB erweiterten sachlichen Anwendungsbereich (vgl. § 310 Abs. 3 Nr. 1 und 2 BGB) und einem weiteren modifizierten Maßstab bei der Beurteilung einer unangemessenen Benachteiligung im Rahmen der Inhaltskontrolle nach § 307 Abs. 1 und 2 BGB (vgl. § 310 Abs. 3 Nr. 3 BGB),[636] der ausführlich in Abschnitt II, Unterabschnitt 2 dargestellt wird.

Die Begriffe des Verbrauchers und des Unternehmers waren vor der Umsetzung der Richtlinie 97/7/EG in den verschiedenen Verbraucherschutzgesetzen unterschiedlich geregelt.[637] Erst durch Art. 2 Abs. 1 Nr. 1 des Gesetzes über Fernabsatzverträge und andere Fragen des Verbraucherrechts sowie zur Umstellung von Vorschriften auf Euro vom 27. Juni 2000[638] wurden diese beiden Begriffe in den neu eingefügten §§ 13 und 14 im BGB legal- und damit einheitlich definiert.[639] Zeitgleich wurde mit der Überarbeitung des § 24 S. 1 AGBG eine zuvor in dieser Vorschrift noch vorhandene eigene Definition des Begriffes des Unternehmers sowie mit der Überarbeitung des § 24 a S. 1 AGBG eine eigene Definition des Begriffes des Verbrauchers im AGBG aufgegeben.[640]

633 Vgl. etwa *Grüneberg* in: Palandt, BGB, Überbl v § 305, Rn. 12; *Schlosser* in: Staudinger, BGB, § 310, Rn. 45.

634 Vgl. allg. *Dilger*, S. 36.

635 Vgl. ebd.

636 Vgl. nur *Pfeiffer* in: Wolf/Lindacher/Pfeiffer, AGB, § 310 Abs. 3, Rn. 3, 10, 18, 29; *Schlosser* in: Staudinger, BGB, § 310, Rn. 44; *Stoffels*, AGB-Recht, Rn. 193.

637 Vgl. nur *Thüsing* in: Staudinger, BGB, § 312 b, Rn. 7.

638 *BGBl.* I 2000/28, S. 897-909.

639 Vgl. *Basedow* in: Münchener Kommentar, BGB, § 310, Rn. 23; *Dilger*, S. 37 f.; *Thüsing* in: Staudinger, BGB, § 312 b, Rn. 7.

640 Vgl. Art. 3 Nr. 8 f. des Gesetzes über Fernabsatzverträge und andere Fragen des Verbraucherrechts sowie zur Umstellung von Vorschriften auf Euro vom 27. Juni 2000, *BGBl.* I 2000/28, S. 897 (903) sowie *Dilger*, S. 37 f., Fn. 136, 142.

1. Begriff des Unternehmers

Der Unternehmer ist gemäß der Legaldefinition des § 14 Abs. 1 BGB dadurch gekennzeichnet, dass er das Rechtsgeschäft in Ausübung seiner gewerblichen oder selbstständigen beruflichen Tätigkeit abschließt,[641] dieses also in einem sachlichen Zusammenhang mit der Tätigkeit steht.[642] Bei dem Unternehmer kann es sich zunächst um eine natürliche oder juristische Person handeln. Aber auch eine rechtsfähige Personengesellschaft kann Träger des Unternehmens sein,[643] soweit sie, wie im zweiten Absatz näher umschrieben wird, mit der Fähigkeit ausgestattet ist, Rechte zu erwerben und Verbindlichkeiten einzugehen. Erfasst werden damit vor allem Personengesellschaften wie die Offene Handelsgesellschaft, die Kommanditgesellschaft, die Partnerschaften und die gleichfalls teilrechtsfähige Gesellschaft bürgerlichen Rechts[644],[645] die früher nicht als juristische Persönlichkeiten anerkannt wurden,[646] sodass diese nunmehr unter den Begriff des Unternehmers im Sinne des § 14 BGB fallen.

Der sachliche Zusammenhang des Vertragsabschlusses mit einer gewerblichen oder selbstständigen beruflichen Tätigkeit ist gegeben, wenn sich der Unternehmer mit planvoll und dauerhaft angelegten Leistungen am allgemeinen Wirtschaftsverkehr beteiligt.[647] Diese Leistungen muss er zwar gegen Entgelt anbieten,[648] auf die Absicht einer Gewinnerzielung kommt es bei gemeinschaftsrechtskonformer Auslegung des Begriffs hingegen nicht an.[649] Im Zweifel sind Rechtsgeschäfte eines Unternehmers

---

641 So bspw. auch *Basedow* in: Münchener Kommentar, BGB, § 310, Rn. 38; *Schlosser* in: Staudinger, BGB, § 310, Rn. 47; *Stoffels*, AGB-Recht, Rn. 187; *Thüsing* in: Staudinger, BGB, § 312 b, Rn. 8.

642 Vgl. *Schlosser* in: Staudinger, BGB, § 310, Rn. 47.

643 So bspw. auch *Ellenberger* in: Palandt, BGB, § 14, Rn. 3; *Stoffels*, AGB-Recht, Rn. 187; *Wolf* in: Wolf/Lindacher/Pfeiffer, AGB, § 310 Abs. 1, Rn. 7.

644 Vgl. auch *BGH*, Urt. v. 29.01.2001 - II ZR 331/00, BGHZ 146, 341 (343) = NJW 2001, 1056 (1056).

645 Vgl. nur *Ellenberger* in: Palandt, BGB, § 14, Rn. 3; *Stoffels*, AGB-Recht, Rn. 188; *Wolf* in: Wolf/Lindacher/Pfeiffer, AGB, § 310 Abs. 1, Rn. 7.

646 Vgl. nur *Basedow* in: Münchener Kommentar, BGB, § 310, Rn. 38.

647 Vgl. etwa *BGH*, Urt. v. 29.03.2006 - VIII ZR 173/05, BGHZ 167, 40 (44 f.) = NJW 2006, 2250 (2251); *OLG Frankfurt am Main*, Beschl. v. 27.07.2004 - 6 W 80/04, NJW 2004, 3433 (3433); *Becker/Föhlisch*, Von Quelle bis eBay: Reformaufarbeitung im Versandhandelsrecht, NJW 2005, 3377 (3377 f.); *Ellenberger* in: Palandt, BGB, § 14, Rn. 2; *Stoffels*, AGB-Recht, Rn. 187; *Thüsing* in: Staudinger, BGB, § 312 b, Rn. 8.

648 Vgl. nur *Stoffels*, AGB-Recht, Rn. 187.

649 Vgl. etwa *BGH*, Urt. v. 29.03.2006 - VIII ZR 173/05, BGHZ 167, 40 (45) = NJW 2006, 2250 (2251) m. w. N.; *LG Mainz*, Urt. v. 06.07.2005 - 3 O 184/04, NJW 2006, 783 (783); *Borges*, Die Inhaltskon-

in Anlehnung an den Rechtsgedanken des § 344 HGB dem unternehmerischen Bereich zuzuordnen.[650]

Bei einem Anbieter einer Abonnement- bzw. Vertragsfalle, der seine Produkte auf einer Seite im Internet präsentiert, ist ohne Weiteres davon auszugehen, dass er die jeweilige Plattform dauerhaft und mit Gewinnerzielungsabsicht betreibt, sodass er in Ausübung einer gewerblichen Tätigkeit handelt und damit unter den Begriff des Unternehmers im Sinne des § 14 BGB fällt, unabhängig davon, welche Rechtsform er wählt.[651]

2. Begriff des Verbrauchers

Der erweiterte Schutz durch § 310 Abs. 3 BGB gelangt zudem nur dann zur Anwendung, wenn es sich bei dem jeweiligen Vertragspartner des Unternehmers um einen Verbraucher handelt.[652] Der zentrale Begriff des Verbrauchers wird in § 13 BGB durch die Kumulierung zweier Voraussetzungen legal definiert und ist grundsätzlich im Sinne des EG-Rechts zu konkretisieren.[653] Erforderlich ist zum einen, dass es sich um eine natürliche Person handelt, und zum anderen, dass diese Person das Rechtsgeschäft zu einem privaten Zweck abschließt, d. h. zu einem Zweck, der nicht ihrer gewerblichen oder ihrer selbstständigen beruflichen Tätigkeit zuzurechnen ist.[654] Für die Frage, ob das Rechtsgeschäft dem unternehmerischen oder aber dem privaten Bereich zuzuord-

trolle von Verbraucherverträgen nach § 24 a AGBG, DZWiR 1997, 402 (404); *Ellenberger* in: Palandt, BGB, § 14, Rn. 2; *Faber*, Elemente verschiedener Verbraucherbegriffe in EG-Richtlinien, zwischenstaatlichen Übereinkommen und nationalem Zivil- und Kollisionsrecht, ZEuP 1998, 854 (869); *Micklitz*, Die Fernabsatzrichtlinie 97/7/EG, ZEuP 1999, 875 (878); *Stoffels*, AGB-Recht, Rn. 187; *Thüsing* in: Staudinger, BGB, § 312 b, Rn. 8. A. A. *Ende/Klein*, S. 122 f.; *Heinrichs*, Das Gesetz zur Änderung des AGB-Gesetzes Umsetzung der EG-Richtlinie über mißbräuchliche Klauseln in Verbraucherverträgen durch den Bundesgesetzgeber, NJW 1996, 2190 (2191).

650 Vgl. etwa *Ellenberger* in: Palandt, BGB, § 14, Rn. 2; *Faber*, Elemente verschiedener Verbraucherbegriffe in EG-Richtlinien, zwischenstaatlichen Übereinkommen und nationalem Zivil- und Kollisionsrecht, ZEuP 1998, 854 (865 f.); *Stoffels*, AGB-Recht, Rn. 188; *Wackerbarth*, Unternehmer, Verbraucher und die Rechtfertigung der Inhaltskontrolle vorformulierter Verträge, AcP 200 (2000), 45 (61); *Weyer*, Handelsgeschäfte (§§ 343 ff. HGB) und Unternehmergeschäfte (§ 14 BGB), WM 2005, 490 (500 ff.). A. A. *Herresthal*, Scheinunternehmer und Scheinverbraucher im BGB, JZ 2006, 695 (699); *Pfeiffer*, Vom kaufmännischen Verkehr zum Unternehmensverkehr, NJW 1999, 169 (173 f.).

651 So allg. auch *Dilger*, S. 38; *Klewitz*, S. 98 f.; *Thüsing* in: Staudinger, BGB, § 312 b, Rn. 8.

652 Vgl. nur *Basedow* in: Münchener Kommentar, BGB, § 310, Rn. 42; *Grüneberg* in: Palandt, BGB, § 310, Rn. 10.

653 Vgl. nur *Basedow* in: Münchener Kommentar, BGB, § 310, Rn. 42; *Pfeiffer* in: Wolf/Lindacher/Pfeiffer, AGB, § 310 Abs. 3, Rn. 4, 7.

654 So bspw. auch *Basedow* in: Münchener Kommentar, BGB, § 310, Rn. 42; *Pfeiffer* in: Wolf/Lindacher/Pfeiffer, AGB, § 310 Abs. 3, Rn. 7; *Stoffels*, AGB-Recht, Rn. 196.

nen ist, kommt es nicht auf den inneren Willen des Handelnden an.[655] Vielmehr ist die Abgrenzung nach dem durch Auslegung zu ermittelnden Inhalt des Rechtsgeschäfts, bezogen auf den Zeitpunkt des Abschlusses, vorzunehmen[656] – erforderlichenfalls auch unter Einbeziehung der dem Vertragspartner erkennbaren Begleitumstände.[657]

Beide Voraussetzungen erfüllt der dieser Untersuchung zugrunde gelegte Nutzer, sodass es sich bei ihm um einen Verbraucher im Sinne des § 13 BGB handelt. Somit ist der persönliche Anwendungsbereich des AGB-Rechts mit der hohen Schutzintensität eröffnet.

II. Sachlicher Anwendungsbereich des AGB-Rechts

Bei den im Rahmen dieser Untersuchung betrachteten Verträgen zwischen einem Unternehmer als AGB-Verwender, der seine Waren bzw. Dienstleistungen auf einer Seite im Internet präsentiert, und einem Verbraucher in der Position des Kunden greift neben dem allgemeinen Schutzbereich des AGB-Rechts auch der zusätzliche Schutz durch die Sonderregelungen des § 310 Abs. 3 BGB und damit ein gegenüber § 305 Abs. 1 BGB erweiterter sachlicher Anwendungsbereich (vgl. § 310 Abs. 3 Nr. 1 und 2 BGB).[658]

1. Sachlicher Anwendungsbereich gemäß § 305 Abs. 1 BGB

§ 305 Abs. 1 BGB definiert den Begriff der Allgemeinen Geschäftsbedingungen, indem der erste Satz der Vorschrift zunächst all diejenigen Merkmale anführt, die vorliegen müssen, der zweite Satz dann zur Konkretisierung einzelne unerhebliche Umstände aufzeigt und der dritte Satz der Vorschrift schließlich eine Abgrenzung zu den Individualabreden enthält.[659] Die Vorschrift legt durch diese positive (vgl. S. 1) wie

---

[655] Vgl. nur *Ellenberger* in: Palandt, BGB, § 12, Rn. 4; *Stoffels*, AGB-Recht, Rn. 198.

[656] Vgl. nur *BGH*, Urt. v. 27.06.2000 - XI ZR 322/98, WM 2000, 1799 (1799); *Pfeiffer* in: Wolf/ Lindacher/Pfeiffer, AGB, § 310 Abs. 3, Rn. 7; *Stoffels*, AGB-Recht, Rn. 198.

[657] Vgl. *BGH*, Urt. v. 15.11.2007 - III ZR 295/06, NJW 2008, 435 (436); *Ellenberger* in: Palandt, BGB, § 12, Rn. 4.

[658] Vgl. allg. etwa *Dilger*, S. 39; *Grüneberg* in: Palandt, BGB, § 305, Rn. 1; *Pfeiffer* in: Wolf/Lindacher/ Pfeiffer, AGB, § 310 Abs. 3, Rn. 3, 10, 18; *Schlosser* in: Staudinger, BGB, § 310, Rn. 44; *Stoffels*, AGB-Recht, Rn. 193.

[659] Vgl. etwa *Basedow* in: Münchener Kommentar, BGB, § 305, Rn. 1; *Dilger*, S. 40; *Pfeiffer* in: Wolf/ Lindacher/Pfeiffer, AGB, § 305, Rn. 2; *Stoffels*, AGB-Recht, Rn. 107.

negative (vgl. S. 3) Abgrenzung der AGB-Bestimmungen von Individualvereinbarungen damit zugleich den sachlichen Anwendungsbereich der §§ 305 Abs. 2 bis 309 BGB grundsätzlich fest.[660]

Die Definition des AGB-Begriffs ist bewusst weit gefasst worden, um typisierte Vertragsbedingungen unabhängig von Art und Umfang zu erfassen, bei denen die Gefahr besteht, dass die Rechtsposition des Verwendungsgegners beeinträchtigt wird, und daher das Eingreifen des Gesetzes gerechtfertigt ist.[661] Bei Allgemeinen Geschäftsbedingungen handelt es sich nach dieser Legaldefinition des § 305 Abs. 1 S. 1 BGB um alle für eine Vielzahl von Verträgen vorformulierten Vertragsbedingungen, die eine Vertragspartei der anderen Vertragspartei bei Vertragsabschluss stellt. Für die Anwendung des AGB-Rechts müssen nach § 305 Abs. 1 BGB somit die fünf nachfolgend näher aufgeschlüsselten Voraussetzungen kumulativ vorliegen:[662] Zunächst müssen alle in Abs. 1 S. 1 der Vorschrift genannten Merkmale der AGB-Definition (positiv) erfüllt sein, um die Qualifikation einer bestimmten Vertragsbedingung als AGB und damit die Anwendbarkeit der §§ 305 Abs. 2 bis 309 BGB bejahen zu können.[663] So muss es sich um eine oder mehrere Vertragsbedingungen handeln (siehe a), die im Voraus (siehe b) für eine Vielzahl von Verträgen formuliert (siehe c) und einer Vertragspartei gestellt (siehe d) wurden.[664] Zusätzlich wird in Absatz 1 Satz 3 der Vorschrift (negativ) verlangt, dass die Vertragsbedingungen nicht im Einzelnen zwischen den Vertragsparteien ausgehandelt wurden (siehe e).[665] Welchen Gegenstand der Vertrag hat, ist dabei grundsätzlich unbeachtlich, sofern es sich nicht um einen Vertrag auf dem Gebiet des Erb-, Familien- und Gesellschaftsrechts oder um Tarifverträge, Betriebs- und Dienstvereinbarungen handelt (vgl. die sogenannten Bereichsausnahmen in § 310 Abs. 4 BGB).[666]

---

660 Vgl. etwa *BT-Drs.* 7/3919, S. 15; *Basedow* in: Münchener Kommentar, BGB, § 305, Rn. 1; *Dilger*, S. 40; *Grüneberg* in: Palandt, BGB, § 305, Rn. 1; *Pfeiffer* in: Wolf/Lindacher/Pfeiffer, AGB, § 305, Rn. 2; *Stoffels*, AGB-Recht, Rn. 106.

661 Vgl. nur *BT-Drs.* 7/3919, S. 15; *Basedow* in: Münchener Kommentar, BGB, § 305, Rn. 1; *Stoffels*, AGB-Recht, Rn. 107.

662 So bspw. auch *Basedow* in: Münchener Kommentar, BGB, § 305, Rn. 1; *Stoffels*, AGB-Recht, Rn. 108.

663 So auch *Stoffels*, AGB-Recht, Rn. 107 f.

664 So auch *Basedow* in: Münchener Kommentar, BGB, § 305, Rn. 1.

665 Ebd.

666 Vgl. etwa *Basedow* in: Münchener Kommentar, BGB, § 305, Rn. 9; *Pfeiffer* in: Wolf/Lindacher/Pfeiffer, AGB, § 305, Rn. 10; *Schlosser* in: Staudinger, BGB, § 305, Rn. 11; *Stoffels*, AGB-Recht, Rn. 153.

a) Vertragsbestimmungen

Die Definition der Allgemeinen Geschäftsbedingungen setzt gemäß § 305 Abs. 1 S. 1 BGB zunächst das Vorliegen einer oder mehrerer Vertragsbedingungen voraus.[667] Vertragsbedingungen sind sämtliche privatrechtlichen Erklärungen, die darauf abzielen, den Inhalt des zwischen dem Verwender und seinem Vertragspartner zu schließenden Vertrages zu regeln, einschließlich der Bestimmungen über die Hauptleistungspflichten.[668] Dabei kommt es weder auf die Art und Rechtsnatur des Vertrages im Ganzen noch auf den Inhalt der betreffenden Klausel an.[669] Es ist nicht einmal notwendig, dass die betreffende Klausel tatsächlich Bestandteil des Vertrages wird.[670] Unter § 305 Abs. 1 BGB fallen nämlich auch unwirksame Regelungen und solche, deren Einbeziehung in der Regel an den Voraussetzungen des § 305 Abs. 2 BGB scheitert.[671] Insbesondere werden sämtliche schuldrechtlichen Verträge erfasst,[672] die nach § 311 Abs. 1 BGB notwendig sind, um ein Schuldverhältnis zu begründen oder den Inhalt eines solchen abzuändern.[673]

Die Anbieter haben auf ihren Internetseiten in der Regel sehr umfangreiche Vertragstextbestandteile, die meist auch ausdrücklich als Allgemeine Geschäftsbedingungen bezeichnet werden. Gerade dieser Umfang soll es erleichtern, einzelne – nämlich gerade die für das Funktionieren einer Abonnement- bzw. Vertragsfalle notwen-

---

667 Vgl. nur *BGH*, Urt. v. 28.01.1987 - IVa ZR 173/85, BGHZ 99, 374 (376) = NJW 1987, 1634 (1634); *BGH*, Urt. v. 03.07.1996 - VIII ZR 221/95, BGHZ 133, 184 (187) = NJW 1996, 2574 (2575); *BGH*, Urt. v. 08.03.2005 - XI ZR 154/04, BGHZ 162, 294 (297) = NJW 2005, 1645 (1646); *Basedow* in: Münchener Kommentar, BGB, § 305, Rn. 1; *Stoffels*, AGB-Recht, Rn. 109.

668 Vgl. etwa *BGH*, Urt. v. 28.01.1987 - IVa ZR 173/85, BGHZ 99, 374 (376 f.) = NJW 1987, 1634 (1634); *BGH*, Urt. v. 02.07.1987 - III ZR 219/86, BGHZ 101, 271 (274) = NJW 1987, 2867 (2867); *BGH*, Urt. v. 03.07.1996 - VIII ZR 221/95, BGHZ 133, 184 (188) = NJW 1996, 2574 (2575); *BGH*, Urt. v. 12.06.2001 - XI ZR 274/00, BGHZ 148, 74 (76) = NJW 2001, 2635 (2636); *BGH*, Urt. v. 08.03.2005 - XI ZR 154/04, BGHZ 162, 294 (297) = NJW 2005, 1645 (1646); *Basedow* in: Münchener Kommentar, BGB, § 305, Rn. 9; *Grüneberg* in: Palandt, BGB, § 305, Rn. 5; *Pfeiffer* in: Wolf/Lindacher/Pfeiffer, AGB, § 305, Rn. 7; *Stoffels*, AGB-Recht, Rn. 109.

669 Vgl. etwa *BGH*, Urt. v. 12.06.2001 - XI ZR 274/00, BGHZ 148, 74 (76 f.) = NJW 2001, 2635 (2636); *Basedow* in: Münchener Kommentar, BGB, § 305, Rn. 9; *Pfeiffer* in: Wolf/Lindacher/Pfeiffer, AGB, § 305, Rn. 9.

670 Vgl. nur *Grüneberg* in: Palandt, BGB, § 305, Rn. 3.

671 Vgl. nur *BGH*, Urt. v. 28.01.1987 - IVa ZR 173/85, BGHZ 99, 374 (381) = NJW 1987, 1634 (1635); *Grüneberg* in: Palandt, BGB, § 305, Rn. 3, 5.

672 Vgl. nur *Basedow* in: Münchener Kommentar, BGB, § 305, Rn. 9; *Pfeiffer* in: Wolf/Lindacher/Pfeiffer, AGB, § 305, Rn. 9; *Schlosser* in: Staudinger, BGB, § 305, Rn. 13.

673 Vgl. *Basedow* in: Münchener Kommentar, BGB, § 305, Rn. 9.

digen – Klauseln in den umfangreichen Texten zu „verstecken“. Mit all diesen Erklärungen wird auf die Begründung von Rechten und Pflichten der Vertragsparteien hingewirkt, die ohne die betreffende Klausel nicht oder in anderer Weise bestünden,[674] sodass es sich vorliegend um Vertragsbedingungen im Sinne der AGB-Definition handelt. Maßgeblich für die im Rahmen dieser Arbeit untersuchten Abonnement- bzw. Vertragsfallen im Internet sind aber nur einige wenige Klauseln, die typisch und für das Funktionieren notwendig sind (siehe hierzu auch die nachfolgenden Ausführungen im Rahmen der Inhaltskontrolle[675]). Diese Klauseln betreffen Leistungsbeschreibungen sowie Preisvereinbarungen, regeln Laufzeiten, Verlängerungen sowie einzuhaltende Kündigungsfristen des Vertragsverhältnisses und fingieren schließlich noch Erklärungen des Nutzers.

b) Vorformulierung

Die Vertragsbedingungen müssen des Weiteren vorformuliert sein, um den AGB-Begriff zu erfüllen.[676] Das Merkmal der Vorformulierung ist ein formales Element der Definition[677] und bedeutet, dass die betreffenden Vertragsbedingungen nicht erst bei Vertragsabschluss zwischen den Parteien ausgehandelt werden, sondern dass sie bereits zeitlich vor Abschluss des Vertrages fertig formuliert vorliegen müssen, um in künftige Verträge einbezogen zu werden.[678] In welcher Form die Vertragsbedingungen dabei festgehalten werden – durch schriftliche Aufzeichnung oder in sonstiger Weise fixiert, etwa digital auf einem Datenträger (wie beispielsweise einer CD) oder im Kopf des Verwenders[679] – ist unbeachtlich.[680] Somit ist das Merkmal der Vor-

[674] So allg. auch *Basedow* in: Münchener Kommentar, BGB, § 305, Rn. 12.

[675] Siehe 3. Teil, D.

[676] So bspw. auch *Basedow* in: Münchener Kommentar, BGB, § 305, Rn. 13; *Schlosser* in: Staudinger, BGB, § 305, Rn. 21; *Stoffels*, AGB-Recht, Rn. 118.

[677] Vgl. *Pfeiffer* in: Wolf/Lindacher/Pfeiffer, AGB, § 305, Rn. 14; *Stoffels*, AGB-Recht, Rn. 119.

[678] Vgl. etwa *BGH*, Urt. v. 03.04.1998 - V ZR 6/97, NJW 1998, 2600 (2600); *OLG Dresden*, Urt. v. 08.07.1998 - 8 U 3612/97, BB 1999, 228 (228); *Basedow* in: Münchener Kommentar, BGB, § 305, Rn. 13; *Pfeiffer* in: Wolf/Lindacher/Pfeiffer, AGB, § 305, Rn. 14; *Stoffels*, AGB-Recht, Rn. 119.

[679] Vgl. hierzu bspw. *BGH*, Urt. v. 30.09.1987 - IVa ZR 6/86, NJW 1988, 410 (410); *BGH*, Urt. v. 10.03.1999 - VIII ZR 204/98, BGHZ 141, 108 (109 f.) = NJW 1999, 2180 (2181); *BGH*, Urt. v. 12.06.2002 - XI ZR 274/00, BGHZ 148, 74 (77) = NJW 2001, 2635 (2636); *BGH*, Urt. v. 19.05.2005 - III ZR 437/04, NJW 2005, 2543 (2544); *Grüneberg* in: Palandt, BGB, § 305, Rn. 8; *Pfeiffer* in: Wolf/Lindacher/Pfeiffer, AGB, § 305, Rn. 14.

[680] Vgl. etwa *BGH*, Urt. v. 30.09.1987 - IVa ZR 6/86, NJW 1988, 410 (410); *BGH*, Urt. v. 10.03.1999 - VIII ZR 204/98, BGHZ 141, 108 (109 f.) = NJW 1999, 2180 (2181); *BGH*, Urt. v. 12.06.2002 - XI ZR 274/00, BGHZ 148, 74 (77) = NJW 2001, 2635 (2636); *OLG Dresden*, Urt. v. 08.07.1998 - 8 U

formulierung erfüllt, wenn die Vertragsbedingungen beispielsweise in einer Datei auf einem Computer abgespeichert sind,[681] im vorliegenden Fall also auf dem Server des jeweiligen Anbieters der Abonnement- bzw. Vertragsfalle.

c) Für eine Vielzahl von Verträgen

Ferner müssen diese vorformulierten Vertragsbedingungen grundsätzlich für eine Vielzahl von Verträgen erstellt sein.[682] Dass diese Bedingungen dann auch wirklich in mehreren Verträgen Verwendung finden, ist hingegen nicht erforderlich.[683] Entscheidend ist nach dem Wortlaut des § 305 Abs. 1 S. 1 BGB vielmehr die Absicht des AGB-Verwenders, seine Vertragsbedingungen für eine Vielzahl von Verträgen verwenden zu wollen.[684] Sofern die Regelungen nicht nur für einen bestimmten Vertragsabschluss entworfen wurden, sondern der Verwender bei deren erstmaliger Erstellung bereits beabsichtigt, sie auch als Grundlage für weitere Vertragsabschlüsse mit anderen Vertragspartnern zu verwenden, so ist das Merkmal der Vielzahl schon im ersten Verwendungsfall als AGB erfüllt.[685] Ab welcher Anzahl genau von einer Vielzahl von Verträgen auszugehen ist, ist umstritten.[686] Nach wohl überwiegender

---

3612/97, BB 1999, 228 (228); *OLG Frankfurt am Main*, Urt. v. 01.03.2000 - 23 U 47/99, NJW-RR 2001, 55 (56); *OLG Hamm*, Urt. v. 05.02.1997 - 33 U 69/96, NJW-RR 1997, 1215 (1215); *OLG Köln*, Urt. v. 16.12.1994 - 19 U 84/94, NJW-RR 1995, 758 (758); *LG Dortmund*, Urt. v. 16.03.2001 - 8 0 57/01, NJW-RR 2001, 1205 (1206); *Grüneberg* in: Palandt, BGB, § 305, Rn. 8; *Klewitz*, S. 99; *Pfeiffer* in: Wolf/Lindacher/Pfeiffer, AGB, § 305, Rn. 14; *Schlosser* in: Staudinger, BGB, § 305, Rn. 22; *Stoffels*, AGB-Recht, Rn. 119.

681 So bspw. auch *BGH*, Urt. v. 03.11.1999 - VIII ZR 269/98, BGHZ 143, 103 (109) = NJW 2000, 1110 (1111); *Basedow* in: Münchener Kommentar, BGB, § 305, Rn. 13; *Klewitz*, S. 99; *Pfeiffer* in: Wolf/Lindacher/Pfeiffer, AGB, § 305, Rn. 14.

682 So bspw. auch *BGH*, Urt. v. 04.05.2000 - VII ZR 53/99, NJW 2000, 2988 (2989); *BGH*, Urt. v. 13.09.2001 - VII ZR 487/99, NJW-RR 2002, 13 (14); *Basedow* in: Münchener Kommentar, BGB, § 305, Rn. 17; *Dilger*, S. 40; *Grüneberg* in: Palandt, BGB, § 305, Rn. 9; *Pfeiffer* in: Wolf/Lindacher/Pfeiffer, AGB, § 305, Rn. 15; *Schlosser* in: Staudinger, BGB, § 305, Rn. 18.

683 Vgl. nur *Basedow* in: Münchener Kommentar, BGB, § 305, Rn. 18; *Pfeiffer* in: Wolf/Lindacher/Pfeiffer, AGB, § 305, Rn. 15; *Stoffels*, AGB-Recht, Rn. 127.

684 Vgl. etwa *BGH*, Urt. v. 26.09.1996 - VII ZR 318/95, NJW 1997, 135 (135); *BGH*, Urt. v. 11.12.2003 - VII ZR 31/03, NJW 2004, 1454 (1454); *Basedow* in: Münchener Kommentar, BGB, § 305, Rn. 18; *Dilger*, S. 40; *Pfeiffer* in: Wolf/Lindacher/Pfeiffer, AGB, § 305, Rn. 15; *Schlosser* in: Staudinger, BGB, § 305, Rn. 19; *Stoffels*, AGB-Recht, Rn. 127.

685 Vgl. etwa *BGH*, Urt. v. 07.11.1995 - XI ZR 235/94, NJW 1996, 249 (250); *BGH*, Urt. v. 04.05.2000 - VII ZR 53/99, NJW 2000, 2988 (2989); *BGH*, Urt. v. 13.09.2001 - VII ZR 487/99, NJW-RR 2002, 13 (14); *Basedow* in: Münchener Kommentar, BGB, § 305, Rn. 18; *Dilger*, S. 40; *Schlosser* in: Staudinger, BGB, § 305, Rn. 19.

686 Vgl. nur *Stoffels*, AGB-Recht, Rn. 128.

Meinung[687] ist dieses Merkmal bereits erfüllt, wenn mindestens die dreimalige Verwendung der vorformulierten Vertragsbedingungen beabsichtigt ist.

Wie jeder andere Unternehmer auch, der seine Waren oder Dienstleistungen auf einer Seite im Internet präsentiert, plant auch ein Anbieter einer Abonnement- bzw. Vertragsfalle schon bei der Erstellung seiner Allgemeinen Geschäftsbedingungen, diese einer unbestimmten Vielzahl von Verträgen zu Grunde zu legen.[688] Das Merkmal der Vielzahl von Verträgen ist damit ebenso erfüllt.

d) Einseitigkeit der Einführung in den Vertrag

Schließlich setzt die Definition des AGB-Begriffs nach § 305 Abs. 1 S. 1 BGB grundsätzlich noch voraus, dass die für eine Vielzahl von Verträgen vorformulierten Vertragsbedingungen von einer Vertragspartei bei Abschluss des Vertrages der anderen Vertragspartei gestellt werden. Mit dem Merkmal des Stellens bringt die Vorschrift einerseits zum Ausdruck, dass diese Bedingungen dem Vertragspartner einseitig, d. h. ohne Verhandlungsmöglichkeit auferlegt werden;[689] zum anderen legt sie hiermit die Person des Verwenders fest:[690] Diesen definiert § 305 Abs. 1 S. 1 BGB nämlich als diejenige Vertragspartei, die der anderen Vertragspartei die Allgemeinen Geschäftsbedingungen bei Abschluss eines Vertrages stellt.

Das Merkmal des Stellens ist immer dann erfüllt, wenn die eine Vertragspartei durch die Unterbreitung eines konkreten (einseitigen) Einbeziehungsvorschlages ihre bereits vorformulierten Bedingungen in die Vertragsverhandlungen einführt und deren Einbeziehung in den abzuschließenden Vertrag verlangt.[691] In diesem Fall kann die andere

---

687 Vgl. etwa *BAG*, Urt. v. 25.05.2005 - 5 AZR 572/04, NZA 2005, 1111 (1116); *BGH*, Urt. v. 15.04.1998 - VIII ZR 377/96, NJW 1998, 2286 (2287); *BGH*, Urt. v. 27.09.2001 - VII ZR 388/0, NJW 2002, 138 (139); *BGH*, Urt. v. 21.03.2002 - VII ZR 493/00, BGHZ 150, 226 (230) = NJW 2002, 2470 (2471); *BGH*, Urt. v. 11.12.2003 - VII ZR 31/03, NJW 2004, 1454 (1454); *Basedow* in: Münchener Kommentar, BGB, § 305, Rn. 18; *Grüneberg* in: Palandt, BGB, § 305, Rn. 9; *Klewitz*, S. 99; *Stoffels*, AGB-Recht, Rn. 128.

688 So allg. auch *Dilger*, S. 40.

689 Vgl. etwa *BT-Drs.* 7/3919, S. 15; *Basedow* in: Münchener Kommentar, BGB, § 305, Rn. 21; *Pfeiffer* in: Wolf/Lindacher/Pfeiffer, AGB, § 305, Rn. 30; *Stoffels*, AGB-Recht, Rn. 132.

690 So bspw. auch *Basedow* in: Münchener Kommentar, BGB, § 305, Rn. 21; *Pfeiffer* in: Wolf/Lindacher/Pfeiffer, AGB, § 305, Rn. 25; *Stoffels*, AGB-Recht, Rn. 131.

691 Vgl. etwa *BGH*, Urt. v. 20.03.1985 - IVa ZR 223/83, NJW 1985, 2477 (2477); *BGH*, Urt. v. 24.05.1995 - XII ZR 172/94, BGHZ 130, 50 (57) = NJW 1995, 2034 (2035); *OLG Düsseldorf*, Urt. v. 13.02.1997 - 6 U 137/96, BB 1997, 754 (755); *Basedow* in: Münchener Kommentar, BGB, § 305, Rn. 21; *Grüneberg* in: Palandt, BGB, § 305, Rn. 10; *Schlosser* in: Staudinger, BGB, § 305, Rn. 27, 30; *Stoffels*, AGB-Recht, Rn. 132.

Vertragspartei die inhaltliche Ausgestaltung dieser Bedingungen nämlich nicht beeinflussen.[692] Dieses Merkmal hat mit der Umsetzung der Richtlinie 93/13/EWG allerdings an Bedeutung verloren (vgl. hierzu die Ausführungen zur Fiktion des Stellens[693]).[694] Eine Möglichkeit, auf die vom Anbieter vorformulierten Vertragsbedingungen Einfluss zu nehmen, bietet sich dem Nutzer bei den hier untersuchten Abonnement- bzw. Vertragsfallen im Internet in keiner Weise.[695] Daher ist auch hier das Vorliegen dieses Merkmals eindeutig zu bejahen.

e) Im Einzelnen ausgehandelt – Abgrenzung zwischen Allgemeinen Geschäftsbedingungen und Individualvereinbarung (Abs. 1 S. 3)

Liegen nun alle im ersten Satz des § 305 Abs. 1 BGB genannten Merkmale der AGB-Definition vor, ist schließlich noch der dritte Satz zu beachten. Denn soweit die Vertragsbedingungen zwischen den Parteien im Einzelnen ausgehandelt sind, handelt es sich nach § 305 Abs. 1 S. 3 BGB nicht um Allgemeine Geschäftsbedingungen, sodass die §§ 305 ff. BGB nicht zur Anwendung gelangen.[696] In diesem Fall spricht man von Individualabreden oder auch Individualvereinbarungen.[697] Ein Aushandeln im Einzelnen erfordert die Bereitschaft des Verwenders, den in seinen bereits vorformulierten Vertragsbedingungen enthaltenen gesetzesfremden Regelungsgehalt inhaltlich ernsthaft zur Disposition zu stellen und der anderen Vertragsseite Freiheit zur Gestaltung und Wahrung eigener Interessen einzuräumen.[698] Denn nur so kann auch die Verwendergegenseite die vorgeschlagenen Bedingungen des Vertrages selbstverantwortlich prüfen, abwägen und gegebenenfalls noch Einfluss auf diese nehmen, sodass sie

---

692 So bspw. auch *Basedow* in: Münchener Kommentar, BGB, § 305, Rn. 34; *Dilger*, S. 41.

693 Siehe 3. Teil, B, II, 2, b, aa.

694 Vgl. nur *Pfeiffer* in: Wolf/Lindacher/Pfeiffer, AGB, § 305, Rn. 30.

695 So allg. auch *Dilger*, S. 41.

696 So bspw. auch *Grüneberg* in: Palandt, BGB, § 305, Rn. 18; *Stoffels*, AGB-Recht, Rn. 146.

697 Vgl. nur *Basedow* in: Münchener Kommentar, BGB, § 305, Rn. 33 ff.; *Pfeiffer* in: Wolf/Lindacher/Pfeiffer, AGB, § 305, Rn. 35; *Stoffels*, AGB-Recht, Rn. 146.

698 Vgl. etwa *BGH*, Urt. v. 27.03.1991 - IV ZR 90/90, NJW 1991, 1678 (1679); *BGH*, Urt. v. 10.10.1991 - VII ZR 289/90, NJW 1992, 1107 (1107 f.); *BGH*, Urt. v. 25.06.1992 - VII ZR 128/91, NJW 1992, 2759 (2760); *BGH*, Urt. v. 18.05.1995 - X ZR 114/93, WM 1995, 1455 (1456); *BGH*, Urt. v. 16.07.1998 - VII ZR 9/97, NJW 1998, 3488 (3489); *BGH*, Urt. v. 03.11.1999 - VIII ZR 269/98, BGHZ 143, 103 (111 f.) = NJW 2000, 1110 (1111); *BGH*, Urt. v. 18.04.2002 - VII ZR 192/01, BGHZ 150, 299 (302 f.) = NJW 2002, 2388 (2389); *BGH*, Urt. v. 06.04.2005 - VIII ZR 27/04, NJW 2005, 1574 (1575); *BGH*, Urt. v. 19.05.2005 - III ZR 437/04, NJW 2005, 2543 (2544); *Basedow* in: Münchener Kommentar, BGB, § 305, Rn. 34; *Grüneberg* in: Palandt, BGB, § 305, Rn. 20; *Pfeiffer* in: Wolf/Lindacher/Pfeiffer, AGB, § 305, Rn. 38; *Stoffels*, AGB-Recht, Rn. 148.

des besonderen Schutzes des AGB-Rechts nicht bedarf.[699] Voraussetzung hierfür ist aber eine Kommunikation zwischen den Vertragspartnern.[700]

In den hier untersuchten Fällen ist davon auszugehen, dass der Anbieter weder seine Allgemeinen Geschäftsbedingungen zur Disposition stellen wird, noch dazu bereit ist, mit dem Nutzer zu kommunizieren. Ein Aushandeln von Vertragsbedingungen im Einzelnen zwischen den Vertragsparteien kommt somit keinesfalls in Frage.

f) Unerhebliche Umstände (Abs. 1 S. 2)

§ 305 Abs. 1 S. 2 BGB führt ausdrücklich einige Merkmale auf, die für die Beurteilung der Frage, ob die Voraussetzungen des AGB-Begriffs vorliegen oder nicht, unerheblich sind.[701] Die Vorschrift ist an sich entbehrlich, da das gleiche Ergebnis bereits aus der AGB-Definition folgt; sie hilft aber dabei, Unsicherheiten hinsichtlich des Anwendungsbereichs der §§ 305 ff. BGB zu beseitigen und stellt klar, dass dieser nicht an formalen Kriterien auszurichten ist, sondern vielmehr an materiellen Merkmalen, die durch den Schutzzweck der AGB-rechtlichen Vorschriften geprägt sind.[702]

So ist nach Satz 2 zunächst einmal das äußere Verhältnis, d. h. der formale Bezug der Allgemeinen Geschäftsbedingungen zum Vertrag unerheblich.[703] Folglich können auch einzelne Vertragsbedingungen, die sich außerhalb des im Vertrag als „Allgemeine Geschäftsbedingungen" bezeichneten Klauselwerks befinden, unter den AGB-Begriff fallen, sofern sie nach allgemeinen Kriterien als Vertragsinhalt in Frage kommen.[704] Hierbei ist allerdings zu beachten, dass die Frage, ob es sich bei einer solchen Bestimmung um eine AGB-Klausel handelt, von der Frage zu unterscheiden ist, ob diese Bestimmung letztlich auch tatsächlich zu einem wirksamen Bestandteil des Vertrages wird.[705] Ebenso unerheblich ist neben der Form des Vertrages auch, in welcher Schriftart die Bestimmungen verfasst sind. Selbst der Umfang der Bestim-

---

699 Vgl. nur *BT-Drs.* 7/3919, S. 17; *BGH*, Urt. v. 15.12.1976 - IV ZR 197/75, NJW 1977, 624 (625); *Pfeiffer* in: Wolf/Lindacher/Pfeiffer, AGB, § 305, Rn. 36.

700 Vgl. nur *BT-Drs.* 7/3919, S. 17; *Pfeiffer* in: Wolf/Lindacher/Pfeiffer, AGB, § 305, Rn. 36.

701 So bspw. auch *Basedow* in: Münchener Kommentar, BGB, § 305, Rn. 28; *Stoffels*, AGB-Recht, Rn. 145.

702 Ebd.

703 So bspw. auch *BGH*, Urt. v. 16.01.1985 - VIII ZR 153/83, BGHZ 93, 252 (254) = NJW 1985, 853 (853); *Pfeiffer* in: Wolf/Lindacher/Pfeiffer, AGB, § 305, Rn. 19; *Schlosser* in: Staudinger, BGB, § 305, Rn. 34.

704 Vgl. *Schlosser* in: Staudinger, BGB, § 305, Rn. 34.

705 Vgl. ebd.

mungen soll nach Satz 2 für ihre Qualifizierung als AGB-Klauseln gleichgültig sein, sodass auch einzelne Klauseln, ja sogar einzelne Worte als Allgemeine Geschäftsbedingungen anzusehen sein.[706]

Dem Anbieter verbleiben somit keine gestalterischen Spielräume, um die Qualifizierung einzelner Vertragsbestimmungen als AGB-Klausel und damit den Schutz der AGB-rechtlichen Vorschriften, der das Funktionieren einer Abonnement- bzw. Vertragsfalle im Internet vereiteln könnte, zu umgehen.

2. Erweiterung des sachlichen Anwendungsbereichs durch die Sonderregelungen des § 310 Abs. 3 BGB

Die in § 310 Abs. 3 BGB enthaltenen Sonderregelungen für die Anwendung des AGB-Rechts in speziellen Bereichen, genauer gesagt im Bereich der Verbraucherverträge, entsprechen inhaltlich dem früheren § 24 a AGBG.[707] Diese seinerzeit nachträglich in das AGBG eingefügte Vorschrift diente dazu, die Richtlinie 93/13/EWG in deutsches Recht umzusetzen[708] und zielt daher auf einen richtlinienkonformen Schutz des Verbrauchers vor missbräuchlichen Vertragsklauseln ab.[709]

a) Anwendungsbereich des § 310 Abs. 3 BGB

Der Anwendungsbereich des § 310 Abs. 3 BGB ergibt sich aus dem ersten Halbsatz, wonach die Vorschrift lediglich Verbraucherverträge erfasst.[710] Der persönliche Anwendungsbereich bei diesen Verträgen ist dadurch gekennzeichnet, dass sie zwischen einem Unternehmer im Sinne des § 14 BGB auf der einen und einem Verbraucher im Sinne des § 13 BGB auf der anderen Seite geschlossen wurden.[711] Diese Voraussetzungen für die Eröffnung des persönlichen Anwendungsbereichs sind bei den hier untersuchten Verträgen – wie soeben dargestellt – erfüllt, da der Anbieter einer Abon-

---

706 So auch *Pfeiffer* in: Wolf/Lindacher/Pfeiffer, AGB, § 305, Rn. 20.

707 Vgl. etwa *Basedow* in: Münchener Kommentar, BGB, § 310, Rn. 1, 18; *Grüneberg* in: Palandt, BGB, § 310, Rn. 7; *Pfeiffer* in: Wolf/Lindacher/Pfeiffer, AGB, § 310 Abs. 3, Rn. 1.

708 Vgl. nur *BGBl.* I 1996, S. 1013; *BT-Drs.* 13/2713, S. 4; *Pfeiffer* in: Wolf/Lindacher/Pfeiffer, AGB, § 310 Abs. 3, Rn. 1; *Schlosser* in: Staudinger, BGB, § 310, Rn. 34.

709 Vgl. *Stoffels*, AGB-Recht, Rn. 193.

710 Vgl. etwa *Basedow* in: Münchener Kommentar, BGB, § 310, Rn. 23; *Pfeiffer* in: Wolf/Lindacher/Pfeiffer, AGB, § 310 Abs. 3, Rn. 6.

711 So bspw. auch *Pfeiffer* in: Wolf/Lindacher/Pfeiffer, AGB, § 310 Abs. 3, Rn. 2, 6; *Stoffels*, AGB-Recht, Rn. 194.

nement- bzw. Vertragsfalle im Internet als Unternehmer im Sinne des § 14 BGB und der Nutzer als Verbraucher im Sinne des § 13 BGB zu qualifizieren ist.

Die Bestimmung des sachlichen Anwendungsbereiches der Sondervorschriften erfolgt anhand von drei Merkmalen, die allesamt erfüllt sein müssen: hierzu gehört der Begriff des Vertrages selbst, dann der Zusammenhang des Vertragsabschlusses mit der unternehmerischen Tätigkeit der einen Vertragspartei, nämlich des Verwenders, und schließlich die Zuordnung des Vertrages zu einem privaten Zweck der anderen Partei, hier also des Verwendungsgegners.[712] Da die beiden letztgenannten Merkmale wiederum an den persönlichen Anwendungsbereich anknüpfen,[713] kommt es für die Eröffnung des sachlichen Anwendungsbereichs insbesondere auf das erste der drei Merkmale an, welches aber meist unproblematisch erfüllt ist. Denn § 310 Abs. 3 BGB erfasst – bis auf die in § 310 Abs. 4 BGB geregelten Bereichsausnahmen, die zwar auch hier gelten, aber vorliegend nicht einschlägig sind – alle Arten von Verträgen.[714]

Fällt somit – wie auch bei den hier untersuchten Abonnement- bzw. Vertragsfallen – ein Vertrag in den persönlichen Anwendungsbereich der Sondervorschrift des § 310 Abs. 3 BGB, so gelangen die AGB-rechtlichen Vorschriften der §§ 305 Abs. 2 bis 309 BGB mit den in den Nummern 1 bis 3 dieser Vorschrift genannten Erweiterungen bzw. Modifikationen zur Anwendung.[715]

b) Auswirkungen: Änderung des sachlichen Anwendungsbereichs

Wie einleitend bereits erwähnt,[716] erweitert die Vorschrift des § 310 Abs. 3 BGB den in § 305 Abs. 1 BGB bestimmten sachlichen Anwendungsbereich des AGB-Rechts,[717] indem sie zum einen eine Vermutung dahingehend begründet, dass die Allgemeinen Geschäftsbedingungen als vom Unternehmer gestellt gelten, sofern sie nicht durch den

---

712 Vgl. *Basedow* in: Münchener Kommentar, BGB, § 310, Rn. 24.

713 Vgl. ebd.

714 Vgl. allg. nur *Basedow* in: Münchener Kommentar, BGB, § 310, Rn. 26; *Borges,* Die Inhaltskontrolle von Verbraucherverträgen nach § 24 a AGBG, DZWir 1997, 402 (404); *Grüneberg* in: Palandt, BGB, § 310, Rn. 11; *Heinrichs*, Das Gesetz zur Änderung des AGB-Gesetzes Umsetzung der EG-Richtlinie über mißbräuchliche Klauseln in Verbraucherverträgen durch den Bundesgesetzgeber, NJW 1996, 2190 (2191); *Stoffels*, AGB-Recht, Rn. 194.

715 So allg. auch *Schlosser* in: Staudinger, BGB, § 310, Rn. 53.

716 Siehe 3. Teil, B, I.

717 Vgl. nur *Grüneberg* in: Palandt, BGB, § 305, Rn. 1; *Pfeiffer* in: Wolf/Lindacher/Pfeiffer, AGB, § 310 Abs. 3, Rn. 3; *Schlosser* in: Staudinger, BGB, § 310, Rn. 44; *Stoffels*, AGB-Recht, Rn. 193.

Verbraucher in den Vertrag eingeführt wurden (vgl. Nr. 1), und zum anderen, indem sie dazu führt, dass bestimmte AGB-rechtliche Vorschriften selbst dann zur Anwendung gelangen, wenn die vorformulierten Vertragsbedingungen nur zur einmaligen Verwendung bestimmt sind (vgl. Nr. 2).[718] Die in § 310 Abs. 3 BGB schließlich noch enthaltene Modifikation (vgl. Nr. 3) betrifft hingegen die Modifizierung des Maßstabs bei der Beurteilung einer unangemessenen Benachteiligung im Rahmen der Inhaltskontrolle nach § 307 Abs. 1 und 2 BGB (vgl. Nr. 3) und soll daher auch erst in diesem Zusammenhang ausführlich dargestellt werden[719].

aa) Fiktion des „Stellens" (Nr. 1)

Mit der Umsetzung der Richtlinie 93/13/EWG hat das Merkmal des Stellens an Bedeutung verloren.[720] Denn bei Verträgen zwischen einem Unternehmer und einem Verbraucher gelten die verwendeten Allgemeinen Geschäftsbedingungen gemäß § 310 Abs. 3 Nr. 1 BGB als vom Unternehmer gestellt, sofern der Verbraucher sie nicht in den Vertrag eingeführt hat. Mit diesem Vorbehalt wird demzufolge für Verbraucherverträge eine der in § 305 Abs. 1 S. 1 BGB genannten Voraussetzungen des AGB-Begriffs, nämlich das Stellen der Allgemeinen Geschäftsbedingungen durch den Unternehmer, fingiert[721] und somit der sachliche Anwendungsbereich des AGB-Rechts nach § 305 Abs. 1 BGB durch diese Vorschrift erweitert.[722]

§ 310 Abs. 3 Nr. 1 BGB betrifft aber lediglich die Fiktion des tatsächlichen Stellens,[723] wie aus dem Merkmal der Allgemeinen Geschäftsbedingungen hervorgeht. Dieses kann nämlich nach dem Sinn und Zweck der Vorschrift nur so verstanden werden, dass alle anderen begrifflichen Voraussetzungen der AGB-Definition vorliegen müssen.[724] Somit unterliegen bei einem Verbrauchervertrag alle Vertragsbedingungen dem AGB-Recht, die vorformuliert und grundsätzlich zur mehrfachen Verwendung

---

718 So bspw. auch *Klewitz*, S. 98; *Pfeiffer* in: Wolf/Lindacher/Pfeiffer, AGB, § 310 Abs. 3, Rn. 10, 18.
719 Siehe 3. Teil, D, I.
720 Vgl. nur *Pfeiffer* in: Wolf/Lindacher/Pfeiffer, AGB, § 305, Rn. 30.
721 Vgl. nur *Basedow* in: Münchener Kommentar, BGB, § 310, Rn. 53; *Grüneberg* in: Palandt, BGB, § 310, Rn. 12; *Pfeiffer* in: Wolf/Lindacher/Pfeiffer, AGB, § 310 Abs. 3, Rn. 10.
722 Vgl. nur *Pfeiffer* in: Wolf/Lindacher/Pfeiffer, AGB, § 310 Abs. 3, Rn. 10; *Schlosser* in: Staudinger, BGB, § 310, Rn. 53; *Stoffels*, AGB-Recht, Rn. 193.
723 Vgl. nur *Pfeiffer* in: Wolf/Lindacher/Pfeiffer, AGB, § 305, Rn. 30; *Schlosser* in: Staudinger, BGB, § 310, Rn. 54.
724 Vgl. *Pfeiffer* in: Wolf/Lindacher/Pfeiffer, AGB, § 310 Abs. 3, Rn. 11.

in weiteren Verträgen vorgesehen sind[725] – vgl. aber zu der letztgenannten Voraussetzung die nachfolgenden Ausführungen zu § 310 Abs. 3 Nr. 2 BGB. Ausgenommen sind lediglich Allgemeine Geschäftsbedingungen, die der Verbraucher selbst in den Vertrag eingeführt hat,[726] da es in diesem Fall an der Verantwortung des Unternehmers für den Inhalt des Vertrages fehlt.[727] Dies erfordert jedoch einen zielgerichteten Vorschlag des Verbrauchers, auf den hin die Bedingungen zum Vertragsbestandteil werden; dieser muss somit der ausschlaggebende Grund für die Einbeziehung gewesen sein.[728] Da aber gerade bei einem Vertrag zwischen einem Unternehmer und einem Verbraucher die verwendeten Allgemeinen Geschäftsbedingungen in den allermeisten Fällen seitens des Unternehmers gestellt werden, kommt der Fiktion des § 310 Abs. 3 Nr. 1 BGB in der Praxis wohl nur eine geringe Bedeutung zu.[729]

Änderungen ergeben sich im Hinblick auf die hier untersuchten Abonnement- bzw. Vertragsfallen im Internet jedoch nicht. Denn wie bereits dargestellt, gelten die Vertragsbedingungen in Ermangelung einer Möglichkeit zur Einflussnahme durch den Nutzer bereits als vom Verwender gestellt. Und auch die Ausnahme ist hier nicht einschlägig, da der Nutzer bei einer Abonnement- bzw. Vertragsfalle gar keine Möglichkeit hat, Bedingungen in den Vertrag einzufügen (vgl. hierzu die im Rahmen der Abgrenzung zwischen Allgemeinen Geschäftsbedingungen und Individualabreden gemachten Ausführungen[730]).

bb) Verbraucherschutz bei vorformulierten Individualklauseln (Nr. 2)

Über den in § 305 Abs. 1 BGB geregelten allgemeinen und den durch die Vermutungswirkung des § 310 Abs. 3 Nr. 1 BGB erweiterten sachlichen Anwendungsbereich hinaus werden bei Verbraucherverträgen auch vorformulierte Individualklauseln erfasst.[731] Denn gemäß § 310 Abs. 3 Nr. 2 BGB sind in diesem Fall wesentliche Schutz-

[725] So bspw. auch *Basedow* in: Münchener Kommentar, BGB, § 310, Rn. 53; *Pfeiffer* in: Wolf/Lindacher/Pfeiffer, AGB, § 310 Abs. 3, Rn. 10 f.; *Schlosser* in: Staudinger, BGB, § 310, Rn. 54.
[726] So bspw. auch *Grüneberg* in: Palandt, BGB, § 310, Rn. 12; *Pfeiffer* in: Wolf/Lindacher/Pfeiffer, AGB, § 310 Abs. 3, Rn. 16.
[727] Vgl. *Schlosser* in: Staudinger, BGB, § 310, Rn. 54.
[728] Vgl. *Pfeiffer* in: Wolf/Lindacher/Pfeiffer, AGB, § 310 Abs. 3, Rn. 16.
[729] So auch *Basedow* in: Münchener Kommentar, BGB, § 310, Rn. 53.
[730] Siehe 3. Teil, B, II, 1, e.
[731] So bspw. auch *Grüneberg* in: Palandt, BGB, § 310, Rn. 15; *Pfeiffer* in: Wolf/Lindacher/Pfeiffer, AGB, § 310 Abs. 3, Rn. 18; *Schlosser* in: Staudinger, BGB, § 305, Rn. 61.

vorschriften des AGB-Rechts – und zwar die Auslegungsregel des § 305 c Abs. 2 sowie die Inhaltskontrolle nach §§ 307 bis 309 einschließlich ihrer Rechtsfolgen gemäß § 306 BGB – für vorformulierte Vertragsbedingungen auch dann anzuwenden, wenn diese nur zur einmaligen Verwendung bestimmt sind.[732] Verzichtet wird damit auf ein weiteres in § 305 Abs. 3 S. 1 BGB genanntes Merkmal des AGB-Begriffs, nämlich auf die Bestimmung für eine Vielzahl von Verträgen.[733] Voraussetzung für das Eingreifen der genannten Vorschriften ist allerdings, dass der Verbraucher aufgrund der Vorformulierung auf ihren Inhalt keinen Einfluss nehmen konnte.[734] Eine solche Vorformulierung ist dann gegeben, wenn der Unternehmer die entsprechende Individualklausel „in eine sprachliche Fassung" bringt und an ihr unverändert festhalten will, ohne dass er zuvor mit dem Verbraucher darüber verhandelt hat.[735]

Wie bei jedem anderen Unternehmer, der seine Waren oder Dienstleistungen auf einer Seite im Internet präsentiert, ist auch bei einem Anbieter einer Abonnement- bzw. Vertragsfalle davon auszugehen, dass er seine Vertragsbedingungen bei lebensnaher Betrachtung nicht für einen bestimmten Individualvertrag, sondern, wie dargestellt, vielmehr für eine Vielzahl von Kunden formuliert, sodass diese Erweiterung des sachlichen Anwendungsbereichs bei den hier untersuchten Verträgen ebenfalls keine Bedeutung hat.[736]

III. Zwischenergebnis zum Anwendungsbereich der §§ 305 bis 310 BGB

Der Anwendungsbereich und damit der Schutz der AGB-rechtlichen Vorschriften sind bei den hier untersuchten Abonnement- bzw. Vertragsfallen im Internet folglich sowohl in persönlicher als auch in sachlicher Hinsicht eröffnet. Wie aufgezeigt, besteht für den Anbieter insbesondere im Hinblick auf die Eröffnung des sachlichen Anwendungsbereichs keine Möglichkeit, die AGB-rechtlichen Schutzvorschriften beispielsweise durch Gestaltungsvarianten, Umbenennung oder Aufteilung der Vertragsbedingungen zu umgehen. Hingegen haben die Modifikationen des sachlichen An-

[732] So bspw. auch *Basedow* in: Münchener Kommentar, BGB, § 310, Rn. 61; *Schlosser* in: Staudinger, BGB, § 305, Rn. 35; *Stoffels*, AGB-Recht, Rn. 129.

[733] So bspw. auch *Basedow* in: Münchener Kommentar, BGB, § 310, Rn. 61; *Stoffels*, AGB-Recht, Rn. 130.

[734] So bspw. auch *Pfeiffer* in: Wolf/Lindacher/Pfeiffer, AGB, § 310 Abs. 3, Rn. 18; *Schlosser* in: Staudinger, BGB, § 310, Rn. 64; *Stoffels*, AGB-Recht, Rn. 129.

[735] Vgl. *Schlosser* in: Staudinger, BGB, § 310, Rn. 62.

[736] So allg. auch *Dilger*, S. 41.

wendungsbereichs des AGB-Rechts im Falle eines Verbrauchervertrages im Sinne des § 310 Abs. 3 BGB bei den hier untersuchten Verträgen keine nennenswerten Auswirkungen.

C. Wirksame Einbeziehung von Allgemeinen Geschäftsbedingungen

Nachdem im letzten Kapitel eingehend dargestellt wurde, dass der Anwendungsbereich des AGB-Rechts bei den hier untersuchten Abonnement- bzw. Vertragsfallen im Internet sowohl in sachlicher als auch in persönlicher Hinsicht eröffnet ist, konzentriert sich die Untersuchung – der Stufenfolge einer gerichtlichen Inzidentkontrolle folgend – in diesem Kapitel darauf, ob die Voraussetzungen für eine wirksame Einbeziehung der Allgemeinen Geschäftsbedingungen in den Vertrag vorliegen.[737] Abgesehen von dem in § 305 Abs. 3 BGB geregelten Sonderfall der Rahmenvereinbarung sowie der Einbeziehung Allgemeiner Geschäftsbedingungen in besonderen Fällen gemäß § 305 a BGB – beide Regelungen sind im Zusammenhang mit den hier untersuchten Abonnement- bzw. Vertragsfallen im Internet nicht einschlägig – wird hierzu zunächst anhand der (positiven) Mindestvoraussetzungen des § 305 Abs. 2 BGB (siehe Abschnitt I) untersucht, ob das gesamte Klauselwerk einbezogen wurde.[738] Diese Vorschrift findet grundsätzlich gemäß § 310 Abs. 1 S. 1 BGB Anwendung auf Allgemeine Geschäftsbedingungen, die, wie bei den hier untersuchten Abonnement- bzw. Vertragsfallen, weder gegenüber einem Unternehmer noch gegenüber einer juristischen Person des öffentlichen Rechts oder einem öffentlich-rechtlichen Sondervermögen verwendet werden.[739] Hieran anschließend wird geprüft, ob einzelne AGB-Klauseln aufgrund eines ihnen womöglich innewohnenden Überraschungsmoments gemäß § 305 c Abs. 1 BGB (siehe Abschnitt II) oder hinsichtlich einer sie verdrängenden Individualabrede gemäß § 305 b BGB (siehe Abschnitt III) nicht Bestandteil des Vertrages geworden sind; die genannten Vorschriften stellen folglich negative Einbeziehungsvoraussetzungen dar.[740]

737 So allg. auch *Stoffels*, AGB-Recht, Rn. 264.

738 So allg. auch *Schlosser* in: Staudinger, BGB, Vorbem zu §§ 305 ff., Rn. 19; *Stoffels*, AGB-Recht, Rn. 264.

739 So allg. etwa auch *Basedow* in: Münchener Kommentar, BGB, § 305, Rn. 51; *Grüneberg* in: Palandt, BGB, § 305, Rn. 27; *Schlosser* in: Staudinger, BGB, § 305, Rn. 103.

740 So allg. auch *Lindacher* in: Wolf/Lindacher/Pfeiffer, AGB, § 305 b, Rn. 2, § 305 c, Rn. 4; *Stoffels*, AGB-Recht, Rn. 264.

Keine Rolle für die wirksame Einbeziehung von Allgemeinen Geschäftsbedingungen in den Vertrag spielt hingegen die Frage, ob diese inhaltlich unangemessen sind.[741] Diese Frage rückt erst auf der nächsten Stufe des Kontrollverfahrens, nämlich der Inhaltskontrolle Allgemeiner Geschäftsbedingungen anhand der §§ 307 bis 309 BGB, ins Blickfeld der Untersuchung (siehe nächstes Kapitel[742]).[743] Denn die inhaltliche Kontrolle der Allgemeinen Geschäftsbedingungen setzt voraus, dass die Einbeziehung der jeweiligen Klausel in den Vertrag zuvor festgestellt werden konnte.[744] Ist die Klausel nämlich nicht einmal Vertragsbestandteil geworden, muss sie auch nicht anhand der §§ 307 bis 309 BGB auf ihre Wirksamkeit hin überprüft werden.[745]

Bei § 305 Abs. 2 sowie den §§ 305 b und 305 c BGB handelt es sich somit um leges speciales im Verhältnis zu den Vorschriften über die Inhaltskontrolle;[746] sie sind daher vorrangig zu prüfen.

I. Voraussetzungen des § 305 Abs. 2 BGB

Während nach der früheren Rechtsprechung[747] Allgemeine Geschäftsbedingungen bereits wirksam in den Vertrag einbezogen werden konnten, wenn der Kunde entweder wusste, dass Allgemeine Geschäftsbedingungen existieren, oder er bei Anwendung gehöriger Sorgfalt von deren Existenz hätte wissen müssen und es für ihn zu erkennen war, dass der Unternehmer seine Allgemeinen Geschäftsbedingungen in den abzuschließenden Vertrag einbeziehen wollte (die sogenannte Wissenmüssen-Formel),[748] regelt § 305 Abs. 2 BGB, der bis auf die Ergänzung am Ende von Nr. 2 (die Verpflichtung zur Rücksichtnahme auf Behinderte) wörtlich dem früheren § 2 Abs. 1 AGBG entspricht,[749] nunmehr in Abkehr von dieser Rechtsprechung, dass die Einbeziehung der Allgemeinen Geschäftsbedingungen vom Vertragswillen beider Parteien

---

741 Vgl. nur *Basedow* in: Münchener Kommentar, BGB, § 305, Rn. 53.

742 Siehe 3. Teil, D.

743 So allg. auch *Stoffels*, AGB-Recht, Rn. 264.

744 Vgl. etwa *BGH*, Urt. v. 20.03.1985 - VIII ZR 327/83, NJW 1985, 1838 (1840); *Stoffels*, AGB-Recht, Rn. 264.

745 So auch *Schlosser* in: Staudinger, BGB, Vorbem zu §§ 305 ff., Rn. 19.

746 Vgl. nur *Schlosser* in: Staudinger, BGB, Vorbem zu §§ 305 ff., Rn. 19.

747 Vgl. etwa *BGH*, Urt. v. 19.01.1951 - I ZR 53/50, BGHZ 1, 83 (86) = NJW 1951, 402 (403); *BGH*, Urt. v. 05.10.1951 - I ZR 92/50, BGHZ 3, 200 (203) = NJW 1951, 957 (957); *BGH*, Urt. v. 03.02.1953 - I ZR 61/52, BGHZ 9, 1 (3, 6) = NJW 1953, 541 (541); *BGH*, Urt. v. 08.07.1955 - I ZR 201/53, BGHZ 18, 98 (99) = NJW 1955, 1513 (1513).

748 Vgl. nur *Grüneberg* in: Palandt, BGB, § 305, Rn. 25; *Schlosser* in: Staudinger, BGB, § 305, Rn. 101.

749 Vgl. etwa *BT-Drs.* 14/6040, S. 150; *Basedow* in: Münchener Kommentar, BGB, § 305, Rn. 47; *Schlosser* in: Staudinger, BGB, § 305, Rn. 1.

getragen werden muss (die sogenannte Einbeziehungsvereinbarung).[750] Die hierzu in Absatz 2 formulierten Voraussetzungen haben vornehmlich den Zweck, den Schutz des Kunden zu verbessern, indem sie die Einbeziehung transparent machen und damit die Voraussetzungen für die bewusste Einbeziehung der Allgemeinen Geschäftsbedingungen schaffen.[751] Dazu ist zunächst einmal erforderlich, dass der Verwender die andere Vertragspartei auf die beabsichtigte Einbeziehung hinweist,[752] wodurch er ein Bewusstsein des Kunden über die Existenz der Allgemeinen Geschäftsbedingungen an sich schaffen soll.[753] Darüber hinaus muss der Unternehmer seine Bedingungen offenlegen,[754] damit sichergestellt ist, dass der Kunde auch die Möglichkeit hat, vom Inhalt der einzelnen Klauseln Kenntnis zu nehmen.[755] Denn nur so kann dieser die Tragweite seiner eigenen Erklärung ermessen und sich von Anfang an über den Inhalt der vertraglichen Rechte und Pflichten informieren, um gegebenenfalls unerwünschte oder sogar unangemessene Bedingungen noch ablehnen zu können.[756]

Die Einbeziehungsvereinbarung stellt jedoch kein besonderes Rechtsgeschäft dar, sondern setzt als Teil des jeweiligen Vertrages zwischen dem Unternehmer und seinem Kunden vielmehr voraus, dass der Vertrag (auf allgemeiner rechtsgeschäftlicher Basis)[757] wirksam zustande gekommen ist.[758] Demzufolge wird von § 305 Abs. 2 BGB die grundsätzliche Geltung der Regelungen über das Zustandekommen von Verträgen (§§ 104 bis 185 BGB) vorausgesetzt, der sich auf einige wenige für die Verwendung mit Allgemeinen Geschäftsbedingungen erforderliche Modifikationen gegenüber dem allgemeinen Vertragsrecht beschränkt,[759] die insbesondere aus zwei Punkten resultieren, auf die im nachfolgenden Verlauf der Untersuchung zu § 305 Abs. 2 Nr. 1 und Nr. 2 BGB noch ausführlich eingegangen wird. Dies bedeutet konkret, dass die vom

---

[750] Vgl. nur *Grüneberg* in: Palandt, BGB, § 305, Rn. 25; *Schlosser* in: Staudinger, BGB, § 305, Rn. 102.

[751] Vgl. etwa *BT-Drs.* 7/3919, S. 17; *Pfeiffer* in: Wolf/Lindacher/Pfeiffer, AGB, § 305, Rn. 62; *Stoffels*, AGB-Recht, Rn. 260.

[752] Vgl. etwa *BGH*, Urt. v. 18.06.1986 - VIII ZR 137/85, NJW-RR 1987, 112 (113); *Basedow* in: Münchener Kommentar, BGB, § 305, Rn. 47; *Pfeiffer* in: Wolf/Lindacher/Pfeiffer, AGB, § 305, Rn. 62; *Schlosser* in: Staudinger, BGB, § 305, Rn. 105; *Stoffels*, AGB-Recht, Rn. 259.

[753] Vgl. *Pfeiffer* in: Wolf/Lindacher/Pfeiffer, AGB, § 305, Rn. 62.

[754] Vgl. nur *BT-Drs.* 7/3919, S. 17; *Stoffels*, AGB-Recht, Rn. 260.

[755] Vgl. *BGH*, Urt. v. 09.11.1989 - VII ZR 16/89, BGHZ 109, 192 (196) = NJW 1990, 715 (716); *Pfeiffer* in: Wolf/Lindacher/Pfeiffer, AGB, § 305, Rn. 62.

[756] Vgl. etwa *BT-Drs.* 7/3919, S. 17; *BGH*, Urt. v. 09.11.1989 - VII ZR 16/89, BGHZ 109, 192 (196) = NJW 1990, 715 (716); *Pfeiffer* in: Wolf/Lindacher/Pfeiffer, AGB, § 305, Rn. 62; *Stoffels*, AGB-Recht, Rn. 260.

[757] Vgl. etwa *Pfeiffer* in: Wolf/Lindacher/Pfeiffer, AGB, § 305, Rn. 65; *Stoffels*, AGB-Recht, Rn. 261.

[758] Vgl. etwa *Grüneberg* in: Palandt, BGB, § 305, Rn. 25, 44; *Schlosser* in: Staudinger, BGB, § 305, Rn. 102, 163.

[759] Vgl. *Pfeiffer* in: Wolf/Lindacher/Pfeiffer, AGB, § 305, Rn. 65; *Stoffels*, AGB-Recht, Rn. 261.

Unternehmer verwendeten Allgemeinen Geschäftsbedingungen nur dann Bestandteil des Vertrages werden, wenn alle drei in § 305 Abs. 2 BGB geregelten Einbeziehungsvoraussetzungen vorliegen:[760]

Erstens verlangt die Vorschrift vom Verwender, dass er die andere Vertragspartei auf seine Allgemeinen Geschäftsbedingungen grundsätzlich ausdrücklich hinweist (vgl. Abs. 2 Nr. 1). Zweitens muss der Verwender der anderen Vertragspartei ermöglichen, in zumutbarer Weise Kenntnis vom Inhalt seiner Allgemeinen Geschäftsbedingungen zu nehmen (vgl. Abs. 2 Nr. 2). Nach dem Wortlaut des Gesetzes müssen diese beiden Voraussetzungen im Zeitpunkt des Vertragsabschlusses vorliegen.[761] Drittens muss sich die andere Vertragspartei noch mit der Geltung der Allgemeinen Geschäftsbedingungen einverstanden erklären (vgl. Abs. 2 a. E.).

Anhand dieser Kriterien wird im Folgenden untersucht, wie ein Anbieter einer Abonnement- bzw. Vertragsfalle, der mit einem Nutzer einen Vertrag über das Internet abschließen will, seine Allgemeinen Geschäftsbedingungen gestalten muss, damit diese wirksam in den Vertrag einbezogen werden können,[762] und welche Spielräume ihm bei deren Gestaltung bleiben. Der Anbieter wird es nämlich anstreben, dass seine Bedingungen so unauffällig wie möglich, aber dennoch wirksam einbezogen werden.

1. Hinweisobliegenheit des Verwenders (Abs. 2 Nr. 1)

Damit die Allgemeinen Geschäftsbedingungen des Anbieters einer Abonnement- bzw. Vertragsfalle wirksam in den Vertrag einbezogen werden können, muss dieser, wie jeder andere Verwender auch, seinen Vertragspartner grundsätzlich ausdrücklich auf die Verwendung seiner Allgemeinen Geschäftsbedingungen hinweisen. Diese in § 305 Abs. 2 Nr. 1 BGB verankerte Hinweisobliegenheit des Verwenders ist eine der für die Verwendung mit Allgemeinen Geschäftsbedingungen erforderlichen Modifikationen gegenüber dem allgemeinen Vertragsrecht.[763] Denn die durch die Vorschriften der §§ 133, 157 BGB an sich eröffnete Möglichkeit, dass die erforderliche Einbezie-

---

[760] Vgl. nur *BGH*, Urt. v. 18.06.1986 - VIII ZR 137/85, NJW-RR 1987, 112 (113); *Basedow* in: Münchener Kommentar, BGB, § 305, Rn. 47; *Dilger*, S. 42; *Grüneberg* in: Palandt, BGB, § 305, Rn. 25.

[761] Vgl. etwa *BGH*, Urt. v. 13.09.2001 - VII ZR 487/99, NJW-RR 2002, 13 (14); *Basedow* in: Münchener Kommentar, BGB, § 305, Rn. 72; *Pfeiffer* in: Wolf/Lindacher/Pfeiffer, AGB, § 305, Rn. 3, 97; *Schlosser* in: Staudinger, BGB, § 305, Rn. 104; *Stoffels*, AGB-Recht, Rn. 259.

[762] So allg. auch *Dilger*, S. 41 f.

[763] Vgl. *Pfeiffer* in: Wolf/Lindacher/Pfeiffer, AGB, § 305, Rn. 66; *Stoffels*, AGB-Recht, Rn. 261.

hungserklärung des Verwenders im Wege der Auslegung als in seiner sonstigen auf den Vertragsabschluss abzielenden Erklärung enthalten anzusehen ist, wird hierdurch ausgeschlossen und der Einbeziehungsvorgang damit formalisiert.[764] Ein dem nicht entsprechender Hinweis des Verwenders auf seine Allgemeinen Geschäftsbedingungen bleibt somit rechtlich ohne Bedeutung.[765]

Diese dem Verwender auferlegte Obliegenheit soll dem Kunden ein Bewusstsein darüber verschaffen, dass der Vertragsinhalt maßgeblich durch die Einbeziehung der Allgemeinen Geschäftsbedingungen bestimmt wird, und ihn dazu veranlassen, von der Möglichkeit zur Kenntnisnahme der einzelnen Klauseln Gebrauch zu machen.[766] Es ist daher auch nicht ausreichend, wenn ein Anbieter nur auf einen Teil seiner Allgemeinen Geschäftsbedingungen hinweist, die für das Funktionieren der Abonnement- bzw. Vertragsfalle notwendigen Regelungen hingegen verschweigt. Denn die Hinweispflicht des Verwenders besteht vielmehr für das gesamte AGB-Werk[767] und wäre selbst dann nicht entbehrlich, wenn es verkehrs- oder branchenüblich wäre, dass Allgemeine Geschäftsbedingungen verwendet werden.[768] Unterbleibt der obligatorische Hinweis des Verwenders, so werden seine Allgemeinen Geschäftsbedingungen nicht Bestandteil des Vertrages, was gemäß § 306 BGB das Zustandekommen des Vertrages an sich – in diesem Falle zu den gesetzlichen Bedingungen – allerdings nicht berührt.[769] Bezüglich der Hinweisobliegenheit ist jedoch zunächst die Frage zu klären, ob bei einem Vertragsabschluss über das Internet ein ausdrücklicher Hinweis überhaupt notwendig ist oder ob hier nicht auch die Ausnahme in § 305 Abs. 2 Nr. 1 Alt. 2 BGB eingreifen könnte; ein solcher Aushang mit Hinweis auf die Allgemeinen Geschäftsbedingungen wäre sicherlich unauffälliger und damit von Vorteil für den Anbieter einer Abonnement- bzw. Vertragsfalle.

---

764 Vgl. nur *BGH*, Urt. v. 18.06.1986 - VIII ZR 137/85, NJW-RR 1987, 112 (113) m. w. N.; *Schlosser* in: Staudinger, BGB, § 305, Rn. 102.

765 Vgl. nur *BGH*, Urt. v. 18.06.1986 - VIII ZR 137/85, NJW-RR 1987, 112 (113).

766 Vgl. etwa *BGH*, Urt. v. 18.06.1986 - VIII ZR 137/85, NJW-RR 1987, 112 (113); *Dilger*, S. 43 f.; *Klewitz*, S. 106; *Pfeiffer* in: Wolf/Lindacher/Pfeiffer, AGB, § 305, Rn. 62.

767 Vgl. etwa *BGH*, Urt. v. 14.02.1991 - VII ZR 291/89, NJW-RR 1991, 727 (727); *Pfeiffer* in: Wolf/Lindacher/Pfeiffer, AGB, § 305, Rn. 68.

768 Vgl. *Grüneberg* in: Palandt, BGB, § 305, Rn. 29.

769 Vgl. nur *Schlosser* in: Staudinger, BGB, § 305, Rn. 111.

a) Ausdrücklicher Hinweis (Alt. 1) oder Hinweis durch Aushang (Alt. 2)

Grundsätzlich ist gemäß § 305 Abs. 2 Nr. 1 BGB ein ausdrücklicher Hinweis des Verwenders auf seine Allgemeinen Geschäftsbedingungen notwendig, damit diese wirksam in den Vertrag einbezogen werden (vgl. Alt. 1). Von dieser Notwendigkeit macht die zweite Alternative dieser Vorschrift nur dann eine Ausnahme, wenn wegen der Art des Vertragsabschlusses ein ausdrücklicher Hinweis nur unter unverhältnismäßigen Schwierigkeiten möglich ist. In diesem Fall genügt es ausnahmsweise, wenn der Verwender durch einen deutlich sichtbaren Aushang am Ort des Vertragsabschlusses auf seine Allgemeinen Geschäftsbedingungen hinweist. Diese Ausnahmemöglichkeit kommt bei einem Vertragsabschluss über das Internet allerdings nicht in Betracht.[770] Denn zum einen fehlt es in diesem Fall an einem einheitlichen Ort des Vertragsabschlusses, an dem der Vertragspartner des Verwenders den ausgehängten Hinweis sehen könnte; diese Ausnahmevorschrift greift nämlich nur bei solchen Vertragsabschlüssen ein, bei denen der Verwendungsgegner persönlich in den Geschäftsräumen oder im sonstigen Einflussbereich des AGB-Verwenders anwesend ist.[771] Zum anderen stellt ein Vertragsabschluss über das Internet keine Art des Vertragsabschlusses dar, bei dem ein ausdrücklicher Hinweis des Verwenders auf seine Allgemeinen Geschäftsbedingungen unverhältnismäßig schwierig ist.[772] Der Anbieter einer Abonnement- bzw. Vertragsfalle muss als Verwender also auf seine Allgemeinen Geschäftsbedingungen ausdrücklich hinweisen, da sie ansonsten nicht wirksam in den Vertrag einbezogen werden.

b) Formulierung, Gestaltung und Platzierung des Hinweises

Die Art und Weise, wie auf die Verwendung von Allgemeinen Geschäftsbedingungen hingewiesen wird, d. h. die Formulierung und Gestaltung des Hinweises sowie dessen

---

770 So auch *Dilger*, S. 42 m. w. N.

771 Vgl. nur *Klewitz*, S. 101 m. w. N.

772 Vgl. etwa *Dilger*, S. 42; *Härting*, Rn. 136; *C. Horn*, Verbraucherschutz bei Internetgeschäften, MMR 2002, 209 (209); *H. Köhler*, Die Rechte des Verbrauchers beim Teleshopping (TV-Shopping, Internet-Shopping), NJW 1998, 185 (188); *Löhnig*, Die Einbeziehung von AGB bei Internet-Geschäften, NJW 1997, 1688 (1688 f.); *Mehrings*, Verbraucherschutz im Cyberlaw: Zur Einbeziehung von AGB im Internet, BB 1998, 2373 (2374); *Waldenberger*, Grenzen des Verbraucherschutzes beim Abschluß von Verträgen im Internet, BB 1996, 2365 (2368).

Platzierung, ist gerade im Zusammenhang mit den hier untersuchten Abonnement- bzw. Vertragsfallen im Internet ein entscheidender Aspekt. Denn wenn es möglich ist, den Hinweis so zu gestalten, dass er zwar vorhanden, aber nicht wirklich wahrnehmbar ist, sodass dem Nutzer nicht bewusst werden kann, dass der Vertragsinhalt durch die Einbeziehung der Allgemeinen Geschäftsbedingungen maßgeblich bestimmt wird, dann kommt diesen Vertragsbedingungen, die sich meist auf einer anderen Seite im Internetauftritt des Verwenders befinden, aufgrund der mangelnden Kenntnisnahme ihres Inhaltes im Hinblick auf einen möglichen Schutz des Nutzers keine Bedeutung mehr zu. Somit stellt sich die Frage, welche Voraussetzungen an einen solchen Hinweis gestellt werden und welche Besonderheiten gegebenenfalls zu beachten sind, wenn dieser Hinweis – wie in den vorliegenden Fällen – auf einer Internetseite erfolgt.

Ausdrücklich im Sinne des § 305 Abs. 2 Nr. 1 BGB ist der Hinweis auf die Allgemeinen Geschäftsbedingungen nur dann, wenn der Verwender diesen Hinweis sowohl unmissverständlich als auch für die andere Vertragspartei klar erkennbar äußert[773] und sich der Hinweis auf bestimmte Bedingungen des Vertrages bezieht.[774] Die Unmissverständlichkeit des Hinweises erfordert, dass aus dem sprachlichen Ausdruck selbst der Wille des Verwenders zur Einbeziehung der Allgemeinen Geschäftsbedingungen in den abzuschließenden Vertrag zweifelsfrei hervorgeht.[775] Dabei ist es ausreichend, dass der Hinweis in der jeweiligen Verhandlungs- oder Vertragssprache verfasst ist (siehe hierzu auch die Ausführungen zur Sprache des AGB-Textes[776]),[777] hier also in Deutsch. Zum anderen ist eine klare, d. h. deutliche Erkennbarkeit des Hinweises erforderlich. Denn in Anbetracht des Schutzzweckes von § 305 Abs. 1 BGB genügt ein an unauffälliger Stelle (beispielsweise in der Randleiste oder am unteren Ende der Vertragsurkunde)[778] versteckter Hinweis für die geforderte Aus-

---

773 Vgl. nur *BGH*, Urt. v. 30.05.1983 - II ZR 135/82, NJW 1983, 2772 (2773); *BGH*, Urt. v. 18.06.1986 - VIII ZR 137/85, NJW-RR 1987, 112 (113); *OLG Hamburg*, Urt. v. 14.04.1987 - 12 U 89/85, BB 1987, 1703 (1703); *OLG Nürnberg*, Urt. v. 21.03.1990 - 4 U 3979/89, WM 1990, 1370 (1371) = BB 1990, 1998 (1999); *Pfeiffer* in: Wolf/Lindacher/Pfeiffer, AGB, § 305, Rn. 69; *Stoffels*, AGB-Recht, Rn. 268.

774 Vgl. nur *OLG Hamburg*, Urt. v. 13.06.2002 - 3 U 168/00, MMR 2002, 677 (678); *Dilger*, S. 44 m. w. N.; *Grüneberg* in: Palandt, BGB, § 305, Rn. 29.

775 Vgl. *BGH*, Urt. v. 18.06.1986 - VIII ZR 137/85, NJW-RR 1987, 112 (113) m. w. N.; *Schlosser* in: Staudinger, BGB, § 305, Rn. 106.

776 Siehe 3. Teil, C, I, 2, b, bb, eee.

777 Vgl. nur *Grüneberg* in: Palandt, BGB, § 305, Rn. 29, 42; *Koehler*, Allgemeine Geschäftsbedingungen im Internet, MMR 1998, 289 (293) m. w. N.; *Pfeiffer* in: Wolf/Lindacher/Pfeiffer, AGB, § 305, Rn. 71.

778 Vgl. etwa *BGH*, Urt. v. 18.06.1986 - VIII ZR 137/85, NJW-RR 1987, 112 (114); *OLG Düsseldorf*, Urt. v. 15.10.1981 - 18 U 50/81, BB 1983, 84 (85).

drücklichkeit ebenso wenig wie der bloße Abdruck der Allgemeinen Geschäftsbedingungen beispielsweise auf der Rückseite einer Vertragsurkunde[779], in einem Katalog[780] oder – übertragen auf den Vertragsabschluss über das Internet – auf irgendeiner Seite im Internetauftritt des Verwenders.[781] Vielmehr muss der Hinweis so übersichtlich platziert (dazu gleich noch ausführlich) und gestaltet sein, dass ihn ein gewöhnlicher Kunde selbst bei flüchtiger Betrachtungsweise und durchschnittlicher Aufmerksamkeit jederzeit und ohne Weiteres erkennen kann.[782] An dieser Erkennbarkeit fehlt es beispielsweise schon bei einem Hinweis in Klein- bzw. Kleinstdruck (d. h. in einer im Vergleich zum übrigen Vertragstext deutlich kleiner und engzeiliger gedruckten Schrift).[783] Befindet sich dieser Hinweis zudem nicht in der üblichen Leserichtung, sondern zum Beispiel senkrecht zu dieser auf der Randleiste der Vertragsurkunde – und damit quasi versteckt –, ist dieser auch mit geübtem Auge nur schwer lesbar und damit nicht ausreichend, da er bei flüchtiger Betrachtung leicht zu übersehen und somit keinesfalls klar erkennbar ist.[784] Auch wenn eine ungewöhnliche Schriftart verwendet wird oder die Farben schwer voneinander zu unterscheiden sind, kann die Kenntnisnahme erschwert sein.[785]

Schließlich muss aus dem Hinweis klar hervorgehen, welche Bedingungen zum Inhalt des Vertrages werden sollen.[786] So erfasst die Bezugnahme auf ein rückseitig abgedrucktes AGB-Werk beispielsweise nicht eine räumlich abgesetzte Vorbemerkung[787] oder einen Teil der Allgemeinen Geschäftsbedingungen, der auf einem gesonderten,

---

779 Vgl. etwa *BGH*, Urt. v. 18.06.1986 - VIII ZR 137/85, NJW-RR 1987, 112 (114); *LG Münster*, Urt. v. 25.07.1979 - 1 S 174/79, VersR 1980, 100 (100).

780 Vgl. etwa *LG Berlin*, Urt. v. 29.10.1979 - 96 O 96/79, MDR 1980, 404 (404) = BB 1980, 1770 (1770).

781 So bspw. auch *OLG Hamburg*, Urt. v. 13.06.2002 - 3 U 168/00, MMR 2002, 677 (678); *Basedow* in: Münchener Kommentar, BGB, § 305, Rn. 54, 65; *Grüneberg* in: Palandt, BGB, § 305, Rn. 29; *Pfeiffer* in: Wolf/Lindacher/Pfeiffer, AGB, § 305, Rn. 73; *v. Westphalen*, AGB-Recht im Jahr 2002, NJW 2003, 1635 (1636).

782 Vgl. nur *BGH*, Urt. v. 18.06.1986 - VIII ZR 137/85, NJW-RR 1987, 112 (114); *Basedow* in: Münchener Kommentar, BGB, § 305, Rn. 54; *Grüneberg* in: Palandt, BGB, § 305, Rn. 29; *Pfeiffer* in: Wolf/Lindacher/Pfeiffer, AGB, § 305, Rn. 69.

783 Vgl. etwa *BGH*, Urt. v. 30.05.1983 - II ZR 135/82, NJW 1983, 2772 (2773); *BGH*, Urt. v. 18.06.1986 - VIII ZR 137/85, NJW-RR 1987, 112 (114); *OLG Düsseldorf*, Urt. v. 15.10.1981 - 18 U 50/81, BB 1983, 84 (85); *Pfeiffer* in: Wolf/Lindacher/Pfeiffer, AGB, § 305, Rn. 69, 73.

784 Vgl. *BGH*, Urt. v. 18.06.1986 - VIII ZR 137/85, NJW-RR 1987, 112 (114); *OLG Düsseldorf*, Urt. v. 15.10.1981 - 18 U 50/81, BB 1983, 84 (85); *Pfeiffer* in: Wolf/Lindacher/Pfeiffer, AGB, § 305, Rn. 69, 73.

785 Vgl. *LG Ravensburg*, Urt. v. 13.06.1991 - 2 S 6/91, CR 1992, 472 (473); *Dilger*, S. 43.

786 Vgl. etwa *OLG Hamburg*, Urt. v. 13.06.2002 - 3 U 168/00, MMR 2002, 677 (678); *Dilger*, S. 44 m. w. N.; *Grüneberg* in: Palandt, BGB, § 305, Rn. 29; *Pfeiffer* in: Wolf/Lindacher/Pfeiffer, AGB, § 305, Rn. 69; *Stoffels*, AGB-Recht, Rn. 268.

787 Vgl. *BGH*, Urt. v. 14.01.1987 - IVa ZR 130/85, NJW 1987, 2432 (2432).

dem Kunden nicht übergebenen Blatt abgedruckt ist.[788] Bei Vertragsabschlüssen über das Internet kann diese Voraussetzung aber dadurch erfüllt werden, dass der Unternehmer den Hinweis in Form eines Hyperlinks auf der Internetseite einstellt.[789] Durch das Anklicken dieses Textlinks mit der Computer-Maus kann der Kunde die Allgemeinen Geschäftsbedingungen, auf die der Hinweis Bezug nimmt, aufrufen.[790]

Zur genaueren Ermittlung der maßgeblichen Anforderungen an die Platzierung eines solchen Hinweises auf einer Seite im Internetauftritt des Verwenders können bestimmte Kriterien für den Abschluss von schriftlichen Verträgen herangezogen werden.[791] Hierzu zählen diejenigen Vertragsabschlüsse, bei denen der Kunde seine auf den Abschluss des Vertrages gerichtete Willenserklärung auf Grundlage einer Unterlage des Unternehmers abgibt – beispielsweise eines Kataloges, eines Prospekts oder einer Preisliste –, die einen Hinweis auf dessen Allgemeine Geschäftsbedingungen enthält.[792] Diese Formen sind vom Tatsächlichen her nämlich durchaus mit Bestellungen über Bildschirmtext (kurz: Btx) und Internet vergleichbar, bei denen an die Stelle des Kataloges in Papierform nunmehr der „virtuelle" Katalog tritt.[793] Allerdings ist zu beachten, dass es sich sowohl bei herkömmlichen Katalogen, Prospekten und dergleichen als auch bei bestimmten Formen der Präsentation von Waren auf einer Seite im Internet um eine invitatio ad offerendum seitens des Unternehmers handelt (siehe hierzu die bereits ausführlich dargestellte Abgrenzung zwischen einem verbindlichen Angebot und einer invitatio ad offerendum[794]). Erst die Bestellung des Kunden bildet in diesen Fällen das verbindliche Angebot zum Abschluss des Vertrages. Hierbei besteht zusätzlich die Problematik, dass das Angebot auch die Allgemeinen Geschäftsbedingungen des Unternehmers umfassen muss, damit diese dann durch ein einfaches „Ja" des Unternehmers zu einem wirksamen Bestandteil des Vertrages werden können.[795]

---

788 Vgl. etwa *OLG Frankfurt am Main*, Urt. v. 02.11.1988 - 17 U 148/87, NJW 1989, 1095 (1096); *Grüneberg* in: Palandt, BGB, § 305, Rn. 29.

789 Vgl. nur *Dilger*, S. 44; *Härting*, Rn. 135.

790 Vgl. nur *Dilger*, S. 44 m. w. N.

791 So auch *Dilger*, S. 43; *Mehrings*, Verbraucherschutz im Cyberlaw: Zur Einbeziehung von AGB im Internet, BB 1998, 2373 (2376).

792 Vgl. *Mehrings*, Verbraucherschutz im Cyberlaw: Zur Einbeziehung von AGB im Internet, BB 1998, 2373 (2376) m. w. N.

793 So auch *Mehrings*, Verbraucherschutz im Cyberlaw: Zur Einbeziehung von AGB im Internet, BB 1998, 2373 (2376).

794 Siehe 2. Teil, C, I, 3.

795 Vgl. nur *Mehrings*, Verbraucherschutz im Cyberlaw: Zur Einbeziehung von AGB im Internet, BB 1998, 2373 (2375).

Werden diese – insofern sogar strengeren – Anforderungen an die wirksame Einbeziehung der Allgemeinen Geschäftsbedingungen in den Vertrag (insbesondere was die Platzierung des ausdrücklichen Hinweises betrifft) aber erfüllt, so ist davon auszugehen, dass der Hinweis auch in den hier untersuchten Fällen ordnungsgemäß platziert ist, bei denen (wie bereits ausführlich erörtert wurde[796]) die Präsentation von Waren bzw. Dienstleistungen auf der Internetseite, verbunden mit der Möglichkeit zur sofortigen Bestellung über die Seite, bereits als rechtlich bindendes Angebot ad incertas personas des jeweiligen Anbieters einer Abonnement- bzw. Vertragsfalle zu qualifizieren ist, d. h. ein Antrag auf Abschluss eines Vertrages im Sinne des § 145 BGB vorliegt.

Bei einem solchen, auf einer Unterlage des Unternehmers basierenden, schriftlichen Angebot des Kunden ist es erforderlich, dass sich der Hinweis des Verwenders auf die Allgemeinen Geschäftsbedingungen auf dem jeweiligen Bestellformular, das im Katalog oder Verkaufsprospekt enthalten ist, befindet, da der Vertragspartner des Verwenders diesen Hinweis andernfalls, d. h. wenn er sich an irgendeiner anderen Stelle des Katalogs oder des Verkaufsprospekts befindet, bei Abgabe seines Angebots auch übersehen könnte.[797] Übertragen auf eine Bestellung, die ein Kunde mit Hilfe eines entsprechenden Online-Bestellformulars über das Internet tätigt, bedeutet dies, dass der Anbieter den Hinweis auf die Einbeziehung der Allgemeinen Geschäftsbedingungen unmittelbar auf der Internetseite mit dem Bestellformular platzieren muss.[798] Wie bei einem gedruckten Bestellformular keine örtliche Nähe des Hinweises zur Unterschrift erforderlich ist,[799] ist es – übertragen auf den Vertragsabschluss über das Internet – zwar auch nicht erforderlich, dass sich der Hinweis auf die Allgemeinen Geschäftsbedingungen in unmittelbarer Nähe zu dem (interaktiven)

---

796 Siehe 2. Teil, C, I, 3.

797 Vgl. etwa *Basedow* in: Münchener Kommentar, BGB, § 305, Rn. 54, 56; *Dilger*, S. 43; *Grüneberg* in: Palandt, BGB, § 305, Rn. 29; *Pfeiffer* in: Wolf/Lindacher/Pfeiffer, AGB, § 305, Rn. 73; *Stoffels*, AGB-Recht, Rn. 270.

798 So bspw. auch *Auerbach*, Bestellvorgänge mittels Bildschirmtext, CR 1988, 18 (22); *Bartl*, Aktuelle Rechtsfragen des Bildschirmtextes, DB 1982, 1097 (1101); *Brinkmann*, Vertragsrechtliche Probleme bei Warenbestellungen über Bildschirmtext, BB 1981, 1183 (1189); *Dilger*, S. 43; *Ernst*, Der Mausklick als Rechtsproblem – Willenserklärungen im Internet, NJW-CoR 1997, 165 (167); *C. Horn*, Verbraucherschutz bei Internetgeschäften, MMR 2002, 209 (209); *Klewitz*, S. 105; *Koehler*, Allgemeine Geschäftsbedingungen im Internet, MMR 1998, 289 (291); *Lachmann*, Ausgewählte Probleme aus dem Recht des Bildschirmtextes, NJW 1984, 405 (408); *Löhnig*, Die Einbeziehung von AGB bei Internet-Geschäften, NJW 1997, 1688 (1689); *Stoffels*, AGB-Recht, Rn. 271; *Taupitz/Kritter*, Electronic Commerce – Probleme bei Rechtsgeschäften im Internet, JuS 1999, 839 (844).

799 Vgl. nur *Schlosser* in: Staudinger, BGB, § 305, Rn. 123 m. w. N.

Element befindet, das zum Absenden des ausgefüllten Formulars angeklickt werden muss. Dennoch darf sich ein solcher Hinweis auch nicht irgendwo auf der Internetseite mit dem Bestellformular (beispielsweise unterhalb von diesem) befinden. Bei einem über das Internet abgeschlossenen Vertrag ist es vielmehr erforderlich, dass der entsprechende Hinweis vor bzw. auf dem entsprechenden Bestellformular selbst platziert ist.[800] Denn nur dort kann er – vergleichbar der Situation beim Ausfüllen eines gedruckten Bestellformulars – seiner Funktion gerecht werden und dem Verwendungsgegner (gerade auch im Zeitpunkt des Vertragsabschlusses) verdeutlichen, dass der Inhalt des abzuschließenden Vertrages maßgeblich durch die einzubeziehenden Allgemeinen Geschäftsbedingungen des Verwenders bestimmt wird, und ihn hierdurch veranlassen, von ihrem Inhalt Kenntnis zu nehmen.[801]

c) Zwischenergebnis zur Hinweisobliegenheit

Der in § 305 Abs. 2 Nr. 1 BGB verankerten Hinweisobliegenheit kann der Anbieter einer Abonnement- bzw. Vertragsfalle als Verwender von Allgemeinen Geschäftsbedingungen somit durch einen ausdrücklichen Hinweis in Form eines Hyperlinks nachkommen, der auf dem Bestell- bzw. Registrierungsformular selbst platziert ist und auf die Allgemeinen Geschäftsbedingungen verweist. Insbesondere muss dabei aus dem für die Bezeichnung des Hyperlinks verwendeten sprachlichen Ausdruck unmissverständlich der Wille des Anbieters zur Einbeziehung der Allgemeinen Geschäftsbedingungen in den abzuschließenden Vertrag hervorgehen (vgl. hierzu die Ausführungen zur Bezeichnung eines Hyperlinks im Rahmen der gemäß § 312 c Abs. 1 BGB i. V. m. Art. 246 § 1 EGBGB zu erteilenden Informationspflichten[802]).

Bei der Formulierung, Gestaltung und Platzierung eines solchen Hinweises verbleiben dem Anbieter zwar kaum Spielräume für eine möglichst unauffällige Gestaltungsform. Dennoch stellt auch dieser Aspekt kein Hindernis für das Funktionieren einer Abonnement- bzw. Vertragsfalle dar. Denn der Anbieter kann hier sogar durch eine

---

[800] So bspw. auch *LG Essen*, Urt. v. 13.02.2003 - 16 O 416/02, NJW-RR 2003, 1207 (1207); *C. Horn*, Verbraucherschutz bei Internetgeschäften, MMR 2002, 209 (209); *Klewitz*, S. 106; *Löhnig*, Die Einbeziehung von AGB bei Internet-Geschäften, NJW 1997, 1688 (1689); *Mehrings*, Verbraucherschutz im Cyberlaw: Zur Einbeziehung von AGB im Internet, BB 1998, 2373 (2374 ff.); *Schlosser* in: Staudinger, BGB, § 305, Rn. 110 m. w. N.; *Stoffels*, AGB-Recht, Rn. 271.

[801] So bspw. auch *BGH*, Urt. v. 18.06.1986 - VIII ZR 137/85, NJW-RR 1987, 112 (113); *Dilger*, S. 43 f.; *Klewitz*, S. 106; *Pfeiffer* in: Wolf/Lindacher/Pfeiffer, AGB, § 305, Rn. 62.

[802] Siehe 4. Teil, C, I, 3, b, bb.

möglichst standardisierte Gestaltung den Anschein des Üblichen erwecken und läuft so kaum Gefahr, dass der Nutzer trotz dieses ausdrücklichen Hinweises tatsächlich auf die Allgemeinen Geschäftsbedingungen aufmerksam wird. Schließlich stellt ein solcher AGB-Hinweis auf einer Internetseite nichts Besonderes dar, das bei einem Nutzer Beachtung finden würde. Er wird also in der Regel schlicht darüber hinwegsehen.

2. Möglichkeit der Kenntnisnahme (Abs. 2 Nr. 2)

Die wirksame Einbeziehung von Allgemeinen Geschäftsbedingungen setzt weiterhin voraus, dass der Verwender neben der Erfüllung seiner Hinweisobliegenheit der anderen Vertragspartei auch die Möglichkeit verschafft, in zumutbarer Weise vom Inhalt der Allgemeinen Geschäftsbedingungen Kenntnis zu nehmen (vgl. § 305 Abs. 2 Nr. 2 BGB). Zwar haben Rechtsprechung und Literatur – wie im Folgenden ausführlich dargestellt wird – die Voraussetzung der Kenntnisnahmemöglichkeit immer wieder (partiell) präzisiert. Trotz allem bleibt diese Einbeziehungsvoraussetzung sehr komplex, vielschichtig und zudem ineinander verwoben. Dennoch werden ihre einzelnen Merkmale zur übersichtlicheren Darstellung in dieser Arbeit getrennt dargestellt und untersucht.

a) Verschaffen der Möglichkeit zur Kenntnisnahme

Wie bereits angemerkt, wird durch das in § 305 Abs. 2 Nr. 2 BGB verankerte Erfordernis der Kenntnisnahmemöglichkeit dem Verwender eine Obliegenheit vom Gesetzgeber auferlegt, die in einem weiteren Punkt über die allgemeinen Grundsätze des Zustandekommens von Verträgen, insbesondere die Anforderungen an eine vertragliche Einbeziehung der Allgemeinen Geschäftsbedingungen, hinausgeht:[803]

Nach allgemeinem Vertragsrecht wäre es dem Kunden nämlich freigestellt, sich mit der Geltung bestimmter Regelungen – folglich auch mit den Allgemeinen Geschäftsbedingungen des Verwenders – einverstanden zu erklären, ohne sich vor Abschluss des Vertrages über deren Inhalt informieren zu lassen, beispielsweise weil der Kunde seinem Vertragspartner vertraut, die Auseinandersetzung mit dem Klauselwerk zu müh-

[803] Vgl. *Pfeiffer* in: Wolf/Lindacher/Pfeiffer, AGB, § 305, Rn. 84; *Mehrings*, Verbraucherschutz im Cyberlaw: Zur Einbeziehung von AGB im Internet, BB 1998, 2373 (2377); *Stoffels*, AGB-Recht, Rn. 263.

selig erscheint oder – und das wäre wohl auch im Sinne des Anbieters einer Abonnement- bzw. Vertragsfalle – ihm von vornherein die Möglichkeit der Kenntnisnahme vorenthalten wird.[804] Während es bei den beiden erstgenannten Beispielen allein beim Kunden liegt, diese Regelungen (nicht) zur Kenntnis zu nehmen, betrifft das letzte Beispiel indes einen Umstand, den nicht er, sondern ausschließlich der Verwender zu verantworten hat.[805] Dem wollte der Gesetzgeber im Rechtsverkehr mit Allgemeinen Geschäftsbedingungen Einhalt gebieten und hat es daher dem AGB-Verwender auferlegt, dem Verwendungsgegner die Möglichkeit zu verschaffen, vom Inhalt seiner Allgemeinen Geschäftsbedingungen Kenntnis zu nehmen.[806] Ob der Kunde die Möglichkeit der Kenntnisnahme auch tatsächlich nutzt, ist unbeachtlich – entscheidend ist lediglich, dass ihm diese Möglichkeit vom Verwender verschafft wird.[807]

Ein Verschaffen im Sinne des § 305 Abs. 2 Nr. 2 BGB liegt allerdings nur dann vor, wenn er dem Kunden die Kenntnisnahme in zumutbarer Weise ermöglicht, mit anderen Worten: wenn der Verwender selbst die Voraussetzungen für das Vorliegen einer zumutbaren Kenntnisnahmemöglichkeit schafft,[808] was im Folgenden geprüft werden soll.

b) Kenntnisnahme in zumutbarer Weise

Welche Voraussetzungen vorliegen müssen, damit die Möglichkeit der Kenntnisnahme der Allgemeinen Geschäftsbedingungen für den Vertragspartner – hier also den Nutzer – auch zumutbar ist, richtet sich nach den konkreten Umständen bei Abschluss des jeweiligen Vertrages, wozu etwa die Art des Zustandekommens sowie die Form und der Ort des Vertragsabschlusses, aber auch die Bedürfnisse der beteiligten Kundenkreise zählen.[809]

---

804 Vgl. allg. *Stoffels*, AGB-Recht, Rn. 263.

805 Vgl. ebd.

806 Vgl. ebd.

807 Vgl. etwa *BGH*, Urt. v. 19.01.1951 - I ZR 53/50, BGHZ 1, 83 (86) = NJW 1951, 403 (403); *BGH*, Urt. v. 08.03.1955 - I ZR 109/53, BGHZ 17, 1 (2) = NJW 1955, 1145 (1145); *BGH*, Urt. v. 29.09.1960 - II ZR 25/59, BGHZ 33, 216 (219) = NJW 1961, 212 (213); *Mehrings*, Verbraucherschutz im Cyberlaw: Zur Einbeziehung von AGB im Internet, BB 1998, 2373 (2378); *Pfeiffer* in: Wolf/Lindacher/Pfeiffer, AGB, § 305, Rn. 84, 92 f.; *Schlosser* in: Staudinger, BGB, § 305, Rn. 160; *Stoffels*, AGB-Recht, Rn. 276; *Waldenberger*, Grenzen des Verbraucherschutzes beim Abschluß von Verträgen im Internet, BB 1996, 2365 (2368).

808 So auch *Pfeiffer* in: Wolf/Lindacher/Pfeiffer, AGB, § 305, Rn. 93.

809 Vgl. etwa *BT-Drs.* 7/3919, S. 18; *Mehrings*, Verbraucherschutz im Cyberlaw: Zur Einbeziehung von AGB im Internet, BB 1998, 2373 (2377); *Pfeiffer* in: Wolf/Lindacher/Pfeiffer, AGB, § 305, Rn. 85; *Stoffels*, AGB-Recht, Rn. 276.

Sowohl Rechtsprechung als auch Literatur haben hierzu – wie nachfolgend bei den weiteren Merkmalen der Einbeziehungsvoraussetzung ausführlich dargestellt wird – aus § 305 Abs. 2 Nr. 2 BGB eine Reihe von allgemeingültigen Anforderungen abgeleitet,[810] die sich wiederum an den jeweiligen Bedingungen des eingesetzten Mediums orientieren, beurteilt aus der Perspektive eines durchschnittlichen Kunden ohne besondere Rechtskenntnisse.[811] Diese Anforderungen betreffen vor allem die Verfügbarkeit sowie die Lesbarkeit und Verständlichkeit der Allgemeinen Geschäftsbedingungen des Verwenders.

aa) Verfügbarkeit der Allgemeinen Geschäftsbedingungen für den Kunden

Von einer solchen Verfügbarkeit der Allgemeinen Geschäftsbedingungen ist dann auszugehen, wenn der Kunde tatsächlich über den vollständigen AGB-Text verfügen kann, mit anderen Worten, wenn er tatsächlich Zugriff auf diesen hat,[812] und zwar frei von Entgelt und sonstigem Aufwand.[813]

Damit der Kunde tatsächlich auf die Allgemeinen Geschäftsbedingungen zugreifen kann, ist es bei einem schriftlichen unter Abwesenden abgeschlossenen Vertrag in der Regel erforderlich, dass der Verwender den vollständigen AGB-Text an den Kunden übersendet,[814] was auch zusammen mit der Übermittlung des Angebots erfolgen kann.[815] Bei einem Vertragsabschluss über das Internet ist es für die Möglichkeit der zumutbaren Kenntnisnahme aber weder erforderlich noch praktikabel, dass sich die Allgemeinen Geschäftsbedingungen auf der Bestellseite selbst befinden.[816] Hierbei ist es vielmehr ausreichend, wenn ein Kunde bei seiner Bestellung den AGB-Text auf der Internetseite des Verwenders durch einen auf dieser Seite platzierten, gut sichtbaren Hyperlink aufrufen und ausdrucken kann.[817] Denn die Nutzung eines

---

810 Vgl. *Mehrings*, Verbraucherschutz im Cyberlaw: Zur Einbeziehung von AGB im Internet, BB 1998, 2373 (2377) m. w. N.

811 Vgl. nur *Dilger*, S. 44 f.; *Mehrings*, Verbraucherschutz im Cyberlaw: Zur Einbeziehung von AGB im Internet, BB 1998, 2373 (2377).

812 Vgl. nur *Pfeiffer* in: Wolf/Lindacher/Pfeiffer, AGB, § 305, Rn. 85; *Stoffels*, AGB-Recht, Rn. 276.

813 Vgl. *Mehrings*, Verbraucherschutz im Cyberlaw: Zur Einbeziehung von AGB im Internet, BB 1998, 2373 (2378 f.); *Pfeiffer* in: Wolf/Lindacher/Pfeiffer, AGB, § 305, Rn. 86.

814 Vgl. nur *Grüneberg* in: Palandt, BGB, § 305, Rn. 34; *Stoffels*, AGB-Recht, Rn. 278.

815 Vgl. *Stoffels*, AGB-Recht, Rn. 278.

816 Vgl. nur *Ernst*, Internet und Recht, JuS 1997, 776 (777); *Mehrings*, Verbraucherschutz im Cyberlaw: Zur Einbeziehung von AGB im Internet, BB 1998, 2373 (2378).

817 Vgl. etwa *BGH*, Urt. v. 14.06.2006 - I ZR 75/03, NJW 2006, 2976 (2977); *LG Essen*, Urt. v.

Hyperlinks ist für den Kunden nicht aufwendiger, als wenn er einen gedruckten Vertrag umdrehen muss, um den auf der Rückseite abgedruckten AGB-Text zur Kenntnis zu nehmen.[818] Das Platzieren eines Hyperlinks dient somit nicht nur der Erfüllung der Hinweisobliegenheit auf die Verwendung von Allgemeinen Geschäftsbedingungen, sondern ermöglicht gleichzeitig auch einen tatsächlichen medienspezifischen Zugriff auf diese.

Der Zugriff auf die Allgemeinen Geschäftsbedingungen mittels eines auf der Bestell- bzw. Registrierungsseite vorhandenen Hyperlinks ist allerdings nur dann für den Kunden zumutbar, wenn er frei auf diese zugreifen kann. Frei bedeutet hierbei, dass das Aufrufen bzw. der Abruf der Bedingungen weder mit (weiteren) Kosten noch mit einem sonstigen Mehraufwand für den Kunden verbunden sein darf.[819]

In diesem Zusammenhang stellt sich aber die Frage, ob eine solche (elektronische) Kenntnisnahme – und auf diese ist der Kunde schließlich angewiesen, wenn der Verwender seine Geschäftsbedingungen nur mittels einer Verlinkung zur Verfügung stellt – allein schon deshalb nicht zumutbar ist, weil dem Kunden Gebühren für die Übertragung des AGB-Textes anfallen und ihm somit zusätzliche Kosten entstehen, wenn er von dieser Möglichkeit Gebrauch macht und die Allgemeinen Geschäftsbedingungen von einer Internetseite des Anbieters abruft.[820] Dies gilt allerdings nur insofern, als der Kunde nicht über einen Internet-Pauschaltarif (eine sogenannte Flatrate) verfügt.[821]

13.02.2003 - 16 O 416/02, NJW-RR 2003, 1207 (1207); *Ernst*, Der Mausklick als Rechtsproblem – Willenserklärungen im Internet, NJW-CoR 1997, 165 (167); *Ernst*, Wirtschaftsrecht im Internet, BB 1997, 1057 (1057); *Förster*, Notwendige Angaben von Diensteanbietern im Internet – Teil III: Allgemeine Geschäftsbedingungen, NIP 2004, 16 (18); *Grüneberg* in: Palandt, BGB, § 305, Rn. 38; *Heinrichs*, Die Entwicklung des Rechts der Allgemeinen Geschäftsbedingungen im Jahre 1998, NJW 1999, 1596 (1598); *Klewitz*, S. 108; *H. Köhler*, Die Rechte des Verbrauchers beim Teleshopping (TV-Shopping, Internet-Shopping), NJW 1998, 185 (189); *Löhnig*, Die Einbeziehung von AGB bei Internet-Geschäften, NJW 1997, 1688 (1689); *Mehrings*, Verbraucherschutz im Cyberlaw: Zur Einbeziehung von AGB im Internet, BB 1998, 2373 (2378); *Pfeiffer* in: Wolf/Lindacher/Pfeiffer, AGB, § 305, Rn. 90; *Schlosser* in: Staudinger, BGB, § 305, Rn. 151; *Stoffels*, AGB-Recht, Rn. 281; *Taupitz/Kritter*, Electronic Commerce – Probleme bei Rechtsgeschäften im Internet, JuS 1999, 839 (844); *Waldenberger*, Grenzen des Verbraucherschutzes beim Abschluß von Verträgen im Internet, BB 1996, 2365 (2368).

818 So bspw. auch *Härting*, Rn. 140; *Kleier*, Bildschirmtext – Wirtschaftliche und rechtliche Auswirkungen, WRP 1983, 534 (537); *Mehrings*, Verbraucherschutz im Cyberlaw: Zur Einbeziehung von AGB im Internet, BB 1998, 2373 (2378).

819 Vgl. *Mehrings*, Verbraucherschutz im Cyberlaw: Zur Einbeziehung von AGB im Internet, BB 1998, 2373 (2378 f.); *Pfeiffer* in: Wolf/Lindacher/Pfeiffer, AGB, § 305, Rn. 86.

820 So bspw. auch *Dilger*, S. 46; *Klewitz*, S. 116; *Pfeiffer* in: Wolf/Lindacher/Pfeiffer, AGB, § 305, Rn. 90.

821 So auch *Pfeiffer* in: Wolf/Lindacher/Pfeiffer, AGB, § 305, Rn. 90.

Diese dem Kunden gegebenenfalls entstehenden Kosten stehen einer zumutbaren Kenntnisnahme allerdings nicht entgegen.[822] Ob dies jedoch schon alleine damit zu begründen ist, dass die anfallenden Übermittlungsgebühren durch das Abspeichern des Klauselwerks quasi unerheblich und die diesbezüglichen Bedenken deshalb obsolet seien,[823] erscheint gerade im Hinblick auf den zunehmenden Einsatz von mobilen oder anderen multimedialen internetfähigen Geräten fraglich, die zwar den Zugriff auf das Internet ermöglichen, zumeist jedoch keine Möglichkeit der Speicherung bieten.[824] Zu denken wäre hier beispielsweise an bestimmte Mobiltelefone (sogenannte Smartphones), Fernsehgeräte oder digitale Assistenten (sogenannte PDAs). Schließlich müssen sich die Voraussetzungen für die zumutbare Kenntnisnahme durch den durchschnittlichen Kunden an den jeweiligen Bedingungen des eingesetzten Mediums orientieren.[825] Jedoch ist hierbei zu berücksichtigen, dass sich der Kunde, der den Vertrag über das Internet anbahnt, stets freiwillig für den Einsatz eines bestimmten Mediums entschieden hat,[826] bei dem für die Nutzung entsprechende Kosten in Form von Gebühren bei einer Telefongesellschaft bzw. bei einem Provider anfallen können.[827] Diese Kosten, die dem Kunden zusätzlich entstehen, wenn er von der Möglichkeit zur Kenntnisnahme tatsächlich Gebrauch macht und die Allgemeinen Geschäftsbedingungen am Bildschirm liest, sind ihm daher auch grundsätzlich zumutbar,[828] sodass sie der wirksamen Einbeziehung der Allgemeinen Geschäftsbedingungen jedenfalls nicht entgegenstehen.[829] Darüber hinausgehende Kosten, die etwa vom Anbieter selbst für den Abruf des AGB-Textes erhoben werden, sind indessen unzulässig.[830]

---

822 So bspw. auch *Löhnig*, Die Einbeziehung von AGB bei Internet-Geschäften, NJW 1997, 1688 (1689); *Mehrings*, Verbraucherschutz im Cyberlaw: Zur Einbeziehung von AGB im Internet, BB 1998, 2373 (2379).

823 Vgl. etwa *Koehler*, Allgemeine Geschäftsbedingungen im Internet, MMR 1998, 289 (292).

824 So auch *Klewitz*, S. 116.

825 So auch *Dilger*, S. 46; *Mehrings*, Verbraucherschutz im Cyberlaw: Zur Einbeziehung von AGB im Internet, BB 1998, 2373 (2377).

826 Vgl. *Dilger*, S. 46; *Klewitz*, S. 116; *Löhnig*, Die Einbeziehung von AGB bei Internet-Geschäften, NJW 1997, 1688 (1689).

827 Vgl. nur *Dilger*, S. 46.

828 So bspw. auch *Dilger*, S. 46; *Löhnig*, Die Einbeziehung von AGB bei Internet-Geschäften, NJW 1997, 1688 (1689); *Mehrings*, Verbraucherschutz im Cyberlaw: Zur Einbeziehung von AGB im Internet, BB 1998, 2373 (2379).

829 So auch *Klewitz*, S. 116 f.; *Mehrings*, Verbraucherschutz im Cyberlaw: Zur Einbeziehung von AGB im Internet, BB 1998, 2373 (2379).

830 Vgl. nur *Klewitz*, S. 117.

bb) Lesbarkeit und Verständlichkeit – Anforderungen an die Gestaltung

Neben dem erforderlichen Hinweis des Verwenders auf seine Allgemeinen Geschäftsbedingungen und der von ihm zu gewährleistenden (tatsächlichen) Verfügbarkeit des Klauselwerks für den Kunden spielt auch die Gestaltung des AGB-Textes eine nicht zu unterschätzende Rolle bei der Frage, ob diese Bedingungen wirksamer Bestandteil des Vertrages werden.[831] Denn gerade das Vorhalten auf einer Internetseite bietet dem Verwender eine Vielzahl an Gestaltungsmöglichkeiten, die ein Anbieter einer Abonnement- bzw. Vertragsfalle aber auch dahingehend nutzen kann, die Lesbarkeit eines Textes (zum Beispiel durch die Verwendung kleiner Buchstaben oder einer schlechten Farbabstufung zwischen Text und Hintergrund) bzw. dessen Verständnis (etwa durch eine fehlende Gliederung, unnötige Verteilung auf mehrere Seiten, verschachtelte Formulierungen oder „das Aufsteigenlassen von Rauch") zu erschweren und damit die Motivation eines Nutzers zum Durchlesen der einzelnen Bedingungen zu minimieren.

In Bezug auf die Gestaltungsmöglichkeiten des AGB-Textes sind dem Verwender jedoch durchaus optische wie auch formale Grenzen gesetzt. Denn das Element der Zumutbarkeit beschränkt sich nicht nur auf eine entsprechende Möglichkeit des Zugriffs auf das Klauselwerk an sich, sondern erstreckt sich auch auf dessen Lesbarkeit und Verständlichkeit.[832] Die Untersuchung dieser Gestaltungsgrenzen folgt dabei dem „Erkenntnisweg" des Nutzers, d. h. dem Ablauf der Kenntnisnahme: Damit ein Durchschnittskunde den AGB-Text inhaltlich erfassen kann, muss dieser zunächst einmal lesbar sein, d. h. der Text an sich muss erkennbar sein (siehe aaa), wobei der Umfang des Klauselwerks weder die Lesbarkeit noch die Verständlichkeit beeinträchtigen darf (siehe bbb) oder aber eine Gliederung erfordert (siehe ccc).[833] Außerdem muss er sprachlich und inhaltlich klar gefasst (siehe ddd) und letztlich auch in

[831] So auch *Thamm/Detzer*, Druckgröße und sonstige formelle Gestaltung von Allgemeinen Geschäftsbedingungen, BB 1989, 1133 (1133).

[832] Vgl. etwa *BGH*, Urt. v. 30.05.1983 - II ZR 135/82, NJW 1983, 2772 (2773); *BGH*, Urt. v. 03.02.1986 - II ZR 201/85, NJW-RR 1986, 1311 (1311); *OLG Hamburg*, Urt. v. 14.04.1987 - 12 U 89/85, BB 1987, 1703 (1703 f.); *OLG Saarbrücken*, Urt. v. 22.09.1987 - 2 U 135/85, NJW-RR 1988, 858 (859); *Grüneberg* in: Palandt, BGB, § 305, Rn. 39; *Pfeiffer* in: Wolf/Lindacher/Pfeiffer, AGB, § 305, Rn. 88; *Thamm/Detzer*, Druckgröße und sonstige formelle Gestaltung von Allgemeinen Geschäftsbedingungen, BB 1989, 1133 (1133) m. w. N.

[833] So allg. etwa auch *OLG Schleswig*, Rechtsent. v. 27.03.1995 - 4 RE-Miet 1/93, NJW 1995, 2858 (2859); *Dilger*, S. 44; *Stoffels*, AGB-Recht, Rn. 283.

einer geeigneten Sprache verfasst sein (siehe eee).[834] Welche genauen Voraussetzungen damit im Einzelnen verbunden sind und welche Spielräume einem Anbieter einer Abonnement- bzw. Vertragsfalle verbleiben, soll im Folgenden näher untersucht werden. Zwar wird es dem Anbieter durch eine möglichst unvorteilhafte Gestaltung des AGB-Textes im Hinblick auf dessen Lesbarkeit und Verständlichkeit nie möglich sein, einen Nutzer, der diesen unbedingt lesen möchte, davon abzuhalten. Bei einem durchschnittlichen Nutzer, dem der Inhalt dieser Bedingungen aber im Grunde gleichgültig ist, da er sie für belanglos hält und eigentlich auch nur mit seiner Bestellung bzw. Registrierung fortfahren möchte, kann eine solche Gestaltung einen „enttarnenden" Blick in das Klauselwerk letztlich aber noch verhindern – und das, obwohl der Anbieter schon ausdrücklich auf die Verwendung seiner Allgemeinen Geschäftsbedingungen hinweisen musste und der Nutzer über den auf der jeweiligen Bestell- bzw. Registrierungsseite vorhanden Hyperlink ja auch unmittelbar auf diese zugreifen kann. Diese letztgenannte Gruppe von Nutzern stellt aber gerade den Großteil der Opfer von Abonnement- bzw. Vertragsfallen dar.

aaa) Mühelose Lesbarkeit des AGB-Textes

Die Zumutbarkeit der Kenntnisnahme vom Inhalt der durch den Verwender zusätzlich in den Vertrag eingebrachten Allgemeinen Geschäftsbedingungen ist nur dann zu bejahen, wenn der Text des Klauselwerks für den durchschnittlichen Kunden auch mühelos lesbar ist,[835] oder mit anderen Worten, wenn der Text an sich erkennbar ist. Die Erkennbarkeit des AGB-Textes hängt dabei vor allem von dessen Druckgröße, genaugenommen der Größe der verwendeten Schriftzeichen, dem Zeilenabstand sowie der Schärfe beim Druck ab.[836] Die Schriftzeichen müssen demnach eine Größe haben, die dem Kunden ein Durchlesen des Textes ohne besondere Anstrengungen

[834] So allg. etwa auch *OLG Schleswig*, Rechtsent. v. 27.03.1995 - 4 RE-Miet 1/93, NJW 1995, 2858 (2859); *Dilger*, S. 44; *Stoffels*, AGB-Recht, Rn. 283.

[835] Vgl. nur *BGH*, Urt. v. 30.05.1983 - II ZR 135/82, NJW 1983, 2772 (2773); *BGH*, Urt. v. 03.02.1986 - II ZR 201/85, NJW-RR 1986, 1311 (1311) m. w. N.; *OLG Hamburg*, Urt. v. 14.04.1987 - 12 U 89/85, BB 1987, 1703 (1703 f.); *OLG Hamm*, Urt. v. 20.11.1987 - 26 U 243/86, NJW-RR 1988, 944 (944); *OLG Saarbrücken*, Urt. v. 22.09.1987 - 2 U 135/85, NJW-RR 1988, 858 (859); *LG Aachen*, Urt. v. 24.01.1991 - 6 S 192/90, NJW 1991, 2159 (2160); *Härting*, Rn. 141 f.; *Klewitz*, S. 109; *Pfeiffer* in: Wolf/Lindacher/Pfeiffer, AGB, § 305, Rn. 88; *Schlosser* in: Staudinger, BGB, § 305, Rn. 140; *Thamm/Detzer*, Druckgröße und sonstige formelle Gestaltung von Allgemeinen Geschäftsbedingungen, BB 1989, 1133 (1133 f.).

[836] So auch *OLG Hamburg*, Urt. v. 18.10.1984 - 6 U 138/84, VersR 1985, 858 (858).

ermöglicht.[837] Verbindliche Vorgaben, in welcher Schriftgröße der AGB-Text abgedruckt bzw. auf einer Internetseite abgebildet sein muss und welchen Abstand die einzelnen Textzeilen voneinander haben müssen, gibt es indes nicht.[838]

In den Urteilen, die sich mit diesen Punkten eingehender auseinandersetzen,[839] stellt die Rechtsprechung mit einer Vielzahl unterschiedlicher Formulierungen zumeist auf das Merkmal der mühelosen Lesbarkeit der Allgemeinen Geschäftsbedingungen ab und orientiert sich damit an dem Kriterium, das auch schon in der Begründung des Regierungsentwurfs angeführt wird.[840] In dieser Begründung führt der Gesetzgeber nämlich aus, dass zu der Möglichkeit einer zumutbaren Kenntnisnahme auch gehöre, dass die Klauseln mühelos lesbar sind.[841] Wann allerdings das Merkmal der mühelosen Lesbarkeit eines AGB-Textes nach Ansicht der Rechtsprechung zu bejahen ist, kann nur – soweit überhaupt vorhanden – aus den Angaben in den einzelnen Urteilsbegründungen abgeleitet werden.[842] Verworfen wurden beispielsweise AGB-Texte, bei denen die Größe der Buchstaben 1 mm und weniger[843] oder der Zeilenabstand noch geringer[844] war (dieser betrug in einem Fall lediglich 0,5 mm[845]).[846] Auf diese Weise wurden auf einer DIN-A4-Seite rund 150 Textzeilen pro Spalte unterge-

---

[837] Vgl. etwa *BGH*, Urt. v. 30.05.1983 - II ZR 135/82, NJW 1983, 2772 (2773); *BGH*, Urt. v. 03.02.1986 - II ZR 201/85, NJW-RR 1986, 1311 (1311); *OLG Hamburg*, Urt. v. 14.04.1987 - 12 U 89/85, BB 1987, 1703 (1703 f.); *OLG Hamm*, Urt. v. 20.11.1987 - 26 U 243/86, NJW-RR 1988, 944 (944); *OLG Saarbrücken*, Urt. v. 22.09.1987 - 2 U 135/85, NJW-RR 1988, 858 (859); *Härting*, Rn. 142; *Klewitz*, S. 109; *Pfeiffer* in: Wolf/Lindacher/Pfeiffer, AGB, § 305, Rn. 88; *Schlosser* in: Staudinger, BGB, § 305, Rn. 140.

[838] Vgl. *Thamm/Detzer*, Druckgröße und sonstige formelle Gestaltung von Allgemeinen Geschäftsbedingungen, BB 1989, 1133 (1134).

[839] Vgl. nur *BGH*, Urt. v. 30.05.1985 - II ZR 135/82, NJW, 1983, 2772 (2773); *BGH*, Urt. v. 03.02.1986 - II ZR 201/85, NJW-RR 1986, 1311 (1311); *OLG Hamburg*, Urt. v. 18.10.1984 - 6 U 138/84, VersR 1985, 858 (858); *OLG Hamburg*, Urt. v. 14.04.1987 - 12 U 89/85, BB 1987, 1703 (1703 f.); *OLG Saarbrücken*, Urt. v. 22.09.1987 - 2 U 135/85, NJW-RR 1988, 858 (859).

[840] So auch *Pfeiffer* in: Wolf/Lindacher/Pfeiffer, AGB, § 305, Rn. 88; *Thamm/Detzer*, Druckgröße und sonstige formelle Gestaltung von Allgemeinen Geschäftsbedingungen, BB 1989, 1133 (1134).

[841] Vgl. nur *BT-Drs.* 7/3919, S. 18; *BGH*, Urt. v. 03.02.1986 - ZR 201/85, NJW-RR 1986, 1311 (1311); *Pfeiffer* in: Wolf/Lindacher/Pfeiffer, AGB, § 305, Rn. 88; *Thamm/Detzer*, Druckgröße und sonstige formelle Gestaltung von Allgemeinen Geschäftsbedingungen, BB 1989, 1133 (1134).

[842] Vgl. *Thamm/Detzer*, Druckgröße und sonstige formelle Gestaltung von Allgemeinen Geschäftsbedingungen, BB 1989, 1133 (1134).

[843] Vgl. hierzu bspw. *BGH*, Urt. v. 30.05.1983 - II ZR 135/82, NJW 1983, 2772 (2773); *OLG Hamburg*, Urt. v. 14.04.1987 - 12 U 89/85, BB 1987, 1703 (1704); *OLG Hamm*, Urt. v. 20.11.1987 - 26 U 243/86, NJW-RR 1988, 944 (944); *OLG Saarbrücken*, Urt. v. 22.09.1987 - 2 U 135/85, NJW-RR 1988, 858 (859).

[844] Vgl. hierzu *BGH*, Urt. v. 30.05.1983 - II ZR 135/82, NJW 1983, 2772 (2773); *OLG Saarbrücken*, Urt. v. 22.09.1987 - 2 U 135/85, NJW-RR 1988, 858 (859).

[845] Vgl. hierzu *OLG Hamburg*, Urt. v. 14.04.1987 - 12 U 89/85, BB 1987, 1703 (1704).

[846] Vgl. *Thamm/Detzer*, Druckgröße und sonstige formelle Gestaltung von Allgemeinen Geschäftsbedingungen, BB 1989, 1133 (1134).

bracht.[847] Für die Frage der angemessenen Lesbarkeit kommt es neben der Größe der Schriftzeichen aber auch noch auf weitere Faktoren an: so tragen etwa die verwendete Schriftart sowie die Farbe der Schriftzeichen in Relation zur Farbe oder Helligkeit des Hintergrunds maßgeblich zur Erkennbarkeit des AGB-Textes bei.[848]

Ein Anbieter einer Abonnement- bzw. Vertragsfalle wird sich auch hier an die optischen wie auch formalen Gestaltungsvorgaben für die mühelose Lesbarkeit des AGB-Textes halten. Denn zum einen kann er nur so die wirksame Einbeziehung der für das Funktionieren der Abonnement- bzw. Vertragsfalle notwendigen Bedingungen in den Vertrag sicherstellen. Zum anderen ist ein AGB-Text, der optisch und formal dem Üblichen oder Bekannten entspricht, auch viel unauffälliger und ruft daher selbst bei flüchtiger Betrachtung keinen Argwohn bei dem Nutzer hervor. Für das Funktionieren einer Abonnement- bzw. Vertragsfalle ist das Erfordernis der mühelosen Lesbarkeit des AGB-Textes folglich unproblematisch.

bbb) Umfang des Klauselwerks

Für die inhaltliche Erfassung der Allgemeinen Geschäftsbedingungen spielt neben der Erkennbarkeit des Textes an sich aber auch der Umfang des Klauselwerks eine maßgebliche Rolle, da dieser die Lesbarkeit und Verständlichkeit entscheidend beeinträchtigen und somit die Kenntnisnahme für den Kunden unzumutbar machen kann. Zum Umfang des Klauselwerks im Allgemeinen wird daher vertreten, dass der Vertragspartner des Verwenders hiervon nicht „erschlagen" werden darf; vielmehr ist auf die Art des Vertrages abzustellen, insbesondere auf den jeweiligen Vertragsgegenstand, dessen Bedeutung in einem angemessenen Verhältnis zur Länge des AGB-Textes stehen muss.[849]

---

[847] Vgl. etwa *BGH*, Urt. v. 30.05.1983 - II ZR 135/82, NJW 1983, 2772 (2773); *OLG Hamburg*, Urt. v. 14.04.1987 - 12 U 89/85, BB 1987, 1703 (1704); *Thamm/Detzer*, Druckgröße und sonstige formelle Gestaltung von Allgemeinen Geschäftsbedingungen, BB 1989, 1133 (1134).

[848] So bspw. auch *BGH*, Urt. v. 03.02.1986 - II ZR 201/85, NJW-RR 1986, 1311 (1311 f.); *OLG Hamburg*, Urt. v. 14.04.1987 - 12 U 89/85, BB 1987, 1703 (1704); *Klewitz*, S. 110; *Pfeiffer* in: Wolf/Lindacher/Pfeiffer, AGB, § 305, Rn. 88; *Thamm/Detzer*, Druckgröße und sonstige formelle Gestaltung von Allgemeinen Geschäftsbedingungen, BB 1989, 1133 (1135).

[849] Vgl. etwa *BGH*, Urt. v. 16.12.1982 - VII ZR 92/82, BGHZ 86, 135 (137 f.) = NJW 1983, 816 (816 f.); *OLG Köln*, Urt. v. 21.11.1997 - 19 U 128/97, NJW-RR 1998, 1277 (1278); *LG Aachen*, Urt. v. 24.01.1991 - 6 S 192/90, NJW 1991, 2159 (2160); *LG Freiburg*, Urt. v. 07.04.1992 - 9 S 139/90, NJW-RR 1992, 1018 (1018); *Klewitz*, S. 110; *H. Köhler*, Die Rechte des Verbrauchers beim Teleshopping (TV-Shopping, Internet-Shopping), NJW 1998, 185 (189); *Mehrings*, Verbraucherschutz

Bei diesen allgemeingültigen Anforderungen an einen (noch) zumutbaren Umfang des Klauselwerks müssen aber auch die jeweiligen Bedingungen des eingesetzten Mediums berücksichtigt werden. Bei einem Vertragsabschluss über das Internet besteht eine zu berücksichtigende Besonderheit des eingesetzten Medium darin, dass die Allgemeinen Geschäftsbedingungen des Verwenders dem Kunden nicht in gedruckter Form vorliegen, sondern (nur) durch den Aufruf der entsprechend verlinkten Internetseite dargestellt werden, und der Kunde diese damit am Bildschirm lesen muss,[850] sodass für die wirksame Einbeziehung des Klauselwerks insofern besondere Beschränkungen gelten könnten.[851] Hier stellt sich die Frage, ob und wenn ja, bis zu welchem Umfang die Zumutbarkeit einer solchen Kenntnisnahme für den Kunden noch gegeben ist. Denn das Ablesen vom Bildschirm ist etwas völlig anderes als das Durchgehen eines statischen, auf Papier gedruckten Textes[852] und weist Eigenarten auf, die – wie sogleich aufgezeigt wird – die Wahrnehmung erschweren.[853] Dieses Problem ist jedoch nicht neu:[854] Viele Überlegungen hierzu gehen auf die Einbeziehung von Allgemeinen Geschäftsbedingungen bei Vertragsabschlüssen über Btx zurück, bei denen dieser Punkt bereits zu Beginn der achtziger Jahre ausgiebig diskutiert wurde.[855] Daher sollen diese Argumente und Erkenntnisse – insbesondere in ihrem technischen Kontext – zunächst kurz dargestellt werden, um die zu Btx entwickelten Einschränkungen richtig verstehen zu können. Anschließend soll untersucht werden, ob diese Ansätze auch auf Vertragsabschlüsse über das Internet übertragen werden können.

---

im Cyberlaw: Zur Einbeziehung von AGB im Internet, BB 1998, 2373 (2377); *Pfeiffer* in: Wolf/Lindacher/Pfeiffer, AGB, § 305, Rn. 90; *Schlosser* in: Staudinger, BGB, § 305, Rn. 140; *Thamm/Detzer*, Druckgröße und sonstige formelle Gestaltung von Allgemeinen Geschäftsbedingungen, BB 1989, 1133 (1136).

850 Vgl. *LG Ravensburg*, Urt. v. 13.06.1991 - 2 S 6/91, CR 1992, 472 (474); *Bartl*, Aktuelle Rechtsfragen des Bildschirmtextes, DB 1982, 1097 (1101); *Dilger*, S. 45.

851 So auch *Koehler*, Allgemeine Geschäftsbedingungen im Internet, MMR 1998, 289 (291).

852 So auch *LG Ravensburg*, Urt. v. 13.06.1991 - 2 S 6/91, CR 1992, 472 (474); *Mehrings*, Verbraucherschutz im Cyberlaw: Zur Einbeziehung von AGB im Internet, BB 1998, 2373 (2379).

853 So auch *LG Ravensburg*, Urt. v. 13.06.1991 - 2 S 6/91, CR 1992, 472 (474); *Klewitz*, S. 110.

854 Vgl. nur *Koehler*, Allgemeine Geschäftsbedingungen im Internet, MMR 1998, 289 (289 f.).

855 Vgl. etwa *Bartl*, Aktuelle Rechtsfragen des Bildschirmtextes, DB 1982, 1097 (1101); *Brinkmann*, Vertragsrechtliche Probleme bei Warenbestellungen über Bildschirmtext, BB 1981, 1183 (1188 f.); *Dilger*, S. 45; *Kleier*, Bildschirmtext – Wirtschaftliche und rechtliche Auswirkungen, WRP 1983, 534 (537); *Koehler*, Allgemeine Geschäftsbedingungen im Internet, MMR 1998, 289 (290).

aaaa) Zumutbarer Umfang beim Abruf mittels Bildschirmtext

Nach der Rechtsprechung der unteren Gerichte[856] sowie der herrschenden Auffassung in der Literatur[857] liegt, mit unterschiedlichen Begründungen im Detail, die Voraussetzung der Möglichkeit zur zumutbaren Kenntnisnahme für die von einer Btx-Seite abgerufenen Allgemeinen Geschäftsbedingungen im Grundsatz vor, sofern diese nur einen geringen Umfang haben, in kurzen Sätzen gefasst sind und auf wenigen Texttafeln angezeigt werden können.[858] Umfangreiche Klauselwerke, deren Darstellung mehrere Btx-Seiten umfasst, können über den Bildschirm hingegen nicht wirksam einbezogen werden, da dies für einen Durchschnittskunden nicht mehr zumutbar sei.[859]

Denn auf einer Btx-Seite konnten höchstens 960 Zeichen (24 Zeilen mit jeweils 40 Zeichen) dargestellt werden, was ungefähr dem Umfang einer halben Schreibmaschinenseite entspricht.[860] Diese technischen Rahmenbedingungen erschwerten die inhaltliche Erfassung langer AGB-Texte erheblich, da auf einer einzelnen Btx-Seite immer nur ein kleiner Ausschnitt angezeigt wurde und der Kunde daher das gesamte Klauselwerk nicht im Zusammenhang, sondern nur in mehreren Schritten auf verschiedenen Texttafeln lesen konnte.[861] Durch das erforderliche Hin- und Herwechseln zwischen den verschiedenen Btx-Seiten war es für den Kunden, verglichen mit dem Vorliegen

---

856 Vgl. etwa *LG Aachen*, Urt. v. 24.01.1991 - 6 S 192/90, NJW 1991, 2159 (2160); *LG Bielefeld*, Urt. v. 30.10.1991 - 1 S 174/90, NJW-RR 1992, 955 (955); *LG Freiburg*, Urt. v. 07.04.1992 - 9 S 139/90, NJW-RR 1992, 1018 (1018); *LG Osnabrück*, Urt. v. 10.11.1995 - 2 O 60/94, CR 1996, 227 (229); *LG Ravensburg*, Urt. v. 13.06.1991 - 2 S 6/91, CR 1992, 472 (474).

857 Vgl. etwa *Auerbach*, Bestellvorgänge mittels Bildschirmtext, CR 1988, 18 (22); *Bartl*, Aktuelle Rechtsfragen des Bildschirmtextes, DB 1982, 1097 (1101); *Kleier*, Bildschirmtext – Wirtschaftliche und rechtliche Auswirkungen, WRP 1983, 534 (537).

858 So auch *Basedow* in: Münchener Kommentar, BGB, § 305, Rn. 64; *Dilger*, S. 45 m. w. N.; *Klewitz*, S. 110; *Koehler*, Allgemeine Geschäftsbedingungen im Internet, MMR 1998, 289 (292); *Mehrings*, Verbraucherschutz im Cyberlaw: Zur Einbeziehung von AGB im Internet, BB 1998, 2373 (2378).

859 Vgl. etwa *LG Aachen*, Urt. v. 24.01.1991 - 6 S 192/90, NJW 1991, 2159 (2160); *LG Freiburg*, Urt. v. 07.04.1992 - 9 S 139/90, NJW-RR 1992, 1018 (1018); *LG Ravensburg*, Urt. v. 13.06.1991 - 2 S 6/91, CR 1992, 472 (474); *LG Wuppertal*, Urt. v. 16.05.1990 - 8 S 21/90, NJW-RR 1991, 1148 (1149). A. A. *OLG Köln*, Urt. v. 21.11.1997 - 19 U 128/97, NJW-RR 1998, 1277 (1278); *LG Bielefeld*, Urt. v. 30.10.1991 - 1 S 174/90, NJW-RR 1992, 955 (955).

860 Vgl. nur *Klewitz*, S. 111; *Koehler*, Allgemeine Geschäftsbedingungen im Internet, MMR 1998, 289 (291) m. w. N.

861 Vgl. etwa *LG Aachen*, Urt. v. 24.01.1991 - 6 S 192/90, NJW 1991, 2159 (2160); *LG Freiburg*, Urt. v. 07.04.1992 - 9 S 139/90, NJW-RR 1992, 1018 (1018); *Klewitz*, S. 111; *Koehler*, Allgemeine Geschäftsbedingungen im Internet, MMR 1998, 289 (292).

Allgemeiner Geschäftsbedingungen in gedruckter Form, auch nur sehr eingeschränkt möglich, Klauseln einzeln bzw. im Zusammenhang mit anderen zu prüfen.[862]

Zwar hätte der Nutzer, sofern er über einen Drucker verfügte, die Allgemeinen Geschäftsbedingungen auch sofort in der gewohnten Papierform körperlich darstellen können. Ob dann aber die Möglichkeit zur zumutbaren Kenntnisnahme bei der Einbeziehung auch umfangreicher Klauselwerke im Rahmen von Vertragsabschlüssen über Btx zu bejahen gewesen wäre, wie es in der Literatur[863] teilweise vertreten wurde,[864] kann dahinstehen. Denn selbst zu den Zeiten mit dem höchsten Verbreitungsgrad des Btx hatten die meisten Nutzer in Ermangelung eines Druckers keine Möglichkeit, die abgerufenen Seiten auszudrucken.[865] Da außerdem auch keine Speichermöglichkeit gegeben war, blieb der übermittelte AGB-Text also in jedem Fall flüchtig.[866]

Diese von der Rechtsprechung der unteren Gerichte sowie dem weit überwiegenden Teil der Literatur vertretenen Ansätze wurden schließlich durch ein obergerichtliches Urteil[867] im Ausgangspunkt bestätigt. So folgte das Gericht zwar der Auffassung, dass bei Allgemeinen Geschäftsbedingungen, die im Rahmen von Vertragsabschlüssen über Btx übermittelt werden, aufgrund der Flüchtigkeit eine zumutbare Kenntnisnahmemöglichkeit nur dann gegeben sei, wenn es sich um relativ kurze Texte handelt. Das Gericht rückte jedoch von der strikten Maßgabe ab, dass der AGB-Text stets nur wenige Sätze umfassen darf, indem es die (absolute) Grenze des noch zumutbaren Umfangs relativierte: Es führte nämlich aus, dass die Kenntnisnahme auch noch bei Klauselwerken zumutbar sei, die sich zwar über sieben Btx-Seiten erstrecken, dafür aber übersichtlich in 15 Ziffern gegliedert und klar dargestellt sind.

bbbb) Zumutbarer Umfang beim Abruf über das Internet

Es erscheint allerdings fraglich, ob diese Argumente und Erkenntnisse, insbesondere im Hinblick auf die engen Grenzen, unter denen die Voraussetzung einer zumutbaren

---

[862] Vgl. *LG Aachen*, Urt. v. 24.01.1991 - 6 S 192/90, NJW 1991, 2159 (2160); *LG Freiburg*, Urt. v. 07.04.1992 - 9 S 139/90, NJW-RR 1992, 1018 (1018); *Klewitz*, S. 111; *Koehler*, Allgemeine Geschäftsbedingungen im Internet, MMR 1998, 289 (292).

[863] Vgl. etwa *Bartl*, Aktuelle Rechtsfragen des Bildschirmtextes, DB 1982, 1097 (1101).

[864] Vgl. *LG Ravensburg*, Urt. v. 13.06.1991 - 2 S 6/91, CR 1992, 472 (474).

[865] Vgl. *Klewitz*, S. 111; *Koehler*, Allgemeine Geschäftsbedingungen im Internet, MMR 1998, 289 (291).

[866] Vgl. *Klewitz*, S. 111; *Koehler*, Allgemeine Geschäftsbedingungen im Internet, MMR 1998, 289 (291 f.).

[867] Vgl. *OLG Köln*, Urt. v. 21.11.1997 - 19 U 128/97, NJW-RR 1998, 1277 (1278).

Kenntnisnahmemöglichkeit für die von einer Btx-Seite abgerufenen Allgemeinen Geschäftsbedingungen bejaht wird, uneingeschränkt oder nur in abgeschwächter Form auch auf die Einbeziehung von Allgemeinen Geschäftsbedingungen im Rahmen eines Vertragsabschlusses über das Internet übertragbar sind.[868] Schließlich unterscheiden sich die technischen Rahmenbedingungen des Internets gerade auch in den unter dem Aspekt der Zumutbarkeit relevanten Punkten grundlegend von jenen des Btx.[869] Ob dies allerdings zu einer anderen Beurteilung des zumutbaren Umfangs des Klauselwerks führt, gilt es sogleich zu untersuchen.

Auch bei einem Vertragsabschluss über das Internet werden die Allgemeinen Geschäftsbedingungen vom Verwender nicht in gedruckter Form übergeben, sondern (nur) auf einer Internetseite zur Ansicht bereitgehalten, und müssen gleichfalls vom Kunden am Bildschirm gelesen werden.[870] Damit bleibt auch hier aufgrund der Flüchtigkeit des AGB-Textes im Grundsatz das Problem der zumutbaren Kenntnisnahmemöglichkeit bestehen. Anders als beim Btx verfügt der durchschnittliche Nutzer des Internets aber über die besseren technischen Rahmenbedingungen, die ihm ausreichende Möglichkeiten zur Fixierung des flüchtigen AGB-Textes bieten: Neben der Möglichkeit, die Bedingungen auf der eigenen Festplatte oder einem anderen Datenträger dauerhaft abzuspeichern, wird vom überwiegenden Teil der Literatur[871] die Ansicht vertreten, dass davon ausgegangen werden könne, dem durchschnittlichen Internetnutzer stehe ein Drucker zur Verfügung, mit dem er diese auch unmittelbar und ohne großen Aufwand in der gewohnten Papierform körperlich darstellen könne.

---

868 So auch *Basedow* in: Münchener Kommentar, BGB, § 305, Rn. 65; *Klewitz*, S. 111; *Koehler*, Allgemeine Geschäftsbedingungen im Internet, MMR 1998, 289 (291).

869 So auch *Mehrings*, Verbraucherschutz im Cyberlaw: Zur Einbeziehung von AGB im Internet, BB 1998, 2373 (2378).

870 So bspw. auch *Klewitz*, S. 111 f.; *Koehler*, Allgemeine Geschäftsbedingungen im Internet, MMR 1998, 289 (292); *Löhnig*, Die Einbeziehung von AGB bei Internet-Geschäften, NJW 1997, 1688 (1689); *Mehrings*, Verbraucherschutz im Cyberlaw: Zur Einbeziehung von AGB im Internet, BB 1998, 2373 (2377 f.); *v. Herget/Reimer*, Rechtsformen und Inhalte von Verträgen im Online-Bereich, DStR 1996, 1288 (1290); *Waldenberger*, Grenzen des Verbraucherschutzes beim Abschluß von Verträgen im Internet, BB 1996, 2365 (2368).

871 Vgl. etwa *Ernst*, Internet und Recht, JuS 1997, 776 (777); *Ernst*, Verbraucherschutzrechtliche Aspekte des Intemets, VuR 1997, 259 (261); *Fringuelli/Wallhäuser*, Formerfordernisse beim Vertragsschluß im Internet, CR 1999, 93 (94); *Härting*, Rn. 140; *Klewitz*, S. 112; *Koehler*, Allgemeine Geschäftsbedingungen im Internet, MMR 1998, 289 (292); *Löhnig*, Die Einbeziehung von AGB bei Internet-Geschäften, NJW 1997, 1688 (1689); *Mehrings*, Verbraucherschutz im Cyberlaw: Zur Einbeziehung von AGB im Internet, BB 1998, 2373 (2378); *Pfeiffer* in: Wolf/Lindacher/Pfeiffer, AGB, § 305, Rn. 85; *Taupitz/Kritter*, Electronic Commerce – Probleme bei Rechtsgeschäften im Internet, JuS 1999, 839 (844); *Waldenberger*, Grenzen des Verbraucherschutzes beim Abschluß von Verträgen im Internet, BB 1996, 2365 (2369).

Daher sei die Kenntnisnahme auch umfangreicher Klauselwerke zumutbar.[872] Dabei wird jedoch häufig außer Acht gelassen, dass zwischen der grundsätzlich gegebenen Möglichkeit der Kenntnisnahme vom Inhalt des Klauselwerks und der Frage, ob die Kenntnisnahme für den Kunden auch tatsächlich zumutbar ist, ein Unterschied besteht.[873] Die Möglichkeit, die auf einer Internetseite zur Ansicht bereitgehaltenen Allgemeinen Geschäftsbedingungen auf einem Datenträger zu speichern oder auf Papier auszudrucken, und die dadurch dem Kunden eröffnete Möglichkeit, diese neben der flüchtigen Anzeige auf einem Bildschirm auch in einer fixierten Form zur Kenntnis nehmen zu können, bedeutet keinesfalls, dass stets auch – sozusagen automatisch – die Möglichkeit einer für den Kunden zumutbaren Kenntnisnahme zu bejahen ist.[874] Denn nicht alles, was (technisch) möglich ist, ist für den Kunden auch zumutbar.[875]

Es geht also nicht darum, ob der Kunde den AGB-Text abspeichern oder ausdrucken kann; die Frage ist vielmehr, ob es ihm in jedem Fall zumutbar ist, dies tun zu müssen, damit er dessen Inhalt überhaupt zur Kenntnis nehmen kann.[876] Sicherlich kann dem Punkt zugestimmt werden, dass heutzutage davon ausgegangen werden kann, dass der durchschnittliche Internetnutzer über einen (eigenen) Drucker verfügt und somit die Möglichkeit hat, den AGB-Text auszudrucken. Dieser Drucker ist bei einem stationären (nicht tragbaren) Computer in der Regel mit einem Kabel direkt verbunden, sodass dem Kunden das Ausdrucken des AGB-Textes unmittelbar möglich ist und – zumindest vom Aufwand her – durchaus auch zumutbar wäre. Handelt es sich jedoch um einen tragbaren Computer, wie beispielsweise einen Laptop, ein Note- oder Netbook, den der Kunde auch für den mobilen Zugang ins Internet verwendet, kann nicht (mehr) davon ausgegangen werden, dass der Drucker stets per Kabel angeschlossen ist. In diesem Fall ist zu unterscheiden: Nutzt der Kunde ein Funknetzwerk, wie beispielsweise ein Wireless-LAN (kurz: WLAN), um sich kabellos mit dem Internet zu verbinden, und ist auch der vorhandene Drucker in dieses Netzwerk eingebunden, sodass ein Ausdruck ohne weitere Zwischenschritte möglich ist, so ist

872 Vgl. nur *Ernst*, Internet und Recht, JuS 1997, 776 (777); *Fringuelli/Wallhäuser*, Formerfordernisse beim Vertragsschluß im Internet, CR 1999, 93 (94); *Löhnig*, Die Einbeziehung von AGB bei Internet-Geschäften, NJW 1997, 1688 (1689).

873 So auch *Dilger*, S. 46; *Mehrings*, Verbraucherschutz im Cyberlaw: Zur Einbeziehung von AGB im Internet, BB 1998, 2373 (2378).

874 Ebd.

875 So auch *Mehrings*, Verbraucherschutz im Cyberlaw: Zur Einbeziehung von AGB im Internet, BB 1998, 2373 (2378).

876 Ebd.

dies durchaus noch mit der oben geschilderten stationären Variante vergleichbar, solange der Drucker nicht allzu weit entfernt steht. Muss der Kunde hingegen den mobilen Computer oder ein anderes mobiles Gerät erst mit Hilfe eines Kabels an den Drucker vor Ort anschließen, besteht zwar prinzipiell die Möglichkeit, den AGB-Text auszudrucken, es erscheint – je nach Entfernung zum Drucker – jedoch zumindest schon fraglich, ob dies überhaupt zumutbar ist. Nutzt der Kunde einen tragbaren Computer hingegen, um unterwegs etwa mit Hilfe eines Mobiltelefons oder eines entsprechenden Modems über das Mobilfunknetz oder über ein anderes (fremdes) Funknetz (beispielsweise ein öffentliches WLAN-Netzwerk) Zugang zum Internet zu erhalten, kann von ihm nicht mehr erwartet werden, dass er – soweit man hier überhaupt noch von einer Möglichkeit sprechen kann – seinen Computer vor dem Vertragsabschluss noch an den vorhandenen, aber (gegebenenfalls weit) entfernten Drucker anschließt, um das Klauselwerk damit auszudrucken.[877] Daneben sind aber auch hier wieder die anderen stationären und mobilen Geräte relevant, die den Zugang zum Internet ermöglichen: So werden, wie bereits erwähnt, etwa Smartphones, Fernseher oder PDAs in zunehmendem Maße für die Nutzung des Internets eingesetzt.[878] Bei diesen Geräten ist der Anschluss eines Druckers und damit das Ausdrucken des AGB-Textes jedoch oftmals gar nicht möglich.

Wie bereits festgestellt, kommt es für das Vorliegen einer zumutbaren Kenntnisnahmemöglichkeit nicht darauf an, ob der Kunde diese auch tatsächlich nutzt – in diesem Fall den AGB-Text also tatsächlich ausdruckt. Entscheidend ist vielmehr, ob es dem Kunden regelmäßig überhaupt möglich und – wenn (theoretisch) ein Drucker sowie eine entsprechende Anschlussmöglichkeit am eingesetzten Gerät vorhanden sind – es ihm auch zumutbar ist, diesen anzuschließen und das Klauselwerk auszudrucken, um es auf Papier durchlesen zu können[879].

Wie in den letzten Beispielen aufgezeigt, ist es dem Kunden gerade beim Einsatz eines mobilen Computers oft nicht zumutbar, einen Drucker anzuschließen, oder bei der Verwendung eines anderen internetfähigen Gerätes mangels eines Druckeranschlusses schlicht unmöglich, von diesem Gebrauch zu machen. Es kann somit regelmäßig nicht davon ausgegangen werden, dass einem Kunden bei einem Vertragsab-

877 So allg. auch *Dilger*, S. 47.
878 Ebd.
879 Ebd.

schluss über das Internet die Kenntnisnahme durch das Ausdrucken der Allgemeinen Geschäftsbedingungen möglich und auch zumutbar ist, obwohl davon ausgegangen werden kann, dass dem durchschnittlichen Internet-Nutzer ein (eigener) Drucker zur Verfügung steht.[880] Somit kommt es trotz der besseren technischen Rahmenbedingungen schließlich – wie auch schon beim Btx – auch bei einem Vertragsabschluss über das Internet darauf an, dass die Möglichkeit der Kenntnisnahme am Bildschirm für den Kunden zumutbar ist.[881] Daran ändert sich auch nichts, wenn der durchschnittliche Internetnutzer von der ihm in der Regel zur Verfügung stehenden Möglichkeit zur Fixierung des flüchtigen AGB-Textes Gebrauch macht und diesen auf der eigenen Festplatte oder einem anderen Datenträger dauerhaft abspeichert, um ihn offline, also ohne dabei mit dem Internet verbunden zu sein, zu lesen.[882] Denn zum einen muss auch hier berücksichtigt werden, dass der Zugang zum Internet nicht nur mit einem Computer möglich ist, der eine Festplatte oder einen vergleichbaren Datenträger hat, sondern auch andere internetfähige Geräte verwendet werden, die eine solche Speichermöglichkeit indes nicht unbedingt bieten.[883] Zum anderen ist zu beachten, dass durch das Abspeichern des AGB-Textes als solches die Kenntnisnahme noch nicht eröffnet ist, da der Kunde diesen auch noch lesen muss,[884] was wiederum über den Bildschirm erfolgt. Die Möglichkeit des Speicherns hilft somit nur gegen die Flüchtigkeit der Allgemeinen Geschäftsbedingungen selbst, führt aber nicht dazu, dass dem Kunden deshalb die Kenntnisnahme auch umfangreicher Klauselwerke zuzumuten ist.

Die Bedingungen, unter denen Inhalte am Bildschirm wahrgenommen werden können, sind beim Internet jedoch erheblich besser als noch bei der Btx-Technik. So besteht ein großer Unterschied hinsichtlich der Darstellungsmöglichkeiten auf dem Bildschirm: Während auf einer Btx-Seite, wie bereits erwähnt, technisch bedingt höchstens 960 Zeichen (24 Zeilen mit jeweils 40 Zeichen) dargestellt werden konnten, besteht eine solche Begrenzung für eine Seite im Internet nicht, sodass hier wesentlich mehr Text dargestellt werden kann.[885] Gleichzeitig können unter anderem die Art,

---

880 So auch *Dilger*, S. 47.

881 Ebd.

882 Ebd.

883 So auch *Klewitz*, S. 112.

884 So auch *Mehrings*, Verbraucherschutz im Cyberlaw: Zur Einbeziehung von AGB im Internet, BB 1998, 2373 (2379).

885 So bspw. auch *Basedow* in: Münchener Kommentar, BGB, § 305, Rn. 65; *Koehler*, Allgemeine Geschäftsbedingungen im Internet, MMR 1998, 289 (291 f.); *Mehrings*, Verbraucherschutz im Cyberlaw: Zur Einbeziehung von AGB im Internet, BB 1998, 2373 (2378).

Größe und Farbe der Schriftzeichen sowie der Hintergrund frei gewählt und somit das Erscheinungsbild des Textes beliebig – und damit prinzipiell auch lesefreundlicher – gestaltet werden.[886] Zudem entfällt der beim Btx erforderliche Wechsel zwischen den einzelnen Texttafeln durch die unbegrenzt mögliche Zeichenanzahl auf einer Internetseite; die Inhalte können hier, sobald sie den darstellbaren Seitenbereich überschreiten, etwa mithilfe der Bildlaufleiste umbruchfrei, d. h. fließend, weitergelesen werden.[887] Es ist für einen Internetnutzer also wesentlich einfacher, zwischen verschiedenen Klauseln zu springen und sie einzeln oder im Zusammenhang mit anderen zu prüfen.[888]

Diese besseren Darstellungsmöglichkeiten auf dem Bildschirm dürften es – eine lesefreundliche Gestaltung des Textes vorausgesetzt – sicherlich rechtfertigen, auch umfangreichere AGB-Werke als noch seinerzeit bei einem Vertragsabschluss mittels Btx wirksam einzubeziehen. Trotzdem ist eine grundlegend abweichende Beurteilung der Frage, bis zu welchem Umfang des Klauselwerks die Zumutbarkeit der Kenntnisnahme am Bildschirm für den Kunden noch gegeben ist, nicht allein aufgrund dieser Unterschiede zu rechtfertigen.[889] Denn das Lesen und Erfassen komplexer Texte, wie gerade von Allgemeinen Geschäftsbedingungen, ist bei ihrer Darstellung auf dem Bildschirm unter anderem wegen der eingeschränkten Seitenansicht nach wie vor nicht mit ihrer auf Papier gedruckten Form vergleichbar.[890] Wo genau nun aber die Grenze für die Zumutbarkeit der Kenntnisnahme am Bildschirm zu ziehen ist, ist umstritten und selbst im Hinblick auf ein konkretes Geschäft nur schwierig zu beantworten.

Ob also auch umfangreiche AGB-Werke bei einem Vertragsabschluss über das Internet ohne Weiteres wirksam einbezogen werden können, so wie es von dem überwiegenden Teil der Ansichten in der Literatur[891] vertreten wird – dies wird meist unter dem

---

886 So auch *Koehler*, Allgemeine Geschäftsbedingungen im Internet, MMR 1998, 289 (292); *Mehrings*, Verbraucherschutz im Cyberlaw: Zur Einbeziehung von AGB im Internet, BB 1998, 2373 (2378).

887 So auch *Koehler*, Allgemeine Geschäftsbedingungen im Internet, MMR 1998, 289 (292); *Löhnig*, Die Einbeziehung von AGB bei Internet-Geschäften, NJW 1997, 1688 (1689).

888 So auch *Koehler*, Allgemeine Geschäftsbedingungen im Internet, MMR 1998, 289 (292).

889 So auch *Klewitz*, S. 113.

890 So bspw. auch *Borges*, Verbraucherschutz beim Internet-Shopping, ZIP 1999, 130 (135); *Dilger*, S. 47; *Mehrings*, Verbraucherschutz im Cyberlaw: Zur Einbeziehung von AGB im Internet, BB 1998, 2373 (2379). A. A. *Waldenberger*, Grenzen des Verbraucherschutzes beim Abschluß von Verträgen im Internet, BB 1996, 2365 (2368).

891 Vgl. etwa *Basedow* in: Münchener Kommentar, BGB, § 305, Rn. 65; *Dilger*, S. 46; *Ernst*, Verbraucherschutzrechtliche Aspekte des Intemets, VuR 1997, 259 (261); *Fringuelli/Wallhäuser*, Formerfor-

Hinweis auf die Möglichkeit des Druckens bzw. Speicherns des AGB-Textes begründet,[892] was aber beides bereits als nicht in jedem Falle haltbar widerlegt wurde –, erscheint nach den bisherigen Untersuchungsergebnissen mehr als fraglich. Ob sich darüber hinaus auch noch eine konkrete bzw. absolute Seitenzahl festlegen lässt – vorgeschlagen wird eine Begrenzung auf wenige kurze AGB-Klauseln bzw. maximal eine Seite an Text[893] –, bis zu welcher eine Kenntnisnahme am Bildschirm für den Kunden noch zumutbar ist, erscheint nicht nachvollziehbar.[894] Denn selbst bei sehr einfach strukturierten Geschäften ist diese Begrenzung zu gering bemessen und dürfte spätestens im Hinblick auf die mögliche Integration der fernabsatzrechtlichen Informations- und Mitteilungspflichten – der vollständige Informationskatalog aus Art. 246 § 1 Abs. 1 und § 2 Abs. 1 S. 1 Nr. 2 EGBGB umfasst immerhin schon zwei eng bedruckte DIN-A4-Seiten[895] – nicht mehr zu halten sein (vgl. hierzu die Ausführungen zur Integration dieser Informationen in Allgemeine Geschäftsbedingungen[896]).

Richtiger erscheint in diesem Punkt vielmehr der bereits zum zumutbaren Umfang von Allgemeinen Geschäftsbedingungen beim Abrufen mittels Btx verfolgte Ansatz des OLG Köln[897]. Denn entgegen der beiden letztgenannten Ansichten in der Literatur sowie der Rechtsprechung und in Anlehnung an die Entscheidung des OLG Köln sollte auch bei einem Vertragsabschluss über das Internet der Umfang des vom Kunden am Bildschirm zu lesenden Klauselwerks nicht nur auf eine konkret einzuhaltende maximale Seitenzahl festgelegt, sondern vorzugsweise anhand einer Gesamtbe-

dernisse beim Vertragsschluß im Internet, CR 1999, 93 (94); *Heinrichs*, Die Entwicklung des Rechts der Allgemeinen Geschäftsbedingungen im Jahre 1996, NJW 1997, 1407 (1409); *Koehler*, Allgemeine Geschäftsbedingungen im Internet, MMR 1998, 289 (292); *Löhnig*, Die Einbeziehung von AGB bei Internet-Geschäften, NJW 1997, 1688 (1689); *Mehrings*, Verbraucherschutz im Cyberlaw: Zur Einbeziehung von AGB im Internet, BB 1998, 2373 (2378); *Waldenberger*, Grenzen des Verbraucherschutzes beim Abschluß von Verträgen im Internet, BB 1996, 2365 (2368). A. A. *Borges*, Verbraucherschutz beim Internet-Shopping, ZIP 1999, 130 (135); *Klewitz*, S. 113.

892 Vgl. etwa *Ernst*, Internet und Recht, JuS 1997, 776 (777); *Ernst*, Verbraucherschutzrechtliche Aspekte des Internets, VuR 1997, 259 (261); *Fringuelli/Wallhäuser*, Formerfordernisse beim Vertragsschluß im Internet, CR 1999, 93 (94); *Löhnig*, Die Einbeziehung von AGB bei Internet-Geschäften, NJW 1997, 1688 (1689); *Mehrings*, Verbraucherschutz im Cyberlaw: Zur Einbeziehung von AGB im Internet, BB 1998, 2373 (2378); *Pfeiffer* in: Wolf/Lindacher/Pfeiffer, AGB, § 305, Rn. 85.

893 Vgl. *LG Aachen*, Urt. v. 24.01.1991 - 6 S 192/90, NJW 1991, 2159 (2160); *LG Freiburg*, Urt. v. 07.04.1992 - 9 S 139/90, NJW-RR 1992, 1018 (1018); *Auerbach*, Bestellvorgänge mittels Bildschirmtext, CR 1988, 18 (22); *Bartl*, Aktuelle Rechtsfragen des Bildschirmtextes, DB 1982, 1097 (1101); *Klewitz*, S. 113.

894 So allg. auch *Mehrings*, Verbraucherschutz im Cyberlaw: Zur Einbeziehung von AGB im Internet, BB 1998, 2373 (2379).

895 Vgl. *Schlosser* in: Staudinger, BGB, § 305, Rn. 139; *Thüsing* in: Staudinger, BGB, § 312 c, Rn. 23.

896 Siehe 4. Teil, C, I, 3, d.

897 Vgl. *OLG Köln*, Urt. v. 21.11.1997 - 19 U 128/97, NJW-RR 1998, 1277 (1278).

trachtung ermitteln werden, ob dem Vertragspartner des Verwenders trotz des jeweiligen Umfangs der Allgemeinen Geschäftsbedingungen eine kritische Prüfung der durch das Klauselwerk getroffenen Regelungen noch möglich ist.[898] Im Rahmen einer solchen Gesamtbetrachtung spielt neben dem Umfang und der mühelosen Lesbarkeit des AGB-Textes vor allem die Frage, ob die Allgemeinen Geschäftsbedingungen sinnvoll strukturiert und gegebenenfalls noch gegliedert sind, eine entscheidende Rolle für ihre Wahrnehmbarkeit am Bildschirm.[899] Denn der Kunde kann, sofern die anderen für die Lesbarkeit und Verständlichkeit eines AGB-Textes aufgeführten Kriterien – insbesondere eine entsprechende Strukturierung bzw. Gliederung des Textes – in höherem Maße erfüllt sind, durchaus auch einen umfangreicheren Klauseltext am Bildschirm noch in zumutbarer Weise wahrnehmen.[900] Im Ergebnis tritt somit die Frage nach dem zumutbaren Umfang von Allgemeinen Geschäftsbedingungen beim Abrufen über das Internet bei einer mühelosen Lesbarkeit sowie einer entsprechenden Strukturierung bzw. Gliederung des AGB-Textes – welche im Folgenden untersucht werden soll – zurück, sodass sie (zumindest an dieser Stelle) nicht abschließend geklärt zu werden braucht.

ccc) Strukturierung bzw. Gliederung des AGB-Textes

Auf die Beurteilung der Frage, ob die Kenntnisnahme auch umfangreicher AGB-Werke am Bildschirm noch als zumutbar anzusehen ist, wirkt sich eine klare und sinnvolle Gestaltung des Textes gerade mit zunehmendem Umfang positiv aus,[901] zumal das Kriterium der Zumutbarkeit hinsichtlich des formellen Aufbaus der Allgemeinen Geschäftsbedingungen auch ein gewisses Maß an Übersichtlichkeit verlangt.[902] Dies erfordert allerdings neben einem klar strukturierten Aufbau und einer klaren inhaltlichen Ausgestaltung auch eine logische Gliederung, die dem Umfang

---

898 So auch *Dilger*, S. 47 f.

899 Vgl. *Dilger*, S. 48.

900 So auch *Dilger*, S. 48.

901 Vgl. etwa *BGH*, Urt. v. 07.05.1986 - VIII ZR 238/85, ZIP 1986, 866 (867); *BGH*, Urt. v. 29.02.1984 - VIII ZR 350/82, NJW 1985, 53 (56); *Thamm/Detzer*, Druckgröße und sonstige formelle Gestaltung von Allgemeinen Geschäftsbedingungen, BB 1989, 1133 (1135).

902 Vgl. etwa *BGH*, Urt. v. 08.10.1975 - VIII ZR 81/74, NJW 1975, 195 (197); *OLG Saarbrücken*, Urt. v. 22.09.1987 - 2 U 135/85, NJW-RR 1988, 858 (859); *OLG Schleswig*, Rechtsent. v. 27.03.1995 - 4 RE-Miet 1/93, NJW 1995, 2858 (2859); *Härting*, Rn. 141; *Mehrings*, Verbraucherschutz im Cyberlaw: Zur Einbeziehung von AGB im Internet, BB 1998, 2373 (2377); *Thamm/Detzer*, Druckgröße und sonstige formelle Gestaltung von Allgemeinen Geschäftsbedingungen, BB 1989, 1133 (1135 f.).

des Klauselwerks angemessen sein muss.[903] Die einzelnen Regelungen bzw. Regelungsbereiche müssen dabei klar voneinander getrennt sein.[904] Sind die Allgemeinen Geschäftsbedingungen durch die Strukturierung und Gliederung entsprechend übersichtlich, ist der Vertragspartner des Verwenders nämlich nicht mehr gezwungen, den gesamten AGB-Text durchzulesen, um eine (speziell gesuchte) einschlägige Regelung zu finden.[905] Werden die einzelnen Abschnitte dann noch um aussagekräftige Überschriften ergänzt, unterstützt dies die logische Gliederung und damit die Übersichtlichkeit des ganzen Werkes noch einmal wesentlich.[906] Der Kunde kann sich darauf verlassen, dass unter der entsprechenden Überschrift dann auch alle einschlägigen Bestimmung zu finden sind und die damit zusammenhängenden Fragen abschließend behandelt werden,[907] da Regelungen, die sich an einer anderen Stelle befinden, als durch die jeweilige Überschrift indiziert wird, nicht wirksam und damit auch nicht bindend werden.[908] Eine zu beachtende Vorgabe für die inhaltliche und formelle Strukturierung von AGB gibt es zwar nicht; sinnvoll erscheint es jedoch, die Reihenfolge der Gliederungspunkte am zeitlichen Ablauf des Geschäfts zu orientieren.[909]

Der Anbieter einer Abonnement- bzw. Vertragsfalle ist somit quasi dazu verpflichtet, seinen verwendeten AGB-Text zu gliedern. Denn üblicherweise finden sich auch die im Rahmen des Fernabsatzes gesetzlich vorgeschriebenen Verbraucherinformationen in den Allgemeinen Geschäftsbedingungen wieder, sodass diese per se einen gewissen Umfang aufweisen. Aber auch die Ergänzung der einzelnen Abschnitte mit entsprechenden Überschriften erscheint für den Anbieter nicht weiter problematisch. Zwar kann er – wie gerade dargestellt – bestimmte Regelungen nicht unter einer anderen Überschrift „verstecken“, er hat aber bei der Bezeichnung der Überschriften

---

903 Vgl. etwa *OLG Hamburg*, Urt. v. 26.03.1986 - 5 U 119/85, NJW-RR 1986, 1440 (1440); *OLG Stuttgart*, Urt. v. 25.03.1988 - 2 U 155/87, NJW-RR 1988, 786 (787); *AG Offenburg*, Urt. v. 12.03.1996 - 1 C 596/95, NJW-RR 1996, 1014 (1014); *Mehrings*, Verbraucherschutz im Cyberlaw: Zur Einbeziehung von AGB im Internet, BB 1998, 2373 (2377); *Thamm/Detzer*, Druckgröße und sonstige formelle Gestaltung von Allgemeinen Geschäftsbedingungen, BB 1989, 1133 (1135 f.).

904 Vgl. nur *Schlosser* in: Staudinger, BGB, § 305, Rn. 140.

905 Vgl. *Schlosser* in: Staudinger, BGB, § 305, Rn. 140; *Thamm/Detzer*, Druckgröße und sonstige formelle Gestaltung von Allgemeinen Geschäftsbedingungen, BB 1989, 1133 (1135).

906 Vgl. *BGH*, Urt. v. 03.02.1986 - II ZR 201/85, NJW-RR 1986, 1311 (1312); *Thamm/Detzer*, Druckgröße und sonstige formelle Gestaltung von Allgemeinen Geschäftsbedingungen, BB 1989, 1133 (1135) m. w. N.

907 Vgl. *Thamm/Detzer*, Druckgröße und sonstige formelle Gestaltung von Allgemeinen Geschäftsbedingungen, BB 1989, 1133 (1135).

908 Vgl. *Schlosser* in: Staudinger, BGB, § 305, Rn. 140; *Thamm/Detzer*, Druckgröße und sonstige formelle Gestaltung von Allgemeinen Geschäftsbedingungen, BB 1989, 1133 (1135).

909 So auch *Thamm/Detzer*, Druckgröße und sonstige formelle Gestaltung von Allgemeinen Geschäftsbedingungen, BB 1989, 1133 (1135).

die freie Wortwahl, solange diese nur aussagekräftig sind, was ihm einen gewissen (kreativen) Spielraum eröffnet.

Der weitaus größere Gestaltungsspielraum bietet sich dem Anbieter jedoch mangels einer verbindlichen Vorgabe für die Reihenfolge der einzelnen Gliederungspunkte. Er kann also durchaus die für das Funktionieren der Abonnement- bzw. Vertragsfalle wichtigen Klauseln durch eine Platzierung am Ende des AGB-Textes aus dem Blickfeld des Lesers nehmen. Im Ergebnis gilt aber auch hier wieder, dass der Anbieter durch eine möglichst standardisierte Gestaltung den Anschein des Üblichen erwecken kann. Eine ordentliche Gliederung sowie die Vergabe von Überschriften werden zudem dazu führen, dass der Nutzer aufgrund des Erscheinungsbildes des vermeintlich ordnungsgemäßen AGB-Textes keinen Argwohn hegt und so auf die versteckten bzw. verschleierten Bedingungen nicht aufmerksam wird. Für das Funktionieren einer Abonnement- bzw. Vertragsfalle ist daher auch das Erfordernis der Strukturierung bzw. Gliederung des AGB-Textes unproblematisch.

ddd) Sprachliche und inhaltliche Klarheit

Das Kriterium der Zumutbarkeit verlangt nicht nur ein gewisses Maß an Übersichtlichkeit hinsichtlich des formalen Aufbaus der Allgemeinen Geschäftsbedingungen, sondern erfordert darüber hinaus auch, dass der AGB-Text für einen durchschnittlichen Kunden inhaltlich verständlich ist.[910] Damit sind wiederum gewisse Anforderungen an die Gestaltung der einzelnen Bestimmungen verbunden:[911]

Diese müssen sprachlich und inhaltlich klar sein,[912] da der Sinn der Bestimmung für den Kunden zumindest andeutungsweise auch materiell erfassbar sein muss und er die

---

910 Vgl. etwa *OLG Hamburg*, Urt. v. 26.03.1986 - 5 U 119/85, NJW-RR 1986, 1440 (1440); *OLG Schleswig*, Rechtsent. v. 27.03.1995 - 4 RE-Miet 1/93, NJW 1995, 2858 (2859); *OLG Stuttgart*, Urt. v. 25.03.1988 - 2 U 155/87, NJW-RR 1988, 786 (787); *AG Offenburg*, Urt. v. 12.03.1996 - 1 C 596/95, NJW-RR 1996, 1014 (1014); *Basedow* in: Münchener Kommentar, BGB, § 305, Rn. 69; *Grüneberg* in: Palandt, BGB, § 305, Rn. 41; *Härting*, Rn. 141; *Mehrings*, Verbraucherschutz im Cyberlaw: Zur Einbeziehung von AGB im Internet, BB 1998, 2373 (2377).

911 So auch *BGH*, Urt. v. 10.12.1980 - VIII ZR 295/79, NJW 1981, 867 (868); *Mehrings*, Verbraucherschutz im Cyberlaw: Zur Einbeziehung von AGB im Internet, BB 1998, 2373 (2377).

912 Vgl. etwa *OLG Hamburg*, Urt. v. 26.03.1986 - 5 U 119/85, NJW-RR 1986, 1440 (1440); *OLG Stuttgart*, Urt. v. 25.03.1988 - 2 U 155/87, NJW-RR 1988, 786 (787); *AG Offenburg*, Urt. v. 12.03.1996 - 1 C 596/95, NJW-RR 1996, 1014 (1014); *Basedow* in: Münchener Kommentar, BGB, § 305, Rn. 69; *Grüneberg* in: Palandt, BGB, § 305, Rn. 41; *Mehrings*, Verbraucherschutz im Cyberlaw: Zur Einbeziehung von AGB im Internet, BB 1998, 2373 (2377).

Regelung somit kritisch prüfen kann.[913] Das Transparenzgebot ist nämlich – obwohl ausdrücklich als Maßstab im Rahmen der Inhaltskontrolle gemäß § 307 Abs. 1 S. 2 BGB verankert – bereits bei der Einbeziehungskontrolle zu berücksichtigen.[914] Im Rahmen von § 305 Abs. 2 BGB kann es dabei jedoch nur um die formale und sprachliche Verständlichkeit der jeweiligen AGB-Klauseln gehen – inhaltliche Erwägungen bleiben der Auslegung anhand des § 307 Abs. 1 BGB sowie den Vorschriften der Inhaltskontrolle Allgemeiner Geschäftsbedingungen in den §§ 307 bis 309 BGB vorbehalten.[915] Damit werden nur solche Bestimmungen auch wirksam in den Vertrag einbezogen, die den Anforderungen des Transparenzgebots entsprechen.[916] So dürfen beispielsweise bei alltäglichen Geschäften, die für den durchschnittlichen (End-)Kunden bestimmt sind und zu denen auch die vorliegend untersuchten Abonnement- bzw. Vertragsfallen im Internet zählen, nicht unnötig juristische Fachbegriffe verwendet werden.[917] Es sind vielmehr Formulierungen zu wählen, die auch ein juristisch nicht vorgebildeter Leser verstehen kann (sogenannter Laienhorizont).[918] Auch dürfen sich die Regelungen nicht widersprechen oder häufig überschneiden, da sie ansonsten der geforderten Verständlichkeit des Inhalts entgegenstehen.[919] Die wirksame Einbeziehung von Allgemeinen Geschäftsbedingungen, deren Inhalt nicht klar oder für einen durchschnittlichen Kunden nicht verständlich ist, scheitert somit bereits an § 305 Abs. 2 Nr. 2 BGB.[920]

Damit verbleiben dem Anbieter einer Abonnement- bzw. Vertragsfalle kaum noch Möglichkeiten, den gegebenenfalls geneigten Nutzer durch „kundenunfreundliche", d. h. schwer zu verstehende, verschachtelte oder mit vielen Fachbegriffen versehene Formulierungen vom Durchlesen der einzelnen Bedingungen und damit von der Kenntnisnahme der von ihm verschleierten bzw. versteckten Klauseln abzuhalten. Zwar handelt es sich bei den Voraussetzungen bzw. Anforderungen im Einzelnen – und

913 Vgl. nur *Schlosser* in: Staudinger, BGB, § 305, Rn. 141.

914 Vgl. nur *Basedow* in: Münchener Kommentar, BGB, § 305, Rn. 69; *Grüneberg* in: Palandt, BGB, § 305, Rn. 41; *Schlosser* in: Staudinger, BGB, § 305, Rn. 141.

915 Vgl. nur *Basedow* in: Münchener Kommentar, BGB, § 305, Rn. 53.

916 So auch *OLG Schleswig*, Rechtsent. v. 27.03.1995 - 4 RE-Miet 1/93, NJW 1995, 2858 (2859); *Grüneberg* in: Palandt, BGB, § 305, Rn. 41.

917 Vgl. allg. nur *OLG Schleswig*, Rechtsent. v. 27.03.1995 - 4 RE-Miet 1/93, NJW 1995, 2858 (2859); *Müller*, AGB-rechtliche Zulässigkeit von Diskontsatz-Verzugszinsklauseln, NJW 1996, 1520 (1520) m. w. N.; *Schlosser* in: Staudinger, BGB, § 305, Rn. 141.

918 Vgl. nur *Mehrings*, Verbraucherschutz im Cyberlaw: Zur Einbeziehung von AGB im Internet, BB 1998, 2373 (2377) m. w. N.

919 Vgl. *Pfeiffer* in: Wolf/Lindacher/Pfeiffer, AGB, § 305, Rn. 88; *Schlosser* in: Staudinger, BGB, § 305, Rn. 140.

920 So auch *Grüneberg* in: Palandt, BGB, § 305, Rn. 41.

das zeigt auch die große Anzahl von Gerichtsentscheidungen, die im Hinblick auf die gebotene Transparenz von AGB-Klauseln im Allgemeinen ergangen sind – um unbestimmte Rechtsbegriffe, sodass durchaus noch ein gewisser Spielraum verbleiben würde. Doch will der Anbieter sichergehen, dass seine Allgemeinen Geschäftsbedingungen und damit die für das Funktionieren der Abonnement- bzw. Vertragsfalle notwendigen Vertragsbedingungen nicht an der von § 305 Abs. 2 BGB vorausgesetzten Klarheit und Verständlichkeit des AGB-Textes scheitern, sondern wirksam in den Vertrag einbezogen werden – und darauf ist er schließlich unbedingt angewiesen –, wird er diese Spielräume nicht nutzen, sondern sich an die Vorgaben halten (müssen). Das Funktionieren einer Abonnement- bzw. Vertragsfalle vereiteln die Anforderungen, die das Transparenzgebot an die inhaltliche Verständlichkeit des AGB-Textes stellt, zwar nicht, allerdings steigt hierdurch die Wahrscheinlichkeit, dass ein interessierter Nutzer beim Durchlesen der Allgemeinen Geschäftsbedingungen auf die versteckten bzw. verschleierten Klauseln aufmerksam wird.

eee) Sprache des AGB-Textes

Gerade bei Vertragsabschlüssen über das Internet spielt noch ein weiterer Aspekt des Transparenzgebots in Bezug auf die Verständlichkeit des AGB-Textes eine nicht zu unterschätzende Rolle, nämlich die Frage, in welcher Sprache die Bestimmungen verfasst sein müssen, damit sie wirksam in den Vertrag einbezogen werden können.[921] Interessant ist diese Fragestellung bei den hier untersuchten Abonnement- bzw. Vertragsfallen im Internet aber noch aus einem anderen Aspekt, nämlich ob der Anbieter seine Allgemeinen Geschäftsbedingungen absichtlich in einer anderen Sprache zur Verfügung stellen kann. Beispielsweise, indem er sich auf die Internationalität des Mediums beruft und unter diesem Vorwand den AGB-Text in englischer Sprache verfasst, was die Verständlichkeit und insbesondere das Auffinden der versteckten bzw. verschleierten Klauseln für den durchschnittlichen Nutzer sicherlich erschweren würde. Der Verwender könnte zwar gerade bei weltweiten Distanzgeschäften im Hinblick auf den Schutzzweck des § 305 Abs. 2 BGB dazu verpflichtet sein, auf die Sprache des gewöhnlichen Aufenthaltsorts des Adressaten abzustellen,

---

[921] So bspw. auch *Basedow* in: Münchener Kommentar, BGB, § 305, Rn. 66; *Klewitz*, S. 115; *Koehler*, Allgemeine Geschäftsbedingungen im Internet, MMR 1998, 289 (293); *Taupitz/Kritter*, Electronic Commerce – Probleme bei Rechtsgeschäften im Internet, JuS 1999, 839 (844).

um die gebotene Verständlichkeit des AGB-Textes für diesen zu gewährleisten.[922] Eine solche allgemeine Verpflichtung des AGB-Verwenders, auf die Sprache des gewöhnlichen Aufenthaltsorts des Adressaten abzustellen und somit wohl auch die jeweilige vom Kunden beherrschte Sprache zu wählen, besteht allerdings nicht.[923] Dies würde nämlich bedeuten, dass der Verwender seine Allgemeinen Geschäftsbedingungen in allen erdenklichen kommerziell relevanten Sprachen bereitstellen müsste, um ihre wirksame Einbeziehung in einen über das Internet geschlossenen Vertrag sicherzustellen.[924] Dadurch würde ihm allerdings ein Mehraufwand entstehen, der für ihn kaum praktikabel wäre.[925]

Statt die Allgemeinen Geschäftsbedingungen in einer Vielzahl von Sprachen in nur einer Weltsprache, wie beispielsweise Englisch, zur Verfügung zu stellen, ist bei einem Verbrauchervertrag jedoch nicht ausreichend.[926] Denn obwohl sich Englisch weitgehend als Verkehrssprache im Internet durchgesetzt hat,[927] kann – anders als im internationalen Wirtschaftsverkehr[928] – bei einem Verbrauchergeschäft nicht grundsätzlich davon ausgegangen werden, dass der Kunde dieser Sprache auch tatsächlich mächtig ist.[929] Ausschlaggebend ist daher nach überwiegender Ansicht in Rechtsprechung[930] und Literatur[931] vielmehr die Sprache, die beide Vertragspartner faktisch zum

922 Vgl. etwa *Basedow* in: Münchener Kommentar, BGB, § 305, Rn. 66; *Koehler*, Allgemeine Geschäftsbedingungen im Internet, MMR 1998, 289 (293).

923 Vgl. nur *Dilger*, S. 50 m. w. N.

924 So bspw. auch *Basedow* in: Münchener Kommentar, BGB, § 305, Rn. 66; *Koehler*, Allgemeine Geschäftsbedingungen im Internet, MMR 1998, 289 (293); *Taupitz/Kritter*, Electronic Commerce – Probleme bei Rechtsgeschäften im Internet, JuS 1999, 839 (844); *Waldenberger*, Grenzen des Verbraucherschutzes beim Abschluß von Verträgen im Internet, BB 1996, 2365 (2369).

925 So auch *Basedow* in: Münchener Kommentar, BGB, § 305, Rn. 66; *Koehler*, Allgemeine Geschäftsbedingungen im Internet, MMR 1998, 289 (293).

926 Vgl. nur *Klewitz*, S. 115.

927 Vgl. etwa *Fuchs*, Das Fernabsatzgesetz im neuen System des Verbraucherschutzrechts, ZIP 2000, 1273 (1277); *Grüneberg* in: Palandt, BGB, § 305, Rn. 42, § 312 c, Rn. 2; *Reich*, Die neue Richtlinie 97/7/EG über den Verbraucherschutz bei Vertragsabschlüssen im Fernabsatz, EuZW 1997, 581 (584); *Thüsing* in: Staudinger, BGB, § 312 c, Rn. 34.

928 Vgl. *Thüsing* in: Staudinger, BGB, § 312 c, Rn. 34.

929 So auch *Klewitz*, S. 115.

930 Vgl. etwa *BGH*, Urt. v. 10.03.1983 - VII ZR 302/82, BGHZ 87, 112 (114) = NJW 1983, 1489 (1489); *OLG Hamburg*, Urt. v. 01.06.1979 - 11 U 32/79, NJW 1980, 1232 (1233); *OLG Stuttgart*, Urt. v. 16.06.1987 - 2 U 291/86, IPRax 1988, 293 (294).

931 Vgl. etwa *Fuchs*, Das Fernabsatzgesetz im neuen System des Verbraucherschutzrechts, ZIP 2000, 1273 (1278); *C. Horn*, Verbraucherschutz bei Internetgeschäften, MMR 2002, 209 (210); *Koehler*, Allgemeine Geschäftsbedingungen im Internet, MMR 1998, 289 (293) m. w. N.; *Pfeiffer* in: Wolf/Lindacher/Pfeiffer, AGB, § 305, Rn. 89; *Stoffels*, AGB-Recht, Rn. 282; *Taupitz/Kritter*, Electronic Commerce – Probleme bei Rechtsgeschäften im Internet, JuS 1999, 839 (844); *Thüsing* in: Staudinger, BGB, § 312 c, Rn. 35; *Waldenberger*, Grenzen des Verbraucherschutzes beim Abschluß von Verträgen im Internet, BB 1996, 2365 (2369).

Abschluss des Vertrages nutzen. Dies kann zum einen die Verhandlungssprache sein, also die Sprache, derer sich die Vertragsparteien im Rahmen ihrer rechtsgeschäftlichen Beziehungen tatsächlich bedienen, oder zum anderen die Vertragssprache, in der etwa das Bestell- bzw. Registrierungsformular verfasst ist.[932] Da bei den vorliegend untersuchten Distanzgeschäften per Internet die Verhandlungssprache mangels vorheriger Verhandlungen meist der Vertragssprache entspricht, ist eine solche Unterscheidung hier jedoch nicht von Bedeutung.[933] Maßgeblich ist bei dieser Art von Geschäften letztlich, in welcher Sprache das vom Kunden ausgefüllte Bestell- bzw. Registrierungsformular verfasst ist. Denn Voraussetzung für das Ausfüllen eines Formulars ist, dass der Kunde die Sprache, in der das Formular verfasst ist, auch hinreichend beherrscht.[934] Füllt er das Formular dann auch in derselben Sprache aus, lässt er sich demnach – quasi vorbehaltlos – auf diese Sprache ein.[935] Sind nun auch die vom Unternehmer bereitgehaltenen Allgemeinen Geschäftsbedingungen in dieser Sprache verfasst, genügt dies der erforderlichen Verständlichkeit, da in diesem Fall davon auszugehen ist, dass der Kunde diese auch verstehen kann, und zwar unabhängig von seinen tatsächlichen Sprachkenntnissen.[936] Entsprechendes gilt auch für den ausdrücklichen Hinweis des Verwenders auf seine Allgemeinen Geschäftsbedingungen.[937] Im Einzelfall kann dies zwar dazu führen, dass die Kenntnisnahme der beispielsweise deutschsprachigen Geschäftsbedingungen für einen Ausländer ohne hinreichende Deutschkenntnisse mit erheblichen Schwierigkeiten verbunden ist.[938] Dennoch ist der Verwender selbst in einem solchen Fall nicht dazu verpflichtet, eine Übersetzung des Textes zur Verfügung zu stellen.[939] Der Ausländer könne sich nämlich nicht auf feh-

---

932 Vgl. nur *Basedow* in: Münchener Kommentar, BGB, § 305, Rn. 66; *Stoffels*, AGB-Recht, Rn. 282.

933 So auch *Klewitz*, S. 116.

934 Vgl. etwa *Basedow* in: Münchener Kommentar, BGB, § 305, Rn. 66; *Klewitz*, S. 116; *Waldenberger*, Grenzen des Verbraucherschutzes beim Abschluß von Verträgen im Internet, BB 1996, 2365 (2369).

935 Vgl. etwa *BGH*, Urt. v. 10.03.1983 - VII ZR 302/82, BGHZ 87, 112 (114 f.) = NJW 1983, 1489 (1489); *OLG Nürnberg*, Urt. v. 20.06.1990 - 9 U 3650/89, NJW 1991, 232 (235); *Klewitz*, S. 115 f.

936 Vgl. etwa *BGH*, Urt. v. 10.03.1983 - VII ZR 302/82, BGHZ 87, 112 (114 f.) = NJW 1983, 1489 (1489); *OLG Nürnberg*, Urt. v. 20.06.1990 - 9 U 3650/89, NJW 1991, 232 (235); *Basedow* in: Münchener Kommentar, BGB, § 305, Rn. 66; *Koehler*, Allgemeine Geschäftsbedingungen im Internet, MMR 1998, 289 (293 f.) m. w. N.; *Pfeiffer* in: Wolf/Lindacher/Pfeiffer, AGB, § 305, Rn. 89; *Waldenberger*, Grenzen des Verbraucherschutzes beim Abschluß von Verträgen im Internet, BB 1996, 2365 (2369).

937 Vgl. nur *Grüneberg* in: Palandt, BGB, § 305, Rn. 29, 42; *Koehler*, Allgemeine Geschäftsbedingungen im Internet, MMR 1998, 289 (293) m. w. N.; *Pfeiffer* in: Wolf/Lindacher/Pfeiffer, AGB, § 305, Rn. 71.

938 Vgl. *BGH*, Urt. v. 10.03.1983 - VII ZR 302/82, BGHZ 87, 112 (114) = NJW 1983, 1489 (1489); *OLG Nürnberg*, Urt. v. 20.06.1990 - 9 U 3650/89, NJW 1991, 232 (235); *Stoffels*, AGB-Recht, Rn. 282.

939 Vgl. *BGH*, Urt. v. 10.03.1983 - VII ZR 302/82, BGHZ 87, 112 (114) = NJW 1983, 1489 (1489); *OLG Nürnberg*, Urt. v. 20.06.1990 - 9 U 3650/89, NJW 1991, 232 (235); *Grüneberg* in: Palandt, BGB, § 305, Rn. 42; *Stoffels*, AGB-Recht, Rn. 282.

lende Sprachkenntnisse berufen, wenn die Vertragsparteien Deutsch als Verhandlungs- und Vertragssprache gewählt haben.[940] Sofern der ausdrückliche Hinweis des Verwenders auf seine Allgemeinen Geschäftsbedingungen sowie der eigentliche AGB-Text ebenfalls in Deutsch verfasst sind, akzeptiere der Vertragspartner damit auch den gesamten Inhalt des in deutscher Sprache abgefassten Vertrages einschließlich der zugrunde liegenden Allgemeinen Geschäftsbedingungen.[941]

Bei den hier untersuchten Abonnement- bzw. Vertragsfallen im Internet sind sowohl die einzelnen Seiten, insbesondere aber auch das bereitgestellte Formular in deutscher Sprache verfasst, welches der Nutzer für seine Bestellung bzw. Registrierung verwendet. Zwar könnten diese Internetseiten durchaus auch in einer anderen Sprache verfasst sein; für das Funktionieren der Abonnement- bzw. Vertragsfallen ist aber ein in Deutsch verfasster Text im Hinblick auf die Auffindbarkeit der Seiten bzw. der darauf enthaltenen Stichwörter mit Hilfe einer Suchmaschine sowie der zu unterstellenden Tendenz eines Internetnutzers in der Bundesrepublik Deutschland, eine in deutscher Sprache verfasste Seite auszuwählen, von wesentlicher Bedeutung. Da die Vertragsparteien folglich Deutsch als Verhandlungs- und Vertragssprache gewählt haben und der in der Bundesrepublik Deutschland zu schließende Vertrag grundsätzlich deutschem Recht untersteht (siehe hierzu auch die Ausführungen zur Anknüpfung bei fehlender Rechtswahl im Rahmen der Ermittlung des Vertragsstatuts[942]), müssen auch der ausdrückliche Hinweis des Verwenders auf seine Allgemeinen Geschäftsbedingungen sowie der eigentliche AGB-Text in Deutsch verfasst sein, um die verwendeten Bedingungen wirksam einbeziehen zu können.[943] Weichen dieser Hinweis bzw. der AGB-Text jedoch sprachlich von den einzelnen Internetseiten, insbesondere aber auch von dem Bestell- bzw. Registrierungsformular ab, werden die Allgemeinen Geschäftsbedingungen nur dann wirksamer Vertragsbestandteil, wenn der Kunde beider Sprachen tatsächlich mächtig ist;[944] davon kann aber, wie bereits dargestellt, gerade bei einem Verbrauchergeschäft nicht grundsätzlich ausgegangen werden.

---

940 Vgl. nur *BGH*, Urt. v. 10.03.1983 - VII ZR 302/82, BGHZ 87, 112 (115) = NJW 1983, 1489 (1489) m. w. N.; *Dilger*, S. 50 f.

941 Vgl. nur *BGH*, Urt. v. 10.03.1983 - VII ZR 302/82, BGHZ 87, 112 (114) = NJW 1983, 1489 (1489); *Dilger*, S. 51; *Schlosser* in: Staudinger, BGB, § 305, Rn. 141; *Stoffels*, AGB-Recht, Rn. 282.

942 Siehe 5. Teil, C, III.

943 So allg. etwa auch *BGH*, Urt. v. 10.03.1983 - VII ZR 302/82, BGHZ 87, 112 (114) = NJW 1983, 1489 (1489); *Grüneberg* in: Palandt, BGB, § 305, Rn. 42, § 312 c, Rn. 2; *Schlosser* in: Staudinger, BGB, § 305, Rn. 141; *Stoffels*, AGB-Recht, Rn. 282.

944 Vgl. *Koehler*, Allgemeine Geschäftsbedingungen im Internet, MMR 1998, 289 (294) m. w. N.

Für den Anbieter, der für das Funktionieren der Abonnement- bzw. Vertragsfalle auf die wirksame Einbeziehung seiner Allgemeinen Geschäftsbedingungen angewiesen ist, ist es somit faktisch unmöglich, sich für den Hinweis bzw. den AGB-Text einer anderen Sprache zu bedienen, um dadurch die Verständlichkeit und insbesondere das Auffinden der versteckten bzw. verschleierten Klauseln für den durchschnittlichen Nutzer zu erschweren.

cc) Rücksichtnahme auf eine erkennbare körperliche Behinderung

Mit der Ergänzung zur Rücksichtnahme auf Behinderte (vgl. § 305 Abs. 2 Nr. 2 a. E. BGB) ist der Verwender schließlich noch verpflichtet, eine für ihn erkennbare körperliche Behinderung der anderen Vertragspartei angemessen zu berücksichtigen.[945] Der Gesetzgeber will mit dieser Ergänzung klarstellen, dass Menschen, die aufgrund einer körperlichen Behinderung in ihrer Wahrnehmungsfähigkeit eingeschränkt sind – hierbei dachte er vor allem an Menschen mit einer Sehbehinderung – nämlich trotz Erfüllung der oben genannten Voraussetzungen in aller Regel nicht die Möglichkeit haben werden, vom Inhalt der Allgemeinen Geschäftsbedingungen in zumutbarer Weise Kenntnis zu nehmen.[946] Sie benötigen vielmehr eine darüber hinausgehende Hilfestellung seitens des Verwenders, beispielsweise indem er ihnen das Klauselwerk in einer Form übergibt, die ihnen die Möglichkeit eröffnet, vom Inhalt der Bedingungen Kenntnis zu nehmen.[947] Wann eine Kenntnisnahme in zumutbarer Weise vorliegt, dürfe sich somit nicht allein objektiv nach einem durchschnittlichen Kunden richten, sondern müsse auch eine körperlich bedingte Beeinträchtigung der Wahrnehmungsfähigkeit des jeweiligen Vertragspartners des Verwenders berücksichtigen.[948] Dabei ist im Zusammenhang mit den vorliegend untersuchten Abonnement- bzw. Vertragsfallen im Internet insbesondere die Frage interessant, ob hiermit eventuell auch weitergehende Anforderungen an die Gestaltung des AGB-Textes verbunden sind, die auch einem Nutzer ohne körperliche Behinderung das Auffinden der versteckten bzw. verschleierten Klauseln vereinfachen könnten.

---

945 Vgl. etwa *Basedow* in: Münchener Kommentar, BGB, § 305, Rn. 68; *Grüneberg* in: Palandt, BGB, § 305, Rn. 40; *Pfeiffer* in: Wolf/Lindacher/Pfeiffer, AGB, § 305, Rn. 91; *Stoffels*, AGB-Recht, Rn. 284.

946 Vgl. *BT-Drs*. 14/6040, S. 150; *Basedow* in: Münchener Kommentar, BGB, § 305, Rn. 68; *Stoffels*, AGB-Recht, Rn. 284.

947 Vgl. nur *BT-Drs*. 14/6040, S. 150.

948 Vgl. ebd.

Der Gesetzgeber stellt diesbezüglich allerdings klar, dass der Verwender eine gegebenenfalls vorhandene körperlich bedingte Beeinträchtigung der Wahrnehmungsfähigkeit seines jeweiligen Vertragspartners zwar berücksichtigen muss, dies aber nicht dahingehend zu verstehen sei, dass der Verwender seine Allgemeinen Geschäftsbedingungen je nach Sehkraft des Kunden in einer entsprechenden Schriftgröße bereithalten müsse.[949] Insoweit müsse es bei dem bereits dargestellten, verobjektivierten Maßstab bleiben.[950] Anders sei dies allerdings dann, wenn für den Verwender die Behinderung seines Vertragspartners im Einzelfall erkennbar ist.[951]

Gerade an der erforderlichen Erkennbarkeit dieser eingeschränkten Wahrnehmungsfähigkeit des Vertragspartners wird es bei den vorliegend untersuchten Vertragsabschlüssen über das Internet in der Regel allerdings fehlen.[952] Zum einen stehen sich die Vertragsparteien bei solchen Distanzgeschäften nicht gegenüber.[953] Zum anderen wird der Verwender sogar annehmen dürfen, dass ein Kunde, der das auf der Internetseite des Verwenders bereitgehaltene Bestell- bzw. Registrierungsformular zum Abschluss des Vertrages nutzt, auch die Möglichkeit hat, vom Inhalt der ebenfalls auf einer Internetseite bereit gehaltenen Allgemeinen Geschäftsbedingungen in zumutbarer Weise Kenntnis zu nehmen.[954] Zwar bietet ein solches Formular dem Nutzer beim Ausfüllen zumeist keine Möglichkeit, auf eine Behinderung hinzuweisen, beispielsweise durch einen Vermerk in einem Freitextfeld; allerdings ist der Verwender nach dem Wortlaut des Gesetzes auch nicht dazu verpflichtet, seinen Vertragspartner aktiv nach einer entsprechenden Behinderung zu fragen.[955] Sollte die Erkennbarkeit der eingeschränkten Wahrnehmungsfähigkeit bei den vorliegend untersuchten Vertragsabschlüssen über das Internet ausnahmsweise doch einmal gegeben sein, so ist der Verwender angehalten, diese Einschränkung angemessen zu berücksichtigen. So könne er nach Ansicht des Gesetzgebers der anderen Vertragspartei die Kenntnisnahme der Allgemeinen Geschäftsbedingungen durch Bereitstellung weiterer Hilfsmittel ermöglichen, indem er ihr diese beispielsweise in elektronischer Form übergibt.[956] Dies erscheint durchaus plausibel, da der Kunde dann nämlich die Möglichkeit hat, den AGB-

949 Vgl. nur *BT-Drs.* 14/6040, S. 150; *Basedow* in: Münchener Kommentar, BGB, § 305, Rn. 68.
950 Vgl. *BT-Drs.* 14/6040, S. 150 f.
951 Vgl. *BT-Drs.* 14/6040, S. 151.
952 So allg. auch *Klewitz*, S. 114.
953 Ebd.
954 Ebd.
955 Vgl. *Klewitz*, S. 114.
956 Vgl. *BT-Drs.* 14/6040, S. 150.

Text durch Nutzung eigener technischer Hilfsmittel auf die benötigte Schriftgröße anzupassen oder unter Verwendung anderer Lesehilfen in eine für ihn lesbare Form zu bringen.[957]

Der Verwender ist aber ohnehin gemäß § 312 g Abs. 1 Nr. 4 BGB dazu verpflichtet, die Allgemeinen Geschäftsbedingungen in einer Form zur Verfügung zu stellen, die es dem Kunden ermöglicht, diese bei Vertragsabschluss abzurufen und in wiedergabefähiger Form zu speichern.[958] Somit werden durch die Ergänzung zur Rücksichtnahme auf Behinderte keine weitergehenden Anforderungen an die wirksame Einbeziehung von Allgemeinen Geschäftsbedingungen in einen Vertragsabschluss über das Internet gestellt,[959] insbesondere im Hinblick auf die Gestaltung des AGB-Textes.

3. Maßgeblicher Zeitpunkt

Die Voraussetzungen der Nummern 1 und 2 des § 305 Abs. 2 BGB müssen nach dem Wortlaut des Gesetzes bei Vertragsabschluss vorliegen, damit die vom Unternehmer verwendeten Allgemeinen Geschäftsbedingungen Bestandteil des Vertrages werden. Das heißt, der Verwender muss im Zeitpunkt des Vertragsabschlusses seinen Vertragspartner auf die beabsichtigte Einbeziehung der Allgemeinen Geschäftsbedingungen hingewiesen sowie ihm ermöglicht haben, in zumutbarer Weise von ihrem Inhalt Kenntnis zu nehmen. Dieser Zeitpunkt lässt sich aber sowohl für die Hinweis- als auch für die Kenntnisverschaffungsverpflichtung noch näher bestimmen:

Für den ausdrücklichen Hinweis auf die beabsichtigte Verwendung seiner Allgemeinen Geschäftsbedingungen gemäß § 305 Abs. 2 Nr. 1 BGB kommt es auf denjenigen Zeitpunkt an, in dem der Verwender ein verbindliches Angebot abgibt.[960] Wie die rechtliche Qualifikation der abgegebenen Erklärungen ergeben hat, stellt die Internetseite des Anbieters einer Abonnement- bzw. Vertragsfalle keine invitatio ad offerendum, sondern bereits ein bindendes Angebot des Verwenders dar (siehe hierzu die bereits ausführlich dargestellte Abgrenzung zwischen einem verbindlichen Angebot und einer invitatio ad offerendum[961]). Der erforderliche ausdrückliche Hinweis ist also

---

957 So auch *Klewitz*, S. 114 f.

958 So auch *Klewitz*, S. 115.

959 Ebd.

960 Vgl. etwa *Basedow* in: Münchener Kommentar, BGB, § 305, Rn. 72; *Pfeiffer* in: Wolf/Lindacher/Pfeiffer, AGB, § 305, Rn. 97; *Stoffels*, AGB-Recht, Rn. 286.

961 Siehe 2. Teil, C, I, 3.

rechtzeitig erfolgt, wenn er – wie oben dargestellt – auf der Internetseite mit dem Bestell- bzw. Registrierungsformular enthalten und diesem vorangestellt ist.

Bei Nummer 2 dieser Vorschrift ist die nähere Bestimmung des Zeitpunktes sogar notwendig. Denn wie einleitend bereits erwähnt, ist es nach dem Wortlaut des § 305 Abs. 2 BGB rechtzeitig, wenn der Verwender dem Kunden zum Zeitpunkt des Vertragsabschlusses die Möglichkeit verschafft hat, vom Inhalt der Allgemeinen Geschäftsbedingungen in zumutbarer Weise Kenntnis zu nehmen.[962] Da der Vertragsabschluss erst mit dem Zugang des vom Nutzer ausgefüllten und abgesendeten Bestell- bzw. Registrierungsformulars beim Anbieter der Abonnement- bzw. Vertragsfalle erfolgt, wäre es demnach immer noch ausreichend, wenn der Anbieter dem Nutzer vor diesem Zeitpunkt die Möglichkeit verschafft, vom Inhalt der Allgemeinen Geschäftsbedingungen Kenntnis zu nehmen, auch wenn der Nutzer durch das Absenden des Formulars bereits eine verbindliche Annahmeerklärung abgegeben hat.[963] Sinn und Zweck des § 305 Abs. 2 BGB ist es jedoch, durch die dem Verwender in Nr. 2 auferlegte Pflicht zur Offenlegung seiner Bedingungen sicherzustellen, dass der Kunde auch die Möglichkeit hat, vom Inhalt der einzelnen Klauseln Kenntnis zu nehmen.[964] Denn hierdurch soll er, wie bereits dargestellt, die Tragweite seiner eigenen Erklärung ermessen und sich von Anfang an über den Inhalt der vertraglichen Rechte und Pflichten informieren können, um gegebenenfalls unerwünschte oder sogar unangemessene Bedingungen noch ablehnen zu können.[965]

Bei teleologischer Auslegung dieser Vorschrift kann für die Möglichkeit der Kenntnisverschaffung folglich nur der Zeitpunkt als maßgeblich angesehen werden, in dem die andere Vertragspartei die für sie bindende Willenserklärung abgibt.[966] Der Anbieter einer Abonnement- bzw. Vertragsfalle muss dem Nutzer somit die Möglichkeit zur Kenntnisnahme verschafft haben, bevor der Nutzer das Formular absendet und damit seinerseits eine verbindliche Annahmeerklärung abgibt. Der Verwender erfüllt diese

---

962 Vgl. nur *Basedow* in: Münchener Kommentar, BGB, § 305, Rn. 73.

963 So allg. auch *Basedow* in: Münchener Kommentar, BGB, § 305, Rn. 73.

964 Vgl. nur *BGH*, Urt. v. 09.11.1989 - VII ZR 16/89, BGHZ 109, 192 (196) = NJW 1990, 715 (716); *Basedow* in: Münchener Kommentar, BGB, § 305, Rn. 73; *Pfeiffer* in: Wolf/Lindacher/Pfeiffer, AGB, § 305, Rn. 62.

965 So auch *BT-Drs.* 7/3919, S. 17; *BGH*, Urt. v. 09.11.1989 - VII ZR 16/89, BGHZ 109, 192 (196) = NJW 1990, 715 (716); *Pfeiffer* in: Wolf/Lindacher/Pfeiffer, AGB, § 305, Rn. 62, 97; *Stoffels*, AGB-Recht, Rn. 260.

966 So bspw. auch *Basedow* in: Münchener Kommentar, BGB, § 305, Rn. 73 m. w. N.; Pfeiffer in: Wolf/ Lindacher/Pfeiffer, AGB, § 305, Rn. 97; *Stoffels*, AGB-Recht, Rn. 286.

Verpflichtung daher rechtzeitig, wenn er – wie oben dargestellt – auf der Internetseite mit dem Bestell- bzw. Registrierungsformular eine Verlinkung zu der Internetseite mit den Allgemeinen Geschäftsbedingungen bereitstellt und diesem voranstellt.

4. Einverständnis des Kunden

Hat der Verwender die ihm durch § 305 Abs. 2 Nr. 1 und 2 BGB auferlegten Verpflichtungen erfüllt, bedarf es für die wirksame Einbeziehung seiner Allgemeinen Geschäftsbedingungen in den Vertrag schließlich noch einer dritten notwendigen Voraussetzung, nämlich dem Einverständnis der anderen Vertragspartei mit der Geltung dieser Bedingungen (vgl. § 305 Abs. 2 a. E. BGB). Mit diesem Erfordernis wird durch den Gesetzgeber klargestellt, dass Allgemeine Geschäftsbedingungen nicht durch einseitige Maßnahmen des Verwenders wirksam in den Vertrag einbezogen werden können, sondern dass ihre Einbeziehung vielmehr auf einer vertraglichen Grundlage beruht und somit auch eine entsprechende Willensübereinstimmung, d. h. eine Einverständniserklärung des Vertragspartners notwendig ist.[967] Dabei ist es ausreichend, wenn sich das Einverständnis der anderen Vertragspartei auf das Klauselwerk in seiner Gesamtheit erstreckt; es muss nicht für jede einzelne Bedingung erfolgen.[968] Eine solche Einverständniserklärung kann dabei sowohl Bestandteil des Angebots oder – wie in den vorliegend untersuchten Fällen – Bestandteil der Annahme sein.[969]

Für einen Verwender mag es empfehlenswert sein, dem Kunden zu ermöglichen, auf der Bestell- bzw. Registrierungsseite vor der Absendung der Bestellung bzw. Registrierung seine Kenntnisnahme sowie sein Einverständnis mit den Allgemeinen Geschäftsbedingungen etwa durch Anklicken eines entsprechend beschrifteten (interaktiven) Elements zu bestätigen, wodurch ein Haken oder eine sonstige Markierung erzeugt wird.[970] Hierdurch kann der Kunde zum einen sein Einverständnis ausdrücklich erklären.[971] Zum anderen ist eine solche Bestätigung, wenn auch eine formular-

[967] Vgl. etwa *BT-Drs.* 7/3919, S. 17; *BGH*, Urt. v. 01.03.1982 - VIII ZR 63/81, NJW 1982, 1388 (1389); *Pfeiffer* in: Wolf/Lindacher/Pfeiffer, AGB, § 305, Rn. 104; *Stoffels*, AGB-Recht, Rn. 290.

[968] Vgl. *Stoffels*, AGB-Recht, Rn. 291.

[969] Vgl. allg. *Pfeiffer* in: Wolf/Lindacher/Pfeiffer, AGB, § 305, Rn. 104.

[970] So auch *Förster*, Notwendige Angaben von Diensteanbietern im Internet – Teil III: Allgemeine Geschäftsbedingungen, NIP 2004, 16 (19); *Härting*, Rn. 145; *Klewitz*, S. 117.

[971] Vgl. *Förster*, Notwendige Angaben von Diensteanbietern im Internet – Teil III: Allgemeine Geschäftsbedingungen, NIP 2004, 16 (19); *Klewitz*, S. 117.

mäßige,[972] ein gewichtiges Indiz dafür, dass der Verwender dem Kunden die Möglichkeit verschafft hat, in zumutbarer Weise von ihrem Inhalt Kenntnis zu nehmen.[973]

Trotz dieser Vorteile ist für einen Anbieter einer Abonnement- bzw. Vertragsfalle die Einholung eines solchen ausdrücklichen Einverständnisses des Nutzers problematisch, da er schließlich von seinen Allgemeinen Geschäftsbedingungen ablenken, diese aber zumindest nicht unbedingt hervorheben möchte. Er muss dies aber auch nicht tun, denn eine Notwendigkeit hierzu, insbesondere was die ausdrückliche Erklärung des Einverständnisses anbelangt, besteht nicht. Denn das Einverständnis muss – sofern keine Formvorschrift besteht, wie etwa das Schriftformerfordernis nach § 492 Abs. 1 BGB beim Verbraucherdarlehensvertrag – weder schriftlich noch ausdrücklich erklärt werden, sondern kann auch konkludent zum Ausdruck gebracht werden, also durch ein Verhalten des Vertragspartners, das den Umständen nach als Einverständnis mit der Geltung der Allgemeinen Geschäftsbedingungen angesehen werden kann.[974]

Wurde der Kunde durch den Verwender ausdrücklich im Sinne von § 305 Abs. 2 Nr. 1 BGB auf die beabsichtigte Einbeziehung der Allgemeinen Geschäftsbedingungen hingewiesen und wurde ihm zudem gemäß § 305 Abs. 2 Nr. 2 BGB die Möglichkeit verschafft, in zumutbarer Weise von ihrem Inhalt Kenntnis zu nehmen, dann ist seine darauf folgende, nicht weiter eingeschränkte Annahmeerklärung – hier also das Ausfüllen und Absenden des Bestell- bzw. Registrierungsformulars auf der Internetseite – als ein Verhalten anzusehen, das seinem objektiven Erklärungswert nach als konkludentes Einverständnis mit der Geltung der Vertragsbedingungen zu werten ist.[975] Dieses Einverständnis erstreckt sich auch auf Allgemeine Geschäftsbedingungen, die der Nutzer zuvor überhaupt nicht gelesen hat, denn wie bereits dargestellt, ist die tatsächliche Kenntnisnahme ihres Inhalts unbeachtlich (siehe die Ausführun-

---

972 Vgl. etwa *BGH*, Urt. v. 01.03.1982 - VIII ZR 63/81, BB 1983, 15 (16) = NJW 1982, 1388 (1389); *BGH*, Urt. v. 11.12.2003 - III ZR 118/03, NJW-RR 2004, 780 (780); *Schlosser* in: Staudinger, BGB, § 305, Rn. 160.

973 Vgl. *BGH*, Urt. v. 01.03.1982 - VIII ZR 63/81, BB 1983, 15 (16) = NJW 1982, 1388 (1389); *Schlosser* in: Staudinger, BGB, § 305, Rn. 160.

974 Vgl. etwa *BT-Drs.* 7/3919, S. 18; *Basedow* in: Münchener Kommentar, BGB, § 305, Rn. 83; *Dilger*, S. 51; *Grüneberg* in: Palandt, BGB, § 305, Rn. 43; *Klewitz*, S. 117; *Pfeiffer* in: Wolf/Lindacher/Pfeiffer, AGB, § 305, Rn. 104; *Stoffels*, AGB-Recht, Rn. 291.

975 So allg. etwa auch *BGH*, Urt. v. 01.03.1982 - VIII ZR 63/81, BB 1983, 15 (16) = NJW 1982, 1388 (1389); *Dilger*, S. 51 f. m. w. N.; *Härting*, Rn. 145; *Klewitz*, S. 117; *Schlosser* in: Staudinger, BGB, § 305, Rn. 160.

gen zum Verschaffen der Möglichkeit zur Kenntnisnahme[976]).[977] Und selbst für den Fall, dass der Nutzer noch nicht einmal Kenntnis davon erlangt, dass hierdurch Regelungen bezüglich des Inhalts des Vertrages getroffen werden sollen,[978] werden diese durch seine Einverständniserklärung Bestandteil des Vertrages.

Der Anbieter einer Abonnement- bzw. Vertragsfalle im Internet kann und wird daher wohl auf eine ausdrückliche Einverständniserklärung des Nutzers verzichten. Das Anklicken des (interaktiven) Elements würde nämlich die Aufmerksamkeit des Nutzers nur auf das einzubeziehende AGB-Werk lenken, was er eigentlich gerade vermeiden möchte.

II. Ausschluss überraschender Klauseln gemäß § 305 c Abs. 1 BGB

Selbst wenn alle (positiven) Mindestvoraussetzungen des § 305 Abs. 2 BGB für eine wirksame Einbeziehung der Allgemeinen Geschäftsbedingungen (und zwar in ihrer Gesamtheit) in den Vertrag vorliegen, können einzelne AGB-Klauseln aufgrund eines ihnen innewohnenden Überraschungsmoments gemäß § 305 c Abs. 1 BGB dennoch nicht Bestandteil des Vertrages werden.[979] Nach dem Wortlaut der Vorschrift ist dies immer dann der Fall, wenn die Allgemeinen Geschäftsbedingungen den Umständen nach, insbesondere im Hinblick auf das äußere Erscheinungsbild des Vertrages, so ungewöhnlich sind, dass der Vertragspartner des Verwenders mit ihnen nicht zu rechnen braucht. Dieses Verbot überraschender Klauseln übernimmt § 305 c Abs. 1 BGB damit wörtlich von dem früheren § 3 AGBG.[980]

Die Anwendung dieser Vorschrift ist allerdings nicht ganz einfach und bedarf daher einer ausführlicheren Untersuchung, da sich zum einen die Abgrenzung zu bestimmten

---

[976] Siehe 3. Teil, C, I, 2, a.

[977] Vgl. etwa *BGH*, Urt. v. 19.01.1951 - I ZR 53/50, BGHZ 1, 83 (86) = NJW 1951, 403 (403); *BGH*, Urt. v. 08.03.1955 - I ZR 109/53, BGHZ 17, 1 (2) = NJW 1955, 1145 (1145); *BGH*, Urt. v. 29.09.1960 - II ZR 25/59, BGHZ 33, 216 (219) = NJW 1961, 212 (213); *Mehrings*, Verbraucherschutz im Cyberlaw: Zur Einbeziehung von AGB im Internet, BB 1998, 2373 (2378); *Pfeiffer* in: Wolf/Lindacher/Pfeiffer, AGB, § 305, Rn. 84, 92 f.; *Schlosser* in: Staudinger, BGB, § 305, Rn. 160; *Stoffels*, AGB-Recht, Rn. 276; *Waldenberger*, Grenzen des Verbraucherschutzes beim Abschluß von Verträgen im Internet, BB 1996, 2365 (2368).

[978] Vgl. nur *Schlosser* in: Staudinger, BGB, § 305, Rn. 160.

[979] So bspw. auch *Grüneberg* in: Palandt, BGB, § 305 c, Rn. 2; *Lindacher* in: Wolf/Lindacher/Pfeiffer, AGB, § 305 c, Rn. 4 f.; *Stoffels*, AGB-Recht, Rn. 264.

[980] Vgl. nur *Basedow* in: Münchener Kommentar, BGB, § 305 c, Rn. 1; *Lindacher* in: Wolf/Lindacher/Pfeiffer, AGB, § 305 c, vor Rn. 1.

anderen Vorschriften als sehr schwierig erweist und zum anderen ihre tatbestandlichen Voraussetzungen – insbesondere im Hinblick auf deren Aufspaltung und Abgrenzung zueinander – nicht eindeutig sind. Hierzu sollen aber zunächst einmal der Regelungsgegenstand und der Regelungszweck näher betrachtet werden.

1. Gegenstand und Zweck der Regelung

Die Vorschrift des § 305 c Abs. 1 BGB gründet auf dem Befund, dass der durchschnittliche Kunde die ihm nach § 305 Abs. 2 BGB zu verschaffende Möglichkeit, vom Inhalt der Allgemeinen Geschäftsbedingungen Kenntnis zu nehmen, weithin nicht oder nur unzureichend wahrnimmt bzw. wahrnehmen kann.[981] Dieses mangelnde Interesse für den Inhalt dieser Bestimmungen kann dem Kunden – und das ist der für die Wertung maßgebliche Punkt – in der Regel aber auch nicht zum Vorwurf gemacht werden.[982] Dies kann zum einen etwa daran liegen, dass der Kunde das Klauselwerk – sei es, weil er auf die Redlichkeit seines Vertragspartners vertraut, oder auch aus Zeitgründen – als Ganzes ungelesen akzeptiert; zum anderen kann dies aber auch dadurch bedingt sein, dass er es zwar liest, jedoch nicht die entsprechende Rechts- und Geschäftskunde besitzt, um den einer AGB-Klausel innewohnenden Überraschungscharakter zu erkennen und sich gegen die jeweilige Bestimmung wehren zu können.[983]

Das Ziel dieser Vorschrift ist folglich der Schutz des Vertrauens: Der Vertragspartner des Verwenders soll unabhängig davon, ob er die Allgemeinen Geschäftsbedingungen gelesen hat oder nicht, darauf vertrauen dürfen, dass sich die einzelnen Regelungen im Wesentlichen im Rahmen dessen halten, was nach den Umständen bei Vertragsabschluss erwartet werden kann.[984] Wird diese Grenze jedoch von einzelnen Bestimmungen überschritten, so werden diese als überraschende Klauseln nicht wirksam in den Vertrag einbezogen und damit auch nicht Inhalt des Vertrages.[985] Dogma-

[981] Vgl. nur *BGH*, Urt. v. 08.10.1975 - VIII ZR 81/74, NJW 1975, 195 (196); *Basedow* in: Münchener Kommentar, BGB, § 305 c, Rn. 1; *Lindacher* in: Wolf/Lindacher/Pfeiffer, AGB, § 305 c, Rn. 1; *Stoffels*, AGB-Recht, Rn. 324.

[982] Vgl. nur *Lindacher* in: Wolf/Lindacher/Pfeiffer, AGB, § 305 c, Rn. 1.

[983] Vgl. *Basedow* in: Münchener Kommentar, BGB, § 305 c, Rn. 1; *Stoffels*, AGB-Recht, Rn. 324.

[984] Vgl. nur *BT-Drs.* 7/3919, S. 19; *BGH*, Urt. v. 08.10.1975 - VIII ZR 81/74, NJW 1975, 195 (196); *OLG Köln*, Urt. v. 04.07.2006 - 22 U 40/06, NJW 2006, 3358 (3358 f.); *Basedow* in: Münchener Kommentar, BGB, § 305 c, Rn. 1; *Grüneberg* in: Palandt, BGB, § 305 c, Rn. 2; *Lindacher* in: Wolf/Lindacher/Pfeiffer, AGB, § 305 c, Rn. 2.

[985] Vgl. nur *Grüneberg* in: Palandt, BGB, § 305 c, Rn. 2.

tisch-konstruktiv normiert § 305 c Abs. 1 BGB somit eine negative gesetzliche Einbeziehungsvoraussetzung.[986]

Der sachliche Anwendungsbereich dieser Vorschrift ist unbeschränkt, und es spielt auch keine Rolle, ob die AGB-Klausel eine Hauptleistung des Vertrages bestimmt oder nur eine Nebenabrede zum Gegenstand hat; selbst für Allgemeine Geschäftsbedingungen, die gemäß § 307 Abs. 3 S. 1 BGB von der Inhaltskontrolle ausgenommen sind, gilt § 305 c Abs. 1 BGB.[987] Lediglich auf vorformulierte Bedingungen, die im Rahmen eines Verbrauchervertrages zur einmaligen Verwendung bestimmt sind, findet die Vorschrift des § 305 c Abs. 1 BGB keine Anwendung, da der Gesetzgeber in § 310 Abs. 3 Nr. 2 BGB bewusst auf eine entsprechende Verweisung verzichtet hat.[988]

Wie bereits dargestellt[989] ist bei einem Unternehmer, der seine Waren oder Dienstleistungen auf einer Seite im Internet präsentiert, jedoch davon auszugehen, dass er seine Vertragsbedingungen bei lebensnaher Betrachtung nicht für einen bestimmten Individualvertrag, sondern vielmehr für eine Vielzahl von Kunden formuliert,[990] sodass dieser Anwendungsausschluss vorliegend nicht einschlägig ist.

2. § 305 c Abs. 1 BGB im System der AGB-Kontrolle und sein Verhältnis zu anderen Vorschriften des zweiten Abschnitts

Recht eindeutig lässt sich die Vorschrift des § 305 c Abs. 1 BGB zu den Regelungen über die Einbeziehung von Allgemeinen Geschäftsbedingungen nach § 305 BGB abgrenzen.[991] Wie einleitend bereits erwähnt, gelangt § 305 c Abs. 1 BGB nämlich nur dann zur Anwendung, wenn alle (positiven) Mindestvoraussetzungen des § 305 Abs. 2 BGB für eine wirksame Einbeziehung vorliegen.[992] Eine einzelne AGB-Klausel kann

986 So auch *Grüneberg* in: Palandt, BGB, § 305 c, Rn. 1 f.; *Lindacher* in: Wolf/Lindacher/Pfeiffer, AGB, § 305 c, Rn. 4; *Stoffels*, AGB-Recht, Rn. 264, 329.

987 Vgl. nur *BGH*, Urt. v. 10.11.1989 - V ZR 201/88, BGHZ 109, 197 (200) = NJW 1990, 576 (577); *Basedow* in: Münchener Kommentar, BGB, § 305 c, Rn. 1.

988 Vgl. nur *Basedow* in: Münchener Kommentar, BGB, § 305 c, Rn. 2.

989 Siehe 3. Teil, B, II, 1, c.

990 So auch *Dilger*, S. 41.

991 So auch *Basedow* in: Münchener Kommentar, BGB, § 305 c, Rn. 3.

992 Ebd.

somit grundsätzlich nur dann überraschend sein, wenn zuvor das gesamte Klauselwerk wirksam in den jeweiligen Vertrag einbezogen wurde.[993] Genauso klar ist der logische Vorrang von § 305 c Abs. 1 BGB gegenüber den Regelungen über die Inhaltskontrolle von Allgemeinen Geschäftsbedingungen in den §§ 307 bis 309 BGB, da eine solche Kontrolle ja nur dann notwendig wird, wenn zuvor feststeht, dass auch die betreffende AGB-Klausel – abgesehen von den Rechtsfolgen ihrer etwaigen Unangemessenheit – zu einem Bestandteil des Vertrages geworden ist.[994]

Trotzdem ist die Abgrenzung der Anwendungsbereiche des § 305 c Abs. 1 BGB und der Vorschriften der Inhaltkontrolle außerordentlich schwierig.[995] Denn obwohl die AGB-rechtlichen Vorschriften des BGB – wie auch schon die Vorschriften des AGBG – zwar strikt danach trennen, ob eine bestimmte AGB-Klausel aufgrund eines ihr innewohnenden Überraschungsmoments nicht zum Vertragsbestandteil wird (vgl. § 305 c Abs. 1 BGB), oder ob diese Klausel aufgrund ihrer inhaltlichen Unangemessenheit unwirksam ist (vgl. §§ 307 bis 309 BGB),[996] wurde in früheren Gerichtsentscheidungen[997] nicht zwischen einer überraschenden und einer inhaltlich unangemessenen AGB-Klausel unterschieden; vielmehr haben die Gerichte überall dort, wo sie den Überraschungscharakter einer Bestimmung festgestellt haben, dies stets auch durch die Betrachtung ihres Inhalts begründet.[998] Und auch in neueren Entscheidungen[999] wird zur Begründung des Überrumpelungseffekts einer Bestimmung der Grad der Abweichung vom dispositiven Gesetzesrecht herangezogen, der auch für die Prüfung der Unangemessenheit einer AGB-Klausel im Rahmen der Inhaltskontrolle maßgeblich ist (vgl. § 307 Abs. 2 Nr. 1 BGB).[1000] Zwar muss eine inhaltlich anstößige Klausel nicht unbedingt überraschend und eine überraschende Klausel nicht unbe-

---

993 So auch *Basedow* in: Münchener Kommentar, BGB, § 305 c, Rn. 3.

994 So auch *Schlosser* in: Staudinger, BGB, § 305 c, Rn. 2.

995 So auch *Basedow* in: Münchener Kommentar, BGB, § 305 c, Rn. 3.

996 So auch *Lindacher* in: Wolf/Lindacher/Pfeiffer, AGB, § 305 c, Rn. 5.

997 Vgl. etwa *BGH*, Urt. v. 04.11.1964 - VIII ZR 46/63, NJW 1965, 246 (246); *BGH*, Urt. v. 04.06.1970 - VII ZR 187/68, BGHZ 54, 106 (109 ff.) = NJW 1970, 1596 (1598); *BGH*, Urt. v. 08.10.1975 - VIII ZR 81/74, NJW 1975, 195 (197); *BGH*, Urt. v. 30.06.1976 - VIII ZR 267/75, NJW 1976, 1886 (1887); *BGH*, Urt. v. 08.02.1978 - VIII ZR 240/76, BGHZ 70, 304 (310) = NJW 1978, 945 (946 f.); *OLG Hamm*, Urt. v. 18.02.1983 - 20 U 174/82, BB 1983, 1304 (1307).

998 Vgl. *Basedow* in: Münchener Kommentar, BGB, § 305 c, Rn. 3 m. w. N.; *Schlosser* in: Staudinger, BGB, § 305 c, Rn. 2 m. w. N.

999 Vgl. etwa *BGH*, Urt. v. 18.05.1995 - IX ZR 108/94, BGHZ 130, 19 (25) = NJW 1995, 2553 (2554); *BGH*, Urt. v. 30.06.1995 - V ZR 184/94, BGHZ 130, 150 (154) = NJW 1995, 2637 (2638); *BGH*, Urt. v. 16.01.2001 - XI ZR 84/00, NJW 2001, 1416 (1416 f.); *BGH*, Urt. v. 10.09.2002 - XI ZR 305/01, NJW 2002, 3627 (3627).

1000 Vgl. *Basedow* in: Münchener Kommentar, BGB, § 305 c, Rn. 3.

dingt inhaltlich anstößig sein.[1001] Es wird aber wohl nur selten vorkommen, dass der Vertragspartner des Verwenders von einer AGB-Klausel überrascht wird, die ihrem Inhalt nach den Anforderungen der §§ 307 bis 309 BGB vollumfänglich genügt; andererseits wohnt solchen Bestimmungen, die den Verwendungsgegner unangemessen benachteiligen, in der Regel auch ein Überraschungsmoment inne.[1002]

Eine überschneidungslose Abgrenzung der Anwendungsbereiche von § 305 c Abs. 1 BGB einerseits und den §§ 307 bis 309 BGB andererseits ist im Ergebnis folglich weder praktisch möglich noch ist eine solche überschneidungslose Abgrenzung durch den Zweck des Gesetzes angezeigt.[1003] Dies zeigt sich auch recht deutlich im Hinblick auf die in § 307 Abs. 1 S. 2 BGB gesetzlich verankerte Transparenzkontrolle.[1004]

Dass § 305 c Abs. 1 BGB und die §§ 307 bis 309 BGB verschiedene Anwendungsbereiche haben,[1005] wird im Zusammenhang mit den hier untersuchten Abonnement- bzw. Vertragsfallen vor allem im Hinblick auf die Erhebung einer Verbandsklage sowie auf AGB-Klauseln, die nach § 307 Abs. 3 S. 1 BGB der Inhaltskontrolle entzogen sind, deutlich: Eine Verbandsklage gemäß § 1 UKlaG kann nämlich nur auf einen Verstoß gegen die Anforderungen der §§ 307 bis 309 BGB, also eine inhaltliche Unangemessenheit der betreffenden AGB-Klausel gestützt werden, nicht hingegen auf den Vorwurf, dass der angegriffenen Bestimmung ein Überraschungsmoment innewohne.[1006] Denn ein solcher Vorwurf bezieht sich zwangsläufig immer auch auf die Erwartungen, die der jeweilige Vertragspartner des Verwenders etwa aufgrund des Verhandlungsverlaufs im Einzelfall hatte,[1007] sodass dieser Vorwurf auch nur im Rahmen eines Individualprozesses erhoben werden kann.[1008]

1001 Vgl. *Lindacher* in: Wolf/Lindacher/Pfeiffer, AGB, § 305 c, Rn. 6; *Schlosser* in: Staudinger, BGB, § 305 c, Rn. 2.

1002 So auch *Basedow* in: Münchener Kommentar, BGB, § 305 c, Rn. 3.

1003 So auch *Schlosser* in: Staudinger, BGB, § 305 c, Rn. 2.

1004 Ebd.

1005 So auch *BGH*, Urt. v. 06.02.1996 - XI ZR 121/95, NJW-RR 1996, 673 (674); *BGH*, Urt. v. 07.03.1996 - IX ZR 43/95, NJW 1996, 1470 (1472 f.); *Basedow* in: Münchener Kommentar, BGB, § 305 c, Rn. 4.

1006 Vgl. nur *Basedow* in: Münchener Kommentar, BGB, § 305 c, Rn. 4.

1007 Vgl. etwa *BGH*, Urt. v. 30.10.1987 - V ZR 174/86, BGHZ 102, 152 (159) = NJW 1988, 558 (560); *BGH*, Urt. v. 18.05.1995 - IX ZR 108/94, BGHZ 130, 19 (25) = NJW 1995, 2553 (2554); *BGH*, Urt. v. 30.06.1995 - V ZR 184/94, BGHZ 130, 150 (154) = NJW 1995, 2637 (2638).

1008 So auch *Basedow* in: Münchener Kommentar, BGB, § 305 c, Rn. 4.

Für diese Untersuchung aber weitaus interessanter ist, dass aus der Selbstständigkeit des Verbots überraschender Klauseln gegenüber dem Verbot inhaltlich unangemessener Klauselgestaltung folgt, dass der Anwendungsbereich des § 305 c Abs. 1 BGB, anders als der Anwendungsbereich der §§ 307 bis 309 BGB, auch diejenigen Vertragsbestimmungen umfasst, die die vertraglichen Hauptleistungspflichten der Vertragspartner bestimmen und somit gemäß § 307 Abs. 3 S. 1 BGB der Inhaltskontrolle entzogen sind (vgl. hierzu die ausführlichen Darstellungen zu den Schranken der Inhaltskontrolle[1009], insbesondere zur materiellen Inhaltskontrolle bei Leistungsbeschreibungen und Preisvereinbarungen[1010]).[1011]

Allerdings darf es durch die Anwendung der §§ 305 bis 306 a BGB auf die gemäß § 307 Abs. 3 S. 1 BGB von der materiellen Inhaltskontrolle ausgenommenen Bestimmungen auch nicht dazu kommen, dass insbesondere über die Anwendung des Verbots überraschender Klauseln eine Aushöhlung des Kontrollverbots des § 307 Abs. 3 S. 1 BGB stattfindet.[1012] Hierbei besteht nämlich immer die Gefahr, dass das Vorliegen eines Überraschungsmoments vorschnell bejaht wird.[1013] Doch soweit die fragliche Bestimmung in dem jeweiligen Geschäftszweig üblich ist oder auf andere Art und Weise für den Vertragspartner des Verwenders leicht erkennbar auch und gerade die vertraglichen Hauptleistungen näher ausführt, ist selbst eine ungewöhnliche Ausgestaltung der AGB-Klausel nicht allein deshalb als überraschend im Sinne von § 305 c Abs. 1 BGB anzusehen.[1014]

3. Die tatbestandlichen Voraussetzungen

Die tatbestandlichen Voraussetzungen des § 305 c Abs. 1 BGB, insbesondere aber die Aufspaltung der Tatbestandsmerkmale in einen objektiven und einen subjektiven Teil sowie die damit verbundene Abgrenzung zueinander ist schwierig und im Einzelnen umstritten. Daher sollen zunächst einmal die von der Rechtsprechung und der

---

1009 Siehe 3. Teil, D, II.

1010 Siehe 3. Teil, D, II, 3.

1011 So allg. etwa auch *BGH*, Urt. v. 10.11.1989 - V ZR 201/88, BGHZ 109, 197 (200) = NJW 1990, 576 (577); *BGH*, Urt. v. 18.05.1995 - IX ZR 108/94. BGHZ 130, 19 (24 f.) = NJW 1995, 2553 (2554); *Basedow* in: Münchener Kommentar, BGB, § 305 c, Rn. 4; *Lindacher* in: Wolf/Lindacher/Pfeiffer, AGB, § 305 c, Rn. 6.

1012 Vgl. nur *Wolf* in: Wolf/Lindacher/Pfeiffer, AGB, § 307, Rn. 278.

1013 So auch *Lindacher* in: Wolf/Lindacher/Pfeiffer, AGB, § 305 c, Rn. 6.

1014 Ebd.

Literatur vertretenen Ansichten dargestellt und die diesbezüglichen Abgrenzungsschwierigkeiten erläutert werden. Sodann konzentriert sich die Untersuchung auf die Frage, ob die im Rahmen einer Abonnement- bzw. Vertragsfalle im Internet typischerweise in den Allgemeinen Geschäftsbedingungen zu findende Regelung der Entgeltlichkeit der Leistung gegen das Verbot überraschender Klauseln verstößt.

a) Ansichten und Abgrenzungsschwierigkeiten

Der herrschenden Meinung[1015] zufolge setzt sich der Tatbestand des § 305 c Abs. 1 BGB sowohl aus einer objektiven Komponente, nämlich der Ungewöhnlichkeit der zu beurteilenden AGB-Klausel, als auch einer subjektiven Komponente zusammen, nämlich dem Überraschungsmoment, das diese Bestimmung für den Vertragspartner des Verwenders aufweisen muss.[1016] Zur Beurteilung der Frage, ob es sich um eine ungewöhnliche AGB-Klausel handelt, sei auf das Gesamtbild des jeweiligen Vertrages sowie auf die Erwartungen abzustellen, die der redliche Verkehr für gewöhnlich oder aber aufgrund des Verhaltens des jeweiligen Verwenders bei Abschluss des Vertrages mit dem typischen Vertragsinhalt verbinde, während bei subjektiver Betrachtung das Vorliegen eines Überrumpelungs- oder Übertölpelungseffekts maßgeblich sei.[1017]

Dieser Unterscheidung in einen objektiven und einen subjektiven Tatbestandsteil steht auch der BGH nahe, wenngleich er ihr nicht ausdrücklich folgt.[1018] Nach der Rechtsprechung des BGH[1019] ist für die Frage, ob eine AGB-Klausel als überraschend im Sinne des § 305 c Abs. 1 BGB anzusehen sei, entscheidend, ob in der durch sie getroffenen Regelung deutlich von den Erwartungen des Vertragspartners des Verwen-

---

[1015] Vgl. etwa *OLG Düsseldorf*, Urt. v. 28.05.1986 - 8 U 151/85, BB 1986, 1464 (1465); *Grüneberg* in: Palandt, BGB, § 305 c, Rn. 3 f.; *Larenz/Wolf*, BR AT, § 43, Rn. 26 ff.; *Ulmer/Schäfer* in: Ulmer/Brandner/Hensen, AGB-Recht, § 305c, Rn. 11 ff. Anders *Basedow* in: Münchener Kommentar, BGB, § 305 c, Rn. 5 ff.

[1016] So auch *Stoffels*, AGB-Recht, Rn. 334 m. w. N.

[1017] Ebd.

[1018] Ebd.

[1019] Vgl. etwa *BGH*, Urt. v. 17. 05.1982 - VII ZR 316/81, BGHZ 84, 109 (112 f.) = NJW 1982, 2309 (2309 f.); *BGH*, Urt. v. 30.10.1987 - V ZR 174/86, BGHZ 102, 152 (158 f.) = NJW 1988, 558 (559 f.); *BGH*, Urt. v. 10.11.1989 - V ZR 201/88, BGHZ 109, 197 (201) = NJW 1990, 576 (577); *BGH*, Urt. v. 21.11.1991 - IX ZR 60/91, NJW 1992, 1234 (1235); *BGH*, Urt. v. 30.06.1995 - V ZR 184/94, BGHZ 130, 150 (154) = NJW 1995, 2637 (2638); *BGH*, Urt. v. 24.10.2000 - XI ZR 273/99, NJW-RR 2001, 1420 (1421); *BGH*, Urt. v. 16.01.2001 - XI ZR 84/00, NJW 2001, 1416 (1416); *BGH*, Urt. v. 11.12.2003 - III ZR 118/03, NJW-RR 2004, 780 (781); *BGH*, Urt. v. 26.07.2012 - VII ZR 262/11, MMR 2012, 741 (741).

ders abgewichen wird und dieser den Umständen nach vernünftigerweise nicht mit ihr zu rechnen braucht.[1020] Diese Erwartungen würden sowohl von allgemeinen Begleitumständen (beispielsweise dem Grad der Abweichung vom dispositiven Gesetzesrecht sowie der für den Geschäftsverkehr üblichen Gestaltung) als auch von den individuellen Begleitumständen des Vertragsabschlusses (etwa dem Verlauf und dem Inhalt der Vertragsverhandlungen sowie dem äußeren Zuschnitt des Vertrages) abhängen.[1021] Hinsichtlich der individuellen Begleitumstände des Vertragsabschlusses sei zur Beurteilung, inwiefern die getroffene Regelung von diesen Erwartungen abweiche, ein durch die konkreten Umstände überlagerter genereller Maßstab heranzuziehen,[1022] was bedeutet, dass nicht die Kenntnismöglichkeit des jeweiligen Vertragspartners des Verwenders, sondern vielmehr die Verständnismöglichkeit des typischerweise bei derartigen Verträgen zu erwartenden Personenkreises maßgeblich sei.[1023]

Wie einleitend bereits erwähnt, sind die vorgeschlagenen Abgrenzungen allerdings durchaus mit Problemen verbunden: So vermag beispielsweise die von der herrschenden Meinung in der Literatur vertretene Auffassung nicht wirklich überzeugen, da sie nicht nur kompliziert ist, sondern, sofern nämlich die Fragen im Einzelnen betroffen sind, schlicht auch nicht nachvollzogen werden kann.[1024] Denn werden zum Beispiel sowohl der Ablauf der Vertragsverhandlungen als auch die Umstände bei Abschluss des Vertrages im Einzelfall bei der Beurteilung der Ungewöhnlichkeit einer AGB-Klausel bereits im Rahmen der objektiven Komponente berücksichtigt,[1025] so lässt sich der objektive Maßstab, der von den Erwartungen des jeweiligen Vertragspartners losgelöst ist, von der subjektiven Komponente kaum mehr sinnvoll tren-

---

1020 So auch *Stoffels*, AGB-Recht, Rn. 334.

1021 Vgl. etwa *BGH*, Urt. v. 30.10.1987 - V ZR 174/86, BGHZ 102, 152 (159) = NJW 1988, 558 (560); *BGH*, Urt. v. 10.11.1989 - V ZR 201/88, BGHZ 109, 197 (201) = NJW 1990, 576 (577); *BGH*, Urt. v. 21.11.1991 - IX ZR 60/91, NJW 1992, 1234 (1235); *BGH*, Urt. v. 30.06.1995 - V ZR 184/94, BGHZ 130, 150 (154) = NJW 1995, 2637 (2638); *BGH*, Urt. v. 24.10.2000 - XI ZR 273/99, NJW-RR 2001, 1420 (1421); *BGH*, Urt. v. 16.01.2001 - XI ZR 84/00, NJW 2001, 1416 (1416 f.); *BGH*, Urt. v. 11.12.2003 - III ZR 118/03, NJW-RR 2004, 780 (781). So auch *Stoffels*, AGB-Recht, Rn. 334.

1022 Vgl. nur *BGH*, Urt. v. 21.06.2001 - IX ZR 69/00, NJW-RR 2002, 485 (486).

1023 Vgl. etwa *BGH*, Urt. v. 30.10.1987 - V ZR 174/86, BGHZ 102, 152 (159) = NJW 1988, 558 (560); *BGH*, Urt. v. 30.06.1995 - V ZR 184/94, BGHZ 130, 150 (154) = NJW 1995, 2637 (2638); *BGH*, Urt. v. 18.09.1997 - IX ZR 283/96, BGHZ 136, 347 (355) = NJW 1997, 3372 (3374); *BGH*, Urt. v. 24.10.2000 - XI ZR 273/99, NJW-RR 2001, 1420 (1421); *BGH*, Urt. v. 26.07.2012 - VII ZR 262/11, MMR 2012, 741 (741 f.). So auch *Stoffels*, AGB-Recht, Rn. 334.

1024 So auch *Stoffels*, AGB-Recht, Rn. 335.

1025 Vgl. etwa *Grüneberg* in: Palandt, BGB, § 305, Rn. 3; *Larenz/Wolf*, BR AT, § 43, Rn. 26; *Ulmer/Schäfer* in: Ulmer/Brandner/Hensen, AGB-Recht, § 305c, Rn. 12.

nen.[1026] Zudem soll im Rahmen der subjektiven Komponente für die Frage, ob ein Überrumpelungs- oder Übertölpelungseffekt vorliegt, auf die Erkenntnismöglichkeiten des für derartige Verträge typischerweise zu erwartenden Kundenkreises abgestellt werden,[1027] was im Ergebnis wiederum auf eine Beschreibung des objektiven Maßstabs hinausläuft.[1028]

Aber auch die von der Rechtsprechung vertretene Auffassung über den Ablauf einer Überraschungskontrolle lässt eine nachvollziehbare Strukturierung bislang vermissen, wenngleich die diesbezüglich ergangenen Entscheidungen im Ergebnis durchaus überzeugend sind.[1029] Daher soll für den weiteren Gang der Untersuchung im Hinblick auf die Überraschungskontrolle auf die umfangreiche Kasuistik der Rechtsprechung zurückgegriffen werden.

b) Kasuistik der Rechtsprechung

Die Rechtsprechung stellt im Zusammenhang mit der Überraschungskontrolle von Entgeltklauseln in Allgemeinen Geschäftsbedingungen immer wieder auch auf einen ungewöhnlichen äußeren Zuschnitt der verwendeten AGB-Klausel und ihrer Unterbringung an einer für den Vertragspartner des Verwenders nicht zu erwartenden Stelle ab, da auch diese beiden Aspekte eine solche Bestimmung zu einer ungewöhnlichen und somit überraschenden Klausel im Sinne des § 305 c Abs. 1 BGB machen könnten.[1030] So werden beispielsweise solche Entgeltabreden beanstandet, die der Verwender so versteckt zwischen anderen Angaben eingefügt hat, dass sie von seinem Vertragspartner ohne Weiteres übersehen werden können und er folglich auch nicht mit ihnen zu rechnen bräuchte.[1031] Ein solches Verstecken der Entgeltklausel liege bei einem Formular immer dann vor, wenn die Klausel aufgrund der drucktech-

---

1026 So auch *Stoffels*, AGB-Recht, Rn. 335.

1027 Vgl. nur *Grüneberg* in: Palandt, BGB, § 305, Rn. 4; *Larenz/Wolf*, BR AT, § 43, Rn. 28; *Ulmer/Schäfer* in: Ulmer/Brandner/Hensen, AGB-Recht, § 305c, Rn. 13.

1028 So auch *Stoffels*, AGB-Recht, Rn. 335.

1029 So auch *Stoffels*, AGB-Recht, Rn. 335.

1030 Vgl. etwa *BGH*, Urt. v. 17. 05.1982 - VII ZR 316/81, BGHZ 84, 109 (113) = NJW 1982, 2309 (2310); *BGH*, Urt. v. 22.11.2005 - XI ZR 226/04, NJW-RR 2006, 490 (491); *BGH*, Urt. v. 09.12.2009 - XII ZR 109/08, BGHZ 183, 299 (304 f.) = NJW 2010, 671 (672); *BGH*, Urt. v. 21.07.2010 - XII ZR189/08, NJW 2010, 3152 (3153 f.); *BGH*, Urt. v. 26.07.2012 - VII ZR 262/11, MMR 2012, 741 (741).

1031 Vgl. etwa *BGH*, Urt. v. 26.07.2012 - VII ZR 262/11, MMR 2012, 741 (741); *LG Berlin*, Urt. v. 21.10.2011 - 50 S 143/10, NJW-RR 2012, 424 (424); *LG Flensburg*, Urt. v. 08.02.2011 - 1 S 71/10, NJOZ 2011, 1173 (1175).

nischen Gestaltung so unauffällig in das Gesamtbild eingefügt wurde, dass sie der Vertragspartner des Verwenders nicht vermuten konnte.[1032] Diese Fallgestaltung lässt sich aufgrund ihrer Vergleichbarkeit unproblematisch auch auf das Internet, genauer gesagt auf die Gestaltung eines Angebots auf einer Internetseite übertragen.[1033] Als Beispiel ist hier etwa die Gestaltung einer Internetseite zu nennen, bei der sich die Entgeltklausel im Fließtext zwischen für den Kunden wenig interessanten Angaben befand.[1034] In einem solchen Fall sei das Angebot auf der Internetseite keineswegs so gestaltet, dass einem Durchschnittsverbraucher zwangsläufig bewusst werden kann, dass die dort angebotene Leistung kostenpflichtig ist.[1035] Der Fließtext, der die Entgeltpflicht beinhaltete, bestand dabei aus einem auf der rechten Seite platzierten, grau hinterlegten 20 Zeilen langen Text mit insgesamt drei Absätzen.[1036] Die Entgeltabrede selbst befand sich in der Mitte dieses Textes, sodass sie erst bei sehr genauem Lesen zu sehen war.[1037]

Die Preisangabe kann aber auch dadurch gestalterisch unauffällig in das Gesamtbild eingefügt werden, dass zum Beispiel für die Bezeichnung der Währung das Wort „Euro" und nicht das wegen seiner Blickfangwirkung auffälligere Währungssymbol „€" verwendet wird, die Währungsangabe zudem vor dem Betrag platziert wird und schließlich noch beide Angaben durch einen Zeilenumbruch voneinander getrennt dargestellt werden.[1038] Gleiches gelte dann, wenn durch eine geschickte Wortwahl, beispielsweise durch Verzicht auf bestimmte Schlüsselbegriffe wie etwa das Wort „Vertrag", die entsprechenden Regelungen unauffällig in einem Fließtext untergebracht werden.[1039] So werde durch die alleinige Verwendung von Begriffen wie „anmelden" oder „Anmeldung abschließen" der Eindruck einer reinen Registrierung bei dem Nutzer erweckt.[1040] Wird allerdings eine gewisse Grenze überschritten und versucht, die Entgeltabrede zu verstecken, indem diese zusammen mit anderen Ver-

[1032] Vgl. etwa *BGH*, Urt. v. 26.07.2012 - VII ZR 262/11, MMR 2012, 741 (742); *LG Berlin*, Urt. v. 21.10.2011 - 50 S 143/10, NJW-RR 2012, 424 (424 f.); *LG Düsseldorf*, Urt. v. 23.10.2008 - 19 S 29/08, NJOZ 2009, 391 (392 f.); *LG Flensburg*, Urt. v. 08.02.2011 - 1 S 71/10, NJOZ 2011, 1173 (1175); *LG Rostock*, Urt. v. 28.05.2008 - 1 S 174/07, NJW-RR 2008, 1450 (1451); *LG Saarbrücken*, Urt. v. 27.03.2002 - 11 S 200/01, NJW-RR 2002, 915 (915 f.).

[1033] So auch *BGH*, Urt. v. 26.07.2012 - VII ZR 262/11, MMR 2012, 741 (742).

[1034] Vgl. *LG Berlin*, Urt. v. 21.10.2011 - 50 S 143/10, NJW-RR 2012, 424 (424).

[1035] Vgl. ebd.

[1036] Vgl. *LG Berlin*, Urt. v. 21.10.2011 - 50 S 143/10, NJW-RR 2012, 424 (425).

[1037] Vgl. *LG Berlin*, Urt. v. 21.10.2011 - 50 S 143/10, NJW-RR 2012, 424 (424).

[1038] Vgl. *LG Flensburg*, Urt. v. 08.02.2011 - 1 S 71/10, NJOZ 2011, 1173 (1175).

[1039] Vgl. *LG Berlin*, Urt. v. 21.10.2011 - 50 S 143/10, NJW-RR 2012, 424 (425).

[1040] Vgl. ebd.

tragsbedingungen durch eine möglichst unübersichtliche, undurchschaubare oder verklausulierte Formulierung bzw. Gestaltung ihren tatsächlichen Regelungsgehalt verschleiern bzw. verbergen und hierdurch dem Blick des Nutzers entzogen werden soll, so ist darin bereits eine Verletzung des AGB-rechtlichen Transparenzgebots zu sehen.[1041]

Bei alledem ist stets auch die sonstige Gestaltung des Formulars bzw. der Internetseite zu berücksichtigen. Denn je ersichtlicher die Gestaltung der Internetseite darauf ausgerichtet ist, dass dem Durchschnittsverbraucher die Entgeltlichkeit der angebotenen Leistung verborgen bleiben soll, desto eher und eindeutiger sei die betreffende Entgeltklausel als ungewöhnlich und überraschend im Sinne des § 305 c Abs. 1 BGB zu werten.[1042] Auf eine solche Ausrichtung könne immer dann geschlossen werden, wenn neben der unauffälligen Einfügung der Entgeltklausel noch durch eine Vielzahl weiterer (gestalterischer) Maßnahmen versucht wird, die Entgeltlichkeit der angebotenen Leistung zu verschleiern.[1043] Darüber hinaus wird zum Teil auch auf die Art der jeweils angebotenen Leistung abgestellt, aus der sich – und das gerade in Verbindung mit dem optischen Erscheinungsbild der Internetseite – nicht unbedingt auf die Entgeltlichkeit schließen ließe, sodass der durchschnittlich informierte und verständige Nutzer auch nicht ohne Weiteres mit einer solchen Bestimmung rechnen müsse.[1044] Denn werden gleiche oder zumindest vergleichbare Leistungen in der Regel auch kostenlos angeboten, so sei dies für die Erwartungshaltung des jeweils angesprochenen Verkehrskreises an den Inhalt des Vertrages maßgeblich, sodass bei einer solchen Fallgestaltung die darauf beruhende und durchaus berechtigte Erwartung des Kunden auch durch eine hinreichend deutliche Kennzeichnung der Kostenpflicht korrigiert werden müsse.[1045] Als Maßstab für eine deutliche Kennzeichnung der Kostenpflicht sei § 1 Abs. 6 PAngV heranzuziehen.[1046] Nach dieser Vorschrift müssen Angaben den Grundsätzen von Preisklarheit und Preiswahrheit entsprechen (vgl. S. 1) und dem Angebot oder der Werbung eindeutig zuzuordnen sowie leicht erkennbar

---

[1041] So auch *LG Düsseldorf*, Urt. v. 23.10.2008 - 19 S 29/08, NJOZ 2009, 391 (393); *LG Saarbrücken*, Urt. v. 27.03.2002 - 11 S 200/01, NJW-RR 2002, 915 (916).

[1042] Vgl. *LG Flensburg*, Urt. v. 08.02.2011 - 1 S 71/10, NJOZ 2011, 1173 (1175).

[1043] Vgl. ebd.

[1044] Vgl. *LG Berlin*, Urt. v. 21.10.2011 - 50 S 143/10, NJW-RR 2012, 424 (425); *LG Flensburg*, Urt. v. 08.02.2011 - 1 S 71/10, NJOZ 2011, 1173 (1175).

[1045] Vgl. etwa *BGH*, Urt. v. 26.07.2012 - VII ZR 262/11, MMR 2012, 741 (742).

[1046] Vgl. etwa *LG Berlin*, Urt. v. 21.10.2011 - 50 S 143/10, NJW-RR 2012, 424 (425); *LG Flensburg*, Urt. v. 08.02.2011 - 1 S 71/10, NJOZ 2011, 1173 (1175).

und deutlich lesbar oder sonst gut wahrnehmbar sein (vgl. S. 2).[1047] Dies gilt umso mehr, als die in Wahrheit kostenpflichtigen Leistungen in gestalterisch deutlich hervorgehobener Form als „gratis“, „free“, „kostenlos“[1048] oder durch die Verwendung ähnlicher Bezeichnungen (wie etwa „Treuegeschenk” oder „Dankeschön auspacken“ [1049]) dargestellt werden. Dass der Nutzer auf einer Internetseite seine persönlichen Daten eingeben muss, führe hingegen – wie auch der Hinweis auf die Allgemeinen Geschäftsbedingungen – nicht zwingend zu dem Schluss, dass die dort angebotene Leistung kostenpflichtig sei.[1050]

Übertragen auf die hier untersuchten Abonnement- bzw. Vertragsfallen im Internet kann daher – auch wenn dies stets vom Einzelfall abhängig ist – jedenfalls dann von einer überraschenden Entgeltklausel im Sinne des § 305 c Abs. 1 BGB ausgegangen werden, wenn die entsprechende Internetseite – wie dies vor allem bei früheren Erscheinungsformen regelmäßig der Fall war – auch aufgrund ihrer sonstigen Gestaltung gerade darauf ausgerichtet ist, dass dem Durchschnittsverbraucher die Entgeltlichkeit der angebotenen Leistung verborgen bleiben soll und die Regelung der Kostenpflicht zudem noch aufgrund der Gestaltung der Seite so unauffällig in das Gesamtbild eingefügt wurde, dass der jeweilige Nutzer sie nicht vermuten konnte. Eine solche gestalterisch unauffällige Einfügung einer Entgeltklausel in das Gesamtbild ist regelmäßig dann zu bejahen, wenn die Entgeltpflicht etwa in unauffälligen und schwer zu lesenden Sternchenzusätzen, im Fließtext bzw. im Kleingedruckten oder ausschließlich und dazu noch versteckt in den Allgemeinen Geschäftsbedingungen zu finden ist. Dies gilt umso mehr, wenn die in Wahrheit kostenpflichtige Leistung auf der Internetseite in deutlich hervorgehobener Form als unentgeltlich beworben wird. Weist die Internetseite hingegen diese Merkmale nicht auf – beispielsweise durch eine neutrale Präsentation der angebotenen Leistung, sodass hierdurch auch nicht der Eindruck der Unentgeltlichkeit erweckt wird –, ist die getroffene Entgeltabrede klar und verständlich formuliert und auch, sofern erforderlich, mit einer entsprechenden und aussagekräftigen Überschrift versehen (siehe hierzu die Ausführungen zur Strukturierung bzw. Gliede-

---

[1047] So auch *LG Berlin*, Urt. v. 21.10.2011 - 50 S 143/10, NJW-RR 2012, 424 (425); *LG Flensburg*, Urt. v. 08.02.2011 - 1 S 71/10, NJOZ 2011, 1173 (1175).

[1048] Vgl. *LG Berlin*, Urt. v. 28.11.2007 - 96 O 175/07, BeckRS 2010, 02692; *AG Hamm*, Urt. v. 26.03.2008 - 17 C 62/08, NJW-RR 2008, 1078 (1078).

[1049] Vgl. *OLG Koblenz*, Urt. v. 18.03.2009 - 4 U 1173/08, GRURR-RR 2009, 262 (263) = MMR 2009, 475 (475).

[1050] Vgl. *LG Berlin*, Urt. v. 21.10.2011 - 50 S 143/10, NJW-RR 2012, 424 (425).

rung des AGB-Textes[1051]) in den Allgemeinen Geschäftsbedingungen geregelt, so ist sie im Rahmen der Überraschungskontrolle nach § 305 c Abs. 1 BGB in der Regel nicht zu beanstanden.

Für den Anbieter einer Abonnement- bzw. Vertragsfalle im Internet stellt die Überraschungskontrolle somit zwar eine nicht zu unterschätzende Hürde dar, das Funktionieren vereiteln kann sie aber letztlich dennoch nicht. Denn wie bereits dargestellt, ist der Anbieter schon aufgrund des AGB-rechtlichen Transparenzgebots dazu verpflichtet, die verwendeten AGB-Klauseln klar und verständlich zu formulieren und seinen AGB-Text zudem auch noch zu gliedern. Selbst die Ergänzung der einzelnen Abschnitte mit entsprechenden Überschriften ist für ihn nicht weiter problematisch, da eine ordentliche Gliederung sowie die Vergabe von Überschriften dazu führen, dass der Nutzer aufgrund des Erscheinungsbildes des vermeintlich ordnungsgemäßen AGB-Textes keinen Argwohn hegt und so auf die versteckten bzw. verschleierten Bedingungen nicht aufmerksam wird.

III. Vorrang der Individualabrede gemäß § 305 b BGB

Nach § 305 b BGB, der wörtlich dem früheren § 4 AGBG entspricht,[1052] haben individuelle Vertragsabreden Vorrang vor Allgemeinen Geschäftsbedingungen. Diese Vorschrift gelangt allerdings bei den hier untersuchten Abonnement- bzw. Vertragsfallen im Internet nicht zur Anwendung. Denn unter dem Begriff der individuellen Vertragsabrede sind all diejenigen Vereinbarungen zu verstehen, die im Sinne des § 305 Abs. 1 S. 3 BGB im Einzelnen ausgehandelt worden sind.[1053] Wie aber bereits in den Ausführungen zur Abgrenzung zwischen Allgemeinen Geschäftsbedingungen und Individualabrede im Rahmen des sachlichen Anwendungsbereichs des AGB-Rechts dargestellt wurde[1054], kann bei den hier untersuchten Fällen davon ausgegangen werden, dass der Anbieter weder seine Allgemeinen Geschäftsbedingungen zur Disposition stellen wird noch dazu bereit ist, mit dem Nutzer zu kommunizieren. Ein Aushandeln von Vertragsbedingungen im Einzelnen zwischen den Vertragsparteien kommt bei den im Rahmen dieser Arbeit untersuchten Verträgen somit keinesfalls in Frage.

[1051] Siehe 3. Teil, C, I, 2, b, bb, ccc.

[1052] Vgl. etwa *Basedow* in: Münchener Kommentar, BGB, § 305 b, Rn. 1; *Grüneberg* in: Palandt, BGB, § 305 b, Rn. 1; *Lindacher* in: Wolf/Lindacher/Pfeiffer, AGB, § 305 b, Rn. 1.

[1053] Vgl. nur *Grüneberg* in: Palandt, BGB, § 305 b, Rn. 2; *Stoffels*, AGB-Recht, Rn. 337.

[1054] Siehe 3. Teil, B, II, 1, e.

IV. Zwischenergebnis zur wirksamen Einbeziehung von Allgemeinen Geschäftsbedingungen

Wie die Untersuchung in diesem Kapitel gezeigt hat, können auch im Zusammenhang mit einer Abonnement- bzw. Vertragsfalle im Internet alle Voraussetzungen für eine wirksame Einbeziehung der Allgemeinen Geschäftsbedingungen in den Vertrag vorliegen. Wie ausführlich dargestellt und begründet, ist es einem Anbieter nämlich möglich, alle positiven Mindestvoraussetzungen des § 305 Abs. 2 BGB zu erfüllen, ohne dass hierdurch das Funktionieren der Abonnement- bzw. Vertragsfalle vereitelt wird. Das gesamte Klauselwerk wird somit einbezogen. Allerdings hat sich bei der Untersuchung der einzelnen Voraussetzungen auch sehr deutlich gezeigt, dass gerade im Hinblick auf die Lesbarkeit und Verständlichkeit des AGB-Textes so gut wie keine Gestaltungsspielräume verbleiben, die ein Anbieter dahingehend nutzen könnte, die Lesbarkeit eines Textes (zum Beispiel durch die Verwendung kleiner Buchstaben oder einer schlechten Farbabstufung zwischen Text und Hintergrund) bzw. dessen Verständnis (etwa durch eine fehlende Gliederung, unnötige Verteilung auf mehrere Seiten, verschachtelte Formulierungen oder „das Aufsteigenlassen von Rauch") zu erschweren und damit die Motivation zum Durchlesen der einzelnen Bedingungen zu minimieren. Der Anbieter einer Abonnement- bzw. Vertragsfalle wird sich vielmehr an sämtliche Vorgaben halten (müssen), da er nur auf diesem Wege die wirksame Einbeziehung der für ihr Funktionieren notwendigen Bedingungen in den Vertrag sicherstellen kann. Einzelne AGB-Klauseln werden auch nicht aufgrund eines ihnen womöglich innewohnenden Überraschungsmoments gemäß § 305 c Abs. 1 BGB oder aufgrund einer sie verdrängenden Individualabrede gemäß § 305 b BGB nicht zum Bestandteil des Vertrages. Denn wie ebenfalls ausführlich dargestellt und begründet, scheitern – im Gegensatz noch zu den früheren Erscheinungsformen von Abonnement- bzw. Vertragsfallen im Internet – insbesondere die Entgeltklauseln nicht mehr zwangsläufig an der negativen Einbeziehungsvoraussetzung des § 305 c Abs. 1 BGB, sofern der Anbieter die aufgezeigten Gestaltungsformen vermeidet. Und auch die zweite negative Einbeziehungsvoraussetzung, nämlich die Vorschrift des § 305 b BGB, gelangt bei den hier untersuchten Abonnement- bzw. Vertragsfallen im Internet nicht zur Anwendung.

Das Vorliegen der positiven Mindestvoraussetzungen des § 305 Abs. 2 BGB sowie das Nicht-Vorliegen der beiden negativen Einbeziehungsvoraussetzungen des § 305 c Abs. 1 sowie des § 305 b BGB hat die wirksame Einbeziehung der Allgemeinen Geschäftsbedingungen zur Folge, deren Wirkung darin besteht, dass diese zum Inhalt des Vertrages werden.[1055] Die AGB-Klauseln unterliegen jedoch auch und gerade dann, wenn die genannten Voraussetzungen vorliegen bzw. nicht vorliegen, der materiellen Inhaltskontrolle (Angemessenheitskontrolle) nach den §§ 307 bis 309 BGB,[1056] die Gegenstand der Untersuchung des folgenden Kapitels ist.

D. Inhaltskontrolle bei Allgemeinen Geschäftsbedingungen

Sind die Allgemeinen Geschäftsbedingungen eines Unternehmers, der seine Waren oder Dienstleistungen im Wege des Fernabsatzes über das Internet vermarktet, nach § 305 Abs. 2 BGB in ihrer Gesamtheit wirksam in den Vertrag einbezogen worden, und sind einzelne AGB-Klauseln auch nicht aufgrund eines ihnen innewohnenden Überraschungsmoments gemäß § 305 c Abs. 1 BGB oder im Hinblick auf eine sie verdrängende Individualabrede gemäß § 305 b BGB als Bestandteil des Vertrages ausgeschieden, so rückt nun auf der nächsten Stufe des Kontrollverfahrens ein zentrales Schutzinstrument der AGB-rechtlichen Vorschriften, nämlich die materielle Inhaltskontrolle (Angemessenheitskontrolle) der Allgemeinen Geschäftsbedingungen nach den §§ 307 bis 309 BGB ins Blickfeld der Untersuchung.[1057] Dabei sind die Klauselverbote ohne Wertungsmöglichkeit des § 309 BGB und die Klauselverbote mit Wertungsmöglichkeit gemäß § 308 BGB vor der Unwirksamkeit von AGB-Bestimmungen nach § 307 Abs. 2 und § 307 Abs. 1 BGB zu prüfen.[1058] In Bezug auf die materielle Inhaltskontrolle bei über das Internet abgeschlossenen Verträgen bestehen damit keinerlei internetspezifische Besonderheiten, sodass auch hier wiederum die allgemeinen Grundsätze gelten.[1059]

Es kommt aber bei der Inhaltskontrolle der Allgemeinen Geschäftsbedingungen zu einer Modifikation des zugrundeliegenden Maßstabs, da es sich bei den hier unter-

---

1055 So auch *Pfeiffer* in: Wolf/Lindacher/Pfeiffer, AGB, § 305, Rn. 112.
1056 Ebd.
1057 So auch *Dilger*, S. 52.
1058 So bspw. auch *Coester* in: Staudinger, BGB, Vorbem zu §§ 307-309, Rn. 23; *Dilger*, S. 52; *Grüneberg* in: Palandt, BGB, Vorb v § 307, Rn. 1.
1059 So bspw. auch *Dilger*, S. 52 f. m. w. N.; *Härting*, Rn. 150.

suchten Verträgen im Zusammenhang mit Abonnement- bzw. Vertragsfallen um Verbraucherverträge im Sinne des § 310 Abs. 3 BGB handelt (siehe hierzu die Ausführungen zur Erweiterung und Modifikation des sachlichen Anwendungsbereichs durch § 310 Abs. 3 BGB[1060]). Auf die Änderungen, die sich aus dieser Sonderbestimmung für die materielle Inhaltskontrolle ergeben, soll vorab näher eingegangen werden.

I. Modifikation der Inhaltskontrolle bei Verbraucherverträgen

Bei der materiellen Inhaltskontrolle von Verträgen zwischen einem Verbraucher und einem Unternehmer sind zusätzliche Gesichtspunkte zu berücksichtigen, die aus dem Erlass bzw. der Umsetzung der Richtlinie 93/13/EWG resultieren, was im konkreten Fall eine Modifikation des Maßstabs der inhaltlichen AGB-Kontrolle zur Folge haben kann.[1061] Denn während der Maßstab der materiellen Inhaltskontrolle auf eine abstrakt-generelle Beurteilung der jeweiligen AGB-Klausel abstellt, welche ohne Berücksichtigung des Einzelfalls die jeweilige Bestimmung auf ihre Angemessenheit hin überprüft,[1062] sieht die Sonderregelung des § 310 Abs. 3 Nr. 3 BGB vor, dass bei Verbraucherverträgen über diese generell-abstrakte Betrachtung hinaus auch die den Vertragsabschluss begleitenden Umstände bei der Beurteilung der unangemessenen Benachteiligung im Rahmen des § 307 Abs. 1 und 2 BGB zu berücksichtigen sind.[1063]

In Abweichung vom abstrakt-generellen Prüfungsmaßstab der §§ 307 bis 309 BGB bedarf es bei der Durchführung der Inhaltskontrolle im Zusammenhang mit Verbraucherverträgen nach dem ausdrücklichen Wortlaut dieser Bestimmung somit zusätzlich immer auch der Berücksichtigung der besonderen konkret-individuellen Um-

---

1060 Siehe 3. Teil, B, II, 2.

1061 So allg. etwa auch *Dilger*, S. 53; *Pfeiffer* in: Wolf/Lindacher/Pfeiffer, AGB, § 310 Abs. 3, Rn. 3; *Stoffels*, AGB-Recht, Rn. 193.

1062 Vgl. nur *Bunte*, Die EG-Richtline über mißbräuchliche Klauseln in Verbraucherverträgen und ihre Umsetzung durch das Gesetz zur Änderung des AGB-Gesetzes, DB 1996, 1389 (1390); *Michalski*, Die Berücksichtigung von vertragsabschlußbegleitenden Umständen nach § 24 a Nr. 3 AGBG, DB 1999, 677 (677 f.); *Pfeiffer* in: Wolf/Lindacher/Pfeiffer, AGB, § 310 Abs. 3, Rn. 29.

1063 So bspw. auch *Basedow* in: Münchener Kommentar, BGB, § 310, Rn. 70; *Brandner*, Maßstab und Schranken der Inhaltskontrolle bei Verbraucherverträgen, MDR 1997, 312 (312); *Bunte*, Die EG-Richtline über mißbräuchliche Klauseln in Verbraucherverträgen und ihre Umsetzung durch das Gesetz zur Änderung des AGB-Gesetzes, DB 1996, 1389 (1390); *Dilger*, S. 53; *Eckert*, Das neue Recht der Allgemeinen Geschäftsbedingungen, ZIP 1996, 1238 (1240); *Grüneberg* in: Palandt, BGB, § 310, Rn. 19; *Michalski*, Die Berücksichtigung von vertragsabschlußbegleitenden Umständen nach § 24 a Nr. 3 AGBG, DB 1999, 677 (677); *Pfeiffer* in: Wolf/Lindacher/Pfeiffer, AGB, § 310 Abs. 3, Rn. 3.

stände.[1064] Hierunter sind all diejenigen Umstände außerhalb des Klauselinhalts selbst zu verstehen, unter denen der Vertrag zustande kommt oder die einen Bezug gleich welcher Art zu dem Vertrag haben.[1065] Die den Vertragsabschluss begleitenden Umstände können somit sowohl rechtlicher als auch situativer oder persönlicher Natur sein.[1066] Während die Vorschrift selbst den abstrakt-generalisierenden Prüfungsmaßstab im Rahmen des § 307 BGB nicht klar zum Ausdruck bringt,[1067] ergeben sich die bei der Prüfung der Missbräuchlichkeit einer AGB-Klausel zu berücksichtigenden konkret-individuellen Umstände und damit eine Reihe von Prüfungskriterien explizit aus dem 16. Erwägungsgrund sowie aus Art. 4 Abs. 1 der Richtlinie 93/13/EWG,[1068] deren Umsetzung § 310 Abs. 3 Nr. 3 BGB dient.[1069] Hiernach sind insbesondere folgende Umstände bei der Prüfung zu berücksichtigen und gegeneinander abzuwägen:[1070] das zwischen den Verhandlungspositionen der Vertragsparteien bestehende Kräfteverhältnis, eine mögliche Einflussnahme des Verwenders mit dem Ziel, den Verbraucher zur Zustimmung zu der Klausel zu bewegen, die Leistung aufgrund einer möglichen Sonderbestellung des Verbrauchers und schließlich die Art der Güter oder Dienstleistungen selbst, die Gegenstand des Vertrages sind.[1071] Zur Abwägung der einzelnen zu berücksichtigenden Umstände ist es durchaus hilfreich, diese Umstände einzuteilen in persönliche Eigenschaften der jeweiligen Parteien, Besonderheiten der konkreten Situation bei Abschluss des Vertrages oder besondere Interessen des Verbrauchers, die im Zusammenhang mit dem Vertrag stehen.[1072]

1064 Vgl. nur *BT-Drs.* 13/2713, S. 7 f.; *Grüneberg* in: Palandt, BGB, § 310, Rn. 19; *Michalski*, Die Berücksichtigung von vertragsabschlußbegleitenden Umständen nach § 24 a Nr. 3 AGBG, DB 1999, 677 (678); *Pfeiffer* in: Wolf/Lindacher/Pfeiffer, AGB, § 310 Abs. 3, Rn. 29; *Schlosser* in: Staudinger, BGB, § 310, Rn. 70.

1065 Vgl. *Pfeiffer* in: Wolf/Lindacher/Pfeiffer, AGB, § 310 Abs. 3, Rn. 37.

1066 Vgl. ebd.

1067 Vgl. *Basedow* in: Münchener Kommentar, BGB, § 310, Rn. 72.

1068 So auch *Brandner*, Maßstab und Schranken der Inhaltskontrolle bei Verbraucherverträgen, MDR 1997, 312 (313 f.); *Dilger*, S. 53 f.; *Grüneberg* in: Palandt, BGB, § 310, Rn. 19, 21; *Schlosser* in: Staudinger, BGB, § 310, Rn. 72.

1069 Vgl. nur *BT-Drs.* 13/2713, S. 7 f.; *Basedow* in: Münchener Kommentar, BGB, § 310, Rn. 70; *Grüneberg* in: Palandt, BGB, § 310, Rn. 19; *Schlosser* in: Staudinger, BGB, § 310, Rn. 69.

1070 So bspw. auch *Basedow* in: Münchener Kommentar, BGB, § 310, Rn. 72; *Brandner*, Maßstab und Schranken der Inhaltskontrolle bei Verbraucherverträgen, MDR 1997, 312 (313 f.); *Dilger*, S. 54; *Schlosser* in: Staudinger, BGB, § 310, Rn. 72.

1071 Vgl. nur *Erwägungsgrund 16* der Richtlinie 93/13/EWG; *Basedow* in: Münchener Kommentar, BGB, § 310, Rn. 72; *Bunte*, Die EG-Richtline über mißbräuchliche Klauseln in Verbraucherverträgen und ihre Umsetzung durch das Gesetz zur Änderung des AGB-Gesetzes, DB 1996, 1389 (1390); *Dilger*, S. 54.

1072 Vgl. etwa *Michalski*, Die Berücksichtigung von vertragsabschlußbegleitenden Umständen nach § 24 a Nr. 3 AGBG, DB 1999, 677 (677) m. w. N.; *Schlosser* in: Staudinger, BGB, § 310, Rn. 72.

Die Unwirksamkeit einer AGB-Bestimmung liegt insbesondere dann nahe, wenn es sich um eine Überrumpelungssituation handelt, der Vertragspartner des Verwenders geschäftlich unerfahren ist, eine (deutliche) intellektuelle oder wirtschaftliche Unterlegenheit des Vertragspartners vorliegt, oder wenn auf die Willensbildung des Verbrauchers auf unerlaubte Art Einfluss genommen wird.[1073] Die Abwägung der den Vertragsabschluss begleitenden Umstände muss dabei nicht zwangsläufig zugunsten des Verbrauchers ausfallen, sondern kann durchaus auch positive Konsequenzen für den Verwender haben.[1074] So ist beispielsweise bei Vertragsabschlüssen im Internet der Umstand relevant, dass der Verbraucher zumeist die Wahl zwischen mehreren Anbietern aus dem In- und Ausland und deren Produkten hat, wenn er die ihm unterbreiteten Allgemeinen Geschäftsbedingungen des Anbieters nicht annehmen möchte.[1075]

II. Schranken der Inhaltskontrolle, § 307 Abs. 3 BGB

Während die beiden ersten Absätze des § 307 BGB die Zielsetzung und die wesentlichen Grundsätze der materiellen Inhaltskontrolle Allgemeiner Geschäftsbedingungen beschreiben, benennt der dritte Absatz die Grenzen dieses Kontrollansatzes, indem er negativ definiert, für welche Regelungen die Kontrollvorschriften des § 307 Abs. 1 und 2 sowie der §§ 308 und 309 BGB keine Geltung haben.[1076] Anders als § 305 Abs. 1 BGB, der Allgemeine Geschäftsbedingungen allein anhand des Vorliegens äußerer Merkmale definiert, ohne dabei jedoch den Inhalt ihrer Regelungen zu beachten, knüpft § 307 Abs. 3 S. 1 BGB dazu bereits an den Inhalt der AGB-Klauseln an und bestimmt aufgrund dessen, welche Bestimmungen vom Anwendungsbereich der materiellen Inhaltskontrolle und damit auch vom Anwendungsbereich des § 1 sowie der §§ 8 ff. UKlaG erfasst werden bzw. welche davon ausgeschlossen sind.[1077] Gemäß § 307 Abs. 3 S. 1 BGB sind nämlich nur solche Bestimmungen in Allgemeinen Geschäftsbedingungen kontrollfähig, durch die von Rechtsvorschriften abweichende

---

1073 Vgl. nur *Schlosser* in: Staudinger, BGB, § 310, Rn. 72.

1074 So bspw. auch *Brandner*, Maßstab und Schranken der Inhaltskontrolle bei Verbraucherverträgen, MDR 1997, 312 (314); *Bunte*, Die EG-Richtline über mißbräuchliche Klauseln in Verbraucherverträgen und ihre Umsetzung durch das Gesetz zur Änderung des AGB-Gesetzes, DB 1996, 1389 (1390); *Dilger*, S. 54; *Grüneberg* in: Palandt, BGB, § 310, Rn. 21. A. A. *Michalski*, Die Berücksichtigung von vertragsabschlußbegleitenden Umständen nach § 24 a Nr. 3 AGBG, DB 1999, 677 (678 f.).

1075 Vgl. *Dilger*, S. 54.

1076 Vgl. nur *Coester* in: Staudinger, BGB, § 307, Rn. 281.

1077 Vgl. etwa *Coester* in: Staudinger, BGB, § 307, Rn. 282; *Stoffels*, AGB-Recht, Rn. 418; *Wolf* in: Wolf/Lindacher/Pfeiffer, AGB, § 307, Rn. 275, 278.

oder diese ergänzende Regelungen vereinbart werden. Damit übernimmt § 307 Abs. 3 S. 1 BGB bis auf einige redaktionelle Anpassungen den Wortlaut des früheren § 8 AGBG.[1078]

Zu den Rechtsvorschriften im Sinne des § 307 Abs. 3 BGB, die im Falle einer Abweichung oder einer Ergänzung von ihnen den Anwendungsbereich der materiellen Inhaltskontrolle eröffnen, zählen vor allem Gesetze im materiellen Sinn, ungeschriebene Rechtsregeln sowie Handelsbräuche.[1079] Hingegen haben die §§ 612 Abs. 2 und 632 Abs. 2 BGB den Charakter von Preisvereinbarungen und sind daher nicht als dementsprechende Rechtsvorschriften anzusehen – der wesentliche Grundgedanke dieser Vorschriften liegt nämlich nicht darin, bestimmte Preise festzusetzen, sondern vielmehr in der Ersetzung einer Preisvereinbarung.[1080] Soweit diese Punkte von Allgemeinen Geschäftsbedingungen geregelt werden, sind sie der materiellen Inhaltskontrolle entzogen, da Preisvereinbarungen nicht unmittelbar Gegenstand von Rechtsvorschriften sind[1081] – dazu jedoch später ausführlich (siehe Unterabschnitt 3).

Aufgrund des wenig aussagekräftigen Wortlautes der Vorschrift kommt der Grundgedanke des § 307 Abs. 3 BGB allerdings nur höchst unvollkommen zum Ausdruck, sodass sich dessen Inhalt und Tragweite im Einzelnen kaum erschließen lassen und daher entsprechend unklar und umstritten ist, ob und inwieweit der Kontrollansatz im Einzelnen nun tatsächlich begrenzt ist.[1082]

1. Ansichten zu Inhalt und Tragweite des § 307 Abs. 3 BGB

Die Rechtsprechung[1083] sowie die herrschende Meinung in der Literatur[1084] gehen davon aus, dass dem Anwendungsbereich der materiellen Inhaltskontrolle durch die

1078 Vgl. etwa *Coester* in: Staudinger, BGB, § 307, Rn. 281; *Stoffels*, AGB-Recht, Rn. 418.

1079 Vgl. nur *BGH*, Urt. v. 06.02.1985 - VIII ZR 61/84, BGHZ 93, 358 (362 f.) = NJW 1985, 3013 (3014); *BGH*, Urt. v. 14.10.1997 - XI ZR 167/96, BGHZ 137, 27 (29 f.) = NJW 1998, 383 (383); *Grüneberg* in: Palandt, BGB, § 307, Rn. 64; *Joost*, Der Ausschluss der Inhaltskontrolle bei Entgeltregelungen in Allgemeinen Geschäftsbedingungen, ZIP 1996, 1685 (1690 f.); *Wolf* in: Wolf/Lindacher/Pfeiffer, AGB, § 307, Rn. 281 ff.

1080 Vgl. etwa *BGH*, Urt. v. 19.11.1991 - X ZR 63/90, BGHZ 116, 117 (119) = NJW 1992, 688 (689); *BGH*, Urt. v. 17.11.1992 - X ZR 12/91, NJW-RR 1993, 430 (431); *Wolf* in: Wolf/Lindacher/Pfeiffer, AGB, § 307, Rn. 285.

1081 Vgl. nur *Wolf* in: Wolf/Lindacher/Pfeiffer, AGB, § 307, Rn. 285.

1082 So auch *Coester* in: Staudinger, BGB, § 307, Rn. 283; *Stoffels*, AGB-Recht, Rn. 420.

1083 Vgl. etwa *BGH*, Urt. v. 24.11.1988 - III ZR 188/87, BGHZ 106, 42 (45 f.) = NJW 1989, 222 (223); *BGH*, Urt. v. 17.01.1989 - XI ZR 54/88, BGHZ 106, 259 (263) = NJW 1989, 582 (582); *BGH*, Urt. v.

Formulierung des § 307 Abs. 3 S. 1 BGB in zweierlei Hinsicht Schranken gesetzt werden: Durch § 307 Abs. 1 und 2 sowie die §§ 308 und 309 BGB sollen Vorschriften anderer Gesetze nicht modifiziert werden.[1085] Die Inhaltskontrolle finde daher zum einen dort ihre Grenze, wo AGB-Bestimmungen lediglich den Inhalt der ohnehin schon einschlägigen gesetzlichen Regelungen wiedergeben (sogenannte deklaratorische Klauseln).[1086] Zum anderen sollen auch all diejenigen Regelungen den Inhaltskontrollvorschriften – auch wenn der Normtext dies im Gegensatz zur Gesetzesbegründung und der Richtlinie 93/13/EWG weniger deutlich zum Ausdruck bringt – nicht unterfallen, die den unmittelbaren Gegenstand der Hauptleistung (die sogenannten Leistungsbeschreibungen) und das von dem anderen Teil hierfür zu entrichtende Entgelt (die sogenannten Preisvereinbarungen) festlegen.[1087] Hingegen kommt § 307 Abs. 3 S. 1 BGB nach der in der Literatur vertretenen Mindermeinung[1088] keine eigenständige Bedeutung zu, da er nur deklaratorischen Charakter habe.[1089] Daher seien alle AGB-Bestimmungen, die der materiellen Inhaltskontrolle nicht standhielten, auch kontrollfähig.[1090]

09.05.2001 - IV ZR 121/00, BGHZ 147, 354 (358, 360) = NJW 2001, 2014 (2015 f.); *OLG Karlsruhe*, Urt. v. 08.11.1996 - 15 U 198/95, BB 1997, 9 (9).

1084 Vgl. etwa *Coester* in: Staudinger, BGB, § 307, Rn. 284, 288; *Grüneberg* in: Palandt, BGB, § 307, Rn. 54; *Kieninger* in: Münchener Kommentar, BGB, § 307, Rn. 1; *Stoffels*, AGB-Recht, Rn. 420 m. w. N, 431, 438; *Wolf* in: Wolf/Lindacher/Pfeiffer, AGB, § 307, Rn. 275 f.

1085 Vgl. nur *BT-Drs*. 7/3919, S. 22; *Kieninger* in: Münchener Kommentar, BGB, § 307, Rn. 1.

1086 Vgl. etwa *BGH*, Urt. v. 05.04.1984 - III ZR 2/83, BGHZ 91, 55 (57) = NJW 1984, 2161 (2161); *BGH*, Urt. v. 24.11.1988 - III ZR 188/87, BGHZ 106, 42 (45) = NJW 1989, 222 (223); *BGH*, Urt. v. 17.01.1989 - XI ZR 54/88, BGHZ 106, 259 (263) = NJW 1989, 582 (582); *BGH*, Urt. v. 15.05.1991 - VIII ZR 38/90, NJW 1991, 1750 (1754); *BGH*, Urt. v. 20.01.1993 - VIII ZR 10/92, NJW 1993, 1061 (1063); *BGH*, Urt. v. 23.10.1996 - XII ZR 55/95, NJW 1997, 193 (194); *BGH*, Urt. v. 09.05.2001 - IV ZR 121/00, BGHZ 147, 354 (358) = NJW 2001, 2014 (2015); *OLG Karlsruhe*, Urt. v. 08.11.1996 - 15 U 198/95, BB 1997, 9 (9); *Coester* in: Staudinger, BGB, § 307, Rn. 284, 289; *Grüneberg* in: Palandt, BGB, § 307, Rn. 54, 63; *Kieninger* in: Münchener Kommentar, BGB, § 307, Rn. 1, 6; *Stoffels*, AGB-Recht, Rn. 431; *Wolf* in: Wolf/Lindacher/Pfeiffer, AGB, § 307, Rn. 331.

1087 Vgl. etwa *BGH*, Urt. v. 06.02.1985 - VIII ZR 61/84, BGHZ 93, 358 (360 f.) = NJW 1985, 3013 (3013); *BGH*, Urt. v. 24.11.1988 - III ZR 188/87, BGHZ 106, 42 (46) = NJW 1989, 222 (223); *BGH*, Urt. v. 07.05.1991 - XI ZR 244/90, BGHZ 114, 330 (333) = NJW 1991, 1953 (1953); *BGH*, Urt. v. 30.11.1993 - XI ZR 80/93, BGHZ 124, 254 (256) = NJW 1994, 318 (318); *BGH*, Urt. v. 14.10.1997 - XI ZR 167/96, BGHZ 137, 27 (29 f.) = NJW 1998, 383 (383); *BGH*, Urt. v. 09.05.2001 - IV ZR 121/00, BGHZ 147, 354 (360) = NJW 2001, 2014 (2016); *OLG Karlsruhe*, Urt. v. 08.11.1996 - 15 U 198/95, BB 1997, 9 (9); *Coester* in: Staudinger, BGB, § 307, Rn. 284, 310; *Grüneberg* in: Palandt, BGB, § 307, Rn. 54; *Kieninger* in: Münchener Kommentar, BGB, § 307, Rn. 1, 12, 16; *Stoffels*, AGB-Recht, Rn. 438; *Wolf* in: Wolf/Lindacher/Pfeiffer, AGB, § 307, Rn. 292, 303.

1088 Vgl. nur *Niebling*, Die Inhaltskontrolle von Preisen und Leistungen nach dem AGBG, WM 1992, 845 (852).

1089 So auch *Stoffels*, AGB-Recht, Rn. 420.

1090 Vgl. nur *Niebling*, Die Inhaltskontrolle von Preisen und Leistungen nach dem AGBG, WM 1992, 845 (852). So auch *Stoffels*, AGB-Recht, Rn. 420.

Hinzu kommt, dass auch die Rechtsprechung bisher kein transparentes und konsistentes Ordnungssystem entwickeln konnte, auf dessen Grundlage eine zuverlässige Beurteilung der Frage, ob eine AGB-Bestimmung der Inhaltskontrolle unterworfen ist oder nicht, möglich wäre:[1091] In der Praxis wird von den Gerichten bei einer Inhaltskontrolle von AGB-Bestimmungen, die den Leistungsinhalt oder das hierfür zu entrichtende Entgelt regeln, nämlich in der Regel weder eine klare Unterscheidung zwischen Transparenz- und Angemessenheitskontrolle noch – als Vorfrage zur Angemessenheitskontrolle – zwischen Kontrollbedürftigkeit und Kontrollfähigkeit einer AGB-Klausel getroffen.[1092] Je eher ein Gericht der Überzeugung ist, ein Unwerturteil über eine Bestimmung treffen zu können, desto höher ist auch die Wahrscheinlichkeit für eine Bejahung der Kontrollunterworfenheit gemäß § 307 Abs. 3 S. 1 BGB.[1093] Auch wenn eine solche Bestimmung klar und verständlich formuliert ist und damit gerechnet werden kann, dass sie der durchschnittliche Kunde bei seiner Marktentscheidung berücksichtigt, mangelt es oftmals an Entschlossenheit oder Bereitwilligkeit der Gerichte, die als unangemessen empfundene Klausel der Kontrolle des Marktes zu überlassen.[1094]

Der Beantwortung der Frage, ob und inwieweit der Kontrollansatz im Einzelnen nun tatsächlich begrenzt ist, kommt somit und gerade auch im Hinblick auf die im Rahmen dieser Arbeit untersuchten Verträge eine entscheidende Bedeutung zu: Folgt man nämlich der von der Rechtsprechung sowie der herrschenden Meinung in der Literatur vertretenen Interpretation des Wortlauts von § 307 Abs. 3 S. 1 BGB, so könnte für die im Rahmen einer Abonnement- bzw. Vertragsfalle angebotene bzw. erbrachte Leistung weder die in den Allgemeinen Geschäftsbedingungen des Anbieters geregelte Entgeltlichkeit selbst überprüft werden noch wäre eine Kontrolle der Angemessenheit des für diese Leistung verlangten Entgelts möglich, da der Kontrollansatz diesbezüglich begrenzt wäre. Dies erscheint im Hinblick auf den Schutz

---

1091 So bspw. auch *Coester* in: Staudinger, BGB, § 307, Rn. 313; *N. Horn*, Die richterliche Entgeltkontrolle von Entgeltklauseln nach dem AGB-Gesetz am Beispiel der Kreditwirtschaft, WM Sonderbeilage Nr. 1 zu Heft 11/1997, 3 (4, 7); *Joost*, Der Ausschluss der Inhaltskontrolle bei Entgeltregelungen in Allgemeinen Geschäftsbedingungen, ZIP 1996, 1685 (1687); *H. Roth*, Zur gerichtlichen Inhaltskontrolle von Finanzierungs-Leasingverträgen, AcP 190 (1990), 314 (314); *Stoffels*, AGB-Recht, Rn. 420.

1092 Vgl. *Coester* in: Staudinger, BGB, § 307, Rn. 329.

1093 Vgl. *Coester* in: Staudinger, BGB, § 307, Rn. 313, 329.

1094 Vgl. *Coester* in: Staudinger, BGB, § 307, Rn. 329.

des Verbrauchers vor Abonnement- bzw. Vertragsfallen im Internet aber äußerst unbefriedigend, da hierdurch ein zentrales Schutzinstrument der AGB-rechtlichen Vorschriften gerade in Bezug auf die (versteckte bzw. verschleierte) Kostenpflichtigkeit der Produkte nicht zur Anwendung gelangen würde. Dieser Aspekt bedarf daher einer eingehenden Untersuchung.

2. Zum Normverständnis des § 307 Abs. 3 BGB

Um den Inhalt und die Tragweite des § 307 Abs. 3 BGB im Einzelnen erschließen zu können und um die von der Rechtsprechung sowie der herrschenden Meinung in der Literatur vertretene Interpretation dieser Norm auch im Zusammenhang mit den hier untersuchten Abonnement- bzw. Vertragsfallen im Internet hinterfragen und bewerten zu können, ist das Normverständnis des § 307 Abs. 3 BGB zunächst einmal näher zu untersuchen. Hierzu sollen die amtliche Begründung des Regierungsentwurfs, die beiden der Norm zugrunde liegenden Hauptgedanken sowie die Richtlinie 93/13/EWG herangezogen werden.

a) Amtliche Begründung des Regierungsentwurfs

Aufschluss darüber, wie der Wortlaut des § 307 Abs. 3 BGB zu verstehen ist, liefert zunächst die amtliche Begründung des Regierungsentwurfs[1095], welche bereits recht deutlich für die von der Rechtsprechung sowie der herrschenden Meinung in der Literatur vertretene Interpretation dieser Norm spricht.[1096] In dieser Begründung heißt es nämlich ausdrücklich, dass nach § 307 Abs. 3 S. 1 BGB weder solche AGB-Klauseln, die eine Beschreibung der Leistung, und zwar einschließlich eines bestimmten in den Allgemeinen Geschäftsbedingungen festgelegten Entgelts, enthalten (was eine Preiskontrolle verhindern soll),[1097] noch solche Bestimmungen, die den Inhalt gesetzlicher Vorschriften wiedergeben (wodurch der Vorrang spezialgesetzlicher Vorschriften anerkannt werden soll),[1098] der Inhaltskontrolle unterliegen.[1099]

1095 Vgl. *BT-Drs.* 7/3919, S. 22.
1096 So auch *Stoffels*, AGB-Recht, Rn. 421.
1097 Vgl. nur *Kieninger* in: Münchener Kommentar, BGB, § 307, Rn. 12, 16.
1098 Vgl. nur *Wolf* in: Wolf/Lindacher/Pfeiffer, AGB, § 307, Rn. 275.
1099 Vgl. *BT-Drs.* 7/3919, S. 22. So auch *Stoffels*, AGB-Recht, Rn. 421.

b) Doppelter Normzweck

Aber auch aus den der Vorschrift zugrunde liegenden Hauptgedanken – also dem Ziel und Zweck der Norm –, nämlich zum einen der Wahrung marktwirtschaftlicher Prinzipien und zum anderen der Wahrung des sich aus Art. 20 Abs. 3 GG ergebenden Rechtsgrundsatzes der Bindung des Richters an Gesetz und Recht, lassen sich recht eindeutige Schlüsse für ihr Verständnis ziehen:

aa) Wahrung marktwirtschaftlicher Prinzipien

Bestimmungen in Allgemeinen Geschäftsbedingungen, die vertragliche Hauptleistungspflichten betreffen, können im Rahmen einer materiellen Inhaltskontrolle nicht auf ihre Angemessenheit hin überprüft werden, da für diese nämlich in der Regel keine rechtlichen Maßstäbe zur Kontrolle vorhanden sind[1100] und es auch nicht möglich oder erlaubt ist, solche aus der objektiven Rechtsordnung herzuleiten.[1101] Dies liegt darin begründet, dass das AGB-Recht als ein Teil unserer liberalen, marktwirtschaftlich geprägten und auf dem Grundsatz der Privatautonomie beruhenden Rechts- und Wirtschaftsordnung aufzufassen ist.[1102] In einer solchen Rechts- und Wirtschaftsordnung werden angemessene Preise grundsätzlich nicht durch Rechtsvorschriften staatlich vorgeschrieben und müssen daher in der Regel auch nicht inhaltlich gerechtfertigt werden.[1103] Vielmehr müssen sie sich am funktionierenden Markt unter Wettbewerbsbedingungen bilden und durchsetzen, d. h. das Verhältnis von Leistung und Gegenleistung richtet sich allein nach den Gesetzen von Angebot und Nachfrage.[1104] Das bedeutet, dass es die einzelnen Privatrechtssubjekte sind, die am Markt als Käu-

---

1100 Vgl. etwa *BGH*, Urt. v. 19.11.1991 - X ZR 63/90, BGHZ 116, 117 (119) = NJW 1992, 688 (689); *Coester* in: Staudinger, BGB, § 307, Rn. 284; *Joost*, Der Ausschluss der Inhaltskontrolle bei Entgeltregelungen in Allgemeinen Geschäftsbedingungen, ZIP 1996, 1685 (1690); *Kieninger* in: Münchener Kommentar, BGB, § 307, Rn. 1; *Meder*, Die Zulässigkeit einer isolierten Bepreisung des Auslandseinsatzes von Kreditkarten, NJW 1996, 1849 (1849); *Stoffels*, AGB-Recht, Rn. 423.

1101 Vgl. *Coester* in: Staudinger, BGB, § 307, Rn. 284; *Joost*, Der Ausschluss der Inhaltskontrolle bei Entgeltregelungen in Allgemeinen Geschäftsbedingungen, ZIP 1996, 1685 (1690 f.).

1102 Vgl. nur *Stoffels*, AGB-Recht, Rn. 423.

1103 Vgl. *Coester* in: Staudinger, BGB, § 307, Rn. 284; *Wolf* in: Wolf/Lindacher/Pfeiffer, AGB, § 307, Rn. 303.

1104 Vgl. etwa *Canaris*, Zinsberechnungs- und Tilgungsverrechnungsklauseln beim Annuitätendarlehen, NJW 1987, 609 (613); *Coester* in: Staudinger, BGB, § 307, Rn. 284; *Kieninger* in: Münchener Kommentar, BGB, § 307, Rn. 1, 16; *Meder*, Die Zulässigkeit einer isolierten Bepreisung des Auslandseinsatzes von Kreditkarten, NJW 1996, 1849 (1849); *Stoffels*, AGB-Recht, Rn. 450; *Wolf* in: Wolf/Lindacher/Pfeiffer, AGB, § 307, Rn. 303.

fer und Verkäufer agieren und sich in privatautonomer Entscheidung auf den Austausch von Leistung und Gegenleistung einigen.[1105] Nur sie entscheiden, welche Gegenstände gekauft oder verkauft werden, welche Dienstleistungen in welchem Umfang zu erbringen sind und welche Gegenleistungen dafür jeweils zu erbringen sind.[1106] Denn diese den Parteien obliegende Entscheidung ist gerade Resultat der ihnen gewährten Vertragsfreiheit.[1107] Folglich gehen Marktregulierung und die selbstverantwortliche Wahrnehmung von Interessen grundsätzlich einer Regulierung und Kontrolle seitens des Staates vor;[1108] im Hinblick auf die Gegenleistung ersetzt die Marktgerechtigkeit damit die objektive Gerechtigkeit.[1109]

Würde dem Staat oder den von ihm eingerichteten Gerichten die Befugnis obliegen, angemessene Preise durch Rechtsvorschriften festzulegen bzw. auf ihre betriebswirtschaftliche Rechtfertigung (beispielsweise Kostenkalkulation und Preisbildungsfragen) hin zu überprüfen und damit das Äquivalenzverhältnis von Leistung und Gegenleistung einer Angemessenheitskontrolle zu unterziehen, wäre dies eine Untergrabung der Funktionsbedingungen der freien Marktwirtschaft und würde damit gegen den Grundsatz der Privatautonomie sowie gegen die geltende Verfassungs- und Privatrechtsordnung verstoßen.[1110] Selbst wenn sich der Ausschluss der staatlichen oder gerichtlichen Preiskontrolle allein auf die Preisbildung am Markt gründet,[1111] ist ein Eingriff in Form einer Angemessenheitskontrolle selbst dann nicht zulässig, wenn ein situativ bedingtes Funktionsversagen der Privatautonomie vorliegt.[1112] Denn zum ei-

---

1105 Vgl. *Stoffels*, AGB-Recht, Rn. 423.

1106 Vgl. etwa *BGH*, Urt. v. 06.02.1985 - VIII ZR 61/84, BGHZ 93, 358 (360) = NJW 1985, 3013 (3013); *BGH*, Urt. v. 24.11.1988 - III ZR 188/87, BGHZ 106, 42 (46) = NJW 1989, 222 (223); *BGH*, Urt. v. 14.10.1997 - XI ZR 167/96, BGHZ 137, 27 (29) = NJW 1998, 383 (383); *BGH*, Urt. v. 18.05.1999 - XI ZR 219/98, BGHZ 141, 380 (383) = NJW 1999, 2276 (2277); *BGH*, Urt. v. 10.06.1999 - VII ZR 365/98, BGHZ 142, 46 (49) = NJW 1999, 3260 (3260); *BGH*, Urt. v. 16.11.1999 - KZR 12/97, BGHZ 143, 128 (139) = NJW 2000, 577 (579); *Coester* in: Staudinger, BGB, § 307, Rn. 284; *Stoffels*, AGB-Recht, Rn. 423.

1107 Vgl. etwa *BGH*, Urt. v. 14.10.1997 - XI ZR 167/96, BGHZ 137, 27 (29) = NJW 1998, 383 (383); *BGH*, Urt. v. 18.05.1999 - XI ZR 219/98, BGHZ 141, 380 (383) = NJW 1999, 2276 (2277); *BGH*, Urt. v. 10.06.1999 - VII ZR 365/98, BGHZ 142, 46 (49) = NJW 1999, 3260 (3260); *BGH*, Urt. v. 16.11.1999 - KZR 12/97, BGHZ 143, 128 (139) = NJW 2000, 577 (579); *Stoffels*, AGB-Recht, Rn. 423.

1108 So bspw. auch *Canaris*, Zinsberechnungs- und Tilgungsverrechnungsklauseln beim Annuitätendarlehen, NJW 1987, 609 (613); *Coester* in: Staudinger, BGB, § 307, Rn. 285; *Stoffels*, AGB-Recht, Rn. 423; *Wolf* in: Wolf/Lindacher/Pfeiffer, AGB, § 307, Rn. 303.

1109 Vgl. *Coester* in: Staudinger, BGB, § 307, Rn. 284.

1110 So bspw. auch *Coester* in: Staudinger, BGB, § 307, Rn. 284 f.; *Kieninger* in: Münchener Kommentar, BGB, § 307, Rn. 16; *Stoffels*, AGB-Recht, Rn. 423.

1111 Vgl. *Stoffels*, AGB-Recht, Rn 449.

1112 So auch *Wolf* in: Wolf/Lindacher/Pfeiffer, AGB, § 307, Rn. 303. A. A. *Stoffels*, AGB-Recht, Rn 449.

nen lässt sich die Funktionsfähigkeit der Marktregulierung nicht ohne Weiteres feststellen und kann sich zudem auch noch von Fall zu Fall ändern.[1113] Zum anderen wird ein solches Funktionsversagen gerade im Bereich der essentialia negotii, also dem innersten Kern der privatautonom getroffenen Vereinbarungen, einen Eingriff jedoch nicht grundsätzlich rechtfertigen können.[1114] Denn in der Regel sind die vertraglichen Hauptleistungspflichten im Massenverkehr für die Entscheidung des Vertragspartners über den Abschluss des Vertrages wesentlich, sodass sie seine Aufmerksamkeit finden und dadurch am marktmäßigen Wettbewerb durchaus teilnehmen.[1115]

Als zuverlässiges Kriterium zur Abgrenzung und damit als maßgeblicher Anknüpfungspunkt für den Ausschluss bestimmter AGB-Klauseln von der materiellen Inhaltskontrolle kann deshalb vielmehr nur darauf abgestellt werden, ob rechtliche Maßstäben zur Kontrolle ihres Inhalts vorhanden bzw. nicht vorhanden sind.[1116]

bb) Bindung des Richters an Gesetz und Recht

Neben der Wahrung marktwirtschaftlicher Prinzipien konstituiert der sich aus Art. 20 Abs. 3 GG ergebende Rechtsgrundsatz der Bindung der Gerichte an Gesetz und Recht die Zweckbestimmung der Norm mit.[1117]

Die Beachtung dieses Rechtsgrundsatzes führt dazu, dass auch die sogenannten rechtsdeklaratorischen AGB-Klauseln von der Angemessenheitskontrolle nach den §§ 307 bis 309 BGB ausgeschlossen sind, also all diejenigen, die lediglich den Wortlaut des Gesetzes wiedergeben. Denn wäre es den Gerichten gestattet, im Rahmen einer materiellen Inhaltskontrolle auch solche Bestimmungen in Allgemeinen Geschäftsbedingun-

---

1113 Vgl. *Wolf* in: Wolf/Lindacher/Pfeiffer, AGB, § 307, Rn. 303.

1114 Vgl. *Stoffels*, AGB-Recht, Rn. 423.

1115 So auch *Coester* in: Staudinger, BGB, § 307, Rn. 285; *Stoffels*, AGB-Recht, Rn. 423.

1116 So bspw. auch *BGH*, Urt. v. 14.10.1997 - XI ZR 167/96, BGHZ 137, 27 (29 f.) = NJW 1998, 383 (383); *OLG Karlsruhe*, Urt. v. 08.11.1996 - 15 U 198/95, BB 1997, 9 (9); *Wolf* in: Wolf/Lindacher/Pfeiffer, AGB, § 307, Rn. 303.

1117 Vgl. etwa auch *BGH*, Urt. v. 05.04.1984 - III ZR 2/83, BGHZ 91, 55 (57) = NJW 1984, 2161 (2161); *BGH*, Urt. v. 09.05.2001 - IV ZR 121/00, BGHZ 147, 354 (358) = NJW 2001, 2014 (2015); *BGH*, Urt. v. 09.05.2001 - IV ZR 138/99, BGHZ 147, 373 (376) = NJW 2001, 2012 (2013); *Bruchner*, Das Regelungsprinzip der „nachschüssigen Tilgungsverrechnung" bei Annuitätendarlehen, WM 1987, 449 (456); *Canaris*, Zinsberechnungs- und Tilgungsverrechnungsklauseln beim Annuitätendarlehen, NJW 1987, 609 (611); *Coester* in: Staudinger, BGB, § 307, Rn. 283; *Niebling*, Die Schranken der Inhaltskontrolle nach § 8 AGB-Gesetz, BB 1984, 1713 (1713); *Stoffels*, AGB-Recht, Rn. 424.

gen auf ihre Angemessenheit hin zu überprüfen, die ohnehin nur den Wortlaut des Gesetzes wiedergeben bzw. deren Inhalt sich mit dem objektiven Recht deckt, so wäre im Ergebnis – wenn auch indirekt – das Gesetz selbst Gegenstand der richterlichen Angemessenheitskontrolle, was dem Rechtsgrundsatz der Bindung der Judikative an Gesetz und Recht (vgl. Art. 20 Abs. 3 GG) widersprechen würde.[1118] Das Gesetz kann nicht Maßstab seiner eigenen Überprüfung sein, sondern soll umgekehrt vielmehr dem Richter den Maßstab vorgeben.[1119] Da aber keine anderen Maßstäbe bestehen und es aufgrund des sich aus Art. 20 Abs. 3 GG ergebenden Rechtsgrundsatzes auch nicht gestattet ist, solche herzuleiten, sind rechtsdeklaratorische Klauseln grundsätzlich von der materiellen Inhaltskontrolle nach den §§ 307 bis 309 BGB auszunehmen.[1120]

Der Ausschluss rechtsdeklaratorischer Klauseln von der materiellen Inhaltskontrolle lässt sich zudem durch ein auf die Unwirksamkeitsfolge gerichtetes argumentum ad absurdum begründen: die unwirksame deklaratorische Klausel würde gemäß § 306 Abs. 2 BGB nämlich durch die inhaltsgleiche gesetzliche Vorschrift ersetzt werden, sodass eine Inhaltskontrolle letztlich ins Leere laufen würde.[1121] Allerdings ist diese zusätzliche Begründung aufgrund der vorerwähnten Argumentation nicht weiter relevant.[1122]

Im Ergebnis kann § 307 Abs. 3 S. 1 BGB hinsichtlich rechtsdeklaratorischer Klauseln in Allgemeinen Geschäftsbedingungen seinerseits auch nur als deklaratorische Klarstellung zu sehen sein.[1123]

1118 So bspw. auch *BGH*, Urt. v. 05.04.1984 - III ZR 2/83, BGHZ 91, 55 (57) = NJW 1984, 2161 (2161); *BGH*, Urt. v. 09.05.2001 - IV ZR 138/99, BGHZ 147, 373 (376) = NJW 2001, 2012 (2013); *BGH*, Urt. v. 09.05.2001 - IV ZR 121/00, BGHZ 147, 354 (358) = NJW 2001, 2014 (2015); *Bruchner*, Das Regelungsprinzip der „nachschüssigen Tilgungsverrechnung" bei Annuitätendarlehen, WM 1987, 449 (456); *Canaris*, Zinsberechnungs- und Tilgungsverrechnungsklauseln beim Annuitätendarlehen, NJW 1987, 609 (611); *Coester* in: Staudinger, BGB, § 307, Rn. 283, 290; *Niebling*, Die Schranken der Inhaltskontrolle nach § 8 AGB-Gesetz, BB 1984, 1713 (1713); *Stoffels*, AGB-Recht, Rn. 424.

1119 So auch *Coester* in: Staudinger, BGB, § 307, Rn. 284; *Stoffels*, AGB-Recht, Rn. 424.

1120 Ebd.

1121 Vgl. etwa *BGH*, Urt. v. 05.04.1984 - III ZR 2/83, BGHZ 91, 55 (57) = NJW 1984, 2161 (2161); *BGH*, Urt. v. 23.10.1996 - XII ZR 55/95, NJW 1997, 193 (194); *BGH*, Urt. v. 09.05.2001 - IV ZR 121/00, BGHZ 147, 354 (358) = NJW 2001, 2014 (2015); *BGH*, Urt. v. 09.05.2001 - IV ZR 138/99, BGHZ 147, 373 (376) = NJW 2001, 2012 (2013); *BGH*, Urt. v. 09.04.2002 - XI ZR 245/01, BGHZ 150, 269 (272) = NJW 2002, 1950 (1951); *Coester* in: Staudinger, BGB, § 307, Rn. 290; *Grüneberg* in: Palandt, BGB, § 307, Rn. 63; *Niebling*, Die Schranken der Inhaltskontrolle nach § 8 AGB-Gesetz, BB 1984, 1713 (1713); *Stoffels*, AGB-Recht, Rn. 424; *Wolf* in: Wolf/Lindacher/Pfeiffer, AGB, § 307, Rn. 331.

1122 So auch *Coester* in: Staudinger, BGB, § 307, Rn. 290.

1123 Ebd.

c) Rückschlüsse aus der Richtlinie 93/13/EWG

Wesentlich klarer als der Wortlaut des § 307 Abs. 3 S. 1 BGB bringen die seinem Regelungsgehalt entsprechenden Art. 1 Abs. 2 sowie Art. 4 Abs. 2 der Richtlinie 93/13/EWG die nicht der materiellen Inhaltskontrolle unterliegenden Klauselinhalte zum Ausdruck.[1124] Aus diesen geht hervor, dass der Anwendungsbereich der Richtlinie ebenfalls in zweifacher Hinsicht begrenzt ist: Zum einen sind gemäß Art. 1 Abs. 2 der Richtlinie solche Vertragsklauseln der Inhaltskontrolle entzogen, die auf bindenden Rechtsvorschriften beruhen.[1125] Unter dem Begriff der bindenden Rechtsvorschriften sollen laut dem 13. Erwägungsgrund auch solche Bestimmungen zu verstehen sein, die nach dem Gesetz zur Anwendung gelangen, sofern die Vertragsparteien keine anderen Vereinbarungen getroffen haben.[1126] Demzufolge soll also nicht nur zwingendes, sondern auch dispositives Recht unter diesen Begriff fallen.[1127]

Zum anderen sind gemäß Art. 4 Abs. 2 der Richtlinie solche Klauseln der Inhaltskontrolle entzogen, die sich auf den Hauptgegenstand des Vertrages beziehen oder mit der Frage beschäftigen, ob das Verhältnis zwischen dem Preis bzw. Entgelt sowie der Gegenleistung, also den Waren bzw. Dienstleistungen, angemessen ist;[1128] ein solches Verständnis ergibt sich auch aus der Formulierung des 19. Erwägungsgrunds der Richtlinie.[1129] Und auch die Umsetzung der Richtlinie in deutsches Recht unterstreicht das dargestellte Verständnis des § 307 Abs. 3 BGB: Denn die Umsetzung der Richtlinie durch das Gesetz zur Änderung des AGB-Gesetzes und der Insolvenzordnung vom 19. Juli 1996[1130] führte zwar zu einer Änderung des damaligen § 12 AGBG und zur Einfügung des § 24 a AGBG.[1131] Eine Änderung des § 8 AGBG (dem jetzigen § 307 Abs. 3 S. 1 BGB) hielt der Gesetzgeber jedoch nicht für erforderlich, da er offensichtlich der Auffassung war, dass sich der Bereich, der gemäß § 307 Abs. 3 BGB von

---

1124 Vgl. nur *Coester* in: Staudinger, BGB, § 307, Rn. 284; *Stoffels*, AGB-Recht, Rn. 425; *Wolf* in: Wolf/Lindacher/Pfeiffer, AGB, § 307, Rn. 277.

1125 So bspw. auch *Kieninger* in: Münchener Kommentar, BGB, § 307, Rn. 2; *Stoffels*, AGB-Recht, Rn. 425; *Wolf* in: Wolf/Lindacher/Pfeiffer, AGB, § 307, Rn. 277.

1126 Vgl. nur *Stoffels*, AGB-Recht, Rn. 425.

1127 Vgl. nur *Kieninger* in: Münchener Kommentar, BGB, § 307, Rn. 2; *Stoffels*, AGB-Recht, Rn. 425.

1128 So bspw. auch *Kieninger* in: Münchener Kommentar, BGB, § 307, Rn. 3; *Stoffels*, AGB-Recht, Rn. 425; *Wolf* in: Wolf/Lindacher/Pfeiffer, AGB, § 307, Rn. 277.

1129 Vgl. nur *Stoffels*, AGB-Recht, Rn. 425.

1130 Vgl. *BGBl*. I 1996/36, S. 1013.

1131 Vgl. nur *Stoffels*, AGB-Recht, Rn. 426.

der Inhaltskontrolle ausgenommen ist, mit den europarechtlichen Vorgaben decke, jedenfalls aber in einer richtlinienkonformen Weise abzugrenzen sei.[1132]

d) Zwischenergebnis zum Normverständnis des § 307 Abs. 3 BGB

Die amtliche Begründung des Regierungsentwurfs, die beiden der Norm zugrundeliegenden Hauptgedanken sowie die Richtlinie 93/13/EWG, die zur näheren Untersuchung der von der Rechtsprechung sowie der herrschenden Meinung in der Literatur vertretenen Interpretation des Wortlauts von § 307 Abs. 3 S. 1 BGB herangezogen wurden, zeigen somit sehr deutlich, dass diese zu Recht davon ausgehen, dass zum einen all diejenigen Bestimmungen in Allgemeinen Geschäftsbedingungen, die Leistungsbeschreibungen und Preisvereinbarungen betreffen und daher weder kontrollfähig noch kontrollbedürftig sind, und zum anderen die mit Rechtsvorschriften übereinstimmenden und daher nicht kontrollfähigen deklaratorischen AGB-Klauseln dem Anwendungsbereich der materiellen Inhaltskontrolle grundsätzlich nicht unterfallen. Damit ist aber nicht unbedingt gesagt, dass auch die in den Allgemeinen Geschäftsbedingungen des Anbieters einer Abonnement- bzw. Vertragsfalle geregelte Preisvereinbarung nicht doch im Rahmen der materiellen Inhaltskontrolle überprüfbar wäre. Denn es gibt unstreitig auch eine Vielzahl an AGB-Bestimmungen, die zwar unmittelbar eine Leistungsbeschreibung bzw. Preisvereinbarung betreffen oder zumindest für diese relevante Regelungen enthalten, für die jedoch ein rechtlicher Vergleichsmaßstab durchaus vorhanden oder entwickelbar ist und für die nicht auf eine funktionierende Marktregulierung verwiesen werden kann, da sie für den Kunden gerade nicht die für den Abschluss des Vertrages maßgeblichen Daten darstellen und ihnen daher wie auch anderen Nebenbestimmungen keine besondere Beachtung zukommt.[1133] Als Beispiele sind hier insbesondere solche Regelungen zu nennen, durch die der Gegenstand der Hauptleistung erweitert oder eingeschränkt wird, welche die Art und Weise genauer bestimmen, in der die Leistung erbracht werden muss, sowie Regelungen, die Laufzeiten festlegen, den Inhalt von Nebenleistungen oder -pflichten bestimmen oder die sonstige Risikoverlagerungen zum Gegenstand haben.[1134]

[1132] Vgl. nur *BT-Drs.* 13/2713, S. 5; *BGH*, Urt. v. 07.07.1998 - XI ZR 351/97, NJW-RR 1998, 1661 (1662); *Stoffels*, AGB-Recht, Rn. 426.

[1133] So auch *Coester* in: Staudinger, BGB, § 307, Rn. 310.

[1134] Ebd.

Es stellt sich daher die Frage, ob für die im Rahmen einer Abonnement- bzw. Vertragsfalle angebotene bzw. erbrachte Leistung nicht doch ausnahmsweise die in den Allgemeinen Geschäftsbedingungen des Anbieters geregelte Entgeltlichkeit selbst überprüft werden kann oder ob eine Kontrolle der Angemessenheit des für diese Leistung verlangten Entgelts möglich ist. Hierfür ist jedoch zunächst einmal zu untersuchen, welche Kriterien im Allgemeinen erfüllt sein müssen, damit eine derartige Bestimmung als noch kontrollfähig gilt (obwohl sie an sich dem Kernbereich der Leistungs- und Preisbestimmung zuzuordnen ist bzw. von Relevanz für diesen ist) und damit nicht gemäß § 307 Abs. 3 S. 1 BGB dem Anwendungsbereich der materiellen Inhaltskontrolle entzogen wird. Denn auch die Kontrollfähigkeit derartiger Bestimmungen sowie die maßgeblichen Kriterien ihrer Abgrenzung zum kontrollfreien Bereich sind äußerst umstritten.[1135] In einem zweiten Schritt ist sodann die Frage zu untersuchen, ob diese Kriterien auch auf die Preisvereinbarungs-Klausel eines Anbieters einer Abonnement- bzw. Vertragsfalle zutreffen und diese damit (ausnahmsweise) auf ihre Angemessenheit hin überprüft werden kann.

Für die im Rahmen dieser Arbeit untersuchten Verträge im Zusammenhang mit Abonnement- bzw. Vertragsfallen im Internet haben rechtsdeklaratorische Klauseln in den Allgemeinen Geschäftsbedingungen des Anbieters allerdings keine weitere Relevanz, sodass sich die nachfolgende Untersuchung einzig auf die Frage konzentriert, inwieweit eine materielle Kontrolle des Inhalts der für das Funktionieren einer Abonnement- bzw. Vertragsfalle maßgeblichen Klauseln möglich ist.

3. Materielle Inhaltskontrolle bei Leistungsbeschreibungen und Preisvereinbarungen

Dass auch im Bereich der leistungsbezogenen Klauseln ein kontrollfähiger Bereich existieren muss, folgt grundsätzlich schon daraus, dass sich gleich mehrere der in den §§ 308 und 309 BGB aufgeführten Klauselverbote mit derartigen Klauseln beschäftigen (vgl. § 308 Nr. 1 bis 4 und Nr. 7 a bzw. § 309 Nr. 1, 2 a, 6, 8 und Nr. 9 BGB), was zugleich bedeutet, dass auch der Gesetzgeber nicht von einer generellen Kontrollfreiheit des Leistungsbereichs ausgegangen ist.[1136] So vermeintlich eindeutig dieser Befund

[1135] So auch *Coester* in: Staudinger, BGB, § 307, Rn. 310; *Stoffels*, AGB-Recht, Rn. 438.

[1136] Vgl. nur *Coester* in: Staudinger, BGB, § 307, Rn. 311; *Niebling*, Die Inhaltskontrolle von Preisen und Leistungen nach dem AGBG, WM 1992, 845 (852); *Stoffels*, AGB-Recht, Rn. 453.

auch erscheinen mag, so problematisch ist die Abgrenzung im Detail:[1137] Denn ob und unter welchen Voraussetzungen auch diejenigen AGB-Klauseln, die Leistungsbeschreibungen und Preisklauseln enthalten, auf ihre inhaltliche Angemessenheit hin überprüft werden können, zählt zu den umstrittensten Grundfragen des AGB-Rechts und ist daher im Folgenden eingehend zu untersuchen.[1138] Die Untersuchung konzentriert sich aufgrund der großen Vielfalt der hierzu vertretenen Ansichten auf die für die Praxis entscheidende Rechtsprechung des BGH, der sich auch ein großer Teil der Literatur anschließt; soweit es für die Untersuchung relevant ist, werden auch einzelne Vertreter der Mindermeinung aus dem Schrifttum vorgestellt.[1139]

a) Leistungsbeschreibungen

Hierbei ist einerseits zwischen den von der (materiellen) Inhaltskontrolle ausgeschlossenen Hauptpflichten des Vertrags (die sogenannten essentialia negotii) und den der Inhaltskontrolle unterworfenen Nebenpflichten (auch Nebenabreden oder Nebenleistungspflichten genannt) zu unterscheiden.[1140] Ebenso ist zwischen leistungsbestimmenden (bzw. leistungsfestlegenden) Regelungen auf der einen und solchen Klauseln auf der anderen Seiten zu unterscheiden, durch die das Hauptleistungsversprechen eingeschränkt, verändert, ausgestaltet oder modifiziert wird.[1141]

aa) Begriff und kontrollfreier Kernbereich der vertraglichen Leistungsbeschreibung

Unter dem Begriff der Leistungsbeschreibung sind all diejenigen AGB-Klauseln zu verstehen, durch die ohne gesetzliche Festlegung allein aufgrund der vertraglichen

---

1137 Vgl. *Coester* in: Staudinger, BGB, § 307, Rn. 311.

1138 So allg. auch *Coester* in: Staudinger, BGB, § 307, Rn. 319.

1139 So allg. auch *Stoffels*, AGB-Recht, Rn. 438.

1140 Vgl. etwa *BGH*, Urt. v. 05.06.1984 - X ZR 75/83, BGHZ 91, 316 (318) = NJW 1984, 2160 (2160); *BGH*, Urt. v. 06.02.1985 - VIII ZR 61/84, BGHZ 93, 358 (360 ff.) = NJW 1985, 3013 (3013 f.); *BGH*, Urt. v. 12.03.1987 - VII ZR 37/86, BGHZ 100, 157 (173 f.) = NJW 1987, 1931 (1935); *BGH*, Urt. v. 24.11.1988 - III ZR 188/87, BGHZ 106, 42 (46) = NJW 1989, 222 (223); *BGH*, Urt. v. 19.11.1991 - X ZR 63/90, BGHZ 116, 117 (119) = NJW 1992, 688 (689); *BGH*, Urt. v. 30.11.1993 - XI ZR 80/93, BGHZ 124, 254 (256) = NJW 1994, 318 (318); *BGH*, Urt. v. 16.11.1999 - KZR 12/97, BGHZ 143, 128 (139) = NJW 2000, 577 (579); *Coester* in: Staudinger, BGB, § 307, Rn. 321.

1141 Vgl. etwa *BGH*, Urt. v. 12.03.1987 - VII ZR 37/86, BGHZ 100, 157 (173) = NJW 1987, 1931 (1935); *BGH*, Urt. v. 13.07.1994 - IV ZR 107/93, BGHZ 127, 35 (41) = NJW 1994, 2693 (2694); *BGH*, Urt. v. 24.03.1999 - IV ZR 90/98, BGHZ 141, 137 (141) = NJW 1999, 2279 (2280); *BGH*, Urt. v. 12.12.2000 - XI ZR 138/00, BGHZ 146, 138 (140) = NJW 2001, 751 (752); *Coester* in: Staudinger, BGB, § 307, Rn. 322.

Vereinbarung zum einen das Ob der Leistung und zum anderen Gegenstand, Art, Umfang, Quantität und Qualität der vertraglichen Waren, Dienst- oder sonstigen Leistungen unmittelbar geregelt werden.[1142] Erfasst werden dabei sowohl schlichte Bezeichnungen der Kauf- bzw. herzustellenden Sache als auch detaillierte Beschreibungen bei komplexen Leistungsgegenständen, wie etwa einem Dienstvertrag.[1143] All diese Bestimmungen in Allgemeinen Geschäftsbedingungen sind – wie bereits erwähnt und ausführlich begründet – dem Kernbereich vertraglicher Leistungsspezifikation zuzurechnen und daher grundsätzlich von den Kontrollvorschriften des § 307 Abs. 1 und 2 BGB sowie der §§ 308 und 309 BGB ausgenommen.[1144] Die Inhalte dieser Klauseln werden nämlich ihrer Art nach nicht gesetzlich oder durch andere Rechtsvorschriften geregelt, sondern sind vielmehr im marktwirtschaftlichen System von den Vertragsparteien im Rahmen ihrer ausgeübten Vertragsfreiheit festzulegen.[1145]

Die Rechtsprechung grenzt diesen kontrollfreien Bereich der vertraglichen Leistungsbeschreibung im Ergebnis aber stark ein, um ihn dem engen Kernbereich der Leistungsbezeichnungen anzupassen.[1146] Generell sind solche Leistungen damit nur insoweit von der Inhaltskontrolle befreit, als ohne die entsprechenden Klauseln die Umsetzung des jeweiligen Vertrages mangels Bestimmtheit bzw. Bestimmbarkeit seines wesentlichen Inhalts (der sogenannten essentialia negotii) nicht möglich und folglich auch seine Wirksamkeit nicht mehr gegeben wäre.[1147]

1142 Vgl. etwa *BGH*, Urt. v. 12.03.1987 - VII ZR 37/86, BGHZ 100, 157 (173) = NJW 1987, 1931 (1935); *BGH*, Urt. v. 19.11.1991 - X ZR 63/90, BGHZ 116, 117 (119) = NJW 1992, 688 (689); *BGH*, Urt. v. 23.06.1993 - IV ZR 135/92, BGHZ 123, 83 (84) = NJW 1993, 2369 (2369); *BGH*, Urt. v. 24.03.1999 - IV ZR 90/98, BGHZ 141, 137 (141) = NJW 1999, 2279 (2280); *BGH*, Urt. v. 23.06.1999 - IV ZR 136/98, BGHZ 142, 103 (109) = NJW 1999, 3558 (3559); *BGH*, Urt. v. 09.05.2001 - IV ZR 121/00, BGHZ 147, 354 (360) = NJW 2001, 2014 (2016); *Stoffels*, AGB-Recht, Rn. 439; *Wolf* in: Wolf/Lindacher/Pfeiffer, AGB, § 307, Rn. 292.

1143 Vgl. nur *Coester* in: Staudinger, BGB, § 307, Rn. 332.

1144 So bspw. auch *BGH*, Urt. v. 06.02.1985 - VIII ZR 61/84, BGHZ 93, 358 (360 f.) = NJW 1985, 3013 (3013); *BGH*, Urt. v. 12.03.1987 - VII ZR 37/86, BGHZ 100, 157 (173) = NJW 1987, 1931 (1935); *BGH*, Urt. v. 19.11.1991 - X ZR 63/90, BGHZ 116, 117 (119) = NJW 1992, 688 (689); *BGH*, Urt. v. 23.06.1993 - IV ZR 135/92, BGHZ 123, 83 (84) = NJW 1993, 2369 (2369); *BGH*, Urt. v. 24.03.1999 - IV ZR 90/98, BGHZ 141, 137 (141) = NJW 1999, 2279 (2280); *BGH*, Urt. v. 06.07.2000 - VII ZR 73/00, NJW 2000, 3348 (3348); *BGH*, Urt. v. 09.05.2001 - IV ZR 121/00, BGHZ 147, 354 (360) = NJW 2001, 2014 (2016); *Grüneberg* in: Palandt, BGB, § 307, Rn. 57; *Stoffels*, AGB-Recht, Rn. 439; *Wolf* in: Wolf/Lindacher/Pfeiffer, AGB, § 307, Rn. 292.

1145 Vgl. *Grüneberg* in: Palandt, BGB, § 307, Rn. 54; *Wolf* in: Wolf/Lindacher/Pfeiffer, AGB, § 307, Rn. 292.

1146 So auch *Stoffels*, AGB-Recht, Rn. 440.

1147 So bspw. auch *BGH*, Urt. v. 12.03.1987 - VII ZR 37/86, BGHZ 100, 157 (173) = NJW 1987, 1931 (1935); *BGH*, Urt. v. 23.06.1993 - IV ZR 135/92, BGHZ 123, 83 (84) = NJW 1993, 2369 (2369); *BGH*, Urt. v. 13.07.1994 - IV ZR 107/93, BGHZ 127, 35 (41) = NJW 1994, 2693 (2694); *BGH*, Urt. v. 24.03.1999 - IV ZR 90/98, BGHZ 141, 137 (141) = NJW 1999, 2279 (2280); *BGH*, Urt. v. 23.06.1999

bb) Kontrollfähige Ausnahmen: Einschränkungen oder Modifikationen des Hauptleistungsversprechens

Die Kontrollfähigkeit einer AGB-Klausel ist im Umkehrschluss immer dann gegeben, wenn der maßgebliche Inhalt des Vertrages anhand seines Hauptgegenstands auch bestimmbar ist, wenn sie nicht vorliegt, und deshalb auch ohne die entsprechende Regelung ein wirksamer Vertrag zustande kommt.[1148] Demzufolge unterliegen all diejenigen AGB-Klauseln der materiellen Inhaltskontrolle, die das eigentliche Hauptleistungsversprechen – indem sie von den gesetzlichen Vorschriften oder der nach Treu und Glauben sowie der Verkehrssitte geschuldeten Leistung abweichen – einschränken, verändern oder aushöhlen, ja sogar nur ausgestalten oder modifizieren.[1149] Dass eine Abgrenzung zwischen einer kontrollfreien leistungsbestimmenden AGB-Klausel einerseits und einer kontrollfähigen, das Hauptleistungsversprechen einschränkenden oder modifizierenden AGB-Klausel andererseits im Einzelfall durchaus schwierig sein kann, räumt auch der BGH ein.[1150] Maßgeblich sei hier aber der Schutzzweck der Vorschriften über Allgemeine Geschäftsbedingungen: So ergebe sich insbesondere aus der Vorschrift des § 307 Abs. 2 Nr. 2 BGB recht klar, dass durch die inhaltliche Kontrolle der Verwendungsgegner davor geschützt werden soll, dass der Verwender durch eine entsprechende Klausel die Leistung, mit der nach Gegenstand und

- IV ZR 136/98, BGHZ 142, 103 (109 f.) = NJW 1999, 3558 (3559); *BGH*, Urt. v. 22.11.2000 - IV ZR 235/99, NJW 2001, 1132 (1133); *BGH*, Urt. v. 28.03.2001 - IV ZR 19/00, NJW 2001, 1934 (1935); *BGH*, Urt. v. 09.05.2001 - IV ZR 121/00, BGHZ 147, 354 (360) = NJW 2001, 2014 (2016); *Stoffels*, AGB-Recht, Rn. 440; *Wolf* in: Wolf/Lindacher/Pfeiffer, AGB, § 307, Rn. 292, 307.

1148 So bspw. auch *BGH*, Urt. v. 21.04.1993 - IV ZR 33/92, NJW-RR 1993, 1049 (1050); *BGH*, Urt. v. 30.06.1995 - V ZR 184/94, BGHZ 130, 150 (156 f.) = NJW 1995, 2637 (2638 f.); *BGH*, Urt. v. 05.12.2006 - X ZR 165/03, NJW 2007, 997 (998); *Wolf* in: Wolf/Lindacher/Pfeiffer, AGB, § 307, Rn. 292.

1149 So bspw. auch *BGH*, Urt. v. 05.06.1984 - X ZR 75/83, BGHZ 91, 316 (318) = NJW 1984, 2160 (2160); *BGH*, Urt. v. 06.02.1985 - VIII ZR 61/84, BGHZ 93, 358 (360 f.) = NJW 1985, 3013 (3013 f.); *BGH*, Urt. v. 19.11.1991 - X ZR 63/90, BGHZ 116, 117 (119) = NJW 1992, 688 (689); *BGH*, Urt. v. 23.06.1993 - IV ZR 135/92, BGHZ 123, 83 (84) = NJW 1993, 2369 (2369); *BGH*, Urt. v. 30.11.1993 - XI ZR 80/93, BGHZ 124, 254 (256) = NJW 1994, 318 (318); *BGH*, Urt. v. 30.06.1995 - V ZR 184/94, BGHZ 130, 150 (156) = NJW 1995, 2637 (2638 f.); *BGH*, Urt. v. 24.03.1999 - IV ZR 90/98, BGHZ 141, 137 (141) = NJW 1999, 2279 (2280); *BGH*, Urt. v. 16.11.1999 - KZR 12/97, BGHZ 143, 128 (139) = NJW 2000, 577 (579); *BGH*, Urt. v. 12.12.2000 - XI ZR 138/00, BGHZ 146, 138 (140) = NJW 2001, 751 (752); *BGH*, Urt. v. 09.05.2001 - IV ZR 121/00, BGHZ 147, 354 (360) = NJW 2001, 2014 (2016); *Grüneberg* in: Palandt, BGB, § 307, Rn. 57; *Kieninger* in: Münchener Kommentar, BGB, § 307, Rn. 12; *Stoffels*, AGB-Recht, Rn. 441.

1150 Vgl. *BGH*, Urt. v. 12.03.1987 - VII ZR 37/86, BGHZ 100, 157 (173 f.) = NJW 1987, 1931 (1935); *Stoffels*, AGB-Recht, Rn. 441.

Zweck des Vertrages zu rechnen ist, unangemessen kürzt.[1151] Diese Gefahr besteht insbesondere dann, wenn AGB-Bestimmungen das Hauptleistungsversprechen einschränkende oder modifizierende Nebenpunkte regeln, denen ein durchschnittlicher Kunde bei Abschluss des Vertrages in der Regel weniger Beachtung zukommen lässt.[1152]

b) Preisvereinbarungen

Die Unterscheidung zwischen den kontrollfreien Hauptleistungen und den kontrollfähigen Nebenleistungen bei den Leistungsbeschreibungen entspricht bei der Gegenleistung (also den Preisvereinbarungen) der Gegenüberstellung von kontrollfreien Preisen und sonstigen Entgelten und den kontrollfähigen Preisnebenabreden.[1153]

aa) Begriff und Kontrollfreiheit unmittelbarer Preisvereinbarungen

Zu den kontrollfreien Bestimmungen in Allgemeinen Geschäftsbedingungen zählen ferner all diejenigen Klauseln, die Vereinbarungen über den zu zahlenden Preis und sonstige Entgelte enthalten. Doch auch diese Preisvereinbarungen unterliegen nach § 307 Abs. 3 S. 1 BGB – vergleichbar den Leistungsbeschreibungen – nur insoweit nicht der materiellen Inhaltskontrolle, als sie die Art und den Umfang der vom Erwerber des Wirtschaftsgutes bzw. vom Empfänger der Dienst- oder sonstigen Leistung als Gegenleistung zu entrichtenden Vergütung unmittelbar festlegen.[1154] Aber nicht

---

[1151] Vgl. *BGH*, Urt. v. 12.03.1987 - VII ZR 37/86, BGHZ 100, 157 (173 f.) = NJW 1987, 1931 (1935); *Stoffels*, AGB-Recht, Rn. 441.

[1152] So auch *Kieninger* in: Münchener Kommentar, BGB, § 307, Rn. 16.

[1153] Vgl. etwa *BGH*, Urt. v. 05.06.1984 - X ZR 75/83, BGHZ 91, 316 (318) = NJW 1984, 2160 (2160); *BGH*, Urt. v. 06.02.1985 - VIII ZR 61/84, BGHZ 93, 358 (360 ff.) = NJW 1985, 3013 (3013 f.); *BGH*, Urt. v. 19.11.1991 - X ZR 63/90, BGHZ 116, 117 (119) = NJW 1992, 688 (689); *BGH*, Urt. v. 20.10.1992 - X ZR 95/90, NJW 1993, 1128 (1129); *BGH*, Urt. v. 30.11.1993 - XI ZR 80/93, BGHZ 124, 254 (256) = NJW 1994, 318 (318); *BGH*, Urt. v. 14.10.1997 - XI ZR 167/96, BGHZ 137, 27 (29) = NJW 1998, 383 (383); *BGH*, Urt. v. 18.05.1999 - XI ZR 219/98, BGHZ 141, 380 (382 f.) = NJW 1999, 2276 (2277); *BGH*, Urt. v. 19.10.1999 - XI ZR 8/99, NJW 2000, 651 (651); *Coester* in: Staudinger, BGB, § 307, Rn. 322.

[1154] Vgl. etwa *BGH*, Urt. v. 06.02.1985 - VIII ZR 61/84, BGHZ 93, 358 (360 f.) = NJW 1985, 3013 (3013); *BGH*, Urt. v. 19.11.1991 - X ZR 63/90, BGHZ 116, 117 (119) = NJW 1992, 688 (689); *BGH*, Urt. v. 17.11.1992 - X ZR 12/91, NJW-RR 1993, 430 (431); *BGH*, Urt. v. 09.12.1992 - VIII ZR 23/92, NJW-RR 1993, 375 (376); *BGH*, Urt. v. 10.06.1999 - VII ZR 365/98, BGHZ 142, 46 (49) = NJW 1999, 3260 (3260); *BGH*, Urt. v. 16.11.1999 - KZR 12/97, BGHZ 143, 128 (139) = NJW 2000, 577 (579); *BGH*, Urt. v. 18.04.2002 - III ZR 199/01, NJW 2002, 2386 (2386); *Grüneberg* in: Palandt, BGB, § 307, Rn. 59; *N. Horn*, Die richterliche Entgeltkontrolle von Entgeltklauseln nach dem AGB-Gesetz am Beispiel der Kreditwirtschaft, WM Sonderbeilage Nr. 1 zu Heft 11/1997, 3 (8); *Kieninger* in:

nur konkrete Bezifferungen des zu zahlenden Preises bzw. sonstigen Entgelts sind von der materiellen Inhaltskontrolle ausgenommen; die Kontrollfreiheit dieser Klauseln gilt auch für Bestimmungen, die maßgebliche Bewertungsfaktoren und einzuhaltende Preisfindungsverfahren festlegen.[1155] Nicht von Bedeutung ist auch, ob eine solche Klausel den Preis bzw. das sonstige Entgelt für die Haupt- oder Nebenleistung bzw. eine Sonderleistung festlegt,[1156] oder ob es sich dabei um Teilpreise oder einen Gesamtpreis handelt.[1157]

Ausnahmsweise sind die Inhaltskontrollvorschriften des § 307 Abs. 1 und 2 sowie der §§ 308 und 309 BGB aber selbst auf die grundsätzlich kontrollfreien unmittelbaren Preisvereinbarungen anwendbar; dies ist der Fall, wenn für die Leistung eine gesetzliche Preisregelung existiert, wenn die Preise für eine Leistung also durch Rechtsvorschriften bestimmt werden – beispielsweise bei gesetzlichen Gebührenordnungen wie dem Gesetz über die Vergütung von Rechtsanwältinnen und Rechtsanwälten (Rechtsanwaltsvergütungsgesetz – RVG)[1158] –, und eine entsprechende Preisvereinbarung in den Allgemeinen Geschäftsbedingungen hiervon abweicht.[1159] Dieses Verbot der Preiskontrolle gilt zwar vor allem im Hinblick auf die Höhe der zu entrichtenden Vergütung;[1160] es gilt aber gleichfalls für die Kontrolle des Äquivalenzverhältnisses sowie für die Frage des Preisgrundes. Im Einzelnen:

Münchener Kommentar, BGB, § 307, Rn. 16; *Stoffels*, AGB-Recht, Rn. 443; *Wolf* in: Wolf/Lindacher/Pfeiffer, AGB, § 307, Rn. 303, 306.

1155 Vgl. etwa *BGH*, Urt. v. 06.02.1985 - VIII ZR 61/84, BGHZ 93, 358 (362) = NJW 1985, 3013 (3014); *BGH*, Urt. v. 10.06.1999 - VII ZR 365/98, BGHZ 142, 46 (50) = NJW 1999, 3260 (3261); *BGH*, Urt. v. 16.11.1999 - KZR 12/97, BGHZ 143, 128 (139 f.) = NJW 2000, 577 (579); *Stoffels*, AGB-Recht, Rn. 443.

1156 Vgl. etwa *BGH*, Urt. v. 14.10.1997 - XI ZR 167/96, BGHZ 137, 27 (30) = NJW 1998, 383 (383); *BGH*, Urt. v. 10.06.1999 - VII ZR 365/98, BGHZ 142, 46 (49 f.) = NJW 1999, 3260 (3260 f.); *BGH*, Urt. v. 18.04.2002 - III ZR 199/01, NJW 2002, 2386 (2386); *Kieninger* in: Münchener Kommentar, BGB, § 307, Rn. 16.

1157 Vgl. etwa *BGH*, Urt. v. 19.11.1991 - X ZR 63/90, BGHZ 116, 117 (119 f.) = NJW 1992, 688 (689); *N. Horn*, Die richterliche Entgeltkontrolle von Entgeltklauseln nach dem AGB-Gesetz am Beispiel der Kreditwirtschaft, WM Sonderbeilage Nr. 1 zu Heft 11/1997, 3 (9 f.); *Wolf* in: Wolf/Lindacher/Pfeiffer, AGB, § 307, Rn. 306.

1158 *BGBl.* I 2004/21, S. 788-832.

1159 Vgl. etwa *BGH*, Urt. v. 09.07.1981 - VII ZR 139/80, BGHZ 81, 229 (232 f.) = NJW 1981, 2351 (2352); *BGH*, Urt. v. 30.10.1991 - VIII ZR 51/91, BGHZ 115, 391 (395) = NJW 1992, 746 (746); *BGH*, Urt. v. 19.02.1998 - III ZR 106/97, BGHZ 138, 100 (111) = NJW 1998, 1786 (1789 f.); *BGH*, Urt. v. 16.11.1999 - KZR 12/97, BGHZ 143, 128 (140) = NJW 2000, 577 (579); *Joost*, Der Ausschluss der Inhaltskontrolle bei Entgeltregelungen in Allgemeinen Geschäftsbedingungen, ZIP 1996, 1685 (1690); *Stoffels*, AGB-Recht, Rn. 444; *Wolf* in: Wolf/Lindacher/Pfeiffer, AGB, § 307, Rn. 303, 313.

1160 Vgl. etwa *BGH*, Urt. v. 30.10.1991 - VIII ZR 51/91, BGHZ 115, 391 (395) = NJW 1992, 746 (746); *BGH*, Urt. v. 19.11.1991 - X ZR 63/90, BGHZ 116, 117 (119) = NJW 1992, 688 (689); *BGH*, Urt. v. 09.12.1992 - VIII ZR 23/92, NJW-RR 1993, 375 (376); *OLG Frankfurt am Main*, Urt. v. 11.02.1993 - 6 U 180/91, NJW 1993, 1402 (1402); *Wolf* in: Wolf/Lindacher/Pfeiffer, AGB, § 307, Rn. 306.

bb) Keine Kontrolle des Äquivalenzverhältnisses oder des Preisgrundes

Wie gerade erwähnt, gilt die Kontrollfreiheit nicht nur bezüglich der Höhe der zu entrichtenden Vergütung als gesonderter Größe, sondern ebenfalls für das Äquivalenzverhältnis, d. h. die Angemessenheit des Verhältnisses zwischen dem Preis und der Leistung.[1161] Denn es gibt – wie dargestellt – in der Regel keine objektiven Maßstäbe für die Beurteilung dieser Frage; vielmehr ersetzt die Marktgerechtigkeit in diesen Fällen die objektive Gerechtigkeit (vgl. hierzu die Ausführungen zur Wahrung marktwirtschaftlicher Prinzipien[1162]).[1163] Das bedeutet aber auch, dass bei einem gegenseitigen Vertrag grundsätzlich auch nicht überprüft werden kann, ob der festgesetzte Preis für die Leistung tatsächlich angemessen ist.[1164]

Das Verbot der Preiskontrolle umfasst grundsätzlich auch die Frage nach dem Preisgrund, also ob überhaupt und wenn ja, wofür überhaupt eine Vergütung zu entrichten ist[1165] und ob es sich um einen entgeltlichen oder unentgeltlichen Vertrag handelt.[1166] Im Hinblick auf das Ob begründet sich das grundsätzliche Kontrollverbot darin, dass die Annahme, ob ein entgeltlicher oder ein unentgeltlicher Vertrag vorliegt, nicht durch das Gesetz geregelt, sondern vom Willen der Vertragsparteien festgelegt wird, und die Vorschrift des § 306 Abs. 2 BGB hierbei gerade nicht gelten kann.[1167]

cc) Kontrollfähige Ausnahmen: Preisnebenabreden und Abweichungen von gesetzlichen Gebührenvorschriften

Neben denjenigen AGB-Klauseln, die trotz des Bestehens einer gesetzlichen Preisregelung von den gesetzlich bestimmten Preisen abweichende Vereinbarungen treffen

---

1161 Vgl. nur *BGH*, Urt. v. 16.11.1999 - KZR 12/97, BGHZ 143, 128 (140) = NJW 2000, 577 (579); *Wolf* in: Wolf/Lindacher/Pfeiffer, AGB, § 307, Rn. 308.

1162 Siehe 3. Teil, D, II, 2, b, aa.

1163 So auch *Coester* in: Staudinger, BGB, § 307, Rn. 284.

1164 So bspw. auch *BGH*, Urt. v. 09.12.1992 - VIII ZR 23/92, NJW-RR 1993, 375 (376); *BGH*, Urt. v. 16.11.1999 - KZR 12/97, BGHZ 143, 128 (140) = NJW 2000, 577 (579); *Canaris*, Zinsberechnungs- und Tilgungsverrechnungsklauseln beim Annuitätendarlehen, NJW 1987, 609 (613); *Coester* in: Staudinger, BGB, § 307, Rn. 284; *Stoffels*, AGB-Recht, Rn. 423, 450; *Wolf* in: Wolf/Lindacher/Pfeiffer, AGB, § 307, Rn. 308.

1165 Vgl. nur *N. Horn*, Die richterliche Entgeltkontrolle von Entgeltklauseln nach dem AGB-Gesetz am Beispiel der Kreditwirtschaft, WM Sonderbeilage Nr. 1 zu Heft 11/1997, 3 (9).

1166 Vgl. nur *Wolf* in: Wolf/Lindacher/Pfeiffer, AGB, § 307, Rn. 309.

1167 Vgl. ebd.

und die – obwohl es sich bei ihnen, wie bereits erwähnt, um unmittelbare Preisvereinbarungen handelt – der materiellen Inhaltskontrolle unterliegen, besteht noch eine weitere Ausnahme von der Kontrollfreiheit bei Preisvereinbarungen: Auch die vom BGH häufig, aber nicht immer, als Preisnebenabreden bezeichneten Bestimmungen unterliegen den Inhaltskontrollvorschriften des § 307 Abs. 1 und 2 sowie der §§ 308 und 309 BGB.[1168] Bei diesen kontrollfähigen Preisnebenabreden handelt es sich nach der Definition des BGH um solche Bestimmungen in Allgemeinen Geschäftsbedingungen, die sich zwar mittelbar auf den Preis und die Leistung auswirken und die im Allgemeinen von Vorschriften des dispositiven Gesetzesrechts abweichende Regelungen enthalten, an deren Stelle aber, wenn eine wirksame vertragliche Vereinbarung fehlt, dispositives Gesetzesrecht, allgemeine Rechtsgrundsätze oder solche Rechte und Pflichten treten können, die sich aus der Natur des jeweiligen Vertrages im Wege seiner ergänzenden Auslegung ableiten.[1169] Kontrollfähige Preisnebenabreden sind daher nur solche auf Preise bezogenen Abreden, die nicht unmittelbar das Ob sowie die Art und den anfänglichen Umfang der vom Erwerber des Wirtschaftsgutes bzw. vom Empfänger der Dienst- oder sonstigen Leistung als Gegenleistung zu entrichtenden Vergütung, und sei es auch für eine Neben- oder Sonderleistung, festlegen, sondern die Art und Weise ihrer Berechnung oder Erbringung sowie etwaige Modifikationen, wie etwa ihre einseitige Bestimmung oder Änderung, als zusätzliche, die unmittelbare Preisvereinbarung ergänzende Regelung zum Inhalt haben.[1170] Zu diesen kontrollfähigen Preisnebenabreden zählen beispielsweise all diejenigen Bestimmungen in Allgemeinen Geschäftsbedingungen, welche die Voraussetzungen bestimmen, unter denen vertragliche Ansprüche auf Vergütung jeweils entstehen oder weg-

---

1168 Vgl. etwa *BGH*, Urt. v. 05.06.1984 - X ZR 75/83, BGHZ 91, 316 (318) = NJW 1984, 2160 (2160); *BGH*, Urt. v. 06.02.1985 - VIII ZR 61/84, BGHZ 93, 358 (361) = NJW 1985, 3013 (3014); *BGH*, Urt. v. 24.11.1988 - III ZR 188/87, BGHZ 106, 42 (46) = NJW 1989, 222 (223); *BGH*, Urt. v. 19.11.1991 - X ZR 63/90, BGHZ 116, 117 (119) = NJW 1992, 688 (689); *BGH*, Urt. v. 30.11.1993 - XI ZR 80/93, BGHZ 124, 254 (256) = NJW 1994, 318 (318); *BGH*, Urt. v. 14.10.1997 - XI ZR 167/96, BGHZ 137, 27 (29) = NJW 1998, 383 (383); *Grüneberg* in: Palandt, BGB, § 307, Rn. 60; *Stoffels*, AGB-Recht, Rn. 445; *Wolf* in: Wolf/Lindacher/Pfeiffer, AGB, § 307, Rn. 305, 314 ff.

1169 Vgl. etwa *BGH*, Urt. v. 06.02.1985 - VIII ZR 61/84, BGHZ 93, 358 (361) = NJW 1985, 3013 (3014); *BGH*, Urt. v. 24.11.1988 - III ZR 188/87, BGHZ 106, 42 (46) = NJW 1989, 222 (223); *BGH*, Urt. v. 19.11.1991 - X ZR 63/90, BGHZ 116, 117 (119) = NJW 1992, 688 (689); *BGH*, Urt. v. 20.10.1992 - X ZR 95/90, NJW 1993, 1128 (1129); *BGH*, Urt. v. 30.11.1993 - XI ZR 80/93, BGHZ 124, 254 (256) = NJW 1994, 318 (318); *BGH*, Urt. v. 14.10.1997 - XI ZR 167/96, BGHZ 137, 27 (29) = NJW 1998, 383 (383); *BGH*, Urt. v. 12.05.2004 - VIII ZR 159/03, NJW-RR 2004, 1206 (1206); *BGH*, Urt. v. 03.02.2005 - III ZR 268/04 , NJW-RR 2005, 642 (642); *Grüneberg* in: Palandt, BGB, § 307, Rn. 60; *Kieninger* in: Münchener Kommentar, BGB, § 307, Rn. 16; *Stoffels*, AGB-Recht, Rn. 445; *Wolf* in: Wolf/Lindacher/Pfeiffer, AGB, § 307, Rn. 314.

1170 So auch *Wolf* in: Wolf/Lindacher/Pfeiffer, AGB, § 307, Rn. 314, 323.

fallen,[1171] sowie diejenigen Klauseln, welche entgegen gesetzlichen Vorgaben eigene Kalkulationsgrundlagen für die Vergütung festlegen.[1172] Es fallen aber auch solche Klauseln unter den Begriff der Preisnebenabrede, die Regelungen über die Bemessung oder Änderung des Entgelts durch eine Vertragspartei oder einen Dritten,[1173] die Erhöhung oder sonstige Veränderung von Preisen,[1174] Fälligkeiten oder Zahlungsbedingungen[1175] zum Inhalt haben.

4. Einordnung der für das Funktionieren einer Abonnement- bzw. Vertragsfalle im Internet notwendigen AGB-Bestimmungen

Wie der letzte Unterabschnitt der Untersuchung zur materiellen Inhaltskontrolle bei Leistungsbeschreibungen und Preisvereinbarungen gezeigt hat, unterliegen gerade die für den Schutz des Verbrauchers entscheidenden AGB-Klauseln, nämlich diejenigen, die die Entgeltlichkeit der im Rahmen einer Abonnement- bzw. Vertragsfalle angebotenen bzw. erbrachten Leistungen regeln, nicht den Kontrollvorschriften des § 307 Abs. 1 und 2 sowie der §§ 308 und 309 BGB. Denn die fraglichen Bestimmungen legen unmittelbar die Art und den Umfang der vom Nutzer als Gegenleistung für den Erwerb des Wirtschaftsgutes bzw. den Empfang der Dienst- oder sonstigen Leistung zu entrichtenden Vergütung fest, und es liegt hier auch keine der genannten kontrollfähigen Ausnahmen vor. Doch nicht nur die in den Allgemeinen Geschäftsbedingungen des Anbieters geregelte Entgeltlichkeit selbst ist ausgeschlossen, auch eine Kontrolle der Angemessenheit des für diese Leistung verlangten Entgelts ist hier nicht möglich. Denn wie gezeigt, gilt das Verbot der Preiskontrolle auch für die Kontrolle des Äquivalenzverhältnisses, d. h. für die Angemessenheit des Verhältnisses zwischen dem Preis und der Leistung; selbst die Frage nach dem Preisgrund, also

---

1171 Vgl. *BGH*, Urt. v. 19.09.1985 - III ZR 213/83, BGHZ 95, 362 (370) = NJW 1986, 46 (48); *BGH*, Urt. v. 14.04.1992 - XI ZR 196/91, BGHZ 118, 126 (127) = NJW 1992, 1751 (1751).

1172 Vgl. *BGH*, Urt. v. 12.05.2004 - VIII ZR 159/03, NJW-RR 2004, 1206 (1206 f.); *Wolf* in: Wolf/ Lindacher/Pfeiffer, AGB, § 307, Rn. 323.

1173 Vgl. etwa *BGH*, Urt. v. 09.07.1981 - VII ZR 139/80, BGHZ 81, 229 (232, 236) = NJW 1981, 2351 (2352 f.); *OLG Stuttgart*, Urt. v. 14.03.1980 - 2 U 188/79, NJW 1980, 1583 (1584); *Grüneberg* in: Palandt, BGB, § 307, Rn. 60; *Stoffels*, AGB-Recht, Rn. 445.

1174 Vgl. etwa *BGH*, Urt. v. 16.01.1985 - VIII ZR 153/83, BGHZ 93, 252 (255) = NJW 1985, 853 (853); *BGH*, Urt. v. 12.01.1994 - VIII ZR 165/92, BGHZ 124, 351 (362) = NJW 1994, 1060 (1063); BGH, Urt. v. 14.11.2003 - V ZR 144/03, NJW-RR 2004, 263 (264); *BGH*, Urt. v. 21.09.2005 - VIII ZR 38/05, NJW-RR 2005, 1717 (1717); *Grüneberg* in: Palandt, BGB, § 307, Rn. 60; *Wolf* in: Wolf/ Lindacher/Pfeiffer, AGB, § 307, Rn. 323.

1175 Vgl. *Stoffels*, AGB-Recht, Rn. 445.

ob überhaupt, und wenn ja, wofür eine Vergütung zu entrichten ist, und ob es sich um einen entgeltlichen oder unentgeltlichen Vertrag handelt, wird von diesem Verbot umfasst. Und auch die im Rahmen einer Abonnement- bzw. Vertragsfalle verwendeten Leistungsbeschreibungen zählen zu den kontrollfreien Bestimmungen in Allgemeinen Geschäftsbedingungen, da auch keine der genannten kontrollfähigen Ausnahmen vorliegt. Hingegen unterliegen sowohl die Bestimmungen zur Laufzeit des Vertrages und zur Einhaltung von Kündigungsfristen als auch diejenigen Klauseln, die Erklärungen des Vertragspartners des Verwenders, hier also den Nutzer, betreffen, der materiellen Inhaltskontrolle, welche Gegenstand der Untersuchung des folgenden Kapitels ist.

5. Transparenz als Vorbedingung der Kontrollfreiheit, § 307 Abs. 3 S. 2 BGB

Damit die genannten Marktmechanismen aber überhaupt funktionieren können, der Kunde also sein Interesse an einem angemessenen, marktgerechten Leistungsaustausch selbst wahren kann, indem er seine Aufmerksamkeit gerade auf den Gegenstand der Leistung sowie den dafür verlangten Preis richtet, muss sichergestellt werden, dass diesem auch ein vollständiges und wahres Bild durch den Inhalt des abzuschließenden Vertrages – zumindest im Hinblick auf diese beiden wesentlichen Punkte – vermittelt wird.[1176] Denn nur anhand dieser Informationen hat der Kunde überhaupt die Möglichkeit, die am Markt angebotenen Leistungen bzw. die hierfür verlangten Preise zu vergleichen und so Änderungsvorschläge zu unterbreiten oder – was oftmals näher liegen dürfte – einfach auf andere Angebote auszuweichen.[1177] Daher besteht immer dann ein Interventionsbedarf, wenn diese Funktionsbedingungen des Marktes durch den Verwender der Allgemeinen Geschäftsbedingungen gestört werden, indem dieser beispielsweise seinen Vertragspartner nur mangelhaft informiert oder ihn sogar gezielt desinformiert.[1178] Im Hinblick auf die Grunddaten des Vertrages (also die Leistung sowie den hierfür zu zahlenden Preis), denen der Kunde in der Regel durchaus seine Aufmerksamkeit zukommen lässt, ist somit eine Kontrol-

[1176] So bspw. auch *BGH*, Urt. v. 10.07.1990 - XI ZR 275/89, BGHZ 112, 115 (117) = NJW 1990, 2383 (2383); *BGH*, Urt. v. 12.10.2007 - V ZR 283/06, NJW-RR 2008, 251 (253); *Stoffels*, AGB-Recht, Rn. 428.

[1177] Vgl. etwa *BAG*, Urt. v. 26.05.1993 - 5 AZR 219/92, NJW 1994, 213 (214), *BGH*, Urt. v. 10.07.1990 - XI ZR 275/89, BGHZ 112, 115 (118) = NJW 1990, 2383 (2383); *BGH*, Urt. v. 12.10.2007 - V ZR 283/06, NJW-RR 2008, 251 (253); *OLG Celle*, Urt. v. 15.03.1995 - 3 U 86/94, NJW-RR 1995, 1133 (1133); *Stoffels*, AGB-Recht, Rn. 428.

[1178] Vgl. nur *Stoffels*, AGB-Recht, Rn. 428.

le der entsprechenden Bestimmung auf ihre Transparenz hin nach § 307 Abs. 3 BGB keineswegs ausgeschlossen, sondern vielmehr erforderlich.[1179]

Diese vom Normzweck des § 307 Abs. 3 BGB getragene Auffassung wurde durch das Inkrafttreten der Richtlinie 93/13/EWG (vgl. insbesondere Art. 4 Abs. 2) bestätigt[1180] und im Rahmen des Gesetzes zur Modernisierung des Schuldrechts vom 26. November 2001[1181] (sogenanntes Schuldrechtsmodernisierungsgesetz)[1182] in § 307 Abs. 3 S. 2 BGB umgesetzt.[1183] § 307 Abs. 3 S. 2 BGB stellt klar, dass die in Satz 1 formulierten Schranken der materiellen Inhaltskontrolle in Bezug auf rechtsdeklaratorische und leistungsbestimmende AGB-Klauseln einer Kontrolle auch dieser Klauseln hinsichtlich ihrer Klarheit und Verständlichkeit (als formelle Anforderung) nach § 307 Abs. 1 S. 2 i. V. m. S. 1 BGB nicht im Wege stehen,[1184] sodass insbesondere auch Leistungsbeschreibungen und Preisvereinbarungen auf die Einhaltung des Transparenzgebots hin überprüft werden können.[1185] Sofern eine Verletzung des Transparenzgebots vorliegt, sind auch diese AGB-Klauseln unwirksam.[1186] Die durch das Transparenzgebot aufgestellten Anforderungen lassen sich folglich auch als Vorbedingung der Kontrollfreiheit verstehen.[1187]

Wie schon bei der Transparenz des Klauselwerks in seiner Gesamtheit festgestellt, wird sich der Anbieter auch hier an die Anforderungen des Transparenzgebots im Hinblick auf die Klarheit und Verständlichkeit der Klauseln – insbesondere bei der Preisvereinbarung – halten (müssen), um die wirksame Einbeziehung dieser für das Funktionieren einer Abonnement- bzw. Vertragsfalle notwendigen Bedingungen sicherzustellen.

1179 So bspw. auch *BGH*, Urt. v. 10.07.1990 - XI ZR 275/89, BGHZ 112, 115 (117 f.) = NJW 1990, 2383 (2383); *BGH*, Urt. v. 12.10.2007 - V ZR 283/06, NJW-RR 2008, 251 (252 f.); *Stoffels*, AGB-Recht, Rn. 428.

1180 Vgl. etwa *Grüneberg* in: Palandt, BGB, § 307, Rn. 55 f.; *Kieninger* in: Münchener Kommentar, BGB, § 307, Rn. 20; *Stoffels*, AGB-Recht, Rn. 429.

1181 *BGBl.* I 2001/61, S. 3138-3188 (mit Anlage S. 3189-3218).

1182 Vgl. nur *Grüneberg* in: Palandt, BGB, Vorb. vor § 312, Rn. 2.; *Thüsing* in: Staudinger, BGB, Vorb. zu §§ 312 b-f, Rn. 11; *Wendehorst* in: Münchener Kommentar, BGB, Vor § 312 b, Rn. 12.

1183 Vgl. nur *Kieninger* in: Münchener Kommentar, BGB, § 307, Rn. 20; *Wolf* in: Wolf/Lindacher/Pfeiffer, AGB, § 307, Rn. 277.

1184 So bspw. auch *Coester* in: Staudinger, BGB, § 307, Rn. 282, 288; *Grüneberg* in: Palandt, BGB, § 307, Rn. 55; *Kieninger* in: Münchener Kommentar, BGB, § 307, Rn. 20; *Stoffels*, AGB-Recht, Rn. 430; *Wolf* in: Wolf/Lindacher/Pfeiffer, AGB, § 307, Rn. 278.

1185 So bspw. auch *BGH*, Urt. v. 26.10.2005 - VIII ZR 48/05, BGHZ 165, 12 (20) = NJW 2006, 996 (997); *BGH*, Urt. v. 12.10.2007 - V ZR 283/06, NJW-RR 2008, 251 (252); *Kieninger* in: Münchener Kommentar, BGB, § 307, Rn. 1; *Wolf* in: Wolf/Lindacher/Pfeiffer, AGB, § 307, Rn. 278.

1186 Vgl. nur *BGH*, Urt. v. 26.10.2005 - VIII ZR 48/05, BGHZ 165, 12 (20) = NJW 2006, 996 (997); *Grüneberg* in: Palandt, BGB, § 307, Rn. 55.

1187 Vgl. *BT-Drs.* 14/6040, S. 154; *Stoffels*, AGB-Recht, Rn. 430.

III. Inhaltliche Wirksamkeit

Nachdem im vorigen Abschnitt die Voraussetzungen der materiellen Inhaltskontrolle gemäß § 307 Abs. 3 BGB ausführlich erörtert wurden und untersucht wurde, welche der für das Funktionieren einer Abonnement- bzw. Vertragsfalle maßgeblichen Vertragsbedingungen von den Kontrollvorschriften der §§ 307 Abs. 1 und 2 BGB sowie der §§ 308 und 309 BGB ausgenommen sind, richtet sich der Fokus der Untersuchung in diesem Abschnitt auf die verbleibenden AGB-Klauseln, die der materiellen Inhaltskontrolle unterworfen sind. Wie einleitend bereits erwähnt, sind dabei die Klauselverbote ohne Wertungsmöglichkeit des § 309 BGB und die Klauselverbote mit Wertungsmöglichkeit gemäß § 308 BGB vor der Unwirksamkeit von AGB-Bestimmungen nach § 307 Abs. 2 und § 307 Abs. 1 BGB zu prüfen:[1188]

1. Vorbemerkungen zu den besonderen Verbotstatbeständen der §§ 308 und 309 BGB

Die Inhalts-Kontrollvorschriften der §§ 308 und 309 BGB umfassen in acht Ziffern Klauselverbote mit Wertungsmöglichkeit (§ 308 BGB) bzw. in 13 Ziffern Klauselverbote ohne Wertungsmöglichkeit (§ 309 BGB), die als verbindliche Konkretisierung des in § 307 Abs. 1 BGB enthaltenen generalklauselartigen Grundtatbestands der AGB-rechtlichen Inhaltskontrolle bzw. der in § 307 Abs. 2 BGB enthaltenen Rechtsgedanken gedacht sind.[1189] Im Falle des § 308 BGB ergibt sich dies schon durch die Verwendung des Wortlauts „insbesondere".[1190]

Die in den beiden Katalogen der §§ 308 und 309 BGB aufgeführten einzelnen Klauselverbote sind gleichrangig und gelangen nebeneinander – insbesondere auch neben § 307 BGB – zur Anwendung.[1191]

[1188] So bspw. auch *Coester* in: Staudinger, BGB, Vorbem zu §§ 307-309, Rn. 23; *Dilger*, S. 52; *Grüneberg* in: Palandt, BGB, Vorb v § 307, Rn. 1.

[1189] Vgl. etwa *BGH*, Urt. v. 04.10.1984 - III ZR 119/83, NJW 1985, 617 (618); *BGH*, Urt. v. 04.12.1986 - VII ZR 354/85, BGHZ 99, 160 (161) = NJW 1987, 837 (838); *Dammann* in: Wolf/Lindacher/Pfeiffer, AGB, Vor §§ 308, 309, Rn. 1, 9; *Kieninger* in: Münchener Kommentar, BGB, § 308, Rn. 3.

[1190] Vgl. *Dammann* in: Wolf/Lindacher/Pfeiffer, AGB, Vor §§ 308, 309, Rn. 9; *Kieninger* in: Münchener Kommentar, BGB, § 308, Rn. 3.

[1191] Vgl. nur *Dammann* in: Wolf/Lindacher/Pfeiffer, AGB, Vor §§ 308, 309, Rn. 8, 10-12.

Die Vorschrift des § 308 BGB, die weitestgehend dem früheren § 10 AGBG entspricht,[1192] führt in ihrem Katalog all diejenigen AGB-Klauseln auf, deren Wirksamkeit von der Frage abhängt, ob ihr Inhalt im konkreten Fall als unangemessen, sachlich nicht gerechtfertigt, unzumutbar usw. erscheint.[1193] Sie sind in der Regel Konkretisierungen des in § 307 Abs. 1 BGB enthaltenen generalklauselartigen Grundtatbestands der AGB-rechtlichen Inhaltskontrolle, während einzelne dieser Verbote aber auch an die in § 307 Abs. 2 BGB enthaltenen Rechtsgedanken anknüpfen.[1194] Die dort genannten Klauselverbote führen zwar oft zu einer unangemessenen Benachteiligung des Vertragspartners des Verwenders und verstoßen damit typischerweise gegen § 307 BGB, dennoch lässt sich eine solche Benachteiligung nicht abstrakt durch den Gesetzgeber, sondern letzten Endes immer nur im Hinblick auf ihre Verwendung bei einem bestimmten Vertragstyp durch den Richter beurteilen.[1195] Dies unterscheidet auch die Klauselverbote des § 308 BGB von den Klauselverboten des § 309 BGB, der das Vorliegen einer unangemessenen Benachteiligung des Vertragspartners im Sinne der Generalklausel des § 307 BGB durch echte Regelbeispiele konkretisiert – dazu jedoch gleich mehr.[1196] Kennzeichnend für diese Klauselverbote ist die Tatsache, dass sie zur Umschreibung der Unwirksamkeitsvoraussetzungen nahezu allesamt einen oder mehrere unbestimmte Rechtsbegriffe verwenden, infolge dessen die Feststellung der Unwirksamkeit der fraglichen AGB-Klausel stets einer richterlichen Wertung bedarf.[1197]

Die Vorschrift des § 309 BGB, die im Wesentlichen dem früheren § 11 AGBG entspricht,[1198] ergänzt die im Katalog des § 308 BGB aufgeführten AGB-Klauseln um eine Reihe weiterer typischer Klauseln, die aufgrund der von ihnen ausgehenden besonders benachteiligenden Wirkung für den Vertragspartner des Verwenders unwirksam sind, ohne dass bei ihnen eine Wertungsmöglichkeit bestünde.[1199] Die meisten

---

[1192] Vgl. etwa *Grüneberg* in: Palandt, BGB, § 308, Rn. 1; *Kieninger* in: Münchener Kommentar, BGB, § 308, Rn. 1.

[1193] Vgl. nur *Kieninger* in: Münchener Kommentar, BGB, § 308, Rn. 1.

[1194] Vgl. nur *Grüneberg* in: Palandt, BGB, § 308, Rn. 1.

[1195] Vgl. nur *Kieninger* in: Münchener Kommentar, BGB, § 308, Rn. 1.

[1196] Vgl. ebd.

[1197] Vgl. etwa *Dammann* in: Wolf/Lindacher/Pfeiffer, AGB, Vor §§ 308, 309, Rn. 6; *Grüneberg* in: Palandt, BGB, § 308, Rn. 1; *Kieninger* in: Münchener Kommentar, BGB, § 308, Rn. 2.

[1198] Vgl. nur *Grüneberg* in: Palandt, BGB, § 309, Rn. 1; *Kieninger* in: Münchener Kommentar, BGB, § 309, Rn. 1.

[1199] Vgl. nur *Dammann* in: Wolf/Lindacher/Pfeiffer, AGB, Vor §§ 308, 309, Rn. 3; *Kieninger* in: Münchener Kommentar, BGB, § 309, Rn. 1 f.

der in dieser Vorschrift genannten Verbote konkretisieren den in § 307 Abs. 2 BGB enthaltenen Rechtsgedanken.[1200] Sie enthalten keine unbestimmten Rechtsbegriffe, sodass eine gegen sie verstoßende AGB-Klausel unabhängig von einer richterlichen Wertung im Einzelfall unwirksam ist.[1201] Diese Aufzählung der im Katalog des § 309 BGB genannten Klauselverbote ohne Wertungsmöglichkeit ist allerdings weder abschließend noch vollständig.[1202]

2. Klauselverbote ohne Wertungsmöglichkeit: Laufzeit bei Dauerschuldverhältnissen (§ 309 Nr. 9 BGB)

Im Hinblick auf den Katalog der Klauselverbote des § 309 BGB sowie im Zusammenhang mit den typischerweise im Rahmen von Abonnement- bzw. Vertragsfallen im Internet verwendeten Allgemeinen Geschäftsbedingungen stellt sich vor allem die Frage, ob die für das Funktionieren notwendigen AGB-Klauseln zur Laufzeit des Vertrages sowie zur Einhaltung von Kündigungsfristen möglicherweise gegen das Klauselverbot der Nr. 9 verstoßen und damit die entsprechenden Klauseln unabhängig von einer richterlichen Wertung unwirksam wären. Eine besonders benachteiligende Wirkung kann sich bei Laufzeitklauseln nämlich daraus ergeben, dass der Vertragspartner des Verwenders aufgrund einer solchen Bestimmung für eine übermäßig lange und damit unangemessene Zeit an den Vertrag gebunden oder dass ihm die Lösung vom Vertrag durch eine übermäßig lange und damit unangemessene Kündigungsfrist erschwert wird, ohne dass ihm bewusst ist, welchen Umfang und welche Konsequenzen die eingegangenen Verpflichtungen für ihn haben.[1203]

Da die Laufzeit bei Dauerschuldverhältnissen gleichzeitig auch den Leistungsumfang des entsprechenden Vertrages bestimmt,[1204] ist sie von besonderer Relevanz bei der

---

1200 Vgl. nur *Grüneberg* in: Palandt, BGB, § 309, Rn. 1.

1201 Vgl. nur *Grüneberg* in: Palandt, BGB, § 309, Rn. 1; *Kieninger* in: Münchener Kommentar, BGB, § 309, Rn. 2.

1202 Vgl. nur *Kieninger* in: Münchener Kommentar, BGB, § 309, Rn. 2.

1203 So bspw. auch *Coester-Waltjen* in: Staudinger, BGB, § 309 Nr. 9, Rn. 1; *Kieninger* in: Münchener Kommentar, BGB, § 309 Nr. 9, Rn. 1.

1204 Vgl. etwa *Dammann* in: Wolf/Lindacher/Pfeiffer, AGB, § 309 Nr. 9, Rn. 1, 10-12; *Grüneberg* in: Palandt, BGB, § 314, Rn. 2; *Miebach/Patt*, Persönliche Leistungserbringung und Vertretung des Chefarztes bei wahlärztlichen Leistungen, NJW 2000, 3377 (3384); *Woitkewitsch*, Automatische Verlängerung der „BahnCard" aufgrund Allgemeiner Geschäftsbedingungen, MDR 2006, 541 (542).

Vertragsgestaltung und wird deshalb häufig bei Abschluss des Vertrages konkret vereinbart.[1205] Sind entsprechende Laufzeitregelungen jedoch in den Allgemeinen Geschäftsbedingungen zu finden, so soll der Verwendungsgegner nicht durch eine übermäßig lange Laufzeit ungewollt an den Vertrag gebunden werden und somit zur Abnahme der Leistung und Erbringung der Gegenleistung in einem von ihm nicht gewünschten Ausmaß verpflichtet werden können.[1206] § 309 Nr. 9 BGB, der im Wesentlichen wörtlich dem früheren § 11 Nr. 12 AGBG entspricht,[1207] jedoch um die bisher in § 23 Abs. 2 Nr. 6 AGBG enthaltene Ausnahmeregelung ergänzt wurde,[1208] will den Vertragspartner des Verwenders vor den daraus resultierenden Gefahren – insbesondere für seine Entscheidungsfreiheit – schützen,[1209] indem diese Vorschrift für ausgewählte Dauerschuldverhältnisse festschreibt, dass für die Erstlaufzeit des Vertrages eine Höchstdauer von zwei Jahren (vgl. Nr. 9 lit. a), für stillschweigende Verlängerungen des Vertragsverhältnisses eine Höchstdauer von einem Jahr (vgl. Nr. 9 lit. b) und für Kündigungsfristen eine Begrenzung auf drei Monate (vgl. Nr. 9 lit. c) nicht überschritten werden dürfen.[1210]

Bevor allerdings auf die jeweiligen Regelungen im Einzelnen eingegangen wird, ist zuerst einmal die Frage zu klären, ob einer Abonnement- bzw. Vertragsfalle im Internet ein entsprechendes Dauerschuldverhältnis zugrunde liegt und damit der Anwendungsbereich des § 309 Nr. 9 BGB überhaupt eröffnet ist.

a) Anwendungsbereich

§ 309 Nr. 9 BGB bezieht sich nämlich keineswegs auf alle Arten von Verträgen, sondern gelangt nur bei denjenigen Vertragsverhältnissen zur Anwendung, die als Dauerschuldverhältnisse ausgestaltet sind.[1211] Entgegen dem ersten Eindruck, der auf-

---

1205 Vgl. *BT-Drs.* 7/3919, S. 37; *Dammann* in: Wolf/Lindacher/Pfeiffer, AGB, § 309 Nr. 9, Rn. 1.

1206 Vgl. nur *Dammann* in: Wolf/Lindacher/Pfeiffer, AGB, § 309 Nr. 9, Rn. 1.

1207 Vgl. etwa *Dammann* in: Wolf/Lindacher/Pfeiffer, AGB, § 309 Nr. 9, Rn. 2; *Kieninger* in: Münchener Kommentar, BGB, § 309 Nr. 9, Rn. 1.

1208 Vgl. etwa *Coester-Waltjen* in: Staudinger, BGB, § 309 Nr. 9, Rn. 5; *Dammann* in: Wolf/Lindacher/Pfeiffer, AGB, § 309 Nr. 9, Rn. 2; *Kieninger* in: Münchener Kommentar, BGB, § 309 Nr. 9, Rn. 1.

1209 Vgl. etwa *Coester-Waltjen* in: Staudinger, BGB, § 309 Nr. 9, Rn. 1; *Dammann* in: Wolf/Lindacher/Pfeiffer, AGB, § 309 Nr. 9, Rn. 1.

1210 So bspw. auch *Dammann* in: Wolf/Lindacher/Pfeiffer, AGB, § 309 Nr. 9, Rn. 2; *Grüneberg* in: Palandt, BGB, § 309, Rn. 84 ff.; *Kieninger* in: Münchener Kommentar, BGB, § 309 Nr. 9, Rn. 1; *Stoffels*, AGB-Recht, Rn. 718.

1211 Vgl. etwa *Coester-Waltjen* in: Staudinger, BGB, § 309 Nr. 9, Rn. 16; *Dammann* in: Wolf/Lindacher/Pfeiffer, AGB, § 309 Nr. 9, Rn. 10-12; *Grüneberg* in: Palandt, BGB, § 309, Rn. 79.

grund der Gesetzesüberschrift entsteht, erfasst das Klauselverbot aber gerade nicht die typischen Dauerschuldverhältnisse wie Miete, Pacht etc.[1212] Geschützt wird der Vertragspartner vor übermäßig langen und damit unangemessenen Laufzeitklauseln des Verwenders im Rahmen des § 309 Nr. 9 BGB vielmehr nur im Hinblick auf einen beschränkten Kreis von regelmäßig erbrachten Dauerschuldverhältnissen, die in der Vorschrift ausdrücklich genannt werden.[1213]

aa) Als Dauerschuldverhältnis ausgestattete Verträge

Die Vorschrift des § 309 Nr. 9 BGB erfasst nur solche Vertragsverhältnisse, die nicht auf eine einmalige Erfüllungshandlung beschränkt sind, sondern die regelmäßige Erbringung von Leistungen zum Gegenstand haben,[1214] sogenannte Dauerschuldverhältnisse.[1215] Darunter sind all diejenigen Rechtsverhältnisse zu verstehen, bei denen der Gesamtumfang der Leistungspflichten von der Laufzeit des Vertragsverhältnisses abhängt, sodass mit zunehmender Laufzeit auch ihr Gesamtleistungsumfang wächst.[1216]

bb) Tatbestandlich erfasste Verträge

Der Regelungsbereich des § 309 Nr. 9 BGB erfasst nur solche Dauerschuldverhältnisse, die die Lieferung von Waren oder die Erbringung von Dienst- oder Werkleistungen zum Gegenstand haben,[1217] und bei denen der Verwender auch gleichzeitig der Erbringer der geschuldeten Leistungen ist.[1218] Da der Anbieter einer Abonnement- bzw.

[1212] Vgl. etwa *BGH*, Urt. v. 13.02.1985 - VIII ZR 154/84, NJW 1985, 2328 (2328); *BGH*, Urt. v. 10.02.1993 - XII ZR 74/91, NJW 1993, 1133 (1134); *Coester-Waltjen* in: Staudinger, BGB, § 309 Nr. 9, Rn. 4; *Grüneberg* in: Palandt, BGB, § 309, Rn. 79; *Woitkewitsch*, Automatische Verlängerung der „BahnCard" aufgrund Allgemeiner Geschäftsbedingungen, MDR 2006, 541 (541 f.).

[1213] So auch *Dammann* in: Wolf/Lindacher/Pfeiffer, AGB, § 309 Nr. 9, Rn. 10-12; *Stoffels*, AGB-Recht, Rn. 717.

[1214] Vgl. nur *Dammann* in: Wolf/Lindacher/Pfeiffer, AGB, § 309 Nr. 9, Rn. 27; *Grüneberg* in: Palandt, BGB, § 309, Rn. 79; *Kieninger* in: Münchener Kommentar, BGB, § 309 Nr. 9, Rn. 5 f.; *Woitkewitsch*, Automatische Verlängerung der „BahnCard" aufgrund Allgemeiner Geschäftsbedingungen, MDR 2006, 541 (541 f.).

[1215] Vgl. nur *Coester-Waltjen* in: Staudinger, BGB, § 309 Nr. 9, Rn. 16; *Dammann* in: Wolf/Lindacher/Pfeiffer, AGB, § 309 Nr. 9, Rn. 10-12.

[1216] Vgl. *Dammann* in: Wolf/Lindacher/Pfeiffer, AGB, § 309 Nr. 9, Rn. 1, 10-12; *Grüneberg* in: Palandt, BGB, § 314, Rn. 2; *Miebach/Patt*, Persönliche Leistungserbringung und Vertretung des Chefarztes bei wahlärztlichen Leistungen, NJW 2000, 3377 (3384); *Woitkewitsch*, Automatische Verlängerung der „BahnCard" aufgrund Allgemeiner Geschäftsbedingungen, MDR 2006, 541 (542).

[1217] Vgl. etwa *Coester-Waltjen* in: Staudinger, BGB, § 309 Nr. 9, Rn. 4; *Dammann* in: Wolf/Lindacher/Pfeiffer, AGB, § 309 Nr. 9, Rn. 13; *Grüneberg* in: Palandt, BGB, § 309, Rn. 79; *Stoffels*, AGB-Recht, Rn. 719.

[1218] Vgl. etwa *Coester-Waltjen* in: Staudinger, BGB, § 309 Nr. 9, Rn. 4; *Dammann* in: Wolf/Lindacher/Pfeiffer, AGB, § 309 Nr. 9, Rn. 30-37; *Stoffels*, AGB-Recht, Rn. 719.

Vertragsfalle im Internet der Verwender der entsprechenden Laufzeitklausel sowie gleichzeitig der Leistungserbringer ist, muss sich die jeweils erbrachte bzw. zu erbringende Leistung einem der genannten Leistungsinhalte zuordnen lassen, um den Anwendungsbereich des Klauselverbots zu eröffnen:

aaa) Lieferung von Waren

Als ersten Leistungsinhalt nennt § 309 Nr. 9 BGB Verträge über die Lieferung von Waren,[1219] die größtenteils als Kauf- oder Werklieferungsverträge ausgestaltet sind.[1220] Diese Warenlieferungsverträge können ein sehr breites Spektrum an Sachen zum Vertragsgegenstand haben,[1221] denn der Begriff der Waren im Sinne dieser Vorschrift umfasst (angelehnt an § 1 Abs. 2 Nr. 1 HGB a. F.) alle verkehrsfähigen, beweglichen, körperlichen Sachen des Handelsverkehrs,[1222] darunter etwa auch Software.[1223] Die Lieferung der Waren muss periodisch erfolgen können, braucht aber weder qualitativ noch quantitativ festzustehen.[1224] Als Vertragsverhältnisse über die Lieferung von Waren werden in der amtlichen Begründung des Regierungsentwurfs zum AGB-Gesetz exemplarisch Zeitungs- oder Zeitschriftenabonnements sowie Mitgliedschaften in Buchgemeinschaften, Buch- oder Schallplattenclubs und ähnlichen Vertriebsorganisationen genannt.[1225] Dabei ist die für den Käufer im Vertrag gewählte Bezeichnung (beispielsweise als Mitglied) unerheblich, solange er sich nur dazu verpflichtet, über einen festgelegten Zeitraum hinweg Waren in einem bestimmten Umfang gegen die Entrichtung eines Entgelts abzunehmen.[1226]

[1219] So bspw. auch *Dammann* in: Wolf/Lindacher/Pfeiffer, AGB, § 309 Nr. 9, Rn. 14.

[1220] Vgl. *Stoffels*, AGB-Recht, Rn. 721.

[1221] Vgl. ebd.

[1222] Vgl. etwa *Coester-Waltjen* in: Staudinger, BGB, § 309 Nr. 9, Rn. 12; *Dammann* in: Wolf/Lindacher/Pfeiffer, AGB, § 309 Nr. 9, Rn. 14; *Grüneberg* in: Palandt, BGB, § 309, Rn. 80; *Stoffels*, AGB-Recht, Rn. 721.

[1223] Vgl. etwa *Dammann* in: Wolf/Lindacher/Pfeiffer, AGB, § 309 Nr. 9, Rn. 14; *Grüneberg* in: Palandt, BGB, § 309, Rn. 80; *Hoeren*, Anm. z. BGH, Urt. v. 18.10.1989 - VIII ZR 325/88, JZ 1990, 239 (240); *Stoffels*, AGB-Recht, Rn. 721.

[1224] Vgl. nur *Coester-Waltjen* in: Staudinger, BGB, § 309 Nr. 9, Rn. 12; *Dammann* in: Wolf/Lindacher/Pfeiffer, AGB, § 309 Nr. 9, Rn. 28; *Grüneberg* in: Palandt, BGB, § 309, Rn. 79 f.

[1225] Vgl. *BT-Drs.* 7/3919, S. 37. So bspw. auch *Coester-Waltjen* in: Staudinger, BGB, § 309 Nr. 9, Rn. 12; *Dammann* in: Wolf/Lindacher/Pfeiffer, AGB, § 309 Nr. 9, Rn. 29; *Grüneberg* in: Palandt, BGB, § 309, Rn. 80; *Kieninger* in: Münchener Kommentar, BGB, § 309 Nr. 9, Rn. 5; *Stoffels*, AGB-Recht, Rn. 721.

[1226] Vgl. nur *Kieninger* in: Münchener Kommentar, BGB, § 309 Nr. 9, Rn. 5.

bbb) Erbringung von Dienst- oder Werkleistungen

Neben den Verträgen über die Lieferung von Waren werden vom Anwendungsbereich des § 309 Nr. 9 BGB auch Verträge über die Erbringung von Dienst- oder Werkleistungen erfasst, die durch den Verwender erbracht werden.[1227] Ob die Leistung dabei als eine tätigkeitsbezogene Dienstleistung oder aber als erfolgsbezogene Werkleistung einzuordnen ist, ergibt sich aus dem in den §§ 611 ff. BGB sowie den §§ 635 ff. BGB geregelten Dienst- bzw. Werkvertragsrecht.[1228] Weil § 309 Nr. 9 BGB aber in beiden Fällen die gleiche Rechtsfolge vorsieht, ist die Abgrenzung im Rahmen dieser Vorschrift jedoch nicht weiter von Bedeutung, sodass eine Entscheidung an dieser Stelle dahinstehen kann.[1229] Beide Begriffe sind unter Berücksichtigung des Schutzzwecks der Vorschrift allerdings weit zu fassen.[1230]

ccc) Regelmäßigkeit der Waren-, Dienst- oder Werkleistung

Schließlich ist für die Anwendbarkeit des Klauselverbots noch erforderlich, dass das Vertragsverhältnis auf eine regelmäßige Lieferung von Waren bzw. regelmäßige Erbringung von Dienst- oder Werkleistungen durch den Verwender gerichtet ist.[1231] Eine solche Regelmäßigkeit von Waren-, Dienst- oder Werkleistungen ist im Sinne des § 309 Nr. 9 BGB immer dann zu bejahen, wenn während der vorgesehenen Vertragslaufzeit entweder dauernd oder wiederholt Lieferungen bzw. Leistungen erbracht werden müssen.[1232] Dabei ist es aber keineswegs erforderlich, dass die Leistung zu festgelegten Terminen wiederholt wird oder dass die Zeitabstände zwischen den einzelnen Leistungen immer gleich sind; auch die jeweils zu erbringenden Lieferungen bzw. Leistungen müssen nicht notwendigerweise den gleichen Umfang ha-

---

1227 Vgl. nur *Dammann* in: Wolf/Lindacher/Pfeiffer, AGB, § 309 Nr. 9, Rn. 15; *Kieninger* in: Münchener Kommentar, BGB, § 309 Nr. 9, Rn. 6; *Stoffels*, AGB-Recht, Rn. 722.

1228 Vgl. etwa *AG Brandenburg*, Urt. v. 23.06.2003 - 32 C 139/02, NJOZ 2003, 2858 (2860); *Dammann* in: Wolf/Lindacher/Pfeiffer, AGB, § 309 Nr. 9, Rn. 15; *Stoffels*, AGB-Recht, Rn. 722.

1229 So allg. auch *Coester-Waltjen* in: Staudinger, BGB, § 309 Nr. 9, Rn. 14; *Stoffels*, AGB-Recht, Rn. 722.

1230 Vgl. nur *Coester-Waltjen* in: Staudinger, BGB, § 309 Nr. 9, Rn. 13; *Stoffels*, AGB-Recht, Rn. 722.

1231 Vgl. nur *Coester-Waltjen* in: Staudinger, BGB, § 309 Nr. 9, Rn. 15; *Dammann* in: Wolf/Lindacher/Pfeiffer, AGB, § 309 Nr. 9, Rn. 27.

1232 Vgl. etwa *BGH*, Urt. v. 09.06.2005 - III ZR 436/04, MDR 2005, 1285 (1285); *Dammann* in: Wolf/Lindacher/Pfeiffer, AGB, § 309 Nr. 9, Rn. 28; *Martinek*, Langfristige Laufzeitklauseln als Wettbewerbsinstrumente in Gasversorgungsverträgen, BB 1989, 1277 (1284); *Stoffels*, AGB-Recht, Rn. 720.

ben.[1233] Die Erbringung der Leistung darf andererseits aber auch nicht nur in rein zufälliger Form erfolgen.[1234] Entscheidend ist allein, dass alle Leistungen aufgrund eines einheitlichen Vertragsverhältnisses durch den Verwender erbracht werden und nicht vor jeder Leistungserbringung ein neuer Vertrag abgeschlossen wird.[1235] Denn schließlich liegt die maßgebliche Gefährdung der Verfügungsfreiheit des anderen Vertragsteils nicht in der Festlegung konkreter Termine, an denen jeweils die Lieferung und Erbringung der Leistung durch den Verwender erfolgt, sondern in der Fortführung des Vertragsverhältnisses und der daraus resultierenden Abnahme- und Zahlungsverpflichtung seitens des Kunden des Verwenders.[1236] Auch im Hinblick auf den Aspekt der Regelmäßigkeit einer Waren-, Dienst- oder Werkleistung kann wiederum auf die in der amtlichen Begründung des Regierungsentwurfs zum AGB-Gesetz aufgeführten Beispiele[1237] verwiesen werden.

cc) Zwischenergebnis zur Eröffnung des Anwendungsbereichs

Die meisten Varianten von Abonnement- bzw. Vertragsfallen im Internet lassen sich sicherlich den Verträgen über die Erbringung von Dienst- oder Werkleistungen zuordnen. Ob die im jeweiligen Einzelfall vom Anbieter einer Abonnement- bzw. Vertragsfalle geschuldete Leistung nun als tätigkeitsbezogene Dienstleistung oder aber erfolgsbezogene Werkleistung einzuordnen ist, ist, wie zuvor erwähnt, für die Frage, ob der Anwendungsbereich des Klauselverbots nach § 309 Nr. 9 BGB eröffnet ist, nicht weiter von Bedeutung. Selbst diejenigen eher selten vorkommenden Varianten von Abonnement- bzw. Vertragsfallen, die als Verträge über die Lieferung von Waren zu qualifizieren sind, werden vom Anwendungsbereich dieses Klauselverbots erfasst. So-

---

[1233] Vgl. etwa *BGH*, Urt. v. 09.06.2005 - III ZR 436/04, MDR 2005, 1285 (1285); *Coester-Waltjen* in: Staudinger, BGB, § 309 Nr. 9, Rn. 15; *Dammann* in: Wolf/Lindacher/Pfeiffer, AGB, § 309 Nr. 9, Rn. 28; *Grüneberg* in: Palandt, BGB, § 309, Rn. 79; *Martinek*, Langfristige Laufzeitklauseln als Wettbewerbsinstrumente in Gasversorgungsverträgen, BB 1989, 1277 (1284); *Stoffels*, AGB-Recht, Rn. 720; *Woitkewitsch*, Automatische Verlängerung der „BahnCard" aufgrund Allgemeiner Geschäftsbedingungen, MDR 2006, 541 (541).

[1234] Vgl. etwa *Coester-Waltjen* in: Staudinger, BGB, § 309 Nr. 9, Rn. 15; *Grüneberg* in: Palandt, BGB, § 309, Rn. 79; *Woitkewitsch*, Automatische Verlängerung der „BahnCard" aufgrund Allgemeiner Geschäftsbedingungen, MDR 2006, 541 (541 f.).

[1235] Vgl. etwa *Coester-Waltjen* in: Staudinger, BGB, § 309 Nr. 9, Rn. 15; *Martinek*, Langfristige Laufzeitklauseln als Wettbewerbsinstrumente in Gasversorgungsverträgen, BB 1989, 1277 (1284); *Stoffels*, AGB-Recht, Rn. 722.

[1236] Vgl. *Coester-Waltjen* in: Staudinger, BGB, § 309 Nr. 9, Rn. 15.

[1237] Vgl. *BT-Drs*. 7/3919, S. 37.

mit lassen sich alle typischerweise im Zusammenhang mit Abonnement- bzw. Vertragsfallen zu findenden Vertragsarten einem der von § 309 Nr. 9 BGB erfassten Verträge zuordnen. Da bei den hier untersuchten Abonnement- bzw. Vertragsfallen auch die Regelmäßigkeit aufgrund der jeweiligen, in der Regel dauernd oder wiederholt erbrachten Waren-, Dienst- oder Werkleistung unproblematisch zu bejahen ist, jedenfalls aber – und allein das ist entscheidend – alle Leistungen aufgrund eines einheitlichen Vertragsverhältnisses durch den Anbieter erbracht werden, ist der Anwendungsbereich des Klauselverbots somit eröffnet.

b) Inhalt des Klauselverbots – „Höchstgrenzen" für Laufzeit-, Verlängerungs- und Kündigungsfristklauseln

Das Klauselverbot des § 309 Nr. 9 BGB enthält Vorgaben für AGB-Klauseln, die sowohl die Laufzeit des Vertragsverhältnisses als auch seine stillschweigende Verlängerung sowie eine einzuhaltende Kündigungsfrist regeln. Es betrifft somit einige der für das Funktionieren einer Abonnement- bzw. Vertragsfalle im Internet wichtigsten Regelungen in den Allgemeinen Geschäftsbedingungen, insbesondere die Bestimmung einer möglichst langen Laufzeit des Vertragsverhältnisses und damit eine möglichst lange Bindung des Nutzers an den Vertrag. Denn die einmalige Zahlung eines monatlich erhobenen Entgelts wäre für den Anbieter kaum lohnend. Erst die Summierung der monatlich erhobenen Entgelte über einen größeren Zeitraum ist für ihn wirtschaftlich interessant, auch wenn in der Regel kaum oder nur sehr überschaubare Kosten für die Schaltung der entsprechenden Internetseiten und für den Betrieb einer Abonnement- bzw. Vertragsfalle anfallen dürften. Je länger die Laufzeit des Vertrages, desto höher ist die Summe der Entgelte; daher wird der Anbieter bestrebt sein, in den Allgemeinen Geschäftsbedingungen Regelungen zu treffen, die eine möglichst lange Laufzeit des Vertrages vorsehen bzw. dem Nutzer die Kündigung des Vertrages erschweren, um ihn so für einen möglichst langen Zeitraum an das Vertragsverhältnis zu binden.

Ob diese üblicherweise verwendeten Laufzeit-, Verlängerungs- oder Kündigungsklauseln möglicherweise gegen eines oder mehrere der in § 309 Nr. 9 BGB genannten Klauselverbote verstoßen, und welche Rechtsfolgen ein solcher Verstoß hat, ist Gegenstand der folgenden Untersuchung.

aa) Vertragslaufzeit von mehr als zwei Jahren (Nr. 9 lit. a)

Nach § 309 Nr. 9 BGB sind zunächst einmal solche Bestimmungen in Allgemeinen Geschäftsbedingungen unwirksam, nach denen der andere Vertragsteil für eine erstmalige Laufzeit von mehr als zwei Jahren an den Vertrag gebunden werden soll (vgl. Nr. 9 lit. a). Diese Frist von zwei Jahren beginnt grundsätzlich mit dem Abschluss des Vertrages,[1238] sodass etwa die Vereinbarung eines späteren Beginns der Leistungserbringung unberücksichtigt bleibt.[1239] Denn bereits durch die Entstehung dieser vertraglichen Bindung wird die Dispositionsfreiheit des anderen Vertragsteils wesentlich eingeschränkt.[1240] Wurde allerdings eine Probezeit vereinbart, so bleibt diese bei der Bestimmung der Vertragslaufzeit unberücksichtigt, sofern der Kunde ein Kündigungsrecht hat, sodass die zweijährige Frist in diesem Falle erst mit dem Ende der Probezeit zu laufen beginnt.[1241] § 309 Nr. 9 lit. a BGB verbietet es zwar auch grundsätzlich nicht, dass das Vertragsverhältnis auf unbestimmte Dauer abgeschlossen wird.[1242] Allerdings liegt auch bei einer solchen Gestaltung immer dann ein Verstoß gegen das Klauselverbot vor, wenn der andere Vertragsteil nicht die Möglichkeit hat, das Vertragsverhältnis spätestens zum Ablauf des zweiten Jahres durch eine ordentliche Kündigung zu beenden, sodass er dann auf keinen Fall für mehr als zwei Jahre vertraglich gebunden ist.[1243]

Während das Recht zur ordentlichen Kündigung des eingegangenen Vertragsverhältnisses in Allgemeinen Geschäftsbedingungen ausgeschlossen werden kann,[1244] ist der

---

[1238] Vgl. etwa *BGH*, Urt. v. 04.11.1992 - VIII ZR 235/91, BGHZ 120, 108 (112) = NJW 1993, 326 (327) m. w. N.; *BGH*, Urt. v. 17.03.1993 - VIII ZR 180/92, BGHZ 122, 63 (67) = NJW 1993, 1651 (1652) m. w. N.; *Dammann* in: Wolf/Lindacher/Pfeiffer, AGB, § 309 Nr. 9, Rn. 40; *Grüneberg* in: Palandt, BGB, § 309, Rn. 84; *Kieninger* in: Münchener Kommentar, BGB, § 309 Nr. 9, Rn. 12.

[1239] Vgl. etwa *BGH*, Urt. v. 04.11.1992 - VIII ZR 235/91, BGHZ 120, 108 (112 f.) = NJW 1993, 326 (327 f.); *BGH*, Urt. v. 17.03.1993 - VIII ZR 180/92, BGHZ 122, 63 (67) = NJW 1993, 1651 (1652); *Coester-Waltjen* in: Staudinger, BGB, § 309 Nr. 9, Rn. 17; *Kieninger* in: Münchener Kommentar, BGB, § 309 Nr. 9, Rn. 12; *Stoffels*, AGB-Recht, Rn. 727.

[1240] Vgl. *BGH*, Urt. v. 17.03.1993 - VIII ZR 180/92, BGHZ 122, 63 (67 f.) = NJW 1993, 1651 (1652); *Coester-Waltjen* in: Staudinger, BGB, § 309 Nr. 9, Rn. 17.

[1241] Vgl. etwa *BGH*, Urt. v. 04.11.1992 - VIII ZR 235/91, BGHZ 120, 108 (113) = NJW 1993, 326 (328); *Coester-Waltjen* in: Staudinger, BGB, § 309 Nr. 9, Rn. 17; *Grüneberg* in: Palandt, BGB, § 309, Rn. 84; *Stoffels*, AGB-Recht, Rn. 727. A. A. *Dammann* in: Wolf/Lindacher/Pfeiffer, AGB, § 309 Nr. 9, Rn. 41.

[1242] Vgl. *Coester-Waltjen* in: Staudinger, BGB, § 309 Nr. 9, Rn. 17; *Kieninger* in: Münchener Kommentar, BGB, § 309 Nr. 9, Rn. 13.

[1243] Vgl. etwa *Coester-Waltjen* in: Staudinger, BGB, § 309 Nr. 9, Rn. 17; *Kieninger* in: Münchener Kommentar, BGB, § 309 Nr. 9, Rn. 13; *Stoffels*, AGB-Recht, Rn. 726.

[1244] Vgl. nur *BGH*, Urt. v. 10.04.1990 - IX ZR 177/89, NJW-RR 1990, 1075 (1075).

Ausschluss des Rechts zur Kündigung aus wichtigem Grund (vgl. § 314 BGB) hingegen nicht möglich.[1245] Ebenfalls unzulässig ist es, wenn durch eine entsprechende Gestaltung bzw. Formulierung der Anschein erweckt wird, dass der andere Vertragsteil für mehr als zwei Jahre an den Vertrag gebunden ist.[1246]

Indem das Verbot des § 309 Nr. 9 lit. a BGB also immer dann Regelungen in Allgemeinen Geschäftsbedingungen für unwirksam erklärt, wenn diese eine vertragliche Bindung des anderen Teils für eine Laufzeit von mehr als zwei Jahren seit dem Abschluss des Vertrages bzw. seit dem Ende der Probezeit vorsehen, steckt diese Vorschrift Höchstgrenzen ab, die durch Laufzeitklauseln keinesfalls überschritten werden dürfen.[1247] Doch kann auf der anderen Seite allein deshalb noch nicht etwa der generelle Umkehrschluss gezogen werden, dass eine Laufzeitklausel, die diese Höchstgrenze für die erstmalige Vertragslaufzeit bzw. erstmalige Bindungsdauer des anderen Vertragsteils einhält, stets und ohne Weiteres auch wirksam ist:[1248] Vielmehr kann die Wirksamkeit einer Laufzeitklausel erst dann endgültig festgestellt werden, wenn sie bzw. ihre Wirksamkeit zusätzlich auch anhand der Generalklausel des § 307 BGB überprüft wurde.[1249] Der Rückgriff auf die Generalklausel ist nämlich deshalb eröffnet, weil sich der Gesetzgeber in Anbetracht der verschiedenartigsten Typen von Dauerschuldverhältnissen[1250] dazu gezwungen sah, eine generalisierende Regelung für die Begrenzung der erstmaligen Vertragslaufzeit zu treffen und daher nur äußerste Grenzen[1251] festlegen wollte, bei deren Überschreitung die entsprechende AGB-Klausel stets unwirksam[1252] sein sollte.[1253] Ob allerdings der Verwendungsgegner unter Berücksichtigung der Eigenart und der Interessenlage des konkreten Vertragsverhältnisses nicht

1245 Vgl. etwa *BGH*, Urt. v. 26.05.1986 - VIII ZR 218/85, NJW 1986, 3134 (3134) m. w. N.; *BGH*, Urt. v. 10.02.1993 - XII ZR 74/91, NJW 1993, 1133 (1135); *Grüneberg* in: Palandt, BGB, § 309, Rn. 86; *Kieninger* in: Münchener Kommentar, BGB, § 309 Nr. 9, Rn. 13; *Stoffels*, AGB-Recht, Rn. 733.

1246 Vgl. *OLG Frankfurt am Main*, Urt. v. 20.04.1989 - 6 U 214/87, NJW-RR 1989, 957 (958); *Kieninger* in: Münchener Kommentar, BGB, § 309 Nr. 9, Rn. 13.

1247 Vgl. nur *BT-Drs.* 7/3919, S. 37; *Coester-Waltjen* in: Staudinger, BGB, § 309 Nr. 9, Rn. 17; *Kieninger* in: Münchener Kommentar, BGB, § 309 Nr. 9, Rn. 14; *Stoffels*, AGB-Recht, Rn. 726.

1248 So bspw. auch *Kieninger* in: Münchener Kommentar, BGB, § 309 Nr. 9, Rn. 15; *Stoffels*, AGB-Recht, Rn. 728.

1249 Vgl. nur *Dammann* in: Wolf/Lindacher/Pfeiffer, AGB, § 309 Nr. 9, Rn. 91; *Kieninger* in: Münchener Kommentar, BGB, § 309, Rn. 3; *Stoffels*, AGB-Recht, Rn. 728.

1250 Vgl. *BT-Drs.* 7/5422, S. 9.

1251 Vgl. *BT-Drs.* 7/3919, S. 37.

1252 Vgl. *BT-Drs.* 7/5422, S. 9 f.

1253 So auch *BGH*, Urt. v. 08.03.1984 - IX ZR 144/83, BGHZ 90, 280 (283 f.) = NJW 1984, 1531 (1532) m. w. N.; *BGH*, Urt. v. 29.04.1987 - VIII ZR 251/86, BGHZ 100, 373 (375 f.) = NJW 1987, 2012 (2012); *BGH*, Urt. v. 04.11.1992 - VIII ZR 235/91, BGHZ 120, 108 (113 f.) = NJW 1993, 326 (328); *Stoffels*, AGB-Recht, Rn. 728.

auch durch eine Bindungsdauer von genau zwei Jahren oder weniger unangemessen benachteiligt wird, kann und muss daher auch nach § 307 BGB überprüft werden.[1254]

An dieser Stelle bleibt vorerst nur festzuhalten, dass der Anbieter jedenfalls dann nicht gegen das Klauselverbot des § 309 Nr. 9 lit. a BGB verstößt, wenn er den Nutzer lediglich für die im Rahmen einer Abonnement- bzw. Vertragsfalle im Internet üblichen Dauer von 24 Monaten erstmalig an den Vertrag bindet.

bb) Stillschweigende Verlängerung des Vertragsverhältnisses um jeweils mehr als ein Jahr (Nr. 9 lit. b)

Im Zusammenhang mit Dauerschuldverhältnissen sind in der Praxis – und auch bei den hier untersuchten Abonnement- bzw. Vertragsfallen im Internet – neben den bereits dargestellten Laufzeitklauseln auch häufig Verlängerungsklauseln in den Allgemeinen Geschäftsbedingungen des Verwenders zu finden.[1255] Diese Klauseln sehen vor, dass sich die Laufzeit des eingegangenen Vertragsverhältnisses stillschweigend um einen festgelegten Zeitraum verlängert, sodass der andere Vertragsteil somit über die zunächst vereinbarte Vertragsdauer hinaus auch noch für diesen weiteren Zeitraum vertraglich gebunden wird, sofern er nicht bis zu einem bestimmten Termin kündigt.[1256] Grundsätzlich sind solche Regelungen im Rahmen von Allgemeinen Geschäftsbedingungen zwar zulässig, doch beschränkt § 309 Nr. 9 lit. b BGB die Verwendung entsprechender Klauseln insofern, als er ihre Unwirksamkeit für den Fall anordnet, dass sie eine stillschweigende Verlängerung der Laufzeit des Vertragsverhältnisses vorsehen und damit den anderen Vertragsteil um mehr als ein Jahr binden.[1257] Die Frist von einem Jahr beginnt mit dem Ende der erstmaligen Vertragslaufzeit bzw. mit dem Ende des Zeitraums, um den sich die Laufzeit des Vertrages zuvor bereits verlängert hat.[1258]

1254 So bspw. auch *Coester-Waltjen* in: Staudinger, BGB, § 309 Nr. 9, Rn. 18; *Dammann* in: Wolf/Lindacher/Pfeiffer, AGB, § 309 Nr. 9, Rn. 103, 105.

1255 So allg. auch *Dammann* in: Wolf/Lindacher/Pfeiffer, AGB, § 309 Nr. 9, Rn. 130; *Stoffels*, AGB-Recht, Rn. 732.

1256 Vgl. etwa *Dammann* in: Wolf/Lindacher/Pfeiffer, AGB, § 309 Nr. 9, Rn. 60, 130; *Kieninger* in: Münchener Kommentar, BGB, § 309 Nr. 9, Rn. 17; *Stoffels*, AGB-Recht, Rn. 732.

1257 So bspw. auch *Coester-Waltjen* in: Staudinger, BGB, § 309 Nr. 9, Rn. 19; *Dammann* in: Wolf/Lindacher/Pfeiffer, AGB, § 309 Nr. 9, Rn. 60; *Grüneberg* in: Palandt, BGB, § 309, Rn. 85; *Kieninger* in: Münchener Kommentar, BGB, § 309 Nr. 9, Rn. 17; *Stoffels*, AGB-Recht, Rn. 732.

1258 Vgl. nur *Coester-Waltjen* in: Staudinger, BGB, § 309 Nr. 9, Rn. 19.

Wie bei den Laufzeitklauseln ist es auch bei den Verlängerungsklauseln grundsätzlich möglich, dass sich das Vertragsverhältnis stillschweigend um eine unbestimmte Zeit verlängert.[1259] Damit bei einer solchen Gestaltung aber kein Verstoß gegen das Klauselverbot des § 309 Nr. 9 lit. b BGB vorliegt, muss der andere Vertragsteil – vergleichbar den Laufzeitklauseln – die Möglichkeit haben, das Vertragsverhältnis durch eine ordentliche Kündigung spätestens zum Ende des Zeitraums der erstmaligen Verlängerung der Vertragslaufzeit bzw. zum Ende des Zeitraums der jeweils folgenden Verlängerung zu beenden, sodass er auf keinen Fall für mehr als jeweils ein Jahr vertraglich gebunden ist.[1260] Wie sich aus dem Wortlaut des § 309 Nr. 9 lit. b BGB ergibt, gelangt dieses Klauselverbot nur dann zur Anwendung, wenn in den Allgemeinen Geschäftsbedingungen des Verwenders eine stillschweigende Verlängerung der Laufzeit des Vertragsverhältnisses geregelt ist.[1261] Eine Verlängerung der Laufzeit im Sinne des § 309 Nr. 9 lit. b BGB liegt immer dann vor, wenn die entsprechende Regelung vorsieht, dass eine Verlängerung der Laufzeit eintritt, ohne dass ein Verhalten oder Unterlassen des anderen Vertragsteils vorliegt, welches bereits im Wege der Auslegung anhand der allgemeinen Grundsätze (vgl. §§ 133 sowie 157 BGB) als Antrag auf Verlängerung des Vertragsverhältnisses zu deuten ist.[1262] Unter § 309 Nr. 9 lit. b BGB fallen somit all diejenigen Fälle, in denen die Abgabe einer Willenserklärung, die auf die Verlängerung des Vertragsverhältnisses gerichtet ist, fingiert oder vermutet wird, ohne dass diese Vermutung widerlegt werden könnte.[1263] Auf der anderen Seite gelangt § 309 Nr. 9 lit. b BGB auch dann zur Anwendung, wenn schon bei Abschluss des Vertrages die Vereinbarung getroffen wird, dass sich das Vertragsverhältnis verlängert, sofern nicht eine Kündigungserklärung abgegeben wird.[1264]

Auch das Verbot des § 309 Nr. 9 lit. b BGB steckt wiederum Höchstgrenzen für die zumutbare Bindung des Vertragspartners ab, die durch Verlängerungsklauseln keinesfalls überschritten werden dürfen,[1265] indem es Regelungen in Allgemeinen Geschäftsbedingungen für unwirksam erklärt, die eine den anderen Vertragsteil bindende still-

---

[1259] Vgl. nur *Coester-Waltjen* in: Staudinger, BGB, § 309 Nr. 9, Rn. 19.
[1260] Vgl. ebd.
[1261] So bspw. auch *Coester-Waltjen* in: Staudinger, BGB, § 309 Nr. 9, Rn. 19; *Dammann* in: Wolf/Lindacher/Pfeiffer, AGB, § 309 Nr. 9, Rn. 63.
[1262] Vgl. nur *Dammann* in: Wolf/Lindacher/Pfeiffer, AGB, § 309 Nr. 9, Rn. 64.
[1263] So auch *Dammann* in: Wolf/Lindacher/Pfeiffer, AGB, § 309 Nr. 9, Rn. 64.
[1264] Vgl. nur *Coester-Waltjen* in: Staudinger, BGB, § 309 Nr. 9, Rn. 19; *Dammann* in: Wolf/Lindacher/Pfeiffer, AGB, § 309 Nr. 9, Rn. 64; *Kieninger* in: Münchener Kommentar, BGB, § 309 Nr. 9, Rn. 17.
[1265] So bspw. auch *BT-Drs.* 7/3919, S. 37; *Coester-Waltjen* in: Staudinger, BGB, § 309 Nr. 9, Rn. 20; *Stoffels*, AGB-Recht, Rn. 732.

schweigende Verlängerung der Laufzeit des Vertragsverhältnisses um mehr als ein Jahr zum Ende der erstmaligen Vertragslaufzeit bzw. zum Ende des Zeitraums der vorangegangenen Verlängerung vorsehen. Und wie auch schon bei dem Klauselverbot des § 309 Nr. 9 lit. a BGB darf auch bei der Vorschrift des § 309 Nr. 9 lit. b BGB allein deshalb noch nicht etwa der generelle Umkehrschluss gezogen werden, dass eine Verlängerungsklausel, die diese Höchstgrenze für eine stillschweigende Verlängerung des Vertragsverhältnisses einhält, stets und ohne Weiteres auch wirksam ist.[1266] Vielmehr kann die Wirksamkeit einer Verlängerungsklausel erst dann endgültig festgestellt werden, wenn sie bzw. ihre Wirksamkeit zusätzlich auch anhand der Generalklausel des § 307 BGB überprüft wurde,[1267] denn der Verwendungsgegner könnte unter Berücksichtigung der Art des konkreten Vertrages und aufgrund einer Abwägung der Interessen der typischerweise beteiligten Vertragsparteien auch durch eine Verlängerung der Bindungsdauer von genau einem Jahr oder weniger unangemessen benachteiligt werden[1268] – siehe hierzu die bereits dargestellten Ausführungen im Rahmen des § 309 Nr. 9 lit. a BGB.

Somit bleibt auch hier vorerst nur festzuhalten, dass ein Anbieter jedenfalls dann nicht gegen das Klauselverbot des § 309 Nr. 9 lit. b BGB verstößt, wenn er den Nutzer lediglich im Wege einer stillschweigenden Verlängerung des Vertragsverhältnisses um jeweils zwölf weitere Monate – eine im Rahmen einer Abonnement- bzw. Vertragsfalle im Internet ebenfalls übliche Dauer – an den Vertrag bindet.

cc) Kündigungsfrist von mehr als drei Monaten (Nr. 9 lit. c)

§ 309 Nr. 9 BGB verbietet schließlich noch die Verwendung solcher Bestimmungen in Allgemeinen Geschäftsbedingungen, die zu Lasten des anderen Vertragsteils eine Kündigungsfrist von mehr als drei Monaten vor Ablauf der erstmaligen oder vor Ablauf der jeweils stillschweigend verlängerten Vertragslaufzeit festsetzen (vgl. Nr. 9 lit. c). Der Begriff der Kündigung im Sinne des § 309 Nr. 9 lit. c BGB umfasst nur das Recht zur ordentlichen Kündigung,[1269] nicht hingegen das Kündigungsrecht aus

1266 So bspw. auch *Kieninger* in: Münchener Kommentar, BGB, § 309, Rn. 5.
1267 Vgl. nur *Coester-Waltjen* in: Staudinger, BGB, § 309 Nr. 9, Rn. 20; *Dammann* in: Wolf/Lindacher/Pfeiffer, AGB, § 309 Nr. 9, Rn. 91; *Kieninger* in: Münchener Kommentar, BGB, § 309, Rn. 3.
1268 So bspw. auch *Kieninger* in: Münchener Kommentar, BGB, § 309, Rn. 5.
1269 Vgl. nur *Dammann* in: Wolf/Lindacher/Pfeiffer, AGB, § 309 Nr. 9, Rn. 71.

wichtigem Grund (vgl. § 314 BGB),[1270] denn dieses ist – wie bereits erwähnt – durch eine Bestimmung in Allgemeinen Geschäftsbedingungen nicht ausschließbar.[1271] Für die Zulässigkeit einer solchen Kündigungsklausel ist es aber nicht erforderlich, dass der Verwender ausdrücklich darauf hinweist.[1272] Das Klauselverbot des § 309 Nr. 9 lit. c BGB gelangt auch dann zur Anwendung, wenn aufgrund einer entsprechenden Regelung in den Allgemeinen Geschäftsbedingungen anstelle einer Kündigung ein Widerspruch des anderen Vertragsteils gegen die stillschweigende Verlängerung des Vertragsverhältnisses erforderlich ist.[1273]

§ 309 Nr. 9 lit. c BGB steckt ebenfalls Höchstgrenzen ab, die durch Kündigungsklauseln in Allgemeinen Geschäftsbedingungen keinesfalls überschritten werden dürfen.[1274] Entscheidend für die Wirksamkeit einer entsprechenden Klausel ist dabei die sich tatsächlich ergebende Kündigungsfrist von nicht mehr als drei Monaten vor Ablauf der erstmaligen oder der jeweils stillschweigend verlängerten Vertragslaufzeit, die auch durch die Vorgabe bestimmter Kündigungstermine nicht überschritten werden darf.[1275] Denkbar ist nämlich, dass diese Frist überschritten wird, indem eine Kündigungsklausel die dreimonatige Kündigungsfrist zwar einhält, diese Frist aber noch zusätzlich mit der Vorgabe verbindet, dass eine Kündigung des Vertrages nur an einigen wenigen, in der jeweiligen Klausel näher geregelten Terminen möglich ist, wie zum Beispiel durch eine Bestimmung, nach der das Vertragsverhältnis nur unter Einhaltung einer dreimonatigen Frist zum Quartalsende oder gar zum Jahresende gekündigt werden kann.[1276]

1270 Vgl. etwa *BGH*, Urt. v. 26.05.1986 - VIII ZR 218/85, NJW 1986, 3134 (3134) m. w. N.; *BGH*, Urt. v. 10.02.1993 - XII ZR 74/91, NJW 1993, 1133 (1135); *Coester-Waltjen* in: Staudinger, BGB, § 309 Nr. 9, Rn. 10; *Grüneberg* in: Palandt, BGB, § 309, Rn. 87; *Stoffels*, AGB-Recht, Rn. 733.

1271 Vgl. etwa *BGH*, Urt. v. 26.05.1986 - VIII ZR 218/85, NJW 1986, 3134 (3134) m. w. N.; *BGH*, Urt. v. 10.02.1993 - XII ZR 74/91, NJW 1993, 1133 (1135); *Grüneberg* in: Palandt, BGB, § 309, Rn. 86; *Kieninger* in: Münchener Kommentar, BGB, § 309 Nr. 9, Rn. 13; *Stoffels*, AGB-Recht, Rn. 733.

1272 Vgl. nur *BGH*, Urt. v. 10.02.1993 - XII ZR 74/91, NJW 1993, 1133 (1135); *Grüneberg* in: Palandt, BGB, § 309, Rn. 86.

1273 Vgl. nur *Dammann* in: Wolf/Lindacher/Pfeiffer, AGB, § 309 Nr. 9, Rn. 71; *Grüneberg* in: Palandt, BGB, § 309, Rn. 86.

1274 Vgl. nur *BT-Drs.* 7/3919, S. 37; *Coester-Waltjen* in: Staudinger, BGB, § 309 Nr. 9, Rn. 21; *Stoffels*, AGB-Recht, Rn. 733.

1275 Vgl. etwa *AG Hamburg*, Urt. v. 26.05.1998 - 23a C 116/98, NJW-RR 1998, 1593 (1593); *AG Hamburg-Altona*, Urt. v. 29.05.1981 - 318a C 101/81, MDR 1982, 55 (55); *Coester-Waltjen* in: Staudinger, BGB, § 309 Nr. 9, Rn. 21.

1276 Vgl. etwa *LG Potsdam*, Urt. v. 28.11.1996 - 3 O 509/96, VuR 1997, 182 (183); *AG Hamburg*, Urt. v. 26.05.1998 - 23a C 116/98, NJW-RR 1998, 1593 (1593); *AG Hamburg-Altona*, Urt. v. 29.05.1981 - 318a C 101/81, MDR 1982, 55 (55); *Dammann* in: Wolf/Lindacher/Pfeiffer, AGB, § 309 Nr. 9, Rn. 77; *Kieninger* in: Münchener Kommentar, BGB, § 309 Nr. 9, Rn. 19; *Stoffels*, AGB-Recht, Rn. 733.

Im Zusammenhang mit Kündigungsregelungen ist auch noch ein weiteres Klauselverbot zu beachten, nämlich das Verbot des § 309 Nr. 13 BGB, auf das an dieser Stelle im Rahmen eines kurzen Exkurses eingegangen werden soll: Denn nicht nur die Überschreitung der dreimonatigen Kündigungsfrist durch die Verbindung mit bestimmten Kündigungsterminen führt zur Unwirksamkeit der entsprechenden Klausel. Auch die Verbindung von Kündigungsregelungen mit weiteren Vorgaben, die für die Kündigung des Vertragsverhältnisses eine bestimmte Form erfordern oder eine bestimmte Art ihres Zugangs anordnen, kann zur Unwirksamkeit der entsprechenden Klausel führen.[1277] Hier wird das Klauselverbot des § 309 Nr. 9 lit. c BGB durch das Verbot des § 309 Nr. 13 BGB ergänzt und unterstützt,[1278] der im Wesentlichen wörtlich dem früheren § 11 Nr. 16 AGBG entspricht [1279] und die Form von Anzeigen und Erklärungen regelt, die dem Verwender oder einem Dritten gegenüber abzugeben sind. Nach § 309 Nr. 13 BGB sind nämlich solche Bestimmungen in Allgemeinen Geschäftsbedingungen unwirksam, durch die Anzeigen oder Erklärungen des Vertragspartners des Verwenders an eine strengere Form als die Schriftform oder aber an besondere Zugangserfordernisse gebunden werden. Dies ist insbesondere im Hinblick auf die gerade untersuchten Kündigungsklauseln relevant, da aufgrund des Verbots der geltungserhaltenden Reduktion ein Verstoß gegen das Klauselverbot des § 309 Nr. 13 BGB auch zur Unwirksamkeit der entsprechenden Bestimmungen insgesamt führen kann.[1280] Das Klauselverbot des § 309 Nr. 9 lit. c BGB und die damit verbundene Beschränkung der Kündigungsfrist ist indes nach dem Wortlaut der Vorschrift dann nicht anwendbar, auch nicht analog, wenn in den Allgemeinen Geschäftsbedingungen Bestimmungen verwendet werden, die zu Lasten des anderen Vertragsteils die Einhaltung einer Frist von mehr als drei Monaten für die ordentliche Kündigung eines auf unbestimmte Zeit abgeschlossenen Vertragsverhältnisses festsetzen.[1281]

Dass bei unbefristeten Vertragsverhältnissen durchaus auch längere Kündigungsfristen angebracht sein können, folgt für einzelne Vertragstypen bereits aus dem Gesetz (vgl.

[1277] Vgl. etwa *Coester-Waltjen* in: Staudinger, BGB, § 309 Nr. 9, Rn. 21; *Kieninger* in: Münchener Kommentar, BGB, § 309 Nr. 9, Rn. 19; *Stoffels*, AGB-Recht, Rn. 734.

[1278] Vgl. *Kieninger* in: Münchener Kommentar, BGB, § 309 Nr. 9, Rn. 19; *Stoffels*, AGB-Recht, Rn. 734.

[1279] Vgl. *Dammann* in: Wolf/Lindacher/Pfeiffer, AGB, § 309 Nr. 13, Rn. 1-9; *Kieninger* in: Münchener Kommentar, BGB, § 309 Nr. 13, Rn. 1.

[1280] Vgl. nur *AG Kerpen*, Urt. v. 08.11.2005 - 22 C 480/04, NJW-RR 2006, 702 (703); *Kieninger* in: Münchener Kommentar, BGB, § 309 Nr. 9, Rn. 19.

[1281] Vgl. etwa *Dammann* in: Wolf/Lindacher/Pfeiffer, AGB, § 309 Nr. 9, Rn. 72; *Kieninger* in: Münchener Kommentar, BGB, § 309 Nr. 9, Rn. 19. A. A. *Coester-Waltjen* in: Staudinger, BGB, § 309 Nr. 9, Rn. 21.

etwa die in § 573 c Abs. 1 S. 2 BGB geregelten Fristen für die ordentliche Kündigung des Vermieters oder die in § 624 S. 2 BGB geregelte Kündigungsfrist bei Dienstverträgen über mehr als fünf Jahre).[1282] In diesen Fällen ist aber der Rückgriff auf die Generalklausel eröffnet, sodass die Wirksamkeit einer solchen Kündigungsfrist auch bei unbefristeten Verträgen im Rahmen der Inhaltskontrolle nach § 307 BGB überprüft werden kann.[1283] Hierauf wird in Unterabschnitt 4 ausführlicher eingegangen.

Wie bereits erwähnt, steckt auch das Verbot des § 309 Nr. 9 lit. c BGB Höchstgrenzen ab, sodass auch bei dieser Vorschrift – wie auch schon bei dem Klauselverbot des § 309 Nr. 9 lit. a BGB und dem Klauselverbot des § 309 Nr. 9 lit. b BGB – allein deshalb noch nicht etwa der generelle Umkehrschluss gezogen werden darf, dass eine Kündigungsklausel, die eine sich tatsächlich ergebende Kündigungsfrist von drei Monaten bzw. geringer vorsieht, stets und ohne Weiteres auch wirksam ist: Vielmehr kann die Wirksamkeit einer Kündigungsklausel im Hinblick auf darin enthaltene Kündigungsfristen erst dann endgültig festgestellt werden, wenn sie bzw. ihre Wirksamkeit zusätzlich auch anhand der Generalklausel des § 307 BGB überprüft wurde.[1284] Denn auch hier könnte der Verwendungsgegner unter Berücksichtigung der Eigenart und der Interessenlage des konkreten Vertragsverhältnisses durch eine Kündigungsfrist von drei Monaten oder weniger unangemessen benachteiligt werden – vgl. hierzu die bereits dargestellten Ausführungen im Rahmen des § 309 Nr. 9 lit. a BGB. So bleibt hier vorerst abermals nur festzuhalten, dass ein Anbieter jedenfalls dann nicht gegen das Klauselverbot des § 309 Nr. 9 lit. c BGB verstößt, wenn er dem Nutzer durch die Festlegung einer Kündigungsfrist von „nur" drei Monaten die Beendigung des Vertragsverhältnisses erschwert.

c) Rechtsfolgen einer Überschreitung der Höchstfristen

Somit stellt sich schließlich noch die Frage, welche Rechtsfolgen sich aus einer Überschreitung der Höchstgrenzen ergeben. Wären diese für den Anbieter einer Abonnement- bzw. Vertragsfalle nämlich hinnehmbar, so könnte er durchaus längere Fristen in Betracht ziehen und die gegebenenfalls daraus resultierenden Rechtsfolgen tragen.

[1282] Vgl. nur *Kieninger* in: Münchener Kommentar, BGB, § 309 Nr. 9, Rn. 19.

[1283] Vgl. ebd.

[1284] So bspw. auch *Coester-Waltjen* in: Staudinger, BGB, § 309 Nr. 9, Rn. 22; *Dammann* in: Wolf/Lindacher/Pfeiffer, AGB, § 309 Nr. 9, Rn. 150.

Sofern sich in den Allgemeinen Geschäftsbedingungen Bestimmungen finden, deren Inhalte die festgesetzten Höchstgrenzen überschreiten und daher gegen eines oder mehrere der in § 309 Nr. 9 BGB genannten Klauselverbote verstoßen, sind diese nach der inzwischen herrschenden Meinung in der Literatur[1285] sowie der Rechtsprechung[1286] unwirksam. In diesem Fall bleibt der Vertrag im Übrigen gemäß § 306 Abs. 1 BGB zwar grundsätzlich wirksam, soweit die Bestimmungen allerdings unwirksam sind, gelten für den Inhalt des Vertrages die gesetzlichen Vorschriften (vgl. § 306 Abs. 2 BGB). Eine geltungserhaltende Reduktion der Klausel auf einen gerade noch zulässigen Inhalt ist demnach nicht möglich,[1287] sodass all diejenigen Bestimmungen in Allgemeinen Geschäftsbedingungen, welche die in § 309 Nr. 9 BGB für die Laufzeit von Dauerschuldverhältnissen festgesetzten Höchstgrenzen überschreiten und damit den anderen Vertragsteil stets unangemessen benachteiligen, nicht etwa auf einen kürzeren noch angemessenen Zeitraum reduziert und damit aufrechterhalten werden können.[1288] Andernfalls würde dem Verwender nämlich jedwedes Formulierungsrisiko für seine AGB-Klauseln abgenommen.[1289]

Die weiteren Rechtsfolgen eines solchen Verstoßes – gemeint sind die Rechtsfolgen, die sich aus der Unwirksamkeit der entsprechenden Klausel ergeben – unterscheiden sich danach, welches der in § 309 Nr. 9 BGB genannten Klauselverbote übertreten wurde.[1290] Relativ unproblematisch ist es, wenn eine Verlängerungsklausel die festgesetzten Höchstgrenzen überschreitet und damit aufgrund eines Verstoßes gegen das Klauselverbot des § 309 Nr. 9 lit. b BGB unwirksam ist.[1291] Denn zum einen wird sich

---

1285 Vgl. etwa *Coester-Waltjen* in: Staudinger, BGB, § 309 Nr. 9, Rn. 23; *Grüneberg* in: Palandt, BGB, § 309, Rn. 88; *Kieninger* in: Münchener Kommentar, BGB, § 309, Rn. 8; *Martinek*, Langfristige Laufzeitklauseln als Wettbewerbsinstrumente in Gasversorgungsverträgen, BB 1989, 1277 (1284).

1286 Vgl. nur *BGH*, Urt. v. 17.05.1982 - VII ZR 316/81, BGHZ 84, 109 (114 ff.) = NJW 1982, 2309 (2310) m. w. N.

1287 So auch *BGH*, Urt. v. 17.05.1982 - VII ZR 316/81, BGHZ 84, 109 (114 ff.) = NJW 1982, 2309 (2310) m. w. N.; *BGH*, Urt. v. 13.07.1994 - IV ZR 107/93, BGHZ 127, 35 (47) = NJW 1994, 2693 (2695 f.); *BGH*, Urt. v. 03.11.1999 - VIII ZR 269/98, BGHZ 143, 103 (118 f.) = NJW 2000, 1110 (1113); *AG Aachen*, Urt. v. 26.07.2005 - 85 C 172/05, NJOZ 2005, 5117 (5119 f.); *Dammann* in: Wolf/Lindacher/Pfeiffer, AGB, § 309 Nr. 9, Rn. 80-89; *Kieninger* in: Münchener Kommentar, BGB, § 309 Nr. 9, Rn. 20. A. A. *Martinek*, Langfristige Laufzeitklauseln als Wettbewerbsinstrumente in Gasversorgungsverträgen, BB 1989, 1277 (1284).

1288 So bspw. auch *BGH*, Urt. v. 17.05.1982 - VII ZR 316/81, BGHZ 84, 109 (114 ff.) = NJW 1982, 2309 (2310); *AG Aachen*, Urt. v. 26.07.2005 - 85 C 172/05, NJOZ 2005, 5117 (5119 f.); *Grüneberg* in: Palandt, BGB, § 309, Rn. 88; *Stoffels*, AGB-Recht, Rn. 735.

1289 Vgl. nur *BGH*, Urt. v. 17.05.1982 - VII ZR 316/81, BGHZ 84, 109 (114 ff.) = NJW 1982, 2309 (2310); *Coester-Waltjen* in: Staudinger, BGB, § 309 Nr. 9, Rn. 23.

1290 So auch *Christensen* in: Ulmer/Brandner/Hensen, AGB-Recht, § 309 Nr. 9 BGB, Rn. 21; *Kieninger* in: Münchener Kommentar, BGB, § 309 Nr. 9, Rn. 20.

1291 Vgl. *Coester-Waltjen* in: Staudinger, BGB, § 309 Nr. 9, Rn. 23.

eine Bestimmung über die stillschweigende Verlängerung des Vertragsverhältnisses im Sinne des § 309 Nr. 9 lit. b BGB regelmäßig ohne Einbußen beim Sprach- oder Sinnzusammenhang der Regelung von dem Rest der Klausel, insbesondere von der Festlegung der Erstlaufzeit sowie der einzuhaltenden Kündigungsfrist, trennen lassen.[1292] Zum anderen ist bei Unwirksamkeit einer Verlängerungsklausel die Konstruktion einer Ersatzregelung deshalb nicht notwendig, da es ohne eine entsprechende Regelung in den allgemeinen Geschäftsbedingungen bei der Erstbefristung des Vertrages bleibt[1293] und eine Verlängerung des Vertragsverhältnisses nur durch ausdrückliches oder konkludentes Verhalten beider Vertragsparteien eintritt, etwa indem sie nach Ablauf der erstmaligen Vertragslaufzeit den Vertrag weiter erfüllen.[1294] In diesem Fall wird man aber – vergleichbar der gesetzlichen Regelung über die stillschweigende Verlängerung eines Dienstverhältnisses in § 625 BGB – davon ausgehen können, dass das Vertragsverhältnis auf unbestimmte Zeit verlängert worden ist, aber jederzeit durch Kündigung beendet werden kann.[1295]

Weitaus schwieriger ist hingegen die Konstruktion einer Ersatzregelung für den Fall, dass eine Bestimmung in den Allgemeinen Geschäftsbedingungen die von § 309 Nr. 9 lit. a BGB festgelegte Höchstgrenze für die erstmalige Vertragslaufzeit bzw. für die erstmalige Bindungsdauer des anderen Vertragsteils oder die von § 309 Nr. 9 lit. c BGB abgesteckte Höchstgrenze für die sich tatsächlich ergebende Kündigungsfrist überschreitet und damit aufgrund eines Verstoßes gegen das jeweilige Klauselverbot unwirksam ist.[1296] Denn oftmals wird es an gesetzlichen Vorschriften fehlen, denen eine entsprechende Regelung zur Laufzeit bzw. Kündigungsfrist entnommen werden könnte, und eine geltungserhaltende Reduktion der Erstlaufzeit bzw. der Kündigungsfrist auf ein gerade noch zulässiges Höchstmaß scheidet, wie bereits gesagt, aus.[1297] Bei einem Dienstvertrag zum Beispiel kann bzw. muss zur Lückenfüllung zunächst

---

[1292] Vgl. *Coester-Waltjen* in: Staudinger, BGB, § 309 Nr. 9, Rn. 23; *Kieninger* in: Münchener Kommentar, BGB, § 309 Nr. 9, Rn. 20.

[1293] Vgl. nur *Christensen* in: Ulmer/Brandner/Hensen, AGB-Recht, § 309 Nr. 9 BGB, Rn. 21; *Kieninger* in: Münchener Kommentar, BGB, § 309 Nr. 9, Rn. 20.

[1294] Vgl. nur *Coester-Waltjen* in: Staudinger, BGB, § 309 Nr. 9, Rn. 23.

[1295] So auch *Becker* in: Bamberger/H. Roth, BGB, § 309 Nr. 9, Rn. 29; *Kieninger* in: Münchener Kommentar, BGB, § 309 Nr. 9, Rn. 20.

[1296] So auch *Christensen* in: Ulmer/Brandner/Hensen, AGB-Recht, § 309 Nr. 9 BGB, Rn. 21; *Coester-Waltjen* in: Staudinger, BGB, § 309 Nr. 9, Rn. 23.

[1297] Vgl. nur *BGH*, Urt. v. 03.11.1999 - VIII ZR 269/98, BGHZ 143, 103 (118 f.) = NJW 2000, 1110 (1113); *Becker* in: Bamberger/H. Roth, BGB, § 309 Nr. 9, Rn. 27, 30; *Christensen* in: Ulmer/Brandner/Hensen, AGB-Recht, § 309 Nr. 9 BGB, Rn. 21; *Kieninger* in: Münchener Kommentar, BGB, § 309 Nr. 9, Rn. 20.

auf die in den §§ 620 Abs. 2, 621 BGB vorhandenen gesetzlich geregelten Kündigungsfristen bei Dienstverträgen zurückgegriffen werden, welche die unwirksame Regelung ersetzen.[1298] Soweit ein solcher Rückgriff hingegen nicht möglich ist, da – wie beispielsweise bei einem Kauf- und Werkvertrag – entsprechende gesetzliche Regelungen fehlen,[1299] erfolgt die Ausfüllung der entstandenen Lücke nach Ansicht der Rechtsprechung[1300] – auch wenn der BGH die Einsatzmöglichkeiten stark einschränkt[1301] –, der auch ein Teil der Literatur[1302] folgt, letztlich nur dadurch, dass das Gericht im Wege der ergänzenden Vertragsauslegung eine andere Laufzeit bzw. Kündigungsfrist bestimmt, die an die Stelle der unwirksamen Regelung tritt. Ein anderer Teil der Literatur[1303] vertritt die Ansicht, dass die Bestimmung der Laufzeit bzw. der Kündigungsfrist vielmehr nach billigem Ermessen unter Berücksichtigung der berechtigten Interessen der Vertragsparteien erfolgen müsse. Und schließlich kommt von einem weiteren Teil der Literatur[1304] noch der Vorschlag, die Lücke im dispositiven Recht im Wege der richterlichen Fortbildung zu schließen.

Zu alledem besteht aber in der Regel gar kein Anlass,[1305] da bei einer Überschreitung der abgesteckten Höchstgrenze für die erstmalige Vertragslaufzeit bzw. für die erstmalige Bindungsdauer des anderen Vertragsteils die Befristung des Vertrages insgesamt, wie bereits erwähnt, keine Gültigkeit hat,[1306] sodass dieser vielmehr als ein auf unbestimmte Dauer geschlossenes, aber jederzeit kündbares Vertragsverhältnis anzu-

---

[1298] Vgl. etwa *OLG Frankfurt am Main*, Urt. v. 12.05.1981 - 14 U 15/80, NJW 1981, 2760 (2760); *Christensen* in: Ulmer/Brandner/Hensen, AGB-Recht, § 309 Nr. 9 BGB, Rn. 21; *Coester-Waltjen* in: Staudinger, BGB, § 309 Nr. 9, Rn. 23; *Grüneberg* in: Palandt, BGB, § 309, Rn. 88; *Stoffels*, AGB-Recht, Rn. 735.

[1299] Vgl. nur *Grüneberg* in: Palandt, BGB, § 309, Rn. 88.

[1300] Vgl. etwa *BGH*, Urt. v. 01.02.1984 - VIII ZR 54/83, BGHZ 90, 69 (75 ff.) = NJW 1984, 1177 (1178); *BGH*, Urt. v. 24.09.1986 - VI ZR 4/84, BGHZ 96, 18 (26) = NJW 1986, 1610 (1612); *BGH*, Urt. v. 12.07.1989 - VIII ZR 297/88, NJW 1990, 115 (116); *BGH*, Urt. v. 04.11.1992 - VIII ZR 235/91, BGHZ 120, 108 (122) = NJW 1993, 326 (330); *OLG Köln*, Urt. v. 26.02.1996 - 16 U 43/95, NJW-RR 1997, 751 (752); *LG Gießen*, Urt. v. 02.02.2000 - 1 S 490/99, NJW-RR 2001, 1714 (1715).

[1301] Vgl. hierzu bspw. *BGH*, Urt. v. 01.02.1984 - VIII ZR 54/83, BGHZ 90, 69 (75 ff.) = NJW 1984, 1177 (1178 ff.).

[1302] Vgl. nur *Grüneberg* in: Palandt, BGB, § 309, Rn. 88; *Stoffels*, AGB-Recht, Rn. 735.

[1303] Vgl. etwa *Christensen* in: Ulmer/Brandner/Hensen, AGB-Recht, § 309 Nr. 9 BGB, Rn. 21; *Becker* in: Bamberger/H. Roth, BGB, § 309 Nr. 9, Rn. 27, 30.

[1304] Vgl. etwa *Coester-Waltjen*, Inhaltskontrolle von AGB – geltungserhaltende Reduktion – ergänzende Vertragsauslegung, JURA 1988, 113 (116); *Coester-Waltjen* in: Staudinger, BGB, § 309 Nr. 9, Rn. 23; *Hart*, Zivilrechtspraxis zwischen Vertragskonsolidierung und Vertragsrechtsfortbildung, KritV 1989, 179 (184 ff., 192 ff.); *Rüßmann*, Die „ergänzende Auslegung“ Allgemeiner Geschäftsbedingungen, BB 1987, 843 (845 f.).

[1305] So auch *Kieninger* in: Münchener Kommentar, BGB, § 309 Nr. 9, Rn. 20.

[1306] Vgl. nur *BGH*, Urt. v. 17.05.1982 - VII ZR 316/81, BGHZ 84, 109 (114 ff.) = NJW 1982, 2309 (2310) m. w. N.; *Coester-Waltjen* in: Staudinger, BGB, § 309 Nr. 9, Rn. 23; *Grüneberg* in: Palandt, BGB, § 309, Rn. 88; *Kieninger* in: Münchener Kommentar, BGB, § 309 Nr. 9, Rn. 20.

sehen ist.[1307] Und auch eine Kündigungsklausel, welche die abgesteckte Höchstgrenze für die sich tatsächlich ergebende Kündigungsfrist überschreitet, wird hinsichtlich des Sprach- oder Sinnzusammenhangs der entsprechenden Regelung in der Regel ohne Probleme von den anderen die Laufzeit des Vertragsverhältnisses betreffenden Bestimmungen zu trennen sein.[1308]

Die Rechtsfolgen einer Überschreitung würden das Funktionieren einer Abonnement- bzw. Vertragsfalle gefährden. Der Anbieter wird sich daher – und das entspricht auch den üblichen Festsetzungen – an die durch das Klauselverbot des § 309 Nr. 9 BGB gesetzten Höchstgrenzen halten.

3. Klauselverbote mit Wertungsmöglichkeit: Fingierte Erklärungen (§ 308 Nr. 5 BGB)

Im Hinblick auf den Katalog der Klauselverbote des § 308 BGB sowie im Zusammenhang mit den typischerweise im Rahmen von Abonnement- bzw. Vertragsfallen im Internet verwendeten Allgemeinen Geschäftsbedingungen stellt sich vor allem die Frage, ob die für das Funktionieren notwendigen AGB-Klauseln, die Erklärungen des Vertragspartners des Verwenders, hier also den Nutzer, betreffen, möglicherweise gegen das Klauselverbot der Nr. 5 verstoßen und damit die entsprechenden Klauseln abhängig von einer richterlichen Wertung unwirksam wären. Wie die Untersuchung im Folgenden aufzeigen wird, geht es im Zusammenhang mit dieser Frage insbesondere auch darum, ob diese Bestimmungen bereits eine ausdrückliche Erklärung enthalten oder ob durch sie eine Erklärung erst fingiert werden soll.

§ 308 Nr. 5 BGB erfasst Erklärungsfiktionen, die häufig in Allgemeinen Geschäftsbedingungen zu finden sind und die bestimmte Verhaltensweisen des Vertragspartners des Verwenders umschreiben, denen ein rechtsgeschäftlicher Erklärungswert beigemessen werden soll, und zwar unabhängig davon, ob dies seinem tatsächlichen Erklärungsverhalten entspricht.[1309] Insbesondere betrifft dies die Fälle, in denen das

---

[1307] So auch *Coester-Waltjen* in: Staudinger, BGB, § 309 Nr. 9, Rn. 23; *Kieninger* in: Münchener Kommentar, BGB, § 309 Nr. 9, Rn. 20.

[1308] So auch *Kieninger* in: Münchener Kommentar, BGB, § 309 Nr. 9, Rn. 20.

[1309] Vgl. etwa *Coester-Waltjen* in: Staudinger, BGB, § 308 Nr. 5, Rn. 12; *Kieninger* in: Münchener Kommentar, BGB, § 308 Nr. 5, Rn. 3; *Stoffels*, AGB-Recht, Rn. 640.

Schweigen auf eine Erklärung des Verwenders als Einverständnis des anderen Vertragsteils zur Abänderung der vertraglich geschuldeten Leistung oder zur Verlängerung des eingegangenen Vertragsverhältnisses gelten soll.[1310] Es ist allerdings eines der wesentlichen Prinzipien des Privatrechts, dass Schweigen grundsätzlich nicht als Willenserklärung aufzufassen ist;[1311] derjenige, der schweigt, drückt mit seinem Schweigen in der Regel nicht aus, dass eine bestimmte Rechtsfolge herbeigeführt werden oder Geltung haben soll, wie etwa die Erteilung oder Verweigerung einer Genehmigung oder die Bestätigung, dass eine Ware fehlerfrei ist.[1312] Anders verhält es sich ausnahmsweise in einer Situation, in der ein redlicher Mensch nach Treu und Glauben von einer Widerrede des Schweigenden gegen die Deutung seines Verhaltens als Genehmigungs- oder Annahmeerklärung ausgegangen wäre, sofern dieser Einwände dagegen gehabt hätte;[1313] in diesem Fall liegt nämlich ein sogenanntes beredtes Schweigen des anderen Vertragsteils vor.[1314] Vergleichbar ist auch eine Situation, in der aus dem konkreten Verhalten einer Person zwar nicht unmittelbar auf den zugrundeliegenden Willen geschlossen werden kann, einen bestimmten rechtlichen Erfolg herbeizuführen, aber dieses Verhalten unter Berücksichtigung der besonderen Umstände des Falles von einem neutralen Dritten nur in diesem Sinne gedeutet werden kann oder sogar aufgrund gesetzlicher Bestimmungen in diesem Sinn gedeutet werden muss.[1315] So finden sich diverse Erklärungsfiktionen auch im BGB, im HGB und in anderen Gesetzen, beispielsweise wenn davon auszugehen ist, dass das Schweigen die Bedeutung einer Ablehnung[1316] oder Zustimmung[1317] hat, dass Vergütungen

---

1310 Vgl. etwa *BGH*, Urt. v. 04.10.1984 - III ZR 119/83, NJW 1985, 617 (617); *AG Kassel*, Urt. v. 07.04.1989 - 85 C 1853/88, NJW-RR 1989, 1525 (1525); *Kieninger* in: Münchener Kommentar, BGB, § 308 Nr. 5, Rn. 3.

1311 Vgl. etwa *BGH*, Urt. v. 04.04.1951 - II ZR 52/50, BGHZ 1, 353 (355) = NJW 1951, 711 (711); *BGH*, Urt. v. 29.09.1955 - II ZR 210/54, BGHZ 18, 212 (216) = NJW 1955, 1794 (1795); *BGH*, Urt. v. 24.09.1980 - VIII ZR 299/79, NJW 1981, 43 (44); *BGH*, Urt. v. 10.02.1999 - IV ZR 56/98, NJW-RR 1999, 818 (819); *BGH*, Beschl. v. 19.09.2002 - V ZB 37/02, BGHZ 152, 63 (68) = NJW 2002, 3629 (3630); *Ellenberger* in: Palandt, BGB, Einf v § 116, Rn. 7; *Grüneberg* in: Palandt, BGB, § 308, Rn. 25; *Stoffels*, AGB-Recht, Rn. 642.

1312 Vgl. nur *Ellenberger* in: Palandt, BGB, Einf v § 116, Rn. 7; *Kieninger* in: Münchener Kommentar, BGB, § 308 Nr. 5, Rn. 1.

1313 Vgl. etwa *BGH*, Urt. v. 26.09.1973 - VIII ZR 106/72, BGHZ 61, 282 (285) = NJW 1973, 2106 (2106); *BGH*, Urt. v. 24.09.1980 - VIII ZR 299/79, NJW 1981, 43 (44); *BGH*, Urt. v. 14.02.1995 - XI ZR 65/94, NJW 1995, 1281 (1281); *BGH*, Urt. v. 10.02.1999 - IV ZR 56/98, NJW-RR 1999, 818 (819); *BGH*, Beschl. v. 19.09.2002 - V ZB 37/02, BGHZ 152, 63 (68) = NJW 2002, 3629 (3630); *Kieninger* in: Münchener Kommentar, BGB, § 308 Nr. 5, Rn. 1.

1314 Vgl. nur *Ellenberger* in: Palandt, BGB, Einf v § 116, Rn. 7; *Kieninger* in: Münchener Kommentar, BGB, § 308 Nr. 5, Rn. 1.

1315 Vgl. ebd.

1316 Vgl. etwa § 108 Abs. 2 S. 2, § 177 Abs. 2 S. 2, § 415 Abs. 2 S. 2 BGB.

als vereinbart gelten[1318], oder dass die Laufzeit eines Vertragsverhältnisses als verlängert anzusehen ist[1319].[1320]

Die Regeln, anhand derer zu beurteilen ist, ob mit dem Schweigen oder einem sonstigen Verhalten einer Person bereits eine Willenserklärung bestimmten Inhalts zum Ausdruck kommt oder ob die Person sich aufgrund ihres Schweigens oder ihres sonstigen Verhaltens so behandeln lassen muss, als hätte sie eine entsprechende Erklärung abgegeben, unterliegen dem dispositiven Recht.[1321] Die Vertragsparteien können deshalb grundsätzlich frei eine Vereinbarung treffen, die festlegt, dass einem bestimmten Verhalten einer Partei rechtlich die Bedeutung der Abgabe bzw. der Nichtabgabe einer bestimmten Willenserklärung zukommen soll,[1322] insofern also eine entsprechende Erklärung fingiert werden soll. Durch das Klauselverbot des § 308 Nr. 5 BGB, der im Wesentlichen dem Wortlaut des früheren § 10 Nr. 5 AGBG entspricht,[1323] soll der Vertragspartner des Verwenders vor der Vereinbarung einer solchen Erklärungsfiktion geschützt werden, sofern diese im Rahmen von Allgemeinen Geschäftsbedingungen getroffen wird.[1324] Denn solche AGB-Klauseln, die unabhängig vom tatsächlichen Verhalten des Verwendungsgegners die Fiktion auslösen, dass dieser eine bestimmte Willenserklärung abgegeben oder nicht abgegeben hat, bergen stets die Gefahr, dass ihm hierdurch rechtliche Nachteile entstehen.[1325] Grundsätzlich sind solche Erklärungsfiktionen in Allgemeinen Geschäftsbedingungen aber nicht verboten, da sie unter Umständen sogar für einen adäquaten Interessenausgleich sorgen können.[1326] Auf der anderen Seite darf der Verwender diese aber auch keinesfalls nach Belieben festsetzen und der Verwendungsgegner darf ihnen nicht schutzlos aus-

1317 Vgl. etwa § 416 Abs. 1 S. 2, § 516 Abs. 2 S. 2, § 1943 BGB, § 362 Abs. 1 S. 1, § 377 Abs. 2 HGB.

1318 Vgl. etwa § 612 Abs. 1, § 632 Abs. 1, § 653 Abs. 1, § 689 BGB.

1319 Vgl. etwa § 545 Abs. 1 S. 1, § 625 BGB.

1320 Vgl. nur *Dammann* in: Wolf/Lindacher/Pfeiffer, AGB, § 308 Nr. 5, Rn. 1.

1321 Vgl. nur *Kieninger* in: Münchener Kommentar, BGB, § 308 Nr. 5, Rn. 1.

1322 Vgl. etwa *BGH*, Urt. v. 04.05.2005 - I ZR 295/02, NJW-RR 2005, 1555 (1556); *BGH*, Urt. v. 04.05.2005 - I ZR 235/02, NJW-RR 2005, 1557 (1558); *OLG Düsseldorf*, Urt. v. 28.12.2004 - 21 U 68/04, NJW 2005, 1515 (1516); *Dammann* in: Wolf/Lindacher/Pfeiffer, AGB, § 308 Nr. 5, Rn. 1; *Ellenberger* in: Palandt, BGB, Einf v § 116, Rn. 7; *Kieninger* in: Münchener Kommentar, BGB, § 308 Nr. 5, Rn. 1.

1323 Vgl. nur *Kieninger* in: Münchener Kommentar, BGB, § 308 Nr. 5, Rn. 1.

1324 Vgl. nur *Coester-Waltjen* in: Staudinger, BGB, § 308 Nr. 5, Rn. 1; *Dammann* in: Wolf/Lindacher/Pfeiffer, AGB, § 308 Nr. 5, Rn. 1; *Kieninger* in: Münchener Kommentar, BGB, § 308 Nr. 5, Rn. 1.

1325 Vgl. *KG*, Urt. v. 10.01.1990 - 23 U 5932/88, NJW-RR 1990, 544 (554); *Matusche-Beckmann*, Die Bedingungsanpassungsklausel – Zulässiges Instrument für den Fall der Unwirksamkeit Allgemeiner Versicherungsbedingungen?, NJW 1998, 112 (115).

1326 Vgl. etwa *BT-Drs.* 7/5422, S. 7; *BGH*, Urt. v. 04.10.1984 - III ZR 119/83, NJW 1985, 617 (618); *OLG Düsseldorf*, Urt. v. 28.12.2004 - 21 U 68/04, NJW 2005, 1515 (1516); *Dammann* in: Wolf/Lindacher/Pfeiffer, AGB, § 308 Nr. 5, Rn. 1.

geliefert sein.[1327] Vielmehr muss sichergestellt werden, dass der Verwendungsgegner sich bewusst machen kann, welche Bedeutung die jeweilige Vereinbarung hat, um gegebenenfalls eine sich daraus ergebende Rechtsfolge abwenden zu können.[1328] Denn nur so kann verhindert werden, dass er mit einer Rechtsfolge überrascht wird, die er nicht beabsichtigte und mit der er nicht rechnen konnte.[1329] Um dies zu gewährleisten, sind bei der Festsetzung von Erklärungsfiktionen enge Grenzen zu beachten; insbesondere der bereits genannte und zu den wesentlichen Prinzipen des Privatrechts zählende Grundsatz, dass das Schweigen in der Regel nicht als Willenserklärung aufzufassen ist, ist durch Regelungen in Allgemeinen Geschäftsbedingungen nur sehr beschränkt abänderbar.[1330] Daher macht § 308 Nr. 5 BGB die Wirksamkeit einer Erklärungsfiktion (gleich welcher Art) in Allgemeinen Geschäftsbedingungen von zwei generellen Voraussetzungen abhängig, die kumulativ vorliegen müssen: zum einen muss dem Vertragspartner die Möglichkeit zur Abgabe einer ausdrücklichen Erklärung in angemessener Frist eingeräumt werden (vgl. § 308 Nr. 5 lit. a BGB), damit dieser gegebenenfalls die Folgen der Erklärungsfiktion abwenden kann; zum anderen muss sich der Verwender verpflichten, seinen Vertragspartner bei Fristbeginn auf die vorgesehene rechtliche Bedeutung seines Verhaltens besonders hinzuweisen, damit diesem die drohende Fiktionswirkung bewusst werden und er noch entsprechend reagieren kann (vgl. § 308 Nr. 5 lit. b BGB).[1331]

a) Anwendungsbereich und Wirksamkeitsvoraussetzungen

Damit das Klauselverbot zur Anwendung gelangt, ist gemäß § 308 Nr. 5 BGB zunächst eine Bestimmung in den Allgemeinen Geschäftsbedingungen des Verwenders erforderlich, die zum einen ein bestimmtes Verhalten des Vertragspartners des Verwenders beschreibt und zum anderen festlegt, dass eine bestimmte Erklärung des Vertragspartners des Verwenders als von ihm abgegeben oder nicht abgegeben gelten

---

1327 Vgl. nur *Dammann* in: Wolf/Lindacher/Pfeiffer, AGB, § 308 Nr. 5, Rn. 1.

1328 Vgl. *BGH*, Urt. v. 04.10.1984 - III ZR 119/83, NJW 1985, 617 (618); *BGH*, Urt. v. 27.09.2000 - VIII ZR 155/99, BGHZ 145, 203 (231) = NJW 2001, 292 (299); *Dammann* in: Wolf/Lindacher/Pfeiffer, AGB, § 308 Nr. 5, Rn. 1.

1329 Vgl. *Dammann* in: Wolf/Lindacher/Pfeiffer, AGB, § 308 Nr. 5, Rn. 1.

1330 Vgl. nur *Grüneberg* in: Palandt, BGB, § 308, Rn. 25.

1331 So bspw. auch *BGH*, Urt. v. 04.10.1984 - III ZR 119/83, NJW 1985, 617 (617); *OLG Schleswig*, Urt. v. 15.05.1997 - 2 U 37/96, VuR 1998, 29 (30); *Dammann* in: Wolf/Lindacher/Pfeiffer, AGB, § 308 Nr. 5, Rn. 1, 38, 44; *Kieninger* in: Münchener Kommentar, BGB, § 308 Nr. 5, Rn. 1, 13 f.; *Stoffels*, AGB-Recht, Rn. 645, 651 ff.

soll, sofern er sich so wie in der Bestimmung beschrieben verhält (siehe aa).[1332] Des Weiteren ist erforderlich, dass dieses in der AGB-Klausel beschriebene Verhalten des Verwendungsgegners erst nach Abschluss des Vertrages liegt und damit der wirksamen Einbeziehung der Allgemeinen Geschäftsbedingungen in den Vertrag zeitlich nachfolgt (siehe bb).[1333] Liegen diese beiden Voraussetzungen vor, so ist die jeweilige Bestimmung in den Allgemeinen Geschäftsbedingungen gemäß § 308 Nr. 5 BGB grundsätzlich unwirksam, es sei denn, dem Verwendungsgegner wird eine angemessene Frist zur Abgabe einer ausdrücklichen Erklärung eingeräumt und der Verwender verpflichtet sich darüber hinaus, den Vertragspartner bei Beginn der Frist auf die vorgesehene Bedeutung seines Verhaltens besonders hinzuweisen (siehe cc).[1334] Im Einzelnen gilt dabei das Folgende:

aa) Fingierte Erklärung des Vertragspartners des Verwenders

Das Klauselverbot des § 308 Nr. 5 BGB ist nur dann einschlägig, wenn aufgrund einer Bestimmung in den Allgemeinen Geschäftsbedingungen des Verwenders eine Erklärung seines Vertragspartners als abgegeben oder nicht abgegeben gilt, mit anderen Worten also fingiert wird, und somit dem Ausgangsverhalten des Vertragspartners eine rechtliche Bedeutung beigemessen wird, die diesem Verhalten nicht notwendigerweise sowieso schon zukommt.[1335] Hierzu ist es zunächst erforderlich, dass die jeweilige AGB-Klausel zum einen ein bestimmtes Verhalten des Vertragspartners des Verwenders beschreibt, welches sowohl die Vornahme als auch die Unterlassung einer bestimmten Handlung sein kann.[1336] Zum anderen muss die Klausel festlegen, dass eine bestimmte Erklärung des Vertragspartners des Verwenders als von ihm abgegeben oder nicht abgegeben gelten soll, sofern er sich so wie in der Bestimmung beschrieben verhält.[1337]

[1332] So bspw. auch *Dammann* in: Wolf/Lindacher/Pfeiffer, AGB, § 308 Nr. 5, Rn. 9; *Kieninger* in: Münchener Kommentar, BGB, § 308 Nr. 5, Rn. 3.

[1333] So bspw. auch *OLG Koblenz*, Urt. v. 15.09.1989 - 2 U 52/88, NJW 1989, 2950 (2951); *Coester-Waltjen* in: Staudinger, BGB, § 308 Nr. 5, Rn. 4, 6; *Dammann* in: Wolf/Lindacher/Pfeiffer, AGB, § 308 Nr. 5, Rn. 9, 15; *Kieninger* in: Münchener Kommentar, BGB, § 308 Nr. 5, Rn. 6.

[1334] So bspw. auch *Dammann* in: Wolf/Lindacher/Pfeiffer, AGB, § 308 Nr. 5, Rn. 9.

[1335] Vgl. etwa *Coester-Waltjen* in: Staudinger, BGB, § 308 Nr. 5, Rn. 12; *Dammann* in: Wolf/Lindacher/Pfeiffer, AGB, § 308 Nr. 5, Rn. 10; *Grüneberg* in: Palandt, BGB, § 308, Rn. 25; *Kieninger* in: Münchener Kommentar, BGB, § 308 Nr. 5, Rn. 3.

[1336] Vgl. *Kieninger* in: Münchener Kommentar, BGB, § 308 Nr. 5, Rn. 3.

[1337] Vgl. *Dammann* in: Wolf/Lindacher/Pfeiffer, AGB, § 308 Nr. 5, Rn. 10; *Kieninger* in: Münchener Kommentar, BGB, § 308 Nr. 5, Rn. 3; *Stoffels*, AGB-Recht, Rn. 648.

Von § 308 Nr. 5 BGB werden ausschließlich solche Erklärungen erfasst, die eine materiell-rechtliche Bedeutung haben,[1338] und zwar unabhängig davon, welchen Inhalt die fingierte Erklärung der Vereinbarung zufolge haben soll.[1339] Zu nennen ist hier insbesondere die Fiktion von Willenserklärungen, also beispielsweise AGB-Klauseln, die eine Regelung beinhalten, wonach ein Vertrag als zustande gekommen gilt, sofern das Widerrufsrecht nicht ausgeübt wurde[1340]; aber auch rechtsgeschäftsähnliche und sonstige Erklärungen können darunter fallen.[1341] Ob durch die entsprechende Bestimmung tatsächlich eine Willenserklärung fingiert wird, ist auch hier im Wege der Auslegung anhand der allgemeinen Grundsätze (§§ 133, 157 BGB) sowie subsidiär anhand der Vorschrift des § 305 c Abs. 2 BGB zu ermitteln.[1342] Nicht einschlägig ist das Klauselverbot des § 308 Nr. 5 BGB hingegen, wenn einer Bestimmung in den Allgemeinen Geschäftsbedingungen des Verwenders zufolge sonstige Tatsachen oder sonstige Vorgänge fingiert werden sollen.[1343]

bb) Anknüpfung an ein Verhalten, das auf die wirksame Einbeziehung der Allgemeinen Geschäftsbedingungen folgt

Die jeweilige Bestimmung kann zwar grundsätzlich an jedes Verhalten des Vertragspartners des Verwenders anknüpfen,[1344] es ist jedoch erforderlich, dass dieses in der AGB-Klausel umschriebene Verhalten nach dem Abschluss des Vertrages liegt. Denn das Klauselverbot des § 308 Nr. 5 BGB erfasst nur Fiktionen, die durch die Vornahme oder das Unterlassen einer Handlung ausgelöst werden, welche diesem Zeitpunkt zeitlich nachfolgt.[1345] Ob dies tatsächlich aus dem diesbezüglichen zukunftsorientierten Wortlaut der Vorschrift des § 308 Nr. 5 BGB folgt,[1346] kann dahinstehen, denn

---

1338 Vgl. *Grüneberg* in: Palandt, BGB, § 308, Rn. 25.

1339 Vgl. *Dammann* in: Wolf/Lindacher/Pfeiffer, AGB, § 308 Nr. 5, Rn. 10.

1340 Vgl. etwa *OLG Düsseldorf*, Urt. v. 28.12.2004 - 21 U 68/04, NJW 2005, 1515 (1515 f.); *AG Bergisch-Gladbach*, Urt. v. 02.02.1988 - 26 C 497/87, NJW-RR 1988, 956 (956).

1341 Vgl. *Dammann* in: Wolf/Lindacher/Pfeiffer, AGB, § 308 Nr. 5, Rn. 10.

1342 Vgl. *Dammann* in: Wolf/Lindacher/Pfeiffer, AGB, § 308 Nr. 5, Rn. 11.

1343 Vgl. nur *Coester-Waltjen* in: Staudinger, BGB, § 308 Nr. 5, Rn. 12; *Dammann* in: Wolf/Lindacher/Pfeiffer, AGB, § 308 Nr. 5, Rn. 10.

1344 Vgl. nur *Coester-Waltjen* in: Staudinger, BGB, § 308 Nr. 5, Rn. 11.

1345 Vgl. etwa *OLG Koblenz*, Urt. v. 15.09.1989 - 2 U 52/88, NJW 1989, 2950 (2951); *Coester-Waltjen* in: Staudinger, BGB, § 308 Nr. 5, Rn. 4, 6; *Dammann* in: Wolf/Lindacher/Pfeiffer, AGB, § 308 Nr. 5, Rn. 9, 15; *Kieninger* in: Münchener Kommentar, BGB, § 308 Nr. 5, Rn. 6.

1346 Vgl. etwa *Coester-Waltjen* in: Staudinger, BGB, § 308 Nr. 5, Rn. 6; *Kieninger* in: Münchener Kommentar, BGB, § 308 Nr. 5, Rn. 6. A. A. *Dammann* in: Wolf/Lindacher/Pfeiffer, AGB, § 308 Nr. 5, Rn. 15.

diese zeitliche Beschränkung lässt sich genauso gut dogmatisch begründen: Die Vereinbarung, dass durch ein bestimmtes Verhalten eine bestimmte Erklärung des Verwendungsgegners fingiert werden soll, basiert schließlich auf einer Bestimmung in den Allgemeinen Geschäftsbedingungen des Verwenders, die daher auch erst mit dem Abschluss des Vertrages – ihre wirksame Einbeziehung vorausgesetzt – Geltung erlangt.[1347] Folglich kann aufgrund einer entsprechenden AGB-Klausel auch immer nur die Abgabe einer Erklärung fingiert werden, die der wirksamen Einbeziehung des Klauselwerks in den Vertrag und damit der wirksamen Vereinbarung der Erklärungsfiktion zeitlich nachfolgt;[1348] d. h. auch das jeweilige Verhalten, welches zum Eintritt der Erklärungsfiktion führt, muss nach dem Zeitpunkt des Vertragsabschlusses liegen.[1349] Ist dies nämlich nicht der Fall, liegt also das Verhalten, an das angeknüpft werden soll, nicht nach dem Vertragsabschluss, sondern noch vor diesem Zeitpunkt, so sind die in den Allgemeinen Geschäftsbedingungen enthaltenen Erklärungsinhalte keine Fiktionen, sondern vielmehr Teil des abgeschlossenen Vertrages selbst, da sie von der auf Abschluss des Vertrages gerichteten Willenserklärung des Verwendungsgegners bereits erfasst werden.[1350] Mit anderen Worten erfasst § 308 Nr. 5 BGB somit grundsätzlich nur Fiktionen von Erklärungen, die die Vertragsdurchführung und nicht den Vertragsabschluss an sich betreffen.[1351] Das bedeutet, dass in den Allgemeinen Geschäftsbedingungen keine Regelung dahingehend möglich ist, welche Bedeutung dem Schweigen des Vertragspartners des Verwenders vor bzw. im Zeitpunkt des Vertragsabschlusses zukommen soll; hier gelten vielmehr ausschließlich die durch AGB-Klauseln nicht einschränkbaren, allgemeinen gesetzlichen Regelungen für das Zustandekommen eines Vertrages.[1352]

Es stellt sich also in all diesen Fällen stets die entscheidende Frage, ob aufgrund der inhaltlichen Gestaltung der jeweiligen Regelung eine Erklärung des Vertragspartners des Verwenders bereits unmittelbar in der einbezogenen AGB-Klausel selbst enthalten und somit bereits im Zeitpunkt des Vertragsabschlusses für den Fall abgegeben ist,

---

1347 So auch *Dammann* in: Wolf/Lindacher/Pfeiffer, AGB, § 308 Nr. 5, Rn. 15.

1348 Ebd.

1349 So auch *OLG Koblenz*, Urt. v. 15.09.1989 - 2 U 52/88, NJW 1989, 2950 (2951); *Dammann* in: Wolf/Lindacher/Pfeiffer, AGB, § 308 Nr. 5, Rn. 15.

1350 Ebd.

1351 So bspw. auch *Grüneberg* in: Palandt, BGB, § 308, Rn. 25; *Matusche-Beckmann*, Die Bedingungsanpassungsklausel – Zulässiges Instrument für den Fall der Unwirksamkeit Allgemeiner Versicherungsbedingungen?, NJW 1998, 112 (115); *Stoffels*, AGB-Recht, Rn. 647.

1352 So auch *Grüneberg* in: Palandt, BGB, § 308, Rn. 25; *Stoffels*, AGB-Recht, Rn. 647.

dass bestimmte Voraussetzungen eintreten werden – insofern also eine (ausdrückliche) sogenannte antizipierte Erklärung vorliegt, die nicht unter das Klauselverbot des § 308 Nr. 5 BGB fällt –,[1353] oder ob die entsprechende Erklärung erst, wie es in dieser Vorschrift eigentlich vorgesehen ist, aufgrund einer zukünftigen Verhaltensweise des Vertragspartners des Verwenders als abgegeben oder nicht abgegeben gelten soll,[1354] sodass tatsächlich die für die Eröffnung des Anwendungsbereichs erforderliche fingierte Erklärung vorliegt. Daher ist auch eine nähere Untersuchung der jeweiligen vom Anbieter verwendeten Bestimmung sowie eine dementsprechende Abgrenzung der in ihr enthaltenen Regelung erforderlich. Im Hinblick auf die typischerweise im Rahmen von Abonnement- bzw. Vertragsfallen verwendeten Allgemeinen Geschäftsbedingungen ist dabei vor allem auf zwei Arten von AGB-Klauseln näher einzugehen, die entweder bereits eine Erklärung des Nutzers beinhalten oder eine solche erst fingieren könnten: Dies sind zum einen all diejenigen Bestimmungen in den Allgemeinen Geschäftsbedingungen, die festlegen, dass sich die Laufzeit des eingegangenen Vertragsverhältnisses stillschweigend um einen festgelegten Zeitraum verlängert, sofern der andere Vertragsteil nicht bis zu einem bestimmten Termin kündigt (die bereits im Rahmen des § 309 Nr. 9 lit. b BGB untersuchten Verlängerungsklauseln), und zum anderen all diejenigen AGB-Bestimmungen, die eine Änderung des Vertragsinhalts beim Eintritt von näher bestimmten Voraussetzungen vorsehen (die sogenannten Änderungsklauseln).

aaa) Abgrenzung zu antizipierten Erklärungen im Zusammenhang mit Verlängerungsklauseln

Eine Verlängerungsklausel kann zum einen derart gestaltet werden, dass eine entsprechende Erklärung des Vertragspartners des Verwenders bereits bei Abschluss des Vertrages vorliegt:[1355] Das ist immer dann gegeben, wenn bei Abschluss des Vertrages zwischen den Parteien bereits bindend vereinbart wird, dass das Vertragsverhältnis (automatisch) über die zunächst festgelegte bzw. verlängerte Laufzeit hinaus fort-

1353 So bspw. auch *BGH*, Urt. v. 29.04.1987 - VIII ZR 251/86, BGHZ 100, 373 (380) = NJW 1987, 2012 (2014); *BGH*, Urt. v. 27.09.2000 - VIII ZR 155/99, BGHZ 145, 203 (231) = NJW 2001, 292 (299); *BGH*, Urt. v. 28.03.2001 - IV ZR 180/00, NJW-RR 2001, 1242 (1243); *Dammann* in: Wolf/Lindacher/Pfeiffer, AGB, § 308 Nr. 5, Rn. 16; *Kieninger* in: Münchener Kommentar, BGB, § 308 Nr. 5, Rn. 5.

1354 So auch *Kieninger* in: Münchener Kommentar, BGB, § 308 Nr. 5, Rn. 5.

1355 So auch *Dammann* in: Wolf/Lindacher/Pfeiffer, AGB, § 309 Nr. 9, Rn. 130.

bestehen soll, sofern der Verwendungsgegner dieses nicht durch Kündigung vorher beendet.[1356] In diesem Fall liegt bereits eine ausdrückliche Erklärung vor, da der Vertragspartner des Verwenders unmittelbar in den Allgemeinen Geschäftsbedingungen und nicht erst aufgrund einer fingierten Erklärung der späteren Vertragsverlängerung zustimmt,[1357] sodass das Klauselverbot des § 308 Nr. 5 BGB hier jedenfalls nicht einschlägig ist.

Eine Verlängerungsklausel kann zum anderen aber auch so gestaltet sein, dass sie für den Fall, dass der Vertragspartner des Verwenders den Vertag nicht kündigt, vorsieht, dass dieses Verhalten als Zustimmung zur Verlängerung des Vertragsverhältnisses gelten soll; mithin also bedingt durch das Schweigen eine dementsprechende Willenserklärung des Verwendungsgegners, nämlich ein Antrag auf Verlängerung des Vertragsverhältnisses, fingiert wird.[1358] Bei einer solchen Gestaltung ist das Klauselverbot des § 308 Nr. 5 BGB einschlägig.

Prinzipiell steht es dem Verwender frei, welcher Form er sich für die Regelung einer Verlängerungsklausel bedient, denn zulässig sind beide Gestaltungsvarianten.[1359] Allerdings muss der Verwender eine Reihe von weiteren Schranken beachten,[1360] sollten die stillschweigenden Verlängerungsklauseln neben § 309 Nr. 9 lit. b BGB auch in den Anwendungsbereich des § 308 Nr. 5 BGB fallen. Auf diese weiteren Schranken muss an dieser Stelle allerdings nicht vertiefend eingegangen werden. Denn die Fiktion einer auf die Vertragsverlängerung gerichteten Willenserklärung ist zur Erzielung der gewünschten Rechtsfolge (nämlich die stillschweigende Verlängerung der Laufzeit des eingegangenen Vertragsverhältnisses um einen festgelegten Zeitraum) nicht unbedingt notwendig, sodass sich ein Anbieter einer Abonnement- bzw. Vertragsfalle im Internet bei der Gestaltung der entsprechenden Verlängerungsklausel sicherlich für die erste Variante entscheiden wird, also dafür, die Verlängerung des Vertragsverhältnisses bereits bei Abschluss des Vertrages für den Fall zu vereinbaren, dass sein Vertragspartner die Kündigung unterlässt. Diese Variante verstößt, wie bereits dargestellt, auch nicht gegen das Klauselverbot des § 309 Nr. 9 lit. b BGB.

1356 Vgl. *BGH*, Urt. v. 29.04.1987 - VIII ZR 251/86, BGHZ 100, 373 (380) = NJW 1987, 2012 (2014); *Dammann* in: Wolf/Lindacher/Pfeiffer, AGB, § 308 Nr. 5, Rn. 17, § 309 Nr. 9, Rn. 130.

1357 Vgl. *BGH*, Urt. v. 29.04.1987 - VIII ZR 251/86, BGHZ 100, 373 (380) = NJW 1987, 2012 (2014); *Kieninger* in: Münchener Kommentar, BGB, § 308 Nr. 5, Rn. 14. A. A. *AG Kassel*, Urt. v. 07.04.1989 - 85 C 1853/88, NJW-RR 1989, 1525 (1525).

1358 So auch *Dammann* in: Wolf/Lindacher/Pfeiffer, AGB, § 309 Nr. 9, Rn. 130.

1359 Ebd.

1360 Vgl. *Dammann* in: Wolf/Lindacher/Pfeiffer, AGB, § 309 Nr. 9, Rn. 130.

bbb) Abgrenzung zu antizipierten Erklärungen im Zusammenhang mit Änderungsklauseln

Aus den gleichen Gründen, die bereits im Zusammenhang mit Verlängerungsklauseln oben dargestellt wurden, findet das Klauselverbot des § 308 Nr. 5 BGB auch auf solche Bestimmungen in Allgemeinen Geschäftsbedingungen keine Anwendung, die bereits eine Änderung des Vertragsinhalts für den Fall vorsehen, dass bestimmte Voraussetzungen eintreten.[1361] Einschlägig ist das Klauselverbot des § 308 Nr. 5 BGB hingegen dann, wenn die entsprechende AGB-Klausel vorsieht, dass ein bestimmtes zukünftiges Verhalten des Vertragspartners des Verwenders (hier ist vor allem wieder an sein Schweigen zu denken) als Zustimmung zur Änderung des Vertragsinhalts gelten soll, denn dann ist in dem ursprünglich eingegangenen Vertrag gerade noch keine Einigung zwischen den Vertragsparteien über diese (bedingte) Änderung des Vertragsinhalts getroffen worden.[1362]

Der Anbieter einer Abonnement- bzw. Vertragsfalle im Internet kann – wie jeder andere Verwender entsprechender AGB-Klauseln auch – die Anwendbarkeit des Klauselverbots und die damit verbundenen engen Grenzen bei der Festsetzung einer solchen Erklärungsfiktion auch nicht etwa dadurch umgehen, dass er sie nicht als Zustimmung zu einer (direkten) Änderung des Vertragsinhalts, sondern einfach als Zustimmung zur Änderung der einbezogenen Allgemeinen Geschäftsbedingungen ausgestaltet. Denn § 308 Nr. 5 BGB ist selbst dann einschlägig, wenn aufgrund der entsprechenden Änderungsklausel (nur) die Zustimmung des Vertragspartners des Verwenders zur Änderung der Allgemeinen Geschäftsbedingungen selbst fingiert werden soll.[1363] Somit ist es für einen Anbieter auch nicht ohne Weiteres möglich, die in den Vertrag wirksam einbezogenen Allgemeinen Geschäftsbedingungen nach dem Abschluss des Vertrages noch auszutauschen bzw. zu ergänzen und so zusätzliche Regelungen, nämlich vor allem über die Entgeltlichkeit seiner Produkte sowie zur Festlegung von Laufzeiten – wie sie im Zusammenhang mit Abonnement- bzw. Vertragsfal-

---

[1361] So bspw. auch *BGH*, Urt. v. 28.03.2001 - IV ZR 180/00, NJW-RR 2001, 1242 (1243); *Dammann* in: Wolf/Lindacher/Pfeiffer, AGB, § 308 Nr. 5, Rn. 18.

[1362] So auch *Dammann* in: Wolf/Lindacher/Pfeiffer, AGB, § 308 Nr. 5, Rn. 18.

[1363] Vgl. *Dammann* in: Wolf/Lindacher/Pfeiffer, AGB, § 308 Nr. 5, Rn. 18; *Matusche-Beckmann*, Die Bedingungsanpassungsklausel – Zulässiges Instrument für den Fall der Unwirksamkeit Allgemeiner Versicherungsbedingungen?, NJW 1998, 112 (115).

len im Internet typischerweise zu finden und für deren Funktionieren notwendig sind –, in den bereits abgeschlossenen Vertrag mit dem Nutzer einzubringen. Dennoch erscheint die Verwendung einer entsprechenden AGB-Klausel, die vorsieht, dass ein bestimmtes zukünftiges Verhalten des Vertragspartners des Verwenders als Zustimmung zur Änderung des Inhalts des Vertrages gilt, für den Anbieter einer Abonnement- bzw. Vertragsfalle zumindest auf den ersten Blick nicht uninteressant, da er auf diesem Weg zunächst einmal einen unentgeltlichen Vertrag mit dem Nutzer abschließen könnte, der sich dann aber, und zwar ohne dass der Nutzer tätig wird bzw. sich erklären müsste – und somit höchstwahrscheinlich auch, ohne dass ihm dies überhaupt bewusst wird –, in ein entgeltliches Vertragsverhältnis wandelt. Insofern sind im Folgenden auch die weiteren Voraussetzungen zu untersuchen, die § 308 Nr. 5 BGB an die Wirksamkeit einer solchen Erklärungsfiktion stellt.

cc) Wirksamkeitsvoraussetzungen

So vermeintlich interessant diese Möglichkeit auf den ersten Blick auch erscheinen mag – für den Anbieter einer Abonnement- bzw. Vertragsfalle im Internet ist die Fiktion einer auf die Änderung des Vertragsinhalts gerichteten Willenserklärung seines Vertragspartners durchaus problematisch, da diese Art der Umsetzung dazu führen könnte, dass der Nutzer auf die damit verbundene Intention des Anbieters und damit auf die für das Funktionieren der Abonnement- bzw. Vertragsfalle im Internet notwendigen Bestimmungen aufmerksam wird. Für die Wirksamkeit der AGB-Klausel über eine solche Erklärungsfiktion ist es nämlich zunächst gemäß § 308 Nr. 5 lit. a BGB erforderlich, dass der Verwender seinem Vertragspartner bereits in den Allgemeinen Geschäftsbedingungen eine Erklärungsfrist von angemessener Dauer[1364] einräumt, die seinem Vertragspartner in zumutbarer Weise die Möglichkeit zur Abgabe einer ausdrücklichen Erklärung bietet.[1365] Dadurch wird gewährleistet, dass er in jedem Fall die Gelegenheit hat, durch die Äußerung seines wirklichen Willens gegebenenfalls den Eintritt der durch die Erklärungsfiktion vorgesehenen Rechtsfolgen ab-

---

[1364] Vgl. etwa *Coester-Waltjen* in: Staudinger, BGB, § 308 Nr. 5, Rn. 13; *Dammann* in: Wolf/Lindacher/Pfeiffer, AGB, § 308 Nr. 5, Rn. 41 f.; *Grüneberg* in: Palandt, BGB, § 308, Rn. 26; *Kieninger* in: Münchener Kommentar, BGB, § 308 Nr. 5, Rn. 13; *Stoffels*, AGB-Recht, Rn. 652.

[1365] Vgl. etwa *Dammann* in: Wolf/Lindacher/Pfeiffer, AGB, § 308 Nr. 5, Rn. 39 f., 43; *Kieninger* in: Münchener Kommentar, BGB, § 308 Nr. 5, Rn. 13; *Stoffels*, AGB-Recht, Rn. 652.

zuwenden.[1366] Weiterhin und kumulativ hängt die Wirksamkeit der entsprechenden AGB-Klausel gemäß § 308 Nr. 5 lit. b BGB davon ab, dass der Verwender in den Allgemeinen Geschäftsbedingungen selbst die Verpflichtung übernimmt, seinen Vertragspartner bei Beginn der Frist besonders auf die vorgesehene rechtliche Bedeutung seines Verhaltens aufmerksam zu machen,[1367] damit ihm durch diesen Hinweis die drohende Fiktionswirkung bewusst werden und er noch entsprechend darauf reagieren kann.[1368]

Die Erfüllung dieser beiden Voraussetzungen ist allerdings auch nur für die Frage relevant, ob die AGB-Klausel über eine solche Erklärungsfiktion an sich wirksam ist. Damit aber die in Anspruch genommene Fiktionswirkung nach Ablauf der Frist auch im jeweiligen Einzelfall eintritt,[1369] ist es außerdem noch erforderlich, dass der Verwender seinen Vertragspartner bei Fristbeginn tatsächlich und gesondert auf die Erklärungsfiktion hinweist,[1370] wobei wiederum formale wie auch inhaltliche Anforderungen beachtet werden müssen. Ein solcher Hinweis muss klar und deutlich formuliert und auffallend gestaltet sein,[1371] so dass er geeignet ist, die Aufmerksamkeit des Verwendungsgegners auf sich zu ziehen.[1372] Er muss also in einer Form erteilt werden, die unter normalen Umständen die Kenntnisnahme verbürgt;[1373] hierfür ist es keinesfalls ausreichend, wenn der Verwender in den Allgemeinen Geschäftsbedingungen selbst darauf hinweist.[1374] Der zu erteilende Hinweis muss eine Belehrung darüber beinhalten, welche Bedeutung die Erklärungsfiktion für den Verwendungsgegner hat,

[1366] Vgl. *Dammann* in: Wolf/Lindacher/Pfeiffer, AGB, § 308 Nr. 5, Rn. 39; *Kieninger* in: Münchener Kommentar, BGB, § 308 Nr. 5, Rn. 13.

[1367] Vgl. etwa *BGH*, Urt. v. 04.10.1984 - III ZR 119/83, NJW 1985, 617 (617); *OLG Köln*, Urt. v. 27.04.1988 - 13 U 245/87, NJW-RR 1988, 1459 (1459); *Coester-Waltjen* in: Staudinger, BGB, § 308 Nr. 5, Rn. 14; *Dammann* in: Wolf/Lindacher/Pfeiffer, AGB, § 308 Nr. 5, Rn. 44 f.; *Grüneberg* in: Palandt, BGB, § 308, Rn. 26a; *Kieninger* in: Münchener Kommentar, BGB, § 308 Nr. 5, Rn. 14; *Stoffels*, AGB-Recht, Rn. 653.

[1368] Vgl. etwa *BGH*, Urt. v. 04.10.1984 - III ZR 119/83, NJW 1985, 617 (618); *Kieninger* in: Münchener Kommentar, BGB, § 308 Nr. 5, Rn. 1; *Stoffels*, AGB-Recht, Rn. 651.

[1369] Vgl. etwa *Coester-Waltjen* in: Staudinger, BGB, § 308 Nr. 5, Rn. 14; *Dammann* in: Wolf/Lindacher/Pfeiffer, AGB, § 308 Nr. 5, Rn. 44 f.; *Kieninger* in: Münchener Kommentar, BGB, § 308 Nr. 5, Rn. 14.

[1370] Vgl. etwa *Coester-Waltjen* in: Staudinger, BGB, § 308 Nr. 5, Rn. 14; *Grüneberg* in: Palandt, BGB, § 308, Rn. 26a; *Stoffels*, AGB-Recht, Rn. 653.

[1371] Vgl. *Stoffels*, AGB-Recht, Rn. 653.

[1372] Vgl. *BGH*, Urt. v. 04.10.1984 - III ZR 119/83, NJW 1985, 617 (619); *Dammann* in: Wolf/Lindacher/Pfeiffer, AGB, § 308 Nr. 5, Rn. 50.

[1373] Vgl. etwa *BGH*, Urt. v. 04.10.1984 - III ZR 119/83, NJW 1985, 617 (619); *Coester-Waltjen* in: Staudinger, BGB, § 308 Nr. 5, Rn. 14; *Dammann* in: Wolf/Lindacher/Pfeiffer, AGB, § 308 Nr. 5, Rn. 50; *Grüneberg* in: Palandt, BGB, § 308, Rn. 26a.

[1374] Vgl. *Coester-Waltjen* in: Staudinger, BGB, § 308 Nr. 5, Rn. 14; *Dammann* in: Wolf/Lindacher/Pfeiffer, AGB, § 308 Nr. 5, Rn. 50.

d. h. dieser muss darauf hingewiesen werden, welche Rechtsfolgen sein Verhalten nach sich zieht, und dass er die Möglichkeit hat zu widersprechen.[1375] Selbst wenn man es in dem Fall, dass der Vertragsabschluss und der Fristbeginn zusammenfallen – was auch für die hier untersuchten Abonnement- bzw. Vertragsfallen typisch ist –, ausnahmsweise doch einmal genügen lässt, dass der Verwender seinen Vertragspartner bei Vertragsabschluss lediglich in einer AGB-Klausel auf die Folgen seines Verhaltens tatsächlich hinweist,[1376] so ist auch hier der zu erteilende Hinweis mit seinen formalen und inhaltlichen Anforderungen für den Anbieter nicht minder problematisch: Unter Berücksichtigung der Intention einer Abonnement- bzw. Vertragsfalle im Internet, nämlich dem Nutzer möglichst wenige Informationen über den tatsächlichen Vertragsumfang zu geben, indem vor allem Angaben zur Entgeltlichkeit des angebotenen Produkts sowie zur Laufzeit des Vertrages verschleiert bzw. versteckt werden, wird auch für eine gegebenenfalls notwendige Änderungsklausel die Umsetzung im Wege der Fiktion einer Willenserklärung des Verwendungsgegners ausscheiden; zumal die notwendige Änderung des Vertragsinhalts auch hier im Wege einer bereits in den Allgemeinen Geschäftsbedingungen enthaltenen ausdrücklichen Willenserklärung des Vertragspartners des Verwenders zu realisieren ist. Ebenso ließe sich aber das gewünschte Ergebnis erzielen, indem die Gestaltung hier in der Art erfolgt, dass sich an dem eingegangenen Vertragsverhältnis gar nichts ändert, sondern nur die Probezeit von der Entgeltlichkeit ausgenommen wird.

4. Generalklausel zur Inhaltskontrolle, § 307 BGB

Die Vorschrift des § 307 BGB stellt als Generalklausel zugleich den Auffangtatbestand der materiellen Inhaltskontrolle von Allgemeinen Geschäftsbedingungen dar.[1377] Sofern eine AGB-Klausel also weder gegen eines der Klauselverbote ohne Wertungsmöglichkeit des § 309 BGB noch gegen eines der Klauselverbote mit Wertungsmöglichkeit gemäß § 308 BGB verstößt, kann sich die Unwirksamkeit dieser Bestimmung immer noch aus einem Verstoß gegen den Auffangtatbestand des § 307 BGB ergeben.[1378] Danach sind all diejenigen Bestimmungen in Allgemeinen Geschäftsbe-

1375 Vgl. etwa *Dammann* in: Wolf/Lindacher/Pfeiffer, AGB, § 308 Nr. 5, Rn. 51; *Stoffels*, AGB-Recht, Rn. 653.
1376 Vgl. allg. *Kieninger* in: Münchener Kommentar, BGB, § 308 Nr. 5, Rn. 15.
1377 Vgl. nur *Brox/Walker*, BGB AT, Rn. 47, 50; *Grüneberg* in: Palandt, BGB, § 307, Rn. 1.
1378 Vgl. nur *Brox/Walker*, BGB AT, Rn. 47; *Dilger*, S. 52; *Grüneberg* in: Palandt, BGB, § 307, Rn. 2.

dingungen unwirksam, die den Vertragspartner des Verwenders entgegen den Geboten von Treu und Glauben unangemessen benachteiligen (vgl. § 307 Abs. 1 S. 1 BGB). Eine solche unangemessene Benachteiligung des Vertragspartners des Verwenders ergibt sich nach Absatz 2 der Vorschrift im Zweifel daraus, dass die entsprechende AGB-Bestimmung nicht mit den wesentlichen Grundgedanken der abbedungenen gesetzlichen Regelung zu vereinbaren ist (vgl. Nr. 1) oder daraus, dass die entsprechende AGB-Bestimmung die wesentlichen Rechte oder Pflichten, die sich aus der Natur des Vertrages ergeben, derart einschränkt, dass die Erreichung des Vertragszwecks hierdurch gefährdet ist (vgl. Nr. 2). Ebenso kann eine unangemessene Benachteiligung des Vertragspartners des Verwenders daraus folgen, dass die entsprechende AGB-Bestimmung nicht klar und verständlich ist (vgl. § 307 Abs. 1 S. 2 BGB). In dieser Vorschrift wurde im Zuge der Schuldrechtsmodernisierung das zuvor von der Rechtsprechung entwickelte Transparenzgebot ausdrücklich als Bestandteil der Inhaltskontrolle von Allgemeinen Geschäftsbedingungen geregelt.[1379]

Die Untersuchung konzentriert sich im Rahmen der Angemessenheitskontrolle zunächst allein auf die Frage, ob die für das Funktionieren einer Abonnement- bzw. Vertragsfalle im Internet notwendigen AGB-Klauseln zur Laufzeit des Vertrages sowie zur Einhaltung von Kündigungsfristen, obwohl sie, wie bereits gezeigt, den Anforderungen des § 309 Nr. 9 BGB genügen, möglicherweise nach der Generalklausel des § 307 BGB zu beanstanden und damit unwirksam sind (siehe a). Im Anschluss daran werden in gebotener Kürze die Anforderungen des AGB-rechtlichen Transparenzgebots dargestellt und im Hinblick auf ihre Relevanz für den Schutz des Verbrauchers bewertet (siehe b). Wie § 307 Abs. 3 S. 2 BGB ausdrücklich klarstellt, stehen dabei die in Satz 1 formulierten Schranken der materiellen Inhaltskontrolle in Bezug auf rechtsdeklaratorische und leistungsbestimmende AGB-Klauseln einer Kontrolle auch dieser Klauseln hinsichtlich ihrer Klarheit und Verständlichkeit (als formelle Anforderung) nach § 307 Abs. 1 S. 2 i. V. m. S. 1 BGB nicht im Wege,[1380] sodass hier insbesondere auch die AGB-Klauseln, die die Entgeltlichkeit der im Rahmen

---

[1379] Vgl. etwa *BGH*, Urt. v. 24.11.1988 - III ZR 188/87, BGHZ 106, 42 (49) = NJW 1989, 222 (224) m. w. N.; *Brox/Walker*, BGB AT, Rn. 53; *Coester* in: Staudinger, BGB, § 307, Rn. 170; *Kieninger* in: Münchener Kommentar, BGB, § 307, Rn. 51; *Wolf* in: Wolf/Lindacher/Pfeiffer, AGB, § 307, Rn. 3.

[1380] Vgl. etwa *Coester* in: Staudinger, BGB, § 307, Rn. 282, 288; *Grüneberg* in: Palandt, BGB, § 307, Rn. 55; *Kieninger* in: Münchener Kommentar, BGB, § 307, Rn. 20; *Stoffels*, AGB-Recht, Rn. 430; *Wolf* in: Wolf/Lindacher/Pfeiffer, AGB, § 307, Rn. 278.

einer Abonnement- bzw. Vertragsfalle angebotenen bzw. erbrachten Leistungen regeln, auf die Einhaltung des Transparenzgebots hin überprüft werden können.[1381]

a) Angemessenheitskontrolle

Bei der Anwendung des § 307 BGB stellt sich hier vor allem die Frage, welchen Einfluss es auf die Bewertung im Rahmen der Angemessenheitskontrolle hat, dass die relevante Bestimmung zwar in den Anwendungsbereich eines speziellen Klauselverbots, hier namentlich das Klauselverbot des § 309 Nr. 9 BGB fällt, den Anforderungen der §§ 308 und 309 BGB jedoch im Ergebnis genügt.[1382]

Zwar kann – wie bereits im Zusammenhang mit § 309 Nr. 9 BGB dargestellt[1383] – allein aus der Tatsache, dass eine Laufzeitklausel die Höchstgrenze für die erstmalige Vertragslaufzeit bzw. erstmalige Bindungsdauer des anderen Vertragsteils (vgl. Nr. 9 lit. a) und eine Verlängerungsklausel die Höchstgrenze für eine stillschweigende Verlängerung des Vertragsverhältnisses einhält (vgl. Nr. 9 lit. b) oder aber eine Kündigungsklausel eine sich tatsächlich ergebende Kündigungsfrist von drei Monaten bzw. geringer vorsieht (vgl. Nr. 9 lit. c), noch nicht etwa der generelle Umkehrschluss gezogen werden, dass diese Klauseln stets und ohne Weiteres auch wirksam sind:[1384] Vielmehr kann die Wirksamkeit all dieser Klauseln erst dann endgültig festgestellt werden, wenn sie bzw. ihre Wirksamkeit zusätzlich auch anhand der Generalklausel des § 307 BGB überprüft wurden.[1385] Dennoch entfaltet diese Tatsache nach Ansicht des BGH[1386] eine dahingehende Indizwirkung, dass eine solche nicht zu beanstandende Klausel grundsätzlich auch angemessen sei; solche Laufzeitregelungen könnten

---

1381 So allg. etwa auch *Kieninger* in: Münchener Kommentar, BGB, § 307, Rn. 1; *Wolf* in: Wolf/Lindacher/Pfeiffer, AGB, § 307, Rn. 278.

1382 So allg. auch *Dammann* in: Wolf/Lindacher/Pfeiffer, AGB, Vor §§ 308, 309, Rn. 13, 15.

1383 Siehe 3. Teil, D, III, 2.

1384 Vgl. etwa *Coester-Waltjen* in: Staudinger, BGB, § 309 Nr. 9, Rn. 18; *Kieninger* in: Münchener Kommentar, BGB, § 309 Nr. 9, Rn. 15; *Stoffels*, AGB-Recht, Rn. 728.

1385 Vgl. etwa *BGH*, Urt. v. 08.03.1984 - IX ZR 144/83, BGHZ 90, 280 (283 f.) = NJW 1984, 1531 (1532); *BGH*, Urt. v. 28.02.1985 - IX ZR 92/84, NJW 1985, 2585 (2586); *BGH*, Urt. v. 29.04.1987 - VIII ZR 251/86, BGHZ 100, 373 (375) = NJW 1987, 2012 (2012); *BGH*, Urt. v. 04.11.1992 - VIII ZR 235/91, BGHZ 120, 108 (113 f.) = NJW 1993, 326 (328); *OLG Frankfurt am Main*, Urt. v. 12.05.1981 - 14 U 15/80, NJW 1981, 2760 (2761); *OLG Karlsruhe*, Urt. v. 16.06.1981 - 13 U 166/80, NJW 1981, 1676 (1677); *OLG Köln*, Urt. v. 16.06.1982 - 13 U 20/82, NJW 1983, 1002 (1003); *Dammann* in: Wolf/Lindacher/Pfeiffer, AGB, § 309 Nr. 9, Rn. 91, 103; *Kieninger* in: Münchener Kommentar, BGB, § 309, Rn. 3; *Stoffels*, AGB-Recht, Rn. 728.

1386 Vgl. nur *BGH*, Urt. v. 29.04.1987 - VIII ZR 251/86, BGHZ 100, 373 (378) = NJW 1987, 2012 (2013); *BGH*, Urt. v. 04.12.1996 - XII ZR 193/95, NJW 1997, 739 (740).

nur ausnahmsweise und nur aus besonderen, vom Klauselverbot des § 309 Nr. 9 BGB nicht erfassten Gründen gemäß § 307 BGB unwirksam sein.[1387] Aber im Einzelnen:

aa) Unangemessenheit einer Laufzeitklausel

Bei einem Vertrag mit Dauerschuldcharakter geht die Rechtsprechung[1388] zwar grundsätzlich davon aus, dass allein aufgrund der mehrjährigen Vertragslaufzeit noch keine unangemessene Benachteiligung des anderen Teils vorliegt.[1389] Doch könne sich die Unangemessenheit einer Laufzeitklausel im Einzelfall daraus ergeben, dass diese eine zu lange erstmalige Vertragslaufzeit bzw. Bindungsdauer des anderen Vertragsteils festsetzt und hierdurch seine wirtschaftliche Bewegungsfreiheit in einem unangemessenen Maße einschränkt.[1390] Dies könne eine Abwägung der jeweiligen Interessen erfordern, wobei dann zum einen die typischen Belange der beteiligten Kreise zu würdigen sind und zum anderen geprüft werden muss, ob es sich bei der festgesetzten Vertragslaufzeit bzw. Bindungsdauer unter Berücksichtigung dieser Interessenlage im Allgemeinen um eine billige und gerechte Regelung handelt oder ob diese Festsetzung in einem Ungleichgewicht von Rechten und Pflichten resultiert, was zu einem erheblichen Nachteil des anderen Vertragsteils führt.[1391] In diesem Zusammenhang stellt sich wieder die Frage, welche Voraussetzungen erfüllt sein müssen, damit eine den Anforderungen des § 309 Nr. 9 lit. a BGB entsprechende Laufzeitregelung gleichwohl als unangemessene Klausel im Sinne von § 307 BGB qualifiziert werden kann.[1392]

Die Rechtsprechung[1393] beantwortet diese Frage restriktiv und führt hierzu aus, dass der Vorschrift des § 309 Nr. 9 lit. a BGB zu entnehmen sei, dass zumindest bei den vom

[1387] Vgl. etwa *BGH*, Urt. v. 29.04.1987 - VIII ZR 251/86, BGHZ 100, 373 (378 f.) = NJW 1987, 2012 (2013); *BGH*, Urt. v. 04.12.1996 - XII ZR 193/95, NJW 1997, 739 (740). So auch *Grüneberg* in: Palandt, BGB, § 309, Rn. 87; *Stoffels*, AGB-Recht, Rn. 728. A. A. *Dammann* in: Wolf/Lindacher/Pfeiffer, AGB, § 309 Nr. 9, Rn. 91, 106-108.

[1388] Vgl. etwa *BGH*, Urt. v. 07.05.1975 - VIII ZR 210/73, BGHZ 64, 288 (290) = NJW 1975, 1268 (1269); *BGH*, Urt. v. 13.02.1985 - VIII ZR 154/84, NJW 1985, 2328 (2328); *BGH*, Urt. v. 28.01.1987 - VIII ZR 37/86, BGHZ 100, 1 (3) = NJW 1987, 1622 (1622); *BGH*, Urt. v. 10.02.1993 - XII ZR 74/91, NJW 1993, 1133 (1134).

[1389] So auch *Stoffels*, AGB-Recht, Rn. 737.

[1390] Vgl. *Dammann* in: Wolf/Lindacher/Pfeiffer, AGB, § 309 Nr. 9, Rn. 105.

[1391] Vgl. etwa *BGH*, Urt. v. 04.07.1997 - V ZR 405/96, NJW 1997, 3022 (3023 f.), *BGH*, Urt. v. 06.12.2002 - V ZR 220/02, BGHZ 153, 148 (153 f.) = NJW 2003, 1313 (1314 f.); *Dammann* in: Wolf/Lindacher/Pfeiffer, AGB, § 309 Nr. 9, Rn. 105; *Stoffels*, AGB-Recht, Rn. 737.

[1392] So auch *Dammann* in: Wolf/Lindacher/Pfeiffer, AGB, § 309 Nr. 9, Rn. 106-108.

[1393] Vgl nur *BGH*, Urt. v. 29.04.1987 - VIII ZR 251/86, BGHZ 100, 373 (378) = NJW 1987, 2012 (2013).

Gesetzgeber erkannten Regelfällen, die allesamt Verträge mit lang andauernden Warenlieferungen betreffen, eine maximal zweijährige Laufzeit nicht unzulässig sei.[1394] Daraus folge, dass ein Verstoß gegen § 307 BGB nur dann zu bejahen sei, wenn besondere, sich aus der Natur des Vertragsverhältnisses ergebende Gesichtspunkte vorliegen, die für die Angemessenheit einer kürzeren Laufzeit sprechen.[1395] In Ermangelung solcher besonderen Gründe, die beispielsweise in einer erheblichen Belastung des anderen Vertragsteils zu sehen sind – zu denken ist vor allem an dessen finanzielle Belastungen, wobei hier auch wieder die vom bindenden Teil zu erbringenden Gegenleistungen sowie gegebenenfalls vorhandene Entwicklungs- oder Vorhaltekosten zu berücksichtigen sind –,[1396] hat der BGH eine erstmalige Vertragslaufzeit bzw. eine erstmalige Bindungsdauer von maximal zwei Jahren im Hinblick auf Zeitungs- und Zeitschriftenabonnements gebilligt.[1397] Und auch eine Zweijahresbindung bei Mitgliedschaften in Buch- oder Schallplattenclubs ist grundsätzlich wirksam.[1398]

Mangels besonderer Gründe im Einzelfall wird somit auch bei den hier untersuchten Abonnement- bzw. Vertragsfallen im Internet, die mit den genannten Abonnementverträgen durchaus vergleichbar sind, im Ergebnis – vorausgesetzt, dass die Klausel nicht gegen das in § 307 Abs. 1 S. 2 BGB geregelte Transparenzgebot verstößt – grundsätzlich eine erstmalige Vertragslaufzeit bzw. eine erstmalige Bindungsdauer von bis zu 24 Monaten nicht zu beanstanden sein.

bb) Unangemessenheit einer Verlängerungsklausel

Bei einer Verlängerungsklausel kann sich die Unangemessenheit im Einzelfall vor allem daraus ergeben, dass die Vertragsdauer unter Abwägung der beiderseitigen Inte-

---

[1394] So auch *Dammann* in: Wolf/Lindacher/Pfeiffer, AGB, § 309 Nr. 9, Rn. 106-108.

[1395] Vgl. nur *BGH*, Urt. v. 29.04.1987 - VIII ZR 251/86, BGHZ 100, 373 (378 f.) = NJW 1987, 2012 (2013); *Grüneberg* in: Palandt, BGB, § 309, Rn. 87. A. A. *Dammann* in: Wolf/Lindacher/Pfeiffer, AGB, § 309 Nr. 9, Rn. 106-108.

[1396] Vgl. etwa *BGH*, Urt. v. 03.11.1999 - VIII ZR 269/98, BGHZ 143, 103 (115 f.) = NJW 2000, 1110 (1112 f.); *BGH*, Urt. v. 17.12.2002 - X ZR 220/01, NJW 2003, 886 (887 f.); *Dammann* in: Wolf/Lindacher/Pfeiffer, AGB, § 309 Nr. 9, Rn. 111 ff.

[1397] Vgl. *BGH*, Urt. v. 29.04.1987 - VIII ZR 251/86, BGHZ 100, 373 (378 f.) = NJW 1987, 2012 (2013). So auch *Dammann* in: Wolf/Lindacher/Pfeiffer, AGB, § 309 Nr. 9, Rn. 114; *Grüneberg* in: Palandt, BGB, § 309, Rn. 87; *Stoffels*, AGB-Recht, Rn. 728. A. A. *Coester-Waltjen* in: Staudinger, BGB, § 309 Nr. 9, Rn. 18; *Kieninger* in: Münchener Kommentar, BGB, § 309 Nr. 9, Rn. 11.

[1398] Vgl. *OLG Frankfurt am Main*, Urt. v. 20.04.1989 - 6 U 214/87, NJW-RR 1989, 957 (958). So auch *Dammann* in: Wolf/Lindacher/Pfeiffer, AGB, § 309 Nr. 9, Rn. 117; *Grüneberg* in: Palandt, BGB, § 309, Rn. 87.

ressen um einen für den anderen Vertragsteil unangemessen langen Zeitraum verlängert wird.[1399] Der BGH orientiert sich allerdings auch hier an der Vorschrift des § 309 Nr. 9 BGB und vertritt diesbezüglich die Ansicht, dass eine Verlängerung um maximal 12 Monate nur dann als unangemessen lang anzusehen sei, falls sich die Unangemessenheit der Verlängerungsklausel gerade aus den konkreten Umständen des jeweiligen Falles ergibt, welche vom Gesetzgeber bei der Formulierung des § 309 Nr. 9 lit. b BGB nicht berücksichtigt worden sind.[1400] Bei einem Zeitungs- oder Zeitschriftenabonnement ist die Verlängerung der Vertragslaufzeit um 12 Monate somit grundsätzlich nicht zu beanstanden.[1401]

Und auch bei einer Abonnement- bzw. Vertragsfalle im Internet wird im Ergebnis – wiederum vorausgesetzt, die Klausel verstößt nicht gegen das in § 307 Abs. 1 S. 2 BGB geregelte Transparenzgebot – somit grundsätzlich eine den anderen Vertragsteil bindende stillschweigende Verlängerung der Laufzeit des Vertragsverhältnisses um bis zu 12 Monate zum Ende der erstmaligen Vertragslaufzeit bzw. zum Ende des Zeitraums der vorangegangenen Verlängerung nicht zu beanstanden sein.

cc) Unangemessenheit einer Kündigungsklausel

Genauso wird eine Klausel, die zu Lasten des anderen Vertragsteils eine dreimonatige Kündigungsfrist festsetzt, in aller Regel – es sei denn, die Laufzeit des Vertrages selbst war recht kurz[1402] – nicht als unangemessen zu beanstanden sein.[1403] Nach Ansicht des BGH ist dies darauf zurückführen, dass die Vorschrift des § 309 Nr. 9 lit. c BGB eine für die grundsätzliche Zulässigkeit von dreimonatigen Kündigungsfristen sprechende Wertentscheidung des Gesetzgebers enthalte, von der allenfalls dann abgewichen werden könne, wenn besondere Umstände vorliegen, die aus der Natur des Vertragsverhältnisses resultieren und lediglich für die Angemessenheit einer nur kür-

---

[1399] Vgl. *Dammann* in: Wolf/Lindacher/Pfeiffer, AGB, § 309 Nr. 9, Rn. 140.

[1400] Vgl. *BGH*, Urt. v. 04.12.1996 - XII ZR 193/95, NJW 1997, 739 (740). So auch *Coester-Waltjen* in: Staudinger, BGB, § 309 Nr. 9, Rn. 20; *Dammann* in: Wolf/Lindacher/Pfeiffer, AGB, § 309 Nr. 9, Rn. 141; *Stoffels*, AGB-Recht, Rn. 732.

[1401] So bspw. auch *BGH*, Urt. v. 29.04.1987 - VIII ZR 251/86, BGHZ 100, 373 (380) = NJW 1987, 2012 (2013 f.); *Dammann* in: Wolf/Lindacher/Pfeiffer, AGB, § 309 Nr. 9, Rn. 143-149; *Kieninger* in: Münchener Kommentar, BGB, § 309 Nr. 9, Rn. 18.

[1402] Vgl. *LG Hamburg*, Urt. v. 30.06.1987 - 2 S 47/87, NJW-RR 1988, 317 (318); *Coester-Waltjen* in: Staudinger, BGB, § 309 Nr. 9, Rn. 22.

[1403] So auch *Dammann* in: Wolf/Lindacher/Pfeiffer, AGB, § 309 Nr. 9, Rn. 150.

zeren Kündigungsfrist sprechen.[1404] Solche besonderen Umstände sind beispielsweise dann zu bejahen, wenn eine außergewöhnliche persönliche Einbindung in das Vertragsverhältnis gegeben ist oder aber besondere Vertrauensverhältnisse oder auch Gefahren für die Gesundheit eine Rolle spielen.[1405]

Da bei den hier untersuchten Abonnement- bzw. Vertragsfallen im Internet solche besonderen Umstände im Einzelfall nicht vorliegen können, wird somit auch hier im Ergebnis – abermals vorausgesetzt, die Klausel verstößt nicht gegen das in § 307 Abs. 1 S. 2 BGB geregelte Transparenzgebot – regelmäßig eine Kündigungsfrist von bis zu drei Monaten vor Ablauf der erstmaligen oder der jeweils stillschweigend verlängerten Vertragslaufzeit nicht zu beanstanden sein.

b) Transparenzkontrolle

Schließlich müssen die für das Funktionieren der Abonnement- bzw. Vertragsfalle im Internet notwendigen Bestimmungen noch dem in § 307 Abs. 1 S. 2 BGB geregelten Transparenzgebot genügen, da sich, wie eingangs bereits erwähnt, eine unangemessene Benachteiligung des Vertragspartners des Verwenders auch daraus ergeben kann, dass die entsprechenden AGB-Bestimmungen nicht klar und verständlich formuliert sind. Dieses Transparenzgebot führt zu der Verpflichtung des Verwenders, sowohl die Rechte als auch die Pflichten seines Vertragspartners in den Allgemeinen Geschäftsbedingungen auf eine möglichst klare, einfache und präzise Art und Weise darzustellen, damit dieser sich bei Abschluss des Vertrages hinreichend über die rechtliche Tragweite der dort getroffenen Regelungen klar werden kann.[1406] Diesbezüglich kann hier aber auf die obigen Ausführungen zur sprachlichen und inhaltlichen Klarheit im Rahmen der wirksamen Einbeziehung von Allgemeinen Geschäftsbedingungen verwiesen werden.[1407]

[1404] Vgl. *BGH*, Urt. v. 29.04.1987 - VIII ZR 251/86, BGHZ 100, 373 (379) = NJW 1987, 2012 (2013). So auch *Dammann* in: Wolf/Lindacher/Pfeiffer, AGB, § 309 Nr. 9, Rn. 150.

[1405] Vgl. nur *Dammann* in: Wolf/Lindacher/Pfeiffer, AGB, § 309 Nr. 9, Rn. 150.

[1406] Vgl. nur *BGH*, Urt. v. 05.11.2003 - VIII ZR 10/03, NJW 2004, 1598 (1600); *BGH*, Urt. v. 26.10.2005 - VIII ZR 48/05, BGHZ 165, 12 (20 ff.) = NJW 2006, 996 (997 f.); *BGH*, Urt. v. 26.09.2007 - VIII ZR 143/06, NJW 2007, 3632 (3635); *BGH*, Urt. v. 05.03.2008 - VIII ZR 95/07, NJW 2008, 1438 (1438); *Grüneberg* in: Palandt, BGB, § 307, Rn. 17; *Stoffels*, AGB-Recht, Rn. 237; *Wolf* in: Wolf/Lindacher/Pfeiffer, AGB, § 307, Rn. 237.

[1407] Siehe 3. Teil, C, I, 2, b, bb, ddd.

Für den Anbieter einer Abonnement- bzw. Vertragsfalle im Internet bedeutet dies, dass ihm kaum noch Möglichkeiten verbleiben, den gegebenenfalls geneigten Nutzer durch „kundenunfreundliche“, d. h. schwer zu verstehende, verschachtelte oder mit vielen Fachbegriffen versehene Formulierungen vom Durchlesen der einzelnen Bedingungen und damit von der Kenntnisnahme der von ihm verschleierten bzw. versteckten Klauseln abzuhalten. Zwar handelt es sich bei den Voraussetzungen bzw. Anforderungen im Einzelnen – und das zeigt auch die große Anzahl von Gerichtsentscheidungen, die im Hinblick auf die gebotene Transparenz von AGB-Klauseln im Allgemeinen ergangen sind – um unbestimmte Rechtsbegriffe, sodass durchaus noch ein gewisser Spielraum verbleiben würde. Doch will der Anbieter sichergehen, dass seine Allgemeinen Geschäftsbedingungen und damit die für das Funktionieren der Abonnement- bzw. Vertragsfalle notwendigen Vertragsbedingungen nicht an der von § 307 Abs. 1 S. 2 BGB vorausgesetzten Klarheit und Verständlichkeit des AGB-Textes scheitern, sondern wirksam in den Vertrag einbezogen werden – und darauf ist er schließlich unbedingt angewiesen –, wird er diese Spielräume nicht nutzen, sondern sich an die Vorgaben halten (müssen). Das Funktionieren einer Abonnement- bzw. Vertragsfalle vereiteln die Anforderungen, die das in § 307 Abs. 1 S. 2 BGB geregelte Transparenzgebot an die inhaltliche Verständlichkeit der Bestimmungen stellt, zwar nicht, allerdings steigt hierdurch wiederum die Wahrscheinlichkeit, dass ein interessierter Nutzer beim Durchlesen der Allgemeinen Geschäftsbedingungen auf die versteckten bzw. verschleierten Klauseln aufmerksam wird.

IV. Zwischenergebnis zur Inhaltskontrolle

Wie die Untersuchung in diesem Kapitel gezeigt hat, setzt das zentrale Schutzinstrument der AGB-rechtlichen Vorschriften, nämlich die materielle Inhaltskontrolle (Angemessenheitskontrolle) der Allgemeinen Geschäftsbedingungen nach den §§ 307 bis 309 BGB dem Anbieter einer Abonnement- bzw. Vertragsfalle im Internet ernstzunehmende Grenzen. Zwar sind, wie ausführlich dargestellt und begründet, die typischerweise festgesetzte Laufzeit des Vertragsverhältnisses von 24 Monaten, die ebenfalls typischerweise vorgesehene stillschweigende Verlängerung um jeweils 12 Monate sowie die übliche Regelung der einzuhaltenden Kündigungsfrist von 3 Monaten mangels besonderer Gründe im Einzelfall weder nach § 309 Nr. 9 BGB noch gemäß § 307 BGB zu beanstanden. Doch verbleiben einem Anbieter gerade aufgrund der

Anforderungen des in § 307 Abs. 1 S. 2 BGB geregelten Transparenzgebots im Hinblick auf die Klarheit und Verständlichkeit der verwendeten AGB-Bestimmungen kaum mehr Gestaltungsspielräume, die er nutzen könnte, um den gegebenenfalls geneigten Nutzer vom Durchlesen der einzelnen Bedingungen und damit von der Kenntnisnahme der für das Funktionieren notwendigen Klauseln abzuhalten. Damit wird dem Anbieter durch das AGB-rechtliche Transparenzgebot aber ein für das Funktionieren der Abonnement- bzw. Vertragsfalle im Internet zentrales Element, nämlich das Verschleiern von Vertragsbedingungen, erschwert. Der Anbieter wird daher vielmehr „mit offenen Karten" spielen (müssen), da er nur auf diesem Wege die wirksame Einbeziehung der für ihr Funktionieren notwendigen Bedingungen in den Vertrag sicherstellen kann. Dies stellt für ihn aber letzten Endes auch kein unlösbares Problem dar, denn – und das ist für den Anbieter das Wesentliche – das Funktionieren der Abonnement- bzw. Vertragsfalle wird auch aufgrund dieser Anforderungen, die das AGB-rechtliche Transparenzgebot an die Klarheit und Verständlichkeit der verwendeten AGB-Bestimmungen stellt, nicht vereitelt, wenn auch hierdurch die Wahrscheinlichkeit steigt, dass ein interessierter Nutzer beim Durchlesen der Allgemeinen Geschäftsbedingungen auf die versteckten bzw. verschleierten Klauseln aufmerksam wird. Außerdem, und das relativiert diese Anforderung noch einmal, war die Klarheit und Verständlichkeit der das Entgelt regelnden Bestimmung – und das ist gerade die zentrale und kritischste AGB-Klausel einer jeden Abonnement- bzw. Vertragsfalle – bereits im Rahmen der Überraschungskontrolle nach § 305 c Abs. 1 BGB maßgebliche Voraussetzung dafür, dass diese Klausel nicht als überraschend zu werten war.

4. Teil: Schutz des Verbrauchers durch das Fernabsatzrecht

A. Einleitung

In diesem Teil der Arbeit konzentriert sich die Untersuchung auf die Frage, ob die sich aus dem Fernabsatzrecht ergebenden umfangreichen Informations- und Mitteilungspflichten des Anbieters schließlich noch dazu führen können, dass sich der Nutzer der tatsächlichen Tragweite seiner Erklärung bewusst wird, und diese somit das Funktionieren der Abonnement- bzw. Vertragsfalle im Internet vereiteln können.

I. Einleitung zu den „Besonderen Vertriebsformen“

Der Untertitel „Besondere Vertriebsformen“ (§§ 312 bis 312 i BGB) regelt drei unterschiedliche Formen des Vertriebs, nämlich die Haustürgeschäfte (§§ 312, 312 a BGB), die Fernabsatzverträge (§§ 312 b bis 312 f BGB) sowie die Verträge im elektronischen Geschäftsverkehr (§ 312 g BGB).[1408] Diese Vorschriften sind zurückzuführen auf die Umsetzung verschiedener europäischer Richtlinienbestimmungen und daher richtlinienkonform auszulegen.[1409] So beruht das in den §§ 312 und 312 a BGB geregelte Recht der Haustürgeschäfte auf der Richtlinie 85/577/EWG, die mit dem am 01.05.1986 in Kraft getretenen Gesetz über den Widerruf von Haustürgeschäften und ähnlichen Geschäften vom 16. Januar 1986[1410] (dem sogenannten Haustürwiderrufsgesetz)[1411] als spezialgesetzliche Regelung in deutsches Recht umgesetzt wurde.[1412]

1408 So bspw. auch *Grüneberg* in: Palandt, BGB, Vorb. vor § 312, Rn. 1; *Thüsing* in: Staudinger, BGB, Vorb. zu §§ 312 b-f, Rn. 1; *Wendehorst* in: Münchener Kommentar, BGB, Vor § 312 b, Rn. 1.

1409 Vgl. etwa *Everling*, Zur Auslegung des durch EG-Richtlinien angeglichenen nationalen Rechts, ZGR 1992, 376 (378); *Götz*, Europäische Gesetzgebung durch Richtlinien, NJW 1992, 1849 (1853 f.); *Grüneberg* in: Palandt, BGB, § 312 b, Rn. 2; *Hommelhoff*, Zivilrecht unter dem Einfluß europäischer Rechtsangleichung, AcP 192 (1992), 71 (95); *Lutter*, Die Auslegung angeglichenen Rechts, JZ 1992, 593 (598); *Thüsing* in: Staudinger, BGB, Vorb. zu §§ 312 b-f, Rn. 11; *Wendehorst* in: Münchener Kommentar, BGB, Vor § 312 b, Rn. 9.

1410 *BGBl.* I 1986/4, S. 122-123.

1411 So auch *BT-Drs.* 14/6040, S. 167.

1412 So bspw. auch *Grüneberg* in: Palandt, BGB, Vorb. vor § 312, Rn. 1; § 312, Rn. 1; *Thüsing* in: Staudinger, BGB, Vorb. zu §§ 312, 312 a, Rn. 2.

Das in den §§ 312 b bis 312 f BGB geregelte Fernabsatzrecht geht zurück auf die Richtlinie 97/7/EG sowie auf die darauf aufbauende Richtlinie 2002/65/EG.[1413] Die Umsetzung der Richtlinie 97/7/EG in deutsches Recht erfolgte mit dem am 30.06. 2000 in Kraft getretenen Fernabsatzgesetz (FernAbsG) vom 27. Juni 2000[1414], das als Art. 1 des Gesetzes über Fernabsatzverträge und andere Fragen des Verbraucherrechts sowie zur Umstellung von Vorschriften auf Euro vom 27. Juni 2000[1415] verkündet wurde.[1416]

Durch das Gesetz zur Modernisierung des Schuldrechts vom 26. November 2001[1417] wurden zahlreiche spezialgesetzliche Regelungen auf dem Gebiet des Verbraucherschutzes, die bisher in verschiedenen Nebengesetzen zu finden waren, mit Wirkung vom 01.01.2002 aufgehoben und in das Allgemeine Schuldrecht des bürgerlichen Rechts integriert[1418] – so auch das Haustürwiderrufsgesetz und das Fernabsatzgesetz. Der Inhalt der beiden Gesetze wurde zum größten Teil fast unverändert in die §§ 312 und 312 a BGB sowie in die §§ 312 b bis 312 d BGB a. F. eingefügt.[1419] Lediglich die Informationspflichten des Unternehmers (vgl. § 2 Abs. 2 und 3 FernAbsG) wurden außerhalb des Bürgerlichen Gesetzbuches geregelt, nämlich zunächst in § 1 der Verordnung über Informationspflichten nach bürgerlichem Recht (BGB-Informationspflichten-Verordnung – BGB-InfoV) vom 2. Januar 2002[1420] a. F.[1421]

Mit dem Gesetz zur Änderung der Vorschriften über Fernabsatzverträge bei Finanzdienstleistungen vom 2. Dezember 2004[1422], wurde die Richtlinie 2002/65/EG mit

---

1413 So bspw. auch *Grüneberg* in: Palandt, BGB, Vorb. vor § 312, Rn. 1; *Thüsing* in: Staudinger, BGB, Vorb. zu §§ 312 b-f, Rn. 1, 11; *Wendehorst* in: Münchener Kommentar, BGB, Vor § 312 b, Rn. 1, 7.

1414 *BGBl.* I 2000/28, S. 897-899.

1415 *BGBl.* I 2000/28, S. 897-909.

1416 So bspw. auch *Micklitz/Schirmbacher* in: Spindler/Schuster, BGB, § 312 b, Rn. 5; *Thüsing* in: Staudinger, BGB, Vorb. zu §§ 312 b-f, Rn. 11, 15 ff.; *Wendehorst* in: Münchener Kommentar, BGB, Vor § 312 b, Rn. 12.

1417 *BGBl.* I 2001/61, S. 3138-3188 (mit Anlage S. 3189-3218).

1418 So bspw. auch *Grüneberg* in: Palandt, BGB, Vorb. vor § 312, Rn. 2, § 312 b, Rn. 5; *Masuch* in: Münchener Kommentar, BGB, § 312, Rn. 4; *Micklitz/Schirmbacher* in: Spindler/Schuster, BGB, § 312 b, Rn. 5; *Thüsing* in: Staudinger, BGB, Vorb. zu §§ 312, 312 a, Rn. 2, Vorb. zu §§ 312 b-f, Rn. 17; *Wendehorst* in: Münchener Kommentar, BGB, Vor § 312 b, Rn. 12.

1419 So bspw. auch *Grüneberg* in: Palandt, BGB, Vorb. vor § 312, Rn. 2; *Masuch* in: Münchener Kommentar, BGB, § 312, Rn. 4; *Micklitz/Schirmbacher* in: Spindler/Schuster, BGB, § 312 b, Rn. 5; *Thüsing* in: Staudinger, BGB, Vorb. zu §§ 312, 312 a, Rn. 2, Vorb. zu §§ 312 b-f, Rn. 11, 17; *Wendehorst* in: Münchener Kommentar, BGB, Vor § 312 b, Rn. 12.

1420 *BGBl.* I 2002/2, S. 342-346.

1421 So bspw. auch *Thüsing* in: Staudinger, BGB, Vorb. zu §§ 312 b-f, Rn. 17; *Wendehorst* in: Münchener Kommentar, BGB, Vor § 312 b, Rn. 12.

1422 *BGBl.* I 2004/64, S. 3102-3109 (mit Anlage S. 3110-3111).

Wirkung vom 08.12.2004 in deutsches Recht umgesetzt, und die zuvor ausgenommenen Finanzdienstleistungen wurden damit in den Anwendungsbereich der Vorschriften über Fernabsatzverträge in den §§ 312 b bis 312 d BGB a. F. einbezogen.[1423]

Der Verpflichtung zur Umsetzung der Richtlinie 2000/31/EG in nationales Recht kam der deutsche Gesetzgeber zwar in erster Linie mit dem Gesetz über rechtliche Rahmenbedingungen für den elektronischen Geschäftsverkehr (Elektronischer Geschäftsverkehr-Gesetz – EGG) vom 14. Dezember 2001[1424] nach.[1425] Die maßgeblichen Bestimmungen der Richtlinie 2000/31/EG, nämlich die Vorschriften über Informationspflichten (Art. 10) und über die Abgabe einer Bestellung (Art. 11) im elektronischen Geschäftsverkehr, wurden jedoch erst im Zuge der Schuldrechtsmodernisierung mit dem neu gefassten § 312 e BGB a. F. umgesetzt und in das Allgemeine Schuldrecht des bürgerlichen Rechts eingefügt,[1426] wobei die speziellen, insbesondere in Art. 10 Abs. 1 dieser Richtlinie geregelten Informationspflichten im elektronischen Geschäftsverkehr ebenfalls zunächst in die BGB-Informationspflichten-Verordnung, und zwar in § 3 a. F., ausgelagert wurden.[1427]

Mit dem am 11.06.2010 in Kraft getretenen Gesetz zur Umsetzung der Verbraucherkreditrichtlinie, des zivilrechtlichen Teils der Zahlungsdiensterichtlinie sowie zur Neuordnung der Vorschriften über das Widerrufs- und Rückgaberecht vom 29. Juli 2009[1428] wurden die §§ 1 und 3 BGB-InfoV wieder aufgehoben und die Informationspflichten bei Fernabsatzverträgen sowie bei Verträgen im elektronischen Geschäftsverkehr schließlich in Art. 246 §§ 1 und 2 sowie in § 3 EGBGB eingestellt und erweitert.[1429] Die Regelung über abweichende Vereinbarungen (§ 312 f BGB a. F.), die für alle Vorschriften dieses Unterabschnitts gilt, stellt schließlich die kon-

---

[1423] So bspw. auch *Grüneberg* in: Palandt, BGB, Vorb. vor § 312, Rn. 2, § 312 b, Rn. 1, 10 b; *Thüsing* in: Staudinger, BGB, § 312 b, Rn. 23; *Wendehorst* in: Münchener Kommentar, BGB, § 312 b, Rn. 7.

[1424] *BGBl.* I 2001/70, S. 3721-3727.

[1425] So bspw. auch *Grüneberg* in: Palandt, BGB, § 312 e, Rn. 1; *Thüsing* in: Staudinger, BGB, Vorb. zu §§ 312 b-f, Rn. 26.

[1426] Vgl. etwa *Grüneberg* in: Palandt, BGB, Vorb. vor § 312, Rn. 1, § 312 e, Rn. 1; *Spindler/Weber* in: Spindler/Schuster, BGB, § 312 e, Rn. 1; *Thüsing* in: Staudinger, BGB, Vorb. zu §§ 312 b-f, Rn. 26; *Wendehorst* in: Münchener Kommentar, BGB, Vor § 312 b, Rn. 1, 7, 12.

[1427] Vgl. etwa *Grüneberg* in: Palandt, BGB, § 312 e, Rn. 6; *Thüsing* in: Staudinger, BGB, Vorb. zu §§ 312 b-f, Rn. 26.

[1428] *BGBl.* I 2009/49, S. 2355-2388 (mit Anhängen S. 2389-2408).

[1429] Vgl. nur *Grüneberg* in: Palandt, 70. Aufl., BGB, § 312 c, Rn. 1, EGBGB, Art. 246 § 1, Rn. 1, Art. 246 § 2, Rn. 1, Art. 246 § 3, Rn. 1.

zentrierte Umsetzung der von den oben genannten Richtlinien ausdrücklich oder indirekt verlangten Unabdingbarkeit dar.[1430]

Mit dem Gesetz zur Anpassung der Vorschriften über den Wertersatz bei Widerruf von Fernabsatzverträgen und über verbundene Verträge vom 27. Juli 2011[1431] wurden aus den bisherigen §§ 312 e bis 312 g BGB a. F. mit Wirkung vom 04.08.2011 die §§ 312 g bis 312 i BGB n. F., und die fernabsatzrechtlichen Regelungen wurden um zwei neue Paragrafen ergänzt, nämlich den Wertersatz bei Fernabsatzverträgen (§ 312 e BGB n. F.) sowie die zu Fernabsatzverträgen über Finanzdienstleistungen hinzugefügten Verträge (§ 312 f BGB n. F.), vgl. Art. 1 Nr. 2 und 3. Eine weitere Gemeinsamkeit der in diesem Unterabschnitt geregelten Vorschriften liegt darin, dass der Verbraucher bzw. Kunde aufgrund der besonderen Art des Zustandekommens der von ihnen erfassten Verträge – bei diesen Vertriebsformen wird der Vertrag nämlich außerhalb der Geschäftsräume des Unternehmers abgeschlossen oder angebahnt – auch besonderen Gefahren ausgesetzt und daher typischerweise schutzbedürftig ist.[1432] Der europarechtliche Hintergrund der Vorschriften zeigt sich auch in den gegen diese Gefahren eingesetzten, klassischen gemeinschaftsrechtlichen Verbraucherschutzinstrumenten, nämlich zum einen in der Sicherstellung einer hinreichenden und formgerechten Information des Verbrauchers bzw. Kunden durch die Begründung von Informationspflichten des Unternehmers (vgl. §§ 312 c sowie 312 g BGB jeweils in Verbindung mit Art. 246 §§ 1 und 2 bzw. § 3 EGBGB), und zum anderen durch die Gewährung von Widerrufs- und Rückgaberechten für den Verbraucher im Sinne von § 355 BGB (vgl. § 312 d BGB).[1433] Der durch diese Vorschriften gewährte Schutz greift selbst in Fällen, in denen der Verbraucher bzw. Kunde eigentlich nicht schutzbedürftig ist, beispielsweise wenn er in der wirtschaftlich stärkeren oder intellektuell überlegenen Position ist.[1434]

[1430] Vgl. nur *Wendehorst* in: Münchener Kommentar, BGB, Vor § 312 b, Rn. 1.

[1431] *BGBl.* I 2011/41, S. 1600-1607.

[1432] Vgl. nur *Grüneberg* in: Palandt, BGB, Vorb. vor § 312, Rn. 1.

[1433] Vgl. etwa *Fuchs*, Das Fernabsatzgesetz im neuen System des Verbraucherschutzrechts, ZIP 2000, 1273 (1274); *Grüneberg* in: Palandt, BGB, Vorb. vor § 312, Rn. 1, 3; *C. Horn*, Verbraucherschutz bei Internetgeschäften, MMR 2002, 209 (211); *Thüsing* in: Staudinger, BGB, Vorb. zu §§ 312 b-f, Rn. 8; *Wendehorst* in: Münchener Kommentar, BGB, Vor § 312 b, Rn. 3.

[1434] Vgl. nur *Grüneberg* in: Palandt, BGB, Vorb. vor § 312, Rn. 1.

II. Einleitung zu den §§ 312 b bis 312 f BGB (Fernabsatzverträge)

Für den Verbraucher sind Verträge im Fernabsatz stets mit besonderen Gefahren verbunden. Diese spezifischen Gefahren ergeben sich insbesondere daraus, dass der Verbraucher bei dieser Form des Vertriebs in der Regel weder die angebotenen Waren oder Dienstleistungen noch den dahinter stehenden Unternehmer, also seinen Vertragspartner, vor Abschluss des Vertrages tatsächlich zu Gesicht bekommt.[1435] Verstärkt werden diese Gefahren noch dadurch, dass der Verbraucher fehlende Informationen aufgrund eingeschränkter Rückfragemöglichkeiten entweder überhaupt nicht erhält[1436] oder die übermittelten Informationen häufig nur in flüchtiger Form bei ihm ankommen und er sie daher nicht zuverlässig abspeichern kann.[1437] So hat der Verbraucher bei Verträgen über die Lieferung von Waren keine unmittelbare Möglichkeit, den Vertragsgegenstand in Augenschein zu nehmen oder zu prüfen.[1438] Er ist vielmehr auf diejenigen Informationen über die Eigenschaften der zu erwerbenden Waren sowie über seinen Vertragspartner angewiesen, die er von diesem erhält.[1439] Der Unternehmer hat seinerseits die Möglichkeit, mithilfe einer aufwendigen Gestaltung seiner Internetseite bestimmte Eigenschaften des Verkaufsgegenstandes sowie

---

1435 Vgl. etwa *BGH*, Urt. v. 17.03.2004 - VIII ZR 265/03, NJW-RR 2004, 1058 (1059); *BGH*, Urt. v. 21.10.2004 - III ZR 380/03, BGHZ 160, 393 (399) = NJW 2004, 3699 (3700); *Bülow/Artz*, Fernabsatzverträge und Strukturen eines Verbraucherprivatrechts im BGB, NJW 2000, 2049 (2053); *Fuchs*, Das Fernabsatzgesetz im neuen System des Verbraucherschutzrechts, ZIP 2000, 1273 (1273); *Grüneberg* in: Palandt, BGB, § 312 b, Rn. 3; *Klewitz*, S. 286; *Martinek*, Verbraucherschutz im Fernabsatz – Lesehilfe mit Merkpunkten zur neuen EU-Richtlinie, NJW 1998, 207 (207); *Meub*, Fernabsatz und E-Commerce nach neuem Recht, DB 2002, 359 (359); *Wendehorst* in: Münchener Kommentar, BGB, Vor § 312 b, Rn. 4.

1436 Vgl. etwa *Erwägungsgrund 11* der Richtlinie 97/7/EG; *BGH*, Urt. v. 17.03.2004 - VIII ZR 265/03, NJW-RR 2004, 1058 (1059); *BGH*, Urt. v. 21.10.2004 - III ZR 380/03, BGHZ 160, 393 (399) = NJW 2004, 3699 (3700); *Wendehorst* in: Münchener Kommentar, BGB, Vor § 312 b, Rn. 4.

1437 Vgl. etwa *Erwägungsgrund 13* der Richtlinie 97/7/EG; *BGH*, Urt. v. 17.03.2004 - VIII ZR 265/03, NJW-RR 2004, 1058 (1059); *Fuchs*, Das Fernabsatzgesetz im neuen System des Verbraucherschutzrechts, ZIP 2000, 1273 (1273 f.); *Grüneberg* in: Palandt, BGB, § 312 b, Rn. 3; *Wendehorst* in: Münchener Kommentar, BGB, Vor § 312 b, Rn. 4.

1438 Vgl. etwa *Erwägungsgrund 14* der Richtlinie 97/7/EG; *BGH*, Urt. v. 17.03.2004 - VIII ZR 265/03, NJW-RR 2004, 1058 (1059); *BGH*, Urt. v. 21.10.2004 - III ZR 380/03, BGHZ 160, 393 (399) = NJW 2004, 3699 (3700); *Dilger*, S. 73 f.; *Fuchs*, Das Fernabsatzgesetz im neuen System des Verbraucherschutzrechts, ZIP 2000, 1273 (1273 f.); *Klewitz*, S. 286; *Martinek*, Verbraucherschutz im Fernabsatz – Lesehilfe mit Merkpunkten zur neuen EU-Richtlinie, NJW 1998, 207 (207); *Meub*, Fernabsatz und E-Commerce nach neuem Recht, DB 2002, 359 (359); *B. Roth/Schulze*, Verbraucherschutz im Electronic Commerce, RIW 1999, 924 (925); *Thüsing* in: Staudinger, BGB, § 312 c, Rn. 1; *Wendehorst* in: Münchener Kommentar, BGB, Vor § 312 b, Rn. 4.

1439 Vgl. nur *Thüsing* in: Staudinger, BGB, § 312 c, Rn. 1.

seine eigene Person bzw. sein Unternehmen herauszustellen oder besonders vorteilhaft erscheinen zu lassen,[1440] während andere Aspekte in den Hintergrund treten oder ganz verschwiegen werden können.

Aber auch der Abschluss von Verträgen über die Erbringung einer Dienstleistung im Wege des Fernabsatzes kann für den Verbraucher mit erheblichen Gefahren bzw. Nachteilen verbunden sein.[1441] Zwar kann eine Dienstleistung im Gegensatz zu einer Ware nicht angesehen und geprüft werden, selbst wenn der Vertrag innerhalb der Geschäftsräume des Unternehmers abgeschlossen oder angebahnt wird, der Verbraucher hat aber im Rahmen eines persönlichen Gespräches die Möglichkeit, Fragen bezüglich des abzuschließenden Dienstleistungsvertrages zu stellen, beispielsweise bei einer unzureichenden oder unklaren Leistungsbeschreibung.[1442] Außerdem kann er sich ein eigenes Bild vom Unternehmer selbst sowie gegebenenfalls vor Ort vom Unternehmen machen, das in einem gewissen Maße auch Rückschlüsse auf die vom Unternehmer zu leistende Arbeit zulassen kann. Dem Verbraucher, der eine auf einer Internetseite präsentierte Dienstleistung in Anspruch nimmt, indem er ein üblicherweise vorgefertigtes Bestellformular auf der Internetseite ausfüllt und an diese bzw. an das dahinter stehende Computersystem übermittelt, bieten sich diese Möglichkeiten indes nicht, da bei dieser Vertriebsform kein unmittelbarer persönlicher Kontakt zu dem jeweiligen Anbieter im Internet besteht und in der Regel auch nicht vorgesehen ist.[1443] Auch erfährt der Verbraucher beim Fernabsatz – gerade wenn der Anbieter faktisch nur eine Präsenz im Internet unterhält – oftmals nicht, wo der Unternehmer seinen Sitz hat und welche Geschäftsstruktur sein Unternehmen aufweist, was die Einschätzung der Seriosität dieses quasi anonymen Vertragspartners erschwert und insbesondere die Frage offenlässt, an wen der Verbraucher eventuelle Mängelansprüche zu richten hat.[1444]

Vor diesen besonderen Gefahren soll das in den §§ 312 b bis 312 f BGB geregelte Fernabsatzrecht den Verbraucher schützen. Realisiert werden soll dieser Schutz durch den Einsatz der einleitend bereits erwähnten klassischen gemeinschaftsrechtlichen

---

1440 Vgl. nur *Thüsing* in: Staudinger, BGB, § 312 c, Rn. 1.

1441 Vgl. nur *BGH*, Urt. v. 17.03.2004 - VIII ZR 265/03, NJW-RR 2004, 1058 (1059); *Thüsing* in: Staudinger, BGB, § 312 c, Rn. 1; *Wendehorst* in: Münchener Kommentar, BGB, Vor § 312 b, Rn. 4.

1442 Vgl. nur *Thüsing* in: Staudinger, BGB, § 312 c, Rn. 1.

1443 So auch *Dilger*, S. 73 f.

1444 So bspw. auch *BGH*, Urt. v. 17.03.2004 - VIII ZR 265/03, NJW-RR 2004, 1058 (1059); *Wendehorst* in: Münchener Kommentar, BGB, Vor § 312 b, Rn. 4.

Verbraucherschutzinstrumente:[1445] Zum einen wird eine hinreichende und formgerechte Information des Verbrauchers sichergestellt, indem der Unternehmer zur Erteilung umfassender Informationen verpflichtet wird (vgl. § 312 c BGB i. V. m. Art. 246 §§ 1 und 2 EGBGB).[1446] Diese Informationspflicht wird dadurch ergänzt, dass der Unternehmer dem Verbraucher die wesentlichen Informationen in Textform mitzuteilen hat (vgl. Art. 246 § 2 Abs. 1 S. 1 EGBGB).[1447] Zum anderen wird dem Verbraucher im Fernabsatz ein – grundsätzlich zeitlich begrenztes – Widerrufs- und Rückgaberecht im Sinne von § 355 bzw. § 356 BGB (vgl. § 312 d BGB) gewährt.[1448] Um sicherzustellen, dass dem Verbraucher diese Schutzinstrumente nicht entzogen werden, wurden diese Vorschriften als partiell zwingendes Recht ausgestaltet (vgl. § 312 i BGB).[1449] Im Ergebnis sollen die Sonderregelungen der §§ 312 b bis 312 f BGB damit vor allem das technisch-strukturell bedingte Informationsdefizit im Fernabsatzhandel ausgleichen.[1450]

B. Anwendungsbereich der §§ 312 b bis 312 f BGB

Um beurteilen zu können, ob und inwieweit diese klassischen Instrumentarien des gemeinschaftsrechtlichen Verbraucherschutzes im Rahmen des Fernabsatzes geeignet sind, einen Verbraucher vor einer Abonnement- bzw. Vertragsfalle im Internet, genauer gesagt vor dem (ungewollten) Abschluss eines Vertrages, effektiv zu schützen, ist zunächst die Frage zu klären, ob die fernabsatzrechtlichen Regelungen der §§ 312 b bis 312 f BGB auch dann zur Anwendung gelangen, wenn der Verbraucher einen Vertrag über das Internet abschließt.[1451] Maßgeblich ist hierbei § 312 b BGB, mit dem der Gesetzgeber die Art. 2 und 3 der Richtlinie 97/7/EG sowie Art. 1 und 2 der Richtlinie

---

1445 Vgl. nur *Bülow/Artz*, Fernabsatzverträge und Strukturen eines Verbraucherprivatrechts im BGB, NJW 2000, 2049 (2053); *Dilger*, S. 71; *Fuchs*, Das Fernabsatzgesetz im neuen System des Verbraucherschutzrechts, ZIP 2000, 1273 (1274); *Klewitz*, S. 286; *Wendehorst* in: Münchener Kommentar, BGB, Vor § 312 b, Rn. 3.

1446 Vgl. nur *Grüneberg* in: Palandt, BGB, Vorb. vor § 312, Rn. 1, 3; *Thüsing* in: Staudinger, BGB, Vorb. zu §§ 312 b-f, Rn. 8; *Wendehorst* in: Münchener Kommentar, BGB, Vor § 312 b, Rn. 3.

1447 Vgl. nur *Grüneberg* in: Palandt, BGB, § 312 b, Rn. 3.

1448 Vgl. nur *Dilger*, S. 71; *Grüneberg* in: Palandt, BGB, Vorb. vor § 312, Rn. 1, 3; *C. Horn*, Verbraucherschutz bei Internetgeschäften, MMR 2002, 209 (211); *Thüsing* in: Staudinger, BGB, Vorb. zu §§ 312 b-f, Rn. 8; *Wendehorst* in: Münchener Kommentar, BGB, Vor § 312 b, Rn. 3.

1449 Vgl. *Dilger*, S. 71.

1450 Vgl. *Thüsing* in: Staudinger, BGB, § 312 c, Rn. 1; *Wendehorst* in: Münchener Kommentar, BGB, Vor § 312 b, Rn. 4.

1451 So auch *Dilger*, S. 62; *Klewitz*, S. 277.

2002/65/EG nahezu wörtlich[1452] umgesetzt hat.[1453] Dieser Paragraf definiert nämlich zunächst den Begriff des Fernabsatzvertrages und legt damit den Anwendungsbereich der Vorschriften über die Fernabsatzverträge in den §§ 312 b bis 312 f BGB fest (vgl. Abs. 1).[1454] Außerdem konkretisiert § 312 b BGB den Begriff der Fernkommunikationsmittel (vgl. Abs. 2) und nennt eine Reihe von Verträgen, die vom Anwendungsbereich der fernabsatzrechtlichen Sonderregelungen ausgenommenen sind (vgl. Abs. 3).[1455] Im Zuge der Umsetzung der Richtlinie 2002/65/EG wurde noch eine besondere Regelung für Dauerschuldverhältnisse eingefügt (vgl. Abs. 4) und schließlich das Günstigkeitsprinzip innerhalb der Regelung kodifiziert (vgl. Abs. 5).[1456]

I. Persönlicher Anwendungsbereich

Der persönliche Anwendungsbereich der §§ 312 b bis 312 f BGB wird durch § 312 b Abs. 1 S. 1 BGB umschrieben.[1457] Danach gelten die fernabsatzrechtlichen Sonderregelungen jedoch keineswegs für alle Fernabsatzverträge.[1458] Vorausgesetzt wird in persönlicher Hinsicht nämlich, dass es sich um einen Vertragsabschluss handelt, bei dem ein Unternehmer auf der einen und ein Verbraucher auf der anderen Seite als Vertragspartei beteiligt sind.[1459]

Wie bereits erwähnt[1460], waren sowohl der Begriff des Verbrauchers als auch der des Unternehmers vor der Umsetzung der Richtlinie 97/7/EG in den verschiedenen Verbraucherschutzgesetzen unterschiedlich geregelt und wurden erst durch Art. 2 Abs. 1 Nr. 1 des Gesetzes über Fernabsatzverträge und andere Fragen des Verbraucherrechts

---

1452 Vgl. insb. Art. 2 Nr. 1 und 4, Art. 3 der Richtlinie 97/7/EG sowie Art. 1 Abs. 2, Art. 2 lit. a, b und e der Richtlinie 2002/65/EG.

1453 Vgl. nur *Thüsing* in: Staudinger, BGB, § 312 b, Rn. 3; *Wendehorst* in: Münchener Kommentar, BGB, § 312 b, Rn. 2.

1454 So bspw. auch *Bülow/Artz*, Fernabsatzverträge und Strukturen eines Verbraucherprivatrechts im BGB, NJW 2000, 2049 (2053); *Thüsing* in: Staudinger, BGB, § 312 b, Rn. 1; *Wendehorst* in: Münchener Kommentar, BGB, § 312 b, Rn. 1.

1455 So bspw. auch *Bülow/Artz*, Fernabsatzverträge und Strukturen eines Verbraucherprivatrechts im BGB, NJW 2000, 2049 (2053); *Thüsing* in: Staudinger, BGB, § 312 b, Rn. 1, 58.

1456 So bspw. auch *Thüsing* in: Staudinger, BGB, § 312 b, Rn. 1, 90.

1457 So bspw. auch *Dilger*, S. 66; *Klewitz*, S. 277.

1458 Vgl. *Klewitz*, S. 277; *Thüsing* in: Staudinger, BGB, § 312 b, Rn. 7.

1459 Vgl. nur *Dilger*, S. 66; *Grüneberg* in: Palandt, BGB, § 312 b, Rn. 9; *Klewitz*, S. 277; *Micklitz/Schirmbacher* in: Spindler/Schuster, BGB, § 312 b, Rn. 8; *Thüsing* in: Staudinger, BGB, § 312 b, Rn. 7; *Wendehorst* in: Münchener Kommentar, BGB, § 312 b, Rn. 38.

1460 Siehe 3. Teil, B, I.

sowie zur Umstellung von Vorschriften auf Euro[1461] in den neu eingefügten §§ 13 und 14 im bürgerlichen Recht legal- und damit einheitlich definiert.[1462] Aufgrund dieser einheitlichen Definitionen kann an dieser Stelle auf die Ausführungen und Ergebnisse zu der Verbrauchereigenschaft des Nutzers und der Unternehmereigenschaft des Anbieters von Abonnement- bzw. Vertragsfallen im Rahmen des Anwendungsbereichs des AGB-Rechts verwiesen werden[1463], zumal bei den vorliegend untersuchten Verträgen auch keine für die Bewertung des Unternehmerbegriffs zu beachtenden fernabsatzrechtlichen Besonderheiten einschlägig sind.[1464] Es liegt also – wie bereits festgestellt – ein Vertragsabschluss zwischen einem Unternehmer und einem Verbraucher vor, sodass der persönliche Anwendungsbereich der §§ 312 b bis 312 f BGB eröffnet ist.

II. Sachlicher Anwendungsbereich

Die den Fernabsatz betreffenden Sonderregelungen in den §§ 312 b bis 312 f BGB erfassen in sachlicher Hinsicht gemäß § 312 b Abs. 1 S. 1 BGB sämtliche Fernabsatzverträge, sofern nicht einer der Ausnahmetatbestände des § 312 b Abs. 3 BGB (ausführlich dargestellt in Abschnitt III) einschlägig ist.[1465] Wann ein Fernabsatzvertrag vorliegt, ergibt sich aus der Legaldefinition des § 312 b Abs. 1 S. 1 BGB: So handelt es sich bei Fernabsatzverträgen um Verträge über die Lieferung von Waren oder die Erbringung von Dienstleistungen, die zwischen einem Unternehmer und einem Verbraucher unter ausschließlicher Verwendung von Fernkommunikationsmitteln abgeschlossen werden, außer der Vertragsabschluss erfolgt nicht im Rahmen eines für den Fernabsatz organisierten Vertriebs- oder Dienstleistungssystems.

Die in dieser Legaldefinition enthaltenen Voraussetzungen für das Vorliegen eines Fernabsatzvertrages sollen nach einem kurzen Exkurs zu ihrem Zustandekommen und Abschluss (siehe Unterabschnitt 1) im Folgenden näher betrachtet werden. Zunächst einmal wird für das Vorliegen eines Fernabsatzvertrages ein bestimmter Vertragsgegenstand vorausgesetzt, und zwar die Lieferung von Waren oder die Erbringung von Dienstleistungen (siehe Unterabschnitt 2).[1466] Die zweite Voraussetzung ist, dass der

[1461] *BGBl.* I 2000/28, S. 897-909.

[1462] So auch *Basedow* in: Münchener Kommentar, BGB, § 310, Rn. 23; *Dilger*, S. 66; *Micklitz/Schirmbacher* in: Spindler/Schuster, BGB, § 312 b, Rn. 9, 20 f.; *Thüsing* in: Staudinger, BGB, § 312 b, Rn. 7.

[1463] Siehe 3. Teil, B, I, 1 und 2.

[1464] Vgl. allg. etwa *Thüsing* in: Staudinger, BGB, § 312 b, Rn. 8.

[1465] So bspw. auch *Aigner/Hofmann*, Rn. 65.

Vertrag unter ausschließlicher Verwendung von Fernkommunikationsmitteln abgeschlossen wird (siehe Unterabschnitt 3).[1467] Und schließlich muss der Vertrag noch im Rahmen eines für den Fernabsatz organisierten Vertriebs- oder Dienstleistungssystems geschlossen werden (siehe Unterabschnitt 4).[1468]

1. Exkurs: Zustandekommen und Abschluss von Fernabsatzverträgen

Bei einem Fernabsatzvertrag handelt es sich nicht um eine eigene Vertragsart; dieser Begriff beschreibt lediglich die Form seines Zustandekommens.[1469] Denn die gesetzliche Definition in § 312 b Abs. 1 S. 1 BGB stellt nicht etwa auf die Merkmale des konkret geschlossenen Vertrages ab,[1470] sondern knüpft für das Vorliegen eines Fernabsatzvertrages ausschließlich an die Art und Weise des Vertragsabschlusses an.[1471] Die Struktur des anbietenden Unternehmers ist demnach der maßgebliche Anknüpfungspunkt dafür, dass das Fernabsatzrecht zur Anwendung gelangt.[1472] Die fernabsatzrechtlichen Sonderregelungen legen also nur fest, welche (technischen) Voraussetzungen für den Abschluss eines Fernabsatzvertrages vorliegen müssen, nicht jedoch den konkreten Inhalt des Schuldverhältnisses.[1473] Auch werden die Voraussetzungen für das Zustandekommen eines Fernabsatzvertrages nicht geändert,[1474] da die §§ 312 b bis 312 f BGB insoweit keine spezielleren Regelungen enthalten.[1475] Maßgeblich sind daher die Vorschriften des Allgemeinen Teils des Bürgerlichen Gesetzbuches;[1476] insbe-

---

1466 Vgl. nur *Dilger*, S. 67; *Grüneberg* in: Palandt, BGB, § 312 b, Rn. 10; *Meub*, Fernabsatz und E-Commerce nach neuem Recht, DB 2002, 359 (359).

1467 Vgl. nur *Dilger*, S. 67; *Grüneberg* in: Palandt, BGB, § 312 b, Rn. 7, 8; *Meub*, Fernabsatz und E-Commerce nach neuem Recht, DB 2002, 359 (359).

1468 Vgl. nur *Dilger*, S. 67; *Grüneberg* in: Palandt, BGB, § 312 b, Rn. 11; *Meub*, Fernabsatz und E-Commerce nach neuem Recht, DB 2002, 359 (359).

1469 Vgl. nur *Fuchs*, Das Fernabsatzgesetz im neuen System des Verbraucherschutzrechts, ZIP 2000, 1273 (1273); *Klewitz*, S. 277; *Meub*, Fernabsatz und E-Commerce nach neuem Recht, DB 2002, 359 (359).

1470 Vgl. etwa *Aigner/Hofmann*, Rn. 72; *Bülow/Artz*, Fernabsatzverträge und Strukturen eines Verbraucherprivatrechts im BGB, NJW 2000, 2049 (2053); *Thüsing* in: Staudinger, BGB, § 312 b, Rn. 1; *Wendehorst* in: Münchener Kommentar, BGB, § 312 b, Rn. 1.

1471 Vgl. nur *Grüneberg* in: Palandt, BGB, § 312 b, Rn. 6.

1472 Vgl. etwa *Aigner/Hofmann*, Rn. 72; *Bülow/Artz*, Fernabsatzverträge und Strukturen eines Verbraucherprivatrechts im BGB, NJW 2000, 2049 (2053); *Thüsing* in: Staudinger, BGB, § 312 b, Rn. 1; *Wendehorst* in: Münchener Kommentar, BGB, § 312 b, Rn. 1.

1473 Vgl. nur *Thüsing* in: Staudinger, BGB, § 312 b, Rn. 1.

1474 Vgl. *Micklitz*, Fernabsatz und E-Commerce im Schuldrechtsmodernisierungsgesetz, EuZW 2001, 133 (134); *Thüsing* in: Staudinger, BGB, § 312 b, Rn. 1.

1475 Vgl. nur *Dilger*, S. 70; *Grüneberg* in: Palandt, BGB, § 312 b, Rn. 4; *H. Roth*, Das Fernabsatzgesetz, JZ 2000, 1013 (1013).

1476 Vgl. *Grüneberg* in: Palandt, BGB, § 312 b, Rn. 4.

sondere bleiben die §§ 145 ff. BGB unberührt.[1477] Ergänzende Regelungen sind, wie im 2. Teil der vorliegenden Arbeit bereits aufgezeigt[1478], aber auch im Falle von Verträgen, die über das Internet abgeschlossen werden, nicht notwendig.[1479] Gleiches gilt für die Einbeziehung von Allgemeinen Geschäftsbedingungen.[1480]

2. Gegenstand des Fernabsatzvertrages

Ein Fernabsatzvertrag muss die Lieferung von Waren oder die Erbringung von Dienstleistungen zum Gegenstand haben.[1481] Wie einleitend bereits dargestellt, werden seit der Neufassung der Vorschrift durch das Fernabsatzänderungsgesetz nunmehr auch Verträge über Finanzdienstleistungen vom Anwendungsbereich der fernabsatzrechtlichen Regelungen erfasst, wie § 312 b Abs. 1 S. 1 BGB ausdrücklich klarstellt.[1482] Allerdings gelten für Finanzdienstleistungen zum Teil besondere Vorschriften.[1483]

Die Legaldefinition einer Finanzdienstleistung hat der deutsche Gesetzgeber wortwörtlich aus Art. 2 lit. b der Richtlinie 2002/65/EG übernommen:[1484] So handelt es sich bei Finanzdienstleistungen gemäß § 312 b Abs. 1 S. 2 BGB um Bankdienstleistungen oder um andere Dienstleistungen, die im Zusammenhang mit einer Kreditgewährung, Versicherung, Altersversorgung von Einzelpersonen, Geldanlage oder Zahlung erbracht werden. Ob die Finanzdienstleistungen dabei als Unterfall der Dienstleistungen zu betrachten sind oder eine eigene Gruppe von Leistungen darstellen, der in diesem Fall regelungstechnisch das allgemeine Fernabsatzgeschäft – d. h. die Lieferung von Waren und die Erbringung sonstiger Dienstleistungen – gegenübersteht[1485], kann an dieser

---

1477 Vgl. *Micklitz*, Fernabsatz und E-Commerce im Schuldrechtsmodernisierungsgesetz, EuZW 2001, 133 (134); *H. Roth*, Das Fernabsatzgesetz, JZ 2000, 1013 (1013); *Thüsing* in: Staudinger, BGB, § 312 b, Rn. 1.

1478 Siehe 2. Teil, C.

1479 So bspw. auch *Dilger*, S. 70; *Hoeren*, AGB, Rn. 43; *Hoeren*, Internetrecht, S. 301.

1480 So bspw. auch *Grüneberg* in: Palandt, BGB, § 312 b, Rn. 4; *H. Roth*, Das Fernabsatzgesetz, JZ 2000, 1013 (1016).

1481 Vgl. nur *Dilger*, S. 67; *Fuchs*, Das Fernabsatzgesetz im neuen System des Verbraucherschutzrechts, ZIP 2000, 1273 (1274); *Grüneberg* in: Palandt, BGB, § 312 b, Rn. 10; *Meub*, Fernabsatz und E-Commerce nach neuem Recht, DB 2002, 359 (359).

1482 So bspw. auch *Grüneberg* in: Palandt, BGB, Vorb. vor § 312, Rn. 2, § 312 b, Rn. 1, 10 b; *Micklitz/Schirmbacher* in: Spindler/Schuster, BGB, § 312 b, Rn. 38; *Thüsing* in: Staudinger, BGB, § 312 b, Rn. 23; *Wendehorst* in: Münchener Kommentar, BGB, § 312 b, Rn. 7.

1483 So bspw. auch *Grüneberg* in: Palandt, BGB, § 312 b, Rn. 10a; *Micklitz/Schirmbacher* in: Spindler/Schuster, BGB, § 312 b, Rn. 38; *Wendehorst* in: Münchener Kommentar, BGB, § 312 b, Rn. 10.

1484 Vgl. nur *Thüsing* in: Staudinger, BGB, § 312 b, Rn. 24; *Wendehorst* in: Münchener Kommentar, BGB, § 312 b, Rn. 11.

1485 So jedenfalls *Wendehorst* in: Münchener Kommentar, BGB, § 312 b, Rn. 28.

Stelle aber offen bleiben, da Abonnement- bzw. Vertragsfallen im Internet nämlich keine Finanzdienstleistungen darstellen. Somit sind auch die für sie geltenden Sondervorschriften hier nicht einschlägig. Offenbleiben kann an dieser Stelle auch, ob sich der sachliche Anwendungsbereich des Fernabsatzrechts streng dem Wortlaut des Gesetzes folgend nur auf Verträge über die Lieferung von Waren oder die Erbringung von Dienstleistungen (vgl. § 312 b Abs. 1 S. 1 BGB) beschränkt – und damit bestimmte andere Vertragsgegenstände ausklammert – oder ob auch eine Leistung beliebiger Art ausreicht,[1486] sofern diese grundsätzlich entgeltlich erfolgt.[1487] Denn wie die Untersuchung später noch zeigen wird[1488], lassen sich die Abonnement- bzw. Vertragsfallen im Internet zumindest unter den weiten Dienstleistungsbegriff subsumieren. Relevant für die Untersuchung ist hingegen, dass in der Definition von Fernabsatzverträgen zwischen der Lieferung von Waren einerseits und der Erbringung von Dienstleistungen andererseits unterschieden wird.[1489] Das damit verbundene Abgrenzungsproblem, das sich im Internet insbesondere bei Verträgen über die Lieferung elektronisch gespeicherter Daten und Software stellt,[1490] erlangt zwar hinsichtlich des sachlichen Anwendungsbereichs noch keine Bedeutung, die Binnendifferenzierung hat im Fernabsatzrecht jedoch durchaus praktische Auswirkungen, die sich im Rahmen der vorliegenden Untersuchung insbesondere im Zusammenhang mit der Ausgestaltung des Widerrufs- und Rückgaberechts bei Fernabsatzverträgen gemäß § 312 d BGB bzw. dem Widerrufsrecht bei Verbraucherverträgen gemäß § 355 BGB zeigen:[1491] Je nach Einordung des Vertragsgegenstands unter den Waren- oder Dienstleistungsbegriff wird nämlich die Widerrufsfrist unterschiedlich berechnet, vgl. § 312 d Abs. 2 bzw. § 355 Abs. 4 S. 2 BGB.[1492] Die Einordnung ist außerdem noch bei der näheren Qualifizierung derjenigen Fälle bedeutsam, in denen kein Widerrufsrecht besteht, vgl. § 312 d Abs. 4 Nr. 1 und Nr. 6 BGB, oder dieses unter bestimmten Voraussetzungen vorab erlischt, vgl. § 312 d Abs. 3 BGB.[1493] Daher sollen bereits an dieser

---

1486 Vgl. *Wendehorst* in: Münchener Kommentar, BGB, § 312 b, Rn. 8.

1487 Vgl. *Grüneberg* in: Palandt, BGB, § 312 b, Rn. 10 c; *Wendehorst* in: Münchener Kommentar, BGB, § 312 b, Rn. 8.

1488 Siehe 4. Teil, B, II, 2, b.

1489 So allg. etwa auch *Thüsing* in: Staudinger, BGB, § 312 b, Rn. 12.

1490 Vgl. etwa *Dilger*, S. 70.

1491 So allg. etwa auch *Dilger*, S. 70; *Föhlisch* in: Hoeren/Sieber, Multimedia-Recht, Teil 13.4, Rn. 28; *Thüsing* in: Staudinger, BGB, § 312 b, Rn. 12; *Wendehorst* in: Münchener Kommentar, BGB, § 312 b, Rn. 10, 28.

1492 So auch *Thüsing* in: Staudinger, BGB, § 312 b, Rn. 12.

1493 So bspw. auch *Dilger*, S. 70, Fn. 283; *Föhlisch* in: Hoeren/Sieber, Multimedia-Recht, Teil 13.4, Rn. 28; *Thüsing* in: Staudinger, BGB, § 312 b, Rn. 12.

Stelle die Begriffe der Ware und der Dienstleistung im Fernabsatzrecht dargestellt und erläutert werden. Soweit möglich, soll eine Abgrenzung und Einordnung der typischen Abonnement- bzw. Vertragsfallen im Internet erfolgen.

a) Verträge über die Lieferung von Waren

Als Waren im Sinne von § 312 b Abs. 1 BGB gelten im Einklang mit dem europäischen Warenbegriff alle beweglichen Güter des Handelsverkehrs, die einen Geldwert besitzen.[1494] Als entsprechende Vertragsart kommen hier sämtliche Kaufverträge über Rechte oder Sachen in Betracht.[1495] Auch wenn die Sachen erst herzustellen oder zu erzeugen sind, unterfallen sie grundsätzlich auch den Verträgen über die Lieferung von Waren.[1496] Dagegen spricht auch nicht der wirtschaftliche Wert des stets in einem solchen Vertrag enthaltenen Dienstleistungselements, da dieser in der Ware verkörpert ist und mit ihr zurückgewährt werden kann.[1497] In diesen Fällen ist jedoch – sofern die Waren nach Kundenspezifikation angefertigt oder eindeutig auf die persönlichen Bedürfnisse zugeschnitten sind – das Widerrufsrecht des Verbrauchers ausgeschlossen (vgl. § 312 d Abs. 4 Nr. 1 Alt. 1 und 2 BGB).[1498]

b) Verträge über die Erbringung von (sonstigen) Dienstleistungen

Verträge über die Erbringung einer Dienstleistung umfassen, wie bereits aus der Begründung zum Regierungsentwurf des Fernabsatzgesetzes[1499] hervorgeht, grundsätzlich alle Arten von Werkverträgen und Dienstverträgen einschließlich ihrer Ausprägung als Geschäftsbesorgungsverträge.[1500] Auf diese Begründung stützt aber auch ein

---

1494 Vgl. nur *Aigner/Hofmann*, Rn. 66; *Grüneberg* in: Palandt, BGB, § 312 b, Rn. 10; *Micklitz/Schirmbacher* in: Spindler/Schuster, BGB, § 312 b, Rn. 30; *Thüsing* in: Staudinger, BGB, § 312 b, Rn. 15.

1495 Vgl. nur *Wendehorst* in: Münchener Kommentar, BGB, § 312 b, Rn. 31.

1496 Vgl. nur *Wendehorst* in: Münchener Kommentar, BGB, § 312 b, Rn. 32.

1497 Vgl. ebd.

1498 So bspw. auch *Grüneberg* in: Palandt, BGB, § 312 d, Rn. 9; *Micklitz/Schirmbacher* in: Spindler/Schuster, BGB, § 312 d, Rn. 10 ff.; *Thüsing* in: Staudinger, BGB, § 312 d, Rn. 45; *Wendehorst* in: Münchener Kommentar, BGB, § 312 b, Rn. 32.

1499 Vgl. *BT-Drs*. 14/2658, S. 30.

1500 Vgl. etwa *Fuchs*, Das Fernabsatzgesetz im neuen System des Verbraucherschutzrechts, ZIP 2000, 1273 (1274); *H. Roth*, Das Fernabsatzgesetz, JZ 2000, 1013 (1015); *Thüsing* in: Staudinger, BGB, § 312 b, Rn. 17; *Wendehorst* in: Münchener Kommentar, BGB, § 312 b, Rn. 33.

Teil der Literatur[1501] die Ansicht, dass ausschließlich solche Leistungen den fernabsatzrechtlichen Sonderregelungen unterfallen sollten, die Gegenstand eines der dort ausdrücklich genannten Verträge sind.[1502] Eine solche Beschränkung führt allerdings zu einem sehr engen Verständnis dessen, was noch unter dem Begriff einer Dienstleistung zu verstehen ist, und damit zum Ausschluss einer ganzen Reihe von Rechtsgeschäften, sodass die Anwendbarkeit des Fernabsatzrechts und damit der Schutz des Verbrauchers von der oft nicht eindeutigen Einordnung von konkreten Rechtsgeschäften als Dienstleistungen abhängig wäre.[1503] Um den Verbraucher hingegen möglichst umfassend vor den besonderen Gefahren des Fernabsatzes schützen zu können, ist es notwendig, den Dienstleistungsbegriff weit auszulegen und durch ein solches Verständnis quasi einen Auffangtatbestand zu schaffen, der immer dann zur Anwendung gelangt, wenn es in den konkreten Rechtsgeschäften nicht um Verträge über die Lieferung von Waren geht.[1504] Zu einem weiten Verständnis des Begriffs einer Dienstleistung gelangt man zudem über eine gemeinschaftskonforme Auslegung:[1505] Bei § 312 b BGB wie auch bei allen anderen fernabsatzrechtlichen Vorschriften handelt es sich, wie bereits dargestellt, um europarechtlich geprägte Normen. Aufgrund dieses europarechtlichen Ursprungs ist der Begriff der Dienstleistung in demselben Sinne wie in Art. 57 AEUV (ehemals Art. 50 des Vertrags zur Gründung der Europäischen Gemeinschaft[1506] (vormals Art. 60 des Vertrags zur Gründung der Europäischen Wirtschaftsgemeinschaft[1507])) und daher weit auszulegen.[1508] Diesem Artikel kommt im Rahmen der Freiheiten des Gemeinschaftsrechts nämlich ebenfalls die Funktion eines Auffangtatbestands zu, der immer dann greift, wenn keine der anderen gemeinschaftsrechtlichen Freiheiten zur Anwendung gelangt.[1509]

1501 Vgl. etwa *Moraht*, Anwendbarkeit des Fernabsatzgesetzes auf Immobiliennachweis- und -vermittlungsverträge?, NZM 2001, 883 (884).

1502 So auch *Thüsing* in: Staudinger, BGB, § 312 b, Rn. 17.

1503 Ebd.

1504 So bspw. auch *Föhlisch* in: Hoeren/Sieber, Multimedia-Recht, Teil 13.4, Rn. 30; *Grüneberg* in: Palandt, BGB, § 312 b, Rn. 10 c; *Thüsing* in: Staudinger, BGB, § 312 b, Rn. 17.

1505 Ebd.

1506 *ABlEG* Nr. C 325 v. 24.12.2002, S. 33-184.

1507 *BGBl.* II 1957/23, S. 766-903 (mit Anhängen S. 904-963).

1508 So bspw. auch *BGH*, Urt. v. 26.10.1993 - XI ZR 42/93, BGHZ 123, 380 (385) = NJW 1994, 262 (263); *Aigner/Hofmann*, Rn. 66; *Föhlisch* in: Hoeren/Sieber, Multimedia-Recht, Teil 13.4, Rn. 30; *Grüneberg* in: Palandt, BGB, § 312 b, Rn. 10 c.

1509 Vgl. etwa *Föhlisch* in: Hoeren/Sieber, Multimedia-Recht, Teil 13.4, Rn. 30; *Thüsing* in: Staudinger, BGB, § 312 b, Rn. 17.

Diesem weiten Verständnis des Begriffs einer Dienstleistung und dem damit verbundenen möglichst weitreichenden Schutz des Verbrauchers wird auch in dieser Arbeit gefolgt, sodass in der weiteren Untersuchung bei allen Arten von geldwerten Leistungen, bei denen es sich nicht um die Lieferung von Waren handelt, das Vorliegen einer Dienstleistung im Sinne von § 312 b Abs. 1 BGB bejaht wird.[1510] Sofern sich der Vertragsgegenstand einer Abonnement- bzw. Vertragsfalle im Internet damit im Einzelfall also nicht dem Warenbegriff zuordnen lässt, kann sicherlich von einer Einordnung (zumindest unter den weiten) Dienstleistungsbegriff ausgegangen werden.

c) Einordnung von Verträgen über die Lieferung elektronisch gespeicherter Daten und Software

Wie einleitend bereits erwähnt, unterscheidet die Definition eines Fernabsatzvertrages zwischen der Lieferung von Waren einerseits und der Erbringung von Dienstleistungen andererseits (vgl. § 312 b Abs. 1 S. 1 BGB). Diese Binnendifferenzierung, genauer gesagt, das mit ihr verbundene Abgrenzungsproblem, das sich im Internet insbesondere bei Verträgen über die Lieferung elektronisch gespeicherter Daten und Software stellt[1511], erlangt gerade im Rahmen der vorliegenden Untersuchung eine große Bedeutung. Denn die hier untersuchten Abonnement- bzw. Vertragsfallen stehen im Zusammenhang mit der Lieferung elektronisch gespeicherter Daten bzw. Software.

Die Einordnung solcher Verträge ist allerdings nicht unproblematisch.[1512] Während Computerprogramme jedenfalls dann, wenn sie auf einem dauerhaften Datenträger verkörpert sind und dieser Datenträger in das Eigentum des Verbrauchers übergehen soll, noch unzweifelhaft dem Warenbegriff unterfallen, und zwar unabhängig von der Frage, ob es sich dabei um Standard- oder Individualsoftware handelt,[1513] ist die Einordnung von Software oder anderen Daten (wie zum Beispiel Text-, Musik- oder Bilddateien), die sich der Verbraucher aus dem Internet herunterlädt, weit weniger klar.[1514]

1510 So allg. etwa auch *Föhlisch* in: Hoeren/Sieber, Multimedia-Recht, Teil 13.4, Rn. 30; *Thüsing* in: Staudinger, BGB, § 312 b, Rn. 17.

1511 Vgl. nur *Dilger*, S. 70.

1512 So bspw. auch *Dilger*, S. 70; *Thüsing* in: Staudinger, BGB, § 312 b, Rn. 16; *Wendehorst* in: Münchener Kommentar, BGB, § 312 b, Rn. 35.

1513 Vgl. etwa *Föhlisch* in: Hoeren/Sieber, Multimedia-Recht, Teil 13.4, Rn. 29 m. w. N.; *Wendehorst* in: Münchener Kommentar, BGB, § 312 b, Rn. 32, 35 m. w. N.

1514 Vgl. etwa *Föhlisch* in: Hoeren/Sieber, Multimedia-Recht, Teil 13.4, Rn. 29; *Thüsing* in: Staudinger, BGB, § 312 b, Rn. 16.

Teilweise wird diesbezüglich die Ansicht vertreten, dass es allein auf die Verkörperung der Software oder anderer Daten auf einem materiellen Träger ankomme, sodass beim Fehlen der Verkörperung (wie dies etwa beim direkten Herunterladen aus dem Internet der Fall ist) von der Erbringung einer Dienstleistung auszugehen sei.[1515] Dieser Ansicht kann indes nicht gefolgt werden, da es für die rechtliche Beurteilung keinen Unterschied machen kann, auf welche Weise die Software bzw. andere Daten übertragen werden, sodass in dem Herunterladen nur eine modifizierte bzw. vereinfachte Form des Vertriebs zu sehen ist und somit auch Software bzw. andere Daten, die per Download erworben werden, als Waren im Sinne des Fernabsatzrechts zu qualifizieren sind.[1516] Dennoch kann auch das Bereithalten von Software und anderer Daten zum Herunterladen aus dem Internet unter Umständen als Erbringung einer Dienstleistung angesehen werden, nämlich dann, wenn nicht das Bereitstellen der Daten als solches oder, mit anderen Worten, die Übermittlung dieser Daten der eigentliche Gegenstand des Vertrages sind, sondern vielmehr die Zusammenstellung, Offenbarung und Wartung von Software und anderen Daten vertraglich geschuldet ist, wie etwa bei der Nutzung einer Datenbank oder eines vergleichbaren Angebots.[1517] Unter den typischen Abonnement- bzw. Vertragsfallen finden sich auch solche, die (multimediale) Inhalte und nicht, wie sonst üblich, Dienstleistungen anbieten. Diese basieren in der Regel darauf, dass der Nutzer auf die angebotenen Inhalte über die Abfrage einer Datenbank zugreifen kann. Sofern diese Inhalte auch zum Herunterladen vorgehalten werden, besteht die vertraglich geschuldete Leistung in der Zusammenstellung dieser Inhalte in Form von elektronisch gespeicherten Daten. Diese Formen von Abonnement- bzw. Vertragsfallen sind demnach ebenfalls unter den weiten Begriff einer sonstigen Dienstleistung einzuordnen.

Da dieser Vertragsgegenstand somit fast allen der hier untersuchten Verträge zugrunde liegt, wird im weiteren Verlauf der Untersuchung davon ausgegangen, dass der

---

[1515] Vgl. etwa *Meents*, Ausgewählte Probleme des Fernabsatzgesetzes bei Rechtsgeschäften im Internet, CR 2000, 610 (612 f.); *Moritz*, Quo vadis elektronischer Geschäftsverkehr?, CR 2000, 61 (67). So auch *Thüsing* in: Staudinger, BGB, § 312 b, Rn. 15.

[1516] So bspw. auch *Föhlisch* in: Hoeren/Sieber, Multimedia-Recht, Teil 13.4, Rn. 29 m. w. N.; *Micklitz/Schirmbacher* in: Spindler/Schuster, BGB, § 312 b, Rn. 31; *Schmitt*, Online-Kaufverträge über „Intangible Goods“ und der Anwendungsbereich von Verbrauchergesetzen, CR 2001, 838 (842 f.); *Thüsing* in: Staudinger, BGB, § 312 b, Rn. 16 m. w. N.; *Wendehorst* in: Münchener Kommentar, BGB, § 312 b, Rn. 36 m. w. N.

[1517] Vgl. *Thüsing* in: Staudinger, BGB, § 312 b, Rn. 15; *Wendehorst* in: Münchener Kommentar, BGB, § 312 b, Rn. 36.

Nutzer durch das Ausfüllen und Absenden des Bestell- bzw. Registrierungsformulars eine Willenserklärung abgibt, die auf den Abschluss (hier die Annahme) eines Vertrages gerichtet ist, der eine Dienstleistung zum Gegenstand hat, für die ein entsprechendes Entgelt erhoben wird.

3. Ausschließliche Verwendung von Fernkommunikationsmitteln

Weiterhin wird für das Vorliegen eines Fernabsatzvertrages vorausgesetzt, dass der Vertrag unter ausschließlicher Verwendung von Fernkommunikationsmitteln abgeschlossen wurde.[1518]

a) Fernkommunikationsmittel

Dies erfordert zunächst einmal den Einsatz eines Fernkommunikationsmittels.[1519] Den Begriff des Fernkommunikationsmittels hat der Gesetzgeber ohne wesentliche inhaltliche Änderungen aus Art. 2 Nr. 4 S. 1 der Richtlinie 97/7/EG in die Legaldefinition in § 312 b Abs. 2 Halbs. 1 BGB übernommen:[1520] Hiernach sind Fernkommunikationsmittel solche Kommunikationsmittel, die es ermöglichen, einen Vertrag zwischen einem Unternehmer und einem Verbraucher anzubahnen oder abzuschließen, ohne dass beide Vertragsparteien gleichzeitig körperlich anwesend sind. Die entscheidende Gemeinsamkeit der unterschiedlichen Kommunikationsmittel im Sinne des Fernabsatzrechts ist dabei, dass diese (technischen) Hilfsmittel den zwischenmenschlichen Informationsaustausch ohne die gleichzeitige körperliche Anwesenheit der Vertragsparteien und damit die Ausführung von Distanzgeschäften ermöglichen.[1521] Wie sich aus der Aufzählung in § 312 b Abs. 2 Halbs. 2 BGB ergibt, kommen als Kommunikationsmit-

1518 So bspw. auch *Aigner/Hofmann*, Rn. 71; *Dilger*, S. 67; *Fuchs*, Das Fernabsatzgesetz im neuen System des Verbraucherschutzrechts, ZIP 2000, 1273 (1274 f.); *Grüneberg* in: Palandt, BGB, § 312 b, Rn. 7, 8; *Klewitz*, S. 278; *Meub*, Fernabsatz und E-Commerce nach neuem Recht, DB 2002, 359 (359); *Thüsing* in: Staudinger, BGB, § 312 b, Rn. 28, 34 f.; *Wendehorst* in: Münchener Kommentar, BGB, § 312 b, Rn. 2, 47, 51.

1519 So bspw. auch *Grüneberg* in: Palandt, BGB, § 312 b, Rn. 7; *Wendehorst* in: Münchener Kommentar, BGB, § 312 b, Rn. 47.

1520 So bspw. auch *BT-Drs.* 14/2658, S. 31; *Dilger*, S. 67; *Fuchs*, Das Fernabsatzgesetz im neuen System des Verbraucherschutzrechts, ZIP 2000, 1273 (1274); *Klewitz*, S. 278; *Thüsing* in: Staudinger, BGB, § 312 b, Rn. 28; *Wendehorst* in: Münchener Kommentar, BGB, § 312 b, Rn. 47.

1521 Vgl. nur *Aigner/Hofmann*, Rn. 71; *Dilger*, S. 67 f.; *Micklitz/Schirmbacher* in: Spindler/Schuster, BGB, § 312 b, Rn. 42; *Thüsing* in: Staudinger, BGB, § 312 b, Rn. 28; *Tonner*, Das neue Fernabsatzgesetz – oder: System statt „Flickenteppich", BB 2000, 1413 (1416).

tel sowohl traditionelle Absatzmethoden, wie beispielsweise der Katalog- und Versandhandel als auch der Vertrieb über moderne Kommunikationstechnologien in Betracht.[1522] Diese Aufzählung orientiert sich an der Liste von Fernkommunikationstechniken in Anhang I der Richtlinie 97/7/EG.[1523] Jedoch hat der Gesetzgeber bei der Umsetzung dieser Richtlinie – entsprechend der gängigen Regelungstechnik im deutschen Recht – typische Beispiele für Fernkommunikationsmittel wie Briefe, Kataloge, Telefonanrufe, Telekopien, E-Mails sowie Rundfunk, Tele- und Mediendienste in den Text der Vorschrift selbst aufgenommen (vgl. § 312 b Abs. 2 Halbs. 2 BGB).[1524] Das Internet wird zwar nicht als Fernkommunikationsmittel aufgeführt.[1525] Diese Aufzählung ist allerdings, ebenso wie die beispielhafte Liste der Richtlinie 97/7/EG, nicht abschließend.[1526] Deshalb zählen nicht nur die ausdrücklich genannte Kommunikation über E-Mail, sondern auch andere Internet-Dienste, wie vor allem das World Wide Web, zu den Mitteln der Fernkommunikation im Sinne des § 312 b Abs. 2 BGB.[1527]

b) Ausschließliche Verwendung

Eine ausschließliche Verwendung von Fernkommunikationsmitteln bedeutet in diesem Zusammenhang, dass der Vertrag ohne die gleichzeitige körperliche Anwesenheit der am Vertrag beteiligten Parteien (vgl. § 312 b Abs. 2 Halbs. 1 BGB) geschlossen wird.[1528]

1522 Vgl. nur *Dilger*, S. 67; *Fuchs*, Das Fernabsatzgesetz im neuen System des Verbraucherschutzrechts, ZIP 2000, 1273 (1274 f.); *Gößmann*, Electronic Commerce – Die EU-Fernabsatzrichtlinie und ihre Auswirkungen auf den Handel über neue Medien, MMR 1998, 88 (89); *Reich*, Die neue Richtlinie 97/7/EG über den Verbraucherschutz im Fernabsatz, EuZW 1997, 581 (582).

1523 Vgl. *Fuchs*, Das Fernabsatzgesetz im neuen System des Verbraucherschutzrechts, ZIP 2000, 1273 (1274); *Wendehorst* in: Münchener Kommentar, BGB, § 312 b, Rn. 48.

1524 Vgl. *BT-Drs.* 14/2658, S. 31; *Klewitz*, S. 278; *Thüsing* in: Staudinger, BGB, § 312 b, Rn. 29; *Tonner*, Das neue Fernabsatzgesetz – oder: System statt „Flickenteppich", BB 2000, 1413 (1416); *Wendehorst* in: Münchener Kommentar, BGB, § 312 b, Rn. 48.

1525 So auch *Dilger*, S. 68.

1526 Vgl. etwa *BT-Drs.* 14/2658, S. 31; *Aigner/Hofmann*, Rn. 71; *Fuchs*, Das Fernabsatzgesetz im neuen System des Verbraucherschutzrechts, ZIP 2000, 1273 (1274); *Meub*, Fernabsatz und E-Commerce nach neuem Recht, DB 2002, 359 (360); *Micklitz/Schirmbacher* in: Spindler/Schuster, BGB, § 312 b, Rn. 42; *Thüsing* in: Staudinger, BGB, § 312 b, Rn. 29, 48; *Wendehorst* in: Münchener Kommentar, BGB, § 312 b, Rn. 47 f.

1527 So bspw. auch *OLG Karlsruhe*, Urt. v. 27.03.2002 - 6 U 200/01, MMR 2002, 618 (618); *Dilger*, S. 68; *Föhlisch* in: Hoeren/Sieber, Multimedia-Recht, Teil 13.4, Rn. 32; *Grüneberg* in: Palandt, BGB, § 312 b, Rn. 8; *Klewitz*, S. 278; *Ott*, Informationspflichten im Internet und ihre Erfüllung durch das Setzen von Hyperlinks, WRP 2003, 945 (952); *Thüsing* in: Staudinger, BGB, § 312 b, Rn. 30.

1528 So bspw. auch *Gößmann*, Electronic Commerce – Die EU-Fernabsatzrichtlinie und ihre Auswirkungen auf den Handel über neue Medien, MMR 1998, 88 (89); *Micklitz/Schirmbacher* in: Spindler/Schuster, BGB, § 312 b, Rn. 44; *Thüsing* in: Staudinger, BGB, § 312 b, Rn. 30.

Dies ist nur dann gegeben, wenn das Fernkommunikationsmittel von jeder Vertragspartei für die zum Vertragsabschluss führenden Willenserklärungen, also sowohl für den Antrag nach § 145 BGB als auch für die Annahmeerklärung nach §§ 146 ff. BGB, eingesetzt wurde.[1529] Unbeachtlich ist, ob sich die Vertragsparteien dabei desselben oder aber unterschiedlicher Fernkommunikationsmittel bedienen.[1530] Ferner dürfen in dieser Zeitspanne auch keine Vertragsverhandlungen in Anwesenheit beider Parteien stattgefunden haben.[1531] Da Fernkommunikationsmittel auch zur Anbahnung eines Vertrages eingesetzt werden können (vgl. § 312 b Abs. 2 Halbs. 1 BGB), ist nicht nur der Vertragsabschluss selbst, sondern auch diese vorgelagerte Phase der Vertragsanbahnung in die zu beurteilende Zeitspanne mit einzubeziehen.[1532]

Bei den hier untersuchten Abonnement- bzw. Vertragsfallen werden die Verträge ausschließlich über eine Plattform im Internet und damit ausschließlich unter Verwendung eines Fernkommunikationsmittels abgeschlossen, indem der Verbraucher durch das Ausfüllen und Absenden des auf der Bestell- bzw. Registrierungsseite vorgehaltenen Formulars das ihm verbindlich unterbreitete Angebot des Anbieters diesem gegenüber annimmt. Die Parteien schließen somit den Vertrag ohne gleichzeitige körperliche Anwesenheit ab.

4. Für den Fernabsatz organisiertes Vertriebs- oder Dienstleistungssystem

Auch wenn ein entsprechender Vertrag zwischen einem Unternehmer und einem Verbraucher unter ausschließlicher Verwendung von Fernkommunikationsmitteln abgeschlossen wird, kann die Anwendbarkeit des Fernabsatzrechts ausnahmsweise ausgeschlossen sein.[1533] Gemäß § 312 b Abs. 1 S. 1 Halbs. 2 BGB liegt nämlich kein Fernabsatzvertrag vor, wenn der Vertragsabschluss nicht im Rahmen eines für den Fernabsatz organisierten Vertriebs- oder Dienstleistungssystems erfolgt. Durch die Formu-

---

1529 Vgl. etwa *Grüneberg* in: Palandt, BGB, § 312 b, Rn. 8; *Micklitz/Schirmbacher* in: Spindler/Schuster, BGB, § 312 b, Rn. 43; *Wendehorst* in: Münchener Kommentar, BGB, § 312 b, Rn. 51.

1530 Vgl. *Grüneberg* in: Palandt, BGB, § 312 b, Rn. 8.

1531 Vgl. etwa *Dilger*, S. 68; *Gößmann*, Electronic Commerce – Die EU-Fernabsatzrichtlinie und ihre Auswirkungen auf den Handel über neue Medien, MMR 1998, 88 (89); *Klewitz*, S. 279.

1532 Vgl. etwa *Grüneberg* in: Palandt, BGB, § 312 b, Rn. 8; *Reich*, Die neue Richtlinie 97/7/EG über den Verbraucherschutz im Fernabsatz, EuZW 1997, 581 (582); *Thüsing* in: Staudinger, BGB, § 312 b, Rn. 41; *Wendehorst* in: Münchener Kommentar, BGB, § 312 b, Rn. 53; *Willingmann*, Auf dem Weg zu einem einheitlichen Vertriebsrecht für Waren und Dienstleistungen in der Europäischen Union? – Die Richtlinie über den Verbraucherschutz bei Vertragsabschlüssen im Fernabsatz (97/7/EG), VuR 1998, 395 (397).

1533 So auch *Aigner/Hofmann*, Rn. 72.

lierung als Ausnahmetatbestand[1534] soll verdeutlicht werden, dass die Strukturierung des anbietenden Unternehmers der entscheidende Anknüpfungspunkt ist und nicht die Umstände des Geschäfts im Einzelfall maßgeblich sind.[1535] Durch diese Einschränkung sollen Unternehmer, die ihre Produkte normalerweise vor Ort vermarkten und nur unter gelegentlichem und eher zufälligem Einsatz von Fernkommunikationsmitteln einen Vertrag mit einem Verbraucher abschließen – indem sie beispielsweise eine Bestellung telefonisch oder per E-Mail entgegennehmen oder eine Ware versenden – aus dem Anwendungsbereich der §§ 312 b bis 312 f BGB ausgenommen werden.[1536] Auf der anderen Seite ist es aber auch nicht erforderlich, dass der Unternehmer sein gesamtes Vertriebsgeschäft im Wege des Fernabsatzes abwickelt.[1537]

Eine zentrale Voraussetzung für das Vorliegen eines Fernabsatzvertrages und damit für die Anwendbarkeit des Fernabsatzrechts ist daher das Vorhandensein eines Systems, das speziell auf den Vertrieb im Wege der Fernkommunikation ausgerichtet ist und in dessen Rahmen der Abschluss des Fernabsatzvertrages erfolgt.[1538] Liegt nämlich ein solches System vor, ist es ausgeschlossen, dass der Unternehmer das eingesetzte Fernkommunikationsmittel nur zufällig verwendet.[1539] Was allerdings unter dem Begriff eines organisierten Vertriebs- oder Dienstleistungssystems zu verstehen ist und unter welchen Umständen von dem Vorhandensein eines solchen Fernabsatzsystems auszugehen ist, mit anderen Worten, wann der Vertrieb auf den Fernabsatz ausgerichtet ist, wird weder in der Richtlinie 97/7/EG selbst noch in den nationalen fernab-

---

1534 Vgl. etwa *Grüneberg* in: Palandt, BGB, § 312 b, Rn. 11; *Tonner*, Das neue Fernabsatzgesetz – oder: System statt „Flickenteppich", BB 2000, 1413 (1416).

1535 Vgl. etwa *Aigner/Hofmann*, Rn. 72; *Bülow/Artz*, Fernabsatzverträge und Strukturen eines Verbraucherprivatrechts im BGB, NJW 2000, 2049 (2053); *Thüsing* in: Staudinger, BGB, § 312 b, Rn. 1; *Wendehorst* in: Münchener Kommentar, BGB, § 312 b, Rn. 1.

1536 Vgl. etwa *BT-Drs.* 14/2658, S. 30; *Dilger*, S. 69; *Föhlisch* in: Hoeren/Sieber, Multimedia-Recht, Teil 13.4, Rn. 35; *Gößmann*, Electronic Commerce – Die EU-Fernabsatzrichtlinie und ihre Auswirkungen auf den Handel über neue Medien, MMR 1998, 88 (89); *Klewitz*, S. 280; *Reich*, Die neue Richtlinie 97/7/EG über den Verbraucherschutz im Fernabsatz, EuZW 1997, 581 (583); *H. Roth*, Das Fernabsatzgesetz, JZ 2000, 1013 (1015); *Thüsing* in: Staudinger, BGB, § 312 b, Rn. 46; *Wendehorst* in: Münchener Kommentar, BGB, § 312 b, Rn. 56; *Willingmann*, Auf dem Weg zu einem einheitlichen Vertriebsrecht für Waren und Dienstleistungen in der Europäischen Union? – Die Richtlinie über den Verbraucherschutz bei Vertragsabschlüssen im Fernabsatz (97/7/EG), VuR 1998, 395 (397 f.).

1537 Vgl. etwa *BT-Drs.* 14/2658, S. 30; *Fuchs*, Das Fernabsatzgesetz im neuen System des Verbraucherschutzrechts, ZIP 2000, 1273 (1275); *Klewitz*, S. 280; *Meents*, Ausgewählte Probleme des Fernabsatzgesetzes bei Rechtsgeschäften im Internet, CR 2000, 610 (611); *Thüsing* in: Staudinger, BGB, § 312 b, Rn. 47.

1538 So bspw. auch *Grüneberg* in: Palandt, BGB, § 312 b, Rn. 11; *Klewitz*, S. 280; *Thüsing* in: Staudinger, BGB, § 312 b, Rn. 41, 46; *Wendehorst* in: Münchener Kommentar, BGB, § 312 b, Rn. 56.

1539 So auch *Thüsing* in: Staudinger, BGB, § 312 b, Rn. 41.

satzrechtlichen Regelungen definiert.[1540] Der Gesetzgeber stellt hierzu lediglich fest, dass von einem organisierten Vertriebssystem auszugehen sei, wenn der Unternehmer in seinem Betrieb hinsichtlich der personellen und sachlichen Ausstattung alle notwendigen organisatorischen Voraussetzungen geschaffen hat, um in der Lage zu sein, regelmäßig Geschäfte im Wege des Fernabsatzes zu tätigen.[1541] Durch diese bewusst offene Formulierung soll der Rechtsprechung die Konkretisierung der Abgrenzung im Einzelfall vorbehalten bleiben.[1542] Für die Beurteilung der Frage, wann ein solches Fernabsatzsystem vorliegt, ist auf den objektiven Verbraucherhorizont abzustellen; das Selbstverständnis des Unternehmers ist hingegen nicht maßgeblich.[1543] Als Kriterium für die Abgrenzung können dabei sowohl der Organisations- als auch der Standardisierungsgrad von Bestell- und Lieferabläufen herangezogen werden.[1544]

Diesbezüglich lassen sich in der Literatur sowohl Ansätze finden, wonach der Begriff möglichst weit zu verstehen ist, um so einen möglichst breiten Anwendungsbereich der fernabsatzrechtlichen Regelungen zu erhalten, als auch Argumente dafür, den Begriff möglichst restriktiv auszulegen und damit den Anwendungsbereich beschränkt zu halten:[1545] So wird von Teilen der Literatur[1546] die Ansicht vertreten, dass es für die Bejahung eines organisierten Vertriebs- und Dienstleistungssystems bereits genüge, dass der Unternehmer lediglich ein Telefon- oder Telefaxgerät bereithalte.[1547] Diese Ansicht geht allerdings viel zu weit und würde bei konsequenter Anwendung eine quasi grenzenlose Ausdehnung des Anwendungsbereichs des Fernabsatzrechts zur Folge haben.[1548] Der überwiegende Teil der Literatur[1549] geht hingegen davon aus, dass der

---

1540 So bspw. auch *Bülow/Artz*, Fernabsatzverträge und Strukturen eines Verbraucherprivatrechts im BGB, NJW 2000, 2049 (2053); *Dilger*, S. 69; *Klewitz*, S. 280; *Thüsing* in: Staudinger, BGB, § 312 b, Rn. 47; *Wendehorst* in: Münchener Kommentar, BGB, § 312 b, Rn. 56.

1541 Vgl. *BT-Drs*. 14/2658, S. 30 f.

1542 Vgl. *BT-Drs*. 14/2658, S. 31.

1543 Vgl. etwa *Dilger*, S. 69; *Micklitz/Schirmbacher* in: Spindler/Schuster, BGB, § 312 b, Rn. 54; *Wendehorst* in: Münchener Kommentar, BGB, § 312 b, Rn. 60; *Willingmann*, Auf dem Weg zu einem einheitlichen Vertriebsrecht für Waren und Dienstleistungen in der Europäischen Union? – Die Richtlinie über den Verbraucherschutz bei Vertragsabschlüssen im Fernabsatz (97/7/EG), VuR 1998, 395 (398).

1544 Vgl. *Dilger*, S. 69; *Föhlisch* in: Hoeren/Sieber, Multimedia-Recht, Teil 13.4, Rn. 35 m. w. N.

1545 So auch *Thüsing* in: Staudinger, BGB, § 312 b, Rn. 49.

1546 Vgl. etwa *Baum/Trafkowski*, Anwaltstätigkeit und Fernabsatzgesetz, CR 2001, 459 (461).

1547 So auch *Thüsing* in: Staudinger, BGB, § 312 b, Rn. 49.

1548 Ebd.

1549 Vgl. etwa *Föhlisch* in: Hoeren/Sieber, Multimedia-Recht, Teil 13.4, Rn. 35; *Fuchs*, Das Fernabsatzgesetz im neuen System des Verbraucherschutzrechts, ZIP 2000, 1273 (1275); *Grüneberg* in: Palandt, BGB, § 312 b, Rn. 11; *S. Lorenz*, Im BGB viel Neues: Die Umsetzung der Fernabsatzrichtlinie, JuS 2000, 833 (838); *Meents*, Ausgewählte Probleme des Fernabsatzgesetzes bei Rechtsgeschäften im Internet, CR 2000, 610 (611); *Meub*, Fernabsatz und E-Commerce nach neuem Recht, DB 2002, 359

Begriff des organisierten Vertriebs- oder Dienstleistungssystems eng zu verstehen sei, und folgt damit dem vom Gesetzgeber aufgestellten Grundsatz[1550], dass von dem Vorhandensein eines solchen Fernabsatzsystems nur dann auszugehen sei, wenn der Unternehmer seinen Betrieb in personeller und sachlicher Hinsicht entsprechend der organisatorischen Anforderungen ausgestattet hat, sodass er (regelmäßig) Geschäfte im Wege des Fernabsatzes tätigen kann.

Obwohl die Meinungen über die konkrete Ausgestaltung der einzelnen Elemente eines solchen organisierten Vertriebs- oder Dienstleistungssystems wiederum auseinandergehen,[1551] ist zumindest für die hier untersuchten Abonnement- bzw. Vertragsfallen im Internet das Vorliegen dieses Merkmals zu bejahen. Denn es besteht Einigkeit darüber, dass von dem Vorliegen eines organisierten Vertriebs- oder Dienstleistungssystems jedenfalls dann auszugehen ist, wenn der Unternehmer einzig durch das Vorhalten eines Online-Bestellformulars deutlich macht, dass die Bestellung der präsentierten Produkte ausschließlich und direkt über die Internetseite – also unter Zuhilfenahme eines Fernkommunikationsmittels – abgewickelt werden kann, und damit dem Verbraucher gegenüber sein Geschäft so darstellt, als sei es allein darauf ausgerichtet, systematisch Verträge im Wege des Fernabsatzes abzuschließen.[1552]

III. Ausnahmen vom Anwendungsbereich (§ 312 b Abs. 3 BGB)

Selbst wenn ein entsprechender Vertrag zwischen einem Unternehmer und einem Verbraucher unter ausschließlicher Verwendung von Fernkommunikationsmitteln abgeschlossen wird und dieser zudem im Rahmen eines für den Fernabsatz organisierten Vertriebs- oder Dienstleistungssystems erfolgt, sind die Sonderregelungen des Fern-

(359); *Piepenbrock/Schmitz*, Fernabsatzgesetz: Neuer Rechtsrahmen für E-Commerce, K&R 2000, 378 (379); *Thüsing* in: Staudinger, BGB, § 312 b, Rn. 49, 53; *Wendehorst* in: Münchener Kommentar, BGB, § 312 b, Rn. 56.

1550 Vgl. *BT-Drs.* 14/2658, 30.

1551 So auch *Thüsing* in: Staudinger, BGB, § 312 b, Rn. 49.

1552 So allg. etwa auch *Dilger*, S. 69 f.; *Föhlisch* in: Hoeren/Sieber, Multimedia-Recht, Teil 13.4, Rn. 36; *Kamanabrou*, Die Umsetzung der Fernabsatzrichtlinie, WM 2000, 1417 (1420 f.); *Klewitz*, S. 282; *S. Lorenz*, Im BGB viel Neues: Die Umsetzung der Fernabsatzrichtlinie, JuS 2000, 833 (838); *Meents*, Ausgewählte Probleme des Fernabsatzgesetzes bei Rechtsgeschäften im Internet, CR 2000, 610 (611); *Micklitz/Schirmbacher* in: Spindler/Schuster, BGB, § 312 b, Rn. 52; *Piepenbrock/Schmitz*, Fernabsatzgesetz: Neuer Rechtsrahmen für E-Commerce, K&R 2000, 378 (379); *Reich*, Die neue Richtlinie 97/7/EG über den Verbraucherschutz im Fernabsatz, EuZW 1997, 581 (583); *Thüsing* in: Staudinger, BGB, § 312 b, Rn. 53; *Wendehorst* in: Münchener Kommentar, BGB, § 312 b, Rn. 60 f.

absatzrechts nicht immer einschlägig.[1553] Vielmehr wird in § 312 b Abs. 3 BGB eine Reihe von Vertragstypen genannt, auf welche die Vorschriften über Fernabsatzverträge insgesamt keine Anwendung finden.[1554] Damit wird der sachliche Anwendungsbereich der §§ 312 b bis 312 f BGB durch insgesamt acht Ausnahmetatbestände eingeschränkt.[1555] Diese bereits in der Richtlinie 97/7/EG enthaltenen und weitgehend wörtlich übernommenen Ausnahmeregelungen (vgl. Art. 3)[1556] gehen auf verschiedene Erwägungen zurück und sind oft das Ergebnis intensiver Lobbyarbeit im Vorfeld des Erlasses dieser Richtlinie.[1557]

Im Wesentlichen werden die in § 312 b Abs. 3 BGB aufgeführten Vertragstypen dem Anwendungsbereich aus den folgenden drei Erwägungen entzogen:[1558] Bei einem Teil der Bereichsausnahmen erscheint die Anwendung der fernabsatzrechtlichen Vorschriften schon aufgrund der Natur der unternehmerischen Leistung oder der Umstände des Vertragsabschlusses ungeeignet (vgl. Nr. 5, 7 lit. a und lit. b BGB).[1559] Dies betrifft insbesondere Verträge über die Lieferung von Lebensmitteln, Getränken oder sonstigen Haushaltsgegenständen des täglichen Bedarfs, die am Wohnsitz, am Aufenthaltsort oder am Arbeitsplatz eines Verbrauchers von Unternehmern im Rahmen häufiger und regelmäßiger Fahrten geliefert werden (vgl. Nr. 5), sowie Verträge, die unter Verwendung von Warenautomaten oder automatisierten Geschäftsräumen (vgl. Nr. 7 lit. a) oder mit Betreibern von Telekommunikationsmitteln aufgrund der Benutzung von öffentlichen Fernsprechern, soweit sie deren Benutzung zum Gegenstand haben (vgl. Nr. 7 lit. b), geschlossen werden.[1560] Ein anderer Teil der Bereichsausnahmen betrifft Verträge, bei denen der Verbraucher bereits durch das nationale Recht der Mitgliedstaaten (so Nr. 4) oder aber aufgrund bereits früher (so Nr. 6) bzw. in anderen Gesetzen umgesetzte (so Nr. 3) Richtlinien in einem ausreichenden Maße geschützt

---

1553 So bspw. auch *BT-Drs.* 14/2658, S. 31; *Fuchs*, Das Fernabsatzgesetz im neuen System des Verbraucherschutzrechts, ZIP 2000, 1273 (1275); *Thüsing* in: Staudinger, BGB, § 312 b, Rn. 58.

1554 So bspw. auch *Dilger*, S. 71; *Föhlisch* in: Hoeren/Sieber, Multimedia-Recht, Teil 13.4, Rn. 37; *Thüsing* in: Staudinger, BGB, § 312 b, Rn. 58; *Wendehorst* in: Münchener Kommentar, BGB, § 312 b, Rn. 69.

1555 Vgl. *Föhlisch* in: Hoeren/Sieber, Multimedia-Recht, Teil 13.4, Rn. 37; *Grüneberg* in: Palandt, BGB, § 312 b, Rn. 12; *Klewitz*, S. 283.

1556 Vgl. nur *BT-Drs.* 14/2658, S. 31; *Föhlisch* in: Hoeren/Sieber, Multimedia-Recht, Teil 13.4, Rn. 37; *Thüsing* in: Staudinger, BGB, § 312 b, Rn. 59.

1557 Vgl. *Wendehorst* in: Münchener Kommentar, BGB, § 312 b, Rn. 69.

1558 Vgl. *Thüsing* in: Staudinger, BGB, § 312 b, Rn. 60.

1559 Vgl. *Thüsing* in: Staudinger, BGB, § 312 b, Rn. 60; *Wendehorst* in: Münchener Kommentar, BGB, § 312 b, Rn. 69.

1560 So bspw. auch *BT-Drs.* 14/2658, S. 33; *Thüsing* in: Staudinger, BGB, § 312 b, Rn. 74, 84, 86, 88; *Wendehorst* in: Münchener Kommentar, BGB, § 312 b, Rn. 78, 87.

wird.[1561] Somit können diese Verträge von einem zusätzlichen Schutz durch das Fernabsatzrecht ausgenommen werden, wodurch auch das geltende Verbraucherschutzrecht übersichtlich bleibt.[1562] Hiervon betroffen sind Verträge über die Veräußerung von Grundstücken und grundstücksgleichen Rechten, über die Begründung, Veräußerung und Aufhebung von dinglichen Rechten an Grundstücken und grundstücksgleichen Rechten sowie über die Errichtung von Bauwerken (vgl. Nr. 4).[1563] Ferner fallen darunter Verträge über die Erbringung von Dienstleistungen in den Bereichen Unterbringung, Beförderung, Lieferung von Speisen und Getränken sowie Freizeitgestaltung, wenn sich der Unternehmer bei Vertragsabschluss verpflichtet, die Dienstleistungen zu einem bestimmten Zeitpunkt oder innerhalb eines genau angegebenen Zeitraums zu erbringen (vgl. Nr. 6).[1564] Außerdem sind auch Verträge über Versicherungen sowie deren Vermittlung (vgl. Nr. 3) betroffen.[1565] Schließlich werden vom Gesetzgeber durch einen Teil der Bereichsausnahmen noch Verträge vom Anwendungsbereich des Fernabsatzrechts ausgeschlossen, für die im deutschen Recht schon durch die Umsetzung einer Verbraucherschutzrichtlinie spezielle Vorschriften bestehen (so Nr. 2), die nach Art. 13 Abs. 2 der Richtlinie 97/7/EG Vorrang genießen oder für die aufgrund eines anderen nationalen Verbraucherschutzgesetzes bereits ein höheres Schutzniveau besteht (so Nr. 1).[1566] Auf diese Totalausnahmen wird im Rahmen dieser Arbeit jedoch nicht vertiefend eingegangen, da diese Verträge bzw. deren Voraussetzungen bei den hier untersuchten Abonnement- bzw. Vertragsfallen im Internet nicht einschlägig sind.

IV. Zwischenergebnis zum Anwendungsbereich der §§ 312 b bis 312 f BGB

Der Anwendungsbereich der fernabsatzrechtlichen Vorschriften ist bei den hier untersuchten Vertragsabschlüssen im Zusammenhang mit Abonnement- bzw. Vertragsfallen

[1561] Vgl. *Thüsing* in: Staudinger, BGB, § 312 b, Rn. 60; *Wendehorst* in: Münchener Kommentar, BGB, § 312 b, Rn. 69.
[1562] Vgl. *Thüsing* in: Staudinger, BGB, § 312 b, Rn. 60.
[1563] So bspw. auch *BT-Drs.* 14/2658, S. 33; *Thüsing* in: Staudinger, BGB, § 312 b, Rn. 69; *Wendehorst* in: Münchener Kommentar, BGB, § 312 b, Rn. 75.
[1564] So bspw. auch *BT-Drs.* 14/2658, S. 33; *Thüsing* in: Staudinger, BGB, § 312 b, Rn. 79; *Wendehorst* in: Münchener Kommentar, BGB, § 312 b, Rn. 82.
[1565] So auch *Thüsing* in: Staudinger, BGB, § 312 b, Rn. 68; *Wendehorst* in: Münchener Kommentar, BGB, § 312 b, Rn. 73.
[1566] Vgl. *Thüsing* in: Staudinger, BGB, § 312 b, Rn. 60; *Wendehorst* in: Münchener Kommentar, BGB, § 312 b, Rn. 69.

im Internet folglich sowohl in persönlicher als auch in sachlicher Hinsicht eröffnet. Somit gelangen auch die dort eingesetzten Instrumente zum Schutz des Verbrauchers vor den besonderen Gefahren des Fernabsatzes (diese wurden bereits in der Einleitung zu den §§ 312 b bis 312 f BGB ausführlich dargestellt[1567]) zur Anwendung.

C. Informations- und Mitteilungspflichten gemäß § 312 c BGB

Neben dem Widerrufs- und Rückgaberecht, das einem Verbraucher bei Fernabsatzverträgen gemäß § 312 d BGB gewährt wird,[1568] stellen die umfassenden Informationen, zu deren Erteilung der Unternehmer verpflichtet wird,[1569] das zweite klassisch gemeinschaftsrechtliche Instrument des Verbraucherschutzes dar.[1570] Durch die Sicherstellung einer hinreichenden und formgerechten Information wird der Verbraucher in die Lage versetzt, die ihm angebotene Ware oder Dienstleistung eigenständig beurteilen zu können.[1571] Denn nur in Kenntnis aller Umstände kann er eine endgültige und durchdachte Entscheidung darüber treffen, ob er überhaupt eine zum Vertragsabschluss führende Willenserklärung abgeben will bzw. an seiner bereits abgegebenen Erklärung weiterhin festhalten oder sich durch Ausübung des ihm gewährten Widerrufs- und Rückgaberechts vom Vertrag lösen will.[1572] Normiert ist die Verpflichtung zur Unterrichtung des Verbrauchers bei Fernabsatzverträgen zwar nach wie vor in § 312 c BGB. Allerdings sind die ersten beiden Absätze dieses Paragrafen durch das Gesetz zur Umsetzung der Verbraucherkreditrichtlinie, des zivilrechtlichen Teils der Zahlungsdiensterichtlinie sowie zur Neuordnung der Vorschriften über das Widerrufs- und Rückgaberecht vom 29. Juli 2009[1573] mit Wirkung zum 11.06.2010 neu gefasst worden.[1574] Die zuvor in § 312 c Abs. 1 S. 1 und Abs. 2 BGB a. F. noch ausführlich geregelte Form

---

1567 Siehe 4. Teil, A, II.

1568 So bspw. auch *Dilger*, S. 71; *Grüneberg* in: Palandt, BGB, Vorb. vor § 312, Rn. 1, 3; *Meub*, Fernabsatz und E-Commerce nach neuem Recht, DB 2002, 359 (361); *H. Roth*, Das Fernabsatzgesetz, JZ 2000, 1013 (1017); *Thüsing* in: Staudinger, BGB, Vorb. zu §§ 312 b-f, Rn. 8; *Tonner*, Das neue Fernabsatzgesetz – oder: System statt „Flickenteppich", BB 2000, 1413 (1417); *Wendehorst* in: Münchener Kommentar, BGB, Vor § 312 b, Rn. 3.

1569 Vgl. nur *Thüsing* in: Staudinger, BGB, § 312 c, Rn. 1.

1570 Vgl. *BT-Drs.* 14/2658, S. 37; *Wendehorst* in: Münchener Kommentar, BGB, § 312 c, Rn. 1.

1571 Vgl. nur *Erwägungsgrund 21* der Richtlinie 2002/65/EG; *Grüneberg* in: Palandt, BGB, § 312 c, Rn. 4; *Wendehorst* in: Münchener Kommentar, BGB, § 312 c, Rn. 2.

1572 Vgl. nur *Erwägungsgrund 21* der Richtlinie 2002/65/EG; *Grüneberg* in: Palandt, BGB, § 312 c, Rn. 4; *Thüsing* in: Staudinger, BGB, § 312 c, Rn. 1, 16.

1573 *BGBl.* I 2009/49, S. 2355-2388 (mit Anhängen S. 2389-2408).

1574 So auch *Grüneberg* in: Palandt, 70. Aufl., BGB, § 312 c, Rn. 1.

sowie Art und Weise der unternehmerischen Informationspflichten wurden aus dem Bürgerlichen Gesetzbuch ausgelagert und mit dem bis dahin in § 1 BGB-InfoV geregelten notwendigen Inhalt der zur Verfügung zu stellenden Informationen in Art. 246 §§ 1 und 2 EGBGB zusammengefasst.[1575] § 312 c Abs. 1 BGB n. F. enthält lediglich noch die eigentliche Verpflichtung des Unternehmers, nämlich den Verbraucher nach Maßgabe des Art. 246 §§ 1 und 2 EGBGB zu unterrichten. Der zweite Satz des § 312 c Abs. 1 BGB a. F. findet sich nun wortwörtlich in § 312 c Abs. 2 BGB n. F. wieder.

Nach wie vor ist dabei zwischen solchen Informationen zu unterscheiden, die der Unternehmer dem Verbraucher rechtzeitig vor Abgabe von dessen Vertragserklärung zur Verfügung zu stellen hat (vgl. § 312 c Abs. 1 BGB i. V. m. Art. 246 § 1 Abs. 1 EGBGB) und solchen Informationen, die der Unternehmer dem Verbraucher bei sonstigen Dienstleistungen und bei der Lieferung von Waren alsbald, spätestens jedoch bis zur vollständigen Erfüllung des Vertrages, bei Waren spätestens bis zur Lieferung mitzuteilen hat (vgl. § 312 c Abs. 1 BGB i. V. m. Art. 246 § 2 Abs. 1 S. 1 Nr. 2 EGBGB).[1576] Dieser Unterscheidung folgend sind im ersten Abschnitt der weiteren Untersuchung zunächst einmal diejenigen Informationen von besonderem Interesse, zu deren Erteilung der Unternehmer bereits vor Abgabe einer Vertragserklärung durch den Verbraucher verpflichtet ist. Denn nur diese Informationen können den Nutzer vor dem unbewussten Abschluss eines Vertrages bzw. eines entgeltlichen Vertrages effektiv schützen. Dies setzt allerdings voraus, dass dem Nutzer durch die erteilten Informationen überhaupt bewusst werden kann, welchen tatsächlichen Umfang seine Erklärung hat. Konkret lautet also die Frage, ob der Nutzer anhand der ihm vom Anbieter einer Abonnement- bzw. Vertragsfalle zur Verfügung zu stellenden Informationen erkennen kann, dass er durch das Ausfüllen und Absenden des Bestell- bzw. Registrierungsformulars eine Willenserklärung abgibt, die auf den Abschluss (hier die Annahme) eines Vertrages mit einer Mindestlaufzeit von 24 Monaten gerichtet ist, der eine Dienstleistung zum Gegenstand hat, für die ein monatliches Entgelt erhoben wird. Die Beantwortung dieser Frage hängt zunächst einmal davon ab, welche Informationen dem Nutzer überhaupt zu erteilen sind. Daran schließt sich die Frage an, ob diese Informationen das Funktionieren der Abonnement- bzw. Vertragsfalle vereiteln,

---

1575 Vgl. nur *Grüneberg* in: Palandt, 70. Aufl., BGB, § 312 c, Rn. 1 f.

1576 So bspw. auch *Fuchs*, Das Fernabsatzgesetz im neuen System des Verbraucherschutzrechts, ZIP 2000, 1273 (1276); *Thüsing* in: Staudinger, BGB, § 312 c, Rn. 4; *Wendehorst* in: Münchener Kommentar, BGB, § 312 c, Rn. 2.

indem sie die versteckten bzw. verschleierten Vertragsbedingungen derart hervorheben, dass der Nutzer von dem ungewollten Vertragsabschluss mit diesem Anbieter, genauer gesagt dessen Konditionen, absieht.

Ist ein Vertrag erst einmal abgeschlossen, rücken diejenigen Informationen in das Blickfeld der Untersuchung, die der Unternehmer dem Verbraucher alsbald, spätestens jedoch bis zur vollständigen Erfüllung des Vertrages, bei Waren spätestens bis zur Lieferung, mitzuteilen hat (siehe Abschnitt II). Denn auch die Mitteilung dieser Informationen könnte noch dazu führen, dass dem Verbraucher bewusst wird, welche rechtliche Tragweite das Ausfüllen und Absenden des Bestell- bzw. Registrierungsformulars tatsächlich hat. Dies setzt ebenfalls voraus, dass die mitzuteilenden Informationen überhaupt eine solche Erkenntnis bei einem Nutzer herbeiführen können. Es wird also abermals zu untersuchen sein, welche Informationen einem Verbraucher überhaupt mitzuteilen sind. Dabei ist insbesondere die Frage von Interesse, ob diese Informationen über die bereits nach Art. 246 § 1 EGBGB zu erteilenden Informationen hinausgehen und wenn ja, ob diese dann auch dazu führen, dass das Funktionieren der Abonnement- bzw. Vertragsfalle vereitelt werden kann, indem sich der Nutzer, nunmehr in Kenntnis aller Umstände, durch Ausübung des ihm gewährten Widerrufs- und Rückgaberechts von dem ungewollt abgeschlossenen Vertrag löst.

I. Informationspflichten gemäß § 312 c Abs. 1 BGB in Verbindung mit Art. 246 § 1 EGBGB

Gemäß § 312 c Abs. 1 BGB i. V. m. Art. 246 § 1 Abs. 1 EGBGB hat der Unternehmer dem Verbraucher rechtzeitig vor Abgabe von dessen Vertragserklärung die dort aufgeführten Informationen (vgl. Nr. 1 bis 12) in einer dem eingesetzten Fernkommunikationsmittel entsprechenden Weise klar und verständlich und unter Angabe des geschäftlichen Zwecks zur Verfügung zu stellen. Art. 246 § 1 Abs. 1 EGBGB enthält dabei konkrete Vorgaben zum Inhalt und Umfang der Informationen, die der Unternehmer zur Verfügung stellen muss, zur Form und Gestaltung, in der sie erfüllt werden müssen, sowie zum Zeitpunkt, zu dem die Informationserteilung zu erfolgen hat.[1577] Diese Punkte bedürfen im Folgenden einer genaueren Betrachtung.

[1577] So bspw. auch *Fuchs*, Das Fernabsatzgesetz im neuen System des Verbraucherschutzrechts, ZIP 2000, 1273 (1276 f.); *Grüneberg* in: Palandt, 70. Aufl., EGBGB, Art. 246 § 1, Rn. 1; *Thüsing* in: Staudinger, BGB, § 312 c, Rn. 16.

1. Zeitpunkt der Informationspflicht

Hinsichtlich des Zeitpunktes, zu dem der Unternehmer die entsprechenden Informationen zur Verfügung stellen muss, bestimmt Art. 246 § 1 Abs. 1 EGBGB, dass die Erfüllung dieser Verpflichtung rechtzeitig vor Abgabe der Vertragserklärung des Verbrauchers zu erfolgen hat:

a) Vor Abgabe der Vertragserklärung des Verbrauchers

Einem Vertragsabschluss im Wege des Fernabsatzes geht üblicherweise keine individuelle Kommunikation im Vorfeld des Abschlusses voraus.[1578] Vielmehr erfolgt die Kontaktaufnahme zwischen den potenziellen Vertragsparteien in der Regel durch die Präsentation der Waren oder Dienstleistungen des Unternehmers, beispielsweise in einem Verkaufsprospekt, einem Versandhauskatalog oder eben auf einer Seite im Internet, durch die der Verbraucher eingeladen wird, ein Angebot auf Abschluss eines entsprechenden Vertrages abzugeben (invitatio ad offerendum).[1579] Die Bestellung des Verbrauchers stellt in einem solchen Regelfall somit einen Antrag im Sinne von § 145 BGB dar, sodass der Unternehmer den Verbraucher bereits vor dessen Bestellung in der vorgeschriebenen Art und Weise informieren muss.[1580]

Dies verdeutlicht, dass die sich aus Art. 246 § 1 Abs. 1 EGBGB ergebenden Verpflichtungen unabhängig davon, ob es später tatsächlich zu einem Vertragsabschluss kommt oder nicht, zu erfüllen sind.[1581] Der Begriff der Vertragserklärung umfasst daher

---

1578 So auch *Thüsing* in: Staudinger, BGB, § 312 c, Rn. 17.

1579 Vgl. etwa *BT-Drs.* 15/2946, S. 20; *OLG Frankfurt am Main*, Urt. v. 20.11.2002 - 9 U 94/02, MMR 2003, 405 (406); *AG Butzbach*, Urt. v. 14.06.2002 - 51 C 25/02 (71), CR 2002, 765 (765) = MMR 2002, 765 (765); *AG Westerburg*, Urt. v. 14.03.2003 - 21 C 26/03, MMR 2003, 609 (609); *Bodenstedt*, „Alles für einen Euro?“ – Abgrenzung von Zugangsbestätigungen und Annahmeerklärungen im Internet, MMR 2004, 719 (719); *Grüneberg* in: Palandt, BGB, § 312 b, Rn. 4; *Härting*, Rn. 89; *Hoeren*, AGB, Rn. 43; *Kitz* in: Hoeren/Sieber, Multimedia-Recht, Teil 13.1, Rn. 88; *Thüsing* in: Staudinger, BGB, § 312 c, Rn. 17.

1580 Vgl. nur *BT-Drs.* 15/2946, S. 20; *Thüsing* in: Staudinger, BGB, § 312 c, Rn. 17; *Wendehorst* in: Münchener Kommentar, BGB, § 312 c, Rn. 77.

1581 So bspw. auch *LG Frankfurt am Main*, Urt. v. 14.02.2002 - 2/3 O 422/01, NJW-RR 2002, 1468 (1469); *LG Magdeburg*, Urt. v. 29.08.2002 - 36 O 115/02 (014), NJW-RR 2003, 409 (409); *Fuchs*, Das Fernabsatzgesetz im neuen System des Verbraucherschutzrechts, ZIP 2000, 1273 (1276); *Klewitz*, S. 286; *Schmittmann*, Aktuelle Entwicklungen im Fernabsatzrecht, K&R 2003, 385 (388); *Thüsing* in: Staudinger, BGB, § 312 c, Rn. 17; *Wendehorst* in: Münchener Kommentar, BGB, § 312 c, Rn. 77.

jede auf den Abschluss eines Vertrages gerichtete Willenserklärung des Verbrauchers, gleichgültig ob es sich um ein Angebot oder – wie bei den hier untersuchten Abonnement- bzw. Vertragsfallen im Internet, bei denen die Präsentation der Waren oder Dienstleistungen bereits ein verbindliches Angebot des Anbieters darstellt[1582] – um eine Annahme handelt.[1583] Denn nur so kann sichergestellt werden, dass der Verbraucher bereits vor Abgabe einer verbindlichen Willenserklärung diese Informationen auch erhält.[1584]

b) Rechtzeitig

Die Information muss rechtzeitig vor Abgabe der Vertragserklärung des Verbrauchers vorliegen. Eine Definition des Begriffes der Rechtzeitigkeit ist aber weder in der Richtlinie 97/7/EG selbst noch in den deutschen Umsetzungsgesetzen zu finden;[1585] im Gegenteil, der deutsche Gesetzgeber verzichtete bewusst darauf, diesen Begriff näher zu erläutern, da keine für jeden Einzelfall zutreffende Umschreibung zu finden und die Ausfüllung des Begriffes daher der Rechtsprechung zu überlassen sei.[1586] Die Rechtsprechung hat den Begriff bisher jedoch noch nicht näher bestimmt.[1587]

Was im konkreten Einzelfall noch als rechtzeitig anzusehen ist, ist somit nur durch Auslegung unter Berücksichtigung des Schutzzweckes der Norm zu ermitteln.[1588] Das bedeutet, dass eine rechtzeitige Information im Sinne des Art. 246 § 1 Abs. 1 EGBGB nur dann vorliegt, wenn eine hinreichende und formgerechte Information des Verbrauchers noch sichergestellt ist, die ihn in die Lage versetzt, die ihm angebotene Ware oder Dienstleistung eigenständig beurteilen zu können.[1589] Der Verbraucher muss

---

1582 Siehe 2. Teil, C, I, 3.

1583 So bspw. auch *BT-Drs.* 15/2946, S. 20; *Grüneberg* in: Palandt, BGB, § 312 c, Rn. 5; *Kocher*, Neue Vorschriften für den Fernabsatz von Finanzdienstleistungen an Verbraucher, DB 2004, 2679 (2682); *Thüsing* in: Staudinger, BGB, § 312 c, Rn. 19.

1584 So auch *Klewitz*, S. 287; *Kocher*, Neue Vorschriften für den Fernabsatz von Finanzdienstleistungen an Verbraucher, DB 2004, 2679 (2682).

1585 So bspw. auch *Fuchs*, Das Fernabsatzgesetz im neuen System des Verbraucherschutzrechts, ZIP 2000, 1273 (1276); *Klewitz*, S. 287; *Ott*, Informationspflichten im Internet und ihre Erfüllung durch das Setzen von Hyperlinks, WRP 2003, 945 (953).

1586 Vgl. etwa *BT-Drs.* 14/2658, S. 38; *Micklitz/Schirmbacher* in: Spindler/Schuster, BGB, § 312 c, Rn. 67; *Thüsing* in: Staudinger, BGB, § 312 c, Rn. 20; *Wendehorst* in: Münchener Kommentar, BGB, § 312 c, Rn. 78.

1587 Vgl. nur *Thüsing* in: Staudinger, BGB, § 312 c, Rn. 20.

1588 So auch *Thüsing* in: Staudinger, BGB, § 312 c, Rn. 20; *Wendehorst* in: Münchener Kommentar, BGB, § 312 c, Rn. 78.

1589 So bspw. auch *Erwägungsgrund 21* der Richtlinie 2002/65/EG; *Dilger*, S. 76; *Grüneberg* in: Palandt, BGB, § 312 c, Rn. 4; *Wendehorst* in: Münchener Kommentar, BGB, § 312 c, Rn. 2.

also die Möglichkeit haben, in zumutbarer Weise die ihm zur Verfügung gestellten Informationen noch vor Abgabe seiner Vertragserklärung zur Kenntnis zu nehmen und eine informierte Entscheidung zu treffen.[1590] Dies erfordert zweifelsohne eine gewisse Zeit. Es erscheint jedoch fraglich, ob sich hierfür ein genauer zeitlicher Abstand zwischen dem Zeitpunkt, zu dem der Verbraucher diese Informationen durch den Unternehmer zur Verfügung gestellt bekommt, und dem Zeitpunkt, zu dem er seine Vertragserklärung abgibt, bestimmen lässt, der stets einzuhalten ist, damit die geforderte Kenntnisnahme und Entscheidung möglich ist. Vereinzelte Stimmen in der Literatur[1591] vertreten diesbezüglich zwar die Ansicht, dass es eine bestimmte Mindestfrist zwischen diesen beiden Zeitpunkten geben müsse (gefordert wird beispielsweise ein Zeitraum von mindestens drei Tagen vor Vertragsabschluss), damit der Verbraucher seinen Entscheidungsfindungsprozess abschließen kann.[1592] Eine solche Frist erscheint jedoch frei gegriffen, da sie weder die konkreten Umstände des jeweiligen Einzelfalles berücksichtigt, die häufig einer abweichenden Beurteilung bedürfen, noch eine Stütze in den Richtlinien oder im Gesetz findet.[1593] Zudem wäre dieser Ansatz mit Problemen in der Praxis verbunden, da sich nicht oder nur schwer überprüfen ließe, welcher Zeitraum tatsächlich zwischen der Kenntnisnahme der Information und der Abgabe der Vertragserklärung liegt.[1594] Eine solche pauschal einzuhaltende Mindestfrist ist daher abzulehnen.

Tauglicher erscheint hingegen der Vorschlag, dass sich der Unternehmer die Kenntnisnahme der zur Verfügung gestellten Informationen vom Verbraucher noch vor Abgabe seiner Vertragserklärung bestätigen lässt,[1595] indem der Verbraucher beispielsweise mit der Computer-Maus ein dafür vorgesehenes (interaktives) Feld anklickt und so einen Haken bei der entsprechenden Aussage setzt.[1596] Denn so wäre zumindest sichergestellt, dass auch im konkreten Einzelfall die Zeit für die geforderte Kenntnis-

---

1590 Vgl. etwa *BT-Drs.* 14/2658, S. 38; *Dilger*, S. 76; *Fuchs*, Das Fernabsatzgesetz im neuen System des Verbraucherschutzrechts, ZIP 2000, 1273 (1277); *Kamanabrou*, Die Umsetzung der Fernabsatzrichtlinie, WM 2000, 1417 (1422); *Klewitz*, S. 287; *Thüsing* in: Staudinger, BGB, § 312 c, Rn. 20; *Wendehorst* in: Münchener Kommentar, BGB, § 312 c, Rn. 78.

1591 Vgl. etwa *Micklitz* in: Micklitz/Reich, S. 21.

1592 So bspw. auch *Grüneberg* in: Palandt, BGB, § 312 c, Rn. 5; *Klewitz*, S. 288; *Ott*, Informationspflichten im Internet und ihre Erfüllung durch das Setzen von Hyperlinks, WRP 2003, 945 (953); *Thüsing* in: Staudinger, BGB, § 312 c, Rn. 20.

1593 Ebd.

1594 Vgl. *Fuchs*, Das Fernabsatzgesetz im neuen System des Verbraucherschutzrechts, ZIP 2000, 1273 (1277); *Klewitz*, S. 288.

1595 Vgl. *Arnold*, Verbraucherschutz im Internet, CR 1997, 526 (530).

1596 Vgl. *Klewitz*, S. 288.

nahme der Informationen vorliegt und dann wohl auch eine informierte Entscheidung getroffen werden kann. Dies mag nicht zuletzt aus Beweisgründen durchaus ratsam sein, rechtlich gefordert ist eine solche Bestätigung indes nicht.[1597] Der Anbieter einer Abonnement- bzw. Vertragsfalle wird daher einen solchen zusätzlichen Zwischenschritt, der den Abschluss des Vertrages nur unnötig behindern würde, auch nicht umsetzen.

Das Zurverfügungstellen der Informationen kann vielmehr – je nach konkretem Einzelfall und soweit die Informationen vom Umfang her der Bedeutung des jeweiligen Geschäfts entsprechen – auch dann noch rechtzeitig sein, wenn dies erst unmittelbar vor Abgabe der Vertragserklärung erfolgt.[1598] Der Gesetzgeber stellt diesbezüglich ausdrücklich klar, dass es in der Regel als rechtzeitig anzusehen sei, wenn die Informationen in Werbeprospekten oder Katalogen abgedruckt bzw. auf Internetseiten dargestellt werden, aufgrund derer der Verbraucher den Entschluss zur Bestellung fasst.[1599] Dem ist zuzustimmen, denn auf diese Weise wird das Erfordernis der Rechtzeitigkeit regelmäßig gewahrt, da sichergestellt wird, dass der Verbraucher in angemessener Zeit eine Entscheidung darüber treffen kann, ob und wann er seine auf den Abschluss des Vertrages gerichtete Willenserklärung abgibt.[1600] Auf der anderen Seite darf aber auch keinerlei Druck auf den Verbraucher ausgeübt werden, indem beispielsweise im Internet durch den Einsatz von blinkenden Symbolen bzw. Grafiken – ähnlich einem Warnhinweis – auf die zeitliche Begrenzung des Angebots hingewiesen und damit die Notwendigkeit eines schnellen Handelns suggeriert wird.[1601]

Beim Abschluss von Verträgen über das Internet kann dem Schutzzweck der Norm daher noch entsprochen werden, wenn die Informationen auf einer Internetseite dar-

---

1597 Vgl. *Fuchs*, Das Fernabsatzgesetz im neuen System des Verbraucherschutzrechts, ZIP 2000, 1273 (1277); *Klewitz*, S. 288.

1598 Vgl. etwa *BT-Drs.* 14/2658, S. 38; *Fuchs*, Das Fernabsatzgesetz im neuen System des Verbraucherschutzrechts, ZIP 2000, 1273 (1277); *Kamanabrou*, Die Umsetzung der Fernabsatzrichtlinie, WM 2000, 1417 (1422); *Mankowski*, Fernabsatzrecht: Information über das Widerrufsrecht und Widerrufsbelehrung bei Internetauftritten, CR 2001, 767 (770 f.); *Thüsing* in: Staudinger, BGB, § 312 c, Rn. 20; *Wendehorst* in: Münchener Kommentar, BGB, § 312 c, Rn. 78.

1599 Vgl. *BT-Drs.* 14/2658, S. 38. So bspw. auch *Kamanabrou*, Die Umsetzung der Fernabsatzrichtlinie, WM 2000, 1417 (1422); *Klewitz*, S. 287 f.

1600 So bspw. auch *Fuchs*, Das Fernabsatzgesetz im neuen System des Verbraucherschutzrechts, ZIP 2000, 1273 (1277); *Kamanabrou*, Die Umsetzung der Fernabsatzrichtlinie, WM 2000, 1417 (1422); *Mankowski*, Fernabsatzrecht: Information über das Widerrufsrecht und Widerrufsbelehrung bei Internetauftritten, CR 2001, 767 (770 f.); *Thüsing* in: Staudinger, BGB, § 312 c, Rn. 20; *Wendehorst* in: Münchener Kommentar, BGB, § 312 c, Rn. 78.

1601 Vgl. *Fuchs*, Das Fernabsatzgesetz im neuen System des Verbraucherschutzrechts, ZIP 2000, 1273 (1277); *Klewitz*, S. 288; *Wendehorst* in: Münchener Kommentar, BGB, § 312 c, Rn. 78.

gestellt werden, die derart geschaltet ist, dass die Möglichkeit der Kenntnisnahme noch vor Vertragsabschluss gewährleistet ist.[1602] Dies kann eine eigene Seite sein, die unmittelbar vor dem Aufrufen der Seite mit dem Bestell- bzw. Registrierungsformular automatisch erscheint bzw. über einen entsprechenden Hyperlink aufgerufen werden kann,[1603] oder die Seite mit dem Bestell- bzw. Registrierungsformular selbst, sofern die Informationen vorn angestellt werden. Der Verbraucher kann die Informationen dann nämlich noch durchlesen und in seine Entscheidung über die Abgabe der Vertragserklärung einbeziehen, bevor er das Bestell- bzw. Registrierungsformular ausfüllt und absendet.[1604] Die Vorgaben, die Art. 246 § 1 Abs. 1 EGBGB hinsichtlich des Zeitpunkts stellt, zu dem ein Unternehmer die entsprechenden Informationen zur Verfügung stellen muss, sind damit auch von dem Anbieter einer Abonnement- bzw. Vertragsfalle unproblematisch zu erfüllen.

2. Inhalt der Informationspflicht

Der erforderliche Inhalt der Informationen, die dem Verbraucher rechtzeitig vor Abgabe seiner Vertragserklärung zur Verfügung zu stellen sind, wird in Art. 246 § 1 EGBGB konkretisiert.[1605] Diese Vorschrift, die durch das Gesetz zur Umsetzung der Verbraucherkreditrichtlinie, des zivilrechtlichen Teils der Zahlungsdiensterichtlinie sowie zur Neuordnung der Vorschriften über das Widerrufs- und Rückgaberecht vom 29. Juli 2009[1606] mit Wirkung zum 11.06.2010 neu eingefügt wurde, übernimmt den Katalog der Informationspflichten im Grunde ohne Änderungen aus Art. 4 und 5 der Richtlinie 97/7/EG sowie aus Art. 3 und 5 der Richtlinie 2002/65/EG.[1607] Sie unterscheidet hinsichtlich des erforderlichen Inhalts der zu erteilenden Informationen zwischen allgemeinen Fernabsatzverträgen (vgl. Art. 246 § 1 Abs. 1 EGBGB) und Fernabsatzverträgen über Finanzdienstleistungen (vgl. Abs. 2). Im ersten Absatz finden sich in den Nr. 1-12 inhaltlich unverändert – bis auf kleine sprachliche Anpassungen in Nr. 4 und Nr. 10 – die bisherigen Regelungen aus § 1 Abs. 1 Nr. 1-12 BGB-InfoV zu

---

[1602] So bspw. auch *Fuchs*, Das Fernabsatzgesetz im neuen System des Verbraucherschutzrechts, ZIP 2000, 1273 (1277); *Klewitz*, S. 288.

[1603] So allg. etwa auch *Dilger*, S. 76.

[1604] Ebd.

[1605] So bspw. auch *Grüneberg* in: Palandt, 70. Aufl., EGBGB, Art. 246 § 1, Rn. 1; *Micklitz/Schirmbacher* in: Spindler/Schuster, BGB, § 312 c, Rn. 81; *Thüsing* in: Staudinger, BGB, § 312 c, Rn. 53.

[1606] *BGBl.* I 2009/49, S. 2355-2388 (mit Anhängen S. 2389-2408).

[1607] Vgl. nur *Grüneberg* in: Palandt, 70. Aufl., EGBGB, Art. 246 § 1, Rn. 1.

den allgemeinen Informationspflichten wieder,[1608] wonach der Unternehmer dem Verbraucher zwölf Informationen schuldet.[1609]

Zunächst einmal hat der Unternehmer umfangreiche unternehmensbezogene Informationen zu erteilen: So ist er gemäß Art. 246 § 1 Abs. 1 Nr. 1 EGBGB dazu verpflichtet, dem Verbraucher gegenüber seine Identität offenzulegen, worunter die Nennung des Namens (und zwar einschließlich des Vornamens)[1610] bzw. der Firma des Unternehmers samt der Rechtsform zu verstehen ist.[1611] Ebenso muss er Angaben zu dem öffentlichen Unternehmensregister machen, bei dem der Rechtsträger eingetragen ist, samt der zugehörigen Registernummer (womit bei deutschen Unternehmern das bei dem jeweiligen Amtsgericht geführte Handelsregister in Verbindung mit der Handelsregisternummer gemeint ist)[1612], oder zu einer gleichwertigen Kennung. Sofern ein Vertreter des Unternehmers (im Sinne eines Repräsentanten)[1613] in dem Mitgliedstaat existiert, in dem der Verbraucher seinen Wohnsitz hat, muss der Unternehmer gemäß Art. 246 § 1 Abs. 1 Nr. 2 EGBGB auch dessen Identität oder die Identität einer anderen gewerblich tätigen Person als dem Anbieter (etwa einem Vermittler, Vertreter oder Lieferanten)[1614] offenlegen. Zu den unternehmensbezogenen Angaben gehören schließlich auch die ladungsfähige Anschrift des Unternehmers, die er genau wie jede andere Anschrift, die für die Geschäftsbeziehung zwischen ihm, seinem Vertreter oder einer anderen gewerblich für ihn tätigen Person und dem Verbraucher maßgeblich ist, mitzuteilen hat, vgl. Art. 246 § 1 Abs. 1 Nr. 3 EGBGB. Zudem ist er bei juristischen Personen, Personenvereinigungen oder Personengruppen zur Nennung des Namens eines Vertretungsberechtigten verpflichtet.

Diese gemäß Art. 246 § 1 Abs. 1 Nr. 1-3 EGBGB zu erteilenden Informationen dienen vor allem dazu, sicherzustellen, dass der Verbraucher etwaige Ansprüche gegen den Unternehmer schnell und effektiv im Klagewege geltend machen kann.[1615] Den Nutzer vor Abonnement- bzw. Vertragsfallen im Internet schützen können diese Informationen

---

1608 So bspw. auch *Grüneberg* in: Palandt, 70. Aufl., EGBGB, Art. 246 § 1, Rn. 1.

1609 So bspw. auch *Grüneberg* in: Palandt, 70. Aufl., BGB, § 312 c, Rn. 2.

1610 Vgl. insb. *KG*, Beschl. v. 13.02.2007 - 5 W 34/07, NJW-RR 2007, 1050 (1051).

1611 Vgl. etwa *Grüneberg* in: Palandt, 70. Aufl., EGBGB, Art. 246 § 1, Rn. 5; *Micklitz/Schirmbacher* in: Spindler/Schuster, BGB, § 312 c, Rn. 82 f.; *Wendehorst* in: Münchener Kommentar, BGB, § 312 c, Rn. 17.

1612 Vgl. etwa *Grüneberg* in: Palandt, 70. Aufl., EGBGB, Art. 246 § 1, Rn. 5; *Micklitz/Schirmbacher* in: Spindler/Schuster, BGB, § 312 c, Rn. 84 ff.; *Wendehorst* in: Münchener Kommentar, BGB, § 312 c, Rn. 17.

1613 Vgl. *Wendehorst* in: Münchener Kommentar, BGB, § 312 c, Rn. 18.

1614 Vgl. *Wendehorst* in: Münchener Kommentar, BGB, § 312 c, Rn. 19.

1615 Vgl. nur *Wendehorst* in: Münchener Kommentar, BGB, § 312 c, Rn. 20.

aber nicht. Dies würde nämlich voraussetzen, dass entweder die Identität oder ladungsfähige Anschrift des Unternehmers oder die Identität oder Anschrift gegebenenfalls weiterer zu nennender Personen im Zusammenhang mit Abonnement- bzw. Vertragsfallen bereits einschlägig in Erscheinung getreten sind und der (durchschnittliche) Nutzer diese dann auch kennt. Davon ist jedoch nicht auszugehen. Hinzu kommt, dass insbesondere die Firma eines solchen Unternehmers sowie die dazugehörige Anschrift schnell und unkompliziert gewechselt werden können. Auch die verwendeten Internetadressen, die dem Nutzer beispielsweise aus Berichterstattungen im Fernsehen eher noch geläufig sein könnten, können schnell ausgetauscht werden; ebenso kann das Erscheinungsbild einer Internetseite problemlos und ohne großen Aufwand verändert werden, sodass die Wiedererkennbarkeit nicht mehr gegeben ist. Sollte einem Nutzer eine einschlägige Angabe doch einmal bekannt sein, ist anzunehmen, dass er auch für das zugrunde liegende Konzept einer Abonnement- bzw. Vertragsfalle sensibilisiert ist und damit wohl auch nicht mehr zu derjenigen Gruppe von Verbrauchern gehören wird, die unbewusst einen solchen Vertrag abschließt. Die unternehmensspezifischen Angaben sind selbst in diesem – höchst unwahrscheinlichen – Falle somit nicht (alleine) maßgeblich für das Bewusstsein eines solchen Nutzers. Während diese Angaben für den Nutzer also quasi keine Relevanz haben, wären sie für Datenbanken und andere Schutzsysteme hingegen durchaus von Nutzen; auf diese wird in einem späteren Teil dieser Arbeit eingegangen (siehe 6. Teil: Ergebnisse der Untersuchung).

Ebenso wenig Schutz für den Nutzer vor Abonnement- bzw. Vertragsfallen im Internet versprechen die gemäß Art. 246 § 1 Abs. 1 EGBGB zur Verfügung zu stellenden Informationen über Ersetzungs- und Leistungsvorbehalte (vgl. Nr. 6), Liefer- und Versandkosten sowie weitere Steuern oder Kosten (vgl. Nr. 8), Kosten für die Nutzung der Fernkommunikationsmittel, sofern sie über die üblichen Grundtarife hinausgehen und vom Unternehmer in Rechnung gestellt werden (vgl. Nr. 11), und über eine Befristung der Gültigkeitsdauer dieser Informationen (vgl. Nr. 12); auf diese Angaben wird im Rahmen dieser Untersuchung daher nicht weiter eingegangen. Stattdessen könnten jedoch die nachfolgenden – in der gesetzlich genannten Reihenfolge untersuchten – Informationen eine Relevanz für den Schutz des Nutzers haben:

a) Wesentliche Produktmerkmale und Zustandekommen des Vertrages

Gemäß Art. 246 § 1 Abs. 1 Nr. 4 Halbs. 1 EGBGB muss der Unternehmer den Verbraucher zunächst über die wesentlichen Merkmale der Ware oder Dienstleistung informieren. Dies erfordert eine Beschreibung der zu erbringenden Leistung, die einerseits zwar detailliert und übersichtlich, andererseits aber auch nicht zu weitschweifig ist.[1616] Keinesfalls ist dabei eine Aufzählung aller Einzelheiten notwendig.[1617] Der Verbraucher soll durch diese Informationen lediglich in die Lage versetzt werden, die vom Unternehmer angebotene Ware oder Dienstleistung eigenständig bewerten zu können,[1618] mit anderen Angeboten zu vergleichen[1619] und sich dann ein fundiertes Urteil darüber bilden zu können, ob er einen Vertrag abschließen möchte.[1620] Ein solcher Entscheidungsfindungsprozess erfordert jedoch zumindest die Kenntnis derjenigen Merkmale des Produkts, die wesentlich sind.[1621] Welche Merkmale allerdings im Ergebnis als wesentlich im Sinne dieser Vorschrift anzusehen und damit anzugeben sind, lässt sich nur anhand der konkreten Umstände des jeweiligen Falles bestimmen, wobei branchentypische Gewohnheiten eine entscheidende Bedeutung haben.[1622] Es muss sich jedenfalls um solche Produktmerkmale handeln, die der durchschnittliche und rationale Verbraucher, der zudem über entsprechende Marktkenntnisse verfügt, unbedingt kennen muss, um seine Kaufentscheidung treffen zu können.[1623] Zu diesen für die Kaufentscheidung maßgeblichen Produktmerkmalen zählen sicherlich all diejenigen Eigenschaften eines Produkts, die für dessen Preisgestaltung erheblich sind, also vor allem solche Eigenschaften, die die Qualität des Produkts kennzeichnen.[1624]

1616 Vgl. *Grüneberg* in: Palandt, 70. Aufl., EGBGB, Art. 246 § 1, Rn. 6; *Woitke*, Informations- und Hinweispflichten im E-Commerce, BB 2003, 2469 (2470).

1617 Vgl. etwa *BT-Drs.* 14/2658, S. 38; *LG Magdeburg*, Urt. v. 29.08.2002 - 36 O 115/02, NJW-RR 2003, 409 (410); *Thüsing* in: Staudinger, BGB, § 312 c, Rn. 62; *Wendehorst* in: Münchener Kommentar, BGB, § 312 c, Rn. 22.

1618 Vgl. etwa *Erwägungsgrund 21* der Richtlinie 2002/65/EG; *BT-Drs.* 14/2658, S. 38; *Dilger*, S. 76; *Grüneberg* in: Palandt, BGB, § 312 c, Rn. 4; *Micklitz/Schirmbacher* in: Spindler/Schuster, BGB, § 312 c, Rn. 96; *Wendehorst* in: Münchener Kommentar, BGB, § 312 c, Rn. 22.

1619 Vgl. *LG Magdeburg*, Urt. v. 29.08.2002 - 36 O 115/02, NJW-RR 2003, 409 (410); *Wendehorst* in: Münchener Kommentar, BGB, § 312 c, Rn. 22.

1620 Vgl. nur *Thüsing* in: Staudinger, BGB, § 312 c, Rn. 62.

1621 Vgl. ebd.

1622 So auch *Wendehorst* in: Münchener Kommentar, BGB, § 312 c, Rn. 22.

1623 Vgl. etwa *LG Magdeburg*, NJW-RR 2003, Urt. v. 29.08.2002 - 36 O 115/02, 409 (410); *Grüneberg* in: Palandt, 70. Aufl., EGBGB, Art. 246 § 1, Rn. 6; *Wendehorst* in: Münchener Kommentar, BGB, § 312 c, Rn. 22; *Woitke*, Informations- und Hinweispflichten im E-Commerce, BB 2003, 2469 (2470).

1624 So auch *Thüsing* in: Staudinger, BGB, § 312 c, Rn. 62.

Der Anbieter einer Abonnement- bzw. Vertragsfalle muss demnach über die wesentlichen Merkmale seiner Dienstleistung informieren. Das heißt, er muss zumindest einmal einen Überblick über die angebotenen Inhalte geben, die auf der jeweiligen Plattform zum Herunterladen bzw. zur Nutzung zur Verfügung stehen, sowie beschreiben, in welcher Form und gegebenenfalls in welchem Umfang der Nutzer darauf Zugriff erhält. Denn für den (eher hypothetischen) Fall, dass der Nutzer in Kenntnis aller Umstände die Dienstleistung des Anbieters bewusst bewerten und hinsichtlich ihres Leistungsumfangs – sicherlich aber auch im Hinblick auf das hierfür zu entrichtende monatliche Entgelt, dazu jedoch nachfolgend mehr – mit anderen Angeboten am Markt vergleichen möchte, sind diese Angaben durchaus wichtig bei der Entscheidung, ob er einen Vertrag abschließen möchte oder nicht. In den hier untersuchten Fällen geht der Nutzer allerdings von der Vorstellung aus, dass er das gewünschte Produkt auf der Plattform des Anbieters erhalten kann, ohne selbst eine Gegenleistung dafür erbringen zu müssen. Dass er einen Vertrag abschließt, ist ihm (noch) nicht bewusst, zumindest aber nicht, dass es sich um einen Vertrag über eine kostenpflichtige Leistung handelt. Er wird daher auch nicht die Absicht haben, die Dienstleistung des Anbieters zu bewerten und die entsprechenden Angaben deshalb auch nicht als Leistungsbeschreibung wahrnehmen. Er wird diese Informationen eher als eine Art Werbung darüber auffassen, welche weiteren Inhalte auf der Plattform angeboten werden. Beachtung wird er ihnen hingegen nicht schenken, da sein Fokus ausschließlich auf dem einen gesuchten Produkt und der Frage liegt, ob dieses dort erhältlich ist. Die Verfügbarkeit des gesuchten Produkts wird ihm durch den Anbieter aber zuvor schon signalisiert worden sein. Und diese Kenntnis genügt ihm völlig. Obwohl die gemäß Art. 246 § 1 Abs. 1 Nr. 4 Halbs. 1 EGBGB vom Anbieter zu erteilenden Informationen über die wesentlichen Merkmale seiner Dienstleistung für sich alleine gesehen den Nutzer somit nicht vor Abonnement- bzw. Vertragsfallen schützen können, kommt ihnen diesbezüglich dennoch eine grundsätzliche Relevanz zu. Denn diese Informationen tragen einen Teil dazu bei, dass er sich bewusst werden kann, welchen tatsächlichen Umfang seine Erklärung hat.

Des Weiteren muss der Unternehmer nach Art. 246 § 1 Abs. 1 Nr. 4 Halbs. 2 EGBGB aber auch noch eine Angabe darüber machen, wie der Vertrag zustande kommt. Das heißt, er muss den Verbraucher informieren, durch welche Erklärung dieser eine vertragliche Bindung eingeht.[1625] Dieser Verpflichtung kommt der Unternehmer nach, indem er die entsprechende Handlung benennt, die nach seiner Rechtsansicht als Annahmeerklärung den jeweiligen Vertrag zustande bringt (beispielsweise durch die Bestätigung des Auftrags oder die Auslieferung der Ware).[1626] Dabei genügt es, den üblichen Vertragsabschluss darzustellen; auf alle nur denkbaren Möglichkeiten ist hingegen nicht einzugehen.[1627] Weichen die Handlung und damit der Zeitpunkt, zu dem der Vertrag nach dem Gesetz zustande kommt, von der Darstellung des Unternehmers ab, so ist die objektive Rechtslage entscheidend und nicht dessen Information.[1628]

Der Anbieter muss hier den Nutzer also darüber informieren, dass durch das Absenden des ausgefüllten Bestell- bzw. Registrierungsformulars die Annahme erklärt wird und somit ein Vertrag zustande kommt. Dieser Hinweis ist für den Anbieter – soweit er dieser Verpflichtung ordnungsgemäß nachkommen möchte (siehe hierzu auch die Rechtsfolgen der Missachtung vorvertraglicher Informationspflichten[1629]) – allerdings nicht unproblematisch, da er dazu geeignet ist, dem Nutzer zumindest bewusst zu machen, dass er durch diese Handlung einen Vertrag mit dem Anbieter abschließt. Ob ihm bewusst wird, dass es sich hierbei um eine auf den Abschluss eines kostenpflichtigen Vertrages gerichtete Willenserklärung handelt, kann dahinstehen. Entscheidend ist, dass ihm bewusst wird, dass er einen Vertrag abschließt. Hiervon ist nach Kenntnisnahme des Hinweises aber auszugehen.

Fraglich ist hingegen, ob dem Nutzer die erlangte Kenntnis darüber, dass ein Vertrag zwischen ihm und dem Anbieter zustande kommt, auch tatsächlich vor den daraus resultierenden Rechtsfolgen schützt. Denn diese Tatsache allein wird ihn wohl kaum dazu bewegen, von einem Vertragsabschluss mit diesem Anbieter, und damit auch von einem Vertragsabschluss zu dessen Bedingungen, abzusehen. Schließlich hat er nach wie vor die Vorstellung, dass er das gewünschte Produkt, von dem er in der Regel auch genau weiß (oder jedenfalls davon ausgeht), dass es kostenlos über das Internet verfügbar ist, auch ohne die Entrichtung eines Entgelts über die Plattform des Anbieters beziehen kann. Und dass er durch die erlangte Kenntnis dazu veranlasst wird,

---

[1625] Vgl. nur *Grüneberg* in: Palandt, 70. Aufl., EGBGB, Art. 246 § 1, Rn. 6; *Micklitz/Schirmbacher* in: Spindler/Schuster, BGB, § 312 c, Rn. 97 f.

[1626] Vgl. etwa *Aigner/Hofmann*, Rn. 298; *Grüneberg* in: Palandt, 70. Aufl., EGBGB, Art. 246 § 1, Rn. 6; *Wendehorst* in: Münchener Kommentar, BGB, § 312 c, Rn. 24.

[1627] Vgl. nur *Wendehorst* in: Münchener Kommentar, BGB, § 312 c, Rn. 24.

[1628] Vgl. nur *Grüneberg* in: Palandt, 70. Aufl., EGBGB, Art. 246 § 1, Rn. 6; *Micklitz/Schirmbacher* in: Spindler/Schuster, BGB, § 312 c, Rn. 99.

[1629] Siehe 4. Teil, C, I, 4.

sich mit den anderen zur Verfügung gestellten Informationen zu beschäftigen bzw. mit den Vertragsbedingungen näher auseinanderzusetzen und nach einer Gegenleistungspflicht, also einem Entgelt, zu suchen, ist aus demselben Grund (vermeintliche Unentgeltlichkeit der Leistung) eher unwahrscheinlich. Damit kann auch die zweite gemäß Art. 246 § 1 Abs. 1 Nr. 4 EGBGB vom Anbieter zu erteilende Information über das Zustandekommen des Vertrages für sich alleine gesehen den Nutzer nicht vor Abonnement- bzw. Vertragsfallen schützen. Dennoch trägt auch diese Information einen Teil dazu bei, dass dem Nutzer der tatsächliche Umfang seiner Erklärung bewusst werden kann; somit kommt ihr ebenfalls eine grundsätzliche Relevanz zu.

b) Mindestlaufzeit des Vertrages

Sofern ein Vertag über eine dauernde oder regelmäßig wiederkehrende Leistung vorliegt, ist der Unternehmer dazu verpflichtet, dem Verbraucher die Mindestlaufzeit des Vertrages mitzuteilen, vgl. Art. 246 § 1 Abs. 1 Nr. 5 EGBGB. Darunter fallen neben den echten Dauerschuldverhältnissen (wie etwa Miete oder Pacht) auch Verträge über regelmäßig wiederkehrende Leistungen, wie Abonnements von Zeitungen und Zeitschriften oder Mitgliedschaften in Buchclubs.[1630] Die mitzuteilende Mindestlaufzeit ist bei einem befristeten Dauerschuldverhältnis die feste Dauer, für die der Vertrag einzugehen ist; sofern das Dauerschuldverhältnis unbefristet ist, ergibt sie sich aus dem Zeitraum, nach dessen Ablauf die Beendigung des Vertrages durch eine ordentliche Kündigung frühestens möglich ist, einschließlich der Dauer einer gegebenenfalls einzuhaltenden Kündigungsfrist.[1631] Da es sich bei den hier untersuchten Verträgen um unbefristete Dauerschuldverhältnisse handelt[1632], ist der Anbieter dazu verpflichtet, dem Nutzer die Mindestlaufzeit des Vertrages mitzuteilen, die in der Regel 24 Monate beträgt und sich bei einer Abonnement- bzw. Vertragsfalle aus dem typischerweise vorliegenden Ausschluss der ordentlichen Kündigung für diesen Zeitraum ergibt[1633]. Dies schließt die ebenso vorhandene Kündigungsfrist von in der Regel drei Monaten[1634] ein.

1630 Vgl. etwa *Aigner/Hofmann*, Rn. 301; *Micklitz/Schirmbacher* in: Spindler/Schuster, BGB, § 312 c, Rn. 101; *Wendehorst* in: Münchener Kommentar, BGB, § 312 c, Rn. 26.

1631 So bspw. auch *Aigner/Hofmann*, Rn. 301; *Föhlisch* in: Hoeren/Sieber, Multimedia-Recht, Teil 13.4, Rn. 134; *Grüneberg* in: Palandt, 70. Aufl., EGBGB, Art. 246 § 1, Rn. 7; *Wendehorst* in: Münchener Kommentar, BGB, § 312 c, Rn. 27.

1632 Siehe 3. Teil, D, III, 2, a, aa.

1633 Siehe 3. Teil, D, III, 2, b, aa.

1634 Siehe 3. Teil, D, III, 2, b, cc.

Diese Information ist – verglichen mit der Angabe darüber, dass durch das Absenden des ausgefüllten Bestell- bzw. Registrierungsformulars ein Vertrag zustande kommt – die für den Anbieter unproblematischere Information, da sie weniger dazu geeignet ist, dem Nutzer bewusst zu machen, dass er sich vertraglich bindet. Zwar ist bei dieser Angabe die Langfristigkeit der (bisher noch nicht näher erläuterten) Rechtsfolgen eines Vertragsabschlusses mit diesem Anbieter bzw. zu dessen Bedingungen durch die Mitteilung der Mindestlaufzeit von 24 Monaten sowie der einzuhaltenden Kündigungsfrist von drei Monaten umso deutlicher ausgeprägt. Dem Nutzer wird – im Vergleich zu der gemäß Art. 246 § 1 Abs. 1 Nr. 4 Halbs. 2 EGBGB zu erteilenden Information über das Zustandekommen des Vertrages – durch diese Angabe aber nicht ausdrücklich bewusst gemacht, dass es durch seine Handlung zu einer vertraglichen Bindung von mindestens 24 Monaten zwischen ihm und dem Anbieter kommt. Der Nutzer wird diese Angabe allein daher auch nur als einen (nicht für ihn gedachten) allgemeinen Hinweis des Unternehmers zur üblichen Laufzeit eines Vertrages verstehen und diese Information demzufolge nicht weiter beachten, zumal er noch dazu von der Unentgeltlichkeit der Leistung ausgeht. Dass er also allein durch diese Information dazu veranlasst wird, sich auch mit den anderen zur Verfügung gestellten Informationen zu beschäftigen bzw. mit den Vertragsbedingungen näher auseinanderzusetzen, erscheint doch eher ausgeschlossen. Erst wenn dem Nutzer aufgrund der (inhaltlichen) Kenntnisnahme der gemäß Art. 246 § 1 Abs. 1 Nr. 4 Halbs. 2 EGBGB zu erteilenden Informationen bereits bewusst ist, dass er durch das Absenden des ausgefüllten Bestell- bzw. Registrierungsformulars einen Vertrag mit dem Anbieter zustande bringt, wird er sicherlich erkennen, dass die Informationen über die Mindestvertragslaufzeit auch im Zusammenhang mit dem Bezug des von ihm gewünschten Produktes einschlägig sind. Sicherlich könnte man in diesem Fall davon ausgehen, dass aufgrund der erlangten Kenntnis über die langfristige vertragliche Bindung nun auch eine höhere Motivation beim Nutzer vorhanden sein dürfte, sich mit den anderen zur Verfügung gestellten Informationen zu beschäftigen bzw. mit den Vertragsbedingungen näher auseinanderzusetzen, um zu sehen, welche Pflichten sich aus dem Vertragsverhältnis für ihn ergeben. Gleichwohl wird er dazu nicht veranlasst werden, solange er von der Entgeltlichkeit der Leistung keine Kenntnis hat und somit von der Vorstellung ausgeht, dass sie unentgeltlich ist. Und wenn den Nutzer – wie bereits dargestellt – die weiter nicht präzisierte Angabe darüber, dass überhaupt ein Vertrag zwischen ihm und dem Anbieter zustande kommt, schon nicht von einem Vertragsabschluss abhält, dann wird ihn auch die – insofern lediglich ergänzende – Angabe zur Mindestvertragslaufzeit aus demselben Grund (vermeintliche Unentgeltlichkeit der Leistung) wohl kaum dazu bewegen, von einem Vertragsabschluss mit diesem Anbieter, und damit auch von einem Vertragsabschluss zu dessen Bedingungen, Abstand zu nehmen.

Im Ergebnis kann auch die gemäß Art. 246 § 1 Abs. 1 Nr. 5 EGBGB vom Anbieter zur Verfügung zu stellende Angabe über die Mindestlaufzeit des Vertrages – ob nun für sich allein gesehen oder in Verbindung mit der gemäß Art. 246 § 1 Abs. 1 Nr. 4 Halbs. 2 EGBGB zu erteilenden Information über das Zustandekommen des Vertrages – den Nutzer nicht vor Abonnement- bzw. Vertragsfallen schützen. Aber auch diese Angabe trägt einen Teil dazu bei, dass dem Nutzer der tatsächliche Umfang seiner Erklärung bewusst werden kann, womit auch hier wieder eine grundsätzliche Relevanz zu bejahen ist.

Relevant wären die gemäß Art. 246 § 1 Abs. 1 Nr. 5 EGBGB zur Verfügung zu stellenden Informationen wiederum für Datenbanken und andere Schutzsysteme. Denn die Informationen zur Mindestvertragslaufzeit decken in jedem Fall zwei für das Funktionieren einer Abonnement- bzw. Vertragsfalle im Internet wesentliche Merkmale auf, nämlich die typischerweise versteckten bzw. verschleierten Vertragsbedingungen hinsichtlich des Ausschlusses der ordentlichen Kündigung für einen Zeitraum von 24 Monaten sowie die einzuhaltende Kündigungsfrist von drei Monaten.

c) Preisangabe

Gemäß Art. 246 § 1 Abs. 1 Nr. 7 EGBGB hat der Unternehmer den Gesamtpreis der Ware oder Dienstleistung einschließlich aller Steuern und sonstigen Preisbestandteile anzugeben, oder, sofern eine solche Angabe nicht möglich ist, seine Berechnungsgrundlage offenzulegen, die dem Verbraucher eine Überprüfung des Preises ermöglicht. Die sonstigen Preisbestandteile umfassen dabei alle Kosten, die der Verbraucher für den Erhalt der vertraglichen Leistung insgesamt aufzuwenden hat.[1635] Da die Vorschriften der Preisangabenverordnung von den Regelungen des Fernabsatzes unberührt bleiben,[1636] ist grundsätzlich der Endpreis im Sinne dieser Verordnung anzu-

[1635] Vgl. nur *Wendehorst* in: Münchener Kommentar, BGB, § 312 c, Rn. 33.
[1636] Vgl. etwa *BT-Drs.* 14/2658, S. 39; *Völker*, Neue Entwicklungen im Recht der Preisangaben, NJW

geben,[1637] der allerdings dem nach Art. 246 § 1 Abs. 1 Nr. 7 EGBGB anzugebenden Gesamtpreis entspricht. Denn gemäß der in § 1 Abs. 1 S. 1 PAngV enthaltenen Legaldefinition handelt es sich bei Endpreisen um die Preise, die einschließlich der Umsatzsteuer und sonstiger Preisbestandteile zu zahlen sind. Bei Abonnement- bzw. Vertragsfallen kann aber nicht angegeben werden, welche Kosten dem Verbraucher für die damit verbundenen Dienstleistungen über die Gesamtlaufzeit des Vertrages entstehen. Während bei einem befristeten Dauerschuldverhältnis vom Unternehmer verlangt werden könnte, dass er das für seine Leistung monatlich erhobene Entgelt für die Mindestlaufzeit des Vertrages aufaddiert und diese Summe dem Verbraucher mitteilt, kann dies bei den hier untersuchten Verträgen dahinstehen, weil es sich hierbei um unbefristete Dauerschuldverhältnisse handelt[1638]. Bei diesen steht die tatsächliche Laufzeit nämlich erst fest, wenn der Verbraucher den Vertrag grundsätzlich durch seine ordentliche Kündigung beendet, sodass die Angabe des auf der Laufzeit basierenden Gesamtpreises nicht möglich ist. Der Anbieter einer Abonnement- bzw. Vertragsfalle ist in diesem Falle aber gemäß Art. 246 § 1 Abs. 1 Nr. 7 EGBGB zur Offenlegung der Berechnungsgrundlage verpflichtet, d. h. zur Angabe des für seine Leistung monatlich erhobenen Entgelts.

Den Unternehmer zur Angabe eines „Mindestpreises“ (sozusagen als kleinster für die Leistung zu entrichtender Preis) zu verpflichten, der sich aus der von ihm ohnehin nach Art. 246 § 1 Abs. 1 Nr. 5 EGBGB mitzuteilenden Mindestlaufzeit des Vertrages und dem offenzulegenden monatlichen Entgelt ergeben würde, wäre sicherlich verbraucherfreundlich, ist aber weder aus dem Gesetz ersichtlich, noch wäre dies in den vorliegend untersuchten Fällen notwendig: Die Angabe des mindestens zu zahlenden Preises von in der Regel knapp unter 200 Euro (für 24 Monate) fände zwar sicherlich schon alleine aufgrund der Höhe des Betrages mehr Beachtung beim Nutzer als der Betrag des monatlichen Entgelts. Wie bereits erwähnt, ist diesem allerdings in den hier untersuchten Konstellationen gar nicht bewusst, dass er überhaupt einen Vertrag abschließt; zumindest aber nicht, dass es sich um einen Vertrag über eine kostenpflichtige Leistung handelt. Ausschlaggebend ist daher alleine schon die Information

2000, 2787 (2789); *Wendehorst* in: Münchener Kommentar, BGB, § 312 c, Rn. 35.

1637 Vgl. etwa *BGH*, Urt. v. 05.10.2005 - VIII ZR 382/04, NJW 2006, 211 (212); *LG Bonn*, Urt. v. 17.01.2002 - 14 O 178/01, VuR 2002, 257 (258); *Grüneberg* in: Palandt, 70. Aufl., EGBGB, Art. 246 § 1, Rn. 8; *Völker*, Neue Entwicklungen im Recht der Preisangaben, NJW 2000, 2787 (2789) m. w. N.; *Wendehorst* in: Münchener Kommentar, BGB, § 312 c, Rn. 35.

1638 Siehe 3. Teil, D, III, 2, a, aa.

darüber, dass die Leistung überhaupt gegen ein Entgelt erfolgt. Folglich wird aber auch jede Angabe über die Entgeltlichkeit der Leistung – gleich welcher Höhe – den Nutzer dazu bewegen, von einem Vertragsabschluss mit diesem Anbieter, genauer gesagt dessen Bedingungen, abzusehen. Schließlich will er das Produkt, von dem er in der Regel auch weiß (oder zumindest davon ausgeht), dass es kostenlos bezogen werden kann, ohne die Entrichtung eines Entgelts über das Internet beziehen. Die Offenlegung des monatlichen Entgelts ist somit nicht minder dazu geeignet, dem Nutzer diesen Aspekt bewusst zu machen, als die Nennung eines in der Summe höheren Mindestpreises. Daher ist diese Angabe für den Anbieter – soweit er der Verpflichtung zur Offenlegung der Berechnungsgrundlage ordnungsgemäß nachkommen möchte (vgl. hierzu die Rechtsfolgen der Missachtung vorvertraglicher Informationspflichten[1639]) – durchaus problematisch.

Im Hinblick auf den Schutz des Nutzers vor Abonnement- bzw. Vertragsfallen ist die Verpflichtung des Anbieters zur Offenlegung seiner Berechnungsgrundlage, d. h. zur Angabe des für seine Leistung monatlich erhobenen Entgelts, somit eine entscheidende Information, da diese Angabe – neben dem Kündigungsausschluss sowie der Kündigungsfrist – ein weiteres für das Funktionieren einer Abonnement- bzw. Vertragsfalle im Internet wesentliches Merkmal aufdeckt, nämlich die typischerweise versteckten bzw. verschleierten Vertragsbedingungen hinsichtlich der Kostenpflicht. Und auch für Datenbanken und andere Schutzsysteme wäre diese gemäß Art. 246 § 1 Abs. 1 Nr. 7 EGBGB zur Verfügung zu stellende Information wiederum von besonderer Relevanz.

d) Einzelheiten zur Zahlung und Lieferung oder Erfüllung

In Bezug auf den Schutz des Nutzers vor Abonnement- bzw. Vertragsfallen im Internet könnte vor Abgabe der Vertragserklärung des Weiteren Art. 246 § 1 Abs. 1 Nr. 9 EGBGB relevant sein: Danach muss der Unternehmer den Verbraucher über die Einzelheiten hinsichtlich der Zahlung und der Lieferung oder Erfüllung informieren. Während die Einzelheiten hinsichtlich der Lieferung oder Erfüllung in diesem Zusammenhang quasi belanglos sind, könnten die Einzelheiten hinsichtlich der Zahlung eine wichtige – und die Angaben über den Preis der Leistung ergänzende – Rolle spielen.

1639 Siehe 4. Teil, C, I, 4.

Der Unternehmer muss nämlich sowohl angeben, wann, als auch, wie die Zahlung erfolgen soll.[1640] Dies erfordert eine Angabe des Zahlungsziels (beispielsweise „innerhalb von 30 Tagen nach Erhalt der Rechnung") sowie der Zahlungsmodalitäten (beispielsweise „per Überweisung auf das genannte Konto" oder „Barzahlung bei Abholung").[1641] Anhand der Informationen hinsichtlich der Zahlung könnte dem Nutzer ebenfalls – wie durch die Offenlegung der Berechnungsgrundlage – bewusst werden, dass die Leistung des Anbieters nicht unentgeltlich erfolgt; sie wird ihm nämlich in Rechnung gestellt.

Der Nutzer wird diese Angabe allein gesehen – wie auch schon die gemäß Art. 246 § 1 Abs. 1 Nr. 5 EGBGB zur Verfügung zu stellende Angabe über die Mindestvertragslaufzeit – allerdings auch bloß als einen (nicht für ihn gedachten) allgemeinen Hinweis des Anbieters verstehen, wann und wie in Rechnung gestellte Leistungen zu zahlen sind, und diese Information daher – zumal er noch dazu von der Unentgeltlichkeit der Leistung ausgeht – gar nicht weiter beachten. Ob ihm also schon durch diese Information die Entgeltlichkeit bewusst wird oder er hierdurch zumindest dazu veranlasst wird, sich nunmehr auch mit den anderen zur Verfügung gestellten Informationen zu beschäftigen bzw. mit den Vertragsbedingungen näher auseinanderzusetzen, erscheint doch eher fraglich. Erst wenn ihm die Entgeltlichkeit der Leistung aufgrund der gemäß Art. 246 § 1 Abs. 1 Nr. 7 EGBGB offenzulegenden Berechnungsgrundlage bewusst ist, wird er sicherlich auch die tatsächliche Relevanz dieser Information erkennen können. Ist ihm die Entgeltlichkeit aber erst einmal bewusst, bringen die hinsichtlich der Zahlung zur Verfügung zu stellenden Einzelheiten im Ergebnis aber für den Schutz des Nutzers keinen Mehrwert.

Eine weitaus größere Bedeutung erlangt die gemäß Art. 246 § 1 Abs. 1 Nr. 9 EGBGB zu erteilende Information abermals für Datenbanken und andere Schutzsysteme: Denn die Vertragsbedingung, dass die Zahlung „auf Rechnung" bzw. „nach Erhalt der Rechnung" erfolgen soll, ist ein weiteres wesentliches Merkmal einer Abonnement- bzw. Vertragsfalle.

[1640] Vgl. nur *Föhlisch* in: Hoeren/Sieber, Multimedia-Recht, Teil 13.4, Rn. 155, 157; *Grüneberg* in: Palandt, 70. Aufl., EGBGB, Art. 246 § 1, Rn. 9.

[1641] Vgl. nur *Föhlisch* in: Hoeren/Sieber, Multimedia-Recht, Teil 13.4, Rn. 155, 157; *Wendehorst* in: Münchener Kommentar, BGB, § 312 c, Rn. 37.

e) Widerrufs- und Rückgaberecht

Der Umfang der Informationen zum Widerrufs- und Rückgaberecht, die der Unternehmer nach Art. 246 § 1 Abs. 1 Nr. 10 EGBGB erteilen muss, ist nach Umsetzung der Richtlinie 2002/65/EG wesentlich erweitert worden, insbesondere was das Zurverfügungstellen dieser Informationen in der vorvertraglichen Phase anbelangt.[1642] Der Verbraucher muss zunächst darauf hingewiesen werden, ob ihm gemäß § 312 d BGB ein Widerrufsrecht nach § 355 BGB oder ein Rückgaberecht nach § 356 BGB zusteht oder nicht (etwa wenn Ausschluss- und Erlöschungsgründe vorliegen)[1643]. Gemeint sind damit vorwiegend die in § 312 d Abs. 4 Nr. 1 bis 7 BGB genannten Fälle, in denen ein Widerrufsrecht grundsätzlich nicht besteht.[1644] Aber auch das Erlöschen des Widerrufsrechts gemäß § 312 d Abs. 3 BGB aufgrund der vollständigen Erfüllung des Vertrages wird erfasst.[1645]

Darüber hinaus muss der Unternehmer dem Verbraucher die konkreten Bedingungen des Widerrufs oder der Rückgabe umfassend darlegen. Dies bedeutet, dass er ihn vor allem darüber informieren muss, wann die Widerrufsfrist beginnt, wie lange sie läuft und wie sie berechnet wird; außerdem muss er etwa darauf hinweisen, dass zur Wahrung der Frist die rechtzeitige Absendung des Widerrufs oder die Rücksendung der Sache genügt (§ 355 Abs. 1 S. 2 Halbs. 2 BGB).[1646]

Des Weiteren ist der Verbraucher über die Einzelheiten der Ausübung des Widerrufs oder der Rückgabe zu belehren. So muss ihm der Unternehmer die unterschiedlichen Formen aufzeigen, wie er einen Widerruf erklären bzw. das Rückgaberecht ausüben kann (vgl. §§ 355 Abs. 1 S. 2 Halbs. 1, 356 Abs. 2 BGB).[1647] Zu den Einzelheiten der Ausübung gehören aber auch der Hinweis, dass der Widerruf bzw. die Rückgabe

---

[1642] So bspw. auch *Thüsing* in: Staudinger, BGB, § 312 c, Rn. 69; *Wendehorst* in: Münchener Kommentar, BGB, § 312 c, Rn. 40.

[1643] Vgl. nur *Grüneberg* in: Palandt, 70. Aufl., EGBGB, Art. 246 § 1, Rn. 10; *Wendehorst* in: Münchener Kommentar, BGB, § 312 c, Rn. 40.

[1644] Vgl. etwa *Grüneberg* in: Palandt, 70. Aufl., EGBGB, Art. 246 § 1, Rn. 10; *Micklitz/Schirmbacher* in: Spindler/Schuster, BGB, § 312 d, Rn. 6; *Wendehorst* in: Münchener Kommentar, BGB, § 312 c, Rn. 40.

[1645] Vgl. nur *Grüneberg* in: Palandt, 70. Aufl., BGB, § 312 d, Rn. 7; *Wendehorst* in: Münchener Kommentar, BGB, § 312 c, Rn. 40.

[1646] Vgl. nur *Micklitz/Schirmbacher* in: Spindler/Schuster, BGB, § 312 c, Rn. 126; *Wendehorst* in: Münchener Kommentar, BGB, § 312 c, Rn. 41.

[1647] Vgl. nur *Micklitz/Schirmbacher* in: Spindler/Schuster, BGB, § 312 c, Rn. 126; *Wendehorst* in: Münchener Kommentar, BGB, § 312 c, Rn. 42.

nicht begründet werden müssen (vgl. §§ 355 Abs. 1 S. 2 Halbs. 1, 356 Abs. 2 S. 2 BGB)[1648], sowie die im Gesetz nun ausdrücklich verlangte Angabe des Namens und der Anschrift desjenigen, gegenüber dem der Widerruf zu erklären ist bzw. an den die Rückgabe zu erfolgen hat (vgl. auch § 360 Abs. 1 S. 2 Nr. 3, Abs. 2 S. 2 Nr. 4 BGB)[1649].

Schließlich ist der Unternehmer gemäß Art. 246 § 1 Abs. 1 Nr. 10 EGBGB noch dazu verpflichtet, den Verbraucher hinsichtlich der Rechtsfolgen des Widerrufs oder der Rückgabe zu unterrichten. Zu den Rechtsfolgen einer Ausübung des Widerrufsrechts gehört unter anderem die Verpflichtung zur Rückgewähr empfangener Leistungen (vgl. §§ 357 Abs. 1, 346 Abs. 1 BGB), wie beispielsweise die Rücksendung der empfangenen Sache nach § 357 Abs. 2 S. 1, 346 Abs. 1 BGB,[1650] oder stattdessen die Verpflichtung, hierfür gegebenenfalls Wertersatz zu leisten (vgl. §§ 357 Abs. 1, 346 Abs. 2 BGB), zum Beispiel durch eine anteilige Vergütung nach §§ 357 Abs. 1, 346 Abs. 2 S. 1 Nr. 1 BGB.[1651] Diesbezüglich ist der Unternehmer sogar ausdrücklich dazu verpflichtet, den Betrag zu nennen, den der Verbraucher im Falle des Widerrufs oder der Rückgabe gemäß § 357 Abs. 1 BGB für die erbrachte Dienstleistung zu zahlen hat, vgl. Art. 246 § 1 Abs. 1 Nr. 10 EGBGB a. E. Der Unternehmer wird dabei von dem wesentlich erweiterten Umfang der Informationen zum Widerrufs- bzw. Rückgaberecht insofern entlastet, als er zur Erfüllung seiner Informationspflicht das Muster für die Widerrufsbelehrung (Anlage 1)[1652] bzw. das Muster für die Rückgabebelehrung (Anlage 2)[1653] zu Art. 246 § 2 Abs. 3 S. 1 EGBGB verwenden kann.[1654]

So umfassend die vom Anbieter nach Art. 246 § 1 Abs. 1 Nr. 10 EGBGB zur Verfügung zu stellenden Informationen auch sind, so gering ist ihre tatsächliche Relevanz im Hinblick auf den Schutz des Nutzers vor Abonnement- bzw. Vertragsfallen im Internet. Denn auch diesbezüglich ist – mehr noch als bei der gemäß Art. 246 § 1 Abs. 1 Nr. 5 EGBGB zur Verfügung zu stellenden Angabe über die Mindestvertragslaufzeit

---

1648 Vgl. nur *Micklitz/Schirmbacher* in: Spindler/Schuster, BGB, § 312 c, Rn. 126; *Wendehorst* in: Münchener Kommentar, BGB, § 312 c, Rn. 42.

1649 Vgl. *Grüneberg* in: Palandt, 70. Aufl., EGBGB, Art. 246 § 1, Rn. 10; *Wendehorst* in: Münchener Kommentar, BGB, § 312 c, Rn. 42.

1650 Vgl. nur *Micklitz/Schirmbacher* in: Spindler/Schuster, BGB, § 312 c, Rn. 130; *Wendehorst* in: Münchener Kommentar, BGB, § 312 c, Rn. 42.

1651 Vgl. nur *Grüneberg* in: Palandt, 70. Aufl., EGBGB, Art. 246 § 1, Rn. 10.

1652 *BGBl.* I 2011/41, S. 1602-1604.

1653 *BGBl.* I 2011/41, S. 1605-1606.

1654 Vgl. nur *Grüneberg* in: Palandt, 70. Aufl., EGBGB, Art. 246 § 1, Rn. 10; *Thüsing* in: Staudinger, BGB, § 312 c, Rn. 69.

und den gemäß Art. 246 § 1 Abs. 1 Nr. 9 EGBGB anzugebenden Einzelheiten hinsichtlich der Zahlung – zu befürchten, dass der Nutzer diese Belehrung allein gesehen nur für einen nicht für ihn gedachten allgemeinen Hinweis des Anbieters hält, insbesondere wenn der Anbieter zur Erfüllung seiner Pflicht das Muster für die Widerrufsbelehrung (Anlage 1) bzw. das Muster für die Rückgabebelehrung (Anlage 2) zu Art. 246 § 2 Abs. 3 S. 1 EGBGB verwendet. Dass ihm nämlich aufgrund dieser Belehrung bewusst wird, dass er einen Vertrag abschließt, oder dass er durch die Belehrung zumindest dazu veranlasst wird, sich mit dieser sowie den anderen zur Verfügung gestellten Informationen zu beschäftigen bzw. mit den Vertragsbedingungen näher auseinanderzusetzen, erscheint unwahrscheinlich. Denn dazu müsste er zunächst aus dem bloßen Vorhandensein dieser umfangreichen Informationen zum Widerrufs- und Rückgaberecht darauf schließen, dass ihm tatsächlich ein solches zusteht. Er wird die Belehrung nämlich wohl kaum beachten, geschweige denn (inhaltlich) zur Kenntnis nehmen, da er schließlich von der Unentgeltlichkeit der Leistung ausgeht und daher annimmt, dass diese Informationen im Zusammenhang mit dem von ihm ausgewählten Produkt keine Relevanz haben. Dann müsste er wissen, dass er durch die Ausübung des Widerrufs- bzw. Rückgaberechts an seine auf den Abschluss des Vertrages gerichtete Willenserklärung nicht mehr gebunden ist (wie geschildert, ist nicht davon auszugehen, dass der Nutzer die diesbezügliche Belehrung des Unternehmers inhaltlich zur Kenntnis genommen hat). Letztlich müsste er daraus schließen, dass es im Zusammenhang mit der Plattform des Anbieters auch Willenserklärungen gibt, die auf den Abschluss eines Vertrages gerichtet sind, und dass er selbst im Begriff ist, eine solche abzugeben. Dies kann von einem durchschnittlichen, juristisch nicht vorgebildeten Nutzer jedoch nicht erwartet werden.

f) Zwischenergebnis zum Inhalt der Informationspflicht

Wie die Untersuchung gezeigt hat, kann – abgesehen von Nr. 7 – zwar keine der gemäß Art. 246 § 1 Abs. 1 EGBGB vom Anbieter zu erteilenden Informationen für sich alleine gesehen den Nutzer vor Abonnement- bzw. Vertragsfallen schützen. Dennoch kommt einigen von ihnen, namentlich sind dies die beiden Halbsätze der Nummer 4 sowie die Nummern 5 und 7, diesbezüglich eine grundsätzliche Relevanz zu. Dem Nutzer kann durch die genannten Informationen nämlich durchaus bewusst werden, welchen tatsächlichen Umfang seine Erklärung hat. Denn er kann anhand dieser Informationen erkennen, dass er durch das Ausfüllen und Absenden des Bestell- bzw. Registrierungsformulars eine Willenserklärung abgibt, die auf den Abschluss (hier die Annahme) eines Vertrages (vgl. Nr. 4 Halbs. 2) mit einer Mindestlaufzeit von 24 Monaten (vgl. Nr. 5) gerichtet ist, der eine Dienstleistung zum Gegenstand hat (vgl. Nr. 4 Halbs. 1), für die er ein monatliches Entgelt zu entrichten hat (vgl. Nr. 7). Diese Informationspflichten könnten in ihrer Gesamtheit somit dazu führen, dass die versteckten bzw. verschleierten Vertragsbedingungen derart hervorgehoben werden, dass der Nutzer nunmehr von dem ungewollten Vertragsabschluss mit diesem Anbieter, genauer gesagt dessen Konditionen, absehen wird. Ob dem Nutzer aufgrund der erteilten Informationen allerdings bewusst wird, welchen tatsächlichen Umfang seine Erklärung hat – und ob diese Informationen damit das Funktionieren der Abonnement- bzw. Vertragsfalle tatsächlich vereiteln –, hängt vor allem von der Frage ab, ob er diese Informationen auch inhaltlich zur Kenntnis nimmt. Dies wiederum ist abhängig von ihrer Wahrnehmbarkeit (d. h. sie dürfen nicht einfach unauffällig während des Bestell- bzw. Registrierungsvorgangs nebenbei angezeigt werden), die maßgeblich durch die Form und Gestaltung der Informationen bestimmt wird und daher im Folgenden eingehender zu untersuchen ist.

3. Form und Gestaltung der Informationspflicht

Neben dem notwendigen Inhalt der Informationen, die dem Verbraucher gemäß Art. 246 § 1 Abs. 1 EGBGB rechtzeitig vor Abgabe seiner Vertragserklärung zur Verfügung zu stellen sind, spielen in Bezug auf den Schutz des Verbrauchers vor Abonnement- bzw. Vertragsfallen im Internet die Form und die Gestaltung dieser Informationen eine wichtige Rolle. Denn Form und Gestaltung sind maßgeblich dafür verantwortlich, dass ein durchschnittlich aufmerksamer Verbraucher die Informationen überhaupt wahrnehmen kann und – sofern er sie dann auch inhaltlich zur Kenntnis nimmt – auf die versteckten bzw. verschleierten Vertragsbedingungen stößt. Daher wird ein Anbieter einer Abonnement- bzw. Vertragsfalle auch bestrebt sein, die Vielzahl der ihm gerade im Internet zur Verfügung stehenden Gestaltungsmöglichkeiten dahingehend zu nutzen, die Wahrscheinlichkeit weitestgehend zu minimieren, dass der Nutzer auf diese Informationen aufmerksam wird. Welche Spielräume er tatsächlich bei der Gestaltung dieser Informationen hat, soll im Folgenden näher untersucht werden.

Die hier untersuchten Fernabsatzverträge haben keine Finanzdienstleistungen zum Gegenstand. Insofern ist das Zurverfügungstellen der Informationen zwar an keine besondere Form gebunden, hinsichtlich ihrer Gestaltung müssen jedoch bestimmte Voraussetzungen eingehalten werden:[1655] Gemäß Art. 246 § 1 EGBGB hat der Unternehmer dem Verbraucher in einer dem eingesetzten Fernkommunikationsmittel entsprechenden Weise klar und verständlich und unter Angabe des geschäftlichen Zwecks die entsprechenden Informationen zur Verfügung zu stellen.

a) Klar und verständlich

Durch die Voraussetzung, dass die Informationen klar und verständlich sein müssen, wird der Inhalt des Transparenzgebots in Art. 246 § 1 EGBGB verkörpert, welches für sämtliche vom Unternehmer geschuldeten Informationen gilt.[1656] Allerdings sind weder der Vorschrift selbst noch Art. 4 Abs. 2 der Richtlinie 97/7/EG, aus dem die beiden Merkmale wortgleich übernommen wurden[1657], Hinweise zur Auslegung des fernabsatzrechtlichen Transparenzgebots zu entnehmen und auch in den entsprechenden Gesetzgebungsmaterialien[1658] sind diesbezüglich nur wenige Anhaltspunkte zu finden.[1659] Während das Merkmal der Verständlichkeit der Informationserteilung – auf das sogleich noch näher eingegangen wird – noch aus dem naheliegenden Wortsinn hergeleitet werden kann und Verstehbarkeit sowohl in sachlicher als auch in inhaltlicher sowie sprachlicher Hinsicht bedeutet, erschließt sich die Bedeutung des Merkmals der Klarheit der Information auf diesem Wege nicht.[1660] Daher verwundert es, dass insbesondere der Begriff der Klarheit trotz seiner besonderen Bedeutung für das Verständnis des Transparenzgebots im Fernabsatz weder vom europäischen noch vom deutschen Gesetzgeber näher erläutert wird.[1661]

1655 So allg. etwa auch *Dilger*, S. 75; *Klewitz*, S. 289; *Micklitz/Schirmbacher* in: Spindler/Schuster, BGB, § 312 c, Rn. 34; *Thüsing* in: Staudinger, BGB, § 312 c, Rn. 22.

1656 Vgl. etwa *BT-Drs.* 14/2658, S. 38; *Grüneberg* in: Palandt, 70. Aufl., EGBGB, Art. 246 § 1, Rn. 4; *Grüneberg* in: Palandt, BGB, § 312 c, Rn. 2; *Micklitz/Schirmbacher* in: Spindler/Schuster, BGB, § 312 c, Rn. 28; *Ott*, Informationspflichten im Internet und ihre Erfüllung durch das Setzen von Hyperlinks, WRP 2003, 945 (953); *Thüsing* in: Staudinger, BGB, § 312 c, Rn. 27.

1657 Vgl. nur *Aigner/Hofmann*, Rn. 279; *Thüsing* in: Staudinger, BGB, § 312 c, Rn. 27.

1658 Vgl. *BT-Drs.* 14/2658, S. 38.

1659 So bspw. auch *BGH*, Urt. v. 05.10.2005 - VIII ZR 382/04, NJW 2006, 211 (212); *Klewitz*, S. 289.

1660 So auch *Aigner/Hofmann*, Rn. 279.

1661 Ebd.

Zur näheren Bestimmung des Merkmals der Klarheit, aber auch in Bezug auf das Merkmal der Verständlichkeit der Informationserteilung könnten die zur Richtlinie 93/13/EWG entwickelten Maßstäbe, die auch in den deutschen AGB-rechtlichen Vorschriften (vgl. §§ 305 bis 310 BGB) zum Ausdruck kommen, herangezogen werden.[1662] Denn zum einen stimmt das gemeinschaftsrechtliche Transparenzgebot mit dem des deutschen Rechts weitgehend überein.[1663] Zum anderen geht der deutsche Gesetzgeber davon aus, dass bei der Erteilung aller vom Unternehmer geschuldeten Informationen zumindest die Anforderungen des AGB-rechtlichen Transparenzgebots zu erfüllen sind.[1664]

Wie in dieser Untersuchung bereits ausführlich dargestellt wurde[1665], verpflichtet das AGB-rechtliche Transparenzgebot den Verwender beispielsweise dazu, seine Allgemeinen Geschäftsbedingungen grundsätzlich so zu gestalten, dass bei alltäglichen Geschäften, die für den durchschnittlichen (End-)Kunden bestimmt sind, nicht unnötig juristische Fachbegriffe verwendet werden, deren Bedeutung dem Laien unbekannt ist.[1666] Es sind vielmehr solche Formulierungen zu wählen, die auch ein juristisch nicht vorgebildeter Leser verstehen (Laienhorizont)[1667] und damit die ihn benachteiligende Wirkung einer Klausel auch ohne Einholung von Rechtsrat erkennen kann.[1668] Die Regelungen dürfen sich nicht widersprechen oder häufig überschneiden, da sie ansonsten der geforderten Verständlichkeit des Inhalts entgegenstehen.[1669] Zudem muss ausgeschlossen sein, dass es durch eine entsprechende Formulierung zu einer Täuschung des Verbrauchers kommen kann.[1670] Schließlich ist bei den vorliegend

---

1662 So bspw. auch *Dilger*, S. 77; *Föhlisch* in: Hoeren/Sieber, Multimedia-Recht, Teil 13.4, Rn. 97; *Hoenike/Hülsdunk*, Die Gestaltung von Fernabsatzangeboten im elektronischen Geschäftsverkehr nach neuem Recht, MMR 2002, 415 (417).

1663 So auch *Dilger*, S. 77.

1664 Vgl. *BT-Drucks*. 14/2658, S. 38. So bspw. auch *Aigner/Hofmann*, Rn. 279; *Ott*, Informationspflichten im Internet und ihre Erfüllung durch das Setzen von Hyperlinks, WRP 2003, 945 (953 f.); *Wendehorst* in: Münchener Kommentar, BGB, § 312 c, Rn. 85.

1665 Siehe 3. Teil, C, I, 2, b, bb, ddd.

1666 Vgl. etwa *OLG Schleswig*, Rechtsent. v. 27.03.1995 - 4 RE-Miet 1/93, NJW 1995, 2858 (2859); *Aigner/Hofmann*, Rn. 293; *Müller*, AGB-rechtliche Zulässigkeit von Diskontsatz-Verzugszinsklauseln, NJW 1996, 1520 (1520) m. w. N.; *Schlosser* in: Staudinger, BGB, § 305, Rn. 141.

1667 Vgl. nur *Mehrings*, Verbraucherschutz im Cyberlaw: Zur Einbeziehung von AGB im Internet, BB 1998, 2373 (2377) m. w. N.

1668 Vgl. nur *BGH*, Urt. v. 24.11.1988 - III ZR 188/87, BGHZ 106, 42 (49) = NJW 1989, 222 (224); *BGH*, Urt. v. 15.10.1991 - XI ZR 192/90, BGHZ 116, 1 (4) = NJW 1992, 179 (180); *Aigner/Hofmann*, Rn. 293; *Dilger*, S. 77; *Grüneberg* in: Palandt, BGB, § 307, Rn. 17.

1669 Vgl. nur *Pfeiffer* in: Wolf/Lindacher/Pfeiffer, AGB, § 305, Rn. 88; *Schlosser* in: Staudinger, BGB, § 305, Rn. 140.

1670 Vgl. *Aigner/Hofmann*, Rn. 293; *Grüneberg* in: Palandt, BGB, § 307, Rn. 21, 24.

untersuchten Abonnement- bzw. Vertragsfallen im Internet die Vorschrift des § 310 Abs. 3 BGB einschlägig[1671], die in Nr. 3 den Maßstab zur Beurteilung einer unangemessenen Benachteiligung bei Verbraucherverträgen modifiziert. Der Unternehmer hat demnach auch die Markterfahrung und die Fähigkeiten des jeweiligen Verbrauchers zu berücksichtigen.[1672]

Überträgt man die Vorgaben des AGB-rechtlichen Transparenzgebotes auf das in Art. 246 § 1 EGBGB verkörperte Transparenzgebot, so bedeutet das für die erforderliche Klarheit und Verständlichkeit der vom Unternehmer geschuldeten Informationen: Bei Verbraucherverträgen im Fernabsatz sind die Pflichtangaben unter Vermeidung dem Laien unbekannter juristischer Fachbegriffe grundsätzlich so zu formulieren, dass der angesprochene rechtsunkundige Durchschnittsverbraucher, der Distanzgeschäfte tätigt, in der Lage ist, den Inhalt der erteilten Informationen ohne die Einholung von Rechtsrat zu verstehen.[1673] Die Informationen dürfen sich nicht widersprechen oder häufig überschneiden und selbstverständlich auch nicht dazu geeignet sein, den Verbraucher zu täuschen.[1674]

Diese Vorgaben des AGB-rechtlichen Transparenzgebots stellen somit im Ergebnis aber vor allem Anforderungen an die inhaltliche Klarheit im Sinne der inhaltlichen Verstehbarkeit der Information.[1675] Sie füllen damit das Merkmal der Verständlichkeit der Informationen aus. Was aber die Bedeutung des Merkmals der Klarheit der Information betrifft, so lässt sich dieses durch Heranziehung der zur Richtlinie 93/13/EWG entwickelten Maßstäbe nicht ausreichend bestimmen. Und auch das im AGB-Recht kodifizierte Transparenzgebot hilft trotz identischer Verwendung der Merkmale Klarheit und Verständlichkeit (vgl. § 307 Abs. 1 S. 2 BGB) für die Bestimmung dieser Begriffe nicht weiter, da der deutsche Gesetzgeber auch hier nicht eindeutig erläutert, wie insbesondere das Merkmal der Klarheit zu verstehen ist.[1676]

1671 Siehe 3. Teil, B, II, 2.

1672 Vgl. nur *Dilger*, S. 77.

1673 So bspw. auch *Aigner/Hofmann*, Rn. 293; *Dilger*, S. 77; *Hoenike/Hülsdunk*, Die Gestaltung von Fernabsatzangeboten im elektronischen Geschäftsverkehr nach neuem Recht, MMR 2002, 415 (417); *Klewitz*, S. 293; *Micklitz/Schirmbacher* in: Spindler/Schuster, BGB, § 312 c, Rn. 30; *Wendehorst* in: Münchener Kommentar, BGB, § 312 c, Rn. 85.

1674 Vgl. etwa *Aigner/Hofmann*, Rn. 293.

1675 So auch *Aigner/Hofmann*, Rn. 279.

1676 Vgl. *BT-Drs*. 14/6040, S. 153 f. So auch *Aigner/Hofmann*, Rn. 279.

Um nun auch der Bedeutung des bisher noch nicht ausreichend bestimmbaren Merkmals der Klarheit näher zu kommen, erscheint es unter Zugrundelegung der europarechtlichen Wurzeln, der Gesetzgebungsgeschichte sowie der eigentlichen Bestimmung gerade der vorvertraglichen Informationen naheliegend und vertretbar, den Begriff der Klarheit der Informationserteilung im Sinne von „Auffindbarkeit“ der erteilten Informationen zu verstehen.[1677] Ein solches Verständnis lässt sich zum einen unmittelbar aus der Gesetzgebungsgeschichte der Richtlinie 97/7/EG herleiten: Denn noch nach dem Vorschlag zu dieser Richtlinie mussten die Informationen „klar erkennbar“ erteilt werden (vgl. Art. 6 Abs. 1).[1678] Das Element der Erkennbarkeit ist später jedoch zur Vermeidung einer Redundanz mit dem Merkmal der Klarheit entfallen.[1679] Das Merkmal der Erkennbarkeit oder, wie vorgeschlagen, der Auffindbarkeit der Informationen setzt dem naheliegenden Wortsinn nach lediglich voraus, dass die vorvertraglichen Informationen als solche optisch gut wahrgenommen werden können.[1680]

Zum anderen lässt sich ein solches Verständnis des Merkmals der Klarheit auch mittelbar durch Heranziehung der Richtlinie 2000/31/EG und damit unmittelbar aus der Gesetzesbegründung zu den §§ 6 und 7 des Gesetzes über die Nutzung von Telediensten (Teledienstegesetz – TDG) vom 22. Juli 1997[1681] (später: Telemediengesetz (TMG) vom 26. Februar 2007[1682]) herleiten: Der europarechtliche Begriff der Klarheit wird nämlich auch mehrmals in dieser Richtlinie (vgl. beispielsweise Art. 10 Abs. 1) genannt, in deren zentralen Umsetzungsnorm hierfür wiederum die fernabsatzrechtliche Terminologie der klaren und verständlichen Informationserteilung zu finden ist (vgl. ursprünglich § 312 e Abs. 1 S. 1 Nr. 2 BGB a. F., nunmehr wortgleich § 312 g Abs. 1 S. 1 Nr. 2 BGB n. F.).[1683] Und da das in § 6 TDG kodifizierte Transparenzgebot der Umsetzung des Transparenzgebots aus Art. 5 der Richtlinie 2000/31/EG dient,[1684] und somit aufgrund dieses gemeinschaftsrechtlichen Hintergrundes dieselbe Bedeutung

---

1677 So auch *Aigner/Hofmann*, Rn. 280.
1678 Vgl. *Aigner/Hofmann*, Rn. 280.
1679 Vgl. ebd.
1680 So auch *Aigner/Hofmann*, Rn. 280.
1681 Verkündet als Art. 1 des Gesetzes zur Regelung der Rahmenbedingungen für Informations- und Kommunikationsdienste (Informations- und Kommunikationsdienste-Gesetz – IuKDG) vom 22. Juli 1997, *BGBl.* I 1997/52, S. 1870-1871.
1682 Verkündet als Art. 1 des Gesetzes zur Vereinheitlichung von Vorschriften über bestimmte elektronische Informations- und Kommunikationsdienste (Elektronischer-Geschäftsverkehr-Vereinheitlichungsgesetz – ElGVG) vom 26. Februar 2007, *BGBl.* I 2007/6, S. 179-184.
1683 Vgl. nur *Aigner/Hofmann*, Rn. 281.
1684 Vgl. nur *BT-Drucks.* 14/6098, S. 21.

wie das fernabsatzrechtliche Transparenzgebot hat,[1685] können die dort verwendeten Transparenzmerkmale bzw. die entsprechenden Gesetzesbegründungen zur näheren Bestimmung des Merkmals der Klarheit herangezogen werden. In der Gesetzesbegründung zu § 6 TDG[1686] aber auch zu § 7 TDG[1687] erläutert der Gesetzgeber dieses Merkmal nämlich näher:[1688] So sei nur dann von einer klaren Informationserteilung auszugehen, wenn die Informationen ohne Aufwand wahrnehmbar sind, was neben einer leichten Erkennbarkeit auch eine Positionierung an einer gut sichtbaren Stelle erfordert.[1689] Darüber hinaus verlange das Transparenzgebot aber auch, dass die Informationen unmittelbar, d. h. ohne komplizierte Verweisungen bzw. ohne langes Suchen, zu erreichen sind,[1690] wodurch wiederum die aufwandfreie Wahrnehmbarkeit der erteilten Informationen unterstützt wird. Es liegt bei einer Gesamtbetrachtung deshalb nahe, auch den fernabsatzrechtlichen Begriff der Klarheit der Informationserteilung im Sinne einer optisch leichten Auffindbarkeit der erteilten Informationen zu interpretieren,[1691] wozu durchaus auch eine gewisse Übersichtlichkeit gehört;[1692] zumindest dürfen die zu erteilenden Informationen daher nicht in kleiner Schrift an versteckter Stelle platziert werden,[1693] was im Hinblick auf den Schutz des Verbrauchers vor Abonnement- bzw. Vertragsfallen im Internet eine begrüßenswerte gestalterische Einschränkung darstellt. Die Pflichtinformationen müssen folglich – neben der erforderlichen Verständlichkeit ihres Inhalts – auch so positioniert sein, dass eine optisch einfache und effektive Möglichkeit ihrer Auffindbarkeit besteht, sodass ein potenzieller Kunde sie realistischerweise auch wahrnehmen wird.[1694] Denn nur wenn die Informationen auf der Internetseite leicht auffindbar sind, können sie ihren bezweck-

---

1685 Vgl. etwa *LG München*, Urt. v. 11.09.2003 - 29 U 2681/03, NJW-RR 2004, 913 (914), *Hoenike/Hülsdunk*, Die Gestaltung von Fernabsatzangeboten im elektronischen Geschäftsverkehr nach neuem Recht, MMR 2002, 415 (416); *Thüsing* in: Staudinger, BGB, § 312 c, Rn. 29.

1686 Vgl. *BT-Drs.* 14/6098, S. 21.

1687 Vgl. *BT-Drs.* 14/6098, S. 22.

1688 So auch *Aigner/Hofmann*, Rn. 281.

1689 Vgl. *BT-Drs.* 14/6098, S. 21 f.

1690 Vgl. ebd.

1691 So auch *Aigner/Hofmann*, Rn. 281; *Hoenike/Hülsdunk*, Die Gestaltung von Fernabsatzangeboten im elektronischen Geschäftsverkehr nach neuem Recht, MMR 2002, 415 (417).

1692 So auch *BGH*, Urt. v. 09.05.2001 - IV ZR 121/00, BGHZ 147, 354 (362 f.) = NJW 2001, 2014 (2016 f.); *Aigner/Hofmann*, Rn. 281.

1693 So bspw. auch *OLG Hamburg*, Urt. v. 27.03.2003 - 5 U 113/02, NJW 2004, 1114 (1116); *Aigner/Hofmann*, Rn. 281; *Klewitz*, S. 293 f.; *Schmittmann*, Aktuelle Entwicklungen im Fernabsatzrecht, K&R 2003, 385 (388); *Thüsing* in: Staudinger, BGB, § 312 c, Rn. 29.

1694 So bspw. auch *Aigner/Hofmann*, Rn. 281; *Hoenike/Hülsdunk*, Die Gestaltung von Fernabsatzangeboten im elektronischen Geschäftsverkehr nach neuem Recht, MMR 2002, 415 (417); *Mankowski*, Fernabsatzrecht: Information über das Widerrufsrecht und Widerrufsbelehrung bei Internetauftritten, CR 2001, 767 (770).

ten Wert sowie den durchaus beabsichtigten Lästigkeitswert gegenüber dem Unternehmer entfalten.[1695]

Damit sind nunmehr zwar die Begrifflichkeiten und Merkmale des fernabsatzrechtlichen Transparenzgebots näher bestimmt. Bei der Weise, in der diese Informationen dem Verbraucher zur Verfügung zu stellen sind, muss sich der Unternehmer aber – wie auch schon in Art. 246 § 1 Abs. 1 EGBGB deutlich zum Ausdruck gebracht wird – an dem jeweils eingesetzten Fernkommunikationsmittel orientieren. Mit anderen Worten: Der Grundsatz des fernabsatzrechtlichen Transparenzgebots mit seinen Merkmalen der Klarheit und Verständlichkeit ist medienspezifisch, d. h. je nach eingesetztem Fernkommunikationsmittel zu konkretisieren bzw. zu modifizieren.

b) Dem eingesetzten Fernkommunikationsmittel entsprechende Weise

Die medienspezifische Weise, in der diese Informationen dem Verbraucher zur Verfügung zu stellen sind, ergibt sich nicht zuletzt und gerade beim Einsatz des Internets als Fernkommunikationsmittel aus dessen technischen Möglichkeiten.[1696] So ist es (technisch) durchaus möglich, die zu erteilenden Informationen auf jeder einzelnen Internetseite des Unternehmers zu präsentieren – sei es beispielsweise nur in der Fußzeile einer jeden Internetseite –, um der Informationspflicht Genüge zu tun.[1697] Im Gegensatz zum klassischen Druckmedium, wie etwa dem Werbeprospekt oder dem Katalog, ist die Darstellung dieser Informationen auf einer Internetseite für den Unternehmer mit keinen bzw. mit vergleichsweise geringen Kosten für den auf jeder Seite zusätzlich zu schaffenden Platz verbunden. Dennoch dürften ein solcher Ansatz oder gar eine solche Forderung zu weit gehen.[1698]

Genauso, wie sich aus dem fernabsatzrechtlichen Transparenzgebot nicht herleiten lässt, dass die Pflichtangaben auf jeder einzelnen Internetseite des Unternehmers darzustellen sind, lässt sich aus diesem nicht herleiten, dass die Informationen auf einer

---

[1695] Vgl. *Mankowski*, Fernabsatzrecht: Information über das Widerrufsrecht und Widerrufsbelehrung bei Internetauftritten, CR 2001, 767 (770).

[1696] So auch *Wendehorst* in: Münchener Kommentar, BGB, § 312 c, Rn. 80.

[1697] So bspw. auch *Kaestner/Tews*, Die Anbieterkennzeichnungspflichten nach § 6 Teledienstgesetz, WRP 2002, 1011 (1015); *Klewitz*, S. 289; *Ott*, Informationspflichten im Internet und ihre Erfüllung durch das Setzen von Hyperlinks, WRP 2003, 945 (947).

[1698] So auch *Wendehorst* in: Münchener Kommentar, BGB, § 312 c, Rn. 81.

oder mehreren bestimmten Seiten (etwa auf der Eingangsseite des Internetauftritts) dargestellt werden müssen.[1699] Das Transparenzgebot legt nämlich keinen genauen Ort für diese Pflichtangaben fest, sondern soll vielmehr gewährleisten, dass der Verbraucher die gesetzlich geforderten Informationen auch tatsächlich erhält.[1700] Sichergestellt wäre dies, wenn der Unternehmer die erforderlichen Pflichtangaben an einer so prominenten Stelle – etwa zu Beginn der Internetseite mit dem Bestell- bzw. Registrierungsformular – präsentiert, dass der Verbraucher quasi von selbst auf sie stoßen muss, bevor er durch das Absenden des ausgefüllten Formulars seine auf den Abschluss eines Vertrages gerichtete Willenserklärung abgibt.[1701] Bei einer solchen Form der Gestaltung muss aber zum einen die Übersichtlichkeit der vom Gesetzgeber für erforderlich erachteten Informationen in Frage gestellt werden. Schließlich umfasst allein der vollständige Informationskatalog aus Art. 246 § 1 Abs. 1 und § 2 Abs. 1 S. 1 Nr. 2 EGBGB bereits zwei eng bedruckte DIN-A4-Seiten;[1702] und aus zahlreichen Vorschriften kommen noch weitere Informationspflichten hinzu.[1703] Es ist dann aber zu befürchten, dass die Pflichtangaben wiederum in der Masse der Informationen untergingen,[1704] sodass es nur eine Frage der Zeit wäre, bis ein Gericht die erforderliche Transparenz vermissen würde.[1705] Zum anderen entspricht eine solche Form der Informationsgestaltung auch kaum dem Wesen des eingesetzten Fernkommunikationsmittels.[1706] Denn im Internet werden Informationen, die entweder das eigentlich präsentierte Produkt eingehender beschreiben oder die beispielsweise die Produkte des Unternehmers im Allgemeinen betreffen, in der Regel auf einer oder mehreren separaten Seiten bereitgehalten, zu denen ein Hyperlink führt (siehe hierzu auch die Ausführungen zur Verlinkung auf die Allgemeinen Geschäftsbedingungen des Unternehmers[1707]).[1708]

[1699] So auch *LG Stuttgart*, Urt. v. 11.03.2003 - 20 O 12/03, NJW-RR 2004, 911 (912); *Thüsing* in: Staudinger, BGB, § 312 c, Rn. 29.

[1700] So auch *LG Stuttgart*, Urt. v. 11.03.2003 - 20 O 12/03, NJW-RR 2004, 911 (912).

[1701] So bspw. auch *OLG Frankfurt am Main*, Beschl. v. 17.04.2001 - 6 W 37/01, MMR 2001, 529 (529 f.); *Steins*, Anm. z. OLG Frankfurt am Main, Beschl. v. 17.04.2001 - 6 W 37/01, MMR 2001, 530 (531); *Wendehorst* in: Münchener Kommentar, BGB, § 312 c, Rn. 80.

[1702] Vgl. *Schlosser* in: Staudinger, BGB, § 305, Rn. 139; *Thüsing* in: Staudinger, BGB, § 312 c, Rn. 23.

[1703] Vgl. *Ott*, Informationspflichten im Internet und ihre Erfüllung durch das Setzen von Hyperlinks, WRP 2003, 945 (945 f.); *Steins*, Anm. z. OLG Frankfurt am Main, Beschl. v. 17.04.2001 - 6 W 37/01, MMR 2001, 530 (531).

[1704] So auch *Steins*, Anm. z. OLG Frankfurt am Main, Beschl. v. 17.04.2001 - 6 W 37/01, MMR 2001, 530 (531).

[1705] So auch *Ott*, Informationspflichten im Internet und ihre Erfüllung durch das Setzen von Hyperlinks, WRP 2003, 945 (954).

[1706] So auch *Thüsing* in: Staudinger, BGB, § 312 c, Rn. 22.

[1707] Siehe 3. Teil, C, I, 1, b.

Ob dies allerdings möglich ist, d. h. ob und unter welchen Voraussetzungen bei einer solchen Verwendung eines Hyperlinks überhaupt eine gesetzmäßige Erfüllung der Informationspflichten vorliegt, oder ob diese Gestaltungsform grundsätzlich den Anforderungen des Transparenzgebots widerspricht, ist fraglich (siehe aa) und wird insbesondere im Hinblick auf die Platzierung und die Gestaltung eines solchen Hyperlinks im Folgenden noch eingehend zu untersuchen sein (siehe bb). Die Verwendung von Hyperlinks ist für den Verbraucher nämlich nicht unproblematisch. Denn bei dieser Form der Gestaltung ist durch die Verlagerung auf eine separate Internetseite nicht mehr unbedingt sichergestellt, dass der Verbraucher auch tatsächlich – quasi von selbst – auf die vom Gesetzgeber für erforderlich erachteten Informationen stößt. Die Beantwortung der Frage, ob und unter welchen Voraussetzungen den Anforderungen des Transparenzgebots bei der Verwendung eines Hyperlinks zur Informationserteilung entsprochen wird, hängt bei der Nutzung des Internets als Fernkommunikationsmittel – mehr noch als in anderen Fällen – von den individuellen Fähigkeiten und Kenntnissen des Verbrauchers ab: Einem im Umgang mit dem Medium Internet erfahrenen Verbraucher wird es nämlich leichter fallen, an die entsprechenden Informationen zu gelangen.[1709] Es wird daher ebenfalls zu untersuchen sein, welche Anforderungen an die Fähigkeiten und Kenntnisse des Verbrauchers zu stellen sind (siehe cc).[1710]

Gerade bei Fernabsatzverträgen, die über das Internet geschlossen werden, spielt schließlich noch ein weiterer Aspekt des fernabsatzrechtlichen Transparenzgebots im Hinblick auf die dem eingesetzten Fernkommunikationsmittel entsprechende Weise eine nicht zu unterschätzende Rolle, nämlich die Frage, in welcher Sprache die Angaben verfasst sein müssen, damit eine gesetzmäßige Erfüllung dieser Pflichtinformationen vorliegt (siehe dd). Interessant ist diese Fragestellung bei den hier untersuchten Abonnement- bzw. Vertragsfallen im Internet aber noch aus einem anderen Aspekt, nämlich ob der Anbieter diese Pflichtinformationen (absichtlich) in einer anderen Sprache zur Verfügung stellen kann. Denn es wäre für ihn von Vorteil, sich auf die Internationalität des Mediums zu berufen und unter diesem Vorwand die Angaben beispielsweise in englischer Sprache zu verfassen, da hierdurch die Verständlichkeit

[1708] So auch *Ott*, Informationspflichten im Internet und ihre Erfüllung durch das Setzen von Hyperlinks, WRP 2003, 945 (954 f.); *Thüsing* in: Staudinger, BGB, § 312 c, Rn. 22.
[1709] So auch *Thüsing* in: Staudinger, BGB, § 312 c, Rn. 28.
[1710] Ebd.

der Angaben und damit das Auffinden der versteckten bzw. verschleierten Vertragsbedingungen für den durchschnittlichen Nutzer sicherlich erschwert werden würde (vgl. hierzu die Ausführungen zur Sprachwahl im Rahmen der wirksamen Einbeziehung von Allgemeinen Geschäftsbedingungen[1711]).

Diese Fragen werden im Folgenden untersucht. Wie sich aber bereits gezeigt hat und auch noch zeigen wird, ist im Hinblick auf die Gestaltung der Informationserteilung bei einigen Aspekten eine generelle Präzisierung kaum möglich; stattdessen sollen im Folgenden einige Beispiele aus der Rechtsprechung zum Transparenzgebot sozusagen als Negativabgrenzung dienen.[1712]

aa) Verwendung von Hyperlinks

Dass im Internet solche Informationen, die entweder das eigentlich präsentierte Produkt eingehender beschreiben oder die beispielsweise die Produkte des Unternehmers im Allgemeinen betreffen, in der Regel auf einer oder mehreren separaten Seiten bereitgehalten werden, zu denen ein Hyperlink führt,[1713] kommt dem Anbieter einer Abonnement- bzw. Vertragsfalle durchaus entgegen: Durch die Verlagerung auf eine separate Internetseite lässt sich nämlich die Wahrscheinlichkeit erheblich verringern, dass ein durchschnittlich aufmerksamer Nutzer die umfangreichen gesetzlich geforderten Informationen überhaupt wahrnimmt und – sofern er sie dann auch (inhaltlich) zur Kenntnis nimmt – auf die versteckten bzw. verschleierten Vertragsbedingungen stößt, was das Funktionieren der Abonnement- bzw. Vertragsfalle vereiteln würde. Denn dies würde – wie der zweite Teil dieses Abschnitts der Untersuchung bereits gezeigt hat – dazu führen, dass dem Verbraucher bewusst wird, welche rechtliche Tragweite das Ausfüllen und Absenden des Bestell- bzw. Registrierungsformulars tatsächlich hat, und er schließlich von dem ungewollten Vertragsabschluss mit diesem Anbieter, genauer gesagt dessen Konditionen, absieht.

Es stellt sich damit zunächst einmal die entscheidende Frage, ob und unter welchen Voraussetzungen bei einer solchen Verwendung eines Hyperlinks überhaupt eine den gesetzlichen Bestimmungen entsprechende Erreichbarkeit der erforderlichen Pflicht-

[1711] Siehe 3. Teil, C, I, 2, b, bb, eee.
[1712] So allg. auch *Thüsing* in: Staudinger, BGB, § 312 c, Rn. 29.
[1713] So bspw. auch *Ott*, Informationspflichten im Internet und ihre Erfüllung durch das Setzen von Hyperlinks, WRP 2003, 945 (954 f.); *Thüsing* in: Staudinger, BGB, § 312 c, Rn. 22.

angaben vorliegt und damit von einer gesetzmäßigen Erfüllung der Informationspflicht auszugehen ist. Dass die Erreichbarkeit der erforderlichen Pflichtangaben über einen Hyperlink den gesetzlichen Bestimmungen genügt, wurde von der Rechtsprechung teilweise verneint: So war das OLG Frankfurt am Main[1714] der Ansicht, dass es bei der Nutzung des Internets als Fernkommunikationsmittel den Anforderungen des Transparenzgebots im Hinblick auf die Klarheit und Verständlichkeit der Information nicht genüge, wenn der Verbraucher lediglich die Möglichkeit habe, selbst die gesetzlich geforderten Angaben durch Verwendung eines Hyperlinks abzurufen. Die Anforderungen des Transparenzgebots seien vielmehr nur dann erfüllt, wenn die Informationen auf denjenigen Internetseiten zu finden sind, die der Verbraucher im Laufe des Bestellvorgangs noch vor Abschluss des Vertrages aufrufen muss (zum Beispiel auf der Seite mit dem Bestellformular selbst oder auf einer dieser Internetseite vorgelagerten Seite), da die Angaben nur so ihre verbraucherschützende Funktion erfüllen könnten.[1715] Diese Ansicht vertrat auch das OLG Karlsruhe[1716] und stellte klar, dass es bei einem Fernabsatzgeschäft im Internet nicht genüge, wenn die vom Unternehmer zu erteilenden Informationen nur über einen Hyperlink erreichbar sind und der Verbraucher somit nur in die Lage versetzt wird, sich die entsprechenden Informationen selbst zu verschaffen. Vielmehr sei es notwendig, dass diese Informationen – sofern nicht ausdrücklich auf sie hingewiesen wird – zumindest im Onlineformular so platziert sind, dass der Verbraucher gleichsam zwangsläufig auf sie stoßen müsse.[1717] Die Frage, ob sogar ein erzwungener Aufruf der Pflichtinformationen erforderlich sei, ließ das OLG Karlsruhe in seiner Entscheidung hingegen ausdrücklich offen.[1718]

Allerdings können weder die Ansicht des OLG Karlsruhe, dass es für eine klare und verständliche, dem Internet entsprechende Information notwendig sei, dass der Verbraucher vor Vertragsabschluss gleichsam zwangsläufig auf die Informationen stößt, noch die Ansicht des OLG Frankfurt am Main, wonach sogar erforderlich sei, dass der Nutzer sämtliche Pflichtinformationen zwangsläufig aufrufen muss, im Ergebnis oder im Hinblick auf den Schutz des Verbrauchers vor Abonnement- bzw. Vertrags-

1714 Vgl. *OLG Frankfurt am Main*, Beschl. v. 17.04.2001 - 6 W 37/01, MMR 2001, 529 (530).
1715 Vgl. ebd.
1716 Vgl. *OLG Karlsruhe*, Urt. v. 27.03.2002 - 6 U 200/01, MMR 2002, 618 (619).
1717 Vgl. ebd.
1718 Vgl. ebd.

fallen im Internet überzeugen und sind daher – zusammen mit der ganz überwiegenden Meinung in der Literatur[1719] – abzulehnen.

Zum einen lassen sich die Pflichtinformationen weder durch eine solche obligatorische Zwangsführung noch auf eine andere Weise einem Verbraucher derart aufdrängen, dass sichergestellt wäre, dass er sie auch tatsächlich zuverlässig liest.[1720] Zwar könnte hierdurch sichergestellt werden, dass ein durchschnittlich aufmerksamer Verbraucher die umfangreichen gesetzlich geforderten Informationen überhaupt wahrnimmt, was zumindest auf den ersten Blick auch die Wahrscheinlichkeit der Kenntnisnahme erhöhen mag[1721]. Doch ist im Hinblick auf den Umfang der Information – wie bereits erwähnt, umfasst der vollständige Informationskatalog aus Art. 246 § 1 Abs. 1 und § 2 Abs. 1 S. 1 Nr. 2 EGBGB immerhin zwei eng bedruckte DIN-A4-Seiten[1722] – nicht zu erwarten, dass der Verbraucher diese Pflichtinformationen auch tatsächlich vollständig zur Kenntnis nimmt und somit positive Kenntnis vom Inhalt der Pflichtangaben erlangt.[1723] Es ist vielmehr zu befürchten, dass eine solche Zwangsführung sogar das Gegenteil bewirkt: Der Verbraucher – und insbesondere der Nutzer, der nur an das von ihm gesuchte Produkt gelangen will, von dem er in der Regel auch genau weiß (oder jedenfalls davon ausgeht), dass es kostenlos über das Internet verfügbar ist – wird dies eher als Belästigung empfinden.[1724] Daher werden die zwangsweise, beispielsweise in einem obligatorisch erscheinenden Fenster, aufzurufenden Pflichtinfor-

---

[1719] Vgl. allg. etwa *Aigner/Hofmann*, Rn. 284; *Fuchs*, Das Fernabsatzgesetz im neuen System des Verbraucherschutzrechts, ZIP 2000, 1273 (1277); *Hoenike/Hülsdunk*, Die Gestaltung von Fernabsatzangeboten im elektronischen Geschäftsverkehr nach neuem Recht, MMR 2002, 415 (416 f.); *C. Horn*, Verbraucherschutz bei Internetgeschäften, MMR 2002, 209 (212); *Kamanabrou*, Die Umsetzung der Fernabsatzrichtlinie, WM 2000, 1417 (1422); *Klewitz*, S. 290; *Mankowski*, Fernabsatzrecht: Information über das Widerrufsrecht und Widerrufsbelehrung bei Internetauftritten, CR 2001, 767 (770 f.); *Ott*, Informationspflichten im Internet und ihre Erfüllung durch das Setzen von Hyperlinks, WRP 2003, 945 (954 f.); *Steins*, Anm. z. OLG Frankfurt am Main, Beschl. v. 17.04.2001 - 6 W 37/01, MMR 2001, 530 (531); *Thüsing* in: Staudinger, BGB, § 312 c, Rn. 30. A. A. *Arnold*, Verbraucherschutz im Internet, CR 1997, 526 (530); *Schmittmann*, Aktuelle Entwicklungen im Fernabsatzrecht, K&R 2003, 385 (389).

[1720] So bspw. auch *Klewitz*, S. 291; *Mankowski*, Fernabsatzrecht: Information über das Widerrufsrecht und Widerrufsbelehrung bei Internetauftritten, CR 2001, 767 (771); *Ott*, Informationspflichten im Internet und ihre Erfüllung durch das Setzen von Hyperlinks, WRP 2003, 945 (955); *Rott*, Informationspflichten in Fernabsatzverträgen als Paradigma für die Sprachenproblematik im Vertragsrecht, ZVglRWiss 1999, 382 (405).

[1721] Vgl. *Mankowski*, Fernabsatzrecht: Information über das Widerrufsrecht und Widerrufsbelehrung bei Internetauftritten, CR 2001, 767 (771); *Ott*, Informationspflichten im Internet und ihre Erfüllung durch das Setzen von Hyperlinks, WRP 2003, 945 (955).

[1722] Vgl. *Schlosser* in: Staudinger, BGB, § 305, Rn. 139; *Thüsing* in: Staudinger, BGB, § 312 c, Rn. 23.

[1723] So auch *Grüneberg* in: Palandt, 70. Aufl., EGBGB, Art. 246 § 1, Rn. 2; *Ott*, Informationspflichten im Internet und ihre Erfüllung durch das Setzen von Hyperlinks, WRP 2003, 945 (954).

[1724] So allg. auch *Ott*, Informationspflichten im Internet und ihre Erfüllung durch das Setzen von Hyperlinks, WRP 2003, 945 (954).

mationen nur dazu führen, dass er sie umso schneller wieder schließt,[1725] um weiter zu kommen.

Zum anderen gehen eine solche Zwangsführung[1726] oder gar eine darüber hinausgehende erforderliche Bestätigung des Verbrauchers[1727], die Pflichtinformationen gelesen und verstanden zu haben, über die Anforderungen des fernabsatzrechtlichen Transparenzgebots hinaus.[1728] Denn wie bereits im Zusammenhang mit der Rechtzeitigkeit der Informationserteilung erwähnt, ist es für die gesetzmäßige Erfüllung der Informationspflichten nämlich ausreichend, wenn der Unternehmer dem Verbraucher eine realistische Möglichkeit verschafft, in zumutbarer Weise die ihm zur Verfügung gestellten Informationen noch vor Abgabe seiner Vertragserklärung zur Kenntnis zu nehmen.[1729] Dies stellt auch das Gesetz nach Umsetzung der Richtlinie 2002/65/EG klar:[1730] Mit Wirkung vom 08.12.2004 wurde die Informationspflicht des Unternehmers aus § 312 c Abs. 1 S. 1 BGB a. F. (nunmehr inhaltsgleich in § 312 c Abs. 1 BGB i. V. m. Art. 246 § 1 Abs. 1 EGBGB geregelt) durch Art. 1 des Gesetzes zur Änderung der Vorschriften über Fernabsatzverträge bei Finanzdienstleistungen vom 2. Dezember 2004[1731] dahingehend konkretisiert, dass der Unternehmer (nur) dazu verpflichtet ist, die Informationen zur Verfügung zu stellen.

Mit dieser Konkretisierung sollte verdeutlicht werden, dass ein Informationserfolg im Sinne eines nachprüfbaren Erkenntnisgewinns beim Verbraucher nicht geschuldet ist.[1732] Insofern handelt es sich nur um eine redaktionelle Klarstellung,[1733] denn das

---

1725 Vgl. *Mankowski*, Fernabsatzrecht: Information über das Widerrufsrecht und Widerrufsbelehrung bei Internetauftritten, CR 2001, 767 (771).

1726 Vgl. nur *OLG Frankfurt am Main*, Beschl. v. 17.04.2001 - 6 W 37/01, MMR 2001, 529 (530).

1727 Vgl. nur *Arnold*, Verbraucherschutz im Internet, CR 1997, 526 (530).

1728 So bspw. auch *Fuchs*, Das Fernabsatzgesetz im neuen System des Verbraucherschutzrechts, ZIP 2000, 1273 (1277); *Mankowski*, Fernabsatzrecht: Information über das Widerrufsrecht und Widerrufsbelehrung bei Internetauftritten, CR 2001, 767 (772); *Ott*, Informationspflichten im Internet und ihre Erfüllung durch das Setzen von Hyperlinks, WRP 2003, 945 (955); *Wendehorst* in: Münchener Kommentar, BGB, § 312 c, Rn. 83.

1729 Vgl. etwa *BT-Drs.* 14/2658, S. 38; *Aigner/Hofmann*, Rn. 282; *Dilger*, S. 76; *Fuchs*, Das Fernabsatzgesetz im neuen System des Verbraucherschutzrechts, ZIP 2000, 1273 (1277); *Klewitz*, S. 287; *Rott*, Informationspflichten in Fernabsatzverträgen als Paradigma für die Sprachenproblematik im Vertragsrecht, ZVglRWiss 1999, 382 (405); *Thüsing* in: Staudinger, BGB, § 312 c, Rn. 20, 30; *Wendehorst* in: Münchener Kommentar, BGB, § 312 c, Rn. 78.

1730 So auch *Thüsing* in: Staudinger, BGB, § 312 c, Rn. 30.

1731 *BGBl.* I 2004/64, S. 3102-3109 (mit Anlage S. 3110-3111).

1732 Vgl. etwa *BT-Drs.* 15/2946, S. 20; *Aigner/Hofmann*, Rn. 282; *Klewitz*, S. 288; *Kocher*, Neue Vorschriften für den Fernabsatz von Finanzdienstleistungen an Verbraucher, DB 2004, 2679 (2680); *Rott*, Informationspflichten in Fernabsatzverträgen als Paradigma für die Sprachenproblematik im Vertragsrecht, ZVglRWiss 1999, 382 (405).

entsprach – entgegen den Ansichten des OLG Frankfurt am Main und des OLG Karlsruhe – bereits der früheren Rechtslage.[1734] Der Gesetzgeber des Fernabsatzgesetzes hielt es nämlich bereits für ausreichend, wenn der Unternehmer sicherstellt, dass der Verbraucher die realistische Möglichkeit hat, in zumutbarer Weise die ihm zur Verfügung gestellten Informationen zur Kenntnis zu nehmen und dadurch eine informierte Entscheidung zu treffen.[1735] Und dieser Voraussetzung wird Genüge getan, sofern der Nutzer die Möglichkeit hat, durch Verwendung eines Hyperlinks die auf einer oder mehreren separaten Internetseiten bereitgehaltenen gesetzlich geforderten Informationen selbst abzurufen.[1736] Denn der durchschnittlich informierte Verbraucher (zu diesem gleich ausführlich[1737]) weiß, dass er durch das Anklicken eines entsprechenden Hyperlinks weitere Informationen beschaffen kann.[1738] Der Gebrauch von Hyperlinks zur Erlangung weiterführender Informationen entspricht schließlich auch einer typischen Verwendung des Internets und damit gerade der dem eingesetzten Fernkommunikationsmittel entsprechenden Weise, in der diese Informationen dem Verbraucher zur Verfügung zu stellen sind.[1739] Daher ist dem Verbraucher die Verwendung von Hyperlinks zum Abruf der Pflichtinformationen auch zumutbar.[1740] Und da sich dieser freiwillig der Nutzung des Internets zum Abschluss von Fernabsatzverträgen bedient, hat er diese Form der Nutzung auch als eine Möglichkeit zu akzeptieren, die ihm zur Verfügung gestellten Informationen zur Kenntnis zu nehmen.[1741]

1733 Vgl. nur *BT-Drs.* 15/2946, S. 20.

1734 Vgl. nur *Thüsing* in: Staudinger, BGB, § 312 c, Rn. 30.

1735 Vgl. *BT-Drs.* 14/2658, S. 38. So auch *BT-Drs.* 15/2946, S. 20; *Thüsing* in: Staudinger, BGB, § 312 c, Rn. 30.

1736 So bspw. auch *Aigner/Hofmann*, Rn. 284; *Fuchs*, Das Fernabsatzgesetz im neuen System des Verbraucherschutzrechts, ZIP 2000, 1273 (1277); *Hoenike/Hülsdunk*, Die Gestaltung von Fernabsatzangeboten im elektronischen Geschäftsverkehr nach neuem Recht, MMR 2002, 415 (417); *Kamanabrou*, Die Umsetzung der Fernabsatzrichtlinie, WM 2000, 1417 (1422); *Klewitz*, S. 290 f.; *Mankowski*, Fernabsatzrecht: Information über das Widerrufsrecht und Widerrufsbelehrung bei Internetauftritten, CR 2001, 767 (771); *Ott*, Informationspflichten im Internet und ihre Erfüllung durch das Setzen von Hyperlinks, WRP 2003, 945 (954 f.); *Thüsing* in: Staudinger, BGB, § 312 c, Rn. 30. A. A. *G. Roth/Groß*, Pflichtangaben auf Geschäftsbrief und Bestellschein im Internet, K&R 2002, 127 (134); *Schmittmann*, Aktuelle Entwicklungen im Fernabsatzrecht, K&R 2003, 385 (389).

1737 Siehe 4. Teil, C, I, 3, b, cc.

1738 So bspw. auch *Klewitz*, S. 290; *Ott*, Informationspflichten im Internet und ihre Erfüllung durch das Setzen von Hyperlinks, WRP 2003, 945 (954).

1739 So bspw. auch *Hoenike/Hülsdunk*, Die Gestaltung von Fernabsatzangeboten im elektronischen Geschäftsverkehr nach neuem Recht, MMR 2002, 415 (417); *Klewitz*, S. 290; *Micklitz/Schirmbacher* in: Spindler/Schuster, BGB, § 312 c, Rn. 51; *Ott*, Informationspflichten im Internet und ihre Erfüllung durch das Setzen von Hyperlinks, WRP 2003, 945 (954).

1740 So bspw. auch *Klewitz*, S. 290; *Ott*, Informationspflichten im Internet und ihre Erfüllung durch das Setzen von Hyperlinks, WRP 2003, 945 (954).

1741 So auch *Hoenike/Hülsdunk*, Die Gestaltung von Fernabsatzangeboten im elektronischen Geschäftsverkehr nach neuem Recht, MMR 2002, 415 (417); *Klewitz*, S. 290 f.

Hält ein Unternehmer – und damit auch der Anbieter einer Abonnement- bzw. Vertragsfalle, dem diese Gestaltungsform durchaus entgegen kommt – bei der Nutzung des Internets als Fernkommunikationsmittel also die gesetzlich geforderten Angaben auf einer oder mehreren separaten Seiten bereit und macht diese durch das Setzen eines entsprechenden Hyperlinks für den Verbraucher erreichbar, so verstößt er mit einer solchen Form der Informationsgestaltung grundsätzlich nicht gegen die Anforderungen des fernabsatzrechtlichen Transparenzgebots im Hinblick auf die Klarheit und Verständlichkeit der Informationen.

Diese Auffassung vertritt auch der BGH[1742]: Er ist ebenfalls der Ansicht, dass es weder dem Wortlaut noch dem Sinn und Zweck der gesetzlichen Regelungen zu entnehmen sei, dass diese Informationen an einer bestimmten Stelle (etwa auf der Startseite oder im Online-Bestellformular selbst) platziert sein müssen oder ein zwangsläufiger Aufruf der gesetzlich geforderten Angaben durch den Verbraucher im Laufe eines Bestellvorgangs erforderlich sei, um den gesetzlichen Anforderungen an eine klare und verständliche Zurverfügungstellung der Pflichtinformationen im Internet Genüge zu tun. Eine gesetzliche Vorgabe, wo diese Informationen zu platzieren seien, existiere nämlich nicht. Erforderlich sei allein, dass die Information klar und verständlich ist. Demzufolge könne es – wie der BGH unter Hinweis auf die in der Literatur weit überwiegende Meinung ausdrücklich klarstellt – ausreichen, dass die Pflichtinformationen mittels eines Hyperlinks vom Verbraucher aufgerufen werden können.

bb) Platzierung und Bezeichnung eines entsprechenden Hyperlinks

Wie die Untersuchung bislang ergeben hat, kann der Unternehmer die Pflichtinformationen auf einer oder mehreren separaten Internetseiten bereithalten, ohne grundsätzlich gegen die Anforderungen des fernabsatzrechtlichen Transparenzgebots zu verstoßen, sofern er dem Nutzer durch das Setzten eines entsprechenden Hyperlinks den Zugriff darauf ermöglicht. Hieran schließt sich nun die Frage, welche Einschränkungen sich bei einer solchen Form der Informationserteilung aus dem Transparenzgebot im Hinblick auf die Gestaltung eines solchen Hyperlinks insbesondere im Sinne der Platzierung und Bezeichnung ergeben bzw. welche genauen Voraussetzungen hierbei zu beachten sind, um den gesetzlichen Anforderungen zu genügen.

[1742] Vgl. *BGH*, Urt. v. 20.07.2006 - I ZR 228/03, NJW 2006, 3633 (3636).

Diese Einschränkungen bzw. Voraussetzungen könnten sich insbesondere aus dem Merkmal der Klarheit der Informationserteilung ergeben. Wie im Rahmen der näheren Bestimmung dieses Merkmals gezeigt wurde, ist dieser fernabsatzrechtliche Begriff der Klarheit im Sinne einer optisch leichten Auffindbarkeit der erteilten Informationen für den potenziellen Kunden zu interpretieren,[1743] d. h. die Informationen müssen ohne Aufwand wahrnehmbar sein.[1744]

Im Folgenden geht es zunächst darum, wo nun ein solcher Hyperlink zu platzieren ist, damit dem Merkmal der Klarheit durch diese Form der Informationserteilung in gestalterischer Hinsicht Genüge getan wird. Dabei soll zum einen der Frage nachgegangen werden, an welcher Stelle der Hyperlink auf der jeweiligen Internetseite zu platzieren ist, damit er nicht versteckt, sondern von dem Verbraucher (selbst bei flüchtiger Betrachtung) leicht aufzufinden ist. Zum anderen ist zu klären, auf welcher bzw. welchen Internetseiten der Unternehmer diesen Hyperlink anzuordnen hat, sodass die erforderliche unmittelbare Erreichbarkeit der Pflichtinformationen trotz der Verlinkung gewährleistet ist. Wie der Hyperlink zu bezeichnen ist, damit er für den Verbraucher nicht missverständlich ist, wird anschließend untersucht.

aaa) Platzierung

Sicherlich kann dann von einer leichten Auffindbarkeit des Hyperlinks und damit der Pflichtinformationen ausgegangen werden, wenn die Auflösung der Internetseite weder in ihrer Höhe noch in ihrer Breite die Auflösung des Bildschirms bzw. des Browserfensters überschreitet, also vollständig auf bzw. in diesem dargestellt werden kann, und der Hyperlink zudem an prominenter Stelle platziert ist.

Da es, bedingt durch die jeweils vorhandene Hardwareausstattung sowie die unterschiedlichen Konfigurationsmöglichkeiten des vom Nutzer verwendeten Browsers in Bezug auf Fenster- und Schriftgröße, auch zu unterschiedlichen Auflösungen der angezeigten Internetseite kommen kann,[1745] kann es – sofern diese die Auflösung des

---

[1743] So auch *Aigner/Hofmann*, Rn. 281; *Hoenike/Hülsdunk*, Die Gestaltung von Fernabsatzangeboten im elektronischen Geschäftsverkehr nach neuem Recht, MMR 2002, 415 (417).

[1744] Vgl. *BT-Drs.* 14/6098, S. 21 f.

[1745] So bspw. auch *Brunst*, Umsetzungsprobleme der Impressumspflicht bei Webangeboten, MMR 2004, 8

Bildschirms bzw. die Größe des Browserfensters überschreitet – notwendig werden, dass der Nutzer den Ausschnitt der auf dem Bildschirm bzw. im Browserfenster dargestellten Internetseite durch sogenanntes „Scrollen“ verschieben muss, um auch die weiteren Teile der Internetseite sehen zu können. Gleiches gilt für den Fall, dass die jeweilige Internetseite einfach größer konzipiert ist, vor allem was ihre Länge betrifft. Solange sich der Hyperlink beim Aufruf der Internetseite in dem auf dem Bildschirm angezeigten Ausschnitt der Seite befindet und zudem an prominenter Stelle platziert ist, kann auch in diesem Fall von einer leichten Auffindbarkeit ausgegangen werden.

Ist der Hyperlink hingegen in einem Ausschnitt der Internetseite platziert, der ohne Scrollen des Bildschirms nicht sichtbar ist, stellt sich die Frage, ob dann noch eine optisch leichte Auffindbarkeit der Verlinkung und damit auch der zu erteilenden Informationen gegeben ist.[1746] Dies wurde von Teilen der Literatur[1747] verneint. Ein notwendiges Scrollen des Bildschirms käme dem Verstecken der Pflichtinformationen – und damit des Hyperlinks – gleich, da sie ein potenzieller Kunde mangels einer leichten und effektiven optischen Wahrnehmung realistischerweise kaum sehen würde.[1748] Bei einer solchen Anordnung könnten die Informationen ihren bezweckten Wert sowie den durchaus beabsichtigten Lästigkeitswert gegenüber dem Unternehmer außerdem nicht entfalten.[1749] Ebenfalls verneint wurde diese Frage durch das LG Hamburg[1750] sowie das OLG Hamburg[1751]. So vertrat das OLG Hamburg die Ansicht, dass es den gesetzlichen Anforderungen im Hinblick auf die optisch leichte Auffindbarkeit nicht genüge, wenn die zu erteilenden Informationen in der Weise angeordnet sind, dass

(13); *Franosch*, Rechtliche Fallstricke der anwaltlichen Impressumspflicht im Internet, NJW 2004, 3155 (3156); *Ott*, Informationspflichten im Internet und ihre Erfüllung durch das Setzen von Hyperlinks, WRP 2003, 945 (947).

1746 So auch *Ott*, Informationspflichten im Internet und ihre Erfüllung durch das Setzen von Hyperlinks, WRP 2003, 945 (946).

1747 Vgl. etwa *Hoenike/Hülsdunk*, Die Gestaltung von Fernabsatzangeboten im elektronischen Geschäftsverkehr nach neuem Recht, MMR 2002, 415 (417); *Mankowski*, Fernabsatzrecht: Information über das Widerrufsrecht und Widerrufsbelehrung bei Internetauftritten, CR 2001, 767 (770); *Woitke*, Das „Wie” der Anbieterkennzeichnung gemäß § 6 TDG, NJW 2003, 871 (872). A. A. *Ott*, Informationspflichten im Internet und ihre Erfüllung durch das Setzen von Hyperlinks, WRP 2003, 945 (954).

1748 Vgl. etwa *Hoenike/Hülsdunk*, Die Gestaltung von Fernabsatzangeboten im elektronischen Geschäftsverkehr nach neuem Recht, MMR 2002, 415 (417); *Mankowski*, Fernabsatzrecht: Information über das Widerrufsrecht und Widerrufsbelehrung bei Internetauftritten, CR 2001, 767 (770).

1749 Vgl. *Mankowski*, Fernabsatzrecht: Information über das Widerrufsrecht und Widerrufsbelehrung bei Internetauftritten, CR 2001, 767 (770).

1750 Vgl. *LG Hamburg*, Beschl. v. 26.08.2002 - 416 O 94/02, VuR 2002, 418 (418) = BeckRS 2002, 30815600.

1751 Vgl. *OLG Hamburg*, Beschl. v. 20.11.2002 - 5 W 80/02, MMR 2003, 105 (105).

der Kunde bei einer vorgegebenen Bildschirmauflösung von 800 x 600 Pixeln zunächst scrollen muss, um sie auf dem Bildschirm vollständig lesen zu können.[1752]

Dem ist jedoch nicht zuzustimmen. Denn eine leichte Auffindbarkeit der Pflichtinformationen bzw. des zu diesen führenden Hyperlinks setzt nicht unbedingt voraus, dass diese dem Kunden direkt ins Auge springen.[1753] Die Informationen bzw. der Hyperlink müssen lediglich leicht auffindbar, also leicht zu finden sein. Daher schadet es auch nicht, wenn der Kunde zunächst den Ausschnitt der auf dem Bildschirm dargestellten Internetseite verschieben muss, um auch die weiteren Teile der Seite sehen zu können.[1754] Denn das Verschieben des auf dem Bildschirm dargestellten Ausschnitts einer Internetseite ist einem Kunden, der über durchschnittliche (technische) Kenntnisse im Umgang mit dem Internet verfügt, durchaus zuzutrauen.[1755] Die Ausführung dieses Vorgangs und damit auch die Wahrnehmung des restlichen Teils der Internetseite ist für ihn ohne Aufwand möglich, und da dieser Vorgang – vergleichbar dem Gebrauch von Hyperlinks – auch der üblichen Verwendung des Internets entspricht,[1756] ist er dem Kunden (in einem gewissen Rahmen) auch zumutbar.[1757] Die Grenze der Zumutbarkeit ist jedoch, wie das OLG München[1758] zutreffend festgestellt hat, sicherlich dann überschritten, wenn sich der Kunde bei einer Bildschirmauflösung von 1024 x 768 Bildpunkten erst durch vier Seiten scrollen muss, bevor der entsprechende Hyperlink auf dem Bildschirm sichtbar wird.[1759]

Die erforderliche unmittelbare Erreichbarkeit der Pflichtinformationen ist trotz der Verlinkung in jedem Falle dann gewährleistet, wenn der Verbraucher über einen entsprechenden Hyperlink von jeder einzelnen Internetseite des Unternehmers aus direkt auf die Internetseite mit den zu erteilenden Angaben zugreifen und diese somit

---

1752 Vgl. *OLG Hamburg*, Beschl. v. 20.11.2002 - 5 W 80/02, MMR 2003, 105 (105).

1753 So auch *Ott*, Informationspflichten im Internet und ihre Erfüllung durch das Setzen von Hyperlinks, WRP 2003, 945 (947).

1754 Ebd.

1755 So auch *Brunst*, Umsetzungsprobleme der Impressumspflicht bei Webangeboten, MMR 2004, 8 (13); *Ott*, Informationspflichten im Internet und ihre Erfüllung durch das Setzen von Hyperlinks, WRP 2003, 945 (947).

1756 So auch *Brunst*, Umsetzungsprobleme der Impressumspflicht bei Webangeboten, MMR 2004, 8 (13).

1757 So auch *Franosch*, Rechtliche Fallstricke der anwaltlichen Impressumspflicht im Internet, NJW 2004, 3155 (3156); *Hoß*, Web-Impressum und Wettbewerbsrecht, CR 2003, 687 (689).

1758 Vgl. *OLG München*, Urt. v. 12.02.2004 - 29 U 4564/03, NJW-RR 2004, 1345 (1345).

1759 So auch *Klewitz*, S. 292; *Thüsing* in: Staudinger, BGB, § 312 c, Rn. 29.

abrufen kann.[1760] Vielfach befindet sich ein solcher Hyperlink jedoch nur auf der Startseite selbst,[1761] worunter diejenige Internetseite zu verstehen ist, die sich nach Eingabe des Domainnamens öffnet (auch Homepage genannt).[1762] Eine solche Anordnung käme dem Anbieter einer Abonnement- bzw. Vertragsfalle entgegen, da es bei der Platzierung der Verlinkung an nur einer Stelle weitaus weniger wahrscheinlich ist, dass ein durchschnittlich aufmerksamer Nutzer diese überhaupt wahrnimmt. Zudem dürfte es wohl auch so sein, dass dieser Nutzer gerade den Inhalt der Startseite kaum zur Kenntnis nimmt, weil er dort nur kurz verweilen wird. Sein eigentliches Interesse gilt schließlich der jeweiligen Unterseite mit dem von ihm gewünschten Produkt.

Allerdings ist es auch nicht unbedingt erforderlich, dass ein Verbraucher stets über die Startseite zu den weiteren Internetseiten des Unternehmers gelangt,[1763] da er die von ihm gewünschte Seite auch direkt aufrufen kann,[1764] etwa durch Eingabe ihrer Adresse. Wahrscheinlicher als die Eingabe der Adresse per Hand ist hingegen der direkte Aufruf einer bestimmten Unterseite über einen sogenannten Deeplink. Mittels eines Deeplinks kann ein Verbraucher unmittelbar zu bestimmten Inhalten der Internetpräsenz eines Unternehmers geführt werden, ohne dass er sich den Weg dorthin erst aufwendig von der Startseite aus suchen muss.[1765] So erhält der Verbraucher etwa durch die Eingabe von Stichwörtern in eine Suchmaschine im Internet solche Deeplinks als Ergebnis, die ihn direkt zu Internetseiten führen, welche den von ihm gesuchten Begriff enthalten. Dies ist auch der am häufigsten vorkommende Einstieg in die Internetpräsenz eines Anbieters einer Abonnement- bzw. Vertragsfalle. Denn der Nutzer kennt in der Regel den Domainnamen des Anbieters nicht, sondern sucht im

---

[1760] So bspw. auch *Hoenike/Hülsdunk*, Die Gestaltung von Fernabsatzangeboten im elektronischen Geschäftsverkehr nach neuem Recht, MMR 2002, 415 (417); *Hoß*, Web-Impressum und Wettbewerbsrecht, CR 2003, 687 (689); *Kaestner/Tews*, Die Anbieterkennzeichnungspflichten nach § 6 Teledienstgesetz, WRP 2002, 1011 (1015); *Ott*, Informationspflichten im Internet und ihre Erfüllung durch das Setzen von Hyperlinks, WRP 2003, 945 (948); *Woitke*, Das „Wie" der Anbieterkennzeichnung gemäß § 6 TDG, NJW 2003, 871 (873).

[1761] Vgl. *Kaestner/Tews*, Die Anbieterkennzeichnungspflichten nach § 6 Teledienstgesetz, WRP 2002, 1011 (1015); *Ott*, Informationspflichten im Internet und ihre Erfüllung durch das Setzen von Hyperlinks, WRP 2003, 945 (948).

[1762] Vgl. nur *Hoenike/Hülsdunk*, Die Gestaltung von Fernabsatzangeboten im elektronischen Geschäftsverkehr nach neuem Recht, MMR 2002, 415 (417).

[1763] So auch *Hoenike/Hülsdunk*, Die Gestaltung von Fernabsatzangeboten im elektronischen Geschäftsverkehr nach neuem Recht, MMR 2002, 415 (417); *Woitke*, Das „Wie" der Anbieterkennzeichnung gemäß § 6 TDG, NJW 2003, 871 (873).

[1764] So auch *Hoenike/Hülsdunk*, Die Gestaltung von Fernabsatzangeboten im elektronischen Geschäftsverkehr nach neuem Recht, MMR 2002, 415 (417).

[1765] Vgl. nur *Ott*, Informationspflichten im Internet und ihre Erfüllung durch das Setzen von Hyperlinks, WRP 2003, 945 (948).

Internet nach Unternehmern, die das von ihm gewünschte Produkt anbieten. Der Anbieter einer Abonnement- bzw. Vertragsfalle muss daher – wie auch jeder andere Unternehmer im Internet – damit rechnen, dass der Nutzer die Startseite gar nicht aufgerufen hat, um zu der Unterseite mit dem jeweiligen Produkt und im weiteren Verlauf zu der Seite mit dem Bestell- bzw. Registrierungsformular zu gelangen, sondern direkt über einen Deeplink zu ihr geführt wurde.[1766] Sofern nicht jede einzelne Unterseite des Anbieters über eine entsprechende Verlinkung verfügt, über die der Nutzer zur Startseite geführt wird, von wo aus er dann über den dort platzierten Hyperlink direkt auf die Internetseite mit den Pflichtinformationen zugreifen kann, ist es für den Nutzer – wie für jeden anderen Verbraucher auch – erschwert, die ihm zur Verfügung gestellten Informationen zur Kenntnis zu nehmen, sodass eine unmittelbare Erreichbarkeit dann keinesfalls mehr gegeben ist.[1767]

Verfügt hingegen jede Unterseite über eine entsprechende Verlinkung auf die Startseite, könnte die Beurteilung anders ausfallen. Dabei kommt es vor allem auf die Frage an, ob bei einer solchen Form der Gestaltung – wenn der Nutzer also zwei Hyperlinks anklicken muss (ein sogenannter doppelter Hyperlink), um die Internetseite mit den entsprechenden Angaben aufzurufen – noch von einer unmittelbaren Erreichbarkeit der zu erteilenden Pflichtinformationen ausgegangen werden kann. Teilweise wird diese Frage verneint, da die Ansicht vertreten wird, dass eine unmittelbare Erreichbarkeit nur dann vorliege, wenn sich der Zugriff auf die Pflichtinformationen auf das einmalige Anklicken eines Hyperlinks etwa mit der Computer-Maus beschränkt.[1768] Dies ist nur mit einer direkten Verlinkung von jeder einzelnen Unterseite zu der Seite mit den Pflichtinformationen zu realisieren.[1769] Die Platzierung einer solchen Verlinkung ist technisch zwar unproblematisch[1770] und auch in gestalterischer Hinsicht wäre dies dem Unternehmer durchaus zumutbar – im Gegensatz zur einleitend abgelehnten Darstellung der Pflichtinformationen im Volltext. Eine solch enge Inter-

---

1766 So allg. auch *Ott*, Informationspflichten im Internet und ihre Erfüllung durch das Setzen von Hyperlinks, WRP 2003, 945 (948).

1767 So allg. auch *Kaestner/Tews*, Die Anbieterkennzeichnungspflichten nach § 6 Teledienstgesetz, WRP 2002, 1011 (1015); *Ott*, Informationspflichten im Internet und ihre Erfüllung durch das Setzen von Hyperlinks, WRP 2003, 945 (948).

1768 Vgl. etwa *Hoenike/Hülsdunk*, Die Gestaltung von Fernabsatzangeboten im elektronischen Geschäftsverkehr nach neuem Recht, MMR 2002, 415 (417); *Woitke*, Das „Wie" der Anbieterkennzeichnung gemäß § 6 TDG, NJW 2003, 871 (873).

1769 Vgl. ebd.

1770 Vgl. *Hoenike/Hülsdunk*, Die Gestaltung von Fernabsatzangeboten im elektronischen Geschäftsverkehr nach neuem Recht, MMR 2002, 415 (417).

pretation dieses Merkmals ist jedoch abzulehnen.[1771] Denn von einer unmittelbaren Erreichbarkeit der Pflichtinformationen ist auch dann noch auszugehen, wenn der Verbraucher diese ohne wesentliche Zwischenschritte aufrufen kann.[1772] Wann ein Aufruf ohne wesentliche Zwischenschritte vorliegt – oder mit anderen Worten, welche und wie viele Zwischenschritte vorliegen dürfen, ohne dass diese als wesentliche anzusehen sind – lässt sich mithilfe der Verhaltensregeln für den lauteren elektronischen Handel der Internationalen Liga für Wettbewerbsrecht (Ligue Internationale du Droit de la Concurrence – LIDC) vom 30. September 2000[1773] näher bestimmen.[1774] Dort ist unter dem Punkt Zugänglichkeit (vgl. Teil 3 - I)[1775] gefordert, dass der Nutzer nicht mehr als zwei Schritte benötigen soll, um auf die Informationen zugreifen zu können – die sogenannte Zwei-Klick-Regel[1776]. Von einer unmittelbaren Erreichbarkeit der zu erteilenden Pflichtinformationen kann somit ausgegangen werden, wenn jede Unterseite über eine entsprechende Verlinkung verfügt, über die der Verbraucher zur Startseite geführt wird und von dort über einen weiteren Hyperlink direkt auf die Internetseite mit den Pflichtinformationen zugreifen kann.[1777] Denn bei dieser Form der Gestaltung erreicht der Verbraucher durch das Anklicken von zwei Hyperlinks und damit in nur zwei Schritten von jeder Stelle der Internetpräsenz aus die benötigten Informationen.[1778] Das Auffinden dieser Angaben erfordert in der Regel auch kein langes Suchen.[1779]

1771 So bspw. auch *OLG München*, Urt. v. 11.09.2003 - 29 U 2681/03, NJW-RR 2004, 913 (914).

1772 Vgl. etwa *BGH*, Urt. v. 20.07.2006 - I ZR 228/03, NJW 2006, 3633 (3635); *OLG Hamburg*, Beschl. v. 20.11.2002 - 5 W 80/02, MMR 2003, 105 (106); *OLG München*, Urt. v. 11.09.2003 - 29 U 2681/03, NJW-RR 2004, 913 (914); *Hoenike/Hülsdunk*, Die Gestaltung von Fernabsatzangeboten im elektronischen Geschäftsverkehr nach neuem Recht, MMR 2002, 415 (417); *Hoß*, Web-Impressum und Wettbewerbsrecht, CR 2003, 687 (689); *Ott*, Informationspflichten im Internet und ihre Erfüllung durch das Setzen von Hyperlinks, WRP 2003, 945 (949).

1773 Abrufbar unter http://www.wettbewerbszentrale.de/media/getlivedoc.aspx?id=397 (letzter Zugriff am 04.11.2012).

1774 Vgl. *OLG München*, Urt. v. 11.09.2003 - 29 U 2681/03, NJW-RR 2004, 913 (914); *Kaestner/Tews*, Die Anbieterkennzeichnungspflichten nach § 6 Teledienstgesetz, WRP 2002, 1011 (1016); *Ott*, Informationspflichten im Internet und ihre Erfüllung durch das Setzen von Hyperlinks, WRP 2003, 945 (947).

1775 Abrufbar unter http://www.wettbewerbszentrale.de/media/getlivedoc.aspx?id=397, S. 3 (letzter Zugriff am 04.11.2012).

1776 Vgl. *Ott*, Informationspflichten im Internet und ihre Erfüllung durch das Setzen von Hyperlinks, WRP 2003, 945 (947, 949).

1777 So bspw. auch *OLG München*, Urt. v. 11.09.2003 - 29 U 2681/03, NJW-RR 2004, 913 (914); *Hoß*, Web-Impressum und Wettbewerbsrecht, CR 2003, 687 (689); *Kaestner/Tews*, Die Anbieterkennzeichnungspflichten nach § 6 Teledienstgesetz, WRP 2002, 1011 (1016); *Ott*, Informationspflichten im Internet und ihre Erfüllung durch das Setzen von Hyperlinks, WRP 2003, 945 (948). A. A. *Hoenike/Hülsdunk*, Die Gestaltung von Fernabsatzangeboten im elektronischen Geschäftsverkehr nach neuem Recht, MMR 2002, 415 (417); *Woitke*, Das „Wie" der Anbieterkennzeichnung gemäß § 6 TDG, NJW 2003, 871 (873).

1778 Vgl. nur *Ott*, Informationspflichten im Internet und ihre Erfüllung durch das Setzen von Hyperlinks, WRP 2003, 945 (948).

1779 Vgl. nur *BGH*, Urt. v. 20.07.2006 - I ZR 228/03, NJW 2006, 3633 (3635).

Im Ergebnis verstößt die Erteilung von Pflichtinformationen, die im Internet über einen doppelten Hyperlink aufgerufen werden können, also grundsätzlich nicht gegen die Anforderungen des fernabsatzrechtlichen Transparenzgebots.[1780] Ob mit diesen zwei Zwischenschritten allerdings auch der Voraussetzung einer klaren und verständlichen Informationserteilung entsprochen wird, hängt dabei maßgeblich von der Bezeichnung der beiden Hyperlinks ab, die den Verbraucher zu den Pflichtinformationen führen sollen.

bbb) Bezeichnung

Nachdem nun ausführlich die Frage geklärt wurde, wo ein Hyperlink zu platzieren ist, um dem Merkmal der Klarheit durch diese Form der Informationserteilung in gestalterischer Hinsicht Genüge zu tun, wird nunmehr näher untersucht, wie der Hyperlink zu bezeichnen ist, damit er für den Verbraucher nicht missverständlich ist. Denn die unmittelbare Erreichbarkeit der Pflichtinformationen kann nicht nur durch eine optisch versteckte Anordnung des Hyperlinks, sondern auch durch die Verwendung unverständlicher Bezeichnungen vereitelt, zumindest aber für den Verbraucher erschwert werden.[1781]

Befinden sich die erforderlichen Pflichtinformationen auf einer oder mehreren separaten Internetseiten, die nur über eine entsprechende Verlinkung zu erreichen sind, so hat der Unternehmer diese Hyperlinks derart zu bezeichnen, dass sie für den durchschnittlichen Verbraucher verständlich sind, und sich ihm ohne Weiteres erschließt, welche Art von Informationen hinter dieser Verlinkung steckt.[1782] Diesbezüglich finden sich im Gesetz zwar keine ausdrücklichen Vorgaben.[1783] Dem Merkmal der Klarheit – insbesondere was das Erfordernis der leichten Erkennbarkeit der Pflichtinformationen betrifft – wird der Unternehmer jedoch nur gerecht werden, wenn er zur Bezeichnung

---

[1780] So bspw. auch *BGH*, Urt. v. 20.07.2006 - I ZR 228/03, NJW 2006, 3633 (3636); *OLG München*, Urt. v. 11.09.2003 - 29 U 2681/03, NJW-RR 2004, 913 (913); *Grüneberg* in: Palandt, 70. Aufl., EGBGB, Art. 246 § 1, Rn. 4; *Grüneberg* in: Palandt, BGB, § 312 c, Rn. 2.

[1781] So bspw. auch *OLG Hamburg*, Beschl. v. 20.11.2002 - 5 W 80/02, MMR 2003, 105 (105).

[1782] Vgl. etwa *BGH*, Urt. v. 20.07.2006 - I ZR 228/03, NJW 2006, 3633 (3634 f.); *Mankowski*, Fernabsatzrecht: Information über das Widerrufsrecht und Widerrufsbelehrung bei Internetauftritten, CR 2001, 767 (771); *Wendehorst* in: Münchener Kommentar, BGB, § 312 c, Rn. 80.

[1783] Vgl. etwa *OLG München*, Urt. v. 11.09.2003 - 29 U 2681/03, NJW-RR 2004, 913 (913); *Brunst*, Umsetzungsprobleme der Impressumspflicht bei Webangeboten, MMR 2004, 8 (13); *Ott*, Informationspflichten im Internet und ihre Erfüllung durch das Setzen von Hyperlinks, WRP 2003, 945 (948); *Woitke*, Das „Wie" der Anbieterkennzeichnung gemäß § 6 TDG, NJW 2003, 871 (872).

der Verlinkung eine Terminologie wählt, die den Verbraucher eindeutig darauf hinweist, dass er über diesen Hyperlink auf die Pflichtangaben zugreifen kann.[1784]

In diesem Zusammenhang verneinte etwa das OLG Karlsruhe[1785] das Vorliegen einer klaren und unmissverständlichen Informationserteilung für den Fall, dass der Unternehmer die erforderlichen Angaben unter der Überschrift „Impressum" auf einer separaten Internetseite bereithält, die der Verbraucher nur über einen als „Kontakt" bezeichneten Hyperlink erreichen kann: Die Verwendung des Terminus' „Kontakt" wurde dabei als unzureichend abgelehnt, weil es an der notwendigen Eindeutigkeit der Bezeichnung fehle und daher die erforderliche leichte Erkennbarkeit der Informationen nicht gegeben sei. Im Internet würde mit diesem Begriff nach deutschem Sprachverständnis nämlich eine Verlinkung bezeichnet, die den Verbraucher auf eine Seite führt, über die er mit dem Betreiber der Seite in Kontakt treten kann. Dass es sich bei diesem Hyperlink nicht nur um eine sogenannte Mail-to-Verlinkung handelt, sondern dass dort auch ein Teil der vom Unternehmer zu erteilenden Informationen bereit gehalten wird, bliebe somit dem Großteil der angesprochenen Verkehrskreise verborgen. Gleiches gelte bei Verwendung der Überschrift Impressum. Denn auch dieser Begriff führe zu Missverständnissen, da im Impressum üblicherweise die presserechtlichen Angaben über die für die Internetseite verantwortliche Person zu finden sind. Dass dies tatsächlich dieselbe Person ist, mit der ein Vertrag im Wege des Fernabsatzes zustande kommt, sei für die meisten Verbraucher keinesfalls klar.

Diese Auffassung des OLG Karlsruhe ist jedoch abzulehnen, da die zugrundeliegende Argumentation einer genaueren Betrachtung nicht standhält.[1786] Stattdessen überzeugt die Begründung des OLG München[1787], das diesbezüglich die gegenteilige Auffassung vertritt, der auch der BGH[1788] folgt: Nach deren Ansicht könne den Voraussetzungen an eine klare und unmissverständliche Informationserteilung selbst dann entsprochen werden, wenn der Verbraucher nur über einen doppelten Hyperlink (der eine als Kontakt und der andere als Impressum bezeichnet) auf die Pflichtinformationen zugreifen kann. Denn sowohl der Begriff Kontakt als auch der Begriff Impressum ge-

---

[1784] Vgl. *OLG Hamburg*, Beschl. v. 20.11.2002 - 5 W 80/02, MMR 2003, 105 (105); *Ott*, Informationspflichten im Internet und ihre Erfüllung durch das Setzen von Hyperlinks, WRP 2003, 945 (948 f.).

[1785] Vgl. *OLG Karlsruhe*, Urt. v. 27.03.2002 - 6 U 200/01, MMR 2002, 618 (618 f.).

[1786] So auch *Ott*, Informationspflichten im Internet und ihre Erfüllung durch das Setzen von Hyperlinks, WRP 2003, 945 (954); *Thüsing* in: Staudinger, BGB, § 312 c, Rn. 30.

[1787] Vgl. *OLG München*, Urt. v. 11.09.2003 - 29 U 2681/03, NJW-RR 2004, 913 (913 f.).

[1788] Vgl. *BGH*, Urt. v. 20.07.2006 - I ZR 228/03, NJW 2006, 3633 (3635 f.).

nügten den Anforderungen zur Bezeichnung des jeweiligen Hyperlinks, da sie beide für den Verbraucher durchaus verständlich seien und sich ihm ohne Weiteres erschließen würden. Begründet wird diese Ansicht – mit Hinweis auf das Urteil des OLG Hamburg[1789] sowie die überwiegende Meinung in der Literatur[1790] – zum einen damit, dass sich die beiden Begriffe zur Bezeichnung der Hyperlinks im Verkehr durchgesetzt hätten, um den Verbraucher auf die Angaben zur Person des Unternehmers hinzuweisen. Zum anderen sei dem durchschnittlich aufmerksamen, informierten und verständigen Verbraucher, der das Internet auch als Fernkommunikationsmittel zum Abschluss eines Vertrages nutzt, mittlerweile bekannt, dass sowohl mit dem Begriff Kontakt als auch mit dem Begriff Impressum Hyperlinks bezeichnet würden, über die er zu einer Internetseite mit den entsprechenden Angaben gelangen kann. Wenn sich nun aber die beiden Begriffe Kontakt und Impressum zur Bezeichnung entsprechender Hyperlinks im Verkehr durchgesetzt hätten und dies dem durchschnittlichen Verbraucher auch bekannt sei, so würde es sich ihm auch ohne Weiteres erschließen, welche Art von Information hinter dieser Verlinkung steckten, sodass eine leicht erkennbare Darstellung dieser Informationen gegeben sei. Mit Verwendung dieser beiden Bezeichnungen wäre den Anforderungen des fernabsatzrechtlichen Transparenzgebots jedenfalls Genüge getan. Dass sich im Einzelfall hinter der Bezeichnung Kontakt auch mal eine Mail-to-Verlinkung verberge, stehe diesem Ergebnis keinesfalls entgegen.

Allerdings kann eine derartige Bezeichnung von Hyperlinks auch nur für die erforderlichen unternehmensbezogenen Angaben als eine klare und unmissverständliche Form der Informationserteilung hingenommen werden; für alle weiteren im Rahmen des Fernabsatzes zu erteilenden Pflichtinformationen erscheint dies zumindest fraglich: Denn der durchschnittliche Verbraucher wird zwar – wie soeben gezeigt – eine als Kontakt oder Impressum bezeichnete Verlinkung durchaus als Hinweis auf gesondert bereitgestellte unternehmensbezogene Informationen verstehen. Darüber hinausgehende Angaben, wie etwa zu wesentlichen Produktmerkmalen, zum Zustandekom-

1789 Vgl. *OLG Hamburg*, Beschl. v. 20.11.2002 - 5 W 80/02, MMR 2003, 105 (105).

1790 Vgl. etwa *Brunst*, Umsetzungsprobleme der Impressumspflicht bei Webangeboten, MMR 2004, 8 (13); *Franosch*, Rechtliche Fallstricke der anwaltlichen Impressumspflicht im Internet, NJW 2004, 3155 (3156); *Hoß*, Web-Impressum und Wettbewerbsrecht, CR 2003, 687 (689); *Kaestner/Tews*, Die Anbieterkennzeichnungspflichten nach § 6 Teledienstgesetz, WRP 2002, 1011 (1015 f.); *Ott*, Informationspflichten im Internet und ihre Erfüllung durch das Setzen von Hyperlinks, WRP 2003, 945 (949); *Thüsing* in: Staudinger, BGB, § 312 c, Rn. 30; *Wendehorst* in: Münchener Kommentar, BGB, § 312 c, Rn. 80. A. A. *Woitke*, Das „Wie" der Anbieterkennzeichnung gemäß § 6 TDG, NJW 2003, 871 (872).

men und zur Mindestlaufzeit des Vertrages, zum Gesamtpreis, zu Einzelheiten zur Zahlung und Lieferung bzw. Erfüllung, oder Angaben zum Widerrufs- und Rückgaberecht wird er hingegen nicht erwarten; dies muss er auch nicht.

In diese Richtung gingen auch die Entscheidungen des OLG Frankfurt am Main[1791], des OLG Hamburg[1792] sowie des OLG Hamm[1793]: So müsse beispielsweise eine Verlinkung klar erkennen lassen, dass hierüber eine Widerrufsbelehrung aufgerufen werden kann.[1794] Unzureichend sei es daher, wenn ein Verbraucher zunächst die Rubrik „Angaben zum Verkäufer" aufrufen und dann auf eine mit dem Begriff „mich" bezeichnete Verlinkung klicken muss, um die entsprechenden Informationen zu erlangen.[1795] Den diesbezüglichen Erfordernissen sollte eine Bezeichnung der Verlinkung beispielsweise mit den Worten „gesetzliche Pflichtangaben"[1796] Genüge tun. Ob zu dieser recht aussagekräftigen Bezeichnung unbedingt noch eine besondere ausdrückliche Beschreibung treten muss,[1797] erscheint zwar fraglich; im Hinblick auf den Schutz des Verbrauchers wäre ein solcher zusätzlicher Hinweis jedoch durchaus begrüßenswert. Eine solche Beschreibung könnte beispielsweise lauten: „Bitte beachten: Hier finden Sie wichtige Hinweise zum Vertrag, zu den Preisen sowie zu Ihren Rechten".[1798]

Bei der Bezeichnung eines solchen Hyperlinks verbleiben dem Anbieter somit zwar nur geringe Spielräume im Hinblick auf eine möglichst unauffällige Gestaltung. Dennoch stellt dieser Aspekt kein Hindernis für das Funktionieren einer Abonnement- bzw. Vertragsfalle dar. Denn der Anbieter kann hier – wie auch schon im Rahmen seiner Hinweisobliegenheit als AGB-Verwender im 3. Teil dieser Untersuchung dargestellt wurde[1799] – sogar durch die Wahl einer möglichst standardisierten Bezeichnung

[1791] Vgl. *OLG Frankfurt am Main*, Urt. v. 14.12.2006 - 6 U 129/06, NJW-RR 2007, 482 (482 f.).
[1792] Vgl. *OLG Hamburg*, Urt. v. 24.08.2006 - 3 U 103/06, NJW-RR 2007, 839 (839).
[1793] Vgl. *OLG Hamm*, Urt. v. 14.04.2005 - 4 U 2/05, NJW 2005, 2319 (2319 f.).
[1794] Vgl. *OLG Frankfurt am Main, Urt. v.* 14.12.2006 - 6 U 129/06, NJW-RR 2007, 482 (482 f.). Vgl. auch *Grüneberg* in: Palandt, 70. Aufl., EGBGB, Art. 246 § 1, Rn. 10; *Hoenike/Hülsdunk*, Die Gestaltung von Fernabsatzangeboten im elektronischen Geschäftsverkehr nach neuem Recht, MMR 2002, 415 (417); *Mankowski*, Fernabsatzrecht: Information über das Widerrufsrecht und Widerrufsbelehrung bei Internetauftritten, CR 2001, 767 (771) m. w. N.
[1795] Vgl. *OLG Hamburg*, Urt. v. 24.08.2006 - 3 U 103/06, NJW-RR 2007, 839 (839); *OLG Hamm*, Urt. v. 14.04.2005 - 4 U 2/05, NJW 2005, 2319 (2319 f.). Vgl. auch *Grüneberg* in: Palandt, 70. Aufl., EGBGB, Art. 246 § 1, Rn. 10.
[1796] Vgl. *Hoenike/Hülsdunk*, Die Gestaltung von Fernabsatzangeboten im elektronischen Geschäftsverkehr nach neuem Recht, MMR 2002, 415 (417).
[1797] Vgl. *Mankowski*, Fernabsatzrecht: Information über das Widerrufsrecht und Widerrufsbelehrung bei Internetauftritten, CR 2001, 767 (771).
[1798] Vgl. ebd.
[1799] Siehe 3. Teil, C, I, 1, c.

des Hyperlinks den Anschein des Üblichen erwecken und läuft so kaum Gefahr, dass der Nutzer trotz dieser unmissverständlichen Bezeichnung tatsächlich auf die hierdurch zur Verfügung gestellten Pflichtinformationen aufmerksam wird. Schließlich stellt eine solche Verlinkung auf einer Internetseite nichts Besonderes dar, das die Aufmerksamkeit eines Nutzers erregen würde. Der Nutzer wird also in der Regel schlicht darüber hinwegsehen.

cc) Verbraucherleitbild im Fernabsatz

Im Rahmen der Untersuchung der medienspezifischen Konkretisierung bzw. Modifizierung des Grundsatzes des fernabsatzrechtlichen Transparenzgebots ist eines sehr deutlich geworden: Die Beantwortung der Frage, ob und unter welchen Voraussetzungen den Anforderungen des Transparenzgebots mit seinen Merkmalen der Klarheit und Verständlichkeit im Hinblick auf die untersuchte Gestaltungsform entsprochen wird, hängt bei der Nutzung des Internets als Fernkommunikationsmittel – und hier gerade im Zusammenhang mit der Verwendung von Hyperlinks zur Informationserteilung – von den individuellen Fähigkeiten und Kenntnissen des Verbrauchers ab.[1800] Damit diese Form der Gestaltung den sich aus dem fernabsatzrechtlichen Transparenzgebot ergebenden Anforderungen insbesondere an eine klare und unmissverständliche Informationserteilung auch genügt, wird nämlich, wie bereits aufgezeigt, unterstellt, dass der Verbraucher weiß, dass er durch das Anklicken von Hyperlinks weiterführende Informationen beschaffen kann[1801], und dass er, sofern diese Hyperlinks mit entsprechenden Begriffen bezeichnet sind, auch zuordnen kann, welche Art von Informationen sich dahinter verbergen[1802]. Außerdem wird davon ausgegangen, dass er über durchschnittliche (technische) Kenntnisse im Umgang mit dem Internet verfügt, sodass ihm beispielsweise das Scrollen des Bildschirms zuzutrauen ist.[1803] Verfügt ein Verbraucher aufgrund des (regelmäßigen) Umgangs mit den modernen Medien tatsächlich über eine entsprechende Praxis, so kann sicherlich angenommen werden, dass es

1800 So auch *Thüsing* in: Staudinger, BGB, § 312 c, Rn. 28.

1801 Vgl. etwa *Klewitz*, S. 290; *Ott*, Informationspflichten im Internet und ihre Erfüllung durch das Setzen von Hyperlinks, WRP 2003, 945 (954).

1802 Vgl. etwa *BGH*, Urt. v. 20.07.2006 - I ZR 228/03, NJW 2006, 3633 (3634 f.); *Mankowski*, Fernabsatzrecht: Information über das Widerrufsrecht und Widerrufsbelehrung bei Internetauftritten, CR 2001, 767 (771); *Wendehorst* in: Münchener Kommentar, BGB, § 312 c, Rn. 80.

1803 Vgl. etwa *Brunst*, Umsetzungsprobleme der Impressumspflicht bei Webangeboten, MMR 2004, 8 (13); *Ott*, Informationspflichten im Internet und ihre Erfüllung durch das Setzen von Hyperlinks, WRP 2003, 945 (947).

ihm auch leichter möglich sein wird, die medienspezifisch zur Verfügung gestellten Pflichtinformationen abzurufen.[1804] Ob allerdings davon auszugehen ist, dass auch der im Rahmen des fernabsatzrechtlichen Transparenzgebots maßgebliche durchschnittliche Verbraucher über solche Fähigkeiten und Kenntnisse verfügt, bzw. welche Anforderungen an diese gestellt werden können, ist fraglich.[1805]

Diesbezüglich wird in der Literatur zum Teil die Ansicht[1806] vertreten, dass die Informationen für denjenigen Verbraucher, der einen Fernabsatzvertrag über das Internet abschließt, nicht so einfach und verständlich aufbereitet sein müssten wie die Informationen für einen Verbraucher, der das Fernabsatzgeschäft im Wege des klassischen Versandhandels abschließt, da ein Internetnutzer per se über ein höheres geistiges Verständnis verfügen müsse als der traditionelle Kunde des Versandhandels.[1807] Diese Ansicht lässt sich so pauschal jedoch sicherlich nicht halten.[1808] Denn in Anbetracht des inzwischen weit verbreiteten Zugangs zum Internet sowie der stetig steigenden Nutzung des Internets zum Abschluss von Fernabsatzverträgen, bei denen auf der einen Seite ein Verbraucher beteiligt ist, ist ein spezifischer „Internetverkehrskreis" heutzutage nicht (mehr) auszumachen.[1809] Daher lässt sich dieser Argumentation schon allein entgegenhalten, dass aus dem Vorhandensein von Fähigkeiten, die für die Nutzung der (technischen) Möglichkeiten des Internets erforderlich sind, nicht unbedingt folgen muss, dass der Verbraucher deshalb auch über ein höheres geistiges Verständnis verfügt und dadurch den Inhalt der nach Art. 246 § 1 Abs. 1 Nr. 1-12 EGBGB zu erteilenden Pflichtinformationen per se besser versteht.[1810] Zudem verfügt der durchschnittliche Verbraucher, der über das Internet Fernabsatzgeschäfte tätigt, in der Regel auch nicht über mehr Markterfahrung als der herkömmliche Versandhauskunde.[1811] Somit ist eine darauf gestützte Unterscheidung verfehlt und würde zu einer generellen, nicht zu rechtfertigenden Benachteiligung der Gruppe von Verbrauchern führen, die einen Fernabsatzvertrag über das Internet abschließen.[1812]

1804 So auch *Thüsing* in: Staudinger, BGB, § 312 c, Rn. 28.

1805 Ebd.

1806 Vgl. etwa *Reich*, Die neue Richtlinie 97/7/EG über den Verbraucherschutz bei Vertragsabschlüssen im Fernabsatz, EuZW 1997, 581 (584) m. w. N.

1807 So bspw. auch *Dilger*, S. 78; *Klewitz*, S. 289; *Thüsing* in: Staudinger, BGB, § 312 c, Rn. 28.

1808 Ebd.

1809 So auch *Klewitz*, S. 289; *Thüsing* in: Staudinger, BGB, § 312 c, Rn. 28.

1810 So auch *Dilger*, S. 78.

1811 Ebd.

1812 So auch *Klewitz*, S. 289; *Thüsing* in: Staudinger, BGB, § 312 c, Rn. 28.

Sachgerechter erscheint vielmehr die Orientierung an dem vom EugH entwickelten Leitbild eines verständigen Durchschnittsverbrauchers, dem neben einer durchschnittlichen Aufmerksamkeit auch eine durchschnittliche Verständigkeit unterstellt wird.[1813] An diesem Leitbild orientierte sich auch zunehmend die deutsche Rechtsprechung[1814] und begann, dem Verbraucher mehr Vertrauen entgegenzubringen.[1815] Dem hier zugrunde gelegten durchschnittlichen Verbraucher ist daher durchaus eine gewisse Intelligenz sowie Erfahrung im Umgang mit dem Internet zu unterstellen, sodass davon auszugehen ist, dass er die ihm angebotenen Informationen problemlos umsetzen kann.[1816] Für die Informationsverpflichtung des Unternehmers im Rahmen des Fernabsatzes heißt das, dass die Anforderungen, die der Unternehmer an die Fähigkeiten des Verbrauchers im Umgang mit dem Internet oder anderen modernen Fernkommunikationsmitteln stellen darf, nicht zu hoch sein dürfen.[1817] Da als Maßstab aber ein durchschnittlich verständiger Verbraucher heranzuziehen ist, ist diesem weder eine besondere Begriffsstutzigkeit zu unterstellen noch ist davon auszugehen, dass er im Umgang mit dem Internet oder modernen Fernkommunikationsmitteln vollkommen unerfahren ist.[1818] Welche Kenntnisse erforderlich sind, um den Anforderungen an eine durchschnittliche Verständigkeit zu genügen, ist anhand der individuellen Umstände zu beurteilen.[1819] Grundsätzlich kann aber davon ausgegangen werden, dass sich die Anforderungen an die Verbraucher mit der zunehmenden Nutzung des Internets als Fernkommunikationsmittel erhöhen, während gleichzeitig die Anforderungen an die Transparenz geringer werden.[1820]

Verallgemeinernd lässt sich aber sicherlich feststellen, dass den medienspezifischen Anforderungen des fernabsatzrechtlichen Transparenzgebots mit seinen Merkmalen der Klarheit und Verständlichkeit im Hinblick auf die untersuchte Gestaltungsform jedenfalls dann entsprochen wird, wenn die Anforderungen, über die ein durchschnittlicher Verbraucher zur Erlangung der Informationen verfügen muss, nicht wesentlich von denjenigen abweichen, die er ohnehin schon im Rahmen des Bestellvorgangs der Ware oder Dienstleistung benötigt. Unproblematisch sind daher die Anforderungen

1813 So auch *Aigner/Hofmann*, Rn. 282; *Thüsing* in: Staudinger, BGB, § 312 c, Rn. 28 m. w. N.
1814 Vgl. etwa *BGH*, Urt. v. 20.10.1999 - I ZR 167/97, NJW-RR 2000, 1490 (1491).
1815 Vgl. *Thüsing* in: Staudinger, BGB, § 312 c, Rn. 28.
1816 Vgl. etwa *Thüsing* in: Staudinger, BGB, § 312 c, Rn. 28 m. w. N.
1817 Vgl. ebd.
1818 Vgl. *Aigner/Hofmann*, Rn. 282; *Thüsing* in: Staudinger, BGB, § 312 c, Rn. 28.
1819 Vgl. *Thüsing* in: Staudinger, BGB, § 312 c, Rn. 28.
1820 Vgl. ebd.

an die Fertigkeiten des Verbrauchers, von denen im Rahmen der Untersuchung der medienspezifischen Konkretisierung bzw. Modifizierung des Grundsatzes des fernabsatzrechtlichen Transparenzgebots bereits ausgegangen wurde. Die Anforderungen sind hingegen dann als überhöht anzusehen, wenn dem Verbraucher Kenntnisse und Fähigkeiten abverlangt werden, die zwar (technisch) zu realisieren sind, von ihm aber ein über das übliche Maß hinausgehendes Verständnis im Umgang mit dem Medium Internet erfordern (beispielsweise das seitenübergreifende Suchen nach einem bestimmten Text bzw. Wort in der Internetpräsenz des Unternehmers oder die Vergrößerung des dargestellten Textes, um diesen überhaupt lesen zu können).

dd) Sprache

Schließlich fällt unter das fernabsatzrechtliche Transparenzgebot im Hinblick auf die dem eingesetzten Fernkommunikationsmittel entsprechende Weise noch die Frage, in welcher Sprache der Unternehmer die Pflichtinformationen zur Verfügung stellen muss, damit sie den gesetzlichen Anforderungen insbesondere im Hinblick auf das Merkmal der Verständlichkeit entsprechen.[1821] Diese für den Schutz des Verbrauchers durchaus wichtige Frage wird jedoch in der Richtlinie 97/7/EG selbst nicht geregelt; vielmehr wird es den Mitgliedstaaten überlassen, eigenständig festzulegen, in welcher Sprache die Informationen zu erteilen sind.[1822] Diese Möglichkeit zur Festlegung hat der deutsche Gesetzgeber bei der Umsetzung der Richtlinie allerdings nicht genutzt.[1823]

Mangels einer ausdrücklichen Regelung ist für den Unternehmer daher auch bei der Sprachwahl der Grundsatz des fernabsatzrechtlichen Transparenzgebots und dabei insbesondere das Merkmal der Verständlichkeit maßgeblich, wobei er sich auch hier an dem eingesetzten Fernkommunikationsmittel orientieren muss. Was dem eingesetzten

[1821] So bspw. auch *Micklitz/Schirmbacher* in: Spindler/Schuster, BGB, § 312 c, Rn. 33; *Reich*, Die neue Richtlinie 97/7/EG über den Verbraucherschutz bei Vertragsabschlüssen im Fernabsatz, EuZW 1997, 581 (584); *Thüsing* in: Staudinger, BGB, § 312 c, Rn. 34.

[1822] Vgl. etwa *Erwägungsgrund 8* der Richtlinie 97/7/EG; *Fuchs*, Das Fernabsatzgesetz im neuen System des Verbraucherschutzrechts, ZIP 2000, 1273 (1277); *Grüneberg* in: Palandt, 70. Aufl., EGBGB, Art. 246 § 1, Rn. 4; *Grüneberg* in: Palandt, BGB, § 312 c, Rn. 2; *Klewitz*, S. 294; *Micklitz/Schirmbacher* in: Spindler/Schuster, BGB, § 312 c, Rn. 34; *Reich*, Die neue Richtlinie 97/7/EG über den Verbraucherschutz bei Vertragsabschlüssen im Fernabsatz, EuZW 1997, 581 (584); *Thüsing* in: Staudinger, BGB, § 312 c, Rn. 34; *Wendehorst* in: Münchener Kommentar, BGB, § 312 c, Rn. 87.

[1823] Vgl. nur *Micklitz/Schirmbacher* in: Spindler/Schuster, BGB, § 312 c, Rn. 36; *Thüsing* in: Staudinger, BGB, § 312 c, Rn. 34.

Fernkommunikationsmittel entspricht, wird nicht zuletzt – und besonders beim Einsatz des Internets als Fernkommunikationsmittel – durch dessen technische Möglichkeiten bestimmt.[1824] Ein Teil der Literatur[1825] vertritt daher die Ansicht, dass im Internet nur durch die Verwendung der am jeweiligen Ort des potenziellen Kunden typischerweise verstandenen Sprache den Anforderungen, die sich aus dem Grundsatz der Verständlichkeit ergeben, Genüge getan sei.

Diese Auffassung kann so jedoch nicht geteilt werden.[1826] Technisch wäre es zwar sicherlich möglich, die zu erteilenden Informationen in der entsprechenden und somit wohl auch in der jeweiligen vom Verbraucher beherrschten Sprache anzuzeigen. Dennoch ist – wie schon bei der Verwendung von Allgemeinen Geschäftsbedingungen im Rahmen ihrer wirksamen Einbeziehung vertreten wurde[1827] – auch bei der Zurverfügungstellung der vorvertraglichen Pflichtinformationen nicht von einer solchen grundsätzlichen Verpflichtung des Unternehmers auszugehen.[1828] Denn gerade beim Einsatz des Internets, das den Abschluss von weltweiten Distanzgeschäften im Wege des Fernabsatzes ermöglicht, würde das Abstellen auf die ortstypische Sprache bedeuten, dass der Unternehmer die Pflichtinformationen in allen erdenklichen Sprachen bereitstellen müsste,[1829] um den Anforderungen des fernabsatzrechtlichen Transparenzgebots gerecht zu werden. Dadurch würde ihm – selbst wenn er sich nur auf die kommerziell relevanten Sprachen beschränken würde – ein Mehraufwand entstehen, der für ihn in der Praxis zu Recht als kaum durchführbar erachtet wird.[1830] Die Pflichtinformationen statt in einer Vielzahl von Sprachen daher in nur einer Weltsprache, wie beispielsweise Englisch, zur Verfügung zu stellen, ist bei einem Verbrauchervertrag allerdings auch nicht ausreichend.[1831] Denn obwohl sich Englisch weitgehend als Verkehrssprache im Internet durchgesetzt hat,[1832] kann – anders als im internationalen

[1824] So auch *Wendehorst* in: Münchener Kommentar, BGB, § 312 c, Rn. 80.

[1825] Vgl. etwa *Reich*, Die neue Richtlinie 97/7/EG über den Verbraucherschutz bei Vertragsabschlüssen im Fernabsatz, EuZW 1997, 581 (584); *Rott*, Informationspflichten in Fernabsatzverträgen als Paradigma für die Sprachenproblematik im Vertragsrecht, ZVglRWiss 1999, 382 (405 ff.).

[1826] So auch *Dilger*, S. 78.

[1827] Siehe 3. Teil, C, I, 2, a, bb, eee.

[1828] So auch *Dilger*, S. 78.

[1829] Vgl. *Basedow* in: Münchener Kommentar, BGB, § 305, Rn. 66; *Koehler*, Allgemeine Geschäftsbedingungen im Internet, MMR 1998, 289 (293).

[1830] Vgl. *Basedow* in: Münchener Kommentar, BGB, § 305, Rn. 66; *Dilger*, S. 78 m. w. N.; *Koehler*, Allgemeine Geschäftsbedingungen im Internet, MMR 1998, 289 (293).

[1831] So bspw. auch *Dilger*, S. 78; *Klewitz*, S. 115; *Rott*, Informationspflichten in Fernabsatzverträgen als Paradigma für die Sprachenproblematik im Vertragsrecht, ZVglRWiss 1999, 382 (405).

[1832] Vgl. etwa *Fuchs*, Das Fernabsatzgesetz im neuen System des Verbraucherschutzrechts, ZIP 2000, 1273

Wirtschaftsverkehr[1833] – bei einem Fernabsatzvertrag, bei dem auf der einen Seite ein Verbraucher beteiligt ist, nicht grundsätzlich davon ausgegangen werden, dass dieser der englischen Sprache auch tatsächlich mächtig ist.[1834] Und selbst wenn davon ausgegangen werden könnte, dass bei einem durchschnittlichen Verbraucher gewisse Grundkenntnisse der englischen Sprache vorhanden sind, kann nicht angenommen werden, dass ihm die in den Pflichtinformationen vielfach vorhandenen fachspezifischen Ausdrücke und Klauseln auch geläufig sind,[1835] die für einen juristisch nicht vorgebildeten Muttersprachler verständlich wären.

Zur Bestimmung der Sprache, die auf der einen Seite den Anforderungen des fernabsatzrechtlichen Transparenzgebots hinsichtlich der Verständlichkeit genügt und auf der anderen Seite aber auch den damit gegebenenfalls verbundenen Mehraufwand des Unternehmers angemessen berücksichtigt, ist es vielmehr sachgerecht, das AGB-rechtliche Klarheitsgebot und hier speziell die daraus resultierenden Anforderungen an die Sprachwahl heranzuziehen. Wie bereits ausgeführt wurde[1836], ist dort nach überwiegender Ansicht in Rechtsprechung[1837] und Literatur[1838] für die gebotene Verständlichkeit des AGB-Textes nämlich die Sprache maßgeblich, die beide Vertragspartner faktisch zum Abschluss des Vertrages nutzen. Dies kann zum einen die Verhandlungssprache sein, also diejenige Sprache, derer sich die Vertragsparteien im Rahmen ihrer rechtsgeschäftlichen Beziehungen tatsächlich bedienen, oder zum anderen die Vertragssprache, in der etwa das Bestell- bzw. Registrierungsformular verfasst ist.[1839] Da

(1277); *Grüneberg* in: Palandt, 70. Aufl., EGBGB, Art. 246 § 1, Rn. 4; *Klewitz*, S. 294; *Reich*, Die neue Richtlinie 97/7/EG über den Verbraucherschutz bei Vertragsabschlüssen im Fernabsatz, EuZW 1997, 581 (584); *Thüsing* in: Staudinger, BGB, § 312 c, Rn. 34.

[1833] Vgl. *Rott*, Informationspflichten in Fernabsatzverträgen als Paradigma für die Sprachenproblematik im Vertragsrecht, ZVglRWiss 1999, 382 (405); *Thüsing* in: Staudinger, BGB, § 312 c, Rn. 34.

[1834] So auch *Klewitz*, S. 115; *Rott*, Informationspflichten in Fernabsatzverträgen als Paradigma für die Sprachenproblematik im Vertragsrecht, ZVglRWiss 1999, 382 (405 f.).

[1835] So auch *Kamanabrou*, Die Umsetzung der Fernabsatzrichtlinie, WM 2000, 1417 (1422); *Klewitz*, S. 294; *H. Roth*, Das Fernabsatzgesetz, JZ 2000, 1013 (1016).

[1836] Siehe 3. Teil, C, I, 2, a, bb, eee.

[1837] Vgl. etwa *BGH*, Urt. v. 10.03.1983 - VII ZR 302/82, BGHZ 87, 112 (114) = NJW 1983, 1489 (1489); *OLG Hamburg*, Urt. v. 01.06.1979 - 11 U 32/79, NJW 1980, 1232 (1233); *OLG Stuttgart*, Urt. v. 16.06.1987 - 2 U 291/86, IPRax 1988, 293 (294).

[1838] Vgl. etwa *Fuchs*, Das Fernabsatzgesetz im neuen System des Verbraucherschutzrechts, ZIP 2000, 1273 (1278); *C. Horn*, Verbraucherschutz bei Internetgeschäften, MMR 2002, 209 (210); *Koehler*, Allgemeine Geschäftsbedingungen im Internet, MMR 1998, 289 (293) m. w. N.; *Pfeiffer* in: Wolf/Lindacher/Pfeiffer, AGB, § 305, Rn. 89; *Stoffels*, AGB-Recht, Rn. 282; *Taupitz/Kritter*, Electronic Commerce – Probleme bei Rechtsgeschäften im Internet, JuS 1999, 839 (844); *Thüsing* in: Staudinger, BGB, § 312 c, Rn. 35; *Waldenberger*, Grenzen des Verbraucherschutzes beim Abschluß von Verträgen im Internet, BB 1996, 2365 (2369).

[1839] Vgl. etwa *Basedow* in: Münchener Kommentar, BGB, § 305, Rn. 66; *Dilger*, S. 50; *Stoffels*, AGB-Recht, Rn. 282.

bei den vorliegend untersuchten Distanzgeschäften über das Internet die Verhandlungssprache mangels vorheriger Verhandlungen meist der Vertragssprache entspricht, ist eine solche Unterscheidung hier jedoch nicht von Bedeutung.[1840] Maßgeblich ist bei dieser Art von Geschäften letztlich also, in welcher Sprache das vom Verbraucher ausgefüllte Bestell- bzw. Registrierungsformular verfasst ist. Denn Voraussetzung für das Ausfüllen eines Formulars ist, dass der Verbraucher die Sprache, in der das Formular verfasst ist, auch hinreichend beherrscht.[1841] Füllt er das Formular dann auch in derselben Sprache aus, lässt er sich demnach – quasi vorbehaltlos – auf diese Sprache ein[1842] und bringt damit konkludent zum Ausdruck, dass er diese Sprache auch hinreichend versteht.[1843] Sind nun auch die vom Unternehmer bereitgehaltenen vorvertraglichen Pflichtinformationen in dieser Sprache verfasst, genügt dies den gesetzlichen Anforderungen insbesondere im Hinblick auf das Merkmal der Verständlichkeit, da in diesem Fall davon ausgegangen werden kann, dass der Verbraucher diese auch versteht, und zwar unabhängig von seinen tatsächlichen Sprachkenntnissen.[1844] Entsprechendes gilt selbstverständlich auch für den Hinweis (in Form eines Hyperlinks) des Unternehmers auf die Pflichtinformationen.[1845]

Bei den hier untersuchten Abonnement- bzw. Vertragsfallen im Internet sind sowohl die einzelnen Seiten, insbesondere aber auch das Formular in deutscher Sprache verfasst, welches der Nutzer für seine Bestellung bzw. Registrierung verwendet. Zwar könnten diese Internetseiten durchaus auch in einer anderen Sprache verfasst sein; für das Funktionieren der Abonnement- bzw. Vertragsfallen ist aber ein in Deutsch verfasster Text im Hinblick auf die Auffindbarkeit der Seiten bzw. der darauf enthalte-

1840 So auch *Klewitz*, S. 116.

1841 Vgl. *Basedow* in: Münchener Kommentar, BGB, § 305, Rn. 66; *Klewitz*, S. 116; *Micklitz/Schirmbacher* in: Spindler/Schuster, BGB, § 312 c, Rn. 38; *Waldenberger*, Grenzen des Verbraucherschutzes beim Abschluß von Verträgen im Internet, BB 1996, 2365 (2369).

1842 Vgl. etwa *BGH*, Urt. v. 10.03.1983 - VII ZR 302/82, BGHZ 87, 112 (114 f.) = NJW 1983, 1489 (1489); *OLG Nürnberg*, Urt. v. 20.06.1990 - 9 U 3650/89, NJW 1991, 232 (235); *Klewitz*, S. 115 f., 294.

1843 So auch *Dilger*, S. 78.

1844 So bspw. auch *Dilger*, S. 78; *Fuchs*, Das Fernabsatzgesetz im neuen System des Verbraucherschutzrechts, ZIP 2000, 1273 (1278); *Grüneberg* in: Palandt, 70. Aufl., EGBGB, Art. 246 § 1, Rn. 4; *Kamanabrou*, Die Umsetzung der Fernabsatzrichtlinie, WM 2000, 1417 (1422); *Klewitz*, S. 294; *Rott*, Informationspflichten in Fernabsatzverträgen als Paradigma für die Sprachenproblematik im Vertragsrecht, ZVglRWiss 1999, 382 (406); *Wendehorst* in: Münchener Kommentar, BGB, § 312 c, Rn. 87. A. A. *H. Roth*, Das Fernabsatzgesetz, JZ 2000, 1013 (1016).

1845 Vgl. nur *Grüneberg* in: Palandt, BGB, § 305, Rn. 29, 42; *Koehler*, Allgemeine Geschäftsbedingungen im Internet, MMR 1998, 289 (293) m. w. N.; *Pfeiffer* in: Wolf/Lindacher/Pfeiffer, AGB, § 305, Rn. 71.

nen Stichwörter mit Hilfe einer Suchmaschine sowie der zu unterstellenden Tendenz eines Nutzers in der Bundesrepublik Deutschland, eine in deutscher Sprache verfasste Seite auszuwählen, von wesentlicher Bedeutung. Da die Vertragsparteien folglich Deutsch als Verhandlungs- und Vertragssprache gewählt haben und der in der Bundesrepublik Deutschland zu schließende Vertrag grundsätzlich deutschem Recht untersteht (siehe hierzu auch die Ausführungen zur Anknüpfung bei fehlender Rechtswahl im Rahmen der Ermittlung des Vertragsstatuts[1846]), müssen auch die vom Unternehmer zur Verfügung zu stellenden Pflichtinformationen in Deutsch verfasst sein.[1847] Weichen diese Informationen jedoch sprachlich von den einzelnen Internetseiten, insbesondere aber auch von dem Bestell- bzw. Registrierungsformular ab, liegt eine den gesetzlichen Anforderungen entsprechende Information des Verbrauchers nur dann vor, wenn dieser beide Sprachen auch tatsächlich beherrscht;[1848] davon kann aber, wie bereits dargestellt, gerade bei einem Verbrauchergeschäft nicht grundsätzlich ausgegangen werden.

Wie auch schon beim Hinweis auf die Allgemeinen Geschäftsbedingungen bzw. dem AGB-Text selbst[1849] ist es für den Anbieter einer Abonnement- bzw. Vertragsfalle somit auch bei den Pflichtinformationen faktisch unmöglich, diese absichtlich in einer anderen Sprache zur Verfügung zu stellen, um dadurch die Verständlichkeit dieser Angaben und insbesondere das Auffinden der versteckten bzw. verschleierten Vertragsbedingungen für den durchschnittlichen Verbraucher zu erschweren.

c) Erkennbarkeit des geschäftlichen Zwecks

Gemäß Art. 246 § 1 Abs. 1 EGBGB hat der Unternehmer dem Verbraucher diese Informationen nicht nur rechtzeitig vor Abgabe von dessen Vertragserklärung in einer dem eingesetzten Fernkommunikationsmittel entsprechenden Weise klar und verständlich zur Verfügung zu stellen, sondern auch unter Angabe des geschäftlichen Zwecks.

1846 Siehe 5. Teil, C, III.

1847 So allg. etwa auch *Grüneberg* in: Palandt, 70. Aufl., EGBGB, Art. 246 § 1, Rn. 4; *Klewitz*, S. 294; *Micklitz/Schirmbacher* in: Spindler/Schuster, BGB, § 312 c, Rn. 38; *Rott*, Informationspflichten in Fernabsatzverträgen als Paradigma für die Sprachenproblematik im Vertragsrecht, ZVglRWiss 1999, 382 (406).

1848 Vgl. *Koehler*, Allgemeine Geschäftsbedingungen im Internet, MMR 1998, 289 (294) m. w. N.; *Rott*, Informationspflichten in Fernabsatzverträgen als Paradigma für die Sprachenproblematik im Vertragsrecht, ZVglRWiss 1999, 382 (406).

1849 Siehe 3. Teil, C, I, 2, b, bb, eee.

Diese Verpflichtung, die der Gesetzgeber zusammen mit der Pflicht des Unternehmers zur Offenlegung seiner Identität nochmals ausdrücklich und speziell bei von diesem veranlassten Telefongesprächen betont (vgl. § 312 c Abs. 2 BGB), soll den Verbraucher vor allem vor anonymer bzw. getarnter Werbung schützen.[1850] Hintergrund sind Art. 4 Abs. 2 und 3 der Richtlinie 97/7/EG bzw. Art. 3 Abs. 2 und 3 lit. a der Richtlinie 2002/65/EG, die Bestandteil der lauterkeitsrechtlichen Vorgaben dieser beiden Richtlinien sind, von deren Umsetzung der deutsche Gesetzgeber jedoch aufgrund des relativ hoch entwickelten Schutzes durch das Gesetz gegen den unlauteren Wettbewerb (UWG) vom 3. Juli 2004[1851] und durch die §§ 823 und 1004 BGB abgesehen hat.[1852] Deswegen erscheint diese Regelung aber auch weitgehend entbehrlich: Anonyme bzw. getarnte Werbung verstößt regelmäßig gegen die Vorschriften des UWG und ist damit ohnehin bereits unzulässig.[1853]

Die Verpflichtung des Unternehmers zur Angabe des geschäftlichen Zwecks könnte aber im Hinblick auf den Schutz des Verbrauchers vor Abonnement- bzw. Vertragsfallen im Internet durchaus relevant sein. Denn der Anbieter müsste hierzu – wie jeder andere Unternehmer auch – gegenüber dem Nutzer zunächst einmal offenlegen, dass überhaupt ein Vertrag mit ihm abgeschlossen werden soll; dann müsste der Anbieter angeben, dass durch diesen Vertragsabschluss ein Gewinn erzielt werden soll, und schließlich müsste der Anbieter noch über die ungefähre Natur der angebotenen Waren bzw. Dienstleistungen informieren.[1854] Allerdings richtet sich die Beurteilung der Frage, ob der vom Unternehmer verfolgte kommerzielle Zweck aufgrund seiner Angaben für den Verbraucher erkennbar ist, mit anderen Worten, ob der Unternehmer seiner diesbezüglichen Verpflichtung zur Aufklärung ordnungsgemäß nachkommt, bei einem Vertragsabschluss im Wege des Fernabsatzes nach dem objektivierten Empfängerhorizont.[1855] Genau hier liegt aber auch das Problem: Der Unternehmer kann die geschilderten inhaltlichen Anforderungen im Zusammenhang mit der Offenlegung des geschäftlichen Zwecks ohne zusätzlichen Aufwand, insbesondere ohne die Erteilung

1850 Vgl. nur *Micklitz/Schirmbacher* in: Spindler/Schuster, BGB, § 312 c, Rn. 135; *Wendehorst* in: Münchener Kommentar, BGB, § 312 c, Rn. 13.

1851 *BGBl.* I 2004/32, S. 1414-1420.

1852 Vgl. nur *BT-Drs.* 14/2658, S. 24 ff.; *Dilger*, S. 79; *Wendehorst* in: Münchener Kommentar, BGB, § 312 c, Rn. 13.

1853 Vgl. nur *Dilger*, S. 79; *Wendehorst* in: Münchener Kommentar, BGB, § 312 c, Rn. 13.

1854 So allg. etwa auch *Thüsing* in: Staudinger, BGB, § 312 c, Rn. 13; *Wendehorst* in: Münchener Kommentar, BGB, § 312 c, Rn. 16.

1855 Vgl. nur *Dilger*, S. 77.

weiterer Informationen, erfüllen. Solange der Unternehmer die Informationen auf der Internetseite nicht in unterhaltenden oder informativen Inhalten versteckt,[1856] liegt vom objektivierten Empfängerhorizont aus beurteilt die Erkennbarkeit des geschäftlichen Zwecks nämlich schon dann klar vor, wenn dem Verbraucher die nach Art. 246 § 1 Abs. 1 Nr. 1-12 EGBGB zu erteilenden Informationen in direktem Zusammenhang mit dem Vertragsabschluss angezeigt werden oder wenn er einen Hinweis erhält, dass die entsprechenden Pflichtinformationen über einen Hyperlink abrufbar sind.[1857]

Somit hat die Verpflichtung des Unternehmers zur Angabe des geschäftlichen Zwecks im Ergebnis aber keinen Mehrwert und damit auch keine Relevanz für den Schutz des Verbrauchers vor Abonnement- bzw. Vertragsfallen im Internet.

d) Integration in Allgemeine Geschäftsbedingungen

In Bezug auf die Form und Gestaltung der Informationen, die dem Verbraucher gemäß Art. 246 § 1 Abs. 1 EGBGB rechtzeitig vor Abgabe seiner Vertragserklärung zur Verfügung zu stellen sind, stellt sich schließlich – und gerade im Hinblick auf den Schutz des Verbrauchers vor Abonnement- bzw. Vertragsfallen im Internet – noch die Frage, ob die entsprechenden Informationen auch in die Allgemeinen Geschäftsbedingungen des Unternehmers integriert werden können, sodass sie dem Verbraucher auch nur in diesen zur Verfügung gestellt werden, oder ob eine solche Form der Informationsgestaltung grundsätzlich nicht den Anforderungen des Transparenzgebots im Hinblick auf die Klarheit und Verständlichkeit der Information genügt. Für den Anbieter einer Abonnement- bzw. Vertragsfalle wäre die Integration der Pflichtinformationen in seine Allgemeinen Geschäftsbedingungen nämlich von Vorteil. Denn wie gezeigt[1858] kann dem Nutzer anhand der ihm vom Anbieter zur Verfügung zu stellenden Informationen durchaus bewusst werden, welche tatsächliche Tragweite seine Erklärung hat, und damit das Funktionieren der Abonnement- bzw. Vertragsfalle vereitelt werden. Diese Gefahr besteht aber auch schon im Zusammenhang mit den Allgemeinen Geschäftsbedingungen. Denn der Nutzer hat (wie im 3. Teil dieser Arbeit bereits ausführlich dargestellt wurde) stets die Möglichkeit, vom Inhalt des Klauselwerks bzw. vom Inhalt einzelner Klauseln – und damit auch vom Inhalt derjenigen Klauseln, die für das

[1856] Vgl. *Dilger*, S. 77.
[1857] Vgl. *Dilger*, S. 77; *Föhlisch* in: Hoeren/Sieber, Multimedia-Recht, Teil 13.4, Rn. 112; *Klewitz*, S. 287.
[1858] Siehe 4. Teil, C, I, 2, f.

Funktionieren einer Abonnement- bzw. Vertragsfalle im Internet maßgeblich sind – Kenntnis zu nehmen und so die Tragweite seiner eigenen Erklärung zu ermessen. Durch die Integration der Pflichtinformationen in das AGB-Werk kann der Anbieter aber die Wahrscheinlichkeit, dass der Nutzer aufgrund der gemäß Art. 246 § 1 Abs. 1 EGBGB zur Verfügung zu stellenden Informationen auf die versteckten bzw. verschleierten Vertragsbedingungen aufmerksam wird, erheblich verringern. Doch wie sich aus der Gesetzesbegründung ergibt, ging der Gesetzgeber des Fernabsatzgesetzes davon aus, dass eine Übermittlung im Rahmen der Allgemeinen Geschäftsbedingungen durchaus möglich sei, sofern diese auch den Anforderungen des fernabsatzrechtlichen Transparenzgebots entsprechen, das je nach den Umständen des Einzelfalls auch über das AGB-rechtliche Transparenzgebot hinausgehen könne.[1859]

Dem ist zwar grundsätzlich zuzustimmen,[1860] doch darf diese Form der Informationsgestaltung keinesfalls dazu führen, dass die Klarheit und Verständlichkeit der zu erteilenden Informationen darunter leiden.[1861] Die Integration dieser Informationen in die Allgemeinen Geschäftsbedingungen birgt nämlich stets die Gefahr, dass diese in der Menge der anderen Vertragsbestimmungen untergehen[1862] oder gar mit dieser Intention von dem Anbieter einer Abonnement- bzw. Vertragsfalle zwischen sonstigen AGB-Klauseln versteckt werden. Zwar greifen hier bereits die dargestellten AGB-rechtlichen Vorgaben hinsichtlich der Strukturierung und Gliederung des AGB-Textes[1863], die für die Übersichtlichkeit der Allgemeinen Geschäftsbedingungen sorgen, sodass der Vertragspartner des Verwenders nicht mehr gezwungen ist, das gesamte Klauselwerk durchzulesen.[1864] Dennoch sollten die Pflichtinformationen, beispielsweise durch drucktechnische Maßnahmen oder durch Voranstellung in einem gesonderten Abschnitt des AGB-Textes, besonders hervorgehoben werden;[1865] eine von den restlichen AGB-

---

1859 Vgl. nur *BT-Drs.* 14/2658, S. 38; *Fuchs*, Das Fernabsatzgesetz im neuen System des Verbraucherschutzrechts, ZIP 2000, 1273 (1278); *Thüsing* in: Staudinger, BGB, § 312 c, Rn. 32.

1860 So bspw. auch *Aigner/Hofmann*, Rn. 285; *Fuchs*, Das Fernabsatzgesetz im neuen System des Verbraucherschutzrechts, ZIP 2000, 1273 (1278); *Micklitz*, Die Fernabsatzrichtlinie 97/7/EG, ZEuP 1999, 875 (881); *Micklitz/Schirmbacher* in: Spindler/Schuster, BGB, § 312 c, Rn. 39; *Thüsing* in: Staudinger, BGB, § 312 c, Rn. 32 m. w. N.; *Wendehorst* in: Münchener Kommentar, BGB, § 312 c, Rn. 86. A. A. *Reich*, Die neue Richtlinie 97/7/EG über den Verbraucherschutz bei Vertragsabschlüssen im Fernabsatz, EuZW 1997, 581 (584).

1861 So auch *Thüsing* in: Staudinger, BGB, § 312 c, Rn. 32.

1862 Ebd.

1863 Siehe 3. Teil, C, I, 2, b, bb, ccc.

1864 Vgl. *Schlosser* in: Staudinger, BGB, § 305, Rn. 140; *Thamm/Detzer*, Druckgröße und sonstige formelle Gestaltung von Allgemeinen Geschäftsbedingungen, BB 1989, 1133 (1135).

1865 So bspw. auch *Aigner/Hofmann*, Rn. 285; *Gößmann*, Electronic Commerce – Die EU-Fernabsatzrichtlinie

Klauseln getrennte Darstellung ist aber nicht erforderlich.[1866] Die Notwendigkeit einer besonderen Herausstellung hebt auch Art. 246 § 2 Abs. 3 S. 2 EGBGB ausdrücklich für die weiteren Informationspflichten bei Fernabsatzverträgen gemäß § 312 c Abs. 1 BGB i. V. m. Art. 246 § 2 EGBGB hervor,[1867] wonach bestimmte Pflichtinformationen in einer hervorgehobenen und deutlich gestalteten Form mitzuteilen sind, sofern diese in den Vertragsbestimmungen einschließlich der Allgemeinen Geschäftsbedingungen enthalten sind; auf diese Vorschrift wird aber erst in Abschnitt II dieses Kapitels näher eingegangen. An dieser Stelle bleibt somit nur festzuhalten, dass der Anbieter einer Abonnement- bzw. Vertragsfalle – wie jeder andere Unternehmer auch – durch diese Form der Informationserteilung nicht grundsätzlich gegen die Anforderungen des fernabsatzrechtlichen Transparenzgebotes verstößt.

4. Rechtsfolgen der Missachtung vorvertraglicher Informationspflichten

Das in den §§ 312 b bis 312 f BGB geregelte Fernabsatzrecht sieht selbst zwar keine Sanktionen für den Fall vor, dass der Unternehmer dem Verbraucher nicht gemäß den Anforderungen des § 312 c Abs. 1 BGB i. V. m. Art. 246 § 1 EGBGB rechtzeitig vor Abgabe von dessen Vertragserklärung die dort aufgeführten Informationen (vgl. Nr. 1-12) in einer dem eingesetzten Fernkommunikationsmittel entsprechenden Weise klar und verständlich sowie unter Angabe des geschäftlichen Zwecks zur Verfügung stellt und damit seine diesbezüglichen Pflichten verletzt.[1868] Es kommen aber zum Beispiel Schadensersatzansprüche sowohl wegen culpa in contrahendo (vgl. § 311 Abs. 2 BGB) als auch wegen Vertragsverletzung (vgl. § 280 Abs. 1 BGB) in Betracht.[1869] In der Regel scheitern solche Ansprüche jedoch, weil der Verbraucher aufgrund des Widerrufs-

und ihre Auswirkungen auf den Handel über neue Medien, MMR 1998, 88 (91); *Micklitz/Schirmbacher* in: Spindler/Schuster, BGB, § 312 c, Rn. 39; *Thüsing* in: Staudinger, BGB, § 312 c, Rn. 32.

1866 Vgl. *Fuchs*, Das Fernabsatzgesetz im neuen System des Verbraucherschutzrechts, ZIP 2000, 1273 (1278); *Gößmann*, Electronic Commerce – Die EU-Fernabsatzrichtlinie und ihre Auswirkungen auf den Handel über neue Medien, MMR 1998, 88 (91).

1867 So auch *Thüsing* in: Staudinger, BGB, § 312 c, Rn. 33.

1868 So bspw. auch *Fuchs*, Das Fernabsatzgesetz im neuen System des Verbraucherschutzrechts, ZIP 2000, 1273 (1280); *Micklitz/Schirmbacher* in: Spindler/Schuster, BGB, § 312 c, Rn. 202; *B. Roth/Schulze*, Verbraucherschutz im Electronic Commerce, RIW 1999, 924 (926); *Thüsing* in: Staudinger, BGB, § 312 c, Rn. 92; *Wendehorst* in: Münchener Kommentar, BGB, § 312 c, Rn. 133 f.

1869 Vgl. etwa *Grigoleit*, Besondere Vertriebsformen im BGB, NJW 2002, 1151 (1155 f.); *Grüneberg* in: Palandt, 70. Aufl., BGB, § 312 c, Rn. 5; *Kocher*, Neue Vorschriften für den Fernabsatz von Finanzdienstleistungen an Verbraucher, DB 2004, 2679 (2682); *Thüsing* in: Staudinger, BGB, § 312 c, Rn. 94; *Wendehorst* in: Münchener Kommentar, BGB, § 312 c, Rn. 139.

bzw. Rückgaberechts gemäß § 312 d BGB gar keinen Schaden hat bzw. diesen nur schwer nachweisen kann.[1870] Des Weiteren muss der Unternehmer aber auch mit Unterlassungsansprüchen von Seiten der Verbraucherschutzverbände (vor allem wegen verbraucherschutzgesetzwidriger Praktiken nach § 2 UKlaG) bzw. seitens seiner Konkurrenten (vgl. § 8 UWG) rechnen, sowie gegebenenfalls auch damit, auf Schadensersatz (vgl. § 9 UWG) oder Gewinnabschöpfung (vgl. § 10 UWG) in Anspruch genommen zu werden.[1871] Hingegen hat eine Zuwiderhandlung des Unternehmers keine unmittelbaren Konsequenzen auf das konkrete Vertragsverhältnis, da eine Missachtung der vorvertraglichen Informationspflichten des § 312 c Abs. 1 BGB i. V. m. Art. 246 § 1 EGBGB weder am Fristbeginn des Widerrufs etwas ändert (vgl. § 312 d Abs. 2 S. 1 BGB) [1872] noch die Wirksamkeit des Fernabsatzvertrages hiervon betroffen ist.[1873]

Für den Schutz des Verbrauchers vor Abonnement- bzw. Vertragsfallen im Internet ist diese Nichtsanktionierung jedoch unbefriedigend, da für ihn – wie eingangs bereits erwähnt – gerade diejenigen Informationen von besonderem Interesse sind, zu deren Erteilung der Anbieter bereits vor Abgabe einer Vertragserklärung durch den Nutzer verpflichtet ist. Denn nur diese Informationen können den Nutzer vor dem unbewussten Abschluss eines Vertrages bzw. eines entgeltlichen Vertrages effektiv schützen. Doch obwohl der Anbieter – abgesehen vielleicht von den Unterlassungsansprüchen seitens der Verbraucherschutzverbände – wohl kaum mit ernsthaften Rechtsfolgen bei einem Verstoß gegen seine vorvertraglichen Informationspflichten zu rechnen braucht, ist davon auszugehen, dass er sich an die Vorgaben des § 312 c Abs. 1 BGB i. V. m. Art. 246 § 1 EGBGB halten wird, da er diese – wie die Untersuchung in diesem Abschnitt gezeigt hat – erfüllen kann, ohne dabei das Funktionieren der Abonnement- bzw. Vertragsfalle zu vereiteln bzw. ohne dabei die Wahrscheinlichkeit zu erhöhen, dass ein durchschnittlich aufmerksamer Nutzer diese Informationen überhaupt wahrnimmt.

1870 Vgl. etwa *Fuchs*, Das Fernabsatzgesetz im neuen System des Verbraucherschutzrechts, ZIP 2000, 1273 (1280); *Grigoleit*, Besondere Vertriebsformen im BGB, NJW 2002, 1151 (1155); *Thüsing* in: Staudinger, BGB, § 312 c, Rn. 94; *Wendehorst* in: Münchener Kommentar, BGB, § 312 c, Rn. 139.

1871 Vgl. etwa *Fuchs*, Das Fernabsatzgesetz im neuen System des Verbraucherschutzrechts, ZIP 2000, 1273 (1280); *Grüneberg* in: Palandt, 70. Aufl., BGB, § 312 c, Rn. 5; *Hoenike/Hülsdunk*, Rechtliche Vorgaben für Fernabsatzangebote im elektronischen Geschäftsverkehr bei und nach Vertragsschluss, MMR 2002, 516 (519); *Thüsing* in: Staudinger, BGB, § 312 c, Rn. 92; *Wendehorst* in: Münchener Kommentar, BGB, § 312 c, Rn. 133.

1872 Vgl. nur *Grüneberg* in: Palandt, 70. Aufl., BGB, § 312 c, Rn. 5; *Micklitz/Schirmbacher* in: Spindler/Schuster, BGB, § 312 c, Rn. 202.

1873 Vgl. nur *Thüsing* in: Staudinger, BGB, § 312 c, Rn. 93.

II. Erteilung von Informationen gemäß § 312 c Abs. 1 BGB in Verbindung mit Art. 246 § 2 EGBGB

Bei Fernabsatzverträgen hat der Unternehmer den Verbraucher des Weiteren nach Maßgabe des Art. 246 § 2 EGBGB zu unterrichten (vgl. § 312 c Abs. 1 BGB). Diese Vorschrift, die durch das Gesetz zur Umsetzung der Verbraucherkreditrichtlinie, des zivilrechtlichen Teils der Zahlungsdiensterichtlinie sowie zur Neuordnung der Vorschriften über das Widerrufs- und Rückgaberecht vom 29. Juli 2009[1874] mit Wirkung zum 11.06.2010 neu eingefügt wurde, ergänzt Art. 246 § 1 Abs. 1 EGBGB und übernimmt – ohne inhaltliche Änderungen – sowohl die bisherigen Regelungen des § 312 c Abs. 2 BGB a. F. als auch die des § 1 Abs. 4 BGB-InfoV a. F.[1875] Auch Art. 246 § 2 EGBGB enthält konkrete Vorgaben zum Inhalt der Informationen (siehe Unterabsatz 1), die der Unternehmer mitteilen muss, zur Form und Gestaltung, in der sie erfüllt werden müssen (siehe Unterabsatz 2), sowie zum Zeitpunkt (siehe Unterabsatz 3), an dem die Mitteilung der Informationen grundsätzlich – zur Ausnahme siehe Unterabsatz 4 – zu erfolgen hat. Durch diese Vorgaben werden die bereits bestehenden Informationspflichten des Unternehmers ergänzt und verstärkt, um dadurch gegebenenfalls noch vorhandene Informationsdefizite des Verbrauchers zumindest nachträglich auszugleichen.[1876]

Hierzu hat der Unternehmer dem Verbraucher gemäß Art. 246 § 2 Abs. 1 S. 1 EGBGB Informationen in Textform mitzuteilen, die in Satz 2 inhaltlich näher bestimmt werden. Satz 1 der Vorschrift gilt für alle Fernabsatzverträge, unterscheidet aber – wie bereits auch § 312 c Abs. 2 S. 1 BGB a. F. – hinsichtlich des für die Mitteilung maßgeblichen Zeitpunkts zwischen dem Fernabsatz von Finanzdienstleistungen einerseits (vgl. Nr. 1) und dem Fernabsatz von Waren und sonstigen Dienstleistungen andererseits (vgl. Nr. 2).[1877] Im Falle von allgemeinen Fernabsatzverträgen muss die Mitteilung der Informationen gemäß Nr. 2 alsbald erfolgen, spätestens jedoch bis zur vollständigen Erfüllung des Vertrages, bei Waren spätestens bis zur Lieferung an den Verbraucher. Diese Informationspflichten, die vom Unternehmer gegebenenfalls erst nach

---

1874 *BGBl.* I 2009/49, S. 2355-2388 (mit Anhängen S. 2389-2408).

1875 So auch *Grüneberg* in: Palandt, 70. Aufl., EGBGB, Art. 246 § 2, Rn. 1.

1876 Vgl. nur *BT-Drs.* 14/3195, S. 31; *Mankowski*, Fernabsatzrecht: Information über das Widerrufsrecht und Widerrufsbelehrung bei Internetauftritten, CR 2001, 767 (769).

1877 So bspw. auch *Grüneberg* in: Palandt, 70. Aufl., EGBGB, Art. 246 § 2, Rn. 1, 8; *Micklitz/Schirmbacher* in: Spindler/Schuster, BGB, § 312 c, Rn. 170.

Vertragsabschluss erfüllt werden müssen, können dem Verbraucher naturgemäß zwar nicht mehr die Entscheidung darüber erleichtern,[1878] ob er überhaupt eine zum Vertragsabschluss führende Willenserklärung abgeben will, und ihn somit vor einem ungewollten Abschluss bewahren; sie können jedoch dazu beitragen, dass er eine endgültige und durchdachte Entscheidung darüber treffen kann, ob er sich durch Ausübung des ihm gewährten Widerrufs- und Rückgaberechts von dem ungewollt abgeschlossenen Vertrag lösen will.[1879] Diese sogenannten nachvertraglichen Informationspflichten erscheinen daher für den Schutz des Verbrauchers – auch vor Abonnement- bzw. Vertragsfallen im Internet – nicht minder bedeutsam.

1. Inhalt der Mitteilungspflicht

Inhaltlich werden die vom Unternehmer mitzuteilenden Informationen in Art. 246 § 2 Abs. 1 S. 2 Nr. 1-4 EGBGB näher bestimmt: Nummer 1 entspricht im Hinblick auf die Verpflichtung zur Mitteilung der Vertragsbestimmungen einschließlich der Allgemeinen Geschäftsbedingungen dem bisherigen § 312 c Abs. 2 S. 1 BGB a. F., während die Nummern 2 bis 4 wortwörtlich die Regelungen des § 1 Abs. 4 S. 1 Nr. 1-3 BGB-InfoV a. F. übernehmen.[1880] Im Einzelnen gilt:

Gegenstand der Mitteilungspflicht sind nach Art. 246 § 2 Abs. 1 S. 2 Nr. 1 EGBGB zunächst einmal alle Vertragsbestimmungen einschließlich der Allgemeinen Geschäftsbedingungen. Eine solche Verpflichtung findet sich zwar nicht in der Richtlinie 97/7/EG und ist nach den europäischen Vorgaben auch nur für Fernabsatzverträge vorgesehen, die eine Finanzdienstleistung zum Gegenstand haben (vgl. Art. 5 Abs. 1 der Richtlinie 2002/65/EG).[1881] Der Gesetzgeber des Umsetzungsgesetzes zur Richtlinie 2002/65/EG, dem Gesetz zur Änderung der Vorschriften über Fernabsatzverträge bei Finanzdienstleistungen vom 2. Dezember 2004[1882], war jedoch der Ansicht, dass eine einheitliche Regelung zum Schutz der Verbraucher getroffen werden könnte, da dem Unternehmer auch keine unzumutbare Belastung durch diese Verpflichtung entstehen würde.[1883]

[1878] Vgl. *Wendehorst* in: Münchener Kommentar, BGB, § 312 c, Rn. 2.

[1879] Vgl. *Erwägungsgrund 21* der Richtlinie 2002/65/EG; *Grüneberg* in: Palandt, BGB, § 312 c, Rn. 4; *Thüsing* in: Staudinger, BGB, § 312 c, Rn. 1, 16.

[1880] Vgl. nur *Grüneberg* in: Palandt, 70. Aufl., EGBGB, Art. 246 § 2, Rn. 1.

[1881] Vgl. *Thüsing* in: Staudinger, BGB, § 312 c, Rn. 116.

[1882] *BGBl.* I 2004/64, S. 3102-3109 (mit Anlage S. 3110-3111).

[1883] Vgl. nur *BT-Drs.* 15/2946, S. 21; *Thüsing* in: Staudinger, BGB, § 312 c, Rn. 116.

Unter dem Begriff der Vertragsbestimmungen versteht der Gesetzgeber hier nur den eigentlichen Vertragstext, der den Inhalt des Vertrages bestimmt, unter Ausschluss der mitzuteilenden Informationen.[1884] In der Regel werden bei einem Fernabsatzvertrag – und gerade wenn dieser über das Internet abgeschlossen wird – aber alle Vertragsbestimmungen freilich zugleich auch Allgemeine Geschäftsbedingungen im Sinne von § 305 Abs. 1 BGB sein,[1885] sodass die Erfüllung der diesbezüglichen Informationspflicht auch zu ihrer Einbeziehung in den Vertrag führt, sofern die Information den Anforderungen des § 305 Abs. 2 BGB entspricht.[1886] Die gesonderte Mitteilungspflicht erschien dem Gesetzgeber aber deshalb notwendig, da für die Einbeziehung nach § 305 Abs. 2 BGB nicht unbedingt eine Mitteilung der Allgemeinen Geschäftsbedingungen in Textform erforderlich ist.[1887]

Weiterhin muss der Unternehmer gemäß Art. 246 § 2 Abs. 1 S. 2 Nr. 2 EGBGB die in Art. 246 § 1 Abs. 1 EGBGB genannten Informationen (vgl. Nr. 1-12) mitteilen, die er dem Verbraucher bereits vor Abgabe von dessen Vertragserklärung zur Verfügung stellen musste. Wie Art. 246 § 2 Abs. 3 S. 1 EGBGB ausdrücklich darlegt, kann der Unternehmer für die Erfüllung seiner Informationspflicht nach Art. 246 § 1 Abs. 1 Nr. 10 EGBGB das Muster für die Widerrufsbelehrung (Anlage 1)[1888] bzw. das Muster für die Rückgabebelehrung (Anlage 2)[1889] zu Art. 246 § 2 Abs. 3 S. 1 EGBGB verwenden.

Während die Mitteilungspflicht hinsichtlich der in Art. 246 § 2 Abs. 1 S. 2 Nr. 1 und 2 EGBGB näher bestimmten Informationen noch für alle Fernabsatzverträge zu erfüllen ist, richtet sich der Inhalt der darüber hinaus vom Unternehmer gemäß Nr. 3 und 4 mitzuteilenden Informationen nach dem jeweiligen Vertragsgegenstand.[1890] Hat der Fernabsatzvertrag – wie bei den hier untersuchten Verträgen – die Lieferung von Waren oder die Erbringung von sonstigen Dienstleistungen zum Gegenstand, so ist Nr. 4 einschlägig, wonach der Unternehmer dazu verpflichtet ist, zusätzlich die folgenden Informationen mitzuteilen:[1891] Bei Fernabsatzverträgen, die ein Dauerschuldverhältnis betreffen und für eine längere Zeit als ein Jahr oder für unbestimmte Zeit geschlossen

[1884] Vgl. nur *BT-Drs.* 15/2946, S. 21; *Klewitz*, S. 295.
[1885] So auch *Wendehorst* in: Münchener Kommentar, BGB, § 312 c, Rn. 89.
[1886] So auch *Grüneberg* in: Palandt, 70. Aufl., EGBGB, Art. 246 § 2, Rn. 3.
[1887] Vgl. nur *BT-Drs.* 15/2946, S. 21.
[1888] *BGBl.* I 2011/41, S. 1602 (mit Gestaltungshinweisen S. 1602-1604).
[1889] *BGBl.* I 2011/41, S. 1605 (mit Gestaltungshinweisen S. 1605-1606).
[1890] Vgl. nur *Grüneberg* in: Palandt, 70. Aufl., EGBGB, Art. 246 § 2, Rn. 2.
[1891] Vgl. allg. nur *Grüneberg* in: Palandt, 70. Aufl., EGBGB, Art. 246 § 2, Rn. 5.

sind, muss er über die vertraglichen Kündigungsbedingungen einschließlich etwaiger Vertragsstrafen informieren (vgl. lit. a). Zudem hat er dem Verbraucher in jedem Fall Informationen über den Kundendienst und geltende Gewährleistungs- und Garantiebedingungen mitzuteilen (vgl. lit. b). Von wirklich neuen Mitteilungspflichten ist der Unternehmer bei allgemeinen Fernabsatzverträgen neben der Verpflichtung zur Übermittlung der Vertragsbestimmungen einschließlich der Allgemeinen Geschäftsbedingungen damit nur hinsichtlich der beiden folgenden Punkte betroffen:[1892]

a) Kündigungsbedingungen einschließlich etwaiger Vertragsstrafen

Sofern der Vertrag ein Dauerschuldverhältnis betrifft, ist der Unternehmer gemäß Art. 246 § 2 Abs. 1 S. 2 Nr. 4 lit. a EGBGB dazu verpflichtet, dem Verbraucher zusätzlich auch Informationen über die vertraglichen Kündigungsbestimmungen einschließlich möglicher Vertragsstrafen im Sinne von Art. 246 § 1 Abs. 2 Nr. 3 EGBGB mitzuteilen, deren routinemäßige Mitteilung ansonsten nur im Zusammenhang mit der Erbringung von Finanzdienstleistungen obligatorisch ist[1893]. Damit den Unternehmer diese zusätzliche Informationspflicht nach Art. 246 § 2 Abs. 1 S. 2 Nr. 4 lit. a EGBGB allerdings trifft, muss das jeweilige Dauerschuldverhältnis für einen Zeitraum von mindestens einem Jahr oder für unbestimmte Zeit geschlossen sein,[1894] da der Verbraucher aufgrund der langen Vertragslaufzeit besonderen Gefahren ausgesetzt ist.[1895]

Dies ist hier der Fall: Bei den im Rahmen dieser Arbeit untersuchten Verträgen handelt es sich um Dauerschuldverhältnisse mit einer anfänglichen Mindestlaufzeit von in der Regel 24 Monaten, die sich aus dem bei einer Abonnement- bzw. Vertragsfalle im Internet typischerweise vorliegenden Ausschluss der ordentlichen Kündigung für diesen Zeitraum[1896] ergibt und sich stillschweigend um jeweils weitere zwölf Monate[1897] verlängert, sofern der Nutzer das Vertragsverhältnis nicht unter Einhaltung der ebenfalls vorhandenen Frist von in der Regel drei Monaten[1898] vor Ablauf der anfäng-

[1892] So auch *Thüsing* in: Staudinger, BGB, § 312 c, Rn. 117.
[1893] So bspw. auch *Wendehorst* in: Münchener Kommentar, BGB, § 312 c, Rn. 91.
[1894] So bspw. auch *Thüsing* in: Staudinger, BGB, § 312 c, Rn. 119.
[1895] Vgl. nur *Thüsing* in: Staudinger, BGB, § 312 c, Rn. 81.
[1896] Siehe 3. Teil, D, III, 2, b, aa.
[1897] Siehe 3. Teil, D, III, 2, b, bb.
[1898] Siehe 3. Teil, D, III, 2, b, cc.

lichen Mindestlaufzeit kündigt. Der Anbieter einer Abonnement- bzw. Vertragsfalle hat somit gemäß Art. 246 § 2 Abs. 1 S. 2 Nr. 4 lit. a EGBGB über die vertraglichen Kündigungsbestimmungen und gegebenenfalls anfallende Vertragsstrafen zu informieren.

Zu den mitzuteilenden Kündigungsbestimmungen im Sinne von Art. 246 § 1 Abs. 2 Nr. 3 EGBGB gehören sowohl die Voraussetzungen, unter denen der Verbraucher den Vertrag kündigen kann, also diejenigen Umstände, die eine Kündigung überhaupt erst rechtfertigen und zwar einschließlich der maßgeblichen Fristen, als auch die Modalitäten der Kündigung, etwa die einzuhaltende Form oder der Adressat der Kündigungserklärung.[1899] Ebenso muss die Mitteilung einen Hinweis auf die Möglichkeit der Kündigung aus wichtigem Grund (vgl. § 314 BGB) enthalten,[1900] der dem Kunden zumindest eine gewisse Vorstellung darüber verschafft, was unter einem wichtigen Grund im Rechtssinn zu verstehen ist.[1901] Ähnlich ausführlich muss über die Rechtsfolgen einschließlich gegebenenfalls anfallender Vertragsstrafen informiert werden, d. h. es muss das jeweils zu sanktionierende Verhalten (zumeist die Kündigung des Vertragsverhältnisses) beschrieben sowie die Höhe der zu erwartenden Strafzahlung oder sonstigen Kosten benannt werden, die der Verbraucher aufgrund der Kündigung zu tragen hat.[1902]

b) Kundendienst sowie Gewährleistungs- und Garantiebedingungen

Des Weiteren hat der Unternehmer bei einem Fernabsatzvertrag über die Lieferung von Waren oder die Erbringung von sonstigen Dienstleistungen gemäß Art. 246 § 2 Abs. 1 S. 2 Nr. 4 lit. b EGBGB Informationen über den Kundendienst sowie die geltenden Gewährleistungs- und Garantiebedingungen mitzuteilen. Diese Mitteilungspflicht betrifft somit auch und gerade freiwillige Leistungen, die der Unternehmer – meist zu werbewirksamen Zwecken – vertraglich zusichert, ohne an sich dazu verpflichtet zu sein.[1903] Unter den Begriff des Kundendienstes werden sowohl Wartungs- und Instandhaltungsverpflichtungen des Unternehmers als auch seine Verpflichtungen zur Instand-

---

[1899] Vgl. etwa *Grüneberg* in: Palandt, 70. Aufl., EGBGB, Art. 246 § 2, Rn. 5; *Thüsing* in: Staudinger, BGB, § 312 c, Rn. 82; *Wendehorst* in: Münchener Kommentar, BGB, § 312 c, Rn. 54.

[1900] Vgl. nur *Grüneberg* in: Palandt, 70. Aufl., EGBGB, Art. 246 § 2, Rn. 5.

[1901] Vgl. nur *Wendehorst* in: Münchener Kommentar, BGB, § 312 c, Rn. 54.

[1902] Vgl. nur *Thüsing* in: Staudinger, BGB, § 312 c, Rn. 82; *Wendehorst* in: Münchener Kommentar, BGB, § 312 c, Rn. 54.

[1903] Vgl. *Wendehorst* in: Münchener Kommentar, BGB, § 312 c, Rn. 65.

setzung bzw. Reparatur gefasst.[1904] Insbesondere ist dem Verbraucher detailliert darzulegen, unter welchen Voraussetzungen er sich an den Kundendienst des Unternehmers wenden kann, welche Rechte ihm im Falle einer mangelhaften Leistung zustehen (und gegebenenfalls in welcher Reihenfolge er diese geltend machen kann) oder wann er eine vertraglich zugesicherte Garantieleistung in Anspruch nehmen kann (und welche Rechte diese Garantie genau beinhaltet)[1905].[1906] Hierfür sind die Angaben notwendig, an wen sich der Verbraucher bezüglich der im Rahmen des Kundendienstes auszuführenden Verpflichtungen wenden kann und ob die vertragliche Garantie eine Händler- oder eine Herstellergarantie ist.[1907] Letztlich ist der Verbraucher noch über die maßgeblichen Fristen zu informieren, innerhalb derer er seine Ansprüche aufgrund einer mangelhaften Warenlieferung bzw. der mangelhaften Erbringung einer Dienstleistung geltend machen muss, sowie über die bei der Geltendmachung zu beachtenden Modalitäten, wie etwa die einzuhaltende Form.[1908]

Allerdings muss der Unternehmer auch nur dann auf den Kundendienst hinweisen, wenn ein solcher auch tatsächlich unterhalten wird;[1909] existiert kein Kundendienst, so muss er dies dem Verbraucher auch nicht ausdrücklich mitteilen.[1910] Ähnlich verhält es sich auch im Hinblick auf die Haftung des Unternehmers: Richtet sich diese nach den gesetzlichen Vorschriften, so ist er weder dazu verpflichtet, den Verbraucher auf diesen Umstand hinzuweisen, noch muss er ihn über deren Inhalt informieren.[1911] Und auch eine detaillierte Darlegung im Hinblick auf die Gewährleistung ist nur dann erforderlich, wenn die diesbezüglichen vertraglichen Regelungen von den gesetzlichen Vorschriften abweichen;[1912] fehlen solche Garantien, so ist auch hier kein gesonderter Hinweis an den Verbraucher notwendig.[1913]

1904 Vgl. etwa *Micklitz/Schirmbacher* in: Spindler/Schuster, BGB, § 312 c, Rn. 187; *Thüsing* in: Staudinger, BGB, § 312 c, Rn. 119.

1905 Vgl. *Grüneberg* in: Palandt, 70. Aufl., EGBGB, Art. 246 § 2, Rn. 5.

1906 Vgl. *Wendehorst* in: Münchener Kommentar, BGB, § 312 c, Rn. 67.

1907 Vgl. etwa *Grüneberg* in: Palandt, 70. Aufl., EGBGB, Art. 246 § 2, Rn. 5; *Wendehorst* in: Münchener Kommentar, BGB, § 312 c, Rn. 67.

1908 Vgl. *Wendehorst* in: Münchener Kommentar, BGB, § 312 c, Rn. 67.

1909 Vgl. *Thüsing* in: Staudinger, BGB, § 312 c, Rn. 119.

1910 Vgl. *Grüneberg* in: Palandt, 70. Aufl., EGBGB, Art. 246 § 2, Rn. 5.

1911 Vgl. *BGH*, Urt. v. 04.10.2007 - I ZR 22/05, NJW 2008, 1595 (1597) m. w. N.; *Grüneberg* in: Palandt, 70. Aufl., EGBGB, Art. 246 § 2, Rn. 5.

1912 Vgl. etwa *Grüneberg* in: Palandt, 70. Aufl., EGBGB, Art. 246 § 2, Rn. 5; *Härting*, Referentenentwurf für neues Fernabsatzgesetz, CR 1999, 507 (510). A. A. *Wendehorst* in: Münchener Kommentar, BGB, § 312 c, Rn. 66.

1913 Vgl. *Grüneberg* in: Palandt, 70. Aufl., EGBGB, Art. 246 § 2, Rn. 5.

c) Relevanz der Mitteilungspflichten für den Schutz des Verbrauchers

Die Mitteilung der Vertragsbestimmungen einschließlich der Allgemeinen Geschäftsbedingungen, zu denen der Anbieter einer Abonnement- bzw. Vertragsfalle im Internet nach Art. 246 § 2 Abs. 1 S. 2 Nr. 1 EGBGB verpflichtet ist, stellen – wie einleitend bereits erwähnt – inhaltlich gesehen für diesen keine wirklich neuen Verpflichtungen dar. Gleiches gilt für die Mitteilung der in Art. 246 § 1 Abs. 1 genannten Informationen (vgl. Art. 246 § 2 Abs. 1 S. 2 Nr. 2 EGBGB). Für das Funktionieren der Abonnement- bzw. Vertragsfalle sind diese beiden Mitteilungen daher auch nicht weiter relevant.

Hingegen hat die Verpflichtung des Anbieters zur Mitteilung der in Art. 246 § 1 Abs. 2 Nr. 3 EGBGB genannten Informationen über die vertraglichen Kündigungsbestimmungen einschließlich etwaiger Vertragsstrafen (vgl. Art. 246 § 2 Abs. 1 S. 2 Nr. 4 lit. a EGBGB) durchaus eine gewisse Relevanz, weil dem Nutzer durch die erteilten Informationen – sofern er sie denn auch zur Kenntnis nimmt – (zumindest teilweise) bewusst werden kann, welche tatsächliche Tragweite seine Erklärung hat. Diesbezüglich ist jedoch auf die Ausführungen zur Mindestlaufzeit des Vertrages zu verweisen[1914]: Der Nutzer wird diese Angaben allein nämlich nur als einen (nicht für ihn gedachten) allgemeinen Hinweis des Anbieters zu den üblichen Kündigungsbestimmungen eines Vertrages verstehen und diese Information demzufolge nicht weiter beachten, zumal er noch dazu von der Unentgeltlichkeit der Leistung ausgeht. Dass er also allein durch diese Information dazu veranlasst wird, sich auch mit den anderen zur Verfügung gestellten Informationen zu beschäftigen bzw. mit den Vertragsbedingungen näher auseinanderzusetzen, erscheint doch eher ausgeschlossen.

Ohne Relevanz sind auch die Mitteilungen über den Kundendienst sowie die geltenden Gewährleistungs- und Garantiebedingungen, zu denen der Anbieter nach Art. 246 § 2 Abs. 1 S. 2 Nr. 4 lit. b EGBGB verpflichtet ist. Denn wie soeben dargestellt, sind bei einer Abonnement- bzw. Vertragsfalle im Internet in der Regel keine Angaben notwendig, da der Anbieter üblicherweise zum einen gar keinen Kundendienst unterhält und es zum anderen für das Funktionieren der Abonnement- bzw. Vertragsfalle auch nicht erforderlich ist, dass der Anbieter im Hinblick auf die vertraglich geregelten Gewährleistungs- und Garantiebedingungen von den gesetzlichen Vorschriften abweicht.

[1914] Siehe 4. Teil, C, I, 2, b.

Im Ergebnis haben die vom Unternehmer gemäß Art. 246 § 2 Abs. 1 S. 2 Nr. 1-4 EGBGB mitzuteilenden Informationen somit keine Relevanz für den Schutz des Verbrauchers vor Abonnement- bzw. Vertragsfallen im Internet, da diese – abgesehen von der Informationspflicht nach Nr. 4 lit. a – inhaltlich gesehen nicht über die bereits nach Art. 246 § 1 EGBGB zu erteilenden Informationen hinausgehen und daher auch nicht dazu führen, dass das Funktionieren der Abonnement- bzw. Vertragsfalle vereitelt werden kann, indem sich der Nutzer, nunmehr in Kenntnis aller Umstände, durch Ausübung des ihm gewährten Widerrufs- und Rückgaberechts von dem ungewollt abgeschlossenen Vertrag löst.

Für den Schutz des Verbrauchers spielen aber auch noch die Form und die Gestaltung dieser Mitteilungspflichten eine wichtige Rolle. Denn Form und Gestaltung sind – wie auch schon im Rahmen der vorvertraglichen Informationspflichten dargestellt – maßgeblich dafür, dass ein durchschnittlich aufmerksamer Verbraucher die Informationen überhaupt wahrnehmen kann und – sofern er sie dann auch zur Kenntnis nimmt – auf die versteckten bzw. verschleierten Vertragsbedingungen stößt. Daher wird ein Anbieter einer Abonnement- bzw. Vertragsfalle auch hier bestrebt sein, die Vielzahl der ihm gerade im Internet zur Verfügung stehenden Gestaltungsmöglichkeiten dahingehend zu nutzen, die Wahrscheinlichkeit weitestgehend zu minimieren, dass der Nutzer auf diese Informationen aufmerksam wird. Welche Spielräume er tatsächlich bei der Gestaltung der mitzuteilenden Informationen hat, soll im Folgenden näher untersucht werden.

2. Form und Gestaltung der Mitteilungspflicht

Neben den konkreten Vorgaben zum Inhalt der vom Unternehmer mitzuteilenden Informationen macht der Gesetzgeber in Art. 246 § 2 EGBGB zusätzliche Vorgaben dazu, wie der Unternehmer diese Mitteilung zu gestalten hat.[1915] Als eine solche Gestaltungsvorgabe, wie sie etwa in einer gesetzlichen Formvorschrift besteht, ist hier die nach Art. 246 § 2 Abs. 1 S. 1 EGBGB einzuhaltende Textform im Sinne von § 126 b

[1915] So auch *Hoenike/Hülsdunk*, Die Gestaltung von Fernabsatzangeboten im elektronischen Geschäftsverkehr nach neuem Recht, MMR 2002, 415 (416).

BGB zu nennen (siehe a).[1916] In Art. 246 § 2 EGBGB werden aber noch weitere Regelungen getroffen, die Aussagen hinsichtlich der Gestaltung der Mitteilungspflicht machen:[1917] Eine solche ausdrückliche Gestaltungsregel ist beispielsweise die Vorgabe des Art. 246 § 2 Abs. 3 S. 2 EGBGB, wonach die Informationen – in der dort näher beschriebenen Konstellation – in einer hervorgehobenen und deutlich gestalteten Form mitzuteilen sind.[1918] Zudem ist in gestalterischer Hinsicht stets und hinsichtlich aller mitzuteilenden Informationen das fernabsatzrechtliche Transparenzgebot zu beachten, auch wenn es in Art. 246 § 2 EGBGB nicht mehr ausdrücklich erwähnt wird (siehe b).[1919]

a) Mitteilung in Textform

Gemäß Art. 246 § 2 Abs. 1 S. 1 EGBGB müssen dem Verbraucher die in Satz 2 inhaltlich näher bestimmten Informationen in einer bestimmten Form, nämlich in Textform mitgeteilt werden, wodurch auf § 126 b BGB verwiesen wird,[1920] der die Legaldefinition dieses Begriffs enthält.[1921] Die Textform, die mit dem Gesetz zur Anpassung der Formvorschriften des Privatrechts und anderer Vorschriften an den modernen Rechtsgeschäftsverkehr vom 13. Juli 2001[1922] eingeführt wurde, hat mit dem Ziel der Verwendung einheitlicher Begriffe die bis dahin vom alten Fernabsatzrecht verwendete Formulierung des „dauerhaften Datenträgers“ (wie sie beispielsweise in § 2 Abs. 3 S. 1 FernAbsG oder auch in § 361 a Abs. 3 BGB a. F. zu finden war) ersetzt.[1923] Sie stellt einen neuen Formtyp dar, der zwar die Lesbarkeit der Erklärung, nicht jedoch deren Unterzeichnung erfordert, womit sie keinen der herkömmlichen Formzwecke (wie beispielsweise die Warn-, Beweis- oder Identitätsfunktion) er-

---

[1916] So auch *Hoenike/Hülsdunk*, Die Gestaltung von Fernabsatzangeboten im elektronischen Geschäftsverkehr nach neuem Recht, MMR 2002, 415 (416); *Hoenike/Hülsdunk*, Rechtliche Vorgaben für Fernabsatzangebote im elektronischen Geschäftsverkehr bei und nach Vertragsschluss, MMR 2002, 516 (517).

[1917] So auch *Hoenike/Hülsdunk*, Die Gestaltung von Fernabsatzangeboten im elektronischen Geschäftsverkehr nach neuem Recht, MMR 2002, 415 (416); *Hoenike/Hülsdunk*, Rechtliche Vorgaben für Fernabsatzangebote im elektronischen Geschäftsverkehr bei und nach Vertragsschluss, MMR 2002, 516 (518).

[1918] Ebd.

[1919] So auch *Wendehorst* in: Münchener Kommentar, BGB, § 312 c, Rn. 115.

[1920] So bspw. auch *Wendehorst* in: Münchener Kommentar, BGB, § 312 c, Rn. 104.

[1921] So bspw. auch *Grüneberg* in: Palandt, BGB, § 312 c, Rn. 7.

[1922] *BGBl.* I 2001/35, S. 1542-1549.

[1923] Vgl. etwa *Hoenike/Hülsdunk*, Die Gestaltung von Fernabsatzangeboten im elektronischen Geschäftsverkehr nach neuem Recht, MMR 2002, 415 (416); *Mankowski*, Fernabsatzrecht: Information über das Widerrufsrecht und Widerrufsbelehrung bei Internetauftritten, CR 2001, 767 (772); *Ott*, Informationspflichten im Internet und ihre Erfüllung durch das Setzen von Hyperlinks, WRP 2003, 945 (952).

füllt.[1924] Vielmehr stellt dieser Formtyp sicher, dass sich die Vertragsparteien zuverlässig Kenntnis vom Inhalt der Erklärung verschaffen können, wodurch ihm eine Informationsfunktion zukommt, welche die klassischen Formzwecke ergänzt.[1925]

Die Textform liegt nach der Definition des § 126 b BGB vor, wenn die Erklärung in einer Urkunde oder auf andere zur dauerhaften Wiedergabe in Schriftzeichen geeigneten Weise abgegeben, die Person des Erklärenden genannt und der Abschluss der Erklärung durch Nachbildung der Namensunterschrift oder anders erkennbar gemacht werden. Vergleicht man allerdings die Voraussetzungen, die für das Vorliegen der Textform erfüllt sein müssen, mit den Anforderungen, die Art. 5 Abs. 1 der Richtlinie 97/7/EG bzw. Art. 5 Abs. 1 der Richtlinie 2002/65/EG in gestalterischer Hinsicht an die Information des Verbrauchers stellen, so wird schnell deutlich, dass die von Art. 246 § 2 Abs. 1 S. 1 EGBGB verlangte Textform so, wie sie in § 126 b BGB definiert ist, zur Umsetzung dieser Gestaltungsvorgaben aus verschiedenen Aspekten (die im Folgenden, soweit relevant, näher erläutert werden) ungeeignet ist.[1926] Dies zeigt sich vor allem daran, dass die Textform für sich alleine gesehen nicht unbedingt gewährleistet, dass dem Verbraucher die Informationen dauerhaft in Schriftzeichen zur Verfügung stehen.[1927] § 126 b BGB stellt nämlich nur auf die Abgabe der Erklärungen in einer Urkunde oder auf andere zur dauerhaften Wiedergabe in Schriftzeichen geeigneten Weise ab, während es bei Art. 5 Abs. 1 der Richtlinie 97/7/EG bzw. Art. 5 Abs. 1 der Richtlinie 2002/65/EG darauf ankommt, dass der Verbraucher die Pflichtinformationen in schriftlicher Form bzw. in Papierform oder alternativ auf einem anderen für ihn verfügbaren dauerhaften Datenträger erhält.[1928] Darin allerdings liegt der entscheidende Unterschied, der insbesondere beim Fernabsatzgeschäft im Wege des Internets, genauer gesagt, bei der Information des Verbrauchers im Zusammenhang mit Internetseiten zum Tragen kommt: Eine Internetseite mag zwar aus Sicht des Unternehmers durchaus dazu geeignet sein, die von ihm mitzuteilenden Informationen vergleichsweise dauerhaft in Form von Schriftzeichen wiederzugeben – aus Sicht des Verbrauchers stellt die Abgabe der Informationen auf einer Internetseite hingegen keine andere, zur dauerhaften Wiedergabe von Schriftzeichen geeignete Weise dar, weil er weder Einfluss auf die Dauer ihrer Lesbarkeit nehmen kann noch auf den

---

1924 Vgl. nur *Ellenberger* in: Palandt, BGB, § 125, Rn. 2 ff., § 126 b, Rn. 1.
1925 Vgl. ebd.
1926 So auch *Wendehorst* in: Münchener Kommentar, BGB, § 312 c, Rn. 10, 104.
1927 Vgl. nur *Wendehorst* in: Münchener Kommentar, BGB, § 312 c, Rn. 106.
1928 So auch *Wendehorst* in: Münchener Kommentar, BGB, § 312 c, Rn. 10, 106.

eigentlichen Datenträger, auf dem sie abgespeichert sind.[1929] Dieses Problem des richtlinienwidrig zu milden Maßstabs der Textform wollte der Gesetzgeber dadurch lösen, dass er dieser noch ein weiteres Erfordernis, nämlich das der Mitteilung der Informationen an den Verbraucher, zur Seite stellte.[1930]

Bei Offlinegeschäften – d. h. bei Geschäften, bei denen nur der Vertrag über das Internet abgeschlossen, die Leistung aber in herkömmlicher Weise erbracht wird (etwa durch Auslieferung der Ware über einen Zustelldienst),[1931] – erscheint es durchaus zumutbar, dass der Unternehmer einer Warenlieferung beispielsweise ein Schriftstück mit den zu erteilenden Informationen beilegt und damit dem Verbraucher diese Pflichtinformationen in Textform mitteilt.[1932] Bei Onlinegeschäften hingegen, bei denen nicht nur der eigentliche Abschluss des Vertrages, sondern auch die Erbringung der vertraglich geschuldeten Leistung unmittelbar über das Internet erfolgen,[1933] scheint dies hingegen kein gangbarer Weg für den Unternehmer zu sein; hier wäre mangels Auslieferung einer körperlichen Sache allenfalls an eine getrennte Zustellung der Informationen beispielsweise auf dem Postweg zu denken.[1934] Der Unternehmer wird aber vielmehr bestrebt sein, mit der Erbringung der geschuldeten Leistung auch die dem Verbraucher nach Art. 246 § 2 EGBGB mitzuteilenden Informationen über das Internet zu übermitteln.[1935] Es stellt sich daher die Frage, ob, und wenn ja, unter welchen Voraussetzungen der Unternehmer seiner diesbezüglichen Verpflichtung nachkommen und diese Informationen in der erforderlichen Textform über das Internet mitteilen kann.

1929 Vgl. etwa *Erwägungsgrund 20* der Richtlinie 2002/65/EG; *Kocher*, Neue Vorschriften für den Fernabsatz von Finanzdienstleistungen an Verbraucher, DB 2004, 2679 (2682); *Wendehorst* in: Münchener Kommentar, BGB, § 312 c, Rn. 106. A. A. *Noack*, Digitaler Rechtsverkehr: Elektronische Signatur, elektronische Form und Textform, DStR 2001, 1893 (1897); *Steins*, Entwicklung der Informationspflichten im E-Commerce durch Rechtsprechung und Schuldrechtsreform, WM 2002, 53 (59).

1930 Vgl. nur *BT-Drs.* 14/7052, S. 191; *Wendehorst* in: Münchener Kommentar, BGB, § 312 c, Rn. 106.

1931 Vgl. nur *Dilger*, S. 33; *Taupitz/Kritter*, Electronic Commerce – Probleme bei Rechtsgeschäften im Internet, JuS 1999, 839 (840).

1932 So bspw. auch *BT-Drs.* 14/2658, S. 39; *Gaertner/Gierschmann*, Das neue Fernabsatzgesetz, DB 2000, 1601 (1602); *Hoenike/Hülsdunk*, Rechtliche Vorgaben für Fernabsatzangebote im elektronischen Geschäftsverkehr bei und nach Vertragsschluss, MMR 2002, 516 (517); *Mankowski*, Fernabsatzrecht: Information über das Widerrufsrecht und Widerrufsbelehrung bei Internetauftritten, CR 2001, 767 (773) m. w. N.; *B. Roth/Schulze*, Verbraucherschutz im Electronic Commerce, RIW 1999, 924 (926).

1933 Vgl. nur *Borges*, S. 216; *Dilger*, S. 33; *Taupitz/Kritter*, Electronic Commerce – Probleme bei Rechtsgeschäften im Internet, JuS 1999, 839 (840).

1934 So bspw. auch *BT-Drs.* 14/2658, S. 40; *Bülow/Artz*, Fernabsatzverträge und Strukturen eines Verbraucherprivatrechts im BGB, NJW 2000, 2049 (2054).

1935 So auch *Dilger*, S. 84.

Zur Beantwortung dieser Frage kann auf die bereits ergangene Rechtsprechung sowie die in der Literatur vertretenen Ansichten zum Begriff eines „dauerhaften Datenträgers“ zurückgegriffen werden, denn der Gesetzgeber der Schuldrechtsreform wollte, wie aus den Materialien ersichtlich ist, die bisherige Rechtslage nicht verändern.[1936] Diese Formulierung, die auch vom alten Fernabsatzrecht verwendet wurde und beispielweise in § 2 Abs. 3 S. 1 FernAbsG oder auch in § 361 a Abs. 3 S. 1 BGB a. F. zu finden war, wird auch vom europäischen Gesetzgeber bei der Definition eines dauerhaften Datenträgers in Art. 2 lit. f der Richtlinie 2002/65/EG verwendet:[1937] Danach handelt es sich um ein Medium, das es dem Verbraucher ermöglicht, die an ihn persönlich gerichteten Pflichtinformationen in einer Weise abzuspeichern, dass er sie in der Folge für eine dem Informationszweck entsprechende angemessene Dauer einsehen kann, und das die Möglichkeit bietet, die abgespeicherten Informationen unverändert wiederzugeben. Demzufolge müssen die folgenden Voraussetzungen gegeben sein: Erstens muss ein geeignetes Medium vorliegen, auf dem der Verbraucher die für ihn bestimmten Informationen für einen dem Informationszweck entsprechenden angemessenen Zeitraum abspeichern kann;[1938] zweitens muss gewährleistet sein, dass der Verbraucher die Informationen über einen angemessenen Zeitraum einsehen bzw. lesen kann;[1939] und drittens muss sichergestellt sein, dass das Medium dem Verbraucher die abgespeicherten Informationen für den genannten Zeitraum unverändert wiedergibt.[1940] Entscheidend ist somit in erster Linie die Dauerhaftigkeit der mitgeteilten Pflichtinformationen, wie auch aus den Erwägungen zur Richtlinie 97/7/EG hervorgeht.[1941] Der Verbraucher soll hierdurch dauerhaft auf sämtliche Informationen Zugriff haben, die für ihn im Zusammenhang mit der Ausführung des Vertrages notwendig sind.[1942]

Anders als im Rahmen der vorvertraglichen Informationserteilung ist das bloße Bereitstellen der gemäß Art. 246 § 2 EGBGB mitzuteilenden Informationen auf einer Seite

1936 Vgl. nur *BT-Drs.* 14/7052, S. 191; *Thüsing* in: Staudinger, BGB, § 312 c, Rn. 37; *Wendehorst* in: Münchener Kommentar, BGB, § 312 c, Rn. 107.

1937 Vgl. nur *Wendehorst* in: Münchener Kommentar, BGB, § 312 c, Rn. 107.

1938 Vgl. nur *Wendehorst* in: Münchener Kommentar, BGB, § 312 c, Rn. 108.

1939 Vgl. nur *Wendehorst* in: Münchener Kommentar, BGB, § 312 c, Rn. 109.

1940 Vgl. nur *Wendehorst* in: Münchener Kommentar, BGB, § 312 c, Rn. 112.

1941 Vgl. *Erwägungsgrund 13* der Richtlinie 97/7/EG. So auch *Dilger*, S. 82.

1942 So auch *Dilger*, S. 82; *Fuchs*, Das Fernabsatzgesetz im neuen System des Verbraucherschutzrechts, ZIP 2000, 1273 (1278).

im Internet nach der Vorstellung des Gesetzgebers[1943], der auch die überwiegende Auffassung in Rechtsprechung[1944] und Literatur[1945] folgt, selbst dann nicht ausreichend, wenn der Unternehmer dem Verbraucher eine Möglichkeit zum Aufrufen bzw. zum Herunterladen dieser Informationen bietet. Denn durch das zusätzliche Erfordernis der Mitteilung gemäß Art. 246 § 2 Abs. 1 S. 1 EGBGB kommt es vielmehr darauf an, dass der Verbraucher die Informationen auch erhält.[1946] Dies ist aber erst dann als erfüllt anzusehen, wenn sich der Verbraucher die entsprechenden Informationen auch tatsächlich heruntergeladen und abgespeichert bzw. ausgedruckt hat.[1947] Der Unternehmer kann sich jedoch zur Erfüllung seiner Informationsverpflichtung aus Art. 246 § 2 EGBGB einer E-Mail bedienen, um dem Verbraucher die entsprechenden Informationen über das Internet zu übermitteln.[1948]

1943 Vgl. *BT-Drs.* 14/2658, S. 40.

1944 Vgl. etwa *KG*, Beschl. v. 18.07.2006 - 5 W 156/06, NJW 2006, 3215 (3216); *KG*, Beschl. v. 05.12.2006 - 5 W 295/06, MMR 2007, 185 (186); *OLG Hamburg*, Urt. v. 24.08.2006 - 3 U 103/06, NJW-RR 2007, 839 (840); *OLG Hamburg*, Beschl. v. 19.06.2007 - 5 W 92/07, MMR 2007, 660 (661); *OLG Jena*, Urt. v. 09.05.2007 - 2 W 124/07, BeckRS 2007, 12388; *OLG Köln*, Urt. v. 03.08.2007 - 6 U 60/07, GRUR-RR 2008, 88 (88); *LG Kleve*, Urt. v. 02.11.2002 - 5 S 90/02, NJW-RR 2003, 196 (196); *LG Kleve*, Urt. v. 02.03.2007 - 8 O 128/06, MMR 2007, 332 (332 f.). A. A. *LG Flensburg*, Urt. v. 23.08.2006 - 6 O 107/06, MMR 2006, 686 (687); *LG Paderborn*, Urt. v. 28.11.2006 - 6 O 70/06, MMR 2007, 191 (191).

1945 Vgl. etwa *Bülow/Artz*, Fernabsatzverträge und Strukturen eines Verbraucherprivatrechts im BGB, NJW 2000, 2049 (2055); *Dilger*, S. 85; *Fuchs*, Das Fernabsatzgesetz im neuen System des Verbraucherschutzrechts, ZIP 2000, 1273 (1279); *Grüneberg* in: Palandt, 70. Aufl., EGBGB, Art. 246 § 2, Rn. 6; *Härting*, Referentenentwurf für neues Fernabsatzgesetz, CR 1999, 507 (509); *Härting/Schirmbacher*, Fernabsatzgesetz – Ein Überblick über den Anwendungsbereich, die Systematik und die wichtigsten Regelungen, MDR 2000, 917 (920); *Hoenike/Hülsdunk*, Rechtliche Vorgaben für Fernabsatzangebote im elektronischen Geschäftsverkehr bei und nach Vertragsschluss, MMR 2002, 516 (517); *C. Horn*, Verbraucherschutz bei Internetgeschäften, MMR 2002, 209 (212); *Kamanabrou*, Die Umsetzung der Fernabsatzrichtlinie, WM 2000, 1417 (1423); *S. Lorenz*, Im BGB viel Neues: Die Umsetzung der Fernabsatzrichtlinie, JuS 2000, 833 (837); *Mankowski*, Fernabsatzrecht: Information über das Widerrufsrecht und Widerrufsbelehrung bei Internetauftritten, CR 2001, 767 (772); *Micklitz/Schirmbacher* in: Spindler/ Schuster, BGB, § 312 c, Rn. 160; *Ott*, Informationspflichten im Internet und ihre Erfüllung durch das Setzen von Hyperlinks, WRP 2003, 945 (952). A. A. *Gaertner/Gierschmann*, Das neue Fernabsatzgesetz, DB 2000, 1601 (1602).

1946 Vgl. nur *BT-Drs.* 14/7052, S. 191.

1947 Vgl. nur *BT-Drs.* 14/2658, S. 40; *Fuchs*, Das Fernabsatzgesetz im neuen System des Verbraucherschutzrechts, ZIP 2000, 1273 (1279); *Grüneberg* in: Palandt, 70. Aufl., EGBGB, Art. 246 § 2, Rn. 6; *Hoenike/Hülsdunk*, Rechtliche Vorgaben für Fernabsatzangebote im elektronischen Geschäftsverkehr bei und nach Vertragsschluss, MMR 2002, 516 (517); *Kamanabrou*, Die Umsetzung der Fernabsatzrichtlinie, WM 2000, 1417 (1423).

1948 Vgl. etwa *BT-Drs.* 14/2658, S. 40; *KG*, Beschl. v. 18.07.2006 - 5 W 156/06, NJW 2006, 3215 (3216); *OLG Hamburg*, Urt. v. 24.08.2006 - 3 U 103/06, NJW-RR 2007, 839 (840); *KG*, Beschl. v. 05.12.2006 - 5 W 295/06, MMR 2007, 185 (186); *OLG Hamburg*, Beschl. v. 19.06.2007 - 5 W 92/07, MMR 2007, 660 (661); *Bülow/Artz*, Fernabsatzverträge und Strukturen eines Verbraucherprivatrechts im BGB, NJW 2000, 2049 (2055); *Fuchs*, Das Fernabsatzgesetz im neuen System des Verbraucherschutzrechts, ZIP 2000, 1273 (1279); *Grüneberg* in: Palandt, 70. Aufl., EGBGB, Art. 246 § 2, Rn. 6; *Härting*, Refe-

Diese Form der Mitteilung kommt auch dem Anbieter einer Abonnement- bzw. Vertragsfalle entgegen, da er üblicherweise ohnehin eine sogenannte Verifizierungs-E-Mail an den Nutzer versendet. Der Zweck einer solchen E-Mail besteht vor allem darin, die vom Nutzer angegebene E-Mail-Adresse zu überprüfen. Dazu wird eine E-Mail an die im Rahmen des Bestell- bzw. Registrierungsvorgangs in das entsprechende Formular eingetragene Adresse gesendet, welche einen individuellen Hyperlink enthält. Klickt der Nutzer diesen Hyperlink an, erhält der Anbieter eine Rückmeldung, dass diese Adresse gültig ist. Dieser Vorgang ist einem durchschnittlichen Internetnutzer durchaus geläufig. Darin besteht der Vorteil für den Anbieter, aber auch die eigentliche Gefahr für den Nutzer, denn dieser wird in der Regel den restlichen Inhalt der E-Mail gar nicht zur Kenntnis nehmen, sondern sich auf den Hyperlink konzentrieren, um den Bestätigungsvorgang abzuschließen; schließlich möchte er nur an das von ihm gewünschte Produkt gelangen. Die in dieser E-Mail gleichfalls mitgeteilten Pflichtinformationen wird er – sofern er sie denn überhaupt wahrnimmt – allenfalls für üblich aber nicht für einschlägig halten und ihnen bzw. ihrem Inhalt daher auch keine weitere Beachtung schenken (vgl. hierzu beispielsweise auch die Ausführungen zum Widerrufs- und Rückgaberecht[1949]). Das Erfordernis, die entsprechenden Informationen in Textform mitzuteilen, kann von dem Anbieter somit unproblematisch erfüllt werden, ohne hierdurch das Funktionieren der Abonnement- bzw. Vertragsfalle zu gefährden.

b) Hervorgehobene und deutlich gestaltete Form

Die Übermittlung der vom Unternehmer nach Art. 246 § 2 EGBGB geschuldeten Pflichtinformationen kann zwar, wie bereits ausgeführt, grundsätzlich auch in der Form erfolgen, dass diese in den Vertragsbestimmungen der Allgemeinen Geschäftsbedingungen enthalten sind. In diesem Fall – der auch bei den hier untersuchten Abonnement- bzw. Vertragsfallen einschlägig ist – muss der Unternehmer den Verbraucher

rentenentwurf für neues Fernabsatzgesetz, CR 1999, 507 (509); *Härting/Schirmbacher*, Fernabsatzgesetz – Ein Überblick über den Anwendungsbereich, die Systematik und die wichtigsten Regelungen, MDR 2000, 917 (920); *Kamanabrou*, Die Umsetzung der Fernabsatzrichtlinie, WM 2000, 1417 (1423); *S. Lorenz*, Im BGB viel Neues: Die Umsetzung der Fernabsatzrichtlinie, JuS 2000, 833 (837); *Mankowski*, Fernabsatzrecht: Information über das Widerrufsrecht und Widerrufsbelehrung bei Internetauftritten, CR 2001, 767 (772); *Piepenbrock/Schmitz*, Fernabsatzgesetz: Neuer Rechtsrahmen für E-Commerce, K&R 2000, 378 (381 f.); *B. Roth/Schulze*, Verbraucherschutz im Electronic Commerce, RIW 1999, 924 (926).

1949 Siehe 4. Teil, C, I, 2, e.

allerdings auf bestimmte, in Absatz 3 Satz 2 dieser Vorschrift ausdrücklich genannte Informationen in einer hervorgehobenen und deutlich gestalteten Form hinweisen, damit diesem die Kenntnisnahme leichter fällt[1950]. Im Einzelnen sind hiervon die Mitteilung über die ladungsfähige Anschrift (Art. 246 § 1 Abs. 1 Nr. 3 EGBGB), die Information über das Bestehen oder Nichtbestehen eines Widerrufs- und Rückgaberechts (Art. 246 § 1 Abs. 1 Nr. 10 EGBGB) sowie Informationen über den Kundendienst und geltende Gewährleistungs- und Garantiebedingungen (Art. 246 § 2 Abs. 1 S. 2 Nr. 4 lit. b EGBGB) betroffen.[1951] Durch diese hervorgehobene und deutlich gestaltete Form soll sichergestellt werden, dass die für die weitere Vertragsabwicklung besonders bedeutsamen Informationen in der Vielzahl der übrigen Pflichtinformationen nicht untergehen.[1952] Zum anderen ist dies gerade auch im Hinblick auf die umfangreichen Informationspflichten des Unternehmers der begrenzten Aufnahmefähigkeit eines Verbrauchers geschuldet.[1953]

Eine Mitteilung erfüllt diese gestalterischen Anforderungen dann, wenn sie aufgrund ihrer Gestaltung dazu geeignet ist, die Aufmerksamkeit des Verbrauchers zu erregen.[1954] Erreicht werden kann eine solche Form der Gestaltung etwa durch den Einsatz von Farbe oder die Nutzung eines entsprechenden Druckbilds (wie beispielsweise die Größe der verwendeten Schrift, Fettdruck oder andere akzentuierende Maßnahmen), sofern diese Gestaltungsform die erforderlichen Informationen aus dem übrigen Text optisch so hervorhebt, dass ein durchschnittlich aufmerksamer Verbraucher sie auch bei flüchtiger Betrachtung nicht übersehen kann.[1955]

Auch das Erfordernis der hervorgehobenen und deutlich gestalteten Form kann von dem Anbieter unproblematisch erfüllt werden, ohne hierdurch das Funktionieren der Abonnement- bzw. Vertragsfalle zu gefährden bzw. die Wahrscheinlichkeit zu erhöhen, dass ein durchschnittlich aufmerksamer Nutzer die zu erteilenden Informationen überhaupt wahrnimmt. Denn wie bereits dargestellt, sind die Informationen über die

---

1950 So allg. auch *Thüsing* in: Staudinger, BGB, § 312 c, Rn. 114.

1951 So bspw. auch *Micklitz/Schirmbacher* in: Spindler/Schuster, BGB, § 312 c, Rn. 167; *Wendehorst* in: Münchener Kommentar, BGB, § 312 c, Rn. 116.

1952 Vgl. *BT-Drs.* 14/2658, S. 39; *Micklitz/Schirmbacher* in: Spindler/Schuster, BGB, § 312 c, Rn. 1679; *Wendehorst* in: Münchener Kommentar, BGB, § 312 c, Rn. 116.

1953 Vgl. *Klewitz*, S. 297.

1954 Vgl. ebd.

1955 Vgl. etwa *Hoenike/Hülsdunk*, Rechtliche Vorgaben für Fernabsatzangebote im elektronischen Geschäftsverkehr bei und nach Vertragsschluss, MMR 2002, 516 (518); *Klewitz*, S. 297; *Wendehorst* in: Münchener Kommentar, BGB, § 312 c, Rn. 117.

ladungsfähige Anschrift des Unternehmers (vgl. hierzu die Ausführungen zum Inhalt der vorvertraglichen Informationspflichten gemäß Art. 246 § 1 EGBGB[1956]) nicht relevant für den Schutz des Verbrauchers. Und auch die Mitteilungen über den Kundendienst sowie die geltenden Gewährleistungs- und Garantiebedingungen haben keine Relevanz, da – wie ebenfalls schon dargestellt – bei einer Abonnement- bzw. Vertragsfalle im Internet in der Regel gar keine diesbezüglichen Angaben notwendig sind (vgl. hierzu die Ausführungen zum Kundendienst sowie Gewährleistungs- und Garantiebedingungen[1957] sowie zur Relevanz der Mitteilungspflichten für den Schutz des Verbrauchers[1958]). Selbst die hervorzuhebende Mitteilung über das Widerrufs- und Rückgaberecht des Nutzers ist für den Anbieter unproblematisch. Denn wie bereits im ersten Abschnitt[1959] dargestellt, ist diesbezüglich zu befürchten, dass der Nutzer die entsprechende Belehrung nur für einen allgemeinen Hinweis des Anbieters hält, der jedoch nicht für ihn gedacht ist, insbesondere wenn der Anbieter zur Erfüllung seiner Pflicht das Muster für die Widerrufsbelehrung (Anlage 1) bzw. das Muster für die Rückgabebelehrung (Anlage 2) zu Art. 246 § 2 Abs. 3 S. 1 EGBGB verwendet. Dass dem Nutzer aufgrund dieser Belehrung bewusst wird, dass er einen Vertrag abschließt, oder dass er durch die Belehrung zumindest dazu veranlasst wird, sich mit dieser sowie den anderen zur Verfügung gestellten Informationen zu beschäftigen bzw. mit den Vertragsbedingungen näher auseinanderzusetzen, erscheint unwahrscheinlich.

3. Zeitpunkt der Mitteilungspflicht

Schließlich sind noch Vorgaben hinsichtlich des Zeitpunktes zu beachten, an dem der Unternehmer die Informationen mitzuteilen hat.[1960] Anders als noch vor der Umsetzung der Richtlinie 2002/65/EG entscheidet nach Art. 246 § 2 Abs. 1 S. 1 EGBGB nunmehr die Art des Fernabsatzvertrages – also der Vertragsgegenstand – darüber, wann der Unternehmer seiner Mitteilungspflicht nachkommen muss.[1961] Wie einleitend bereits erwähnt, unterscheidet Satz 1 der Vorschrift hinsichtlich des für die Mitteilung maßgeblichen Zeitpunkts zwischen dem Fernabsatz von Finanzdienstleistungen (vgl.

1956 Siehe 4. Teil, C, I, 2.
1957 Siehe 4. Teil, C, II, 1, b.
1958 Siehe 4. Teil, C, II, 1, c.
1959 Siehe 4. Teil, C, I, 2, e.
1960 So bspw. auch *Hoenike/Hülsdunk*, Die Gestaltung von Fernabsatzangeboten im elektronischen Geschäftsverkehr nach neuem Recht, MMR 2002, 415 (416).
1961 Vgl. nur *Thüsing* in: Staudinger, BGB, § 312 c, Rn. 96.

Nr. 1) einerseits und dem Fernabsatz von Waren und sonstigen Dienstleistungen (vgl. Nr. 2) andererseits.[1962] Soweit es sich – wie bei den hier untersuchten Verträgen – um allgemeine Fernabsatzverträge handelt, muss die Mitteilung der Informationen gemäß Nr. 2 alsbald erfolgen, spätestens jedoch bis zur vollständigen Erfüllung des Vertrages, bei Waren spätestens bis zur Lieferung an den Verbraucher. Mit dieser Formulierung, die wörtlich aus § 312 c Abs. 2 BGB a. F. übernommen wurde, wird dem Unternehmer zwar ein größerer zeitlicher Handlungszeitraum eingeräumt als zunächst vorgesehen, da die Mitteilung der Informationen ursprünglich noch unverzüglich, also ohne schuldhaftes Zögern, zu erfolgen hatte.[1963] Davon wurde jedoch abgesehen, wodurch der Unternehmer seinen Pflichten leichter nachkommen kann und der Verbraucher nicht zusätzlich gefährdet wird.[1964]

Durch die Verwendung der Begriffe „alsbald" und „spätestens bis" wird kein genauer Zeitpunkt festgelegt, sondern vielmehr ein Zeitraum eröffnet, in dem der Unternehmer seiner Verpflichtung nachkommen muss. Daher ist zunächst zu klären, wann der frühestmögliche Zeitpunkt für die Mitteilung dieser Informationen ist, ob dieser Zeitpunkt auch schon vor dem Abschluss des Vertrages liegen darf, sodass eine Erfüllung der Informationspflicht bereits vor Vertragsabschluss möglich ist, und ob in diesem Fall auch noch eine Verbindung dieser Informationen mit den Vorabinformationen im Sinne des Art. 246 § 1 Abs. 1 EGBGB möglich wäre. Im Anschluss ist dann der Zeitpunkt näher zu bestimmen, an dem die Informationen spätestens vom Unternehmer mitgeteilt werden müssen.

a) Frühester Zeitpunkt

Aus den Gesetzesmaterialien ergibt sich zwar, dass mit der Formulierung „alsbald" primär die Zeit nach Vertragsabschluss gemeint ist, allerdings können die Anforderungen des Art. 246 § 2 EGBGB auch erfüllt werden, wenn die Informationen dem Verbraucher bereits vor dem Abschluss des Vertrages ordnungsgemäß mitgeteilt wurden, wie Art. 5 Abs. 1 S. 1 a. E. der Richtlinie 97/7/EG deutlich zum Ausdruck bringt.[1965]

[1962] So bspw. auch *Grüneberg* in: Palandt, 70. Aufl., EGBGB, Art. 246 § 2, Rn. 1, 8; *Micklitz/Schirmbacher* in: Spindler/Schuster, BGB, § 312 c, Rn. 170.

[1963] Vgl. nur *Thüsing* in: Staudinger, BGB, § 312 c, Rn. 98.

[1964] Vgl. ebd.

[1965] Vgl. nur *Wendehorst* in: Münchener Kommentar, BGB, § 312 c, Rn. 98.

Dies ergibt sich auch aus der Verwendung des Begriffes „spätestens", das ein starkes Indiz dafür ist, dass der Unternehmer die aus Art. 246 § 2 Abs. 1 S. 1 Nr. 2 EGBGB resultierende Verpflichtung auch schon vor Vertragsabschluss erfüllen kann.[1966]

Für den Anbieter einer Abonnement- bzw. Vertragsfalle im Internet würde eine frühzeitige Mitteilung der durch Art. 246 § 2 Abs. 1 S. 1 EGBGB geforderten Informationen zwar durchaus Sinn machen, wenn er diese zusammen mit den gemäß Art. 246 § 1 Abs. 1 EGBGB zur Verfügung zu stellenden Informationen, zu deren Erteilung er bereits vor Abgabe einer Vertragserklärung durch den Nutzer verpflichtet ist, verbinden könnte und diesen so nur ein einziges Mal informieren müsste. Denn wie gezeigt, gehen die nachvertraglichen Mitteilungspflichten inhaltlich kaum über die bereits nach Art. 246 § 1 EGBGB zu erteilenden Informationen hinaus, sodass durch die frühe Mitteilung dieser Informationen für ihn auch kein höheres Risiko besteht, dass dem Nutzer bewusst wird, welchen tatsächlichen Umfang seine Erklärung hat. Dennoch stellt sich dem Anbieter nicht die Frage, ob die vorab zur Verfügung zu stellenden Informationen mit den nachträglich mitzuteilenden Informationen verbunden werden können. Denn wie soeben dargestellt, genügt das Bereithalten der entsprechenden Informationen auf einer Internetseite nicht den Anforderungen der Textform gemäß § 126 b BGB. Die Übermittlung der mitzuteilenden Informationen mittels E-Mail wäre zwar geeignet, doch ist dem Anbieter die E-Mail-Adresse des Nutzers zu diesem Zeitpunkt noch nicht bekannt. Diese erhält der Anbieter nämlich erst nach dem Absenden des ausgefüllten Formulars, also nach der Abgabe der Willenserklärung des Nutzers. Aber selbst wenn er sie früher zur Verfügung hätte, wäre eine vorab versendete E-Mail außergewöhnlich und würde wahrscheinlich viel mehr Aufmerksamkeit auf ihren Inhalt lenken. Für den Anbieter einer Abonnement- bzw. Vertragsfalle im Internet ist es daher unauffälliger, wenn er nur die erforderlichen Vorabinformationen auf einer Internetseite bereithält.

b) Spätester Zeitpunkt

Zur näheren Bestimmung des Zeitpunktes, zu dem die Informationen dem Verbraucher bei sonstigen Dienstleistungen und bei der Lieferung von Waren spätestens mitgeteilt werden müssen, ist zunächst die zeitliche Vorgabe durch die Formulierung „alsbald"

1966 So auch *BT-Drs.* 14/2658, S. 39; *Klewitz*, S. 298; *Thüsing* in: Staudinger, BGB, § 312 c, Rn. 100.

maßgeblich, da sie – zumindest dem Gesetzeswortlaut nach – den vom Zeitpunkt des Vertragsabschlusses aus gesehenen kürzesten Zeitraum bestimmt. Obwohl es nahe liegt, von einer Übermittlung der Informationen „unmittelbar nach Vertragsabschluss" auszugehen, hat der Gesetzgeber jedoch gerade auf diese im Regierungsentwurf noch enthaltene Formulierung, die den Willen zu einer möglichst schnellen Übermittlung erkennen ließ,[1967] bewusst verzichtet, da eine solche Vorgabe kaum praxisgerecht sei.[1968] Bis wann allerdings diese Vorgabe als noch erfüllt anzusehen ist, also bis zu welchem Zeitpunkt im Einzelnen noch von einer alsbaldigen Information ausgegangen werden kann, richtet sich vielmehr nach den Gepflogenheiten des Rechtsverkehrs.[1969] Da dem Unternehmer aber auch keinerlei Nachteile für den Fall drohen, dass er die Mitteilung bis zum spätestmöglichen Zeitpunkt hinauszögert, kommt der zeitlichen Beschränkung durch die Formulierung „alsbald" kaum eine praktische Bedeutung zu.[1970] Allenfalls dann, wenn zwischen dem Abschluss des Vertrages und seiner vollständigen Erfüllung ein unverhältnismäßig langer Zeitraum liegt,[1971] dürfte eine Mitteilung zum Zeitpunkt der Erfüllung des Vertrages nicht mehr ausreichend sein.[1972] In allen anderen Fällen ist grundsätzlich allein der Zeitpunkt der vollständigen Erfüllung des Vertrages maßgeblich, zu dem die Informationen dem Verbraucher in Textform spätestens mitgeteilt werden müssen.[1973]

Für Verträge über die Lieferung von Waren enthält Art. 246 § 2 Abs. 1 S. 1 Nr. 2 EGBGB a. E. allerdings eine Sonderregelung:[1974] Hier wird den Anforderungen im Hinblick auf die Zeitvorgabe des ersten Satzes entsprochen, wenn der Unternehmer seine Mitteilungspflichten zeitgleich mit der Lieferung der Waren an den Verbraucher erfüllt, beispielsweise indem er die Informationen dem Lieferschein beifügt.[1975] Das Abstellen auf den Zeitpunkt der Lieferung ist bei einer Warenlieferung deswegen sachgerecht, da zum einen dem Unternehmer zusätzliche Kosten für eine separate Zu-

---

[1967] Vgl. *BT-Drs.* 14/2658, S. 39.

[1968] Vgl. *BT-Drs.* 14/3195, S. 31; *Wendehorst* in: Münchener Kommentar, BGB, § 312 c, Rn. 101.

[1969] Vgl. *Thüsing* in: Staudinger, BGB, § 312 c, Rn. 99; *Wendehorst* in: Münchener Kommentar, BGB, § 312 c, Rn. 101.

[1970] So bspw. auch *Klewitz*, S. 298; *Thüsing* in: Staudinger, BGB, § 312 c, Rn. 99; *Wendehorst* in: Münchener Kommentar, BGB, § 312 c, Rn. 101.

[1971] Vgl. *Thüsing* in: Staudinger, BGB, § 312 c, Rn. 99.

[1972] So auch *Klewitz*, S. 298.

[1973] So auch *Thüsing* in: Staudinger, BGB, § 312 c, Rn. 99, 101.

[1974] Vgl. nur *Thüsing* in: Staudinger, BGB, § 312 c, Rn. 101, 103.

[1975] Vgl. etwa *BT-Drs.* 14/2658, S. 39; *Fuchs*, Das Fernabsatzgesetz im neuen System des Verbraucherschutzrechts, ZIP 2000, 1273 (1280); *Grüneberg* in: Palandt, 70. Aufl., EGBGB, Art. 246 § 2, Rn. 9; *Thüsing* in: Staudinger, BGB, § 312 c, Rn. 101, 104; *Wendehorst* in: Münchener Kommentar, BGB, § 312 c, Rn. 102.

sendung der Informationen erspart werden und zum anderen die Widerrufsfrist gemäß § 312 d Abs. 2 BGB bei der Lieferung von Waren ohnehin nicht vor deren Eingang beim Empfänger beginnt.[1976]

Bei Verträgen über die Erbringung von Dienstleistungen kommt es nach dem Gesetzeswortlaut darauf an, dass der Verbraucher die Informationen spätestens bis zur vollständigen Erfüllung des Vertrages erhält.[1977] Die Formulierung dieser Zeitvorgabe weckt allerdings in mehrfacher Hinsicht Bedenken:[1978] Zunächst einmal ist der Wortlaut etwas missverständlich, da hiermit entweder die beiderseitige Erfüllung des Vertrages oder aber auch nur die Erfüllung seitens des Unternehmers gemeint sein könnte.[1979] Da es für eine noch spätere Mitteilung, die zu Lasten des Verbrauchers ginge, jedoch keinen sachlichen Grund gibt, und weil es auch bei der Lieferung von Waren allein auf die Erfüllung seitens des Unternehmers ankommt, spricht alles dafür, dass bei der Erbringung von Dienstleistungen damit auch bloß der Zeitpunkt der vollständigen Erfüllung durch den Unternehmer, also die Ausführung der Dienstleistung gemeint sein kann.[1980] Zu diesem Zeitpunkt wurde allerdings das Merkmal der Rechtzeitigkeit aus Art. 5 Abs. 1 der Richtlinie 97/7/EG als nicht mehr erfüllt angesehen:[1981] In diesem Zusammenhang war nämlich auch die Regelung des § 312 d Abs. 3 Nr. 2 BGB a. F. zu beachten,[1982] wonach das Widerrufsrecht des Verbrauchers bei Verträgen über die Erbringung einer sonstigen Dienstleistung unabhängig von der Erfüllung der Mitteilungspflichten erlischt – also ohne Rücksicht auf eine ausreichende Information des Verbrauchers –, wenn der Unternehmer mit ihrer Ausführung begonnen und der Verbraucher ihr noch vor Ende der Widerrufsfrist zugestimmt bzw. sie selbst veranlasst hat.[1983] Durch diesen Ausschluss des Widerrufsrechts war die Mitteilungspflicht

1976 Vgl. nur *Wendehorst* in: Münchener Kommentar, BGB, § 312 c, Rn. 102.

1977 So bspw. auch *Grüneberg* in: Palandt, 70. Aufl., EGBGB, Art. 246 § 2, Rn. 9; *Micklitz/Schirmbacher* in: Spindler/Schuster, BGB, § 312 c, Rn. 178; *Thüsing* in: Staudinger, BGB, § 312 c, Rn. 102; *Wendehorst* in: Münchener Kommentar, BGB, § 312 c, Rn. 103.

1978 So auch *Wendehorst* in: Münchener Kommentar, BGB, § 312 c, Rn. 103.

1979 Vgl. *Thüsing* in: Staudinger, BGB, § 312 c, Rn. 102; *Wendehorst* in: Münchener Kommentar, BGB, § 312 c, Rn. 103.

1980 So bspw. auch *Fuchs*, Das Fernabsatzgesetz im neuen System des Verbraucherschutzrechts, ZIP 2000, 1273 (1280); *Micklitz/Schirmbacher* in: Spindler/Schuster, BGB, § 312 c, Rn. 179; *Thüsing* in: Staudinger, BGB, § 312 c, Rn. 102; *Wendehorst* in: Münchener Kommentar, BGB, § 312 c, Rn. 103.

1981 Vgl. nur *Wendehorst* in: Münchener Kommentar, BGB, § 312 c, Rn. 103.

1982 Vgl. *Thüsing* in: Staudinger, BGB, § 312 c, Rn. 102.

1983 Vgl. nur *Grüneberg* in: Palandt, BGB, § 312 c, Rn. 7a; *Micklitz/Schirmbacher* in: Spindler/Schuster, BGB, § 312 d, Rn. 75; *Thüsing* in: Staudinger, BGB, § 312 c, Rn. 102; *Wendehorst* in: Münchener Kommentar, BGB, § 312 c, Rn. 103.

dann aber weitgehend gegenstandslos, da der Verbraucher, der niemals über die für ihn nachteiligen Folgen aufgeklärt wurde, der Ausführung der Dienstleistung ohne Bedenken zugestimmt hätte.[1984] Und obwohl das Widerrufsrecht mit deren Beginn erloschen wäre, hätte der Unternehmer seine Mitteilungspflichten noch vollumfänglich erfüllt, wenn er den Verbraucher im Nachhinein über die ihm theoretisch zugestandenen Rechte informiert hätte.[1985] Daher war es für einen angemessenen Schutz des Verbrauchers erforderlich, § 312 d Abs. 3 Nr. 2 BGB a. F. dahingehend richtlinienkonform auszulegen, dass dem Verbraucher bei Fernabsatzverträgen, welche die Erbringung einer sonstigen Dienstleistung zum Gegenstand hatten, die Informationen bereits zu einem Zeitpunkt erteilt werden, der deutlich vor Beginn der Ausführung liegt.[1986] Im Sinne des Verbraucherschutzes ist dieser Zeitpunkt nach wie vor zugrunde zu legen, obwohl die Widerrufsfrist gemäß § 312 d Abs. 3 BGB n. F. erst dann erlischt, wenn der Vertrag von beiden Seiten auf ausdrücklichen Wunsch des Verbrauchers vor Ausübung seines Widerrufsrechts vollständig erfüllt ist.

Somit genügt der Anbieter einer Abonnement- bzw. Vertragsfalle in zeitlicher Hinsicht den Vorgaben des Art. 246 § 2 Abs. 1 S. 1 Nr. 2 EGBGB, wenn er die entsprechenden Informationen entweder in der E-Mail mitteilt, mit der er auch die vom Nutzer angegebene E-Mail-Adresse überprüft, oder – wenn eine solche Überprüfung nicht vorgesehen ist – in einer E-Mail, die zeitnah oder besser zeitgleich mit dem Abschluss der Bestellung bzw. Registrierung an den Nutzer versendet wird.

4. Entbehrlichkeit der Mitteilung bei Fernkommunikationsleistungen

Gemäß Art. 246 § 2 Abs. 2 S. 1 EGBGB ist bei bestimmten Fernabsatzverträgen über sonstige Dienstleistungen, die in dieser Vorschrift auch näher beschrieben werden, eine Mitteilung nach Art. 246 § 2 Abs. 1 S. 1 Nr. 2 i. V. m. Abs. 1 S. 2 EGBGB entbehrlich, sodass der Unternehmer in diesen Fällen nicht dazu verpflichtet ist, dem Verbraucher die sonst üblichen Pflichtinformationen in Textform mitzuteilen. Lediglich über die Anschrift der Niederlassung des Unternehmers ist der Verbraucher gemäß Art. 246 § 2 Abs. 2 S. 2 EGBGB zu informieren, an die er eventuelle Beanstandun-

[1984] Vgl. *Wendehorst* in: Münchener Kommentar, BGB, § 312 c, Rn. 103.
[1985] Vgl. ebd.
[1986] So auch *Thüsing* in: Staudinger, BGB, § 312 c, Rn. 102; *Wendehorst* in: Münchener Kommentar, BGB, § 312 c, Rn. 9, 103.

gen richten kann. Die Erteilung dieser Information ist für den Anbieter aber vollkommen unproblematisch, da sie das Funktionieren der Abonnement- bzw. Vertragsfalle nicht vereiteln kann: Zum einen ist die Angabe der Anschrift (auch wenn damit nicht dasselbe gemeint ist wie bei Art. 246 § 1 Abs. 1 Nr. 3 EGBGB, da hier auch eine Postanschrift ausreichend ist)[1987] für das Bewusstsein des Nutzers über den tatsächlichen Umfang seiner Erklärung nicht maßgeblich[1988]. Zum anderen besteht für die Mitteilung der Anschrift keine gesetzliche Formvorschrift,[1989] sodass es durchaus genügt, wenn der Unternehmer diese auf seiner Internetseite bereitstellt bzw. einen Hyperlink auf diese Seite setzt, über den der Verbraucher die entsprechende Information dann abrufen kann.[1990] Daher wäre es für den Anbieter einer Abonnement- bzw. Vertragsfalle durchaus interessant, wenn die von ihm angebotene Leistung in den Anwendungsbereich dieser Ausnahmeregelung fallen würde bzw. wenn er dieses Ergebnis durch entsprechende Anpassungen erreichen könnte. Zwar ist für ihn die Mitteilung der nachvertraglichen Informationen mittels einer E-Mail – wie soeben dargestellt – relativ unproblematisch. Dennoch ist nicht völlig ausgeschlossen, dass dem Nutzer aufgrund der ihm mitgeteilten Informationen bewusst wird, welche rechtliche Tragweite das Ausfüllen und Absenden des Bestell- bzw. Registrierungsformulars tatsächlich hat. Unterbleibt diese Mitteilung, da die Ausnahmeregelung des Art. 246 § 2 Abs. 2 S. 1 EGBGB greift, ist dieses Restrisiko jedoch nicht mehr gegeben. Für das Eingreifen dieser Ausnahmeregelung müssen jedoch recht hohe Anforderungen erfüllt werden, da sie nur dann zur Anwendung gelangt, wenn vier Voraussetzungen gleichzeitig vorliegen: Zunächst muss es sich um einen Fernabsatzvertrag handeln, der die Erbringung einer sonstigen Dienstleistung zum Gegenstand hat; hinzukommen muss außerdem, dass der Unternehmer diese Dienstleistung unmittelbar durch den Einsatz von Fernkommunikationsmitteln erbringt; des Weiteren muss er seine Leistung in einem Mal erbringen, und schließlich muss sie über den Betreiber der Fernkommunikationsmittel abgerechnet werden.[1991]

[1987] Vgl. nur *Thüsing* in: Staudinger, BGB, § 312 c, Rn. 113.

[1988] Siehe 4. Teil, C, I, 2.

[1989] Vgl. nur *Thüsing* in: Staudinger, BGB, § 312 c, Rn. 112.

[1990] So auch *Klewitz*, S. 299 f.; *Thüsing* in: Staudinger, BGB, § 312 c, Rn. 112.

[1991] So bspw. auch *Dilger*, S. 85; *Föhlisch* in: Hoeren/Sieber, Multimedia-Recht, Teil 13.4, Rn. 214; *Grüneberg* in: Palandt, 70. Aufl., EGBGB, Art. 246 § 2, Rn. 10; *Micklitz/Schirmbacher* in: Spindler/Schuster, BGB, § 312 c, Rn. 190; *Thüsing* in: Staudinger, BGB, § 312 c, Rn. 106; *Wendehorst* in: Münchener Kommentar, BGB, § 312 c, Rn. 92.

Das Vorliegen der ersten Voraussetzung, also eines entsprechenden Vertragsgegenstandes, ist zu bejahen, da es sich insbesondere auch beim Herunterladen von Software im Rahmen einer Abonnement- bzw. Vertragsfalle um einen Vertrag über die Erbringung einer Dienstleistung und nicht über die Lieferung von Waren handelt[1992]. Auch die zweite Voraussetzung ist bei den hier untersuchten Abonnement- bzw. Vertragsfallen im Internet gegeben. Die unmittelbare Erbringung einer Dienstleistung durch den Einsatz von Fernkommunikationsmitteln liegt nämlich bereits dann vor, wenn sie in Form fernkommunikativ übermittelter Daten beim Verbraucher ankommt, und zwar unabhängig davon, auf welche Weise der Unternehmer seinerseits an diese Daten gelangt.[1993] Deshalb sind auch solche Informationsdienste ohne Weiteres erfasst, die der Unternehmer zunächst zum Sammeln bestimmter Informationen nutzt, um sie dem Verbraucher anschließend im Wege der Fernkommunikation zur Verfügung zu stellen.[1994]

Die beiden letzten Voraussetzungen bedürfen hingegen einer genaueren Prüfung:

a) Erbringung der Leistung in einem Mal

Art. 246 § 2 Abs. 2 S. 1 EGBGB setzt als Drittes voraus, dass die Leistung des Unternehmers in einem Mal erfolgt. Dies ist immer dann der Fall, wenn die vertragliche Bindung auf einen einmaligen Austausch von Leistungen begrenzt ist.[1995] Handelt es sich bei dem Vertragsgegenstand hingegen um eine Leistung, die sukzessive erbracht wird, kann sich der Unternehmer nicht darauf berufen, dass seine Dienstleistung unter die Ausnahmeregelung fällt.[1996] Ob dabei nun die konkrete vertragliche Bindung noch als einmaliger Austausch von Leistungen anzusehen ist und somit die Ausnahmeregelung greift, muss letztlich anhand der Verkehrsanschauung entschieden werden.[1997] Die Beurteilung ist insbesondere in den Fällen nicht eindeutig, in denen der Verbraucher die Leistung des Unternehmers – wie zum Beispiel bei einem Vertrag über die Recherche in einer elektronischen Datenbank – nicht ununterbrochen in Anspruch

---

1992 Siehe 4. Teil, B, II, 2, c.

1993 Vgl. nur *Micklitz/Schirmbacher* in: Spindler/Schuster, BGB, § 312 c, Rn. 190; *Wendehorst* in: Münchener Kommentar, BGB, § 312 c, Rn. 92.

1994 Vgl. *Wendehorst* in: Münchener Kommentar, BGB, § 312 c, Rn. 92.

1995 Vgl. nur *Thüsing* in: Staudinger, BGB, § 312 c, Rn. 108; *Wendehorst* in: Münchener Kommentar, BGB, § 312 c, Rn. 93.

1996 Vgl. *Thüsing* in: Staudinger, BGB, § 312 c, Rn. 108.

1997 Vgl. nur *Thüsing* in: Staudinger, BGB, § 312 c, Rn. 108; *Wendehorst* in: Münchener Kommentar, BGB, § 312 c, Rn. 93.

nimmt.[1998] Als einmaliger Austausch von Leistungen ist dieser Vorgang sicherlich noch zu bejahen, wenn es sich um eine zusammenhängende Recherche handelt, auch wenn es zwischen der An- und Abmeldung des Verbrauchers zu einer Vielzahl von einzelnen Abfragen dieser Datenbank kommt.[1999] Schwieriger gestaltet sich die Beurteilung des Vorgangs hingegen dann, wenn der Verbraucher sich zwischendurch (mehrmals) ab- und wieder anmeldet. Hier ist anhand der Umstände des Einzelfalles zu differenzieren und nicht danach, ob der Verbraucher selbst seine Recherche unterbricht.[2000] Erfolgt die Recherche in der elektronischen Datenbank an ein und demselben Tag, so wird man – auch wenn sich der Verbraucher während seiner Recherche kurzzeitig von der Datenbank abmelden sollte – in der Regel von einer zusammenhängenden Leistungserbringung und damit von einer Leistung in einem Mal ausgehen können; erfolgt die Recherche des Verbrauchers hingegen über mehr als sieben Tage hinweg, so wird diese Voraussetzung wohl nicht mehr zu bejahen sein.[2001]

Die Bestimmung des genauen Zeitraums kann an dieser Stelle allerdings dahinstehen, da bei einer Abonnement- bzw. Vertragsfalle im Internet, bei der die Laufzeit des Vertrages mindestens 24 Monate beträgt, das Vorliegen einer einmaligen Leistung somit eindeutig zu verneinen ist, selbst wenn der Nutzer die Leistung nur ein einziges Mal, nämlich durch eine einmalige Anmeldung bei der Datenbank, genutzt hätte.

b) Abrechnung über den Betreiber des Fernkommunikationsmittels

Auf die vierte Voraussetzung, nämlich die Abrechnung der Leistungen über den Betreiber des Fernkommunikationsmittels, kommt es bei den hier untersuchten Abonnement- bzw. Vertragsfallen im Internet daher gar nicht mehr an. Diese Voraussetzung liegt aber ebenfalls nicht vor, da in diesen Fällen auch keine Abrechnung über den Betreiber des Fernkommunikationsmittels erfolgt; die Kosten werden dem Verbraucher nämlich nicht zusammen mit seinen sonstigen Telefonkosten in Rechnung gestellt und von ihm bezahlt.[2002]

1998 Vgl. *Thüsing* in: Staudinger, BGB, § 312 c, Rn. 108.

1999 Vgl. *Meents*, Ausgewählte Probleme des Fernabsatzgesetzes bei Rechtsgeschäften im Internet, CR 2000, 610 (613); *Wendehorst* in: Münchener Kommentar, BGB, § 312 c, Rn. 93.

2000 Vgl. *Thüsing* in: Staudinger, BGB, § 312 c, Rn. 108.

2001 So auch *Thüsing* in: Staudinger, BGB, § 312 c, Rn. 108.

2002 Vgl. allg. etwa *Thüsing* in: Staudinger, BGB, § 312 c, Rn. 110; *Wendehorst* in: Münchener Kommentar, BGB, § 312 c, Rn. 94.

Der Anbieter einer Abonnement- bzw. Vertragsfalle fällt mit der von ihm angebotenen Leistung somit keinesfalls in den Anwendungsbereich dieser Ausnahmeregelung, sodass die Mitteilung der entsprechenden Information vorliegend auch nicht entbehrlich ist.

5. Rechtsfolgen der Missachtung nachvertraglicher Informationspflichten

Auch im Hinblick auf die weiteren Informationen, die der Unternehmer dem Verbraucher gemäß § 312 c Abs. 1 BGB i. V. m. Art. 246 § 2 EGBGB mitzuteilen hat, finden sich in den §§ 312 b bis 312 f BGB – abgesehen von der nachfolgend näher dargestellten Suspension der Widerrufsfrist – zwar keine ausdrücklichen Regelungen darüber, welche Rechtsfolgen eine Missachtung dieser Informationsverpflichtung hat.[2003] Doch haben fehlende oder unzutreffend mitgeteilte Informationen hier vergleichbare Auswirkungen wie im Rahmen der vorvertraglichen Informationspflichten.[2004] So muss der Unternehmer auch bei der Verletzung seiner nachvertraglichen Informationspflichten beispielsweise mit Unterlassungsansprüchen von Seiten der Verbraucherschutzverbände (vor allem wegen verbraucherschutzgesetzwidriger Praktiken nach § 2 UKlaG) bzw. seitens seiner Konkurrenten (vgl. § 8 UWG) rechnen, sowie gegebenenfalls damit, auf Schadensersatz (vgl. § 9 UWG) oder Gewinnabschöpfung (vgl. § 10 UWG) in Anspruch genommen zu werden.[2005] Des Weiteren kommen auch hier Schadensersatzansprüche wegen Vertragsverletzung (vgl. §§ 280 Abs. 1, 241 Abs. 2 BGB) in Betracht.[2006]

Daneben – und das ist der entscheidende Unterschied zur Missachtung der vorvertraglichen Informationspflichten – hat eine Zuwiderhandlung des Unternehmers gegen seine Informationsverpflichtung aus § 312 c Abs. 1 BGB i. V. m. Art. 246 § 2 EGBGB aber

---

2003 So bspw. auch *Fuchs*, Das Fernabsatzgesetz im neuen System des Verbraucherschutzrechts, ZIP 2000, 1273 (1280); *Grigoleit*, Besondere Vertriebsformen im BGB, NJW 2002, 1151 (1155); *Micklitz/Schirmbacher* in: Spindler/Schuster, BGB, § 312 c, Rn. 201 f.

2004 So auch *Wendehorst* in: Münchener Kommentar, BGB, § 312 c, Rn. 140.

2005 Vgl. etwa *Fuchs*, Das Fernabsatzgesetz im neuen System des Verbraucherschutzrechts, ZIP 2000, 1273 (1280); *Grigoleit*, Besondere Vertriebsformen im BGB, NJW 2002, 1151 (1155); *Grüneberg* in: Palandt, 70. Aufl., BGB, § 312 c, Rn. 5; *Hoenike/Hülsdunk*, Rechtliche Vorgaben für Fernabsatzangebote im elektronischen Geschäftsverkehr bei und nach Vertragsschluss, MMR 2002, 516 (519); *Thüsing* in: Staudinger, BGB, § 312 c, Rn. 123; *Wendehorst* in: Münchener Kommentar, BGB, § 312 c, Rn. 140.

2006 Vgl. etwa *Grigoleit*, Besondere Vertriebsformen im BGB, NJW 2002, 1151 (1155); *Grüneberg* in: Palandt, 70. Aufl., BGB, § 312 c, Rn. 5; *Thüsing* in: Staudinger, BGB, § 312 c, Rn. 125; *Wendehorst* in: Münchener Kommentar, BGB, § 312 c, Rn. 144.

auch unmittelbare Konsequenzen auf das konkrete Vertragsverhältnis,[2007] da ein solcher Verstoß dazu führt, dass die Widerrufsfrist gemäß § 312 d Abs. 2 Halbs. 1 BGB nicht zu laufen beginnt, bevor der Unternehmer diese Informationspflichten in vollem Umfang erfüllt hat.[2008] Außerdem ist im Hinblick auf die Belehrung des Verbrauchers über sein Widerrufsrecht die Vorschrift des § 355 Abs. 4 S. 3 BGB zu beachten, wonach abweichend von Satz 1 das Widerrufsrecht nicht spätestens sechs Monate nach Vertragsabschluss erlischt, wenn der Verbraucher nicht ordnungsgemäß über sein Widerrufsrecht belehrt worden ist.[2009]

Für den Schutz des Verbrauchers vor Abonnement- bzw. Vertragsfallen im Internet ist gerade diese Form der Sanktionierung im Hinblick auf den konkreten Fernabsatzvertrag durchaus begrüßenswert. Zwar können die nachvertraglichen Informationen den Nutzer nicht mehr vor dem unbewussten Abschluss eines Vertrages bzw. eines entgeltlichen Vertrages effektiv schützen, dennoch kann – wie eingangs bereits erwähnt – auch die Mitteilung dieser Informationen noch dazu führen, dass sich der Nutzer bewusst wird, welche rechtliche Tragweite das Ausfüllen und Absenden des Bestell- bzw. Registrierungsformulars tatsächlich hat. Und solange es noch nicht erloschen ist, kann er sich, nunmehr in Kenntnis aller Umstände, durch Ausübung des ihm gewährten Widerrufs- und Rückgaberechts von dem ungewollt abgeschlossenen Vertrag lösen.

Doch wie schon bei der Erteilung der vorvertraglichen Informationspflichten ist auch hier davon auszugehen, dass sich der Anbieter auch an die Vorgaben des § 312 c Abs. 1 BGB i. V. m. Art. 246 § 2 EGBGB halten wird, da er auch diese Vorgaben – wie die Untersuchung in diesem Abschnitt gezeigt hat – erfüllen kann, ohne hierdurch das Funktionieren der Abonnement- bzw. Vertragsfalle zu vereiteln bzw. die Wahrscheinlichkeit zu erhöhen, dass ein durchschnittlich aufmerksamer Nutzer die zu erteilenden Informationen überhaupt wahrnimmt. Dabei ist für den Anbieter auch insbesondere die Belehrung über das Widerrufsrecht des Nutzers unproblematisch. Denn wie bereits im ersten Abschnitt dargestellt[2010], ist hierbei zu befürchten, dass der Nutzer diese

---

[2007] Vgl. nur *Thüsing* in: Staudinger, BGB, § 312 c, Rn. 123.

[2008] Vgl. etwa *Fuchs*, Das Fernabsatzgesetz im neuen System des Verbraucherschutzrechts, ZIP 2000, 1273 (1280); *Grüneberg* in: Palandt, BGB, § 312 c, Rn. 12; *Hoenike/Hülsdunk*, Rechtliche Vorgaben für Fernabsatzangebote im elektronischen Geschäftsverkehr bei und nach Vertragsschluss, MMR 2002, 516 (519); *Kocher*, Neue Vorschriften für den Fernabsatz von Finanzdienstleistungen an Verbraucher, DB 2004, 2679 (2683); *Micklitz/Schirmbacher* in: Spindler/Schuster, BGB, § 312 c, Rn. 202; *Thüsing* in: Staudinger, BGB, § 312 c, Rn. 123; *Wendehorst* in: Münchener Kommentar, BGB, § 312 c, Rn. 141.

[2009] Vgl. nur *Wendehorst* in: Münchener Kommentar, BGB, § 312 c, Rn. 142.

[2010] Siehe 4. Teil, C, I, 2, e.

Belehrung allein gesehen nur für einen nicht für ihn gedachten allgemeinen Hinweis des Anbieters hält, insbesondere wenn der Anbieter zur Erfüllung seiner Pflicht das Muster für die Widerrufsbelehrung (Anlage 1) bzw. das Muster für die Rückgabebelehrung (Anlage 2) zu Art. 246 § 2 Abs. 3 S. 1 EGBGB verwendet. Dass ihm aufgrund dieser Belehrung bewusst wird, dass er einen Vertrag abgeschlossen hat, oder dass er durch die Belehrung zumindest dazu veranlasst wird, sich mit dieser sowie den anderen zur Verfügung gestellten Informationen zu beschäftigen bzw. mit den Vertragsbedingungen näher auseinanderzusetzen, erscheint hingegen unwahrscheinlich.

III. Zwischenergebnis zu den Informations- und Mitteilungspflichten gemäß § 312 c BGB

Obwohl sich der Nutzer der tatsächlichen Tragweite seiner Erklärung bereits anhand derjenigen Informationen bewusst werden könnte, die ihm der Anbieter nach Art. 246 § 1 EGBGB rechtzeitig vor Abgabe der Vertragserklärung zur Verfügung zu stellen hat, können ihn auch die sich aus dem Fernabsatzrecht ergebenden umfangreichen Informations- und Mitteilungspflichten im Ergebnis nicht effektiv vor Abonnement- bzw. Vertragsfallen im Internet schützen. Denn wie in der Untersuchung in den beiden vorangegangenen Abschnitten ausführlich dargestellt und begründet wurde, kann der Anbieter die Vorgaben des § 312 c Abs. 1 BGB i. V. m. Art. 246 §§ 1 und 2 EGBGB erfüllen, ohne dabei das Funktionieren der Abonnement- bzw. Vertragsfalle zu vereiteln bzw. ohne dabei die Wahrscheinlichkeit zu erhöhen, dass ein durchschnittlich aufmerksamer Nutzer diese Informationen überhaupt wahrnimmt.

5. Teil: Verbraucherschutz im Internationalen Vertragsrecht

A. Einleitung

In diesem Teil der Arbeit setzt sich die Untersuchung eingehend mit dem Vertragsstatut auseinander. Dabei geht es insbesondere um die Frage, ob der Anbieter im Rahmen des Internationalen Vertragsrechts die Möglichkeit hat, entsprechend seinem Ziel Einfluss darauf zu nehmen, welche Rechtsordnung auf die vorliegend untersuchten Vertragsabschlüsse im Zusammenhang mit Abonnement- bzw. Vertragsfallen im Internet Anwendung findet.

Solange der Sachverhalt – was in dieser Untersuchung angenommen wird – nur mit einer einzigen, wie hier der deutschen Rechtsordnung verbunden ist, also ein reiner Inlandsfall vorliegt, stellen sich kollisionsrechtliche Fragen zwar gar nicht erst.[2011] Der Anbieter könnte aber versuchen, diese an sich reinen Inlandsfälle quasi „künstlich" zu internationalisieren, indem er einen entsprechenden Auslandsbezug und damit einhergehend eine Verbindung zum Recht verschiedener Staaten herbeiführt. Denn dann könnte er diese Vertragsverhältnisse womöglich der deutschen Rechtsordnung und damit auch den für den Schutz des Verbrauchers maßgeblichen Regelungsbereichen des deutschen Rechts entziehen.

Im Anschluss an die folgende kurze Einführung zu den Rechtsquellen stellt sich in Kapitel B zunächst einmal die Frage, ob es dem Anbieter überhaupt möglich ist, die notwendigen Voraussetzungen dafür zu schaffen, dass der Anwendungsbereich der Vorschriften des Internationalen Vertragsrechts eröffnet ist. Sodann konzentriert sich die Untersuchung in Kapitel C darauf, wie das auf einen Vertrag anzuwendende Recht ermittelt wird bzw. welche Sachverhaltselemente hierfür relevant sind und ob (und gegebenenfalls wie) der Anbieter hierauf Einfluss nehmen kann.

[2011] So allg. auch *Martiny* in: Münchener Kommentar, VO (EG) 593/2008, Art. 1, Rn. 15; *Sandrock*, Die Bedeutung des Gesetzes zur Neuregelung des Internationalen Privatrechts für die Unternehmenspraxis, RIW 1986, 841 (846); *Simitis*, Aufgaben und Grenzen der Parteiautonomie im internationalen Vertragsrecht, JuS 1966, 209 (211); *Thorn* in: Palandt, 69. Aufl., Rom I, Art. 1, Rn. 5.

Die Regelungen des deutschen Internationalen Vertragsrechts waren bis zum 16.12. 2009 im Wesentlichen in den Art. 27 bis 37 EGBGB kodifiziert.[2012] Ihnen lag das Übereinkommen über das auf vertragliche Schuldverhältnisse anzuwendende Recht aufgelegt zur Unterzeichnung am 19. Juni 1980 in Rom (80/934/EWG)[2013] (sogenanntes Europäisches Schuldvertragsübereinkommen, kurz: EVÜ) zugrunde,[2014] welches für die Bundesrepublik Deutschland mit geringfügigen Modifikationen innerstaatlich durch das Gesetz zu dem Übereinkommen vom 19. Juni 1980 über das auf vertragliche Schuldverhältnisse anzuwendende Recht vom 25. Juli 1986[2015] in das EGBGB inkorporiert wurde und am 01.04.1991 in Kraft trat.[2016] Trotz der Ratifikation fanden die in den Art. 1 bis 21 des Übereinkommens enthaltenen Vorschriften jedoch keine unmittelbare Anwendung, sondern nur in ihrer in das EGBGB übernommenen Form.[2017]

Die Zeiten des Europäischen Schuldvertragsübereinkommens und damit verbunden auch der Art. 27 bis 37 EGBGB sind inzwischen allerdings weitgehend vorüber.[2018] Im Jahr 2008 hat die Europäische Union die Verordnung (EG) Nr. 593/2008 erlassen[2019] und damit das Internationale Vertragsrecht neu geregelt.[2020] Gemäß Art. 29 Unterabs. 1 Rom I ist diese Verordnung am 20. Tag nach ihrer Veröffentlichung im Amtsblatt der Europäischen Union in Kraft getreten, also zum 24.07. 2008.[2021] Allerdings gilt sie gemäß Art. 29 Unterabs. 2 Rom I erst ab dem 17.12.2009 (mit Ausnahme von

---

2012 So bspw. auch *Koch/Magnus/Winkler von Mohrenfels*, IPR, § 5, Rn. 5; *Mansel/Thorn/Wagner*, Europäisches Kollisionsrecht 2008: Fundamente der Europäischen IPR-Kodifikation, IPRax 2009, 1 (1); *Martiny* in: Münchener Kommentar, VO (EG) 593/2008, Vorbemerkung zu Art. 1, Rn. 19.

2013 *ABlEG* Nr. L 266 v. 09.10.1980, S. 1-10.

2014 So bspw. auch *Koch/Magnus/Winkler von Mohrenfels*, IPR, § 5, Rn. 5; *Mansel/Thorn/Wagner*, Europäisches Kollisionsrecht 2008: Fundamente der Europäischen IPR-Kodifikation, IPRax 2009, 1 (1).

2015 *BGBl.* II 1986/26, S. 809 (mit Übereinkommen S. 810-822, Protokoll S. 823 und gemeinsamen Erklärungen S. 823-824).

2016 So bspw. auch *Koch/Magnus/Winkler von Mohrenfels*, IPR, § 5, Rn. 5; *Martiny* in: Münchener Kommentar, VO (EG) 593/2008, Vorbemerkung zu Art. 1, Rn. 18; *Thorn* in: Palandt, 69. Aufl., Rom I, Vorb v Art. 1, Rn. 1

2017 Vgl. Art. 1 Abs. 2 des Gesetzes zu dem Übereinkommen vom 19. Juni 1980 über das auf vertragliche Schuldverhältnisse anzuwendende Recht vom 25. Juli 1986. So auch *Koch/Magnus/Winkler von Mohrenfels*, IPR, § 5, Rn. 5.

2018 So auch *Koch/Magnus/Winkler von Mohrenfels*, IPR, § 5, Rn. 6; *Mansel/Thorn/Wagner*, Europäisches Kollisionsrecht 2008: Fundamente der Europäischen IPR-Kodifikation, IPRax 2009, 1 (1); *Thorn* in: Palandt, 69. Aufl., Rom I, Vorb v Art. 1, Rn. 1.

2019 So bspw. auch *Koch/Magnus/Winkler von Mohrenfels*, IPR, § 5, Rn. 6; *Thorn* in: Palandt, 69. Aufl., Rom I, Vorb v Art. 1, Rn. 2.

2020 Vgl. nur *Martiny* in: Münchener Kommentar, VO (EG) 593/2008, Vorbemerkung zu Art. 1, Rn. 1.

2021 So bspw. auch *Koch/Magnus/Winkler von Mohrenfels*, IPR, § 5, Rn. 66; *Martiny* in: Münchener Kommentar, VO (EG) 593/2008, Vorbemerkung zu Art. 1, Rn. 13 a; Art. 28, Rn. 2; *Schulze* in: Ferrari/Kieninger/Mankowski u. a., Internationales Vertragsrecht, VO (EG) 593/2008, Art. 28, Rn. 1, Fn. 1.

Art. 26 Rom I) und ist gemäß Art. 28 Rom I auf all diejenigen Verträge anzuwenden, die ab diesem Zeitpunkt[2022] geschlossenen wurden.

Die Verordnung (EG) Nr. 593/2008 überführt das Europäische Schuldvertragsübereinkommen – mit Modifikationen und Verbesserungen im Einzelnen, in seinem Kern aber unverändert – in ein Gemeinschaftsinstrument mit unmittelbarer Geltung,[2023] welches durch den EuGH in einer gemeinschaftsrechtlich-autonomen Weise auszulegen ist.[2024] Im gleichen Zug trat das Europäische Schuldvertragsübereinkommen außer Kraft, wodurch auch eine entsprechende Änderung des deutschen Internationalen Vertragsrechts notwendig wurde: die bislang geltenden Art. 27 bis 37 EGBGB wurden zum 16.12.2009 durch Art. 1 Nr. 4 des Gesetzes zur Anpassung der Vorschriften des Internationalen Privatrechts an die Verordnung (EG) Nr. 593/2008 vom 25. Juni 2009[2025] aufgehoben[2026] und die Regelung des Art. 29 a EGBGB wurde zum neu eingeführten Art. 46 b EGBGB.[2027]

B. Anwendungsbereich der Verordnung (EG) Nr. 593/2008

Zunächst einmal stellt sich die Frage, ob es dem Anbieter überhaupt gelingt, die notwendigen Voraussetzungen dafür zu schaffen, dass der Anwendungsbereich der Verordnung (EG) Nr. 593/2008 bei den hier untersuchten Abonnement- bzw. Vertragsfallen im Internet eröffnet ist.

2022 Vgl. hierzu die Berichtigung der Verordnung (EG) Nr. 593/2008 des Europäischen Parlaments und des Rates vom 17. Juni 2008 über das auf vertragliche Schuldverhältnisse anzuwendende Recht (Rom I), *ABlEU* Nr. L 309 v. 24.11.2009, S. 87.

2023 Vgl. etwa *Koch/Magnus/Winkler von Mohrenfels*, IPR, § 5, Rn. 6; *Leible/M. Lehmann*, Die Verordnung über das auf vertragliche Schuldverhältnisse anzuwendende Recht („Rom I") RIW 2008, 528 (528 f.); *Magnus*, Die Rom I-Verordnung, IPRax 2010, 27 (28); *Mankowski*, Die Rom I-Verordnung – Änderungen im europäischen IPR für Schuldverträge, IHR 2008, 133 (133, 151 f.); *Mansel/Thorn/Wagner*, Europäisches Kollisionsrecht 2008: Fundamente der Europäischen IPR-Kodifikation, IPRax 2009, 1 (6).

2024 Vgl. nur *Koch/Magnus/Winkler von Mohrenfels*, IPR, § 5, Rn. 6; *Magnus*, Die Rom I-Verordnung, IPRax 2010, 27 (28); *Martiny* in: Münchener Kommentar, VO (EG) 593/2008, Vorbemerkung zu Art. 1, Rn. 14 a.

2025 *BGBl.* I 2009/36, S. 1574-1576.

2026 So bspw. auch *Koch/Magnus/Winkler von Mohrenfels*, IPR, § 5, Rn. 6; *Magnus*, Die Rom I-Verordnung, IPRax 2010, 27 (43); *Martiny* in: Münchener Kommentar, VO (EG) 593/2008, Vorbemerkung zu Art. 1, Rn. 13 d; *Schulze* in: Ferrari/Kieninger/Mankowski u. a., Internationales Vertragsrecht, VO (EG) 593/2008, Art. 28, Rn. 1, Fn. 2.

2027 So bspw. auch *Koch/Magnus/Winkler von Mohrenfels*, IPR, § 5, Rn. 18; *Magnus*, Die Rom I-Verordnung, IPRax 2010, 27 (43); *Martiny* in: Münchener Kommentar, EGBGB, Art. 46 b, Rn. 1; *Staudinger* in: Ferrari/Kieninger/Mankowski u. a., Internationales Vertragsrecht, EGBGB, Art. 46 b, Rn. 1; *Thorn* in: Palandt, 69. Aufl., EGBGB, Art. 46 b, Rn. 1.

Der Anwendungsbereich wird in den Absätzen 1 bis 3 von Art. 1 Rom I wie folgt umschrieben: Während der erste Unterabsatz von Absatz 1 für die Anwendbarkeit positiv das Vorliegen eines vertraglichen Schuldverhältnisses erfordert (siehe Abschnitt I), welches den Zivil- und Handelssachen zuzuordnen ist (siehe Abschnitt II) und einen entsprechenden Auslandsbezug aufweisen muss (siehe Abschnitt III), werden im zweiten Unterabsatz und in den Absätzen 2 und 3 bestimmte Rechtsgebiete, die prinzipiell zum Vertragsrecht zählen oder zumindest auch vertragsrechtliche Aspekte aufweisen, ausdrücklich aus dem Anwendungsbereich ausgeschlossen.[2028] Dies sind neben den in Art. 1 Abs. 1 Unterabs. 2 Rom I genannten öffentlich-rechtlichen Angelegenheiten die in lit. a bis j des zweiten Absatzes aufgezählten Materien,[2029] nämlich Personenstand, Rechts-, Geschäfts- und Handlungsfähigkeit von natürlichen Personen (vgl. lit. a), familienrechtliche Schuldverhältnisse oder vergleichbare Verhältnisse (vgl. lit. b), Ehegüter- und erbrechtliche Schuldverhältnisse (vgl. lit. c), Verpflichtungen aus Wechseln, Schecks, Eigenwechseln und anderen handelbaren Wertpapieren (vgl. lit. d), Schieds- und Gerichtsstandsvereinbarungen (vgl. lit. e), Gesellschaftsrecht, Vereinsrecht und Recht der juristischen Personen (vgl. lit. f), Stellvertretung (vgl. lit. g), Gründung von „Trusts" (vgl. lit. h), Schuldverhältnisse aus Verhandlungen vor Vertragsabschluss (vgl. lit. i) sowie Versicherungsverträge (vgl. lit. j).[2030] Durch den Ausschluss des Beweises und des Verfahrens wird – was eigentlich selbstverständlich ist – in Absatz 3 ferner noch das Verfahrensrecht vom Anwendungsbereich des internationalen Vertragsrechts ausgenommen.[2031] Von den genannten Materien ist in den hier untersuchten Fällen jedoch keine einschlägig.

Im vierten Absatz von Art. 1 Rom I findet sich sodann die für die Bestimmung des Anwendungsbereichs unerlässliche Definition des „Mitgliedstaates".[2032] Hiernach bezeichnet der Begriff Mitgliedstaat im Sinne dieser Verordnung all diejenigen Mit-

[2028] So bspw. auch *Kieninger* in: Ferrari/Kieninger/Mankowski u. a., Internationales Vertragsrecht, VO (EG) 593/2008, Art. 1, Rn. 1; *Martiny* in: Münchener Kommentar, VO (EG) 593/2008, Art. 1, Rn. 1 f., 5; *Thorn* in: Palandt, 69. Aufl., Rom I, Art. 1, Rn. 1, 6.

[2029] So bspw. auch *Magnus*, Die Rom I-Verordnung, IPRax 2010, 27 (29); *Martiny* in: Münchener Kommentar, VO (EG) 593/2008, Art. 1, Rn. 2, 16, 20.

[2030] Vgl. hierzu bspw. *Kieninger* in: Ferrari/Kieninger/Mankowski u. a., Internationales Vertragsrecht, VO (EG) 593/2008, Art. 1, Rn. 9 ff.; *Martiny* in: Münchener Kommentar, VO (EG) 593/2008, Art. 1, Rn. 21 ff.

[2031] So bspw. auch *Kieninger* in: Ferrari/Kieninger/Mankowski u. a., Internationales Vertragsrecht, VO (EG) 593/2008, Art. 1, Rn. 34; *Martiny* in: Münchener Kommentar, VO (EG) 593/2008, Art. 1, Rn. 73.

[2032] So bspw. auch *Martiny* in: Münchener Kommentar, VO (EG) 593/2008, Art. 1, Rn. 3; *Thorn* in: Palandt, 69. Aufl., Rom I, Art. 1, Rn. 1.

gliedstaaten der Europäischen Union, auf die sie anwendbar ist. Im Ergebnis – d. h. nachdem sowohl Irland[2033] als auch das Vereinigte Königreich[2034] ihr opt-in erklärt haben – gilt die Verordnung in sämtlichen EU-Staaten mit Ausnahme Dänemarks.[2035] Zu beachten ist aber auch noch Satz 2 dieses Absatzes, wonach Art. 3 Abs. 4 sowie Art. 7 Rom I von dieser Einschränkung des Anwendungsbereichs ausgenommen sind, da die dort getroffenen Regelungen der Umsetzung von und der Aufrechterhaltung des Schutzes durch Richtlinien dienen, die auch für Dänemark bindend sind (dies betrifft sowohl Verbrauchervertrags- als auch Versicherungsrichtlinien).[2036]

I. Vertragliches Schuldverhältnis

Die Eröffnung des Anwendungsbereichs der Verordnung setzt gemäß Art. 1 Abs. 1 Unterabs. 1 Rom I positiv zunächst einmal das Vorliegen eines vertraglichen Schuldverhältnisses voraus.[2037] Hierbei handelt es sich um ein autonom auszulegendes Tatbestandsmerkmal, das vor allem der Abgrenzung von vertragsrechtlichen zu deliktischen Ansprüchen und damit der Abgrenzung der Anwendungsbereiche der die vertraglichen Schuldverhältnisse betreffenden Verordnung (EG) Nr. 593/2008 einerseits und der Verordnung (EG) Nr. 864/2007 des Europäischen Parlaments und des Rates vom 11. Juli 2007 über das auf außervertragliche Schuldverhältnisse anzuwendende Recht („Rom II“)[2038] andererseits dient.[2039] Allerdings definiert die Verordnung (EG) Nr. 593/2008

2033 Vgl. *Erwägungsgrund 44* der Verordnung (EG) Nr. 593/2008.

2034 Vgl. Entscheidung der Kommission vom 22. Dezember 2008 über den Antrag des Vereinigten Königreichs auf Annahme der VO (EG) Nr. 593/2008 des Europäischen Parlaments und des Rates über das auf vertragliche Schuldverhältnisse anzuwendende Recht (Rom I), *ABlEU* Nr. L 10 v. 15.01.2009, S. 22.

2035 So bspw. auch *Kieninger* in: Ferrari/Kieninger/Mankowski u. a., Internationales Vertragsrecht, VO (EG) 593/2008, Art. 1, Rn. 35; *Koch/Magnus/Winkler von Mohrenfels*, IPR, § 5, Rn. 6; *Mansel/Thorn/Wagner*, Europäisches Kollisionsrecht 2008: Fundamente der Europäischen IPR-Kodifikation, IPRax 2009, 1 (7); *Martiny* in: Münchener Kommentar, VO (EG) 593/2008, Art. 1, Rn. 3; *Thorn* in: Palandt, 69. Aufl., Rom I, Vorb v Art. 1, Rn. 2.

2036 Vgl. *Kieninger* in: Ferrari/Kieninger/Mankowski u. a., Internationales Vertragsrecht, VO (EG) 593/2008, Art. 1, Rn. 35, Art. 3, Rn. 61.

2037 So bspw. auch *Magnus*, Die Rom I-Verordnung, IPRax 2010, 27 (28 f.); *Thorn* in: Palandt, 69. Aufl., Rom I, Art. 1, Rn. 2.

2038 *ABlEU* Nr. L 199 v. 31.07.2007, S. 40-48 (mit Erklärungen S. 49).

2039 Vgl. etwa *EuGH*, Urt. v. 22.03.1983 - C-34/82, Slg. 1983, I-00987, Rn. 9 f. – Peters / Zuid Nederlandse Aannemers Vereniging; *EuGH*, Urt. v. 08.03.1988 - C-9/87, Slg. 1988, I-01539, Rn. 10 f. – Arcado / Haviland; *EuGH*, Urt. v. 17.06.1992 - C-26/91, Slg. 1992, I-03967, Rn. 10 – Handte / TMCS; *EuGH*, Urt. v. 27.10.1998 - C-51/97, Slg. 1998, I-06511, Rn. 15 – Réunion européenne u.a.; *EuGH*, Urt. v. 17.09.2002 - C-334/00, Slg. 2002, I-07357, Rn. 19 f. – Tacconi; *EuGH*, Urt. v. 05.02.2004 - C-265/02, Slg. 2004, I-01543, Rn. 22 – Frahuil; *EuGH*, Urt. v. 20.01.2005 - C-27/02, Slg. 2005, I-00481, Rn. 33 – Engler. So auch *Kieninger* in: Ferrari/Kieninger/Mankowski u. a., Internationales Vertragsdiesen zentralen Begriff des Vertrages nicht weiter,[2040] sondern überlässt die nähere Abgrenzung der Rechtsprechung des EuGH,[2041] der darunter eine freiwillige Verpflichtung einer Partei gegenüber einer anderen versteht, die zu einer rechtsgeschäftlichen Sonderverbindung zwischen diesen Parteien führt.[2042]

Zudem legt der Gerichtshof den Begriff des Vertrages weit aus.[2043] Zu den vertraglichen Schuldverhältnissen zählen nicht nur solche aus dem zwischen den Parteien vereinbarten Leistungsaustausch (etwa Erfüllungsansprüche), sondern auch Sekundäransprüche aus dem Vertrag (wie beispielsweise Ansprüche aus der Verletzung des Vertrages).[2044] Somit ist grundsätzlich jedes zweiseitige Rechtsverhältnis, in dem sich die Parteien durch ein Rechtsgeschäft freiwillig zu einem gegenseitigen Leistungsaustausch verpflichten (wie bei den vorliegend untersuchten Vertragsabschlüssen im Zusammenhang mit Abonnement- bzw. Vertragsfallen im Internet), ohne Schwierigkeiten als ein Vertrag im Sinne des Art. 1 Abs. 1 Unterabs. 1 Rom I zu qualifizieren, soweit der Vertrag (wie in den hier untersuchten Fällen) nicht ausdrücklich aus dem Anwendungsbereich der Verordnung ausgeschlossen ist.[2045]

---

recht, VO (EG) 593/2008, Art. 1, Rn. 5; *Leible/M. Lehmann*, Die Verordnung über das auf vertragliche Schuldverhältnisse anzuwendende Recht („Rom I") RIW 2008, 528 (529).

2040 So bspw. auch *Clausnitzer/Woopen*, Internationale Vertragsgestaltung – Die neue EG-Verordnung für grenzüberschreitende Verträge (Rom I-VO), BB 2008, 1798 (1799); *Kieninger* in: Ferrari/Kieninger/Mankowski u. a., Internationales Vertragsrecht, VO (EG) 593/2008, Art. 1, Rn. 5; *Leible*, Internationales Vertragsrecht, die Arbeiten an einer Rom I-Verordnung und der Europäische Vertragsgerichtsstand, IPRax 2006, 365 (366); *Mankowski*, Die Rom I-Verordnung – Änderungen im europäischen IPR für Schuldverträge, IHR 2008, 133 (134).

2041 Vgl. etwa *Clausnitzer/Woopen*, Internationale Vertragsgestaltung – Die neue EG-Verordnung für grenzüberschreitende Verträge (Rom I-VO), BB 2008, 1798 (1799); *Kieninger* in: Ferrari/Kieninger/Mankowski u. a., Internationales Vertragsrecht, VO (EG) 593/2008, Art. 1, Rn. 5; *Martiny* in: Münchener Kommentar, VO (EG) 593/2008, Art. 1, Rn. 7.

2042 Vgl. etwa *EuGH*, Urt. v. 22.03.1983 - C-34/82, Slg. 1983, I-00987, Rn. 9 ff. – Peters / Zuid Nederlandse Aannemers Vereniging; *EuGH*, Urt. v. 08.03.1988 - C-9/87, Slg. 1988, I-01539, Rn. 10 ff. – Arcado / Haviland; *EuGH*, Urt. v. 17.06.1992 - C-26/91, Slg. 1992, I-03967, Rn. 15 – Handte / TMCS; *EuGH*, Urt. v. 27.10.1998 - C-51/97, Slg. 1998, I-06511, Rn. 17 – Réunion européenne u.a.; *EuGH*, Urt. v. 17.09.2002 - C-334/00, Slg. 2002, I-07357, Rn. 23 – Tacconi; *EuGH*, Urt. v. 05.02.2004 - C-265/02, Slg. 2004, I-01543, Rn. 24 – Frahuil; *EuGH*, Urt. v. 20.01.2005 - C-27/02, Slg. 2005, I-00481, Rn. 50 f. – Engler. So bspw. auch *Clausnitzer/Woopen*, Internationale Vertragsgestaltung – Die neue EG-Verordnung für grenzüberschreitende Verträge (Rom I-VO), BB 2008, 1798 (1799); *Kieninger* in: Ferrari/Kieninger/Mankowski u. a., Internationales Vertragsrecht, VO (EG) 593/2008, Art. 1, Rn. 5; *Martiny* in: Münchener Kommentar, VO (EG) 593/2008, Art. 1, Rn. 7.

2043 So auch *Kieninger* in: Ferrari/Kieninger/Mankowski u. a., Internationales Vertragsrecht, VO (EG) 593/2008, Art. 1, Rn. 5; *Martiny* in: Münchener Kommentar, VO (EG) 593/2008, Art. 1, Rn. 7.

2044 Vgl. nur *EuGH*, Urt. v. 08.03.1988 - C-9/87, Slg. 1988, I-01539, Rn. 13 – Arcado / Haviland. So auch *Martiny* in: Münchener Kommentar, VO (EG) 593/2008, Art. 1, Rn. 7.

2045 So allg. etwa auch *Kieninger* in: Ferrari/Kieninger/Mankowski u. a., Internationales Vertragsrecht, VO (EG) 593/2008, Art. 1, Rn. 6; *Martiny* in: Münchener Kommentar, VO (EG) 593/2008, Art. 1, Rn. 7.

II. Zuordnung zum Gebiet der Zivil- und Handelssachen

Des Weiteren ist es gemäß Art. 1 Abs. 1 Unterabs. 1 Rom I positiv erforderlich, dass dieses vertragliche Schuldverhältnis dem Gebiet der Zivil- und Handelssachen zuzuordnen ist,[2046] wobei es hierfür allein auf den Streitgegenstand ankommt.[2047] Auch diese Zuordnung erfolgt nicht anhand eines nationalen Rechtsverständnisses, sondern anhand einer gemeinschaftsrechtlich autonomen Auslegung und Qualifizierung.[2048]

Da auch für dieses Tatbestandselement keine positive Umschreibung des Begriffs einer Zivil- und Handelssache vorhanden ist,[2049] erfolgt stattdessen nur eine inhaltliche Abgrenzung zum öffentlichen Recht (vgl. Unterabsatz 2).[2050] Dabei kommt es nach Ansicht des EuGH nicht auf die Frage an, ob eine Behörde oder eine andere öffentliche Stelle an dem vertraglichen Schuldverhältnis beteiligt ist.[2051] Entscheidend ist für den Gerichtshof vielmehr, ob das Schuldverhältnis im Zusammenhang mit der Ausübung hoheitlicher Befugnisse entstanden ist.[2052] So übt eine Behörde oder andere öffentliche Stelle dann hoheitliche Befugnisse aus, wenn sie bei der betreffenden Tätigkeit solche Rechte oder Befugnisse in Anspruch nimmt, die ein Privater nicht ausüben könnte.[2053] Ein solcher Zusammenhang mit der Ausübung hoheitlicher Befugnisse ist bei der Entstehung der hier untersuchten Schuldverhältnisse eindeutig auszuschließen; und auch eine Zuordnung zu dem Gebiet der Zivilsachen ist zwanglos möglich.

2046 So bspw. auch *Kieninger* in: Ferrari/Kieninger/Mankowski u. a., Internationales Vertragsrecht, VO (EG) 593/2008, Art. 1, Rn. 3; *Thorn* in: Palandt, 69. Aufl., Rom I, Art. 1, Rn. 4.

2047 Vgl. *Thorn* in: Palandt, 69. Aufl., Rom I, Art. 1, Rn. 4.

2048 So auch *Martiny* in: Münchener Kommentar, VO (EG) 593/2008, Art. 1, Rn. 6.

2049 Ebd.

2050 Vgl. etwa *Kieninger* in: Ferrari/Kieninger/Mankowski u. a., Internationales Vertragsrecht, VO (EG) 593/2008, Art. 1, Rn. 3; *Martiny* in: Münchener Kommentar, VO (EG) 593/2008, Art. 1, Rn. 6.

2051 Vgl. nur *EuGH*, Urt. v. 14.10.1976 - C-29/76, Slg. 1976, I-01541, Rn. 4 – LTU / Eurocontrol; *EuGH*, Urt. v. 14.11.2002 - C-271/00, Slg. 2002, I-10489, Rn. 30 – Baten. So auch *Kieninger* in: Ferrari/Kieninger/Mankowski u. a., Internationales Vertragsrecht, VO (EG) 593/2008, Art. 1, Rn. 3; *Magnus*, Die Rom I-Verordnung, IPRax 2010, 27 (29).

2052 Vgl. etwa *EuGH*, Urt. v. 14.10.1976 - C-29/76, Slg. 1976, I-01541, Rn. 4 f. – LTU / Eurocontrol; *EuGH*, Urt. v. 16.12.1980 - C-814/79, Slg. 1980, I-03807, Rn. 8, 12 – Niederlande / Rüffer; *EuGH*, Urt. v. 21.04.1993 - C-172/91, Slg. 1993, I-01963, Rn. 20 – Sonntag / Waidmann; *EuGH*, Urt. v. 14.11.2002 - C-271/00, Slg. 2002, I-10489, Rn. 30 – Baten. So auch *Kieninger* in: Ferrari/Kieninger/Mankowski u. a., Internationales Vertragsrecht, VO (EG) 593/2008, Art. 1, Rn. 3; *Martiny* in: Münchener Kommentar, VO (EG) 593/2008, Art. 1, Rn. 6.

2053 Vgl. etwa *EuGH*, Urt. v. 21.04.1993 - C-172/91, Slg. 1993, I-01963, Rn. 20, 22 – Sonntag / Waidmann. So auch *Kieninger* in: Ferrari/Kieninger/Mankowski u. a., Internationales Vertragsrecht, VO (EG) 593/2008, Art. 1, Rn. 3; *Magnus*, Die Rom I-Verordnung, IPRax 2010, 27 (29); *Martiny* in: Münchener Kommentar, VO (EG) 593/2008, Art. 1, Rn. 6.

III. Verbindung zum Recht verschiedener Staaten

Schließlich wird durch die Verwendung der Formulierung „Verbindung zum Recht verschiedener Staaten“ in Art. 1 Abs. 1 Unterabs. 1 Rom I positiv noch verlangt, dass das den Zivil- und Handelssachen zuzuordnende vertragliche Schuldverhältnis einen entsprechenden Auslandsbezug aufweist. Doch bedarf es für das Vorliegen dieses Tatbestandselementes keiner besonderen Umstände;[2054] um eine solche „Verbindung" bejahen zu können, ist es bereits ausreichend, dass es überhaupt fraglich erscheint, welche Rechtsordnung zur Anwendung gelangen soll.[2055]

Darüber hinaus kommt dem Erfordernis eines internationalen Bezuges bei der Prüfung des Anwendungsbereichs der Verordnung (EG) Nr. 593/2008 in der Praxis jedoch keine eigene Bedeutung zu.[2056] Zwar ist bei einem reinen Inlandsfall, wenn der Sachverhalt also nur mit einer einzigen Rechtsordnung verbunden ist, die Verordnung nicht anwendbar;[2057] in diesen Fällen werden kollisionsrechtliche Fragen aber auch gar nicht erst aufgeworfen.[2058] Berufen die Parteien trotz fehlender Auslandsberührung aber dennoch eine ausländische Rechtsordnung zur Anwendung, so greift die Regelung des Art. 3 Abs. 3 Rom I (siehe hierzu die ausführlichen Darstellungen zur Rechtswahl bei fehlendem Auslandsbezug[2059]).[2060] Dem Anbieter einer Abonnement- bzw. Vertragsfalle stehen dabei die unterschiedlichsten Möglichkeiten zur Verfügung, das Vorliegen eines entsprechenden Auslandsbezuges und damit einhergehend eine Verbindung zum Recht verschiedener Staaten herbeizuführen. Denn die Vermittlung des erforderlichen Auslandsbezuges kann unter anderem durch räumliche Merkmale (wie beispielsweise den gewöhnlichen Aufenthalt, die Niederlassung der Parteien oder auch den Ort des Vertragsabschlusses), durch persönliche Eigenschaften (wie etwa die Staatsangehörigkeit), aber auch durch den Gegenstand des Geschäfts (zum Beispiel bei grenzüberschreitenden Leistungen) erfolgen.[2061] Und selbst die Wahl einer

---

2054 So auch *Martiny* in: Münchener Kommentar, VO (EG) 593/2008, Art. 1, Rn. 15, Art. 3, Rn. 21.

2055 So auch *Martiny* in: Münchener Kommentar, VO (EG) 593/2008, Art. 1, Rn. 15.

2056 Vgl. *Martiny* in: Münchener Kommentar, VO (EG) 593/2008, Art. 3, Rn. 21; *Thorn* in: Palandt, 69. Aufl., Rom I, Art. 1, Rn. 5.

2057 So auch *Martiny* in: Münchener Kommentar, VO (EG) 593/2008, Art. 1, Rn. 15.

2058 So auch *Thorn* in: Palandt, 69. Aufl., Rom I, Art. 1, Rn. 5.

2059 Siehe 5. Teil, C, II, 2, a.

2060 So bspw. auch *Martiny* in: Münchener Kommentar, VO (EG) 593/2008, Art. 1, Rn. 15, Art. 3, Rn. 92 ff.; *Thorn* in: Palandt, 69. Aufl., Rom I, Art. 1, Rn. 5, Art. 3, Rn. 5.

2061 Vgl. *Martiny* in: Münchener Kommentar, VO (EG) 593/2008, Art. 3, Rn. 21.

ausländischen Rechtsordnung reicht grundsätzlich aus, um eine solche „Verbindung" bejahen zu können.[2062] Auch die Voraussetzung eines entsprechenden Auslandsbezuges läge daher unproblematisch vor.

Auf welche der genannten Möglichkeiten der Anbieter dabei konkret zurückgreifen wird bzw. muss, soll im folgenden Kapitel näher untersucht werden. Grundsätzlich ist jedoch davon auszugehen, dass er diejenige Möglichkeit wählen wird, die zum einen mit dem geringsten Aufwand für ihn verbunden ist, zum anderen aber auch gewährleistet, dass er entsprechend seinem Ziel Einfluss darauf nehmen kann, welche Rechtsordnung auf die vorliegend untersuchten Vertragsabschlüsse Anwendung findet.

IV. Zwischenergebnis zum Anwendungsbereich der Verordnung (EG) Nr. 593/2008

Da die ersten beiden Voraussetzungen erfüllt sind und der Anbieter das Vorliegen eines entsprechenden Auslandsbezuges herbeiführen kann, ist es ihm möglich, sämtliche für die Anwendbarkeit erforderlichen positiven Voraussetzungen gemäß Art. 1 Abs. 1 Unterabs. 1 Rom I zu schaffen. Und da die hier im Zusammenhang mit Abonnement- bzw. Vertragsfallen im Internet untersuchten Vertragsabschlüsse auch nicht zu den gemäß Art. 1 Abs. 1 Unterabs. 2 bzw. Abs. 2 und 3 Rom I ausdrücklich ausgeschlossenen Rechtsgebieten zählen, ist der Anwendungsbereich der Verordnung (EG) Nr. 593/2008 somit eröffnet.

C. Ermittlung des Vertragsstatuts (Anknüpfungsgrundsätze)

Nach der Feststellung, dass die Vorschriften der Verordnung (EG) Nr. 593/2008 anwendbar sind, konzentriert sich die Untersuchung in diesem Kapitel auf die Frage, wie das auf einen Vertrag anzuwendende Recht ermittelt wird bzw. welche Sachverhaltselemente hierfür relevant sind und ob (und gegebenenfalls wie) der Anbieter hierauf Einfluss nehmen kann.

[2062] Vgl. *Martiny* in: Münchener Kommentar, VO (EG) 593/2008, Art. 3, Rn. 20 m. w. N.; *Meyer-Sparenberg*, Rechtswahlvereinbarungen in Allgemeinen Geschäftsbedingungen, RIW 1989, 347 (347). A. A. *Kindler*, Zur Anknüpfung von Handelsvertreter- und Vertragshändlerverträgen im neuen bundesdeutschen IPR, RIW 1987, 660 (661).

Die Begutachtung der aufgeworfenen Fragestellung soll in der Weise erfolgen, in der auch das auf den jeweiligen Vertrag anzuwendende Recht, das sogenannte Vertragsstatut, zu ermitteln ist:[2063] Im ersten Schritt ist zunächst zu prüfen, ob einheitliche internationale Konventionen einschlägig sind bzw. ob vorrangiges materielles Gemeinschaftsrecht zu beachten ist (siehe Abschnitt I).[2064] Ist dieser Punkt zu verneinen, so ist im nächsten Schritt zu untersuchen, ob die Parteien eine wirksame Rechtswahl getroffen haben, da der Vertrag dann grundsätzlich dem von ihnen zur Anwendung berufenen Recht unterliegt (siehe Abschnitt II).[2065] Ist auch das Vorliegen einer gültigen Rechtswahl zu verneinen, so ist in einem dritten Schritt auf objektive Kriterien zurückzugreifen, anhand derer sich das auf den Vertrag anzuwendende Recht bestimmt (siehe Abschnitt III).[2066]

I. Staatsverträge, internationales Einheitsrecht und Gemeinschaftsrecht

Im Zusammenhang mit internationalen Verträgen gelten zum Teil international einheitliche Rechtsgrundlagen, die mit Hilfe von Staatsverträgen geschafften wurden und bestimmte, wirtschaftlich sowie rechtlich bedeutsame Sachbereiche materiell regeln (sogenanntes materielles internationales Einheitsrecht).[2067] Dies betrifft neben den internationalen Transportgeschäften auch den Bereich der internationalen Kaufverträge.[2068] Auch die Europäische Union vereinheitlicht für das Gemeinschaftsgebiet immer stärker das materielle Vertragsrecht, was sich bislang vor allem im Bereich der Verbraucherverträge zeigt.[2069] Soweit sich die Regelungsbereiche des materiellen internationalen Einheitsrechts erstrecken, genießen sie Vorrang vor dem Internationalen Privatrecht (vgl. auch Art. 3 Nr. 2 EGBGB).[2070]

Da speziell für den Abschluss von Verträgen über das Internet kein materielles internationales Einheitsrecht besteht,[2071] könnte für die vorliegend untersuchten Vertragsab-

---

2063 So allg. auch *Koch/Magnus/Winkler von Mohrenfels*, IPR, § 5, Rn. 8.

2064 So allg. auch *Koch/Magnus/Winkler von Mohrenfels*, IPR, § 5, Rn. 8; *Sieg*, Allgemeine Geschäftsbedingungen im grenzüberschreitenden Geschäftsverkehr, RIW 1997, 811 (812).

2065 So allg. auch *Koch/Magnus/Winkler von Mohrenfels*, IPR, § 5, Rn. 8; *Sieg*, Allgemeine Geschäftsbedingungen im grenzüberschreitenden Geschäftsverkehr, RIW 1997, 811 (815).

2066 So allg. auch *Koch/Magnus/Winkler von Mohrenfels*, IPR, § 5, Rn. 8.

2067 So auch *Koch/Magnus/Winkler von Mohrenfels*, IPR, § 5, Rn. 2, 67.

2068 Vgl. nur *Koch/Magnus/Winkler von Mohrenfels*, IPR, § 5, Rn. 67 m. w. N.

2069 So auch *Koch/Magnus/Winkler von Mohrenfels*, IPR, § 5, Rn. 2.

2070 Ebd.

2071 Vgl. nur *Dilger*, S. 194.

schlüsse im Zusammenhang mit Abonnement- bzw. Vertragsfallen das Übereinkommen der Vereinten Nationen über Verträge über den internationalen Warenkauf (United Nations Convention on Contracts for the International Sale of Goods) vom 11. April 1980[2072] (kurz: CISG oder auch (Wiener) UN-Kaufrecht bzw. UN-Kaufrechtsübereinkommen)[2073] zu beachten sein, welches für die Bundesrepublik Deutschland am 01.01.1991 in Kraft getreten[2074] ist. Da das UN-Kaufrechtsübereinkommen unter Art. 25 Abs. 1 Rom I fällt,[2075] wird dessen Anwendung von dieser Verordnung nicht berührt; sie tritt zurück.[2076]

Die Anwendbarkeit des UN-Kaufrechtsübereinkommens setzt in sachlicher Hinsicht gemäß Art. 1 Abs. 1 CISG allerdings voraus, dass es sich entweder um einen Kaufvertrag über Waren (vgl. Art. 1 Abs. 1 CISG)[2077] oder, was diesem gleichsteht, um einen Vertrag über die Lieferung herzustellender oder zu erzeugender Waren handelt, sofern nicht ein wesentlicher Teil der für die Herstellung oder Erzeugung notwendigen Stoffe vom Besteller selbst zur Verfügung gestellt wurde (vgl. Art. 3 Abs. 1 CISG), und bei denen der überwiegende Teil der Pflichten der Partei, welche die Ware liefert, nicht in der Ausführung von Arbeiten oder anderen Dienstleistungen besteht (vgl. Art. 3 Abs. 2 CISG).[2078] Zudem darf es sich grundsätzlich nicht um den Kauf von Waren für den persönlichen Gebrauch oder den Gebrauch in der Familie oder im Haushalt handeln, da das Übereinkommen – es sei denn, dass der Verkäufer vor oder bei Vertragsabschluss weder wusste noch wissen musste, dass die Ware für einen solchen Gebrauch gekauft wurde – hierauf keine Anwendung findet (vgl. Art. 2 lit. a CISG). Da es sich bei dem Nutzer um einen Verbraucher handelt, findet das UN-Kaufrechtsübereinkommen nach Art. 2 lit. a CISG keine Anwendung, es sei denn, dass der Verkäufer bzw. in den hier untersuchten Fällen der Anbieter der Abonnement- bzw. Vertragsfalle im Internet vor oder bei Abschluss des Vertrages weder wusste noch wissen musste, dass die Ware für einen solchen Gebrauch gekauft wurde. Diese Frage kann allerdings offen gelassen

---

2072 *BGBl.* II 1989/25, S. 588-616, berichtigt in *BGBl.* II 1990/48, S. 1699.

2073 Vgl. etwa *Dilger*, S. 194; *Koch/Magnus/Winkler von Mohrenfels*, IPR, § 5, Rn. 69.

2074 Vgl. etwa *Koch/Magnus/Winkler von Mohrenfels*, IPR, § 5, Rn. 69; *Thorn* in: Palandt, 69. Aufl., Rom I, Art. 4, Rn. 5.

2075 Vgl. etwa *Schulze* in: Ferrari/Kieninger/Mankowski u. a., Internationales Vertragsrecht, VO (EG) 593/2008, Art. 25, Rn. 4.

2076 So auch *Leible/M. Lehmann*, Die Verordnung über das auf vertragliche Schuldverhältnisse anzuwendende Recht („Rom I") RIW 2008, 528 (531); *Magnus*, Die Rom I-Verordnung, IPRax 2010, 27 (32).

2077 So bspw. auch *Dilger*, S. 194; *Koch/Magnus/Winkler von Mohrenfels*, IPR, § 5, Rn. 70.

2078 So bspw. auch *Koch/Magnus/Winkler von Mohrenfels*, IPR, § 5, Rn. 70.

werden. Denn wie bereits dargestellt,[2079] geht die Untersuchung davon aus, dass der Nutzer durch das Ausfüllen und Absenden des Bestell- bzw. Registrierungsformulars eine Willenserklärung abgibt, die auf den Abschluss (hier die Annahme) eines Vertrages gerichtet ist, der eine Dienstleistung zum Gegenstand hat, für die ein entsprechendes Entgelt erhoben wird. Daher liegen bereits die Anwendungsvoraussetzungen in sachlicher Hinsicht nicht vor, sodass das UN-Kaufrechtsübereinkommen auf die vorliegend untersuchten Vertragsabschlüsse im Zusammenhang mit Abonnement- bzw. Vertragsfallen im Internet keine Anwendung findet.

Somit sind hier keine einheitlichen internationalen Konventionen einschlägig bzw. es ist kein vorrangiges materielles Gemeinschaftsrecht zu beachten.

II. Rechtswahl durch die Parteien

Bei der Ermittlung des auf den Vertrag anzuwendenden Rechts stellt sich nunmehr die Frage, ob eine wirksame Rechtswahl durch die Parteien vorliegt. Denn es ist in erster Linie Sache der Parteien, das für ihren Schuldvertrag anzuwendende Recht, das Vertragsstatut, durch Rechtswahl selbst zu bestimmen.[2080] Allerdings gilt dies keineswegs uneingeschränkt,[2081] sodass sich die Untersuchung im Anschluss an die Darstellung des Grundsatzes der freien Rechtswahl (siehe Unterabschnitt 1) auch mit den diesbezüglichen Beschränkungen der Rechtswahl bzw. für die Wirkung der Rechtswahl auseinandersetzen wird (siehe Unterabschnitt 2). Neben den Anforderungen, die an die Wirksamkeit einer solchen Rechtswahl zu stellen sind, soll im Folgenden vor

---

2079 Siehe 4. Teil, B, II, 2, c.

2080 So bspw. auch *BGH*, Urt. v. 01.02.1952 - I ZR 123/50, NJW 1952, 540 (541) m. w. N.; *BGH*, Urt. v. 14.04.1953 - I ZR 152/52, BGHZ 9, 221 (222 f.) = NJW 1953, 1140 (1141); *BGH*, Urt. v. 30.03.1955 - IV ZR 210/54, BGHZ 17, 89 (92) = NJW 1955, 827 (827); *BGH*, Urt. v. 22.11.1955 - I ZR 218/53, BGHZ 19, 110 (111) = NJW 1956, 377 (377); *BGH*, Urt. v. 04.07.1969 - V ZR 69/66, BGHZ 52, 239 (241) = NJW 1969, 1760 (1760 f.) m. w. N.; *BGH*, Urt. v. 30.03.1976 - VI ZR 143/74, NJW 1976, 1581 (1582); *BGH*, Urt. v. 09.03.1979 - V ZR 85/77, BGHZ 73, 391 (393) = NJW 1979, 1773 (1773); *Ferrari* in: Ferrari/Kieninger/Mankowski u. a., Internationales Vertragsrecht, VO (EG) 593/2008, Art. 3, Rn. 1, 6; *Gamillscheg*, Rechtswahl, Schwerpunkt und mutmaßlicher Parteiwille im internationalen Vertragsrecht, AcP 157 (1958/59), 303 (303 ff.); *Junker*, Die freie Rechtswahl und ihre Grenzen – Zur veränderten Rolle der Parteiautonomie im Schuldvertragsrecht, IPRax 1993, 1 (1 ff.); *Koch/Magnus/Winkler von Mohrenfels*, IPR, § 5, Rn. 9; *Mankowski*, Die Rom I-Verordnung – Änderungen im europäischen IPR für Schuldverträge, IHR 2008, 133 (134); *Martiny* in: Münchener Kommentar, VO (EG) 593/2008, Art. 3, Rn. 2, 8; *Simitis*, Aufgaben und Grenzen der Parteiautonomie im internationalen Vertragsrecht, JuS 1966, 209 (209 ff.); *Thorn* in: Palandt, 69. Aufl., Rom I, Art. 3, Rn. 2, 4; *Wagner*, Der Grundsatz der Rechtswahl und das mangels Rechtswahl anwendbare Recht (Rom I-Verordnung), IPRax 2008, 377 (378).

2081 So auch *Martiny* in: Münchener Kommentar, VO (EG) 593/2008, Art. 3, Rn. 9.

allem untersucht werden, ob der Anbieter einer Abonnement- bzw. Vertragsfalle im Internet die Möglichkeit hat, entsprechend seinem Ziel auf eine solche Rechtswahl Einfluss zu nehmen. Sofern dies zu bejahen ist, stellt sich die Frage, ob (und gegebenenfalls inwieweit) der Anbieter hierdurch die vorliegend untersuchten Vertragsverhältnisse der deutschen Rechtsordnung und damit auch den für den Schutz des Verbrauchers maßgeblichen Regelungsbereichen des deutschen Rechts entziehen kann.

1. Grundsatz der freien Rechtswahl (Art. 3 Abs. 1 Rom I)

Art. 3 Rom I kodifiziert in seinem ersten Absatz den in fast allen Ländern anerkannten Grundsatz der Parteiautonomie, sodass es auch im Anwendungsbereich der Verordnung (EG) Nr. 593/2008 den Parteien grundsätzlich selbst überlassen bleibt, festzulegen, welchem Recht ein Vertrag unterstellt werden soll.[2082]

Die Rechtswahl ist vertraglicher Natur[2083] und setzt dementsprechend einen übereinstimmenden Willen der beteiligten Parteien voraus.[2084] Die mittels eines sogenannten Verweisungsvertrages[2085] vorgenommene Rechtswahl kann sowohl ausdrücklich (siehe a) als auch konkludent (siehe b) erfolgen[2086] und stellt im Regelfall eine kollisions-

---

2082 So bspw. auch *Diedrich*, Rechtswahlfreiheit und Vertragsstatut – eine Zwischenbilanz angesichts der Rom-I-Verordnung, RIW 2009, 379 (379 ff.); *Ferrari* in: Ferrari/Kieninger/Mankowski u. a., Internationales Vertragsrecht, VO (EG) 593/2008, Art. 3, Rn. 1; *Koch/Magnus/Winkler von Mohrenfels*, IPR, § 5, Rn. 9; *Mankowski*, Überlegungen zur sach- und interessengerechten Rechtswahl für Verträge des internationalen Wirtschaftsverkehrs, RIW 2003, 2 (2, 4); *Martiny* in: Münchener Kommentar, VO (EG) 593/2008, Art. 3, Rn. 1 f., 8; *Thorn* in: Palandt, 69. Aufl., Rom I, Art. 3, Rn. 2, 4.

2083 Vgl. etwa *Ferrari* in: Ferrari/Kieninger/Mankowski u. a., Internationales Vertragsrecht, VO (EG) 593/2008, Art. 3, Rn. 6; *Leible/M. Lehmann*, Die Verordnung über das auf vertragliche Schuldverhältnisse anzuwendende Recht („Rom I") RIW 2008, 528 (532); *Martiny* in: Münchener Kommentar, VO (EG) 593/2008, Art. 3, Rn. 14; *Sandrock*, Die Bedeutung des Gesetzes zur Neuregelung des Internationalen Privatrechts für die Unternehmenspraxis, RIW 1986, 841 (850); *Thorn* in: Palandt, 69. Aufl., Rom I, Art. 3, Rn. 2.

2084 So auch *Thorn* in: Palandt, 69. Aufl., Rom I, Art. 3, Rn. 4.

2085 Vgl. hierzu bspw. *Ferrari* in: Ferrari/Kieninger/Mankowski u. a., Internationales Vertragsrecht, VO (EG) 593/2008, Art. 3, Rn. 6; *Martiny* in: Münchener Kommentar, VO (EG) 593/2008, Art. 3, Rn. 14; *Sandrock*, Die Bedeutung des Gesetzes zur Neuregelung des Internationalen Privatrechts für die Unternehmenspraxis, RIW 1986, 841 (850); *Thorn* in: Palandt, 69. Aufl., Rom I, Art. 3, Rn. 2.

2086 Vgl. etwa *BGH*, Urt. v. 01.02.1952 - I ZR 123/50, NJW 1952, 540 (541) m. w. N.; *BGH*, Urt. v. 14.04.1953 - I ZR 152/52, BGHZ 9, 221 (222 f.) = NJW 1953, 1140 (1141); *BGH*, Urt. v. 30.03.1955 - IV ZR 210/54, BGHZ 17, 89 (92) = NJW 1955, 827 (827); *BGH*, Urt. v. 04.07.1969 - V ZR 69/66, BGHZ 52, 239 (241) = NJW 1969, 1760 (1760 f.) m. w. N.; *BGH*, Urt. v. 30.03.1976 - VI ZR 143/74, NJW 1976, 1581 (1582); *BGH*, Urt. v. 09.03.1979 - V ZR 85/77, BGHZ 73, 391 (393) = NJW 1979, 1773 (1773); *Ferrari* in: Ferrari/Kieninger/Mankowski u. a., Internationales Vertragsrecht, VO (EG) 593/2008, Art. 3, Rn. 4, 26; *Gamillscheg*, Rechtswahl, Schwerpunkt und mutmaßlicher Parteiwille im internationalen Vertragsrecht, AcP 157 (1958/59), 303 (303 ff.); *Koch/Magnus/Winkler von Mohrenfels*, IPR, § 5, Rn. 76; *E. Lorenz*, Die Auslegung schlüssiger und ausdrücklicher Rechtswahlerklärungen im

rechtliche Verweisung dar[2087]. Bei einer solchen kollisionsrechtlichen Verweisung gelangt das von den Parteien gewählte ausländische Recht als Ganzes, d. h. einschließlich seiner zwingenden Bestimmungen, zur Anwendung,[2088] was dazu führt, dass die dispositiven und einfach zwingenden privatrechtlichen Vorschriften derjenigen Rechtsordnung verdrängt werden, die bei einer fehlenden Rechtswahl kraft objektiver Ermittlung als das auf den Vertrag anwendbare Recht berufen wären und durch die Vorschriften der gewählten Rechtsordnung ersetzt werden.[2089]

Von der kollisionsrechtlichen ist die materiellrechtliche Verweisung – wie sie zum Beispiel im dritten Absatz dieses Artikels für Binnensachverhalte angeordnet ist (siehe Unterabschnitt 2, a) –[2090] zu unterscheiden, die lediglich dazu führt, dass die Normen der gewählten Rechtsordnung zu einem Bestandteil des Vertrages werden und damit zwar die dispositiven Vorschriften des aufgrund objektiver Anknüpfung bestimmten Rechts verdrängen, den zwingenden Vorschriften hingegen den Vorrang gewähren müssen;[2091] die fremde Rechtsordnung gelangt in diesem Fall nicht als Ganzes zur Anwendung.[2092] Die Frage, ob und inwieweit die Parteien ein internationales Vertragsverhältnis auch einem nichtstaatlichen Recht unterstellen können, ist zwar höchst umstritten; doch geht die herrschende Meinung[2093] davon aus, dass die Parteien durch die Rechtswahl unmit-

internationalen Schuldvertragsrecht, RIW 1992, 697 (700); *Martiny* in: Münchener Kommentar, VO (EG) 593/2008, Art. 3, Rn. 8, 14; *Sandrock*, Die Bedeutung des Gesetzes zur Neuregelung des Internationalen Privatrechts für die Unternehmenspraxis, RIW 1986, 841 (847, 850); *Thorn* in: Palandt, 69. Aufl., Rom I, Art. 3, Rn. 6; *Wagner*, Der Grundsatz der Rechtswahl und das mangels Rechtswahl anwendbare Recht (Rom I-Verordnung), IPRax 2008, 377 (378).

2087 Vgl. nur *Ferrari* in: Ferrari/Kieninger/Mankowski u. a., Internationales Vertragsrecht, VO (EG) 593/2008, Art. 3, Rn. 6; *Martiny* in: Münchener Kommentar, VO (EG) 593/2008, Art. 3, Rn. 14.

2088 Vgl. nur *Martiny* in: Münchener Kommentar, VO (EG) 593/2008, Art. 3, Rn. 14.

2089 Vgl. etwa *Ferrari* in: Ferrari/Kieninger/Mankowski u. a., Internationales Vertragsrecht, VO (EG) 593/2008, Art. 3, Rn. 6 m. w. N.; *Martiny* in: Münchener Kommentar, VO (EG) 593/2008, Art. 3, Rn. 14; *Thorn* in: Palandt, 69. Aufl., Rom I, Art. 3, Rn. 2.

2090 So bspw. auch *Leible/M. Lehmann*, Die Verordnung über das auf vertragliche Schuldverhältnisse anzuwendende Recht („Rom I") RIW 2008, 528 (534); *Mankowski*, Die Rom I-Verordnung – Änderungen im europäischen IPR für Schuldverträge, IHR 2008, 133 (134); *Thorn* in: Palandt, 69. Aufl., Rom I, Art. 3, Rn. 2.

2091 Vgl. etwa *Ferrari* in: Ferrari/Kieninger/Mankowski u. a., Internationales Vertragsrecht, VO (EG) 593/2008, Art. 3, Rn. 6; *Martiny* in: Münchener Kommentar, VO (EG) 593/2008, Art. 3, Rn. 15; *Thorn* in: Palandt, 69. Aufl., Rom I, Art. 3, Rn. 2.

2092 So auch *Martiny* in: Münchener Kommentar, VO (EG) 593/2008, Art. 3, Rn. 15.

2093 Vgl. etwa *Diedrich*, Rechtswahlfreiheit und Vertragsstatut – eine Zwischenbilanz angesichts der Rom-I-Verordnung, RIW 2009, 379 (384); *Ferrari* in: Ferrari/Kieninger/Mankowski u. a., Internationales Vertragsrecht, VO (EG) 593/2008, Art. 3, Rn. 14; *Leible*, Außenhandel und Rechtssicherheit, ZVglRWiss. 97 (1998), 286 (304); *Leible/M. Lehmann*, Die Verordnung über das auf vertragliche Schuldverhältnisse anzuwendende Recht („Rom I") RIW 2008, 528 (533); *Magnus*, Die Rom I-Verordnung, IPRax 2010, 27 (33); *Mankowski*, Überlegungen zur sach- und interessengerechten Rechtswahl für Verträge

telbar nur staatlich gesetztes bzw. anerkanntes Recht mit kollisionsrechtlicher Wirkung zur Anwendung berufen können.[2094] Die Wahl eines außerstaatlichen Rechts, wie beispielsweise der UNIDROIT Grundregeln der Internationalen Handelsverträge 2010 (UNIDROIT Principles of International Commercial Contracts 2010)[2095] oder der Grundregeln des Europäischen Vertragsrechts (Principles of European Contract Law)[2096], führe dagegen nur zu einer materiellrechtlichen Verweisung, was entsprechend auch für die Wahl eines völkerrechtlichen Abkommens gelte.[2097]

Weil grundsätzlich keine objektive Beziehung der gewählten Rechtsordnung zum Vertragsverhältnis notwendig ist,[2098] können die Parteien dasjenige Recht auswählen, das sie selbst als das zur Regelung ihrer Beziehungen geeignetste ansehen – darin liegt auch die Rechtfertigung der kollisionsrechtlichen Parteiautonomie.[2099] Deshalb besteht für sie zum Beispiel auch ohne Weiteres die Möglichkeit, ein neutrales staatliches Recht zu wählen, zu dem zwar weder ein räumlicher noch ein persönlicher bzw. sachlicher Bezug besteht, dessen Wahl aber durchaus viele Vorteile mit sich bringen kann (zum Beispiel wenn keine Einigung hinsichtlich der Wahl des „eigenen" Rechts einer Partei erzielt werden kann), dessen Inhalt (etwa aufgrund einer besonderen Entwicklung)

---

des internationalen Wirtschaftsverkehrs, RIW 2003, 2 (11 ff.); *Mankowski*, Die Rom I-Verordnung – Änderungen im europäischen IPR für Schuldverträge, IHR 2008, 133 (136); *Michaels*, Privatautonomie und Privatkodifikation, RabelsZ 62 (1998), 580 (597); *Thorn* in: Palandt, 69. Aufl., Rom I, Art. 3, Rn. 4. A. A. etwa *Kappus*, „Lex mercatoria" als Geschäftsstatut vor staatlichen Gerichten im deutschen internationalen Schuldrecht, IPRax 1993, 137 (137 ff.); *Wichard*, Die Anwendung der UNIDROIT-Prinzipien für internationale Handelsverträge durch Schiedsgerichte und staatliche Gerichte, RabelsZ 60 (1996), 269 (282 ff.).

2094 So bspw. auch *Martiny* in: Münchener Kommentar, VO (EG) 593/2008, Art. 3, Rn. 8.

2095 Abrufbar unter http://www.unidroit.org/english/principles/contracts/principles2010/translations/blackletter 2010-german.pdf (letzter Zugriff am 04.11.2012).

2096 Abrufbar unter http://frontpage.cbs.dk/law/commission_on_european_contract_law/PECL%20tysk/pecl_ part_1_ll_lll_German%20Version.doc (letzter Zugriff am 04.11.2012).

2097 Vgl. etwa *Diedrich*, Rechtswahlfreiheit und Vertragsstatut – eine Zwischenbilanz angesichts der Rom-I-Verordnung, RIW 2009, 379 (380 ff.); *Leible/M. Lehmann*, Die Verordnung über das auf vertragliche Schuldverhältnisse anzuwendende Recht („Rom I") RIW 2008, 528 (533); *Mankowski*, Überlegungen zur sach- und interessengerechten Rechtswahl für Verträge des internationalen Wirtschaftsverkehrs, RIW 2003, 2 (11 ff.); *Thorn* in: Palandt, 69. Aufl., Rom I, Art. 3, Rn. 4; *Wagner*, Der Grundsatz der Rechtswahl und das mangels Rechtswahl anwendbare Recht (Rom I-Verordnung), IPRax 2008, 377 (379 f.).

2098 Vgl. etwa *Ferrari* in: Ferrari/Kieninger/Mankowski u. a., Internationales Vertragsrecht, VO (EG) 593/2008, Art. 3, Rn. 14 m. w. N.; *Mankowski*, Überlegungen zur sach- und interessengerechten Rechtswahl für Verträge des internationalen Wirtschaftsverkehrs, RIW 2003, 2 (4) m. w. N.; *Martiny* in: Münchener Kommentar, VO (EG) 593/2008, Art. 3, Rn. 22 m. w. N.; *Taupitz*, Kaffeefahrten deutscher Urlauber auf Gran Canaria: Deutscher Verbraucherschutz im Urlaubsgepäck?, BB 1990, 642 (643); *Thorn* in: Palandt, 69. Aufl., Rom I, Art. 3, Rn. 4.

2099 Vgl. etwa *Diedrich*, Rechtswahlfreiheit und Vertragsstatut – eine Zwischenbilanz angesichts der Rom-I-Verordnung, RIW 2009, 379 (379); *Ferrari* in: Ferrari/Kieninger/Mankowski u. a., Internationales Vertragsrecht, VO (EG) 593/2008, Art. 3, Rn. 5 m. w. N.; *Junker*, Die freie Rechtswahl und ihre Grenzen – Zur veränderten Rolle der Parteiautonomie im Schuldvertragsrecht, IPRax 1993, 1 (1 ff.).

den Parteien besonders entgegenkommt oder auf das sie aus sonstigen Gründen (beispielsweise zum Zwecke der Prestigewahrung) zurückgreifen.[2100] Die Parteien haben sogar die Möglichkeit, bloß eine oder mehrere ihnen ungeeignet erscheinende Rechtsordnungen auszuschließen (sogenannte negative Rechtswahl).[2101] Eine Entnationalisierung des Vertrages durch die Abwahl aller nationalen Rechtsordnungen ist hingegen nicht möglich;[2102] dies gilt auch dann, wenn der Vertrag, wie in den vorliegend untersuchten Fällen, im Internet abgeschlossen wird, sodass der Vertrag beispielsweise nicht dem sogenannten „Cyberlaw" unterstellt werden kann.[2103] Und selbst wenn zum Zeitpunkt der Rechtswahl ein reines Inlandsgeschäft (ein sogenannter Binnensachverhalt) vorliegt, der Vertrag also mit nur einem Staat verbunden und damit eindeutig lokalisiert ist, haben die Parteien die Möglichkeit, diesen Vertrag – mit den sich aus Art. 3 Abs. 3 Rom I ergebenden Folgen (siehe hierzu Unterabschnitt 2, a) – einem von ihnen frei gewählten ausländischen Recht zu unterstellen.[2104]

Das von den Parteien in Aussicht genommene Recht gilt nicht nur für den Hauptvertrag selbst – wobei hier vor allem die im Hinblick auf den Abschluss und die materielle Wirksamkeit des Vertragsverhältnisses sowie die Einbeziehung von Allgemeinen Geschäftsbedingungen zusammenhängenden Fragestellungen von Interesse sind –[2105], sondern ist gemäß Art. 10 Abs. 1 Rom I, auf den Art. 3 Abs. 5 Rom I ausdrücklich verweist, grundsätzlich auch für das Zustandekommen und die materielle Wirksamkeit der getroffenen Rechtswahlvereinbarung maßgeblich (akzessorische Anknüpfung des Verweisungsvertrags).[2106] Hingegen beurteilt sich die Zulässigkeit der Rechtswahl an sich

---

2100 Vgl. etwa *Ferrari* in: Ferrari/Kieninger/Mankowski u. a., Internationales Vertragsrecht, VO (EG) 593/2008, Art. 3, Rn. 14; *Mankowski*, Überlegungen zur sach- und interessengerechten Rechtswahl für Verträge des internationalen Wirtschaftsverkehrs, RIW 2003, 2 (4 f.); *Martiny* in: Münchener Kommentar, VO (EG) 593/2008, Art. 3, Rn. 22; *Simitis*, Aufgaben und Grenzen der Parteiautonomie im internationalen Vertragsrecht, JuS 1966, 209 (212 f.); *Thorn* in: Palandt, 69. Aufl., Rom I, Art. 3, Rn. 4.

2101 Vgl. *Martiny* in: Münchener Kommentar, VO (EG) 593/2008, Art. 3, Rn. 19.

2102 Vgl. *Mankowski*, Entwicklungen im Internationalen Privat- und Prozessrecht 2004/2005 (Teil 1), RIW 2005, 481 (492); *Thorn* in: Palandt, 69. Aufl., Rom I, Art. 3, Rn. 4. A. A. *E. Lorenz*, Die Rechtswahlfreiheit im internationalen Schuldvertragsrecht, RIW 1987, 569 (573 f.).

2103 Vgl. *Thorn* in: Palandt, 69. Aufl., Rom I, Art. 3, Rn. 4.

2104 Vgl. etwa *Ferrari* in: Ferrari/Kieninger/Mankowski u. a., Internationales Vertragsrecht, VO (EG) 593/2008, Art. 3, Rn. 1, 49; *Koch/Magnus/Winkler von Mohrenfels*, IPR, § 5, Rn. 14; *Martiny* in: Münchener Kommentar, VO (EG) 593/2008, Art. 3, Rn. 87; *Thorn* in: Palandt, 69. Aufl., Rom I, Art. 3, Rn. 4.

2105 So allg. auch *Koch/Magnus/Winkler von Mohrenfels*, IPR, § 5, Rn. 40; *Staudinger* in: Ferrari/Kieninger/Mankowski u. a., Internationales Vertragsrecht, VO (EG) 593/2008, Art. 6, Rn. 77 f.

2106 So bspw. auch *BGH*, Urt. v. 10.05.1984 - III ZR 206/82, NJW 1984, 2763 (2764); *BGH*, Urt. v. 15.12.1986 - II ZR 34/86, BGHZ 99, 207 (208 f.) = NJW 1987, 1145 (1145); *BGH*, Urt. v. 24.11.1988

nach der lex fori,[2107] was insbesondere auch für die Verwendung von Rechtswahlklauseln im Rahmen von Allgemeinen Geschäftsbedingungen gilt.[2108]

a) Ausdrückliche Rechtswahl

Die Parteien können das auf ihr Vertragsverhältnis anwendbare Recht zunächst durch ausdrückliche Rechtswahl bestimmen (vgl. Art. 3 Abs. 1 S. 2 Rom I), was die eindeutigste Form einer vertraglichen Rechtswahl darstellt.[2109] Eine ausdrückliche Rechtswahl liegt immer dann vor, wenn die Parteien expressis verbis – etwa mit der unmissverständlichen Formulierung „Für diesen Vertrag gilt deutsches Recht" – festlegen, welche Rechtsordnung sie als Vertragsstatut wählen.[2110] Ausdrücklich bedeutet dabei keineswegs, dass die Rechtswahl auf einer Individualabrede beruht;[2111] die Bestimmung des anwendbaren Rechts kann ebenso in Formularen oder mittels einer Rechtswahlklausel in den Allgemeinen Geschäftsbedingungen getroffen werden[2112] und gilt selbst

---

- III ZR 150/87, NJW 1989, 1431 (1432); *BGH*, Urt. v. 26.10.1993 - XI ZR 42/93, BGHZ 123, 380 (383) = NJW 1994, 262 (262); *BGH*, Urt. v. 19.03.1997 - VIII ZR 316/96, BGHZ 135, 124 (130) = NJW 1997, 1697 (1698); *OLG Düsseldorf*, Urt. v. 14.01.1994 - 17 U 129/93, NJW-RR 1994, 1132 (1132); *Ferrari* in: Ferrari/Kieninger/Mankowski u. a., Internationales Vertragsrecht, VO (EG) 593/2008, Art. 3, Rn. 8 m. w. N.; *Koch/Magnus/Winkler von Mohrenfels*, IPR, § 5, Rn. 94; *Leible/M. Lehmann*, Die Verordnung über das auf vertragliche Schuldverhältnisse anzuwendende Recht („Rom I") RIW 2008, 528 (532); *Mankowski*, Die Rom I-Verordnung – Änderungen im europäischen IPR für Schuldverträge, IHR 2008, 133 (134); *Martiny* in: Münchener Kommentar, VO (EG) 593/2008, Art. 3, Rn. 1, 5, 104, 108; *Thorn* in: Palandt, 69. Aufl., Rom I, Art. 3, Rn. 2, 9.

2107 Vgl. *Martiny* in: Münchener Kommentar, VO (EG) 593/2008, Art. 3, Rn. 8, 104.

2108 Vgl. etwa *BGH*, Urt. v. 26.10.1993 - XI ZR 42/93, BGHZ 123, 380 (383) = NJW 1994, 262 (262 f.); *BGH*, Urt. v. 19.03.1997 - VIII ZR 316/96, BGHZ 135, 124 (130) = NJW 1997, 1697 (1698); *BGH*, Urt. v. 25.01.2005 - XI ZR 78/04, NJW-RR 2005, 1071 (1072); *Thorn* in: Palandt, 69. Aufl., Rom I, Art. 3, Rn. 9.

2109 Vgl. *Ferrari* in: Ferrari/Kieninger/Mankowski u. a., Internationales Vertragsrecht, VO (EG) 593/2008, Art. 3, Rn. 23; *Koch/Magnus/Winkler von Mohrenfels*, IPR, § 5, Rn. 10; *Mankowski*, Das Internet im Internationalen Vertrags- und Deliktsrecht, RabelsZ 63 (1999), 203 (210); *Martiny* in: Münchener Kommentar, VO (EG) 593/2008, Art. 3, Rn. 42; *Thorn* in: Palandt, 69. Aufl., Rom I, Art. 3, Rn. 6.

2110 So auch *Ferrari* in: Ferrari/Kieninger/Mankowski u. a., Internationales Vertragsrecht, VO (EG) 593/2008, Art. 3, Rn. 23; *Koch/Magnus/Winkler von Mohrenfels*, IPR, § 5, Rn. 10; *Martiny* in: Münchener Kommentar, VO (EG) 593/2008, Art. 3, Rn. 42 f.

2111 Vgl. *Ferrari* in: Ferrari/Kieninger/Mankowski u. a., Internationales Vertragsrecht, VO (EG) 593/2008, Art. 3, Rn. 24; *Martiny* in: Münchener Kommentar, VO (EG) 593/2008, Art. 3, Rn. 42.

2112 So bspw. auch *BGH*, Urt. v. 26.10.1993 - XI ZR 42/93, BGHZ 123, 380 (383) = NJW 1994, 262 (262 f.); *BGH*, Urt. v. 19.03.1997 - VIII ZR 316/96, BGHZ 135, 124 (130) = NJW 1997, 1697 (1698); *BGH*, Urt. v. 25.01.2005 - XI ZR 78/04, NJW-RR 2005, 1071 (1072); *BGH*, Urt. v. 13.12.2005 - XI ZR 82/05, BGHZ 165, 248 (252) = NJW 2006, 762 (762); *Ferrari* in: Ferrari/Kieninger/Mankowski u. a., Internationales Vertragsrecht, VO (EG) 593/2008, Art. 3, Rn. 24 m. w. N.; *Martiny* in: Münchener Kommentar, VO (EG) 593/2008, Art. 3, Rn. 42; *Meyer-Sparenberg*, Rechtswahlvereinbarungen in Allgemeinen Geschäftsbedingungen, RIW 1989, 347 (347 ff.); *Sieg*, Allgemeine Geschäftsbedingungen

in den Fällen, in denen – wie bei den hier untersuchten Vertragsabschlüssen – das Einverständnis der anderen Vertragspartei mit der Geltung der Allgemeinen Geschäftsbedingungen konkludent erklärt wurde (siehe hierzu die Ausführungen zum Einverständnis des Kunden im Rahmen der Voraussetzungen des § 305 Abs. 2 BGB[2113]).[2114]

Gerade die letztgenannte Möglichkeit, nämlich das auf den Vertrag anwendbare Recht durch die (schlichte) Aufnahme einer Rechtswahlklausel in die Allgemeinen Geschäftsbedingungen zu bestimmen, kommt dem Anbieter einer Abonnement- bzw. Vertragsfalle im Internet entgegen. Denn wie bereits ausgeführt, haben die Anbieter auf ihren Internetseiten in der Regel – und das nicht zuletzt durch die mögliche Integration all derjenigen Informationen und Mitteilungen, die sich aus den entsprechenden fernabsatzrechtlichen Pflichten ergeben –[2115] sehr umfangreiche Vertragstextbestandteile, die meist auch ausdrücklich als Allgemeine Geschäftsbedingungen bezeichnet werden.[2116] Gerade dieser Umfang (allein der vollständige Informationskatalog aus Art. 246 § 1 Abs. 1 und § 2 Abs. 1 S. 1 Nr. 2 EGBGB umfasst zwei eng bedruckte DIN-A4-Seiten[2117]) erleichtert es den Anbietern, einzelne Klauseln, wie hier die entsprechende Regelung zur Festlegung des Vertragsstatuts, in den umfangreichen Texten zu „verstecken".[2118] Und obwohl der Nutzer (wie im 3. Teil dieser Arbeit bereits ausführlich dargestellt wurde) stets die Möglichkeit hat, vom Inhalt des Klauselwerks bzw. vom Inhalt einzelner Klauseln, und damit auch vom Inhalt der Rechtswahlklausel, Kenntnis zu nehmen, ist durch die Integration der Rechtwahl in das AGB-Werk die Wahrscheinlichkeit, dass dieser tatsächlich auf die für eine ausdrückliche Rechtswahl notwendigerweise unmissverständlich formulierte Vertragsbedingung aufmerksam wird, gering. Diese Wahrscheinlichkeit könnte aber im Wege einer stillschweigenden Rechtswahl und dem damit verbundenen Wegfall der entsprechenden Regelung zur Festlegung des Vertragsstatuts womöglich noch weiter oder sogar völlig auf null reduziert werden.

---

im grenzüberschreitenden Geschäftsverkehr, RIW 1997, 811 (815); *Thorn* in: Palandt, 69. Aufl., Rom I, Art. 3, Rn. 6.

2113 Siehe 3. Teil, C, I, 4.

2114 Vgl. allg. *BGH*, Urt. v. 26.09.1989 - XI ZR 178/88, BGHZ 108, 353 (362) = NJW 1990, 242 (244); *Ferrari* in: Ferrari/Kieninger/Mankowski u. a., Internationales Vertragsrecht, VO (EG) 593/2008, Art. 3, Rn. 24.

2115 Siehe 4. Teil, C, I, 3, d.

2116 Siehe 3. Teil, B, II, 1, a.

2117 Vgl. *Schlosser* in: Staudinger, BGB, § 305, Rn. 139; *Thüsing* in: Staudinger, BGB, § 312 c, Rn. 23.

2118 Siehe 3. Teil, B, II, 1, a.

b) Konkludente Rechtswahl

Der Wortlaut des Art. 3 Abs. 1 S. 2 Rom I bringt klar zum Ausdruck, dass die Parteien ihre Rechtswahl keinesfalls ausdrücklich treffen müssen, sondern vielmehr auch eine stillschweigende Rechtswahl wirksam ist.[2119] Gleichzeitig legt die Vorschrift die Anforderungen an die Zulässigkeit einer solchen konkludenten Rechtswahl fest.[2120] So verlangt Art. 3 Abs. 1 S. 2 Rom I, dass sich diese eindeutig aus den Bestimmungen des Vertrages oder aus den Umständen des Falles ergeben muss.

Bei der Beantwortung der Frage, ob ein dementsprechendes schlüssiges Verhalten vorliegt, kommt es auf die Berücksichtigung aller Umstände des Einzelfalles, insbesondere des Parteiverhaltens, an.[2121] Dass die Parteien, und in den hier untersuchten Fällen insbesondere der Nutzer, sich darüber bewusst sind, dass darin eine konkludente Rechtswahl liegt, ist hingegen nicht notwendig.[2122] Entscheidendes Merkmal für das Vorliegen einer konkludenten Rechtswahl ist jedoch stets, dass sich ein tatsächlicher (realer) Wille der Parteien – und das grundsätzlich zu dem Zeitpunkt, zu dem sie sich über die Frage der Rechtswahl geeinigt haben[2123] – ermitteln lässt.[2124] Ist die Feststellung dieses realen Parteiwillens nicht möglich, scheidet eine stillschweigende Rechtswahl aus, und es kommt dann nur eine objektive Anknüpfung in Frage.[2125]

2119 So bspw. auch *Ferrari* in: Ferrari/Kieninger/Mankowski u. a., Internationales Vertragsrecht, VO (EG) 593/2008, Art. 3, Rn. 25; *Koch/Magnus/Winkler von Mohrenfels*, IPR, § 5, Rn. 10; *Martiny* in: Münchener Kommentar, VO (EG) 593/2008, Art. 3, Rn. 45; *Thorn* in: Palandt, 69. Aufl., Rom I, Art. 3, Rn. 6.

2120 So auch *Martiny* in: Münchener Kommentar, VO (EG) 593/2008, Art. 3, Rn. 45.

2121 Vgl. etwa *BGH*, Urt. v. 04.07.1969 - V ZR 69/66, BGHZ 52, 239 (241) = NJW 1969, 1760 (1761); *BGH*, Urt. v. 06.02.1970 - V ZR 158/66, BGHZ 53, 189 (193) = NJW 1970, 999 (1001); *BGH*, Urt. v. 09.03.1979 - V ZR 85/77, BGHZ 73, 391 (393 f.) = NJW 1979, 1773 (1773); *BGH*, Urt. v. 19.01.2000 - VIII ZR 275/98, NJW-RR 2000, 1002 (1004); *BGH*, Urt. v. 07.12.2000 - VII ZR 404/99, NJW 2001, 1936 (1937); *BGH*, Urt. v. 26.07.2004 - VIII ZR 273/03, NJW-RR 2005, 206 (208); *OLG Köln*, Urt. v. 26.08.1994 - 19 U 282/93, NJW-RR 1995, 245 (246); *Ferrari* in: Ferrari/Kieninger/Mankowski u. a., Internationales Vertragsrecht, VO (EG) 593/2008, Art. 3, Rn. 26, 28; *Koch/Magnus/Winkler von Mohrenfels*, IPR, § 5, Rn. 10; *Martiny* in: Münchener Kommentar, VO (EG) 593/2008, Art. 3, Rn. 45 f.; *Thorn* in: Palandt, 69. Aufl., Rom I, Art. 3, Rn. 6.

2122 Vgl. *Martiny* in: Münchener Kommentar, VO (EG) 593/2008, Art. 3, Rn. 46 m. w. N.

2123 Vgl. *Martiny* in: Münchener Kommentar, VO (EG) 593/2008, Art. 3, Rn. 45 m. w. N.

2124 Vgl. *Martiny* in: Münchener Kommentar, VO (EG) 593/2008, Art. 3, Rn. 46; *Steinle*, Konkludente Rechtswahl und objektive Anknüpfung nach altem und neuem deutschen Internationalen Vertragsrecht, ZVglRWiss. 93 (1994), 300 (309).

2125 Vgl. etwa *KG*, Beschl. v. 16.08.1956 - 1 W Umst. 1029/56, NJW 1957, 347 (347); *Gamillscheg*, Rechtswahl, Schwerpunkt und mutmaßlicher Parteiwille im internationalen Vertragsrecht, AcP 157 (1958/59), 303 (324); *Martiny* in: Münchener Kommentar, VO (EG) 593/2008, Art. 3, Rn. 46.

Auch wenn die Verordnung (EG) Nr. 593/2008 selbst keine einzelnen Faktoren nennt oder einen abschließenden Katalog von Indizien bereithält, so werden doch einige als typische Hinweise angesehen, wobei stets die Anzahl, das Gewicht sowie die Aussagekraft der jeweiligen Indizien berücksichtigt werden müssen.[2126] Zu den Umständen, denen regelmäßig eine größere Bedeutung für das Vorliegen einer konkludenten Rechtswahl beigemessen wird, zählt die Bestimmung eines einheitlichen ausschließlichen Gerichtsstandes oder Schiedsgerichtes.[2127] Denn allein in einer solchen Vereinbarung kann in der Regel bereits eine Vereinbarung im Hinblick auf die Wahl des am jeweiligen Sitz des vereinbarten Gerichts geltenden Rechts zu sehen sein.[2128] Gleiches gilt für den Fall, dass die Parteien vereinbaren, die Auslegung des Vertrages solle anhand einer bestimmten Rechtsordnung erfolgen; denn auch hier ist wieder von einer konkludent getroffenen Wahl dieser Rechtsordnung auszugehen.[2129] Und auch die Verwendung von juristisch-technischen Klauseln deutet auf die Wahl desjenigen Rechts hin, auf das die Klauseln zugeschnitten sind.[2130] Dies gilt vor allem dann, wenn bestimmte Rechtsbegriffe oder für eine Rechtsordnung typische Klauseln Verwendung finden,[2131] wie etwa bei der Bezugnahme auf Standards wie die deutschen DIN-Normen.[2132] Ein

---

2126 Vgl. *Martiny* in: Münchener Kommentar, VO (EG) 593/2008, Art. 3, Rn. 45 f.

2127 Vgl. etwa *Erwägungsgrund 12* der Verordnung (EG) Nr. 593/2008; *BGH*, Urt. v. 01.07.1964 - VIII ZR 266/62, WM 1964, 1023 (1024); *BGH*, Urt. v. 26.10.1989 - VII ZR 153/88, NJW-RR 1990, 183 (183 f.); *BGH*, Urt. v. 13.06.1996 - IX ZR 172/95, NJW 1996, 2569 (2569); *BGH*, Urt. v. 26.07.2004 - VIII ZR 273/03, NJW-RR 2005, 206 (208); *OLG Hamm*, Urt. v. 25.01.1993 - 8 U 250/91, NJW-RR 1993, 1445 (1446); *Ferrari* in: Ferrari/Kieninger/Mankowski u. a., Internationales Vertragsrecht, VO (EG) 593/2008, Art. 3, Rn. 29; *Koch/Magnus/Winkler von Mohrenfels*, IPR, § 5, Rn. 10; *Mankowski*, Die Rom I-Verordnung – Änderungen im europäischen IPR für Schuldverträge, IHR 2008, 133 (135); *Martiny* in: Münchener Kommentar, VO (EG) 593/2008, Art. 3, Rn. 48; *Thorn* in: Palandt, 69. Aufl., Rom I, Art. 3, Rn. 7; *Wagner*, Der Grundsatz der Rechtswahl und das mangels Rechtswahl anwendbare Recht (Rom I-Verordnung), IPRax 2008, 377 (379).

2128 Vgl. etwa *BGH*, Urt. v. 26.10.1989 - VII ZR 153/88, NJW-RR 1990, 183 (183 f.); *BGH*, Urt. v. 04.02.1991 - II ZR 52/90, NJW 1991, 1420 (1420); *BGH*, Urt. v. 13.06.1996 - IX ZR 172/95, NJW 1996, 2569 (2569); *OLG Hamm*, Urt. v. 25.01.1993 - 8 U 250/91, NJW-RR 1993, 1445 (1446); *Magnus*, Die Rom I-Verordnung, IPRax 2010, 27 (33); *Martiny* in: Münchener Kommentar, VO (EG) 593/2008, Art. 3, Rn. 48 m. w. N.; *Steinle*, Konkludente Rechtswahl und objektive Anknüpfung nach altem und neuem deutschen Internationalen Vertragsrecht, ZVglRWiss. 93 (1994), 300 (310 f.). A. A. *E. Lorenz*, Die Auslegung schlüssiger und ausdrücklicher Rechtswahlerklärungen im internationalen Schuldvertragsrecht, RIW 1992, 697 (702); *Sieg*, Allgemeine Geschäftsbedingungen im grenzüberschreitenden Geschäftsverkehr, RIW 1997, 811 (815).

2129 Vgl. *Martiny* in: Münchener Kommentar, VO (EG) 593/2008, Art. 3, Rn. 57.

2130 Vgl. *Martiny* in: Münchener Kommentar, VO (EG) 593/2008, Art. 3, Rn. 61.

2131 Vgl. etwa *KG*, Urt. v. 21.02.2008 - 19 U 60/07, NJW-RR 2009, 195 (195); *OLG Koblenz*, Urt. v. 17.09.1993 - 2 U 1230/91, RIW 1993, 934 (935); *OLG Naumburg*, Urt. v. 19.05.1993 - 2 U 495/92, WM 1994, 906 (907); *Martiny* in: Münchener Kommentar, VO (EG) 593/2008, Art. 3, Rn. 61.

2132 Vgl. etwa *BGH*, Urt. v. 14.01.1999 - VII ZR 19/98, IPRax 2001, 333 (333); *BGH*, Urt. v. 07.12.2000 - VII ZR 404/99, NJW 2001, 1936 (1937); *Martiny* in: Münchener Kommentar, VO (EG) 593/2008,

solcher Hinweis liegt ebenfalls vor, wenn dem Vertrag Allgemeine Geschäftsbedingungen[2133], Lieferbedingungen[2134] oder sonstige Formulare zugrunde liegen.[2135]

Hingegen zählen zu den Umständen, denen nur eine geringere Indizwirkung für das Vorliegen einer stillschweigenden Rechtswahl und damit allenfalls eine unterstützende Funktion beigemessen wird, unter anderem der Abschlussort[2136], die vereinbarte Währung der Vergütung[2137], der gewöhnliche Aufenthalt der Parteien sowie deren Staatsangehörigkeit[2138]. Gleiches gilt für die Verwendung einer bestimmten Verhandlungs- und Vertragssprache[2139], die jedoch in der Rechtsprechung[2140] häufig auch für das Vorliegen einer konkludent getroffenen Rechtswahl angeführt wird.[2141]

Wie einleitend bereits erwähnt, sind es aber gerade die Häufigkeit und das Gewicht der einzelnen Indizien, die ausschlaggebend dafür sind, dass zum Beispiel bei einem in deutscher Sprache verfassten Vertrag zwischen in der Bundesrepublik Deutschland an-

---

Art. 3, Rn. 62; *Pulkowski*, Internationale Zuständigkeit und anwendbares Recht bei Streitigkeiten aus grenzüberschreitenden Bauverträgen, IPRax 2001, 306 (309).

2133 Vgl. hierzu bspw. *OLG Hamburg*, Urt. v. 28.09.1989 - 6 U 88 + 89/89, RIW 1991, 61 (62); *OLG München*, Urt. v. 20.10.1982 - 23 U 2110/82, RIW 1983, 957 (957 f.); *Meyer-Sparenberg*, Rechtswahlvereinbarungen in Allgemeinen Geschäftsbedingungen, RIW 1989, 347 (348).

2134 Vgl. hierzu bspw. *OLG Naumburg*, Urt. v. 19.05.1993 - 2 U 495/92, WM 1994, 906 (907).

2135 Vgl. *Martiny* in: Münchener Kommentar, VO (EG) 593/2008, Art. 3, Rn. 61.

2136 Vgl. hierzu bspw. *BGH*, Urt. v. 26.07.2004 - VIII ZR 273/03, NJW-RR 2005, 206 (208); *OLG Nürnberg*, Urt. v. 22.02.1996 - 8 U 2932/95, NJW-RR 1997, 1484 (1484); *Ferrari* in: Ferrari/Kieninger/Mankowski u. a., Internationales Vertragsrecht, VO (EG) 593/2008, Art. 3, Rn. 35 m. w. N.; *Koch/Magnus/Winkler von Mohrenfels*, IPR, § 5, Rn. 10; *Martiny* in: Münchener Kommentar, VO (EG) 593/2008, Art. 3, Rn. 45.

2137 Vgl. hierzu bspw. *BGH*, Urt. v. 22.11.1955 - I ZR 218/53, BGHZ 19, 110 (112) = NJW 1956, 377 (377); *BGH*, Urt. v. 26.10.1989 - VII ZR 153/88, NJW-RR 1990, 183 (184); *BGH*, Urt. v. 26.07.2004 - VIII ZR 273/03, NJW-RR 2005, 206 (208); *OLG Köln*, Urt. v. 26.08.1994 - 19 U 282/93, NJW-RR 1995, 245 (246); *OLG Nürnberg*, Urt. v. 22.02.1996 - 8 U 2932/95, NJW-RR 1997, 1484 (1484); *Ferrari* in: Ferrari/Kieninger/Mankowski u. a., Internationales Vertragsrecht, VO (EG) 593/2008, Art. 3, Rn. 35; *Koch/Magnus/Winkler von Mohrenfels*, IPR, § 5, Rn. 10; *Martiny* in: Münchener Kommentar, VO (EG) 593/2008, Art. 3, Rn. 45; *Thorn* in: Palandt, 69. Aufl., Rom I, Art. 3, Rn. 7.

2138 Vgl. hierzu bspw. *BGH*, Urt. v. 26.07.2004 - VIII ZR 273/03, NJW-RR 2005, 206 (208); *OLG Nürnberg*, Urt. v. 22.02.1996 - 8 U 2932/95, NJW-RR 1997, 1484 (1484); *Martiny* in: Münchener Kommentar, VO (EG) 593/2008, Art. 3, Rn. 45.

2139 Vgl. hierzu bspw. *BGH*, Urt. v. 22.11.1955 - I ZR 218/53, BGHZ 19, 110 (112) = NJW 1956, 377 (377); *BGH*, Urt. v. 02.12.1991 - II ZR 274/90, NJW-RR 1992, 423 (424); *BGH*, Urt. v. 26.07.2004 - VIII ZR 273/03, NJW-RR 2005, 206 (208); *Ferrari* in: Ferrari/Kieninger/Mankowski u. a., Internationales Vertragsrecht, VO (EG) 593/2008, Art. 3, Rn. 35; *Koch/Magnus/Winkler von Mohrenfels*, IPR, § 5, Rn. 10; *Martiny* in: Münchener Kommentar, VO (EG) 593/2008, Art. 3, Rn. 63; *Thorn* in: Palandt, 69. Aufl., Rom I, Art. 3, Rn. 7.

2140 Vgl. etwa *BGH*, Urt. v. 25.09.1997 - II ZR 113/96, NJW 1998, 1321 (1321); *BGH*, Urt. v. 26.07.2004 - VIII ZR 273/03, NJW-RR 2005, 206 (208); *KG*, Urt. v. 21.02.2008 - 19 U 60/07, NJW-RR 2009, 195 (195); *OLG Nürnberg*, Urt. v. 22.02.1996 - 8 U 2932/95, NJW-RR 1997, 1484 (1484). A. A. *KG*, Urt. v. 06.03.2003 - 2 U 198/01, WM 2003, 2093 (2094); *OLG Koblenz*, Urt. v. 08.09.2000 - 11 U 288/00, NJW-RR 2001, 490 (491).

2141 So auch *Martiny* in: Münchener Kommentar, VO (EG) 593/2008, Art. 3, Rn. 63.

sässigen Inländern folglich auch von einer konkludenten Wahl des deutschen Rechts auszugehen ist.[2142]

Wenngleich die Bestimmung eines einheitlichen ausschließlichen Gerichtsstandes wohl am eindeutigsten für das Vorliegen einer konkludenten Rechtswahl spricht und der Anbieter hierdurch auch recht leicht Einfluss darauf nehmen kann, welche Rechtsordnung auf das Vertragsverhältnis Anwendung findet, scheidet diese Möglichkeit bei den vorliegend untersuchten Vertragsabschlüssen im Zusammenhang mit Abonnement- bzw. Vertragsfallen aus. Grundsätzlich können zwar auch diese über das Internet abgeschlossenen Verträge Gerichtsstandsvereinbarungen enthalten.[2143] Da es sich hier jedoch um eine Verbrauchersache im Sinne des Art. 15 der EuGVVO handelt, gelten die Prorogationsschranken des Art. 17 EuGVVO,[2144] die den Nutzer vor solch einer ungünstigen Zuständigkeitsvereinbarung schützen.[2145] Denn die engen Voraussetzungen, die diese Vorschrift an die Zulässigkeit einer derartigen Gerichtsstandsvereinbarung stellt,[2146] können im Zusammenhang mit einer Abonnement- bzw. Vertragsfalle nicht erfüllt werden.

An dieser Stelle soll jedoch nicht vertiefend auf die näheren Voraussetzungen eingegangen werden. Denn abgesehen von der Frage nach der Zulässigkeit sowie der Wirksamkeit einer solchen Gerichtsstandsvereinbarung ist auch die Wahrscheinlichkeit keineswegs geringer, dass der Nutzer auf eine Formulierung wie zum Beispiel „Ausschließlicher Gerichtsstand für alle Streitigkeiten, die sich aus oder im Zusammenhang mit diesem Vertrag ergeben, ist […]“[2147] aufmerksam wird.

Das letztgenannte Argument gilt ebenso für die zweite dem Anbieter zur Verfügung stehende Möglichkeit, im Wege einer konkludenten Rechtswahl Einfluss zu nehmen, nämlich eine Vereinbarung zu treffen, wonach die Auslegung des Vertrages anhand einer bestimmten Rechtsordnung erfolgen soll. Denn diesbezüglich macht es keinen Unterschied, ob der Anbieter für eine solche Vereinbarung nun eine Formulierung

---

2142 So auch *Clausnitzer/Woopen*, Internationale Vertragsgestaltung – Die neue EG-Verordnung für grenzüberschreitende Verträge (Rom I-VO), BB 2008, 1798 (1799); *Martiny* in: Münchener Kommentar, VO (EG) 593/2008, Art. 3, Rn. 45.

2143 Vgl. allg. *Klewitz*, S. 364.

2144 Vgl. hierzu allg. *BGH*, Urt. v. 30.03.2006 - VII ZR 249/04, BGHZ 167, 83 (88) = NJW 2006, 1672 (1673).

2145 Vgl. allg. *Gottwald* in: Münchener Kommentar ZPO, EuGVO, Art. 17, Rn. 1.

2146 So auch *Gottwald* in: Münchener Kommentar ZPO, EuGVO, Art. 17, Rn. 1.

2147 Vgl. etwa *Stögmüller* in: Leupold/Glossner, IT-Recht, Teil 5, Rn. 207.

wie „Die Auslegung dieses Vertrages soll anhand des [...] Rechts erfolgen" verwendet oder, wie soeben dargestellt, gleich auf eine im Rahmen der ausdrücklichen Rechtswahl notwendige unmissverständliche Formulierung wie „Für diesen Vertrag gilt [...] Recht" zurückgreift. Hinzu kommt, dass den hier untersuchten Vertragsverhältnissen stets die Allgemeinen Geschäftsbedingungen des Anbieters zugrunde liegen werden, da diese auch diejenigen Vertragsbedingungen enthalten, die für das Funktionieren einer Abonnement- bzw. Vertragsfalle im Internet notwendig sind (siehe hierzu auch die Ausführungen im Rahmen der Inhaltskontrolle bei Allgemeinen Geschäftsbedingungen[2148]).

Dieser Umstand, dem ebenso wie der Vereinbarung, dass die Auslegung des Vertrages anhand einer bestimmten Rechtsordnung erfolgen soll, regelmäßig eine größere Bedeutung für das Vorliegen einer konkludenten Rechtswahl beigemessen wird, deutet aber auf die Wahl desjenigen Rechts hin, auf das die Klauseln zugeschnitten sind; hier also auf das deutsche Recht, dessen Anwendung der Anbieter durch diese Vereinbarung ja gerade im Wege der stillschweigenden Rechtswahl zu umgehen versucht. Und auch die Verwendung der deutschen Sprache – ebenfalls für das Funktionieren der Abonnement- bzw. Vertragsfallen von wesentlicher Bedeutung (siehe hierzu auch die Ausführungen zur Sprache des AGB-Textes[2149] sowie zur Sprache im Rahmen der fernabsatzrechtlichen Informationspflichten gemäß § 312 c Abs. 1 BGB i. V. m. Art. 246 § 1 EGBGB[2150] – legt, selbst wenn sie bloß zu den Umständen zählt, denen nur eine geringere Indizwirkung für das Vorliegen einer stillschweigenden Rechtswahl beigemessen wird, eine konkludente Wahl der deutschen Rechtsordnung nahe; zumal in der Rechtsprechung[2151], wie bereits erwähnt, gerade die Verwendung einer bestimmten Verhandlungs- und Vertragssprache häufig auch für das Vorliegen einer konkludent getroffenen Rechtswahl angeführt wird.[2152]

Der Anbieter kann folglich nicht mit Sicherheit davon ausgehen, dass unter Berücksichtigung aller Umstände des Einzelfalles überhaupt eine den Anforderungen von Art. 3

2148 Siehe 3. Teil, D.

2149 Siehe 3. Teil, C, I, 2, b, bb, eee.

2150 Siehe 4. Teil, C, I, 3, b, dd.

2151 Vgl. etwa *BGH*, Urt. v. 25.09.1997 - II ZR 113/96, NJW 1998, 1321 (1321); *BGH*, Urt. v. 26.07.2004 - VIII ZR 273/03, NJW-RR 2005, 206 (208); *KG*, Urt. v. 21.02.2008 - 19 U 60/07, NJW-RR 2009, 195 (195); *OLG Nürnberg*, Urt. v. 22.02.1996 - 8 U 2932/95, NJW-RR 1997, 1484 (1484). A. A. *KG*, Urt. v. 06.03.2003 - 2 U 198/01, WM 2003, 2093 (2094); *OLG Koblenz*, Urt. v. 08.09.2000 - 11 U 288/00, NJW-RR 2001, 490 (491).

2152 So auch *Martiny* in: Münchener Kommentar, VO (EG) 593/2008, Art. 3, Rn. 63.

Abs. 1 S. 2 Rom I genügende und damit zulässige konkludente Rechtswahl vorliegt, die auch noch zur Anwendung der für sein Ziel am geeignetsten erscheinenden Rechtsordnung führt. Aufgrund dieser Unwägbarkeiten ist im Ergebnis somit nicht davon auszugehen, dass der Anbieter versuchen wird, das auf den Vertrag anwendbare Recht im Wege einer stillschweigenden Rechtswahl zu beeinflussen.

c) Zwischenergebnis zum Grundsatz der freien Rechtswahl

Zwar ist es dem in Art. 3 Abs. 3 Rom I kodifizierten Grundsatz der Parteiautonomie nach grundsätzlich Sache der Parteien, ihr Vertragsverhältnis einer beliebigen, von ihnen frei gewählten ausländischen Rechtsordnung zu unterstellen [2153] und dies – sofern es sich um staatlich gesetztes bzw. anerkanntes Recht handelt – sogar mit kollisionsrechtlicher Wirkung.[2154] Doch ist es bei den hier untersuchten Vertragsabschlüssen im Zusammenhang mit Abonnement- bzw. Vertragsfallen im Internet faktisch der Anbieter alleine, der im Wege einer ausdrücklichen Rechtswahl das Vertragsstatut selbst bestimmen kann. Denn wird die Bestimmung des anwendbaren Rechts mit Hilfe einer entsprechenden Klausel im Rahmen der Allgemeinen Geschäftsbedingungen vorgenommen, so ist es schließlich der Verwender, der allein Einfluss auf die Gestaltung dieses Klauselwerks und damit auch auf die konkrete Ausgestaltung der darin enthaltenen Rechtswahlklausel hat; und das ist in den hier untersuchten Fällen der Anbieter der Abonnement- bzw. Vertragsfalle. Er stellt nämlich die Allgemeinen Geschäftsbedingungen, indem er durch die Unterbreitung eines konkreten (einseitigen) Einbezie-

[2153] So bspw. auch *Diedrich*, Rechtswahlfreiheit und Vertragsstatut – eine Zwischenbilanz angesichts der Rom-I-Verordnung, RIW 2009, 379 (379 ff.); *Ferrari* in: Ferrari/Kieninger/Mankowski u. a., Internationales Vertragsrecht, VO (EG) 593/2008, Art. 3, Rn. 1; *Koch/Magnus/Winkler von Mohrenfels*, IPR, § 5, Rn. 9; *Mankowski*, Überlegungen zur sach- und interessengerechten Rechtswahl für Verträge des internationalen Wirtschaftsverkehrs, RIW 2003, 2 (2, 4); *Martiny* in: Münchener Kommentar, VO (EG) 593/2008, Art. 3, Rn. 1 f., 8; *Thorn* in: Palandt, 69. Aufl., Rom I, Art. 3, Rn. 2, 4.

[2154] Vgl. etwa *Diedrich*, Rechtswahlfreiheit und Vertragsstatut – eine Zwischenbilanz angesichts der Rom-I-Verordnung, RIW 2009, 379 (384); *Ferrari* in: Ferrari/Kieninger/Mankowski u. a., Internationales Vertragsrecht, VO (EG) 593/2008, Art. 3, Rn. 14; *Leible*, Außenhandel und Rechtssicherheit, ZVglRWiss. 97 (1998), 286 (304); *Mankowski*, Überlegungen zur sach- und interessengerechten Rechtswahl für Verträge des internationalen Wirtschaftsverkehrs, RIW 2003, 2 (11 ff.); *Mankowski*, Die Rom I-Verordnung – Änderungen im europäischen IPR für Schuldverträge, IHR 2008, 133 (136); *Michaels*, Privatautonomie und Privatkodifikation, RabelsZ 62 (1998), 580 (597); *Thorn* in: Palandt, 69. Aufl., Rom I, Art. 3, Rn. 4. A. A. *Kappus*, „Lex mercatoria" als Geschäftsstatut vor staatlichen Gerichten im deutschen internationalen Schuldrecht, IPRax 1993, 137 (137 ff.); *Wichard*, Die Anwendung der UNIDROIT-Prinzipien für internationale Handelsverträge durch Schiedsgerichte und staatliche Gerichte, RabelsZ 60 (1996), 269 (282 ff.).

hungsvorschlages seine bereits vorformulierten Bedingungen in die Vertragsverhandlungen einführt und deren Einbeziehung in den abzuschließenden Vertrag verlangt.[2155] Der Nutzer hingegen hat keine Möglichkeit, auf diese vorformulierten Vertragsbedingungen Einfluss zu nehmen (siehe hierzu die Ausführungen zur Einseitigkeit der Einführung in den Vertrag im Rahmen des sachlichen Anwendungsbereichs gemäß § 305 Abs. 1 BGB[2156]).[2157]

Im Ergebnis kann der Anbieter einer Abonnement- bzw. Vertragsfalle im Internet also relativ leicht und – da es, wie bereits dargestellt, für die wirksame Einbeziehung der Allgemeinen Geschäftsbedingungen unbeachtlich ist, ob der Nutzer von ihrem Inhalt und damit auch von der darin enthaltenen Rechtswahlklausel tatsächlich Kenntnis nimmt (siehe die Ausführungen zum Verschaffen der Möglichkeit zur Kenntnisnahme[2158]) – [2159] in den allermeisten Fällen auch im „Geheimen" auf eine solche Rechtswahl Einfluss nehmen. Indem er eine andere, für sein Ziel geeignetere Rechtsordnung im Wege einer ausdrücklichen Rechtswahl zur Anwendung beruft, kann er zumindest dem Grundsatz der freien Rechtswahl nach die vorliegend untersuchten Vertragsverhältnisse der deutschen Rechtsordnung und damit auch den für den Schutz des Verbrauchers maßgeblichen Regelungsbereichen des deutschen Rechts entziehen.

2. Beschränkungen der Rechtwahl bzw. für die Wirkung der Rechtswahl

Der Grundsatz der freien Rechtswahl gilt jedoch – wie bereits erwähnt – keineswegs uneingeschränkt.[2160] Denn wie schon im Europäischen Schuldvertragsübereinkommen bzw. im deutschen Internationalen Vertragsrecht sind auch in der Verordnung (EG)

2155 Vgl. allg. etwa *BGH*, Urt. v. 20.03.1985 - IVa ZR 223/83, NJW 1985, 2477 (2477); *BGH*, Urt. v. 24.05.1995 - XII ZR 172/94, BGHZ 130, 50 (57) = NJW 1995, 2034 (2035); *OLG Düsseldorf*, Urt. v. 13.02.1997 - 6 U 137/96, BB 1997, 754 (755); *Basedow* in: Münchener Kommentar, BGB, § 305, Rn. 21; *Grüneberg* in: Palandt, BGB, § 305, Rn. 10; *Schlosser* in: Staudinger, BGB, § 305, Rn. 27, 30; *Stoffels*, AGB-Recht, Rn. 132.

2156 Siehe 3. Teil, B, II, 1, d.

2157 So allg. auch *Dilger*, S. 41.

2158 Siehe 3. Teil, C, I, 2, a.

2159 Vgl. etwa *BGH*, Urt. v. 19.01.1951 - I ZR 53/50, BGHZ 1, 83 (86) = NJW 1951, 403 (403); *BGH*, Urt. v. 08.03.1955 - I ZR 109/53, BGHZ 17, 1 (2) = NJW 1955, 1145 (1145); *BGH*, Urt. v. 29.09.1960 - II ZR 25/59, BGHZ 33, 216 (219) = NJW 1961, 212 (213); *Mehrings*, Verbraucherschutz im Cyberlaw: Zur Einbeziehung von AGB im Internet, BB 1998, 2373 (2378); *Pfeiffer* in: Wolf/Lindacher/Pfeiffer, AGB, § 305, Rn. 84, 92 f.; *Schlosser* in: Staudinger, BGB, § 305, Rn. 160; *Stoffels*, AGB-Recht, Rn. 276; *Waldenberger*, Grenzen des Verbraucherschutzes beim Abschluß von Verträgen im Internet, BB 1996, 2365 (2368).

2160 So allg. etwa auch *Martiny* in: Münchener Kommentar, VO (EG) 593/2008, Art. 3, Rn. 9.

Nr. 593/2008 besondere Regelungen vorgesehen, welche die Rechtswahl bzw. die Wirkung einer solchen Rechtswahl beschränken.[2161]

So setzt bereits Art. 3 Rom I, der bis auf redaktionelle Änderungen sowie die im vierten Absatz eingefügte Drittstaatenklausel weitestgehend dem ehemaligen Art. 3 EVÜ bzw. Art. 27 EGBGB entspricht,[2162] den Parteien bei der Bestimmung des anzuwendenden Rechts insofern Grenzen, als die Wirkung der Rechtswahlfreiheit bei einem reinen Inlandsgeschäft (Binnensachverhalt) bzw. Binnenmarktsachverhalt einer entsprechenden Beschränkung durch Abs. 3 (siehe a) bzw. Abs. 4 (siehe b) unterliegen.[2163]

Des Weiteren wird die allgemeine Bestimmung des Art. 3 Rom I noch durch eine Reihe die Rechtswahl bzw. die Wirkung der Rechtswahl weiter einschränkende Regelungen in den Art. 5 bis 8 Rom I ergänzt, die dem Schutz der schwächeren Vertragspartei dienen sollen und nur bei bestimmten Vertragstypen zur Anwendung gelangen – namentlich bei Personenbeförderungsverträgen (vgl. Art. 5 Abs. 2 Unterabs. 2 Rom I), bei Verbraucherverträgen (vgl. Art. 6 Abs. 2 Rom I), bei Versicherungsverträgen über Massenrisiken (vgl. Art. 7 Abs. 3 Rom I) sowie bei Individualarbeitsverträgen (vgl. Art. 8 Abs. 1 Rom I).[2164] Hinsichtlich der Rechtswahlfreiheit weisen die dort genannten Sonderregelungen gegenüber den allgemeinen Regelungen daher zwar den Charakter von leges speciales auf.[2165] Dennoch geht der dritte Absatz des Art. 3 Rom I den Art. 5 bis 8 Rom I grundsätzlich vor, da diese Bestimmung den Anwendungsbereich der nachfolgenden Artikel abgrenzt:[2166] Sofern der Sachverhalt nämlich keinen hinreichenden Bezug zum Ausland begründet, ist die Anwendung der Art. 5 bis 8 Rom I fernliegend, da in diesem Fall der Vertrag nur mit einem einzigen Staat verbunden ist und folglich auch kein Schutz durch eine andere Rechtsordnung in Anspruch genommen werden kann.[2167]

2161 Vgl. nur *Koch/Magnus/Winkler von Mohrenfels*, IPR, § 5, Rn. 9.

2162 So bspw. auch *Ferrari* in: Ferrari/Kieninger/Mankowski u. a., Internationales Vertragsrecht, VO (EG) 593/2008, Art. 3, Rn. 1; *Martiny* in: Münchener Kommentar, VO (EG) 593/2008, Art. 3, Rn. 1; *Thorn* in: Palandt, 69. Aufl., Rom I, Art. 3, Rn. 1.

2163 So auch *Martiny* in: Münchener Kommentar, VO (EG) 593/2008, Art. 3, Rn. 1; *Thorn* in: Palandt, 69. Aufl., Rom I, Art. 3, Rn. 4.

2164 So bspw. auch *Ferrari* in: Ferrari/Kieninger/Mankowski u. a., Internationales Vertragsrecht, VO (EG) 593/2008, Art. 3, Rn. 3 m. w. N; *Koch/Magnus/Winkler von Mohrenfels*, IPR, § 5, Rn. 76; *Martiny* in: Münchener Kommentar, VO (EG) 593/2008, Art. 3, Rn. 6, 10; *Thorn* in: Palandt, 69. Aufl., Rom I, Art. 3, Rn. 4.

2165 Vgl. nur *Martiny* in: Münchener Kommentar, VO (EG) 593/2008, Art. 3, Rn. 6.

2166 So auch *Martiny* in: Münchener Kommentar, VO (EG) 593/2008, Art. 3, Rn. 95, Art. 6, Rn. 51.

2167 So auch *E. Lorenz*, Die Rechtswahlfreiheit im internationalen Schuldvertragsrecht, RIW 1987, 569 (574 f.); *Martiny* in: Münchener Kommentar, VO (EG) 593/2008, Art. 3, Rn. 95.

Vorrang genießen ebenfalls die allgemeinen Vorschriften des Art. 3 Abs. 3 sowie 4 Rom I gegenüber dem in Art. 46 b EGBGB geregelten Verbraucherschutz für besondere Gebiete, da auch diese den Grundsatz der freien Rechtswahl in seiner Wirkung beschränkende Sonderregelung erst dann zur Anwendung gelangt, wenn die Parteien das für ihren Schuldvertrag anzuwendende Recht entsprechend diesen allgemeinen Regeln wirksam bestimmt haben.[2168] Und auch gegenüber Art. 6 Rom I tritt die Vorschrift des Art. 46 b EGBGB zurück, sofern das Vertragsverhältnis auch die Voraussetzungen der Sonderregelung für Verbraucherverträge erfüllt:[2169] Zwar genießt die Sonderanknüpfung in Art. 46 b EGBGB als umgesetztes Richtlinienrecht normenhierarchisch Vorrang vor den kollisionsrechtlichen Regelungen der Verordnung (EG) Nr. 593/2008 und folglich auch vor der Regelung des Art. 6 Rom I, da diese Verordnung besondere Kollisionsnormen des Gemeinschaftsrechts grundsätzlich unberührt lässt (vgl. Art. 23 Rom I).[2170] Aufgrund des Versäumnisses des deutschen Gesetzgebers, das in einigen Richtlinien enthaltene Günstigkeitsprinzip in Art. 46 b EGBGB zu übernehmen, sollte (und wird in dieser Untersuchung) die Prüfung des Art. 6 Rom I indes vor jener des Art. 46 b EGBGB erfolgen.[2171] Damit kommt der Sonderanknüpfung in Art. 46 b EGBGB einerseits nur noch eine den kollisionsrechtlichen Verbraucherschutz nach Art. 6 Rom I ergänzende Funktion zu,[2172] doch wird hierdurch auf der anderen Seite auch nicht der in Art. 6 Abs. 1 Rom I angeordnete (weitergehende) Günstigkeitsvergleich zum Nachteil des Verbrauchers durchkreuzt.[2173]

2168 So bspw. auch *Hoffmann*, Art. 3 Abs. 4 Rom I-VO – Das Ende des Quellenpluralismus im europäischen internationalen Vertragsrecht?, EWS 2009, 254 (257 ff.); *Martiny* in: Münchener Kommentar, EGBGB, Art. 46 b, Rn. 114 f. A. A. *Magnus*, Die Rom I-Verordnung, IPRax 2010, 27 (39); *Staudinger* in: Ferrari/Kieninger/Mankowski u. a., Internationales Vertragsrecht, EGBGB, Art. 46 b, Rn. 6.

2169 So bspw. auch *Freitag/Leible*, Ergänzung des kollisionsrechtlichen Verbraucherschutzes durch Art. 29 a EGBGB, EWS 2000, 342 (346); *Koch/Magnus/Winkler von Mohrenfels*, IPR, § 5, Rn. 100, Fn. 138; *Martiny* in: Münchener Kommentar, EGBGB, Art. 46 b, Rn. 116 f.; *Staudinger* in: Ferrari/Kieninger/Mankowski u. a., Internationales Vertragsrecht, EGBGB, Art. 46 b, Rn. 7; *Thorn* in: Palandt, 69. Aufl., EGBGB, Art. 6, Rn. 2, Art. 46 b, Rn. 8. A. A. *Wagner*, Zusammenführung verbraucherschützender Kollisionsnormen aufgrund EG-Richtlinien in einem neuen Art. 29a EGBGB, IPRax 2000, 249 (250).

2170 So bspw. auch *Martiny* in: Münchener Kommentar, EGBGB, Art. 46 b, Rn. 116; *Staudinger* in: Ferrari/Kieninger/Mankowski u. a., Internationales Vertragsrecht, VO (EG) 593/2008, Art. 6, Rn. 5; *Thorn* in: Palandt, 69. Aufl., Rom I, Art. 6, Rn. 2.

2171 Vgl. etwa *Staudinger*, Internationales Verbraucherschutzrecht made in Germany, RIW 2000, 416 (418 f.); *Thorn* in: Palandt, 69. Aufl., Rom I, Art. 6, Rn. 2; *Tonner*, Das neue Fernabsatzgesetz – oder: System statt „Flickenteppich", BB 2000, 1413 (1419).

2172 Vgl. *Martiny* in: Münchener Kommentar, EGBGB, Art. 46 b, Rn. 116 f.; *Staudinger* in: Ferrari/Kieninger/Mankowski u. a., Internationales Vertragsrecht, EGBGB, Art. 46 b, Rn. 7; *Thorn* in: Palandt, 69. Aufl., Rom I, Art. 6, Rn. 2.

2173 Vgl. *Staudinger* in: Ferrari/Kieninger/Mankowski u. a., Internationales Vertragsrecht, EGBGB, Art. 46 b, Rn. 7; *Thorn* in: Palandt, 69. Aufl., Rom I, Art. 6, Rn. 2.

Obwohl bei den hier untersuchten Vertragsabschlüssen im Zusammenhang mit Abonnement- bzw. Vertragsfallen im Internet also ein Verbrauchervertrag im Sinne des Art. 6 Rom I vorliegen könnte und somit grundsätzlich sowohl die Vorschrift des Art. 6 Rom I als auch jene des Art. 46 b EGBGB als speziellere Regelungen vorrangig zu prüfen wären, ist bei Vorliegen einer Rechtswahl – wovon auch die Untersuchung im Rahmen dieses zweiten Abschnittes ausgeht – stets mit der allgemeinen Bestimmung des Art. 3 Rom I zu beginnen; der in Art. 6 Rom I verankerte, kollisionsrechtliche Verbraucherschutz (siehe c) wie auch der in Art. 46 b EGBGB geregelte Verbraucherschutz für besondere Gebiete (siehe d) greift dann erst im Anschluss an die Prüfung nach Art. 3 Rom I ein, um gegebenenfalls eine Korrektur der durch die Rechtswahl erzielten Ergebnisse herbeizuführen.[2174] Auf diese Weise wird den Parteien auch bei Vorliegen eines Verbrauchervertrages die Möglichkeit bewahrt, das auf ihren Vertrag anzuwendende Recht frei zu wählen.[2175]

Schließlich findet der Grundsatz der freien Rechtswahl in seiner Wirkung noch in Bezug auf die in Art. 9 Rom I geregelten (und ebenfalls nachrangig zu prüfenden) Eingriffsnormen[2176] (siehe e) sowie den ordre public (vgl. Art. 21 Rom I sowie Art. 6 EGBGB) seine Grenzen, da es auch aufgrund dieser Vorschriften zu einer Korrektur der durch die Parteien gewählten Rechtsordnung kommen kann.[2177] Auf die Vorschriften der Art. 21 Rom I und Art. 6 EGBGB wird im Rahmen dieser Untersuchung allerdings nicht näher eingegangen, da diese Schranke im Internationalen Schuldvertragsrecht lediglich eine geringe praktische Relevanz besitzt.[2178]

Im Zusammenhang mit den hier untersuchten Abonnement- bzw. Vertragsfallen im Internet könnten sich aus Art. 3 Abs. 3 und 4, Art. 6 und 9 Rom I sowie aus Art. 46 b EGBGB Beschränkungen für die Wirkung der durch den Anbieter vorgenommenen Rechtswahl ergeben, die im Folgenden geprüft werden sollen.

2174 So allg. auch *Koch/Magnus/Winkler von Mohrenfels*, IPR, § 5, Rn. 94, Fn. 1.

2175 Vgl. etwa *Magnus*, Die Rom I-Verordnung, IPRax 2010, 27 (38); *Mankowski*, Die Rom I-Verordnung – Änderungen im europäischen IPR für Schuldverträge, IHR 2008, 133 (140); *Mansel/Thorn/Wagner*, Europäisches Kollisionsrecht 2008: Fundamente der Europäischen IPR-Kodifikation, IPRax 2009, 1 (6); *Thorn* in: Palandt, 69. Aufl., Rom I, Vorb v Art. 1, Rn. 6, Art. 6, Rn. 1, 8.

2176 So auch *Martiny* in: Münchener Kommentar, VO (EG) 593/2008, Art. 3, Rn. 9.

2177 So auch *Koch/Magnus/Winkler von Mohrenfels*, IPR, § 5, Rn. 76.

2178 So allg. auch *Leible/M. Lehmann*, Die Verordnung über das auf vertragliche Schuldverhältnisse anzuwendende Recht („Rom I“) RIW 2008, 528 (543); *Staudinger* in: Ferrari/Kieninger/Mankowski u. a., Internationales Vertragsrecht, EGBGB, Art. 46 b, Rn. 10.

a) Rechtswahl bei fehlendem Auslandsbezug – Zwingendes Inlandsrecht (Art. 3 Abs. 3 Rom I)

Die Parteien haben nach Art. 3 Abs. 3 Rom I zwar selbst dann die Möglichkeit, den Vertrag einem von ihnen frei gewählten ausländischen Recht zu unterstellen, wenn zum Zeitpunkt der Rechtswahl ein reines Inlandsgeschäft (Binnensachverhalt) vorliegt, der Vertrag also nur mit einem Staat verbunden, d. h. eindeutig lokalisiert ist.[2179] In einem solchen Fall fehlender Auslandsberührung kommt es nach dieser Vorschrift jedoch zu einer Beschränkung für die Wirkung der freien Rechtswahl zugunsten der nichtdispositiven Vorschriften der objektiv anwendbaren Rechtsordnung:[2180] Gemäß Art. 3 Abs. 3 Rom I gelangt bei Binnensachverhalten nämlich nicht nur das von den Parteien berufene Recht zur Anwendung, sondern es gelten darüber hinaus auch die zwingenden Vorschriften der Rechtsordnung desjenigen Staates, zu dem der Sachverhalt – abgesehen vom Vorliegen der Rechtswahlklausel – eine alleinige Beziehung aufweist.[2181] Mit anderen Worten: Die Parteien können bei einem Vertrag, der nur zu einer einzigen Rechtsordnung verbunden ist, nicht durch Abwahl dieses Rechts von dessen zwingenden Bestimmungen abweichen, da sich das zwingende Inlandsrecht gegenüber der von den Parteien zur Anwendung berufenen ausländischen Rechtsordnung durchsetzt.[2182] Aufgrund dieser Bindung an die zwingenden Vorschriften können die Parteien im Ergebnis ihre Vertragsfreiheit also nur noch im Rahmen dieses vorgegebenen Rechts ausüben, das dann quasi als „Einbettungsstatut" fungiert.[2183] Die eingeschränkte Wirkung einer solchen Verweisung auf eine fremde Rechtsordnung

---

[2179] So bspw. auch *Ferrari* in: Ferrari/Kieninger/Mankowski u. a., Internationales Vertragsrecht, VO (EG) 593/2008, Art. 3, Rn. 1, 49; *Koch/Magnus/Winkler von Mohrenfels*, IPR, § 5, Rn. 14; *Martiny* in: Münchener Kommentar, VO (EG) 593/2008, Art. 3, Rn. 87; *Thorn* in: Palandt, 69. Aufl., Rom I, Art. 3, Rn. 4.

[2180] So bspw. auch *Ferrari* in: Ferrari/Kieninger/Mankowski u. a., Internationales Vertragsrecht, VO (EG) 593/2008, Art. 3, Rn. 50; *Martiny* in: Münchener Kommentar, VO (EG) 593/2008, Art. 3, Rn. 87; *Sandrock*, Die Bedeutung des Gesetzes zur Neuregelung des Internationalen Privatrechts für die Unternehmenspraxis, RIW 1986, 841 (846).

[2181] So bspw. auch *BGH*, Beschl. v. 14.04.2005 - IX ZB 175/03, NJW-RR 2005, 929 (931); *LG Hamburg*, Urt. v. 31.05.1990 - 302 O 113/90, RIW 1990, 1020 (1021); *Martiny* in: Münchener Kommentar, VO (EG) 593/2008, Art. 3, Rn. 87 m. w. N.; *Thorn* in: Palandt, 69. Aufl., Rom I, Art. 3, Rn. 5; *Sandrock*, Die Bedeutung des Gesetzes zur Neuregelung des Internationalen Privatrechts für die Unternehmenspraxis, RIW 1986, 841 (846).

[2182] So auch *Koch/Magnus/Winkler von Mohrenfels*, IPR, § 5, Rn. 14; *Martiny* in: Münchener Kommentar, VO (EG) 593/2008, Art. 3, Rn. 94; *Sieg*, Allgemeine Geschäftsbedingungen im grenzüberschreitenden Geschäftsverkehr, RIW 1997, 811 (817).

[2183] Vgl. *Martiny* in: Münchener Kommentar, VO (EG) 593/2008, Art. 3, Rn. 87, 94 m. w. N.

führt bei einem Binnensachverhalt nicht mehr zu einer kollisionsrechtlichen, sondern wie bereits erwähnt, nur noch zu einer materiellrechtlichen Verweisung.[2184] Daraus lässt sich unschwer erkennen, welche Rolle dem Auslandsbezug zukommt, zu dessen Bestimmung sämtliche Umstände des Einzelfalles herangezogen werden müssen.[2185]

Zwingende Bestimmungen, die bei einem fehlenden Auslandsbezug den Vorschriften des gewählten Rechts vorgehen, sind nach der Legaldefinition des Art. 3 Abs. 3 Rom I all diejenigen, von denen nach dem Recht des maßgeblichen Staates nicht durch Vereinbarung abgewichen werden kann.[2186] Unter den Begriff fallen somit sämtliche nichtdispositive Bestimmungen des normsetzenden Staates, die der sachrechtlichen Privatautonomie entzogenen sind, wobei es keine Rolle spielt, ob diese aus dem Gesetz selbst oder aus der Rechtsprechung resultieren bzw. ob es sich um gewohnheitsrechtliche Vorschriften handelt.[2187] Ebenfalls unerheblich ist, ob die zwingenden Bestimmungen dem Privatrecht oder dem öffentlichen Recht zugerechnet werden, solange von ihrer Wirkung auch schuldrechtliche Verträge erfasst werden.[2188] So zählen zu den zwingenden Bestimmungen des deutschen Rechts neben den Regelungen über Allgemeine Geschäftsbedingungen in den §§ 305 ff. BGB beispielsweise auch die Bestimmungen über Haustürgeschäfte in den §§ 312 und 312 a BGB.[2189]

Bei den vorliegend untersuchten Vertragsabschlüssen im Zusammenhang mit Abonnement- bzw. Vertragsfallen im Internet handelt es sich, wie einleitend bereits ausgeführt, an sich um reine Inlandsfälle, da der ihnen zugrundeliegende Sachverhalt – abgesehen vom Vorliegen der Rechtswahlklausel – zu lediglich einer einzigen Rechtsord-

---

2184 Vgl. etwa *Leible/M. Lehmann*, Die Verordnung über das auf vertragliche Schuldverhältnisse anzuwendende Recht („Rom I") RIW 2008, 528 (534); *Mankowski*, Die Rom I-Verordnung – Änderungen im europäischen IPR für Schuldverträge, IHR 2008, 133 (134); *Martiny* in: Münchener Kommentar, VO (EG) 593/2008, Art. 3, Rn. 94 m. w. N.; *Sandrock*, Die Bedeutung des Gesetzes zur Neuregelung des Internationalen Privatrechts für die Unternehmenspraxis, RIW 1986, 841 (846 f.); *Thorn* in: Palandt, 69. Aufl., Rom I, Art. 3, Rn. 2, 5. A. A. *E. Lorenz*, Die Rechtswahlfreiheit im internationalen Schuldvertragsrecht, RIW 1987, 569 (569).

2185 So auch *Ferrari* in: Ferrari/Kieninger/Mankowski u. a., Internationales Vertragsrecht, VO (EG) 593/2008, Art. 3, Rn. 50 m. w. N.

2186 So auch *Ferrari* in: Ferrari/Kieninger/Mankowski u. a., Internationales Vertragsrecht, VO (EG) 593/2008, Art. 3, Rn. 56; *Martiny* in: Münchener Kommentar, VO (EG) 593/2008, Art. 3, Rn. 89.

2187 Vgl. *Ferrari* in: Ferrari/Kieninger/Mankowski u. a., Internationales Vertragsrecht, VO (EG) 593/2008, Art. 3, Rn. 56; *Martiny* in: Münchener Kommentar, VO (EG) 593/2008, Art. 3, Rn. 89.

2188 Vgl. *Martiny* in: Münchener Kommentar, VO (EG) 593/2008, Art. 3, Rn. 90.

2189 Vgl. etwa *OLG Frankfurt am Main*, Urt. v. 01.06.1989 - 6 U 76/88, NJW-RR 1989, 1018 (1018); *OLG Hamm*, Urt. v. 01.12.1988 - 4 U 120/88, NJW-RR 1989, 496 (496); *LG Hamburg*, Urt. v. 21.02.1990 - 2 S 82/89, NJW-RR 1990, 495 (496); *Martiny* in: Münchener Kommentar, VO (EG) 593/2008, Art. 3, Rn. 90; *Sieg*, Allgemeine Geschäftsbedingungen im grenzüberschreitenden Geschäftsverkehr, RIW 1997, 811 (817).

nung, nämlich der deutschen, eine Verbindung aufweist. Somit kommt es gemäß Art. 3 Abs. 3 Rom I nicht nur zur Anwendung des von den Parteien bzw. in den hier untersuchten Fällen des von dem Anbieter alleine berufenen Rechts, sondern es gelten darüber hinaus auch die einfach zwingenden Vorschriften der Rechtsordnung desjenigen Staates, zu dem der Sachverhalt eine alleinige Beziehung aufweist; hier also die einfach zwingenden Bestimmungen des deutschen Rechts, von denen der Anbieter durch die Abwahl dieser Rechtsordnung gerade abweichen will.

Will der Anbieter – und davon ist auszugehen – die durch Art. 3 Abs. 3 Rom I auferlegte Beschränkung für die Wirkung der freien Rechtswahl umgehen, so ist neben dem Vorliegen der Rechtswahlklausel zumindest noch ein zusätzliches, nicht völlig nebensächliches Auslandselement erforderlich, damit ein hinreichender Auslandsbezug vorliegt und es somit zur Vermeidung der Anwendung der zwingenden Bestimmungen des Einbettungsstatuts kommt (sofern sie nicht über Art. 9 Rom I weiter Geltung haben; dazu später mehr, siehe e).[2190] Denn während es für die Eröffnung des Anwendungsbereichs der Verordnung bereits genügte, dass es überhaupt fraglich erscheint, welche Rechtsordnung zur Anwendung gelangen soll, um das Vorliegen eines entsprechenden Auslandsbezuges im Sinne des Art. 1 Abs. 1 Rom I bejahen zu können (siehe die Ausführungen zur Verbindung zum Recht verschiedener Staaten[2191]),[2192] verliert ein Vertrag im Rahmen des Art. 3 Abs. 3 Rom I den Bezug zu einer einzelnen Rechtsordnung nicht dadurch, dass die Parteien ein fremdes Recht zur Anwendung berufen und gegebenenfalls zusammen mit diesem auch eine flankierende Gerichtsstandsvereinbarung getroffen haben.[2193] Das Gesetz selbst trifft jedoch keine Aussage darüber, welche Umstände für einen hinreichenden Auslandsbezug bzw. internationalen Sachverhalt relevant sein könnten,[2194] sodass im Einzelnen umstritten ist, ob bestimmte Umstände zur Begründung eines entsprechenden Auslandssachverhalts tatsächlich genügen.[2195] Von Relevanz ist dabei jedenfalls, dass ihnen gerade bei dem konkreten Ge-

2190 So allg. auch *Koch/Magnus/Winkler von Mohrenfels*, IPR, § 5, Rn. 14.

2191 Siehe 5. Teil, B, III.

2192 Vgl. *Martiny* in: Münchener Kommentar, VO (EG) 593/2008, Art. 1, Rn. 15, Art. 3, Rn. 88.

2193 Vgl. etwa *Erwägungsgrund 15* der Verordnung (EG) Nr. 593/2008; *BGH*, Beschl. v. 14.04.2005 - IX ZB 175/03, NJW-RR 2005, 929 (931); *LG Hamburg*, Urt. v. 31.05.1990 - 302 O 113/90, RIW 1990, 1020 (1021); *Ferrari* in: Ferrari/Kieninger/Mankowski u. a., Internationales Vertragsrecht, VO (EG) 593/2008, Art. 3, Rn. 49; *Koch/Magnus/Winkler von Mohrenfels*, IPR, § 5, Rn. 14; *Martiny* in: Münchener Kommentar, VO (EG) 593/2008, Art. 3, Rn. 87; *Thorn* in: Palandt, 69. Aufl., Rom I, Art. 3, Rn. 5.

2194 So auch *Martiny* in: Münchener Kommentar, VO (EG) 593/2008, Art. 3, Rn. 93.

2195 So auch *Thorn* in: Palandt, 69. Aufl., Rom I, Art. 3, Rn. 5.

schäft eine kollisionsrechtliche Bedeutung zukommt und sie ein gewisses Gewicht haben.[2196]

So begründen in der Regel all diejenigen Tatsachen einen hinreichenden Auslandsbezug bzw. internationalen Sachverhalt, denen auch im Rahmen der objektiven Anknüpfung gemäß Art. 4 Rom I eine entsprechende Bedeutung zukommt,[2197] wenn der Sachverhalt also durch die zur Bestimmung des objektiven Vertragsstatuts heranzuziehenden Anknüpfungsmerkmale eine Verbindung zu einem anderen Staat aufweist;[2198] wobei es bei den hier untersuchten Vertragsabschlüssen im Internet auf die realen Verhältnisse ankommt.[2199] Folglich ist von einem ausreichenden Auslandsbezug immer dann auszugehen, wenn etwa der gewöhnliche, nicht jedoch der schlichte Aufenthaltsort oder der Ort der Hauptniederlassung bzw. der Hauptverwaltung[2200] einer Partei im Ausland liegt oder aber der Gegenstand des Vertrages bzw. der Erfüllungsort im Ausland belegen ist.[2201] Ein relevanter Umstand ist außerdem, wenn der Ort des Vertragsabschlusses im Bereich des gewählten (ausländischen) Rechts liegt.[2202]

Hingegen führt die bloße unterschiedliche Staatsangehörigkeit der Parteien nicht zur Herstellung eines hinreichenden Auslandsbezuges und somit nicht dazu, dass die zwingenden inländischen Bestimmungen keine Geltung mehr haben.[2203] Und auch das alleinige Interesse der Parteien an der Anwendung des von ihnen berufenen ausländischen Rechts zählt nicht zu den relevanten Umständen.[2204]

[2196] Vgl. nur *Martiny* in: Münchener Kommentar, VO (EG) 593/2008, Art. 3, Rn. 93 m. w. N.

[2197] Vgl. ebd.

[2198] Vgl. *Ferrari* in: Ferrari/Kieninger/Mankowski u. a., Internationales Vertragsrecht, VO (EG) 593/2008, Art. 3, Rn. 51.

[2199] Vgl. *Martiny* in: Münchener Kommentar, VO (EG) 593/2008, Art. 3, Rn. 93 m. w. N.

[2200] Vgl. hierzu bspw. *BGH*, Urt. v. 26.10.1993 - XI ZR 42/93, BGHZ 123, 380 (384) = NJW 1994, 262 (263); *BGH*, Urt. v. 19.03.1997 - VIII ZR 316/96, BGHZ 135, 124 (130) = NJW 1997, 1697 (1698).

[2201] Vgl. *Ferrari* in: Ferrari/Kieninger/Mankowski u. a., Internationales Vertragsrecht, VO (EG) 593/2008, Art. 3, Rn. 51; *Martiny* in: Münchener Kommentar, VO (EG) 593/2008, Art. 3, Rn. 93.

[2202] Vgl. etwa *BGH*, Urt. v. 19.03.1997 - VIII ZR 316/96, BGHZ 135, 124 (130) = NJW 1997, 1697 (1698); *OLG Celle*, Urt. v. 28.08.1990 - 20 U 85/89, IPRax 1991, 334 (335); *Martiny* in: Münchener Kommentar, VO (EG) 593/2008, Art. 3, Rn. 93; *Taupitz*, Kaffeefahrten deutscher Urlauber auf Gran Canaria: Deutscher Verbraucherschutz im Urlaubsgepäck?, BB 1990, 642 (648).

[2203] Vgl. etwa *BGH*, Beschl. v. 14.04.2005 - IX ZB 175/03, NJW-RR 2005, 929 (931); *Ferrari* in: Ferrari/Kieninger/Mankowski u. a., Internationales Vertragsrecht, VO (EG) 593/2008, Art. 3, Rn. 54 m. w. N. A. A. *Martiny* in: Münchener Kommentar, VO (EG) 593/2008, Art. 3, Rn. 93 m. w. N.; *Sandrock*, Die Bedeutung des Gesetzes zur Neuregelung des Internationalen Privatrechts für die Unternehmenspraxis, RIW 1986, 841 (846); *Schurig*, Zwingendes Recht, „Eingriffsnormen" und neues IPR, RabelsZ 54 (1990), 217 (223).

[2204] Vgl. *Ferrari* in: Ferrari/Kieninger/Mankowski u. a., Internationales Vertragsrecht, VO (EG) 593/2008, Art. 3, Rn. 55; *Martiny* in: Münchener Kommentar, VO (EG) 593/2008, Art. 3, Rn. 93 m. w. N.

Von Interesse ist in den vorliegend untersuchten Fällen vor allem das Anknüpfungsmerkmal des gewöhnlichen Aufenthalts, da der Anbieter hierüber einen hinreichenden Auslandsbezug begründen könnte. Dazu müsste sich der gewöhnliche Aufenthaltsort einer Partei allerdings im Ausland befinden.

Handelt es sich, wie bei dem Nutzer, um eine natürliche Person, die weder eine berufliche noch eine gewerbliche Tätigkeit ausübt, so wird der Begriff des gewöhnlichen Aufenthalts von der Verordnung (EG) Nr. 593/2008 nicht definiert.[2205] Wenngleich die Auslegung dieses Begriffes verordnungsautonom erfolgen muss,[2206] entspricht er doch weitestgehend dem Begriff des deutschen Kollisionsrechts.[2207] Maßgeblich für den gewöhnlichen Aufenthalt ist in diesen Fällen der sich aus den tatsächlichen Verhältnissen ergebende Ort, an dem diese Person ihren Lebensmittelpunkt hat [2208] und der – in Abgrenzung zum schlichten Aufenthalt – auf eine gewisse Dauer angelegt ist.[2209] Dieser Lebensmittelpunkt des Nutzers befindet sich – so nimmt es die Untersuchung an – stets in der Bundesrepublik Deutschland und damit im Inland. Auf den Ort des gewöhnlichen Aufenthalts des Nutzers hat der Anbieter einer Abonnement- bzw. Vertragsfalle keinen Einfluss.

Auf seinen eigenen gewöhnlichen Aufenthalt könnte er hingegen sehr wohl Einfluss nehmen und so einen hinreichenden Auslandsbezug begründen. Der Ort des gewöhnlichen Aufenthalts des Anbieters kann im Gegensatz zu dem des Nutzers anhand der in Art. 19 Rom I enthaltenen gesetzlichen Definitionen in Abhängigkeit von dessen Rechtsform bestimmt werden: Bei Gesellschaften, Vereinen und juristischen Personen ist der Ort des gewöhnlichen Aufenthalts der Ort ihrer Hauptverwaltung bzw. Zweigniederlassung, vgl. Art. 19 Abs. 1 S. 1 und Abs. 2 Rom I; handelt es sich bei dem Anbieter hingegen um eine natürliche Person und erfolgt der Abschluss des Vertrages im Rahmen der Ausübung einer beruflichen oder gewerblichen Tätigkeit, so ist der Ort des

2205 So allg. auch *Ferrari* in: Ferrari/Kieninger/Mankowski u. a., Internationales Vertragsrecht, VO (EG) 593/2008, Art. 19, Rn. 15; *Magnus*, Die Rom I-Verordnung, IPRax 2010, 27 (35); *Martiny* in: Münchener Kommentar, VO (EG) 593/2008, Art. 19, Rn. 11; *Thorn* in: Palandt, 69. Aufl., Rom I, Art. 19, Rn. 6.

2206 Vgl. nur *Ferrari* in: Ferrari/Kieninger/Mankowski u. a., Internationales Vertragsrecht, VO (EG) 593/2008, Art. 19, Rn. 15; *Martiny* in: Münchener Kommentar, VO (EG) 593/2008, Art. 19, Rn. 11; *Thorn* in: Palandt, 69. Aufl., Rom I, Art. 19, Rn. 6.

2207 Vgl. *Thorn* in: Palandt, 69. Aufl., Rom I, Art. 19, Rn. 6.

2208 Vgl. etwa *Ferrari* in: Ferrari/Kieninger/Mankowski u. a., Internationales Vertragsrecht, VO (EG) 593/2008, Art. 19, Rn. 15 m. w. N.; *Magnus*, Die Rom I-Verordnung, IPRax 2010, 27 (35); *Martiny* in: Münchener Kommentar, VO (EG) 593/2008, Art. 19, Rn. 11; *Thorn* in: Palandt, 69. Aufl., Rom I, Art. 19, Rn. 6 m. w. N.

2209 Vgl. etwa *Ferrari* in: Ferrari/Kieninger/Mankowski u. a., Internationales Vertragsrecht, VO (EG) 593/2008, Art. 19, Rn. 15 m. w. N.; *Martiny* in: Münchener Kommentar, VO (EG) 593/2008, Art. 19, Rn. 11.

gewöhnlichen Aufenthalts der Ort der Haupt- bzw. Zweigniederlassung, vgl. Art. 19 Abs. 1 und 2 Rom I. Da sich der Ort der Hauptverwaltung bzw. Hauptniederlassung des Anbieters – was in dieser Untersuchung angenommen wird – auch in der Bundesrepublik Deutschland und damit im Inland befindet, müsste der Anbieter seine Hauptverwaltung bzw. Hauptniederlassung ins Ausland verlegen, um über dieses Anknüpfungsmerkmal einen hinreichenden Auslandsbezug zu begründen.

Alternativ könnte der Anbieter zwar auch eine Zweigniederlassung, Agentur oder sonstige Niederlassung im Ausland eröffnen, da gemäß Art. 19 Abs. 2 Rom I der Ort des gewöhnlichen Aufenthalts diesem Ort gleichsteht, sofern der Vertrag im Rahmen des Betriebes derselben abgeschlossen wird oder diese dem Vertrag nach für die Erfüllung verantwortlich ist. Allerdings ist es für eine solche Niederlassung erforderlich, dass sich dort auch ein Mittelpunkt der geschäftlichen Tätigkeit befindet, welcher als dauerhafte Außenstelle des Stammhauses in Erscheinung tritt und über eine Geschäftsführung verfügt. Zudem muss dieser Mittelpunkt der geschäftlichen Tätigkeit in sachlicher Hinsicht so ausgestattet sein, dass er es ermöglicht, in der Weise Geschäfte mit Dritten zu betreiben, dass sie, obgleich sie wissen, dass möglicherweise ein Rechtsgeschäft mit dem im Ausland ansässigen Stammhaus zustande kommt, sich nicht unmittelbar an dieses zu wenden brauchen, sondern Geschäfte an dem Mittelpunkt geschäftlicher Tätigkeit abschließen können, der dessen Außenstelle ist.[2210] Diese Anforderungen dürften die Möglichkeiten des Anbieters wohl überschreiten. Doch stellt auch die Verlegung seiner Hauptverwaltung bzw. Hauptniederlassung ins Ausland für den Anbieter kein allzu großes Problem dar: Da er seine Dienstleistung schließlich über eine Plattform im Internet anbietet, die er quasi von jedem beliebigen Ort der Welt aus betreiben kann, ist er keineswegs darauf angewiesen, im selben Land wie der Nutzer niedergelassen zu sein, um seine Dienstleistungen erbringen zu können. Dabei könnte der Anbieter, sofern er seine Hauptverwaltung bzw. Hauptniederlassung in einen anderen Mitgliedstaat der Europäischen Union verlegt, sogar von der Niederlassungsfreiheit, vgl. Art. 49 AEUV, profitieren.

Dem Anbieter einer Abonnement- bzw. Vertragsfalle im Internet ist es im Ergebnis also durchaus möglich, ein zusätzliches, nicht völlig nebensächliches Auslandselement zu

[2210] Vgl. etwa *EuGH*, Urt. v. 22.11.1978 - C-33/78, Slg. 1978, I-02183, Rn. 12 – Somafer SA / Saar-Ferngas AG. So bspw. auch *Mankowski*, Das Internet im Internationalen Vertrags- und Deliktsrecht, RabelsZ 63 (1999), 203 (222); *Thorn* in: Palandt, 69. Aufl., Rom I, Art. 19, Rn. 4.

schaffen und somit zu verhindern, dass sich gemäß Art. 3 Abs. 3 Rom I das zwingende Inlandsrecht, nämlich hier die entsprechenden Vorschriften des deutschen Rechts, gegenüber der von ihm zur Anwendung berufenen ausländischen Rechtsordnung durchsetzt und sich hierdurch Beschränkungen für die Wirkung der durch ihn vorgenommenen Rechtswahl ergeben.

b) Rechtswahl bei fehlendem Drittstaatenbezug – Zwingendes Gemeinschaftsrecht (Art. 3 Abs. 4 Rom I)

Die Drittstaatenklausel des Art. 3 Abs. 4 Rom I ist parallel nach dem Vorbild der Regelung zu dem soeben dargestellten Binnensachverhalt des dritten Absatzes geschaffen worden[2211] und stellt mit einer eigenen Bestimmung die reinen EU-Fälle, die ausschließlich eine Verbindung mit dem EU-Gebiet (einschließlich Dänemark) aufweisen (sogenannte Binnenmarktsachverhalte), den reinen Inlandsfällen gleich:[2212] Sofern alle anderen Elemente des Sachverhalts zum Zeitpunkt der Rechtswahl in einem oder mehreren Mitgliedstaaten belegen sind, berührt die Wahl des Rechts eines Drittstaates durch die Parteien nicht die Anwendung der Bestimmungen des Gemeinschaftsrechts, von denen nicht durch Vereinbarung abgewichen werden kann. Indem die von den Parteien getroffene Wahl eines fremden, drittstaatlichen Rechts die (einfach) zwingenden Bestimmungen des Gemeinschaftsrechts in den genannten Fällen unberührt lässt,[2213] begrenzt diese Vorschrift somit ebenfalls die Parteiautonomie[2214] und sichert hierdurch die Einhaltung gemeinschaftsrechtlicher Standards.[2215] Damit die zwingenden Bestimmungen des Gemeinschaftsrechts zur Anwendung gelangen, wird zum einen vorausgesetzt, dass die Parteien für ihr Vertragsverhältnis ein drittstaatliches Recht gewählt

---

2211 Vgl. etwa *Einsele*, Auswirkungen der Rom I-Verordnung auf Finanzdienstleistungen, WM 2009, 289 (290); *Mankowski*, Die Rom I-Verordnung – Änderungen im europäischen IPR für Schuldverträge, IHR 2008, 133 (135); *Martiny* in: Münchener Kommentar, VO (EG) 593/2008, Art. 3, Rn. 98; *Wagner*, Der Grundsatz der Rechtswahl und das mangels Rechtswahl anwendbare Recht (Rom I-Verordnung), IPRax 2008, 377 (380).

2212 Vgl. etwa *Koch/Magnus/Winkler von Mohrenfels*, IPR, § 5, Rn. 14; *Thorn* in: Palandt, 69. Aufl., Rom I, Art. 3, Rn. 1, 5; *Magnus*, Die Rom I-Verordnung, IPRax 2010, 27 (33 f.); *Mankowski*, Die Rom I-Verordnung – Änderungen im europäischen IPR für Schuldverträge, IHR 2008, 133 (135).

2213 So auch *Koch/Magnus/Winkler von Mohrenfels*, IPR, § 5, Rn. 14; *Thorn* in: Palandt, 69. Aufl., Rom I, Art. 3, Rn. 5.

2214 So auch *Ferrari* in: Ferrari/Kieninger/Mankowski u. a., Internationales Vertragsrecht, VO (EG) 593/2008, Art. 3, Rn. 60.

2215 Vgl. *Martiny* in: Münchener Kommentar, VO (EG) 593/2008, Art. 3, Rn. 4.

haben.[2216] Unter dem Recht eines Drittstaates sind all diejenigen Rechtsordnungen von Staaten zu verstehen, die Nichtmitgliedstaaten im Sinne von Art. 1 Abs. 4 S. 2 Rom I sind.[2217] Zum anderen müssen alle anderen Elemente des Sachverhalts im Zeitpunkt der Rechtswahl im Binnenmarkt belegen sein;[2218] die Bestimmung der Belegenheit erfolgt dabei ein in ähnlicher Weise wie im Rahmen von Art. 3 Abs. 3 Rom I.[2219]

Sofern sämtliche Voraussetzungen dieser Vorschrift erfüllt sind, erlangen all diejenigen Bestimmungen des Gemeinschaftsrechts Geltung – und zwar gegebenenfalls in der von dem Mitgliedstaat des angerufenen Gerichts umgesetzten Form –, von denen die Parteien nicht durch Vereinbarung abweichen können.[2220] Unter dem Begriff der Bestimmungen des Gemeinschaftsrechts sind also nichtdispositive Regelungen des Sekundärrechts zu verstehen,[2221] wie sie insbesondere in den Richtlinien zum Schutz strukturell unterlegener Vertragsparteien (zum Beispiel der Richtlinie 86/653/EWG des Rates vom 18. Dezember 1986 zur Koordinierung der Rechtsvorschriften der Mitgliedstaaten betreffend die selbständigen Handelsvertreter[2222]) zu finden sind.[2223] Es kommt folglich zu einem sogenannten „law mix"[2224], welcher sich einerseits aus der Anwen-

---

[2216] So bspw. auch *Ferrari* in: Ferrari/Kieninger/Mankowski u. a., Internationales Vertragsrecht, VO (EG) 593/2008, Art. 3, Rn. 61; *Koch/Magnus/Winkler von Mohrenfels*, IPR, § 5, Rn. 99; *Magnus*, Die Rom I-Verordnung, IPRax 2010, 27 (34); *Martiny* in: Münchener Kommentar, VO (EG) 593/2008, Art. 3, Rn. 98; *Thorn* in: Palandt, 69. Aufl., Rom I, Art. 3, Rn. 5.

[2217] So auch *Koch/Magnus/Winkler von Mohrenfels*, IPR, § 5, Rn. 99; *Martiny* in: Münchener Kommentar, VO (EG) 593/2008, Art. 3, Rn. 98.

[2218] So bspw. auch *Ferrari* in: Ferrari/Kieninger/Mankowski u. a., Internationales Vertragsrecht, VO (EG) 593/2008, Art. 3, Rn. 62; *Koch/Magnus/Winkler von Mohrenfels*, IPR, § 5, Rn. 99; *Martiny* in: Münchener Kommentar, VO (EG) 593/2008, Art. 3, Rn. 99.

[2219] Vgl. *Ferrari* in: Ferrari/Kieninger/Mankowski u. a., Internationales Vertragsrecht, VO (EG) 593/2008, Art. 3, Rn. 62; *Martiny* in: Münchener Kommentar, VO (EG) 593/2008, Art. 3, Rn. 99.

[2220] So bspw. auch *Magnus*, Die Rom I-Verordnung, IPRax 2010, 27 (34); *Mankowski*, Die Rom I-Verordnung – Änderungen im europäischen IPR für Schuldverträge, IHR 2008, 133 (135); *Martiny* in: Münchener Kommentar, VO (EG) 593/2008, Art. 3, Rn. 101 f.

[2221] So bspw. auch *Clausnitzer/Woopen*, Internationale Vertragsgestaltung – Die neue EG-Verordnung für grenzüberschreitende Verträge (Rom I-VO), BB 2008, 1798 (1799); *Ferrari* in: Ferrari/Kieninger/Mankowski u. a., Internationales Vertragsrecht, VO (EG) 593/2008, Art. 3, Rn. 63; *Martiny* in: Münchener Kommentar, VO (EG) 593/2008, Art. 3, Rn. 101.

[2222] *ABlEG* Nr. L 382 v. 31.12.1986, S. 17-21.

[2223] Vgl. etwa *Clausnitzer/Woopen*, Internationale Vertragsgestaltung – Die neue EG-Verordnung für grenzüberschreitende Verträge (Rom I-VO), BB 2008, 1798 (1799); *Ferrari* in: Ferrari/Kieninger/Mankowski u. a., Internationales Vertragsrecht, VO (EG) 593/2008, Art. 3, Rn. 63; *Magnus*, Die Rom I-Verordnung, IPRax 2010, 27 (34); *Mankowski*, Die Rom I-Verordnung – Änderungen im europäischen IPR für Schuldverträge, IHR 2008, 133 (136); *Martiny* in: Münchener Kommentar, VO (EG) 593/2008, Art. 3, Rn. 102; *Thorn* in: Palandt, 69. Aufl., Rom I, Art. 3, Rn. 5.

[2224] Vgl. *Ferrari* in: Ferrari/Kieninger/Mankowski u. a., Internationales Vertragsrecht, VO (EG) 593/2008, Art. 3, Rn. 63; *Martiny* in: Münchener Kommentar, VO (EG) 593/2008, Art. 3, Rn. 98 m. w. N.

dung des gewählten Rechts und zum anderen aus den gleichfalls zur Anwendung gelangenden zwingenden Bestimmungen des nichtdispositiven Gemeinschaftsrechts zusammensetzt.[2225]

Um nun zu vermeiden, dass gemäß Art. 3 Abs. 4 Rom I die zwingenden Bestimmungen des Gemeinschaftsrechts gleichfalls zur Anwendung gelangen, muss der Anbieter demnach entweder auf die Wahl der Rechtsordnung eines Drittstaates verzichten oder er muss dafür sorgen, dass nicht alle anderen Elemente des Sachverhalts im Binnenmarkt belegen sind. Die erste Möglichkeit scheidet in den hier untersuchten Fällen aus. Denn der Anbieter verfolgt schließlich das Ziel, die Vertragsverhältnisse der deutschen Rechtsordnung und damit auch den für den Schutz des Verbrauchers maßgeblichen Regelungsbereichen des deutschen Rechts zu entziehen. Da diese für den Schutz des Verbrauchers maßgeblichen Regelungsbereiche, wie in dieser Untersuchung bereits mehrfach aufgezeigt[2226], jedoch überwiegend auf die Umsetzung von Richtlinien zurückzuführen sind, ist bei den Mitgliedstaaten im Sinne von Art. 1 Abs. 4 S. 2 Rom I nicht von signifikanten Unterschieden des Verbraucherrechts auszugehen[2227], sodass die Wahl des Rechts eines anderen Mitgliedstaates im Sinne von Art. 1 Abs. 4 S. 2 Rom I hier nicht zweckmäßig ist. Dem Anbieter verbleibt daher nur die Möglichkeit, seine Hauptverwaltung bzw. Hauptniederlassung in einen Drittstaat zu verlegen und damit zu erreichen, dass der Sachverhalt nicht mehr ausschließlich mit dem EU-Gebiet verbunden ist. Zwar profitiert er dann auch nicht mehr von der Niederlassungsfreiheit. Dennoch stellt eine solche Verlegung für den Anbieter kein allzu großes Problem dar, da er, wie bereits erwähnt, seine Dienstleistungen über eine Plattform im Internet anbietet, die er überall betreiben kann.

Dem Anbieter einer Abonnement- bzw. Vertragsfalle im Internet ist es im Ergebnis also durchaus möglich, einen entsprechenden Drittstaatenbezug zu schaffen und damit zu verhindern, dass gemäß Art. 3 Abs. 4 Rom I die zwingenden Bestimmungen des Gemeinschaftsrechts gleichfalls zur Anwendung gelangen und sich hierdurch Beschränkungen für die Wirkung der durch ihn vorgenommene Rechtswahl ergeben.

2225 So auch *Ferrari* in: Ferrari/Kieninger/Mankowski u. a., Internationales Vertragsrecht, VO (EG) 593/2008, Art. 3, Rn. 63; *Martiny* in: Münchener Kommentar, VO (EG) 593/2008, Art. 3, Rn. 98.

2226 Siehe insb. 1. Teil, B, 3. Teil, B, II, 2 sowie 4. Teil, A, I.

2227 So auch *BT-Drs.* 14/2658, S. 50; *Martiny* in: Münchener Kommentar, EGBGB, Art. 46 b, Rn. 34.

c) Kollisionsrechtlicher Verbraucherschutz (Art. 6 Rom I)

Die in der Praxis bedeutsamste Beschränkung erfährt der Grundsatz der freien Rechtswahl im Hinblick auf seine Wirkung neben den in Art. 8 Rom I geregelten Individualarbeitsverträgen bei den in Art. 6 Rom I geregelten Verbraucherverträgen.[2228] Und auch in den hier untersuchten Fällen könnte das seitens des Anbieters der Abonnement- bzw. Vertragsfalle zur Anwendung berufene Recht hinsichtlich seiner Wirkung über die Sonderregelung des Art. 6 Rom I zu korrigieren sein.

Zwar besteht auch im Rahmen des Internationalen Verbraucherrechts kein generelles Rechtswahlverbot,[2229] sodass die Parteien – wie es durch Art. 6 Abs. 2 S. 1 Rom I auch ausdrücklich klargestellt wird – das Vertragsstatut nach Art. 3 Rom I selbst dann frei bestimmen können, wenn der Vertrag die Anforderungen von Art. 6 Abs. 1 Rom I erfüllt. Allerdings darf die Rechtswahl in diesem Fall nicht zum Entzug des Schutzes führen, der dem Verbraucher durch diejenigen Bestimmungen gewährt wird, von denen nach dem Recht, das nach Absatz 1 ohne Rechtswahl anzuwenden wäre, nicht durch Vereinbarung abgewichen werden darf (vgl. Art. 6 Abs. 2 S. 2 Rom I). Mit anderen Worten setzen sich also – wenn auch unter engen Voraussetzungen – die zwingenden verbraucherschützenden Vorschriften desjenigen Staates, in dem der Verbraucher seinen gewöhnlichen Aufenthalt hat, gegen eine durch Rechtswahl zur Anwendung berufene ungünstigere Rechtsordnung durch.[2230] Die Sonderanknüpfung des Art. 6 Rom I schränkt durch den zweiten Satz in Absatz 2 (in Übereinstimmung mit dem 23. Erwägungsgrund) somit den Grundsatz der freien Rechtswahl in seiner Wirkung zum Schutz vor einer Verkürzung der Rechte des Verbrauchers als intellektuell und wirtschaftlich unterlegener Partei ein und bildet insofern eine Ausnahme zur allgemeinen Regelung des Art. 3 Rom I.[2231] Aber auch für den Fall, dass die Parteien keine Rechtswahl nach

---

[2228] So auch *Koch/Magnus/Winkler von Mohrenfels*, IPR, § 5, Rn. 15.

[2229] Vgl. etwa *Magnus*, Die Rom I-Verordnung, IPRax 2010, 27 (38); *Martiny* in: Münchener Kommentar, VO (EG) 593/2008, Art. 6, Rn. 41; *Staudinger* in: Ferrari/Kieninger/Mankowski u. a., Internationales Vertragsrecht, VO (EG) 593/2008, Art. 6, Rn. 71; *Thorn* in: Palandt, 69. Aufl., Rom I, Vorb v Art. 1, Rn. 6, Art. 6, Rn. 1, 8.

[2230] So auch *Koch/Magnus/Winkler von Mohrenfels*, IPR, § 5, Rn. 101; *Staudinger* in: Ferrari/Kieninger/Mankowski u. a., Internationales Vertragsrecht, VO (EG) 593/2008, Art. 6, Rn. 1, 72; *Thorn* in: Palandt, 69. Aufl., Rom I, Art. 6, Rn. 8.

[2231] So auch *Martiny* in: Münchener Kommentar, VO (EG) 593/2008, Art. 6, Rn. 1; *Staudinger* in: Ferrari/Kieninger/Mankowski u. a., Internationales Vertragsrecht, VO (EG) 593/2008, Art. 6, Rn. 1; *Thorn* in: Palandt, 69. Aufl., Rom I, Art. 6, Rn. 1.

Art. 3 Rom I getroffen haben, sieht Art. 6 Abs. 1 Rom I zugunsten des Verbrauchers eine von der allgemeinen Regelung des Art. 4 Rom I abweichende objektive Anknüpfung an dessen gewöhnlichen Aufenthaltsstaat vor (dazu jedoch noch ausführlich in Abschnitt III, Unterabschnitt 2).[2232]

Die Anwendung der aus Verbrauchersicht heimischen Rechtsordnung macht die (in ihrer Formulierung insoweit Art. 15 EuGVVO vergleichbare) Sonderregelung für Verbraucherverträge dabei sowohl von den persönlichen Eigenschaften der beiden am Abschluss des Vertrages beteiligten Parteien als auch von einem bestimmtem Gegenstand des Rechtsgeschäfts abhängig, das zudem noch unter besonderen Bedingungen zustande gekommen sein muss.[2233] Zumindest auf eine dieser genannten Voraussetzungen muss der Anbieter Einfluss nehmen können, will er – und davon ist auch hier auszugehen – die Anwendbarkeit der Sonderanknüpfung des Art. 6 Rom I verhindern und damit verbunden die durch den zweiten Satz in Absatz 2 auferlegten Beschränkungen für die Wirkung der freien Rechtswahl umgehen. Im Einzelnen:

aa) Persönlicher Anwendungsbereich

Die Eröffnung des persönlichen Anwendungsbereichs eines Verbrauchervertrages setzt gemäß Art. 6 Abs. 1 Rom I den Abschluss eines Vertrages zwischen einem Verbraucher auf der einen und einem Unternehmer auf der anderen Seite voraus, da nur in einem solchen Fall das für die Sonderanknüpfung rechtfertigende strukturelle Ungleichgewicht zwischen den Vertragsparteien vorhanden ist.[2234]

Welcher Personenkreis vom Begriff des Verbrauchers erfasst wird, ist in der Verordnung allerdings nicht positiv bestimmt, sondern erfolgt – bis auf die Vorgabe, dass es sich bei einem Verbraucher um eine natürliche Person handeln muss – lediglich durch eine negative Abgrenzung,[2235] die zur Bestimmung des Verbraucherbegriffes maßgeblich auf den Zweck des jeweiligen Geschäftes abstellt.[2236] Dieser Zweck darf nämlich

[2232] So auch *Staudinger* in: Ferrari/Kieninger/Mankowski u. a., Internationales Vertragsrecht, VO (EG) 593/2008, Art. 6, Rn. 1; *Thorn* in: Palandt, 69. Aufl., Rom I, Art. 6, Rn. 1.

[2233] So auch *Martiny* in: Münchener Kommentar, VO (EG) 593/2008, Art. 6, Rn. 3.

[2234] Vgl. *Thorn* in: Palandt, 69. Aufl., Rom I, Art. 6, Rn. 5.

[2235] So auch *Martiny* in: Münchener Kommentar, VO (EG) 593/2008, Art. 6, Rn. 6.

[2236] Vgl. *Martiny* in: Münchener Kommentar, VO (EG) 593/2008, Art. 6, Rn. 6; *Staudinger* in: Ferrari/Kieninger/Mankowski u. a., Internationales Vertragsrecht, VO (EG) 593/2008, Art. 6, Rn. 13.

weder der beruflichen noch einer gewerblichen Tätigkeit auf Seiten des Verbrauchers zugerechnet werden.

Während unter dem Begriff einer gewerblichen Tätigkeit jede Form der Ausübung einer selbstständigen geschäftlichen Tätigkeit zu verstehen ist,[2237] fallen unter den Begriff der beruflichen Tätigkeit insbesondere diejenigen Verträge, die Angehörige bestimmter freier Berufe (sogenannte Freiberufler, wie etwa Ärzte, Steuerberater oder Rechtsanwälte) im Rahmen ihrer Tätigkeit abschließen.[2238] Dabei ist die Frage, ob der Zweck des Vertrages weder einer beruflichen noch einer gewerblichen Tätigkeit des Verbrauchers zugerechnet werden kann, nicht aufgrund subjektiver Merkmale wie etwa dem inneren Willen des Leistungsempfängers zu beurteilen, sondern vielmehr anhand der dem Schuldner objektiv erkennbaren Umstände des jeweiligen Geschäfts.[2239] Der Vertragspartner des Verbrauchers muss hingegen bei Abschluss des Vertrages gerade in Ausübung seiner beruflichen oder gewerblichen Tätigkeit handeln, damit er als Unternehmer im Sinne des Art. 6 Abs. 1 Rom I zu qualifizieren ist.

Obwohl das Vorliegen dieser beiden Voraussetzungen autonom zu beurteilen ist, kann an dieser Stelle durchaus wieder auf die Ausführungen und Ergebnisse zu der Verbrauchereigenschaft des Nutzers und der Unternehmereigenschaft des Anbieters einer Abonnement- bzw. Vertragsfalle im Rahmen des Anwendungsbereichs des AGB-Rechts[2240] verwiesen werden: So handelt es sich bei dem dieser Untersuchung zugrunde gelegten Nutzer um eine natürliche Person, die den Vertrag zu einem rein privaten Zweck abschließt, d. h. zu einem Zweck, der weder einer beruflichen noch einer gewerblichen Tätigkeit zugerechnet werden kann, sodass es sich bei dem Nutzer auch um einen Verbraucher im Sinne des Art. 6 Abs. 1 Rom I handelt. Bei dem Anbieter einer Abonnement- bzw. Vertragsfalle, der seine Produkte auf einer Seite im Internet präsentiert, ist ohne Weiteres davon auszugehen, dass er die jeweilige Plattform in Ausübung einer gewerblichen Tätigkeit betreibt und damit auch unter den Begriff des Unternehmers im Sinne des Art. 6 Abs. 1 Rom I fällt. Somit ist vorliegend der persönliche Anwendungsbereich der Sonderanknüpfung des Art. 6 Abs. 1 Rom I eröffnet.

2237 Vgl. nur *Martiny* in: Münchener Kommentar, VO (EG) 593/2008, Art. 6, Rn. 7.

2238 Vgl. etwa *E. Lorenz*, Die Rechtswahlfreiheit im internationalen Schuldvertragsrecht, RIW 1987, 569 (576); *Martiny* in: Münchener Kommentar, VO (EG) 593/2008, Art. 6, Rn. 7; *Staudinger* in: Ferrari/Kieninger/Mankowski u. a., Internationales Vertragsrecht, VO (EG) 593/2008, Art. 6, Rn. 13.

2239 Vgl. *Staudinger* in: Ferrari/Kieninger/Mankowski u. a., Internationales Vertragsrecht, VO (EG) 593/2008, Art. 6, Rn. 13 m. w. N.; *Thorn* in: Palandt, 69. Aufl., Rom I, Art. 6, Rn. 5.

2240 Siehe 3. Teil, B, I, 1 und 2.

bb) Sachlicher Anwendungsbereich

Hinsichtlich des sachlichen Anwendungsbereichs von Art. 6 Abs. 1 Rom I ist der kollisionsrechtliche Verbraucherschutz durch die Verordnung (EG) Nr. 593/2008 erheblich ausgedehnt worden:[2241] So ist die vormalige Beschränkung auf Verträge über die Lieferung beweglicher Sachen oder die Erbringung von Dienstleistungen sowie die zugehörige Finanzierung eines solchen Geschäfts (vgl. etwa Art. 29 EGBGB a. F.) entfallen;[2242] die Sonderanknüpfung in Art. 6 Rom I ist weit gefasst und erfasst grundsätzlich alle Vertragstypen und Verbraucherverträge.[2243] Da im Tatbestand dieser Norm auch auf das Merkmal der Körperlichkeit verzichtet wurde, gelangt der kollisionsrechtliche Verbraucherschutz nunmehr selbst beim Erwerb von immateriellen Gütern, wie beispielsweise beim Kauf von Software, Musik oder Filmen über das Internet, zur Anwendung.[2244] Vom sachlichen Anwendungsbereich ausdrücklich ausgeschlossen sind hingegen die in Art. 5 Rom I geregelte Sonderanknüpfung für Beförderungsverträge sowie die in Art. 7 Rom I geregelte Sonderanknüpfung für Versicherungsverträge. Denn aufgrund der Besonderheit dieser beiden Verträge sind spezielle Kollisionsnormen notwendig, damit ein angemessenes Schutzniveau für zu befördernde Personen und Versicherungsnehmer gewährleistet werden kann.[2245]

Nach wie vor vorhanden ist der, durch den Erlass der Verordnung (EG) Nr. 593/2008 allerdings auch erweiterte, Katalog mit Ausnahmeregelungen in Art. 6 Abs. 4 lit. a

---

2241 Vgl. *Koch/Magnus/Winkler von Mohrenfels*, IPR, § 5, Rn. 17.

2242 Vgl. *Koch/Magnus/Winkler von Mohrenfels*, IPR, § 5, Rn. 17; *Leible/M. Lehmann*, Die Verordnung über das auf vertragliche Schuldverhältnisse anzuwendende Recht („Rom I") RIW 2008, 528 (537); *Thorn* in: Palandt, 69. Aufl., Rom I, Art. 6, Rn. 4.

2243 Vgl. etwa *Koch/Magnus/Winkler von Mohrenfels*, IPR, § 5, Rn. 17; *Leible/M. Lehmann*, Die Verordnung über das auf vertragliche Schuldverhältnisse anzuwendende Recht („Rom I") RIW 2008, 528 (537); *Magnus*, Die Rom I-Verordnung, IPRax 2010, 27 (38); *Mankowski*, Die Rom I-Verordnung – Änderungen im europäischen IPR für Schuldverträge, IHR 2008, 133 (136, 141); *Martiny* in: Münchener Kommentar, VO (EG) 593/2008, Art. 6, Rn. 13; *Staudinger* in: Ferrari/Kieninger/Mankowski u. a., Internationales Vertragsrecht, VO (EG) 593/2008, Art. 6, Rn. 9, 25 m. w. N.; *Thorn* in: Palandt, 69. Aufl., Rom I, Art. 6, Rn. 4.

2244 Vgl. etwa *Leible*, Binnenmarkt, elektronischer Geschäftsverkehr und Verbraucherschutz, JZ 2010, 272 (277); *Leible/M. Lehmann*, Die Verordnung über das auf vertragliche Schuldverhältnisse anzuwendende Recht („Rom I") RIW 2008, 528 (537) m. w. N.; *Mankowski*, Die Rom I-Verordnung – Änderungen im europäischen IPR für Schuldverträge, IHR 2008, 133 (141); *Staudinger* in: Ferrari/Kieninger/Mankowski u. a., Internationales Vertragsrecht, VO (EG) 593/2008, Art. 6, Rn. 25.

2245 Vgl. *Erwägungsgrund 32* der Verordnung (EG) Nr. 593/2008; *Martiny* in: Münchener Kommentar, VO (EG) 593/2008, Art. 6, Rn. 15; *Staudinger* in: Ferrari/Kieninger/Mankowski u. a., Internationales Vertragsrecht, VO (EG) 593/2008, Art. 6, Rn. 26.

bis e Rom I.[2246] Für die dort aufgeführten Vertragstypen, nämlich Verträge im Zusammenhang mit der Erbringung von ausländischen Dienstleistungen (vgl. lit. a), Beförderungsverträge (vgl. lit. b), Verträge über unbewegliche Sachen (vgl. lit. c), Finanzinstrumente, öffentliche Angebote und Finanzdienstleistungen (vgl. lit. d) sowie Verträge innerhalb multilateraler Systeme (vgl. lit. e), greift der besondere Schutz des Art. 6 Rom I nicht ein; die Anknüpfung richtet sich in diesen Fällen vielmehr nach den allgemeinen Vorschriften in den Art. 4 und 5 Rom I.[2247] Von diesen Ausnahmen erscheinen im Hinblick auf die hier untersuchten Abonnement- bzw. Vertragsfallen im Internet allenfalls die in Absatz 4 lit. a genannten Verträge im Zusammenhang mit der Erbringung von ausländischen Dienstleistungen einschlägig, sodass auf diese Art von Verträgen hier näher eingegangen werden soll.

Nach Art. 6 Abs. 4 lit. a Rom I gelten die in den ersten beiden Absätzen aufgeführten Sonderregelungen für Verbraucherverträge nicht für solche Verträge, die die Erbringung von Dienstleistungen zum Gegenstand haben, sofern die dem Verbraucher geschuldeten Dienstleistungen ausschließlich in einem anderen als in dem Staat erbracht werden müssen, in dem der Verbraucher seinen gewöhnlichen Aufenthalt hat. Unter einem solchen Vertrag ist beispielweise eine Beherbergung (wie bei einer Hotelunterkunft im Ausland) zu verstehen; aber auch Unterrichtsverträge (wie etwa ein Sprachlehrgang, ein Ski- oder Segelkurs im Ausland) werden von dieser Vertragsart erfasst.[2248] Eine nähere Definition dessen, was unter dem Begriff des „Erbringens" einer solchen Dienstleistung zu verstehen ist, ist zwar nicht vorhanden.[2249] Erfolgt das Erbringen der geschuldeten Leistung jedoch ausschließlich über das Internet – zu denken wäre hier beispielsweise an die Lieferung von Unterrichtsmaterialien oder eben auch an die Lieferung von sonstigen Daten –, so liegt hierin auch eine Berührung des Aufenthaltslandes des Verbrauchers, sofern dieser die Leistung von dort aus dem Internet abruft,[2250] wie hier der Nutzer.

2246 Vgl. nur *Martiny* in: Münchener Kommentar, VO (EG) 593/2008, Art. 6, Rn. 16; *Thorn* in: Palandt, 69. Aufl., Rom I, Art. 6, Rn. 4.

2247 Vgl. *Martiny* in: Münchener Kommentar, VO (EG) 593/2008, Art. 6, Rn. 16.

2248 Vgl. *BGH*, Urt. v. 26.10.1993 - XI ZR 42/93, BGHZ 123, 380 (387 f.) = NJW 1994, 262 (264); *Martiny* in: Münchener Kommentar, VO (EG) 593/2008, Art. 6, Rn. 17.

2249 Vgl. *Martiny* in: Münchener Kommentar, VO (EG) 593/2008, Art. 6, Rn. 18.

2250 Vgl. *Mankowski*, Das Internet im Internationalen Vertrags- und Deliktsrecht, RabelsZ 63 (1999), 203 (254 f.); *Martiny* in: Münchener Kommentar, VO (EG) 593/2008, Art. 6, Rn. 18 m. w. N.

Somit ist die Voraussetzung, dass die geschuldete Dienstleistung ausschließlich in einem anderen als in dem Staat erbracht wird, in dem der Verbraucher seinen gewöhnlichen Aufenthalt hat, bei den hier untersuchten Vertragsabschlüssen im Zusammenhang mit Abonnement- bzw. Vertragsfallen im Internet nicht erfüllt, sodass die Ausnahmeregelung des Art. 6 Abs. 4 lit. a Rom I hier nicht zur Anwendung gelangt. Da auch keine der anderen Ausnahmen des Katalogs in Art. 6 Abs. 4 eingreift und auch keine der in Art. 5 bzw. 7 Rom I geregelten Sonderanknüpfungen einschlägig ist, lassen sich die hier untersuchten Verträge zwischen einem Nutzer und einem Anbieter einer Abonnement- bzw. Vertragsfalle problemlos unter die von der Sonderanknüpfung in Art. 6 Rom I erfassten Vertragstypen subsumieren. Damit ist vorliegend auch der sachliche Anwendungsbereich der Sonderanknüpfung des Art. 6 Abs. 1 Rom I eröffnet.

cc) Umstände des Vertragsabschlusses

Neben den Voraussetzungen, die zur Eröffnung des persönlichen sowie des sachlichen Anwendungsbereichs vorliegen müssen, verlangt der kollisionsrechtliche Verbraucherschutz des Art. 6 Rom I weiterhin, dass eine entsprechende Absatztätigkeit im Lande des Verbrauchers gegeben ist, der Vertrag also in den sogenannten „situativen Anwendungsbereich" der Vorschrift fällt,[2251] damit sich die rechtswahlbeschränkende Wirkung der Norm entfaltet.[2252] Denn der besondere Schutz dieser Kollisionsnorm rechtfertigt sich unter anderem dadurch, dass der Vertrag aufgrund dieser räumlichen Verknüpfung eine besondere Nähe zum Aufenthaltsstaat des Verbrauchers aufweist und somit auch zu dessen Umweltrecht.[2253]

Wann von einer entsprechenden Absatztätigkeit des Unternehmers auszugehen ist, die eine solche räumliche Verknüpfung aufweist, wird durch die abschließende Aufzählung bestimmter Vertragsabschlussmodalitäten in Art. 6 Abs. 1 Rom I konkretisiert:[2254] Erforderlich ist demnach, dass er seine berufliche oder gewerbliche Tätigkeit im Aufenthaltsstaat des Verbrauchers ausübt (vgl. lit. a) oder dass er eine solche Tätigkeit (auch)

[2251] Vgl. *Bülow*, Zum internationalen Anwendungsbereich des deutschen Verbraucherkreditgesetzes, EuZW 1993, 435 (436); *Martiny* in: Münchener Kommentar, VO (EG) 593/2008, Art. 6, Rn. 29.

[2252] So auch *Koch/Magnus/Winkler von Mohrenfels*, IPR, § 5, Rn. 101.

[2253] Vgl. *Martiny* in: Münchener Kommentar, VO (EG) 593/2008, Art. 6, Rn. 29; *Staudinger* in: Ferrari/Kieninger/Mankowski u. a., Internationales Vertragsrecht, VO (EG) 593/2008, Art. 6, Rn. 45.

[2254] Vgl. ebd.

auf diesen Staat ausrichtet (vgl. lit. b). Aufgrund dieser äußeren Umstände kommt der Unternehmer nämlich quasi zu dem Verbraucher, sodass der Abschluss des Vertrages in diesen Fällen für den Verbraucher in die Nähe eines Inlandsgeschäfts rückt und sich ihm auch als ein solches darstellt,[2255] für das er folglich auch den Schutz durch die Rechtsordnung seines Aufenthaltsstaates erwarten darf.[2256] Ist eine entsprechende Absatztätigkeit des Unternehmers auf dem Inlandsmarkt des Verbrauchers zu bejahen, muss der Vertrag des Weiteren noch in den Bereich dieser unternehmerischen Tätigkeit fallen, welche wiederum kausal für den Abschluss des Vertrages sein muss.[2257]

aaa) Ausübung einer beruflichen oder gewerblichen Tätigkeit (lit. a)

Die erste der beiden in Art. 6 Abs. 1 Rom I aufgeführten Vertragsabschlussmodalitäten betrifft die Ausübung einer beruflichen oder gewerblichen Tätigkeit des Unternehmers und erfordert, dass diese in dem Staat erfolgt, in dem der Verbraucher seinen gewöhnlichen Aufenthalt hat (vgl. lit. a).

Unter dem Begriff der Ausübung ist die Durchführung einer beruflichen oder gewerblichen Tätigkeit zu verstehen, die zwar eine aktive Beteiligung des Unternehmers am Wirtschaftsverkehr im Aufenthaltsstaat des Verbrauchers erfordert,[2258] durch das Anbieten und Abwickeln von Leistungen jedoch bereits regelmäßig vorliegt.[2259] Erfasst werden von dieser Vertragsabschlussmodalität vor allem der Verkauf von Waren sowie der Abschluss von Dienstleistungsverträgen.[2260] Dass der Unternehmer eine (Zweig-) Niederlassung in dem jeweiligen Aufenthaltsstaat des Verbrauchers unterhält, über welche die ausgeübte Tätigkeit erfolgen muss, ist nicht notwendig.[2261] Es genügt bereits die

---

2255 Vgl. *BT-Drs.* 10/504, S. 79; *Martiny* in: Münchener Kommentar, VO (EG) 593/2008, Art. 6, Rn. 29; *Thorn* in: Palandt, 69. Aufl., Rom I, Art. 6, Rn. 6.

2256 Vgl. *BT-Drs.* 10/504, S. 79; *Martiny* in: Münchener Kommentar, VO (EG) 593/2008, Art. 6, Rn. 29.

2257 So auch *Martiny* in: Münchener Kommentar, VO (EG) 593/2008, Art. 6, Rn. 29; *Staudinger* in: Ferrari/Kieninger/Mankowski u. a., Internationales Vertragsrecht, VO (EG) 593/2008, Art. 6, Rn. 60.

2258 Vgl. etwa *Leible/M. Lehmann*, Die Verordnung über das auf vertragliche Schuldverhältnisse anzuwendende Recht („Rom I“) RIW 2008, 528 (538); *Martiny* in: Münchener Kommentar, VO (EG) 593/2008, Art. 6, Rn. 30; *Staudinger* in: Ferrari/Kieninger/Mankowski u. a., Internationales Vertragsrecht, VO (EG) 593/2008, Art. 6, Rn. 46.

2259 Vgl. etwa *Mankowski*, Die Rom I-Verordnung – Änderungen im europäischen IPR für Schuldverträge, IHR 2008, 133 (142); *Martiny* in: Münchener Kommentar, VO (EG) 593/2008, Art. 6, Rn. 30.

2260 Vgl. *Martiny* in: Münchener Kommentar, VO (EG) 593/2008, Art. 6, Rn. 30.

2261 Vgl. *Leible/M. Lehmann*, Die Verordnung über das auf vertragliche Schuldverhältnisse anzuwendende Recht („Rom I“) RIW 2008, 528 (538); *Staudinger* in: Ferrari/Kieninger/Mankowski u. a., Internationales Vertragsrecht, VO (EG) 593/2008, Art. 6, Rn. 46.

Erbringung von Dienstleistungen vor Ort.[2262] Erfolgt hingegen nur der Abschluss des Vertrages im Aufenthaltsstaat des Verbrauchers, so liegt darin keine Ausübung einer Tätigkeit des Unternehmers; hierin könnte allenfalls ein Ausrichten einer solchen Tätigkeit im Sinne des Art. 6 Abs. 1 lit. b Rom I zu sehen sein.[2263]

Wo genau der Anbieter der Abonnement- bzw. Vertragsfalle seine Dienstleistung gegenüber dem Nutzer erbringt, ob dies also wie gefordert im Verbraucherstaat (hier also in der Bundesrepublik Deutschland) oder andernorts erfolgt, kann aufgrund der Erbringung der geschuldeten Leistung über das Internet im Einzelfall schwer festzulegen sein. Da aber bereits der bloße Abschluss des Vertrages im Aufenthaltsstaat des Verbrauchers als ein Ausrichten einer solchen Tätigkeit im Sinne des Art. 6 Abs. 1 lit. b Rom I zu werten sein könnte und damit gleichfalls eine entsprechende Absatztätigkeit des Unternehmers auf dem Inlandsmarkt des Verbrauchers zu bejahen wäre, kann die abschließende Beurteilung der Frage, ob die Ausübung einer Tätigkeit des Unternehmers vorliegt, an dieser Stelle offen gelassen werden.

bbb) Ausrichtung einer solchen Tätigkeit (lit. b)

Die zweite der in Art. 6 Abs. 1 Rom I aufgeführten Vertragsabschlussmodalitäten setzt das Ausrichten einer beruflichen oder gewerblichen Tätigkeit auf irgendeine Weise auf den Staat des gewöhnlichen Aufenthalts des Verbrauchers oder auf mehrere Staaten, einschließlich dieses Staates, voraus (vgl. lit. b).

Auch bei dieser Alternative muss es sich zunächst einmal um eine entsprechende Tätigkeit des Unternehmers handeln.[2264] Da der Begriff der Tätigkeit weit auszulegen ist,[2265] ist die (in Art. 29 Abs. 1 Nr. 1 EGBGB a. F. noch ausdrücklich genannte) Werbung des Unternehmers zur Bejahung dieser Voraussetzung bereits als ausreichend anzusehen.[2266] Eine solche Werbetätigkeit umfasst dabei – und zwar unabhängig vom ein-

---

2262 Vgl. *Leible/M. Lehmann*, Die Verordnung über das auf vertragliche Schuldverhältnisse anzuwendende Recht („Rom I") RIW 2008, 528 (538); *Mankowski*, Die Rom I-Verordnung – Änderungen im europäischen IPR für Schuldverträge, IHR 2008, 133 (142); *Staudinger* in: Ferrari/Kieninger/Mankowski u. a., Internationales Vertragsrecht, VO (EG) 593/2008, Art. 6, Rn. 46.

2263 Vgl. *Staudinger* in: Ferrari/Kieninger/Mankowski u. a., Internationales Vertragsrecht, VO (EG) 593/2008, Art. 6, Rn. 46.

2264 So auch *Martiny* in: Münchener Kommentar, VO (EG) 593/2008, Art. 6, Rn. 32.

2265 Vgl. *Martiny* in: Münchener Kommentar, VO (EG) 593/2008, Art. 6, Rn. 32.

2266 Vgl. etwa *EuGH*, Urt. v. 07.12.2010 - C-585/08 und C-144/09, Slg. 2010, I-12527, Rn. 61 – Pammer und Hotel Alpenhof; *BGH*, Urt. v. 30.03.2006 - VII ZR 249/04, BGHZ 167, 83 (89 ff.) = NJW 2006,

gesetzten Medium – sämtliche Formen von absatzfördernden Handlungen, wie beispielsweise den Versand von Katalogen, Prospekten, Einwurfsendungen oder E-Mails, die Schaltung von Werbeanzeigen in Zeitungen bzw. das Platzieren von Werbespots in Rundfunk, Fernsehen oder Kino, aber auch Werbemaßnahmen im Internet.[2267] Zudem ist es erforderlich, dass der Unternehmer seine Tätigkeit auch auf den Aufenthaltsstaat des Verbrauchers ausrichtet,[2268] also gezielt versucht, dort Absatz zu tätigen.[2269] In welcher Form das Ausrichten dieser Tätigkeit durch den Unternehmer erfolgt, ist aufgrund des ebenfalls weit auszulegenden Begriffes nicht weiter von Bedeutung; nach dem ausdrücklichen Wortlaut der Norm ist das Ausrichten „auf irgend eine Weise" – wie hier zum Beispiel in der Form eines entsprechenden Internetauftritts – [2270] bereits vollkommen ausreichend.[2271] Die gezielte Absatztätigkeit setzt ihrerseits aber ein willentliches Tätigwerden voraus; dass der Verbraucher also durch Zufall oder durch eigene Nachforschungen auf den Unternehmer stößt, ohne dass dieser in irgendeiner Weise den Aufenthaltsstaat des Verbrauchers in Betracht zieht, genügt hingegen nicht.[2272] Von einem solchen Willen des Unternehmers könne laut EuGH allerdings immer dann ausgegangen werden, wenn der Unternehmer auch in dem jeweiligen Aufenthaltsstaat des Verbrauchers Anstrengungen unternimmt, seinen Bekanntheitsgrad durch die Nutzung klassischer Werbemittel zu steigern.[2273] Setzt der Unternehmer da-

1672 (1673 f.); *Magnus*, Die Rom I-Verordnung, IPRax 2010, 27 (39); *Mankowski*, Die Rom I-Verordnung – Änderungen im europäischen IPR für Schuldverträge, IHR 2008, 133 (142); *Martiny* in: Münchener Kommentar, VO (EG) 593/2008, Art. 6, Rn. 32; *Staudinger* in: Ferrari/Kieninger/Mankowski u. a., Internationales Vertragsrecht, VO (EG) 593/2008, Art. 6, Rn. 47; *Thorn* in: Palandt, 69. Aufl., Rom I, Art. 6, Rn. 6.

2267 Vgl. etwa *EuGH*, Urt. v. 07.12.2010 - C-585/08 und C-144/09, Slg. 2010, I-12527, Rn. 66 – Pammer und Hotel Alpenhof; *Mankowski*, Das Internet im Internationalen Vertrags- und Deliktsrecht, RabelsZ 63 (1999), 203 (234); *Martiny* in: Münchener Kommentar, VO (EG) 593/2008, Art. 6, Rn. 32; *Staudinger* in: Ferrari/Kieninger/Mankowski u. a., Internationales Vertragsrecht, VO (EG) 593/2008, Art. 6, Rn. 47; *Thorn* in: Palandt, 69. Aufl., Rom I, Art. 6, Rn. 6.

2268 So auch *Mankowski*, Das Internet im Internationalen Vertrags- und Deliktsrecht, RabelsZ 63 (1999), 203 (234); *Martiny* in: Münchener Kommentar, VO (EG) 593/2008, Art. 6, Rn. 33.

2269 Vgl. nur *Staudinger* in: Ferrari/Kieninger/Mankowski u. a., Internationales Vertragsrecht, VO (EG) 593/2008, Art. 6, Rn. 47 m. w. N.

2270 So allg. auch *Clausnitzer/Woopen*, Internationale Vertragsgestaltung – Die neue EG-Verordnung für grenzüberschreitende Verträge (Rom I-VO), BB 2008, 1798 (1801 f.); *Einsele*, Auswirkungen der Rom I-Verordnung auf Finanzdienstleistungen, WM 2009, 289 (292); *Magnus*, Die Rom I-Verordnung, IPRax 2010, 27 (39); *Mankowski*, Das Internet im Internationalen Vertrags- und Deliktsrecht, RabelsZ 63 (1999), 203 (235 ff.); *Mankowski*, Die Rom I-Verordnung – Änderungen im europäischen IPR für Schuldverträge, IHR 2008, 133 (142); *Martiny* in: Münchener Kommentar, VO (EG) 593/2008, Art. 6, Rn. 33.

2271 Vgl. *Martiny* in: Münchener Kommentar, VO (EG) 593/2008, Art. 6, Rn. 33.

2272 Vgl. ebd.

2273 Vgl. *EuGH*, Urt. v. 07.12.2010 - C-585/08 und C-144/09, Slg. 2010, I-12527, Rn. 67 – Pammer und Hotel Alpenhof. So auch *Staudinger* in: Ferrari/Kieninger/Mankowski u. a., Internationales Vertragsrecht, VO (EG) 593/2008, Art. 6, Rn. 47.

bei das Internet als Werbemittel ein, so richtet sich dieses als weltweit wirkendes Medium grundsätzlich auch auf den Staat des gewöhnlichen Aufenthalts des Verbrauchers.[2274]

Weder die auf der Internetseite verwendete Sprache noch eine dort genannte Währung führen indessen zu einer Einschränkung der Reichweite, da diesen beiden Aspekten diesbezüglich keine Bedeutung zukommt.[2275] Aus demselben Grund lässt sich aus der Verwendung einer bestimmten Sprache bzw. der genannten Währung (wie bei den hier untersuchten Abonnement- bzw. Vertragsfallen etwa aus den auf Deutsch verfassten Inhalten sowie der Angabe des Euros als Währung) aber auch nicht darauf schließen, dass der Unternehmer das Werbemittel gerade auf denjenigen Staat mit einer entsprechenden Landessprache bzw. Landeswährung (hier also beispielsweise auf die Bundesrepublik Deutschland oder die Republik Österreich) ausgerichtet hat. Allenfalls durch ausdrücklichen Ausschluss eines bzw. mehrerer bestimmter Staaten kann ein Unternehmer diese weltweite Wirkung wirksam beschränken; in diesem Fall muss jedoch auch sichergestellt sein, dass es in der Folge nicht dazu kommt, dass Bestellungen aus diesen Staaten ausgeführt werden.[2276]

Da der Anbieter einer Abonnement- bzw. Vertragsfalle gezielt das Internet als Werbemittel einsetzt, führt dies aufgrund der weltweiten Wirkung dieses Mediums bereits dazu, dass im Ergebnis sowohl ein Ausrichten der entsprechenden Tätigkeit auch auf die Bundesrepublik Deutschland als dem Aufenthaltsstaat des Nutzers vorliegt als auch der für das entsprechende Ausrichten erforderliche Willen bejaht werden kann. Und selbst wenn der Anbieter in den vorliegend untersuchten Fällen versuchen würde, die Bundesrepublik Deutschland durch einen ausdrücklichen Ausschluss von der weltweiten Wirkung dieses Werbemediums auszunehmen, wäre ein solcher Ausschluss aufgrund der in der Folge ausgeführten Bestellungen aus Deutschland schlichtweg unwirksam.

[2274] So auch *EuGH*, Urt. v. 07.12.2010 - C-585/08 und C-144/09, Slg. 2010, I-12527, Rn. 68 ff. – Pammer und Hotel Alpenhof *Thorn* in: Palandt, 69. Aufl., Rom I, Art. 6, Rn. 6; *Mankowski*, Das Internet im Internationalen Vertrags- und Deliktsrecht, RabelsZ 63 (1999), 203 (235 ff.).

[2275] Vgl. etwa *Erwägungsgrund 24* der Verordnung (EG) Nr. 593/2008; *Magnus*, Die Rom I-Verordnung, IPRax 2010, 27 (39); *Martiny* in: Münchener Kommentar, VO (EG) 593/2008, Art. 6, Rn. 33; *Thorn* in: Palandt, 69. Aufl., Rom I, Art. 6, Rn. 6.

[2276] Vgl. *Einsele*, Auswirkungen der Rom I-Verordnung auf Finanzdienstleistungen, WM 2009, 289 (292); *Mankowski*, Das Internet im Internationalen Vertrags- und Deliktsrecht, RabelsZ 63 (1999), 203 (244 f.); *Thorn* in: Palandt, 69. Aufl., Rom I, Art. 6, Rn. 6.

Im Hinblick auf die Nutzung von Internetseiten ist jedoch auch der im 24. Erwägungsgrund der Verordnung (EG) Nr. 593/2008 enthaltene Hinweis auf die gemeinsame Erklärung des Rates und der Kommission zu Art. 15 EuGVVO zu beachten, wonach für die Anwendung von dessen Absatz 1 lit. c ein entsprechendes Ausrichten allein nicht ausreichend sei, sondern dass darüber hinaus auch der Abschluss eines Vertrages im Rahmen dieser Tätigkeit erforderlich wäre.[2277] Des Weiteren wird in dieser Erklärung ausgeführt, dass die Zugänglichkeit einer Internetseite allein nicht ausreichend sei, um die Anwendbarkeit von Art. 15 der Verordnung begründen zu können; vielmehr müsse die jeweilige Internetseite auch den Abschluss des Vertrages im Wege des Fernabsatzes ermöglichen und ein solcher müsse auch tatsächlich erfolgt sein.[2278] Daher wird auch das Vorhalten einer interaktiven Internetseite verlangt, die den elektronischen Abschluss eines Vertrages durch die Bereitstellung einer entsprechenden Funktion (beispielsweise eines elektronischen Warenkorbes oder eines Online-Formulars) eröffnet, mit deren Hilfe die unmittelbare Übersendung eines Angebotes bzw. einer Bestellung erfolgen kann.[2279]

Auch diese Voraussetzung ist bei den hier untersuchten Fällen erfüllt, da der Nutzer die Annahme des Antrags üblicherweise dadurch erklärt, dass er ein auf der Bestell- bzw. Registrierungsseite vorgehaltenes Formular ausfüllt und absendet.[2280] Damit liegt ein Ausrichten im Sinne des Art. 6 Abs. 1 lit. b Rom I und somit die erforderliche Absatztätigkeit des Unternehmers auf dem Inlandsmarkt des Verbrauchers vor. Auf das Vorliegen der Voraussetzungen für das Ausüben einer unternehmerischen Tätigkeit im Sinne des Art. 6 Abs. 1 lit. a Rom I kommt es folglich nicht mehr an.

ccc) Vertrag im Bereich der unternehmerischen Tätigkeit sowie Kausalität zwischen dem Abschluss des Vertrages und dieser Tätigkeit

Ist eine entsprechende Absatztätigkeit des Unternehmers – sei es durch die Ausübung einer beruflichen oder gewerblichen Tätigkeit im Inlandsmarkt des Verbrauchers

---

[2277] Vgl. *ABlEU* Nr. L 177 v. 04.07.2008, S. 7.

[2278] Vgl. *ABlEU* Nr. L 177 v. 04.07.2008, S. 7 f.

[2279] Vgl. etwa *BGH*, Beschl. v. 17.09.2008 - III ZR 71/08, NJW 2009, 298 (298); *Clausnitzer/Woopen*, Internationale Vertragsgestaltung – Die neue EG-Verordnung für grenzüberschreitende Verträge (Rom I-VO), BB 2008, 1798 (1802); *Martiny* in: Münchener Kommentar, VO (EG) 593/2008, Art. 6, Rn. 33; *Staudinger* in: Ferrari/Kieninger/Mankowski u. a., Internationales Vertragsrecht, VO (EG) 593/2008, Art. 6, Rn. 52; *Thorn* in: Palandt, 69. Aufl., Rom I, Art. 6, Rn. 6.

[2280] Siehe 2. Teil, C, III.

oder durch die Ausrichtung einer solchen Tätigkeit auf selbigen – zu bejahen, so ist es für den Rückgriff auf die Sonderanknüpfung weiterhin erforderlich, dass der Vertrag noch in den Bereich dieser unternehmerischen Tätigkeit fällt (vgl. Art. 6 Abs. 1 Rom I),[2281] was bei den vorliegend untersuchten Vertragsabschlüssen jedoch eindeutig gegeben ist.

Eine weitere Einschränkung des Art. 6 Rom I ergibt sich schließlich noch aus dem 25. Erwägungsgrund:[2282] Danach muss der Abschluss des Vertrages entweder darauf zurückzuführen sein, dass der Unternehmer seine berufliche oder gewerbliche Tätigkeit im Staat des gewöhnlichen Aufenthalts des Verbrauchers ausübt, oder aber darauf, dass er diese Tätigkeit auch auf diesen Staat ausrichtet.[2283] Hieran anknüpfend verlangt die herrschende Meinung[2284] zu Recht einen kausalen Zusammenhang zwischen der ausgeübten bzw. ausgerichteten Tätigkeit des Unternehmers und dem konkreten Abschluss des Vertrages mit dem Verbraucher, um das Eingreifen dieser Sonderanknüpfung zu rechtfertigen. Dieses Kausalitätserfordernis zwischen der Ausübung bzw. Ausrichtung und dem konkreten Vertragsabschluss ist zwar grundsätzlich eingehend zu prüfen; erfolgt der Vertragsabschluss jedoch in Folge des Internetauftritts als Form des Ausrichtens unmittelbar durch den Einsatz von Fernkommunikationsmitteln, beispielsweise mit Hilfe eines Online-Formulars – bei den hier untersuchten Fällen also durch das auf der Bestell- bzw. Registrierungsseite vorgehaltene Formular –, so ist die erforderliche Ursächlichkeit des Internetauftritts offensichtlich gegeben.[2285]

2281 So bspw. auch *Magnus*, Die Rom I-Verordnung, IPRax 2010, 27 (39); *Mankowski*, Die Rom I-Verordnung – Änderungen im europäischen IPR für Schuldverträge, IHR 2008, 133 (142); *Martiny* in: Münchener Kommentar, VO (EG) 593/2008, Art. 6, Rn. 37; *Staudinger* in: Ferrari/Kieninger/Mankowski u. a., Internationales Vertragsrecht, VO (EG) 593/2008, Art. 6, Rn. 61.

2282 So auch *Staudinger* in: Ferrari/Kieninger/Mankowski u. a., Internationales Vertragsrecht, VO (EG) 593/2008, Art. 6, Rn. 63.

2283 Vgl. *ABlEU* Nr. L 177 v. 04.07.2008, S. 8.

2284 Vgl. etwa *BGH*, Beschl. v. 17.09.2008 - III ZR 71/08, NJW 2009, 298 (298); *Leible*, Binnenmarkt, elektronischer Geschäftsverkehr und Verbraucherschutz, JZ 2010, 272 (277); *Leible/M. Lehmann*, Die Verordnung über das auf vertragliche Schuldverhältnisse anzuwendende Recht („Rom I") RIW 2008, 528 (538); *Magnus*, Die Rom I-Verordnung, IPRax 2010, 27 (39); *Mankowski*, Die Rom I-Verordnung – Änderungen im europäischen IPR für Schuldverträge, IHR 2008, 133 (142); *Martiny* in: Münchener Kommentar, VO (EG) 593/2008, Art. 6, Rn. 37; *Staudinger* in: Ferrari/Kieninger/Mankowski u. a., Internationales Vertragsrecht, VO (EG) 593/2008, Art. 6, Rn. 63 m. w. N.; *Thorn* in: Palandt, 69. Aufl., Rom I, Art. 6, Rn. 6.

2285 So auch *Staudinger* in: Ferrari/Kieninger/Mankowski u. a., Internationales Vertragsrecht, VO (EG) 593/2008, Art. 6, Rn. 60, 63.

dd) Zwischenergebnis zur Eröffnung des Anwendungsbereichs

Wie gezeigt, sind vorliegend sämtliche Voraussetzungen für die Anwendung des kollisionsrechtlichen Verbraucherschutzes gemäß Art. 6 Rom I erfüllt: Die dieser Untersuchung zugrundeliegenden Verträge zwischen einem Nutzer als Verbraucher und einem Anbieter einer Abonnement- bzw. Vertragsfalle als Unternehmer zählen zu den von Art. 6 Abs. 1 Rom I erfassten Verbraucherverträgen; es sind weder die in Art. 5 bzw. 7 Rom I geregelten Sonderanknüpfungen einschlägig noch greifen die im Katalog des Art. 6 Abs. 4 Rom I aufgeführten Ausnahmen. Durch die gezielte Nutzung des Internets als Werbemittel richtet der Anbieter seine unternehmerische Tätigkeit auch auf die Bundesrepublik Deutschland als den Staat des gewöhnlichen Aufenthalts des Nutzers aus und ermöglicht ihm durch das auf der Bestell- bzw. Registrierungsseite bereitgestellte interaktive Formular zugleich den Abschluss des Vertrages im Wege des Fernabsatzes. Füllt der Nutzer dieses Formular online aus und sendet es ab, so ist der hierdurch zustande gekommene und in den Bereich der unternehmerischen Tätigkeit des Anbieters fallende Vertrag auf dessen Absatztätigkeit auf dem Inlandsmarkt des Nutzers zurückzuführen.

Da in den vorliegend untersuchten Fällen somit zumindest die Anforderungen des Art. 6 Abs. 1 lit. b Rom I erfüllt sind, ist auch die in Art. 6 Abs. 3 Rom I vorgesehene Regelung nicht einschlägig, wonach in Ermangelung einer entsprechenden Absatztätigkeit des Unternehmers im Lande des Verbrauchers für die Ermittlung des Vertragsstatuts nicht die Sonderanknüpfung des Art. 6 Rom I, sondern die allgemeinen Vorschriften gemäß Art. 3 und 4 Rom I zur Anwendung gelangen.[2286] Auf all diese genannten Voraussetzungen hat der Anbieter keinen Einfluss und kann damit die Anwendbarkeit dieser Sonderregelung auch nicht verhindern.

ee) Beschränkung für die Wirkung der freien Rechtswahl (Abs. 2 S. 2)

Durch die Anwendbarkeit der Sonderregelung für Verbraucherverträge des Art. 6 Rom I werden somit nach Abs. 2 S. 2 zusätzlich die zwingenden verbraucherschützenden Vorschriften des Landes zur Anwendung berufen, in dem der Verbraucher

[2286] So allg. auch *Martiny* in: Münchener Kommentar, VO (EG) 593/2008, Art. 6, Rn. 38, 49.

seinen gewöhnlichen Aufenthalt hat, sofern diese im konkreten Fall für den Verbraucher günstiger als das gewählte Vertragsstatut sind.[2287] Die gegebenenfalls erforderliche Korrektur des gewählten Rechts erfolgt dementsprechend nach dem Grundsatz des günstigeren Rechts (dem sogenannten Günstigkeitsprinzip):[2288] In Bezug auf den jeweiligen Streitgegenstand ist der Inhalt des gewählten Rechts mit dem Inhalt des aufgrund objektiver Anknüpfung bestimmten Rechts zu vergleichen und zu prüfen, welche der beiden Rechtsordnungen am ehesten mit dem konkreten Begehren des Verbrauchers übereinstimmt und somit das für ihn günstigere Recht darstellt.[2289] Gewährleistet also im Einzelfall das gewählte Recht dem Verbraucher tatsächlich einen weitergehenden Schutz als die zwingenden Vorschriften des aufgrund objektiver Anknüpfung ermittelten Rechts, so ist keine Korrektur erforderlich und es verbleibt bei dem von den Parteien zur Anwendung berufenen Vertragsstatut.[2290] Bleibt das gewählte Vertragsstatut hingegen zurück, so kommt es zu einer Korrektur der Wirkung der Rechtswahl, indem nach dem Günstigkeitsprinzip die für den Verbraucher günstigeren Normen des aufgrund objektiver Anknüpfung bestimmten Rechts zur Anwendung gelangen, von denen nicht durch Vereinbarung abgewichen werden darf.[2291] Im Ergebnis legen also die zwingenden verbraucherschützenden Vorschriften im Aufenthaltsstaat des Verbrauchers das vom gewählten Vertragsstatut unabhängige Mindestmaß des ihm zu gewährenden Schutzes fest,[2292] welches daher auch durch eine Abwahl dieser Rechtsordnung nicht unterlaufen werden kann.[2293] Die Gültigkeit der eigentlichen Rechtswahl ist hier-

2287 So bspw. auch *Koch/Magnus/Winkler von Mohrenfels*, IPR, § 5, Rn. 101; *Martiny* in: Münchener Kommentar, VO (EG) 593/2008, Art. 6, Rn. 53; *Staudinger* in: Ferrari/Kieninger/Mankowski u. a., Internationales Vertragsrecht, VO (EG) 593/2008, Art. 6, Rn. 1, 72; *Thorn* in: Palandt, 69. Aufl., Rom I, Art. 6, Rn. 8.

2288 Vgl. nur *Martiny* in: Münchener Kommentar, VO (EG) 593/2008, Art. 6, Rn. 53.

2289 Vgl. etwa *Bülow*, Zum internationalen Anwendungsbereich des deutschen Verbraucherkreditgesetzes, EuZW 1993, 435 (435 f.); *E. Lorenz*, Die Rechtswahlfreiheit im internationalen Schuldvertragsrecht, RIW 1987, 569 (577); *Magnus*, Die Rom I-Verordnung, IPRax 2010, 27 (39); *Martiny* in: Münchener Kommentar, VO (EG) 593/2008, Art. 6, Rn. 47; *Schurig*, Zwingendes Recht, „Eingriffsnormen" und neues IPR, RabelsZ 54 (1990), 217 (225); *Thorn* in: Palandt, 69. Aufl., Rom I, Art. 6, Rn. 8.

2290 So auch *Koch/Magnus/Winkler von Mohrenfels*, IPR, § 5, Rn. 16; *Martiny* in: Münchener Kommentar, VO (EG) 593/2008, Art. 6, Rn. 46; *Staudinger* in: Ferrari/Kieninger/Mankowski u. a., Internationales Vertragsrecht, VO (EG) 593/2008, Art. 6, Rn. 72; *Thorn* in: Palandt, 69. Aufl., Rom I, Art. 6, Rn. 8.

2291 So bspw. auch *Koch/Magnus/Winkler von Mohrenfels*, IPR, § 5, Rn. 16.

2292 So auch *Martiny* in: Münchener Kommentar, VO (EG) 593/2008, Art. 6, Rn. 46; *Staudinger* in: Ferrari/Kieninger/Mankowski u. a., Internationales Vertragsrecht, VO (EG) 593/2008, Art. 6, Rn. 72; *Thorn* in: Palandt, 69. Aufl., Rom I, Art. 6, Rn. 8.

2293 So auch *Martiny* in: Münchener Kommentar, VO (EG) 593/2008, Art. 6, Rn. 43; *Staudinger* in: Ferrari/Kieninger/Mankowski u. a., Internationales Vertragsrecht, VO (EG) 593/2008, Art. 6, Rn. 72.

von jedoch nicht betroffen, sodass es im Übrigen bei den von den Parteien zur Anwendung berufenen Bestimmungen bleibt.[2294]

Vom Begriff der zwingenden Vorschriften im Sinne des Art. 6 Rom I werden all diejenigen nicht abdingbaren Bestimmungen erfasst, denen (zumindest auch) eine den schwächeren Vertragsteil schützende Funktion zukommt.[2295] Da im Rahmen dieser Untersuchung zugrunde gelegt wird, dass der Nutzer als Verbraucher seinen gewöhnlichen Aufenthalt in der Bundesrepublik Deutschland hat, stellt das deutsche Recht hier die maßgebliche Rechtsordnung dar, sodass über die Sonderanknüpfung gemäß Art. 6 Abs. 2 S. 2 Rom I unter anderem die Normen über die Gestaltung rechtsgeschäftlicher Schuldverhältnisse durch Allgemeine Geschäftsbedingungen (§§ 305 bis 310 BGB), die Vorschriften zu Haustürgeschäften (§§ 312 und 312 a BGB) und Fernabsatzverträgen (§§ 312 b bis 312 f BGB), ferner die Bestimmungen über den Verbrauchsgüterkauf (§§ 474 bis 479 BGB), über Teilzeit-Wohnrechteverträge, Verträge über langfristige Urlaubsprodukte, Vermittlungsverträge und Tauschsystemverträge (§§ 481 bis 487 BGB), die Kündigungsmöglichkeit für Darlehen (§ 489 BGB) und die besonderen Vorschriften für Verbraucherdarlehensverträge (§§ 491 bis 505 BGB) sowie die Normen über den Reisevertrag (§§ 651 a bis 651 m BGB) und die Vermittlung von Verbraucherdarlehensverträgen (§§ 655 a bis 655 e BGB) zur Anwendung kommen,[2296] sofern diese im konkreten Fall für den Nutzer günstiger als das gewählte Vertragsstatut sind.[2297] Die Sonderanknüpfung des Art. 6 Rom I erfasst nach der überwiegenden Ansicht in der Literatur ebenfalls die Vorschriften der allgemeinen Rechtsgeschäftslehre und des allgemeinen Vertragsrechts,[2298] wie zum Beispiel die Vorschriften über die Sittenwidrigkeit (§ 138 BGB)[2299] oder die Beweislastumkehr in

---

2294 Vgl. *E. Lorenz*, Die Rechtswahlfreiheit im internationalen Schuldvertragsrecht, RIW 1987, 569 (570); *Martiny* in: Münchener Kommentar, VO (EG) 593/2008, Art. 6, Rn. 43 m. w. N.

2295 Vgl. etwa *BGH*, Urt. v. 25.01.2005 - XI ZR 78/04, NJW-RR 2005, 1071 (1072); *Martiny* in: Münchener Kommentar, VO (EG) 593/2008, Art. 6, Rn. 43 m. w. N.; *Staudinger* in: Ferrari/Kieninger/Mankowski u. a., Internationales Vertragsrecht, VO (EG) 593/2008, Art. 6, Rn. 74.

2296 Vgl. allg. etwa *Martiny* in: Münchener Kommentar, VO (EG) 593/2008, Art. 6, Rn. 44 m. w. N.; *Staudinger* in: Ferrari/Kieninger/Mankowski u. a., Internationales Vertragsrecht, VO (EG) 593/2008, Art. 6, Rn. 74; *Thorn* in: Palandt, 69. Aufl., Rom I, Art. 6, Rn. 9 m. w. N.

2297 Vgl. allg. etwa *Koch/Magnus/Winkler von Mohrenfels*, IPR, § 5, Rn. 101; *Martiny* in: Münchener Kommentar, VO (EG) 593/2008, Art. 6, Rn. 53; *Staudinger* in: Ferrari/Kieninger/Mankowski u. a., Internationales Vertragsrecht, VO (EG) 593/2008, Art. 6, Rn. 1, 72; *Thorn* in: Palandt, 69. Aufl., Rom I, Art. 6, Rn. 8 f.

2298 So bspw. auch *Martiny* in: Münchener Kommentar, VO (EG) 593/2008, Art. 6, Rn. 43; *Staudinger* in: Ferrari/Kieninger/Mankowski u. a., Internationales Vertragsrecht, VO (EG) 593/2008, Art. 6, Rn. 74 m. w. N.

2299 Vgl. hierzu *Einsele*, Auswirkungen der Rom I-Verordnung auf Finanzdienstleistungen, WM 2009, 289 (293); *Martiny* in: Münchener Kommentar, VO (EG) 593/2008, Art. 6, Rn. 43.

§ 280 Abs. 1 S. 2 BGB[2300], da sich diese kaum von den besonderen Verbraucherschutznormen trennen lassen.[2301] Aber auch rein richterrechtliche Regeln, die dem Schutz der einen Vertragspartei gegenüber einer anderen dienen, sowie Bestimmungen öffentlich-rechtlicher Natur werden von Art. 6 Rom I mit erfasst.[2302] Nicht erfasst vom Begriff der zwingenden Vorschriften im Sinne des Art. 6 Rom I werden hingegen diejenigen Bestimmungen, die ganz allgemein auf einer wirtschaftlichen, sozialordnungs- oder außenpolitischen Zielsetzung beruhen (sogenannte Eingriffsnormen wie etwa Ausfuhrvorschriften; siehe dazu ausführlich e),[2303] unabhängig davon, ob sie im konkreten Fall für den Verbraucher womöglich günstiger als das gewählte Vertragsstatut wären.[2304]

Obwohl stets anhand des konkreten Einzelfalls geprüft werden muss, ob in Bezug auf den jeweiligen Streitgegenstand der Inhalt des gewählten Rechts gegenüber dem Inhalt des deutschen Rechts für den Nutzer günstiger ist, lässt sich im Zusammenhang mit den hier untersuchten Abonnement- bzw. Vertragsfallen im Internet doch eine verallgemeinernde Aussage zum Ausgang des Vergleichs treffen: Der Anbieter verfolgt mit der Wahl eines ausländischen Rechts stets das Ziel, die auf den Vertrag anzuwendende Rechtsordnung dahingehend auszuwählen, dass der von ihr ausgehende Schutz des Nutzers schwächer ausgeprägt ist als der von den verbraucherschützenden Vorschriften des deutschen Rechts. Daher kann hier angenommen werden, dass in Bezug auf den jeweiligen Streitgegenstand der Inhalt des gewählten Vertragsstatuts dem Nutzer keinen weitergehenden Schutz bietet und daher gemäß Art. 6 Abs. 2 S. 2 Rom I zusätzlich die für ihn günstigeren zwingenden verbraucherschützenden Vorschriften des deutschen Rechts zur Anwendung berufen werden. Dies führt im Ergebnis zu einer entsprechenden Korrektur und somit zu einer Beschränkung der Wirkung der faktisch allein durch den Anbieter vorgenommenen freien Rechtswahl.

[2300] Vgl. hierzu *Staudinger* in: Ferrari/Kieninger/Mankowski u. a., Internationales Vertragsrecht, VO (EG) 593/2008, Art. 6, Rn. 74.
[2301] Vgl. *Martiny* in: Münchener Kommentar, VO (EG) 593/2008, Art. 6, Rn. 43.
[2302] Vgl. *Martiny* in: Münchener Kommentar, VO (EG) 593/2008, Art. 6, Rn. 43; *Staudinger* in: Ferrari/Kieninger/Mankowski u. a., Internationales Vertragsrecht, VO (EG) 593/2008, Art. 6, Rn. 74.
[2303] Vgl. ebd.
[2304] Vgl. *Martiny* in: Münchener Kommentar, VO (EG) 593/2008, Art. 6, Rn. 43.

d) Besonderer kollisionsrechtlicher Verbraucherschutz (Art. 46 b EGBGB)

Neben dem in Art. 6 Rom I geregelten kollisionsrechtlichen Verbraucherschutz finden sich auch in einer ganzen Reihe neuerer europäischer Verbraucherschutzrichtlinien spezielle Kollisionsnormen, die, sofern der Sachverhalt einen hinreichend engen Bezug zum Binnenmarkt aufweist, dazu führen, dass sich der durch die jeweilige Richtlinie gewährleistete Schutz des Verbrauchers gegenüber einer durch Rechtswahl zur Anwendung berufenen Rechtsordnung eines Drittstaates durchsetzt.[2305] Die Umsetzung dieser kollisionsrechtlichen Vorgaben erfolgt für die im dritten Absatz abschließend aufgezählten[2306] Richtlinien bzw. für die im vierten Absatz enthaltene (hier jedoch nicht einschlägige) Sonderregelung für sogenannte Teilzeit-Wohnrechteverträge (auch Time-Sharing-Verträge genannt)[2307] durch Art. 46 b EGBGB, der zugleich auch die Anwendung der entsprechenden, in nationales Recht umgesetzten Vorschriften regelt.[2308] Eine analoge Anwendung der Vorschrift des Art. 46 b EGBGB auf andere, nicht in Absatz 3 genannte Richtlinien ist, wenn auch nicht unumstritten, als unzulässig abzulehnen.[2309]

Diese Regelung über den Verbraucherschutz für besondere Gebiete geht auf die gleichnamige Vorschrift des Art. 29 a EGBGB a. F. zurück, der seinerseits durch Art. 2 Abs. 2 Nr. 1 des Gesetzes über Fernabsatzverträge und andere Fragen des Verbraucherrechts sowie zur Umstellung von Vorschriften auf Euro vom 27. Juni 2000[2310] in das EGBGB eingefügt wurde und am 30.06.2000 in Kraft trat (vgl. Art. 12 S. 3 desselben).[2311] Zwar hatte Art. 29 a EGBGB a. F. vor allem den Zweck, Art. 12 Abs. 2 der Richtlinie 97/7/EG in deutsches Recht umzusetzen,[2312] doch wollte der deutsche Gesetzgeber zugleich auch die in verschiedenen Sondergesetzen umgesetzten besonderen kollisionsrechtlichen Vorschriften der einzelnen verbraucherrechtlichen Richtlinien – nament-

2305 So auch *Thorn* in: Palandt, 69. Aufl., Rom I, Art. 6, Rn. 2.

2306 Vgl. etwa *Koch/Magnus/Winkler von Mohrenfels*, IPR, § 5, Rn. 18; *Martiny* in: Münchener Kommentar, EGBGB, Art. 46 b, Rn. 105, 108; *Thorn* in: Palandt, 69. Aufl., EGBGB, Art. 46 b, Rn. 2.

2307 Vgl. nur *Staudinger* in: Ferrari/Kieninger/Mankowski u. a., Internationales Vertragsrecht, EGBGB, Art. 46 b, Rn. 2, 45 ff.

2308 So auch *Martiny* in: Münchener Kommentar, EGBGB, Art. 46 b, Rn. 1.

2309 Vgl. nur *Koch/Magnus/Winkler von Mohrenfels*, IPR, § 5, Rn. 18 m. w. N.; *Thorn* in: Palandt, 69. Aufl., EGBGB, Art. 46 b, Rn. 2 m. w. N.

2310 *BGBl.* I 2000/28, S. 897-909.

2311 So bspw. auch *Thorn* in: Palandt, 69. Aufl., EGBGB, Art. 46 b, Rn. 1.

2312 Ebd.

lich waren dies § 12 AGBG sowie § 8 des Gesetzes über die Veräußerung von Teilzeitnutzungsrechten an Wohngebäuden (Teilzeit-Wohnrechtegesetz – TzWrG) vom 20. Dezember 1996[2313] – aufheben und diese Vorschriften in einer einzigen Kollisionsnorm zusammenfassen,[2314] um hierdurch eine weitere Zersplitterung des Kollisionsrechts zu vermeiden.[2315] Mit Inkrafttreten der Verordnung (EG) Nr. 593/2008 und der damit verbundenen Aufhebung der Art. 27 bis 37 EGBGB durch Art. 1 Nr. 4 des Gesetzes zur Anpassung der Vorschriften des Internationalen Privatrechts an die Verordnung (EG) Nr. 593/2008 vom 25. Juni 2009[2316] wurde die Regelung schließlich zum neu eingeführten Art. 46 b EGBGB;[2317] sie gilt für alle Verträge, die am bzw. ab dem 17.12.2009 wirksam abgeschlossen wurden.[2318] Der zusätzliche kollisionsrechtliche Verbraucherschutz auf besonderen, von Richtlinien geregelten Gebieten blieb entgegen früherer Pläne indessen unberührt und besteht damit auch unter der Verordnung (EG) Nr. 593/2008 fort (vgl. Art. 23 Rom I).[2319]

Die Vorschrift des Art. 46 b EGBGB gewährleistet somit kraft Sonderanknüpfung einen durch diese Verbraucherschutzrichtlinien im Binnenmarkt geschaffenen einheitlichen sachrechtlichen Mindeststandard für den Schutz des Verbrauchers, indem sie bei Vorliegen eines engen Zusammenhangs mit dem Gebiet eines Mitgliedstaates der Europäischen Union oder eines anderen Vertragsstaates des EWR-Abkommens (neben den EU-Mitgliedstaaten gehören dem Europäischen Wirtschaftsraum noch Island, Liechtenstein sowie Norwegen an[2320]) verhindert, dass der durch die aufgeführten Richtlinien angeglichene gemeinschaftsrechtliche Verbraucherschutzstandard durch die Abwahl zu Gunsten einer für den Verbraucher ungünstigeren drittstaatlichen Rechts-

2313 *BGBl.* I 1996/70, S. 2154-2157.

2314 Vgl. etwa *Koch/Magnus/Winkler von Mohrenfels*, IPR, § 5, Rn. 18; *Martiny* in: Münchener Kommentar, EGBGB, Art. 46 b, Rn. 1; *Staudinger* in: Ferrari/Kieninger/Mankowski u. a., Internationales Vertragsrecht, EGBGB, Art. 46 b, Rn. 1; *Thorn* in: Palandt, 69. Aufl., Rom I, Art. 6, Rn. 2.

2315 Vgl. *Thorn* in: Palandt, 69. Aufl., EGBGB, Art. 46 b, Rn. 1.

2316 *BGBl.* I 2009/36, S. 1574-1576.

2317 So bspw. auch *Koch/Magnus/Winkler von Mohrenfels*, IPR, § 5, Rn. 18; *Martiny* in: Münchener Kommentar, EGBGB, Art. 46 b, Rn. 1; *Staudinger* in: Ferrari/Kieninger/Mankowski u. a., Internationales Vertragsrecht, EGBGB, Art. 46 b, Rn. 1; *Thorn* in: Palandt, 69. Aufl., EGBGB, Art. 46 b, Rn. 1.

2318 So bspw. auch *Martiny* in: Münchener Kommentar, EGBGB, Art. 46 b, Rn. 29; *Staudinger* in: Ferrari/Kieninger/Mankowski u. a., Internationales Vertragsrecht, EGBGB, Art. 46 b, Rn. 12.

2319 So bspw. auch *Koch/Magnus/Winkler von Mohrenfels*, IPR, § 5, Rn. 18; *Martiny* in: Münchener Kommentar, VO (EG) 593/2008, Art. 6, Rn. 43; *Staudinger* in: Ferrari/Kieninger/Mankowski u. a., Internationales Vertragsrecht, VO (EG) 593/2008, Art. 6, Rn. 5, Art. 46 b, Rn. 3; *Thorn* in: Palandt, 69. Aufl., EGBGB, Art. 46 b, Rn. 1.

2320 So bspw. auch *Martiny* in: Münchener Kommentar, EGBGB, Art. 46 b, Rn. 26; *Thorn* in: Palandt, 69. Aufl., EGBGB, Art. 46 b, Rn. 2.

ordnung unterlaufen wird.[2321] Die Gewährleistung dieses Mindeststandards erfolgt dadurch, dass Art. 46 b Abs. 1 EGBGB von seiner Rechtsfolge her die Bestimmungen zur Umsetzung der Verbraucherschutzrichtlinien desjenigen Mitglieds- bzw. Vertragsstaates gleichwohl für anwendbar erklärt, zu dessen Gebiet der Vertrag den engen Zusammenhang aufweist.[2322] Damit stellt die Sonderanknüpfung des Art. 46 b EGBGB aber auch einen kollisionsrechtlichen Verbraucherschutz sicher, der über die vom Anwendungsbereich des Art. 6 Rom I erfassten Konstellationen hinausgeht[2323] und daher nachfolgend geprüft werden soll.

Die Anwendung der Bestimmungen zur Umsetzung der Verbraucherschutzrichtlinien des entsprechenden Mitglieds- bzw. Vertragsstaates macht die Sonderanknüpfung über den Verbraucherschutz für besondere Gebiete dabei sowohl von persönlichen Eigenschaften der beiden am Abschluss des Vertrages beteiligten Parteien, von einem bestimmtem Gegenstand des Rechtsgeschäfts, von einer bestimmten Form der Anknüpfung als auch vom Vorliegen eines engen Zusammenhangs abhängig. Auch hier muss der Anbieter wieder zumindest auf eine der genannten Voraussetzungen Einfluss nehmen können, will er die Anwendbarkeit der Sonderanknüpfung des Art. 46 b EGBGB verhindern und damit verbunden die durch den ersten Absatz auferlegten Beschränkungen für die Wirkung der freien Rechtswahl durch den zusätzlich vorgesehenen besonderen kollisionsrechtlichen Verbraucherschutz umgehen. Im Einzelnen:

aa) Persönlicher Anwendungsbereich

Anders als die Vorschrift des Art. 6 Rom I, der zur Eröffnung seines persönlichen Anwendungsbereichs den Abschluss eines Vertrages zwischen einem Verbraucher auf der einen und einem Unternehmer auf der anderen Seite voraussetzt (vgl. Abs. 1),[2324] sieht der Wortlaut des Art. 46 b EGBGB selbst zwar keine ausdrücklichen Beschränkungen hinsichtlich seines persönlichen Anwendungsbereichs vor.[2325] Doch lässt sich

---

2321 Vgl. etwa *Koch/Magnus/Winkler von Mohrenfels*, IPR, § 5, Rn. 18; *Martiny* in: Münchener Kommentar, EGBGB, Art. 46 b, Rn. 2; *Staudinger* in: Ferrari/Kieninger/Mankowski u. a., Internationales Vertragsrecht, EGBGB, Art. 46 b, Rn. 2; *Thorn* in: Palandt, 69. Aufl., EGBGB, Art. 46 b, Rn. 2, 4.

2322 So bspw. auch *Staudinger* in: Ferrari/Kieninger/Mankowski u. a., Internationales Vertragsrecht, EGBGB, Art. 46 b, Rn. 2; *Thorn* in: Palandt, 69. Aufl., EGBGB, Art. 46 b, Rn. 2.

2323 Vgl. *Martiny* in: Münchener Kommentar, EGBGB, Art. 46 b, Rn. 2.

2324 Siehe 5. Teil, C, II, 2, c, aa.

2325 So auch *Martiny* in: Münchener Kommentar, EGBGB, Art. 46 b, Rn. 16; *Staudinger* in: Ferrari/Kieninger/Mankowski u. a., Internationales Vertragsrecht, EGBGB, Art. 46 b, Rn. 13.

ein solches Erfordernis zum einen bereits aus der offiziellen Überschrift der Norm herleiten,[2326] ergibt sich zum anderen aber auch daraus, dass die Vorschrift schließlich der Umsetzung bzw. Durchsetzung der in ihrem dritten Absatz aufgezählten Richtlinien dient, die ihrerseits allesamt das Vorliegen eines Verbrauchervertrages voraussetzen.[2327] Aus dem letztgenannten Argument folgt auch die Notwendigkeit, dabei sowohl für die Bestimmung des Verbraucherbegriffs als auch für die Bestimmung des Unternehmerbegriffes – dieser Begriff wird sogleich im Rahmen des zweiten Absatzes eine Rolle spielen – auf die jeweils einschlägige Richtlinie zurückzugreifen.[2328] Da im Grunde aber sämtlichen Richtlinien zu entnehmen ist, dass es sich bei einem Verbraucher um eine natürliche Person handelt, die zu einem Zweck handelt, welcher weder ihrer gewerblichen noch ihrer beruflichen Tätigkeit zugerechnet werden kann (vgl. etwa Art. 2 lit. b der Richtlinie 93/13/EWG, Art. 2 Nr. 2 der Richtlinie 97/7/EG oder Art. 2 lit. d der Richtlinie 2002/65/EG) und diese Definition auch der Vorschrift des § 13 BGB zugrunde liegt,[2329] kann auch an dieser Stelle wieder auf die Ausführungen und Ergebnisse zu der Verbrauchereigenschaft des Nutzers im Rahmen des Anwendungsbereichs des AGB-Rechts[2330] verwiesen werden, wonach es sich bei dem dieser Untersuchung zugrunde gelegten Nutzer um eine natürliche Person handelt, die den Vertrag zu einem rein privaten Zweck abschließt, d. h. zu einem Zweck, der weder einer beruflichen noch einer gewerblichen Tätigkeit zugerechnet werden kann. Bei dem Nutzer handelt es sich somit auch um einen Verbraucher im Sinne des Art. 46 b Abs. 1 EGBGB.

Gleiches gilt auch für die Bestimmung des Begriffs des Unternehmers: Auch wenn die genaue Bezeichnung dem Regelungsanliegen der einzelnen Richtlinien angepasst ist, so handelt es sich doch stets um eine natürliche oder juristische Person, die im Rahmen ihrer gewerblichen oder beruflichen Tätigkeit handelt (vgl. etwa Art. 2 lit. c der Richtlinie 93/13/EWG, Art. 2 Nr. 3 der Richtlinie 97/7/EG oder Art. 2 lit. c der Richtlinie

[2326] Vgl. *Staudinger* in: Ferrari/Kieninger/Mankowski u. a., Internationales Vertragsrecht, EGBGB, Art. 46 b, Rn. 13.

[2327] Vgl. etwa *Freitag/Leible*, Ergänzung des kollisionsrechtlichen Verbraucherschutzes durch Art. 29 a EGBGB, EWS 2000, 342 (344); *Martiny* in: Münchener Kommentar, EGBGB, Art. 46 b, Rn. 16; *Staudinger*, Internationales Verbraucherschutzrecht made in Germany, RIW 2000, 416 (419); *Thorn* in: Palandt, 69. Aufl., EGBGB, Art. 46 b, Rn. 3

[2328] Vgl. *Martiny* in: Münchener Kommentar, EGBGB, Art. 46 b, Rn. 16.

[2329] So bspw. auch *Freitag/Leible*, Ergänzung des kollisionsrechtlichen Verbraucherschutzes durch Art. 29 a EGBGB, EWS 2000, 342 (344); *Martiny* in: Münchener Kommentar, EGBGB, Art. 46 b, Rn. 17.

[2330] Siehe 3. Teil, B, I, 2.

2002/65/EG). Da diese Definition der Vorschrift des § 14 Abs. 1 BGB zugrunde liegt, kann auch diesbezüglich wieder auf die Ausführungen und Ergebnisse zu der Unternehmereigenschaft des Anbieters einer Abonnement- bzw. Vertragsfalle im Rahmen des Anwendungsbereichs des AGB-Rechts[2331] verwiesen werden: Bei einem solchen Anbieter ist ohne Weiteres davon auszugehen, dass er mit der Präsentation seiner Produkte auf einer Seite im Internet die jeweilige Plattform dauerhaft und mit Gewinnerzielungsabsicht betreibt, sodass er in Ausübung einer gewerblichen Tätigkeit handelt und damit unter den Begriff des Unternehmers im Sinne des Art. 46 b Abs. 1 EGBGB fällt. Somit ist vorliegend der persönliche Anwendungsbereich der Sonderanknüpfung des Art. 46 b Abs. 1 EGBGB eröffnet.

bb) Sachlicher Anwendungsbereich

Auch im Hinblick auf den sachlichen Anwendungsbereich findet sich in Art. 46 b EGBGB zwar keine der Sonderanknüpfung des Art. 6 Rom I vergleichbare Beschränkung auf bestimmte Vertragstypen; diese Vorschrift ist im Ausgangspunkt vielmehr auf Verträge jeglicher Art anwendbar.[2332] Allerdings können sich mögliche Einschränkungen des sachlichen Anwendungsbereichs aus der jeweils einschlägigen Richtlinie bzw. dem entsprechenden nationalen Umsetzungsakt ergeben.[2333] So muss der Vertragsgegenstand beispielweise einem oder mehreren bestimmten Gebieten zugeordnet werden können, da es sich nach den Richtlinien bzw. den Umsetzungsnormen um ein Vertragsverhältnis handeln muss, das in den Anwendungsbereich zumindest einer der in Absatz 3 aufgeführten Richtlinien fällt.[2334] Der sachliche Anwendungsbereich des Art. 46 b EGBGB umfasst im Ergebnis daher nur Verbraucherverträge, die missbräuchliche Klauseln enthalten (vgl. Abs. 3 Nr. 1), Vertragsabschlüsse im Fernabsatz (vgl. Abs. 3 Nr. 2), Verträge über den Verbrauchsgüterkauf (vgl. Abs. 3 Nr. 3), Fernab-

---

2331 Siehe 3. Teil, B, I, 1.

2332 So bspw. auch *Martiny* in: Münchener Kommentar, EGBGB, Art. 46 b, Rn. 20; *Staudinger* in: Ferrari/Kieninger/Mankowski u. a., Internationales Vertragsrecht, EGBGB, Art. 46 b, Rn. 14; *Thorn* in: Palandt, 69. Aufl., EGBGB, Art. 46 b, Rn. 3.

2333 Vgl. etwa *Freitag/Leible*, Ergänzung des kollisionsrechtlichen Verbraucherschutzes durch Art. 29 a EGBGB, EWS 2000, 342 (344); *Staudinger* in: Ferrari/Kieninger/Mankowski u. a., Internationales Vertragsrecht, EGBGB, Art. 46 b, Rn. 14; *Thorn* in: Palandt, 69. Aufl., EGBGB, Art. 46 b, Rn. 3, 21.

2334 Vgl. etwa *Freitag/Leible*, Ergänzung des kollisionsrechtlichen Verbraucherschutzes durch Art. 29 a EGBGB, EWS 2000, 342 (344); *Martiny* in: Münchener Kommentar, EGBGB, Art. 46 b, Rn. 21; *Staudinger*, Das Transportrechtsreformgesetz und seine Bedeutung für das Internationale Privatrecht, IPRax 2001, 183 (186).

satzverträge über Finanzdienstleistungen (vgl. Abs. 3 Nr. 4), Verbraucherkreditverträge (vgl. Abs. 3 Nr. 5) sowie Verträge über Teilzeit-Wohnrechte (vgl. Abs. 4).[2335]

Wie bereits ausführlich dargestellt, fallen die im Rahmen dieser Arbeit untersuchten Vertragsabschlüsse im Zusammenhang mit Abonnement- bzw. Vertragsfallen im Internet sowohl in den Anwendungsbereich der AGB-rechtlichen[2336] also auch in den Anwendungsbereich der fernabsatzrechtlichen Vorschriften[2337]. Somit ist auch der sachliche Anwendungsbereich der Sonderanknüpfung des Art. 46 b Abs. 1 EGBGB eröffnet.

cc) Erfasste Anknüpfung

Vorbehaltlich der Sonderregelung für Teilzeit-Wohnrechteverträge (vgl. Abs. 4) setzt die Anwendbarkeit von Art. 46 b EGBGB ferner voraus, dass der Vertrag aufgrund einer von den Parteien ausdrücklich oder konkludent vorgenommenen wirksamen Rechtswahl, also kraft subjektiver Anknüpfung, nicht dem Recht eines EU-Mitgliedstaates oder EWR-Vertragsstaates, sondern der Rechtsordnung eines Drittstaates unterliegt.[2338] Daher ist der besondere kollisionsrechtliche Verbraucherschutz des Art. 46 b EGBGB dann nicht anwendbar, wenn das Recht eines Drittstaates mangels einer solchen Rechtswahl im Wege der objektiven Anknüpfung (etwa gemäß Art. 4 Rom I oder nach Art. 6 Abs. 1 Rom I) bestimmt wurde.[2339]

Sofern also der Anbieter der Abonnement- bzw. Vertragsfalle das Recht eines Drittstaates durch Rechtswahl zur Anwendung berufen hat – und davon geht die Untersuchung in diesem Abschnitt aus – liegt auch diese Voraussetzung für die Anwendung der Sonderanknüpfung des Art. 46 b EGBGB vor.

2335 So auch *Martiny* in: Münchener Kommentar, EGBGB, Art. 46 b, Rn. 21.

2336 Siehe 3. Teil, B; Ergebnis unter III.

2337 Siehe 4. Teil, B; Ergebnis unter IV.

2338 So bspw. auch *Koch/Magnus/Winkler von Mohrenfels*, IPR, § 5, Rn. 100; *Martiny* in: Münchener Kommentar, EGBGB, Art. 46 b, Rn. 23 f., 34 f.; *Staudinger* in: Ferrari/Kieninger/Mankowski u. a., Internationales Vertragsrecht, EGBGB, Art. 46 b, Rn. 16; *Thorn* in: Palandt, 69. Aufl., EGBGB, Art. 46 b, Rn. 4.

2339 So bspw. auch *Martiny* in: Münchener Kommentar, EGBGB, Art. 46 b, Rn. 33; *Staudinger* in: Ferrari/Kieninger/Mankowski u. a., Internationales Vertragsrecht, EGBGB, Art. 46 b, Rn. 16; *Thorn* in: Palandt, 69. Aufl., EGBGB, Art. 46 b, Rn. 4.

dd) Räumlicher Anwendungsbereich – Enger Zusammenhang

Schließlich muss der Vertrag noch einen engen Zusammenhang mit dem Gebiet eines Mitgliedstaates der Europäischen Union oder eines anderen Vertragsstaates des Abkommens über den Europäischen Wirtschaftsraum aufweisen, damit Art. 46 b EGBGB zur Anwendung gelangt (räumlicher Anwendungsbereich, vgl. Abs. 1). Unter welchen Voraussetzungen tatsächlich vom Vorliegen eines engen Zusammenhangs ausgegangen werden kann, bleibt indes unklar: Denn es ist weder eine Legaldefinition des Begriffes in der Vorschrift selbst vorhanden,[2340] noch findet sich eine Konkretisierung eines solchen hinreichenden Näheverhältnisses in den entsprechenden Verbraucherschutzrichtlinien, da sich diese allein darauf beschränken, den durch sie geschaffenen einheitlichen sachrechtlichen Mindeststandard für den Schutz des Verbrauchers im Binnenmarkt kollisionsrechtlich abzusichern.[2341] Weil bisher auch keine Einigkeit über die Art und Weise einer Konkretisierung des Begriffes erzielt wurde, ist für den jeweiligen Gesetzgeber bei der Umsetzung in nationales Recht ein entsprechend großer Spielraum vorhanden, was sich auch durch die Verwendung teils abweichender Kriterien in den Rechtsordnungen der einzelnen Staaten zeigt.[2342]

Auf eine ausführliche Darstellung der hierzu vertretenen Ansichten sowie eine eigene Stellungnahme kann an dieser Stelle jedoch verzichtet werden, sofern der zweite Absatz der Sonderanknüpfung in den vorliegend untersuchten Fällen einschlägig ist: Der deutsche Gesetzgeber hat durch die nicht abschließende Aufzählung der beiden Vertragsabschlusssituationen in Art. 46 b Abs. 2 Nr. 1 und 2 EGBGB nämlich zwei Regelbeispiele gebildet, bei denen typischerweise das Vorliegen eines engen Zusammenhangs im Sinne der Generalklausel anzunehmen ist und die somit zur Konkretisierung des Begriffes herangezogen werden können.[2343] Das erste Regelbeispiel greift all diejenigen Fälle auf, in denen der Unternehmer seine berufliche oder gewerbliche Tätigkeit in dem EU-Mitglied- bzw. EWR-Vertragsstaat ausübt, in dem der Verbraucher

2340 So auch *Freitag/Leible*, Ergänzung des kollisionsrechtlichen Verbraucherschutzes durch Art. 29 a EGBGB, EWS 2000, 342 (345); *Staudinger* in: Ferrari/Kieninger/Mankowski u. a., Internationales Vertragsrecht, EGBGB, Art. 46 b, Rn. 17.

2341 Vgl. *Martiny* in: Münchener Kommentar, EGBGB, Art. 46 b, Rn. 36 f. m. w. N.

2342 Vgl. *Martiny* in: Münchener Kommentar, EGBGB, Art. 46 b, Rn. 37 m. w. N.

2343 So bspw. auch *Martiny* in: Münchener Kommentar, EGBGB, Art. 46 b, Rn. 57; *Staudinger* in: Ferrari/Kieninger/Mankowski u. a., Internationales Vertragsrecht, EGBGB, Art. 46 b, Rn. 17 f.; *Thorn* in: Palandt, 69. Aufl., EGBGB, Art. 46 b, Rn. 3.

seinen gewöhnlichen Aufenthalt hat (vgl. Nr. 1). Das zweite Beispiel beschäftigt sich mit denjenigen Fällen, in denen der Unternehmer eine solche Tätigkeit auf irgendeinem Wege (auch) auf diesen Staat ausrichtet (vgl. Nr. 2) und der Vertrag in den Bereich dieser Tätigkeit fällt. Um allerdings das Vorliegen eines engen Zusammenhangs bejahen zu können, muss der Vertrag in beiden Fällen darüber hinaus noch in den Bereich der im Aufenthaltsstaat des Verbrauchers ausgeübten oder auf diesen Staat ausgerichteten Tätigkeit fallen.

In Anbetracht der Tatsache, dass sich der deutsche Gesetzgeber bei der Bildung der in Art. 46 b Abs. 2 Nr. 1 bzw. 2 EGBGB aufgeführten Beispiele bewusst an den beiden in Art. 6 Abs. 1 lit. a und b Rom I aufgeführten Fallgruppen des situativen Anwendungsbereichs orientiert hat, und da sich die beiden Regelungen auch von ihrem Wortlaut her entsprechen, scheint auch eine einheitliche Auslegung der Vorschriften geboten.[2344] Daher kann an dieser Stelle auf die Ausführungen und Ergebnisse hinsichtlich der Ausübung einer beruflichen oder gewerblichen Tätigkeit[2345], der Ausrichtung einer solchen Tätigkeit[2346], der Zuordnung des Vertrages zum Bereich dieser unternehmerischen Tätigkeit sowie der Kausalität zwischen dem Abschluss des Vertrages und dieser Tätigkeit[2347] im Rahmen des situativen Anwendungsbereichs von Art. 6 Rom I verwiesen werden. Da der Anbieter einer Abonnement- bzw. Vertragsfalle das Internet gezielt als Werbemittel einsetzt, führt dies auch im Rahmen des Art. 46 b EGBGB aufgrund der weltweiten Wirkung dieses Mediums bereits dazu, dass im Ergebnis sowohl das Ausrichten einer beruflichen oder gewerblichen Tätigkeit auf die Bundesrepublik Deutschland als EU-Mitglied und als Aufenthaltsstaat des Nutzers vorliegt als auch der für das Ausrichten erforderliche Wille bejaht werden kann; eine Beschränkung dieser weltweiten Wirkung durch einen ausdrücklichen Ausschluss der Bundesrepublik Deutschland wäre, wie bereits dargestellt,[2348] unwirksam. Zugleich eröffnet der Anbieter durch das auf der Bestell- bzw. Registrierungsseite bereitgestellte interaktive Formular den Abschluss des Vertrages im Wege des Fernabsatzes. Füllt der Nutzer dieses Formular online aus und sendet es ab, so ist der hierdurch zustande gekom-

[2344] So bspw. auch *BT-Drs.* 16/12104, S. 10; *Martiny* in: Münchener Kommentar, EGBGB, Art. 46 b, Rn. 57 f., 60; *Staudinger* in: Ferrari/Kieninger/Mankowski u. a., Internationales Vertragsrecht, EGBGB, Art. 46 b, Rn. 18; *Thorn* in: Palandt, 69. Aufl., EGBGB, Art. 46 b, Rn. 3.

[2345] Siehe 5. Teil, C, II, 2, c, cc, aaa.

[2346] Siehe 5. Teil, C, II, 2, c, cc, bbb.

[2347] Siehe 5. Teil, C, II, 2, c, cc, ccc.

[2348] Siehe 5. Teil, C, II, 2, c, cc, bbb.

mene und in den Bereich der unternehmerischen Tätigkeit des Anbieters fallende Vertrag auf dessen Absatztätigkeit auf dem Inlandsmarkt des Nutzers zurückzuführen.

Da in den vorliegend untersuchten Fällen somit zumindest die im Regelbeispiel des Art. 46 b Abs. 2 Nr. 2 EGBGB aufgeführte Vertragsabschlusssituation einschlägig ist und damit ein enger Zusammenhang des Vertrages mit dem Gebiet eines Mitgliedstaates der Europäischen Union (nämlich der Bundesrepublik Deutschland) vorliegt, ist schließlich auch der räumliche Anwendungsbereich der Sonderanknüpfung des Art. 46 b Abs. 1 EGBGB eröffnet.

ee) Zwischenergebnis zur Eröffnung des Anwendungsbereichs

Wie gezeigt, sind vorliegend sämtliche Voraussetzungen für die Anwendung des in Art. 46 b EGBGB geregelten besonderen kollisionsrechtlichen Verbraucherschutzes erfüllt: Aufgrund der Eröffnung des Anwendungsbereichs der AGB-rechtlichen[2349] wie auch der fernabsatzrechtlichen Vorschriften[2350] zählen die hier im Zusammenhang mit Abonnement- bzw. Vertragsfallen im Internet untersuchten Vertragsabschlüsse zwischen einem Nutzer als Verbraucher und einem Anbieter als Unternehmer zu den von Art. 46 b EGBGB erfassten Verbraucherverträgen. Diese Verträge unterliegen zwar kraft subjektiver Anknüpfung der Rechtsordnung eines Drittstaates, weisen aber aufgrund der gezielten Nutzung des Internets als Werbemittel sowie der Bereitstellung des vom Nutzer auf der Bestell- bzw. Registrierungsseite ausgefüllten und abgesendeten interaktiven Formulars auch einen engen Zusammenhang mit der Bundesrepublik Deutschland als EU-Mitglied und als Aufenthaltsstaat des Nutzers auf. Auch hier hat der Anbieter auf all die genannten Voraussetzungen keinen Einfluss und kann damit die Anwendbarkeit dieser Sonderregelung nicht verhindern.

ff) Verweisungsziel

Auch im Rahmen der Sonderanknüpfung des Art. 46 b EGBGB unterliegt ein Vertragsverhältnis zwar grundsätzlich derjenigen Rechtsordnung, die kraft der von den Partei-

---

2349 Siehe 3. Teil, B; Ergebnis unter III.
2350 Siehe 4. Teil, B; Ergebnis unter IV.

en vorgenommenen Rechtswahl zur Anwendung berufen wurde.[2351] Allerdings kommt es auch hier wieder zu einer Korrektur der Wirkung des gewählten Rechts, sofern aufgrund dieser Wahl die Rechtsordnung eines Drittstaates zur Anwendung berufen wurde, der Vertrag jedoch einen engen Zusammenhang mit dem Gebiet eines EU-Mitgliedstaates oder eines EWR-Vertragsstaates aufweist.[2352] Liegen nämlich sämtliche Voraussetzungen für die Anwendung des in Art. 46 b EGBGB geregelten besonderen kollisionsrechtlichen Verbraucherschutzes vor, so gelangen nach Absatz 1 gleichwohl diejenigen nationalen Bestimmungen zur Umsetzung der in Absatz 3 genannten Verbraucherschutzrichtlinien zur Anwendung, die im Gebiet desjenigen Staates gelten, zu dem der Vertrag einen engen bzw. – sofern Bezüge zu mehreren Staaten bestehen – den engsten[2353] Zusammenhang aufweist.

Weist das Vertragsverhältnis wie beispielsweise in den vorliegend untersuchten Fällen demnach einen engen bzw. den engsten Zusammenhang mit dem Gebiet der Bundesrepublik Deutschland auf, sodass dieser Zusammenhang dann nach der Sonderanknüpfung des Art. 46 b Abs. 1 EGBGB zur Anwendung der entsprechenden Bestimmungen des deutschen Rechts führt, so erlangen damit all diejenigen Vorschriften des BGB Geltung, die auf einer Umsetzung der in Absatz 3 aufgeführten Verbraucherschutzrichtlinien beruhen.[2354] Um welche Bestimmungen es sich hierbei im Einzelnen handelt, muss im Wege eines Vergleiches von Gesetz und jeweiliger Richtlinie ermittelt werden.[2355] Im Zusammenhang mit Abonnement- bzw. Vertragsfallen im Internet sind hierbei vor allem die Umsetzungsbestimmungen von zwei der genannten Richtlinien hervorzuheben: Zum einen handelt es sich um die in § 310 Abs. 3 BGB enthaltene Sonderregelung für die Anwendung des AGB-Rechts in speziellen Bereichen, genauer gesagt im Bereich der Verbraucherverträge, die inhaltlich der Vorschrift des früheren § 24 a AGBG entspricht,[2356] der seinerzeit wiederum der Umsetzung der Richtlinie 93/13/EWG in deutsches Recht diente.[2357] Zum anderen ist hier das in den §§ 312 b

---

2351 So auch *Martiny* in: Münchener Kommentar, EGBGB, Art. 46 b, Rn. 35.

2352 So auch *Martiny* in: Münchener Kommentar, EGBGB, Art. 46 b, Rn. 35 f.

2353 Vgl. etwa *Freitag/Leible*, Ergänzung des kollisionsrechtlichen Verbraucherschutzes durch Art. 29 a EGBGB, EWS 2000, 342 (345); *Staudinger* in: Ferrari/Kieninger/Mankowski u. a., Internationales Vertragsrecht, EGBGB, Art. 46 b, Rn. 21; *Thorn* in: Palandt, 69. Aufl., EGBGB, Art. 46 b, Rn. 5.

2354 So auch *Thorn* in: Palandt, 69. Aufl., EGBGB, Art. 46 b, Rn. 6.

2355 Vgl. nur *Thorn* in: Palandt, 69. Aufl., EGBGB, Art. 46 b, Rn. 6.

2356 Vgl. allg. etwa *Basedow* in: Münchener Kommentar, BGB, § 310, Rn. 1, 18; *Grüneberg* in: Palandt, BGB, § 310, Rn. 7; *Pfeiffer* in: Wolf/Lindacher/Pfeiffer, AGB, § 310 Abs. 3, Rn. 1.

2357 Vgl. allg. nur *BGBl.* I 1996, S. 1013; *BT-Drs.* 13/2713, S. 4; *Pfeiffer* in: Wolf/Lindacher/Pfeiffer, AGB, § 310 Abs. 3, Rn. 1; *Schlosser* in: Staudinger, BGB, § 310, Rn. 34.

bis 312 f BGB geregelte Fernabsatzrecht, welches die Richtlinie 97/7/EG in deutsches Recht umsetzte,[2358] anzuführen.

Daher werden bei den vorliegend untersuchten Vertragsabschlüssen neben der vom Anbieter gewählten drittstaatlichen Rechtsordnung zusätzlich auch die entsprechenden Umsetzungsbestimmungen des deutschen Rechts gemäß Art. 46 b Abs. 1 EGBGB zur Anwendung berufen, was im Ergebnis auch hier wieder zu einer entsprechenden Korrektur und somit zu einer Beschränkung für die Wirkung der seitens des Anbieters vorgenommenen freien Rechtswahl führt.

gg) Verhältnis zu Art. 3 Abs. 3 und 4 sowie Art. 6 Rom I

Bei dem durch die Sonderanknüpfung des Art. 46 b EGBGB gleichwohl zur Anwendung berufenen Richtlinienrecht handelt es sich ebenfalls um die Durchsetzung zwingender Vorschriften, sodass sich die Frage nach dem Verhältnis der Sonderregelung des Art. 46 b EGBGB einerseits und den allgemeinen Vorschriften des Art. 3 Abs. 3 und 4 Rom I, sowie insbesondere auch der kollisionsrechtlichen Verbraucherschutzvorschrift des Art. 6 Rom I, andererseits stellt.[2359] Wie bereits einleitend bei den Beschränkungen der Rechtswahl bzw. für die Wirkung der Rechtswahl geschildert, genießen die allgemeinen Vorschriften des Art. 3 Abs. 3 und 4 Rom I Vorrang gegenüber dem in Art. 46 b EGBGB geregelten Verbraucherschutz für besondere Gebiete, da diese Sonderregelung erst dann zur Anwendung gelangt, wenn die Parteien das für ihren Schuldvertrag anzuwendende Recht entsprechend diesen allgemeinen Vorschriften wirksam bestimmt haben.[2360]

Weitaus schwieriger beurteilt sich hingegen grundsätzlich das Verhältnis zu Art. 6 Rom I. Da allerdings von der Rechtsfolgenseite aus betrachtet der durch die Sonderanknüpfung des Art. 46 b EGBGB intendierte Schutz des Verbrauchers gegenüber der durch Rechtswahl zur Anwendung berufenen Rechtsordnung eines Drittstaates trotz

---

[2358] So allg. etwa auch *Micklitz/Schirmbacher* in: Spindler/Schuster, BGB, § 312 b, Rn. 5; *Thüsing* in: Staudinger, BGB, Vorb. zu §§ 312 b-f, Rn. 11, 15 ff.; *Wendehorst* in: Münchener Kommentar, BGB, Vor § 312 b, Rn. 12.

[2359] So auch *Martiny* in: Münchener Kommentar, EGBGB, Art. 46 b, Rn. 113.

[2360] So bspw. auch *Hoffmann*, Art. 3 Abs. 4 Rom I-VO – Das Ende des Quellenpluralismus im europäischen internationalen Vertragsrecht?, EWS 2009, 254 (257 ff.); *Martiny* in: Münchener Kommentar, EGBGB, Art. 46 b, Rn. 114 f. A. A. *Magnus*, Die Rom I-Verordnung, IPRax 2010, 27 (39); *Staudinger* in: Ferrari/Kieninger/Mankowski u. a., Internationales Vertragsrecht, EGBGB, Art. 46 b, Rn. 6.

seines größeren Anwendungsbereichs bei den vorliegend untersuchten Vertragsabschlüssen im Zusammenhang mit Abonnement- bzw. Vertragsfallen im Internet keinen weitergehenden Schutz des Nutzers gewährleistet, kann – zumindest für die im Rahmen dieser Arbeit untersuchten Konstellationen – die durchaus kontrovers diskutierte (und wohl zu bejahende) Frage, ob im Verhältnis zu Art. 6 Rom I nicht nur ein Prüfungsvorrang, sondern auch ein Anwendungsvorrang der letztgenannten Vorschrift gegeben ist (sofern diese bereits zu einem richtlinienkonformen Schutz des Verbrauchers nach der Rechtsordnung eines EU-Mitglied- bzw. EWR-Vertragsstaates führt, zum Beispiel weil danach, wie hier, deutsches Recht maßgeblich ist),[2361] auch und gerade unter dem Aspekt der Erlangung eines möglichst effektiven Verbraucherschutzes offen gelassen werden.

e) International zwingende Bestimmungen (Art. 9 Rom I)

Schließlich könnte die Wirkung des faktisch allein durch den Anbieter der Abonnement- bzw. Vertragsfalle zur Anwendung berufenen Rechts noch über die Vorschrift des Art. 9 Rom I zu korrigieren sein. Diese Vorschrift regelt in ihren drei Absätzen die Sonderanknüpfung international zwingender Bestimmungen (Eingriffsnormen).[2362] Dabei ist im Hinblick auf die im zweiten und dritten Absatz geregelten Rechtsfolgen dieser Regelung zwischen den inländischen und den am Erfüllungsort geltenden Eingriffsnormen zu unterscheiden.[2363] Denn sind die Voraussetzungen einer international zwingenden Vorschrift der lex fori erfüllt, so gelangt diese inländische Eingriffsnorm gemäß Absatz 2 (der im wesentlichen Art. 7 Abs. 2 EVÜ bzw. Art. 34 EGBGB a. F. entspricht)[2364] in jedem Fall – weil von der Verordnung unberührt – unmittelbar zur

[2361] Vgl. etwa *Martiny* in: Münchener Kommentar, EGBGB, Art. 46 b, Rn. 117; *Staudinger* in: Ferrari/Kieninger/Mankowski u. a., Internationales Vertragsrecht, EGBGB, Art. 46 b, Rn. 7; *Thorn* in: Palandt, 69. Aufl., Rom I, Art. 6, Rn. 2, 9.

[2362] Vgl. etwa *Koch/Magnus/Winkler von Mohrenfels*, IPR, § 5, Rn. 20; *Leible/M. Lehmann*, Die Verordnung über das auf vertragliche Schuldverhältnisse anzuwendende Recht („Rom I") RIW 2008, 528 (542); *Martiny* in: Münchener Kommentar, VO (EG) 593/2008, Art. 9, Rn. 1, 6; *Thorn* in: Palandt, 69. Aufl., Rom I, Art. 9, Rn. 1.

[2363] So auch *Leible/M. Lehmann*, Die Verordnung über das auf vertragliche Schuldverhältnisse anzuwendende Recht („Rom I") RIW 2008, 528 (542); *Staudinger* in: Ferrari/Kieninger/Mankowski u. a., Internationales Vertragsrecht, VO (EG) 593/2008, Art. 9, Rn. 4, 45.

[2364] So bspw. auch *Leible/M. Lehmann*, Die Verordnung über das auf vertragliche Schuldverhältnisse anzuwendende Recht („Rom I") RIW 2008, 528 (542); *Martiny* in: Münchener Kommentar, VO (EG) 593/2008, Art. 9, Rn. 5; *Thorn* in: Palandt, 69. Aufl., Rom I, Art. 3, Rn. 5, Art. 9, Rn. 1.

Anwendung.[2365] Ob nun die Parteien das auf ihr Vertragsverhältnis anzuwendende Recht frei gewählt haben oder ob die Bestimmung des Vertragsstatutes im Weg der objektiven Anknüpfung erfolgt ist, spielt in diesem Zusammenhang keine Rolle.[2366] Hingegen sieht der dritte Absatz bei Eingriffsnormen desjenigen Staates, in dem die durch den Vertrag begründeten Verpflichtungen erfüllt werden sollen oder erfüllt worden sind, keine dem zu vergleichende strikte Rechtsfolge vor,[2367] da diesen Bestimmungen allenfalls dann Wirkung verliehen werden kann, wenn sie die Erfüllung des Vertrages unrechtmäßig werden lassen (vgl. Satz 1).

Wann eine solche Eingriffsnorm im Sinne des Art. 9 Rom I vorliegt, ist der nunmehr in Absatz 1 enthaltenen einengenden Legaldefinition zu entnehmen, die sich hinsichtlich ihrer Formulierung an der sogenannten Arblade-Entscheidung des EuGH[2368] orientiert:[2369] So handelt es sich bei einer Eingriffsnorm um eine zwingende Bestimmung, deren Einhaltung von einem Staat zur Wahrung seines öffentlichen Interesses, insbesondere im Hinblick auf seine politische, soziale und wirtschaftliche Organisation, als so entscheidend angesehen wird, dass sie ohne Rücksicht auf das nach Maßgabe dieser Verordnung auf das Vertragsverhältnis anzuwendende Recht auf sämtliche Sachverhalte Anwendung findet, bei denen der Anwendungsbereich dieser Vorschrift eröffnet ist.

Für die Qualifizierung einer Bestimmung als Eingriffsnorm müssen demnach zwei Kriterien erfüllt sein:[2370] Zunächst einmal ist eine Vorschrift mit internationalem Geltungsanspruch notwendig, die unabhängig von dem nach allgemeinen Anknüpfungsregelungen zu bestimmenden Vertragsstatut auf den Sachverhalt oder Sachverhaltsteil ange-

---

2365 So bspw. auch *Martiny* in: Münchener Kommentar, VO (EG) 593/2008, Art. 9, Rn. 5, 104, 106; *Radtke*, Schuldstatut und Eingriffsrecht, ZVglRWiss. 84 (1985), 325 (330); *Staudinger* in: Ferrari/Kieninger/Mankowski u. a., Internationales Vertragsrecht, VO (EG) 593/2008, Art. 9, Rn. 46; *Thorn* in: Palandt, 69. Aufl., Rom I, Art. 3, Rn. 5, Art. 9, Rn. 1.

2366 Vgl. *Martiny* in: Münchener Kommentar, VO (EG) 593/2008, Art. 9, Rn. 104; *Staudinger* in: Ferrari/Kieninger/Mankowski u. a., Internationales Vertragsrecht, VO (EG) 593/2008, Art. 9, Rn. 1.

2367 So auch *Staudinger* in: Ferrari/Kieninger/Mankowski u. a., Internationales Vertragsrecht, VO (EG) 593/2008, Art. 9, Rn. 45, 47.

2368 Vgl. *EuGH*, Urt. v. 23.11.1999 - C-369/96 und C-376/96, Slg. 1999, I-08453, Rn. 30 – Arblade.

2369 So bspw. auch *Einsele*, Auswirkungen der Rom I-Verordnung auf Finanzdienstleistungen, WM 2009, 289 (295); *Magnus*, Die Rom I-Verordnung, IPRax 2010, 27 (41); *Mankowski*, Die Rom I-Verordnung – Änderungen im europäischen IPR für Schuldverträge, IHR 2008, 133 (146); *Martiny* in: Münchener Kommentar, VO (EG) 593/2008, Art. 9, Rn. 4; *Niggemann*, Eingriffsnormen auf dem Vormarsch, IPRax 2009, 444 (450); *Staudinger* in: Ferrari/Kieninger/Mankowski u. a., Internationales Vertragsrecht, VO (EG) 593/2008, Art. 9, Rn. 5; *Thorn* in: Palandt, 69. Aufl., Rom I, Art. 9, Rn. 6.

2370 So auch *Thorn* in: Palandt, 69. Aufl., Rom I, Art. 9, Rn. 5.

wandt werden will;[2371] rein intern zwingende Bestimmungen genügen diesem Aspekt hingegen nicht.[2372] Zudem ist es nach zutreffender herrschender Meinung[2373] maßgeblich, dass diese Norm eine überindividuelle Zielrichtung besitzt, also entscheidend der Wahrung von öffentlichen Interessen bzw. Gemeininteressen, insbesondere der politischen, sozialen und wirtschaftlichen Organisation des betreffenden Staates, dient und nicht bloß auf den gerechten Ausgleich individueller Interessen abzielt. Werden öffentliche Gemeinwohlinteressen nur reflexartig mitgeschützt, so ist dies nicht ausreichend.[2374] Unerheblich ist hingegen, ob es sich bei der Vorschrift um eine klassische Eingriffsnorm des öffentlichen Rechts handelt oder ob diese dem Sonderprivatrecht zuzuordnen ist, da auch diese Regelungen des Öfteren überindividuelle Ziele (zum Beispiel den Schutz des Wettbewerbs, die Förderung des europäischen Binnenmarktes oder den sozialen Frieden) verfolgen.[2375]

Handelt es sich bei dem Forumsstaat beispielsweise um die Bundesrepublik Deutschland, so gelangen aufgrund der Sonderanknüpfung des Art. 9 Abs. 2 Rom I in jedem Fall all diejenigen international zwingenden Bestimmungen des deutschen Rechts zur Anwendung, die den Sachverhalt ungeachtet des Vertragsstatuts regeln.[2376] Ob diese international zwingenden Bestimmungen nun dem öffentlichen Recht zuzuordnen sind oder es sich um privatrechtliche Normen handelt, ist, wie bereits erwähnt, unbeachtlich.[2377] So zählen im Bereich des öffentlichen Rechts in der Bundesrepublik Deutschland zu diesen Normen vor allem die Regelungen des Außenwirtschaftsrechts, Embar-

---

2371 So bspw. auch *BGH*, Urt. v. 13.12.2005 - XI ZR 82/05, BGHZ 165, 248 (256) = NJW 2006, 762 (763); *Magnus*, Die Rom I-Verordnung, IPRax 2010, 27 (41); *Martiny* in: Münchener Kommentar, VO (EG) 593/2008, Art. 9, Rn. 8; *Staudinger* in: Ferrari/Kieninger/Mankowski u. a., Internationales Vertragsrecht, VO (EG) 593/2008, Art. 9, Rn. 5; *Thorn* in: Palandt, 69. Aufl., Rom I, Art. 9, Rn. 5.

2372 Vgl. *Erwägungsgrund 37* der Verordnung (EG) Nr. 593/2008. So auch *Staudinger* in: Ferrari/Kieninger/Mankowski u. a., Internationales Vertragsrecht, VO (EG) 593/2008, Art. 9, Rn. 5.

2373 Vgl. etwa *BGH*, Urt. v. 13.12.2005 - XI ZR 82/05, BGHZ 165, 248 (257) = NJW 2006, 762 (763 f.) m. w. N.; *Einsele*, Auswirkungen der Rom I-Verordnung auf Finanzdienstleistungen, WM 2009, 289 (295); *Koch/Magnus/Winkler von Mohrenfels*, IPR, § 5, Rn. 52; *Magnus*, Die Rom I-Verordnung, IPRax 2010, 27 (41); *Martiny* in: Münchener Kommentar, VO (EG) 593/2008, Art. 9, Rn. 13 m. w. N.; *Sonnenberger*, Eingriffsrecht – Das trojanische Pferd im IPR oder notwendige Ergänzung?, IPRax 2003, 104 (107 f.); *Staudinger* in: Ferrari/Kieninger/Mankowski u. a., Internationales Vertragsrecht, VO (EG) 593/2008, Art. 9, Rn. 8, 25 m. w. N.; *Thorn* in: Palandt, 69. Aufl., Rom I, Art. 9, Rn. 5.

2374 Vgl. etwa *BGH*, Urt. v. 13.12.2005 - XI ZR 82/05, BGHZ 165, 248 (257) = NJW 2006, 762 (764); *Staudinger* in: Ferrari/Kieninger/Mankowski u. a., Internationales Vertragsrecht, VO (EG) 593/2008, Art. 9, Rn. 8; *Thorn* in: Palandt, 69. Aufl., Rom I, Art. 9, Rn. 8.

2375 Vgl. *Thorn* in: Palandt, 69. Aufl., Rom I, Art. 9, Rn. 5.

2376 So auch *Martiny* in: Münchener Kommentar, VO (EG) 593/2008, Art. 9, Rn. 104, 106; *Radtke*, Schuldstatut und Eingriffsrecht, ZVglRWiss. 84 (1985), 325 (329 f.); *Thorn* in: Palandt, 69. Aufl., Rom I, Art. 3, Rn. 5.

2377 So auch *Martiny* in: Münchener Kommentar, VO (EG) 593/2008, Art. 9, Rn. 104 m. w. N.

gobestimmungen, Währungs- und Devisenvorschriften und die Normen des Kapitalmarktrechts.[2378] Bei den privatrechtlichen Vorschriften ist hingegen zunächst an all jene Normen zu denken, die dem Schutz des Verbrauchers dienen.[2379] Der Rückgriff auf das Instrument der Eingriffsnorm ist in diesem Zusammenhang zwar keineswegs unumstritten, doch scheidet eine Qualifikation von Verbraucherschutznormen als international zwingende Bestimmungen auch unter Geltung der Verordnung (EG) Nr. 593/2008 nicht von vornherein aus.[2380] Allerdings ist hierbei zum einen stets zu beachten, dass es sich bei sämtlichen unabdingbaren Verbraucherschutzvorschriften des deutschen Rechts nicht zugleich auch um international zwingende Bestimmungen handeln muss; und dass ihre Durchsetzung ohne Rücksicht auf das Vorliegen eines entsprechenden Auslandsbezuges im Interesse der Allgemeinheit – etwa um den sozialen und rechtlichen Frieden in der Bundesrepublik Deutschland zu sichern – notwendig ist, ist auch nicht ersichtlich.[2381] Zum anderen ist es auch bei diesen verbraucherschützenden Normen erforderlich, dass sie hauptsächlich der Wahrung von öffentlichen Interessen bzw. Gemeininteressen dienen.[2382] So ist zum Beispiel eine Qualifikation der AGB-rechtlichen Vorschriften als Eingriffsnormen im Sinne des Art. 9 Rom I zu verneinen, da diese Bestimmungen zwar durchaus zwingendes Recht enthalten, sie aber nicht in jedem Fall unmittelbar Geltung beanspruchen.[2383]

Bejaht man die grundsätzliche Zulässigkeit einer Qualifikation auch der sozialpolitisch motivierten Verbraucherschutzvorschriften als international zwingende Bestimmungen, so stellt sich im Anschluss die Frage nach dem Konkurrenzverhältnis des Art. 9 Rom I zu anderen Vorschriften. Denn wie bereits dargestellt wurde, handeln auch die Art. 3 Abs. 3 und 4, Art. 6 Rom I sowie Art. 46 b EGBGB von den Auswirkungen, die zwin-

---

2378 Vgl. *Martiny* in: Münchener Kommentar, VO (EG) 593/2008, Art. 9, Rn. 61 ff. m. w. N.; *Staudinger* in: Ferrari/Kieninger/Mankowski u. a., Internationales Vertragsrecht, VO (EG) 593/2008, Art. 9, Rn. 25 m. w. N.; *Thorn* in: Palandt, 69. Aufl., Rom I, Art. 9, Rn. 7 m. w. N.

2379 Vgl. *Thorn* in: Palandt, 69. Aufl., Rom I, Art. 9, Rn. 8 m. w. N.

2380 So auch *Mankowski*, Die Rom I-Verordnung – Änderungen im europäischen IPR für Schuldverträge, IHR 2008, 133 (147); *Staudinger* in: Ferrari/Kieninger/Mankowski u. a., Internationales Vertragsrecht, EGBGB, Art. 6, Rn. 6, Art. 9, Rn. 20 f. A. A. *Martiny* in: Münchener Kommentar, VO (EG) 593/2008, Art. 9, Rn. 88; *Niggemann*, Eingriffsnormen auf dem Vormarsch, IPRax 2009, 444 (450).

2381 So auch *Koch/Magnus/Winkler von Mohrenfels*, IPR, § 5, Rn. 102.

2382 So bspw. auch *Staudinger* in: Ferrari/Kieninger/Mankowski u. a., Internationales Vertragsrecht, VO (EG) 593/2008, Art. 9, Rn. 20; *Thorn* in: Palandt, 69. Aufl., Rom I, Art. 9, Rn. 8.

2383 Vgl. *Martiny* in: Münchener Kommentar, VO (EG) 593/2008, Art. 9, Rn. 89; *Meyer-Sparenberg*, Rechtswahlvereinbarungen in Allgemeinen Geschäftsbedingungen, RIW 1989, 347 (350 f.); *Sieg*, Allgemeine Geschäftsbedingungen im grenzüberschreitenden Geschäftsverkehr, RIW 1997, 811 (817) m. w. N.

gende Bestimmungen auf den Vertrag haben.[2384] Da der Anbieter einer Abonnement- bzw. Vertragsfalle im Internet allerdings die durch Art. 3 Abs. 3 Rom I auferlegte Beschränkung für die Wirkung der freien Rechtswahl umgehen will und es ihm im Ergebnis auch durchaus möglich ist, zu verhindern, dass es zu einer Anwendung der zwingenden Bestimmungen des Einbettungsstatuts kommt (siehe die Ausführungen zur Rechtswahl bei fehlendem Auslandsbezug[2385]), braucht die Frage nach dem Verhältnis dieser beiden Vorschriften in den hier untersuchten Fällen erst gar nicht beantwortet zu werden. Gleiches gilt auch für das Verhältnis zu Art. 3 Abs. 4 Rom I, da der Anbieter, wie bereits dargestellt,[2386] vermeiden will und kann, dass die zwingenden Bestimmungen des Gemeinschaftsrechts in den hier untersuchten Fällen gleichfalls zur Anwendung gelangen.

Von Interesse ist hingegen der insoweit bestehende Normenkonflikt zwischen der Sonderregelung des Art. 6 Rom I und der Vorschrift des Art. 9 Rom I.[2387] Aufgrund der ausdifferenzierten Wertungsentscheidung sollte der kollisionsrechtliche Verbraucherschutz des Art. 6 Rom I allerdings zu Recht als lex specialis angesehen werden, der innerhalb seines sachlichen Anwendungsbereichs, d. h. bei inländisch zwingendem Verbraucherschutzrecht, das zugleich auch international zwingenden Charakter hat, als abschließende Regelung aufzufassen ist und somit den Rückgriff auf die Vorschrift des Art. 9 Rom I sperrt.[2388] Im Ergebnis führt dies dazu, dass verbraucherschützende Eingriffsnormen im Sinne von Art. 9 Rom I nur noch im Rahmen der (hier allerdings nicht einschlägigen[2389]) Ausnahmetatbestände der Sonderanknüpfung des Art. 6 Abs. 4 Rom I in Betracht kommen, wie etwa das Wohnraummietrecht.[2390] Zudem erscheint auch eine zusätzliche Sonderanknüpfung von Verbraucherschutznormen gemäß Art. 9 Rom I innerhalb des sachlichen Anwendungsbereichs der Vorschrift des Art. 46 b EGBGB, d. h. auf den in den Richtlinien geregelten Gebieten, als unzulässig,[2391] da

2384 So auch *Martiny* in: Münchener Kommentar, VO (EG) 593/2008, Art. 9, Rn. 1.

2385 Siehe 5. Teil, C, II, 2, a.

2386 Siehe 5. Teil, C, II, 2, b.

2387 So auch *Thorn* in: Palandt, 69. Aufl., Rom I, Art. 9, Rn. 8.

2388 So bspw. auch *BGH*, Urt. v. 26.10.1993 - XI ZR 42/93, BGHZ 123, 380 (390 f.) = NJW 1994, 262 (264); *Staudinger* in: Ferrari/Kieninger/Mankowski u. a., Internationales Vertragsrecht, VO (EG) 593/2008, Art. 6, Rn. 7; *Thorn* in: Palandt, 69. Aufl., Rom I, Art. 6, Rn. 2, Art. 9, Rn. 8.

2389 Siehe 5. Teil, C, II, 2, c, bb.

2390 Vgl. *BT-Drs.* 10/504, S. 83 f.; *Thorn* in: Palandt, 69. Aufl., Rom I, Art. 6, Rn. 2, Art. 9, Rn. 8.

2391 Vgl. etwa *Hoffmann*, Art. 3 Abs. 4 Rom I-VO – Das Ende des Quellenpluralismus im europäischen internationalen Vertragsrecht?, EWS 2009, 254 (259); *Martiny* in: Münchener Kommentar, EGBGB, Art. 46 b, Rn. 118; *Staudinger* in: Ferrari/Kieninger/Mankowski u. a., Internationales Vertragsrecht,

sie in der auf diesen Richtlinien aufbauenden kollisionsrechtlichen Regelung gesondert normiert ist.[2392]

Somit ist bei den hier untersuchten Vertragsabschlüssen zwar der Rückgriff auf die Vorschrift des Art. 9 Rom I gesperrt, sodass es auch nicht zu einer entsprechenden Korrektur und damit verbunden zu einer Beschränkung der Wirkung der faktisch allein durch den Anbieter der Abonnement- bzw. Vertragsfalle vorgenommenen freien Rechtswahl durch diese Vorschrift kommt. Doch wie bereits dargestellt wurde, ist der Schutz des Nutzers durch diese vorrangig anzuwendenden Vorschriften, insbesondere durch die Sonderanknüpfung des Art. 6 Rom I, bereits gewährleistet, sodass dies im Ergebnis und gerade auch im Hinblick auf die Erlangung eines möglichst effektiven Verbraucherschutzes nicht weiter relevant ist.

f) Zwischenergebnis zu den Beschränkungen der Rechtswahl bzw. für die Wirkung der Rechtswahl

Da es dem Anbieter durchaus möglich ist, sowohl ein zusätzliches, nicht völlig nebensächliches Auslandselement zu schaffen und hierdurch zu verhindern, dass sich gemäß Art. 3 Abs. 3 Rom I das zwingende Inlandsrecht gegenüber der von ihm zur Anwendung berufenen ausländischen Rechtsordnung durchsetzt, als auch einen entsprechenden Drittstaatenbezug zu schaffen und damit zu vermeiden, dass gemäß Art. 3 Abs. 4 Rom I die zwingenden Bestimmungen des Gemeinschaftsrechts gleichfalls zur Anwendung gelangen, ergeben sich im Zusammenhang mit den hier untersuchten Abonnement- bzw. Vertragsfallen im Internet aus diesen Vorschriften keinerlei Beschränkungen für die Wirkung der durch ihn vorgenommenen Rechtswahl. Durch die Anwendbarkeit der in Art. 6 Rom I enthaltenen Sonderregelung für Verbraucherverträge sind es vielmehr die zusätzlich zur Anwendung berufenen zwingenden verbraucherschützenden Vorschriften des deutschen Rechts, die in den hier untersuchten Fällen das vom gewählten Vertragsstatut unabhängige Mindestmaß des dem Nutzer zu gewährenden Schutzes festlegen,[2393] welches auch durch die Wahl einer ausländischen Rechtsord-

EGBGB, Art. 46 b, Rn. 9; *Staudinger*, Internationales Verbraucherschutzrecht made in Germany, RIW 2000, 416 (417); *Thorn* in: Palandt, 69. Aufl., EGBGB, Art. 46 b, Rn. 8.

2392 Vgl. *Thorn* in: Palandt, 69. Aufl., EGBGB, Art. 46 b, Rn. 8.

2393 So allg. auch *Martiny* in: Münchener Kommentar, VO (EG) 593/2008, Art. 6, Rn. 46; *Staudinger* in: Ferrari/Kieninger/Mankowski u. a., Internationales Vertragsrecht, VO (EG) 593/2008, Art. 6, Rn. 72; *Thorn* in: Palandt, 69. Aufl., Rom I, Art. 6, Rn. 8.

nung und der damit verbundenen Abwahl des deutschen Rechts seitens des Anbieters nicht unterlaufen werden kann.[2394] Im Ergebnis führt dies zu einer entsprechenden Korrektur und somit zu einer Beschränkung der Wirkung der seitens des Anbieters vorgenommenen freien Rechtswahl.

3. Zwischenergebnis zur Rechtswahl durch die Parteien

Obwohl der Anbieter einer Abonnement- bzw. Vertragsfalle im Internet mit Hilfe einer entsprechenden Klausel im Rahmen der Allgemeinen Geschäftsbedingungen das Vertragsstatut quasi allein bestimmen kann und er hierdurch die Möglichkeit hat, entsprechend seinem Ziel auf eine solche ausdrückliche Rechtswahl Einfluss zu nehmen, beschränkt die Anwendbarkeit der in Art. 6 Rom I enthaltenen Sonderregelung für Verbraucherverträge die Wirkung seiner Rechtswahl derart, dass es ihm im Ergebnis unmöglich ist, die vorliegend untersuchten Vertragsverhältnisse den für den Schutz des Verbrauchers maßgeblichen Regelungsbereichen des deutschen Rechts durch die Wahl einer anderen, für sein Ziel geeigneteren Rechtsordnung zu entziehen. Eine solche Möglichkeit zur Einflussnahme könnte sich aber im Wege der objektiven Anknüpfung ergeben.

III. Anknüpfung bei fehlender Rechtswahl (Objektive Anknüpfung)

Soweit es an einer wirksamen Rechtswahl nach Art. 3 Rom I fehlt, etwa weil die von den Parteien getroffene Rechtswahl unwirksam ist oder weil die Parteien – bzw. in den hier untersuchten Fällen vielmehr der Anbieter faktisch alleine – die auf ihr Vertragsverhältnis anzuwendende Rechtsordnung nicht durch eine ausdrückliche Rechtswahl bestimmt haben und auch weder den Bestimmungen des Vertrages noch den Umständen des Falles eindeutige Anhaltspunkte für eine stillschweigende Rechtswahl zu entnehmen sind (vgl. Art. 3 Abs. 1 S. 2 Rom I),[2395] kann das Vertragsstatut nicht anhand des subjektiven Parteiwillens ermittelt werden, sondern bestimmt sich vielmehr subsidiär durch Rückgriff auf objektive Kriterien, d. h. im Wege der objektiven An-

---

[2394] So allg. auch *Martiny* in: Münchener Kommentar, VO (EG) 593/2008, Art. 6, Rn. 43; *Staudinger* in: Ferrari/Kieninger/Mankowski u. a., Internationales Vertragsrecht, VO (EG) 593/2008, Art. 6, Rn. 72.

[2395] So allg. auch *Ferrari* in: Ferrari/Kieninger/Mankowski u. a., Internationales Vertragsrecht, VO (EG) 593/2008, Art. 4, Rn. 1.

knüpfung.[2396] Daher stellt sich bei der Ermittlung des auf den Vertrag anzuwendenden Rechts nunmehr die Frage, wie bzw. anhand welcher Merkmale im Einzelnen eine solche Anknüpfung erfolgt. Darauf aufbauend soll im Folgenden untersucht werden, ob der Anbieter einer Abonnement- bzw. Vertragsfalle im Internet die Möglichkeit hat, entsprechend seinem Ziel auf diese Merkmale und damit auch auf das Ergebnis einer solchen objektiven Anknüpfung Einfluss zu nehmen. Falls dies zu bejahen ist, soll auch hier untersucht werden, ob (und gegebenenfalls inwieweit) er hierdurch die vorliegend untersuchten Vertragsverhältnisse der deutschen Rechtsordnung und damit auch den für den Schutz des Verbrauchers maßgeblichen Regelungsbereichen des deutschen Rechts entziehen kann. Die Bestimmung des Vertragsstatuts erfolgt in diesem Fall grundsätzlich anhand der Vorschrift des Art. 4 Rom I.[2397]

1. Grundsatz der objektiven Anknüpfung (Art. 4 Rom I)

Nach dieser recht differenzierten Auffangregelung, die trotz erheblicher Änderungen in Bezug auf ihren Aufbau und ihren Wortlaut ihrem Inhalt nach weitestgehend der Vorschrift des früheren Art. 28 EGBGB bzw. Art. 4 EVÜ entspricht,[2398] gelten bei der Bestimmung des anwendbaren Rechts die nachfolgenden Grundsätze:[2399]

a) Anknüpfungsregeln für spezifizierte Vertragstypen (Abs. 1) und Anknüpfung anhand der vertragscharakteristischen Leistungen (Abs. 2)

Ausgangspunkt der Prüfung ist der im ersten Absatz von Art. 4 Rom I enthaltene Katalog, der in lit. a bis h eine Aufzählung von insgesamt acht Anknüpfungsregeln für eine Reihe besonders wichtiger bzw. in der Anknüpfung bislang umstrittener Typen von Verträgen vorsieht (hervorzuheben sind hier insbesondere der Kaufvertrag über bewegliche Sachen sowie der Dienstleistungsvertrag).[2400] Auf diese Weise wird das auf die im

---

[2396] So bspw. auch *Ferrari* in: Ferrari/Kieninger/Mankowski u. a., Internationales Vertragsrecht, VO (EG) 593/2008, Art. 4, Rn. 1; *Koch/Magnus/Winkler von Mohrenfels*, IPR, § 5, Rn. 84; *Martiny* in: Münchener Kommentar, VO (EG) 593/2008, Art. 4, Rn. 1, 5; *Thorn* in: Palandt, 69. Aufl., Rom I, Art. 4, Rn. 2.

[2397] Ebd.

[2398] So bspw. auch *Koch/Magnus/Winkler von Mohrenfels*, IPR, § 5, Rn. 23; *Martiny* in: Münchener Kommentar, VO (EG) 593/2008, Art. 4, Rn. 1; *Thorn* in: Palandt, 69. Aufl., Rom I, Art. 4, Rn. 1.

[2399] So auch *Koch/Magnus/Winkler von Mohrenfels*, IPR, § 5, Rn. 23.

[2400] So bspw. auch *Ferrari* in: Ferrari/Kieninger/Mankowski u. a., Internationales Vertragsrecht, VO (EG) 593/2008, Art. 4, Rn. 5, 10 f.; *Koch/Magnus/Winkler von Mohrenfels*, IPR, § 5, Rn. 76; *Magnus*, Die

Grunde wichtigsten Verträge bzw. Vertragstypen des internationalen Handels anwendbare Recht konkret festlegt.[2401] Durch die damit einhergehende Berechenbarkeit sollen diese besonderen Kollisionsnormen zur Rechtssicherheit im europäischen Rechtsraum beitragen.[2402]

Liegt also keine wirksame Rechtswahl nach Art. 3 Rom I vor, so ist beispielsweise für Verträge über den Kauf beweglicher Sachen gemäß Art. 4 Abs. 1 lit. a Rom I grundsätzlich das Recht am Ort des gewöhnlichen Aufenthalts des Verkäufers maßgeblich.[2403] Bei Gesellschaften, Vereinen und juristischen Personen ist der Ort des gewöhnlichen Aufenthalts der Ort ihrer Hauptverwaltung bzw. Zweigniederlassung (vgl. Art. 19 Abs. 1 S. 1 und Abs. 2 Rom I); handelt es sich bei dem Verkäufer hingegen um eine natürliche Person und erfolgt der Abschluss des Vertrages im Rahmen der Ausübung einer beruflichen Tätigkeit, so ist der Ort des gewöhnlichen Aufenthalts der Ort der Haupt- bzw. Zweigniederlassung (vgl. Art. 19 Abs. 1 und 2 Rom I). Nach dieser speziellen Anknüpfungsregel unterliegt ein Vertrag über den Kauf beweglicher Sachen folglich grundsätzlich deutschem Recht, sofern der Verkäufer in der Bundesrepublik Deutschland ansässig ist.[2404] Befindet sich der Ort des gewöhnlichen Aufenthalts des Verkäufers dagegen im Ausland, so gelangt dessen Recht zur Anwendung.[2405]

Rom I-Verordnung, IPRax 2010, 27 (35); *Martiny* in: Münchener Kommentar, VO (EG) 593/2008, Art. 4, Rn. 2, 5; *Thorn* in: Palandt, 69. Aufl., Rom I, Art. 4, Rn. 2, 4; *Wagner*, Der Grundsatz der Rechtswahl und das mangels Rechtswahl anwendbare Recht (Rom I-Verordnung), IPRax 2008, 377 (382 f.).

2401 Vgl. etwa *Clausnitzer/Woopen*, Internationale Vertragsgestaltung – Die neue EG-Verordnung für grenzüberschreitende Verträge (Rom I-VO), BB 2008, 1798 (1799 f.); *Ferrari* in: Ferrari/Kieninger/Mankowski u. a., Internationales Vertragsrecht, VO (EG) 593/2008, Art. 4, Rn. 11; *Koch/Magnus/Winkler von Mohrenfels*, IPR, § 5, Rn. 32; *Magnus*, Die Rom I-Verordnung, IPRax 2010, 27 (35).

2402 Vgl. *Erwägungsgrund 16* der Verordnung (EG) Nr. 593/2008; *Martiny* in: Münchener Kommentar, VO (EG) 593/2008, Art. 4, Rn. 2, 4.

2403 So bspw. auch *OLG Köln*, Urt. v. 15.05.1996 - 27 U 99/95, NJW-RR 1997, 182 (183); *Ferrari* in: Ferrari/Kieninger/Mankowski u. a., Internationales Vertragsrecht, VO (EG) 593/2008, Art. 4, Rn. 15; *Koch/Magnus/Winkler von Mohrenfels*, IPR, § 5, Rn. 32, 84; *Martiny* in: Münchener Kommentar, VO (EG) 593/2008, Art. 4, Rn. 11 m. w. N.; *Thorn* in: Palandt, 69. Aufl., Rom I, Art. 4, Rn. 6.

2404 So bspw. auch *BGH*, Urt. v. 01.06.2005 - VIII ZR 256/04, NJW-RR 2005, 1518 (1520); *OLG Karlsruhe*, Urt. v. 09.10.1992 - 15 U 67/92, NJW-RR 1993, 567 (568); *OLG Köln*, Urt. v. 16.10.1992 - 19 U 118/92, RIW 1993, 143 (144); *Leible/M. Lehmann*, Die Verordnung über das auf vertragliche Schuldverhältnisse anzuwendende Recht („Rom I") RIW 2008, 528 (535); *Martiny* in: Münchener Kommentar, VO (EG) 593/2008, Art. 4, Rn. 11.

2405 So bspw. auch *OLG Düsseldorf*, Urt. v. 09.06.1994 - 13 U 173/92, NJW-RR 1995, 1396 (1396); *OLG Frankfurt am Main*, Urt. v. 13.06.1991 - 5 U 261/90, NJW 1991, 3102 (3102); *OLG Hamm*, Urt. v. 08.02.1995 - 11 U 206/93, NJW-RR 1996, 1271 (1271); *OLG Karlsruhe*, Urt. v. 20.11.1992 - 15 U 29/92, NJW-RR 1993, 1316 (1316); *Leible/M. Lehmann*, Die Verordnung über das auf vertragliche Schuldverhältnisse anzuwendende Recht („Rom I") RIW 2008, 528 (535); *Martiny* in: Münchener Kommentar, VO (EG) 593/2008, Art. 4, Rn. 11 m. w. N.

Für den Anbieter einer Abonnement- bzw. Vertragsfalle bedeutet dies wiederum, dass sich seine Hauptverwaltung bzw. Hauptniederlassung nicht in der Bundesrepublik Deutschland befinden darf, und er diese gegebenenfalls ins Ausland verlegen muss, um über die spezielle Anknüpfungsregel des Art. 4 Abs. 1 lit. a Rom I die vorliegend untersuchten Vertragsverhältnisse der deutschen Rechtsordnung und damit auch den für den Schutz des Verbrauchers maßgeblichen Regelungsbereichen des deutschen Rechts entziehen zu können. Wie bereits ausgeführt,[2406] stellt eine solche Verlegung für den Anbieter kein allzu großes Problem dar, da er seine Dienstleistungen über eine Plattform im Internet anbietet, die er überall betreiben kann. Dem Anbieter einer Abonnement- bzw. Vertragsfalle im Internet ist es also durchaus möglich, entsprechend seinem Ziel auf dieses Merkmal und damit auch auf das Ergebnis dieser objektiven Anknüpfung Einfluss zu nehmen.

Allerdings handelt es sich bei den vorliegend untersuchten Vertragsverhältnissen nicht um Verträge über den Kauf beweglicher Sachen; wie bereits dargestellt,[2407] geht die Untersuchung vielmehr davon aus, dass der Nutzer durch das Ausfüllen und Absenden des Bestell- bzw. Registrierungsformulars eine Willenserklärung abgibt, die auf den Abschluss (hier die Annahme) eines Vertrages gerichtet ist, der eine Dienstleistung zum Gegenstand hat, für die ein entsprechendes Entgelt erhoben wird. Die spezielle Anknüpfungsregel von Art. 4 Abs. 1 lit. a Rom I ist hier somit zwar nicht einschlägig. Doch auch bei Verträgen im Zusammenhang mit der Erbringung einer Dienstleistung erfolgt die Anknüpfung grundsätzlich anhand der vertragscharakteristischen Leistung, hier also ebenfalls anhand derjenigen des Dienstleisters.[2408] Denn kraft der besonderen Kollisionsnorm des Art. 4 Abs. 1 lit. b Rom I unterliegen Dienstleistungsverträge dem Recht des Staates, in dem der Dienstleister seinen gewöhnlichen Aufenthalt hat. Dieser bestimmt sich wiederum nach Art. 19 Rom I und führt auch hier wieder zur Anwendung des Rechts an dem Ort, an dem der Dienstleister – also in den hier untersuchten Fällen der Anbieter – seine Hauptverwaltung bzw. Zweigniederlassung oder seine Haupt- bzw. Zweigniederlassung hat, vgl. Art. 19 Abs. 1 und 2 Rom I.

Somit ist es dem Anbieter durchaus möglich, entsprechend seinem Ziel auf dieses Merkmal und damit über die spezielle Anknüpfungsregel des Art. 4 Abs. 1 lit. b Rom I

2406 Siehe 5. Teil, C, II, 2, a und b.

2407 Siehe 4. Teil, B, II, 2, c.

2408 So auch *Martiny* in: Münchener Kommentar, VO (EG) 593/2008, Art. 4, Rn. 11, 16, 49.

auch auf das Ergebnis der objektiven Anknüpfung Einfluss zu nehmen. Selbst wenn die vorliegend untersuchten Vertragsverhältnisse im Zusammenhang mit Abonnement- bzw. Vertragsfallen im Internet keinem der im Katalog des ersten Absatzes aufgeführten Anknüpfungsregeln zugeordnet werden könnten oder es sich hierbei um typengemischte Verträge handeln würde, deren wesentliche Bestandteile unter mehrere der in lit. a bis h vorgesehenen Regelungen fielen, so gilt gemäß Art. 4 Abs. 2 Rom I grundsätzlich das Recht am Ort des gewöhnlichen Aufenthalts derjenigen Vertragspartei, welche die für das Vertragsverhältnis charakteristische Leistung zu erbringen hat; das wäre in diesen Fällen wiederum die Leistung des Anbieters der Abonnement- bzw. Vertragsfalle im Internet, sodass dieser auch im Wege der Anknüpfung anhand der vertragscharakteristischen Leistung gemäß Art. 4 Abs. 2 Rom I auf das Ergebnis Einfluss nehmen könnte.

b) Ausweichklausel (Abs. 3)

Die Regelungen für die Anknüpfung der in Art. 4 Abs. 1 lit. a bis h Rom I genannten Vertragstypen sowie die im zweiten Absatz geregelte Anknüpfung anhand der vertragscharakteristischen Leistung stellen jedoch allenfalls ihrem Wortlaut nach starre Anknüpfungsregeln dar, was sich aus dem Zusammenspiel mit der Ausweichklausel des dritten Absatzes deutlich zeigt.[2409] Ergibt sich im Einzelfall nämlich aus der Gesamtheit der Umstände, dass das Vertragsverhältnis eine offensichtlich engere Verbindung zu einem anderen als dem nach Absatz 1 oder 2 bestimmten Staat aufweist, so werden diese Regelanknüpfungen verdrängt und es findet stattdessen gemäß Art. 4 Abs. 3 Rom I das Recht dieses anderen Staates auf den Vertrag Anwendung. Diese Vorschrift führt also im Einzelfall zu einer Korrektur des an sich berufenen Rechts zugunsten einer bedeutsameren Verknüpfung.[2410]

Allerdings stellt die Ausweichklausel des Art. 4 Abs. 3 Rom I eine Ausnahmeregelung dar und bedarf als solche einer engen Auslegung.[2411] Vom Vorliegen einer offensicht-

2409 So auch *Koch/Magnus/Winkler von Mohrenfels*, IPR, § 5, Rn. 33; *Magnus*, Die Rom I-Verordnung, IPRax 2010, 27 (35, 37); *Thorn* in: Palandt, 69. Aufl., Rom I, Art. 4, Rn. 2, 29.

2410 So bspw. auch *Magnus*, Die Rom I-Verordnung, IPRax 2010, 27 (35); *Martiny* in: Münchener Kommentar, VO (EG) 593/2008, Art. 4, Rn. 244 f.

2411 Vgl. *Leible/M. Lehmann*, Die Verordnung über das auf vertragliche Schuldverhältnisse anzuwendende Recht („Rom I") RIW 2008, 528 (536); *Magnus*, Die Rom I-Verordnung, IPRax 2010, 27 (37); *Thorn* in: Palandt, 69. Aufl., Rom I, Art. 4, Rn. 29.

lich engeren Verbindung kann daher erst dann ausgegangen werden, wenn der Gesamtheit aller ursprünglich nicht signifikanten Umstände bzw. Anhaltspunkte aufgrund ihrer Häufung sowie ihrer für das jeweilige Rechtsverhältnis besonderen Bedeutung ein solches Gewicht zukommt, dass sich ein eindeutiger Schwerpunkt des betreffenden Vertragsverhältnisses im Bereich eines anderen Staates und damit auch im Bereich von dessen Rechtsordnung ergibt.[2412] Zwar sind die hierfür maßgeblichen Umstände bzw. Anhaltspunkte im Einzelnen durch den Gesetzgeber nicht näher konkretisiert worden, doch können sicherlich all diejenigen herangezogen werden, die auch bei der Beantwortung der Frage, ob im Rahmen einer stillschweigenden Rechtswahl ein entsprechendes schlüssiges Verhalten vorliegt, bzw. im Hinblick auf die Bestimmung der engsten Verbindung im Sinne von Art. 4 Abs. 4 Rom I (hierzu gleich mehr) von Bedeutung sind.[2413] Auf der anderen Seite ist es für das Eingreifen der Ausnahmeregelung nicht notwendig, dass sämtliche objektiven Verbindungen auf eine andere Rechtsordnung hinweisen; allein der Umstand, dass der Leistende in einem anderen als dem Staat seines gewöhnlichen Aufenthalts erfüllt, vermag dies jedoch auch nicht zu rechtfertigen.[2414]

c) Anknüpfung nach der engsten Verbindung (Abs. 4)

Sofern das konkrete Vertragsverhältnis keiner der in Art. 4 Abs. 1 Rom I aufgeführten Anknüpfungsregeln zugeordnet werden kann und auch keine der zu erbringenden Leistungen als die den Vertrag charakterisierende Leistung für eine Anknüpfung nach Absatz 2 bestimmbar ist, wird das Vertragsstatut hilfsweise anhand der Generalklausel des Art. 4 Abs. 4 Rom I ermittelt.[2415] Nach dieser Auffangregelung[2416] unterliegt das

---

[2412] Vgl. etwa *BGH*, Urt. v. 26.07.2004 - VIII ZR 273/03, NJW-RR 2005, 206 (209 f.); *Ferrari* in: Ferrari/Kieninger/Mankowski u. a., Internationales Vertragsrecht, VO (EG) 593/2008, Art. 4, Rn. 73 m. w. N.; *Mankowski*, Die Rom I-Verordnung – Änderungen im europäischen IPR für Schuldverträge, IHR 2008, 133 (137); *Martiny* in: Münchener Kommentar, VO (EG) 593/2008, Art. 4, Rn. 248; *Pfeiffer*, Neues Internationales Vertragsrecht, EuZW 2008, 622 (626); *Thorn* in: Palandt, 69. Aufl., Rom I, Art. 4, Rn. 29.

[2413] Vgl. *Ferrari* in: Ferrari/Kieninger/Mankowski u. a., Internationales Vertragsrecht, VO (EG) 593/2008, Art. 4, Rn. 73 m. w. N.

[2414] Vgl. *Martiny* in: Münchener Kommentar, VO (EG) 593/2008, Art. 4, Rn. 248 m. w. N.

[2415] So bspw. auch *Magnus*, Die Rom I-Verordnung, IPRax 2010, 27 (38); *Martiny* in: Münchener Kommentar, VO (EG) 593/2008, Art. 4, Rn. 158; *Thorn* in: Palandt, 69. Aufl., Rom I, Art. 4, Rn. 2, 30.

[2416] Vgl. etwa *Clausnitzer/Woopen*, Internationale Vertragsgestaltung – Die neue EG-Verordnung für grenzüberschreitende Verträge (Rom I-VO), BB 2008, 1798 (1800); *Ferrari* in: Ferrari/Kieninger/Mankowski u. a., Internationales Vertragsrecht, VO (EG) 593/2008, Art. 4, Rn. 79; *Leible/M. Lehmann*, Die Verord-

Vertragsverhältnis dem Recht des Staates, mit dem es die engste Verbindung aufweist. Es ist somit auch hier wieder die Frage zu beantworten, in welchem Staat der räumliche Schwerpunkt des Vertrages liegt,[2417] was wiederum eine Betrachtung all derjenigen Umstände bzw. Anhaltspunkte des Einzelfalls erfordert, die auch sonst bei der Ermittlung der engsten Verbindung beachtet werden müssen.[2418] Eine Anknüpfung anhand der engsten Verbindung gemäß der Generalklausel des Art. 4 Abs. 4 Rom I scheidet in den vorliegend untersuchten Fällen jedoch aus, da diese Vertragsverhältnisse, wie soeben dargestellt, der speziellen Anknüpfungsregel des Art. 4 Abs. 1 lit. b Rom I zugeordnet werden können.

d) Zwischenergebnis zum Grundsatz der objektiven Anknüpfung

Soweit es an einer wirksamen Rechtswahl nach Art. 3 Rom I fehlt, bestimmt sich das auf den Vertrag anzuwendende Recht bei den hier untersuchten Vertragsabschlüssen im Zusammenhang mit Abonnement- bzw. Vertragsfallen im Internet somit im Wege der objektiven Anknüpfung grundsätzlich anhand der speziellen Anknüpfungsregel von Art. 4 Abs. 1 lit. b Rom I, wonach das Recht des Staates zur Anwendung gelangt, in dem der Anbieter seinen gewöhnlichen Aufenthalt hat. Durch die Verlegung seiner Hauptverwaltung bzw. Hauptniederlassung ins Ausland hat der Anbieter dabei die Möglichkeit, entsprechend seinem Ziel auf dieses Merkmal und damit auch auf das Ergebnis einer solchen objektiven Anknüpfung Einfluss zu nehmen. Hierdurch kann er zumindest dem Grundsatz der objektiven Anknüpfung nach die vorliegend untersuchten Vertragsverhältnisse der deutschen Rechtsordnung und damit auch den für den Schutz des Verbrauchers maßgeblichen Regelungsbereichen des deutschen Rechts entziehen.

Auf die Frage, ob es sich aus der Gesamtheit der Umstände ergeben könnte, dass die hier untersuchten Vertragsabschlüsse womöglich eine offensichtlich engere Verbindung zu einem anderen als dem nach Art. 4 Abs. 1 lit. b Rom I bestimmten Staat aufweisen – nämlich zur Bundesrepublik Deutschland – und es somit gemäß der Ausweichklausel des Art. 4 Abs. 3 Rom I zu einer Korrektur des an sich berufenen Rechts zugunsten der

---

nung über das auf vertragliche Schuldverhältnisse anzuwendende Recht („Rom I") RIW 2008, 528 (536); *Magnus*, Die Rom I-Verordnung, IPRax 2010, 27 (38).

[2417] So auch *Thorn* in: Palandt, 69. Aufl., Rom I, Art. 4, Rn. 30.

[2418] Vgl. nur *Martiny* in: Münchener Kommentar, VO (EG) 593/2008, Art. 4, Rn. 158.

deutschen Rechtsordnung käme, muss im Rahmen dieser Untersuchung jedoch nicht vertiefend eingegangen werden. Denn die soeben dargestellten allgemeinen Regelungen des Art. 4 Rom I für die Bestimmung des Vertragsstatutes im Wege der objektiven Anknüpfung erfassen zwar im Grunde alle Arten von schuldrechtlichen Verträgen.[2419] Sie werden allerdings (wie auch schon bei Art. 3 Rom I) durch eine Reihe von Vorschriften in den Art. 5 bis 8 Rom I ergänzt, die nur bei bestimmten Vertragstypen zur Anwendung gelangen – namentlich bei Beförderungsverträgen (vgl. Art. 5 Rom I), Verbraucherverträgen (vgl. Art. 6 Abs. 1 Rom I), Versicherungsverträgen (vgl. Art. 7 Abs. 2 Unterabs. 2 Rom I) sowie Individualarbeitsverträgen (vgl. Art. 8 Abs. 2 Rom I).[2420] Diese Sonderregelungen weisen gegenüber den allgemeinen Regeln den Charakter von leges speciales auf,[2421] sodass sie, sofern ihr Anwendungsbereich eröffnet ist, daher auch den allgemeinen Anknüpfungsregelungen von Art. 4 Rom I vorgehen.[2422]

Sind also, wie bei den vorliegend untersuchten Vertragsabschlüssen im Zusammenhang mit Abonnement- bzw. Vertragsfallen, sämtliche Voraussetzungen für die Anwendung des kollisionsrechtlichen Verbraucherschutzes von Art. 6 Rom I erfüllt,[2423] so kommen nicht die Anknüpfungen von Art. 4 Rom I, sondern vielmehr die Sonderanknüpfungen von Art. 6 Rom I zum Tragen.[2424] Der besondere kollisionsrechtliche Verbraucherschutz des Art. 46 b EGBGB ist, wie bereits erwähnt, hingegen dann nicht anwendbar, wenn das Recht eines Drittstaates mangels einer Rechtswahl im Wege der objektiven Anknüpfung bestimmt wurde.[2425] Ebenso ist der Rückgriff auf die Vorschrift des Art. 9 Rom I, wie bereits dargestellt, bei den hier untersuchten Vertragsabschlüssen gesperrt.

2419 Vgl. nur *Martiny* in: Münchener Kommentar, VO (EG) 593/2008, Art. 4, Rn. 3.

2420 So bspw. auch *Koch/Magnus/Winkler von Mohrenfels*, IPR, § 5, Rn. 23, 76; *Martiny* in: Münchener Kommentar, VO (EG) 593/2008, Art. 4, Rn. 3; *Thorn* in: Palandt, 69. Aufl., Rom I, Art. 4, Rn. 2.

2421 Vgl. nur *Martiny* in: Münchener Kommentar, VO (EG) 593/2008, Art. 4, Rn. 3; *Thorn* in: Palandt, 69. Aufl., Rom I, Art. 4, Rn. 2.

2422 So bspw. auch *Koch/Magnus/Winkler von Mohrenfels*, IPR, § 5, Rn. 23, 76; *Martiny* in: Münchener Kommentar, VO (EG) 593/2008, Art. 4, Rn. 3; *Thorn* in: Palandt, 69. Aufl., Rom I, Art. 4, Rn. 2.

2423 Siehe 5. Teil, C, II, 2, c, dd.

2424 So allg. etwa auch *Ferrari* in: Ferrari/Kieninger/Mankowski u. a., Internationales Vertragsrecht, VO (EG) 593/2008, Art. 4, Rn. 25, 31; *Magnus*, Die Rom I-Verordnung, IPRax 2010, 27 (35); *Martiny* in: Münchener Kommentar, VO (EG) 593/2008, Art. 4, Rn. 3; *Wagner*, Der Grundsatz der Rechtswahl und das mangels Rechtswahl anwendbare Recht (Rom I-Verordnung), IPRax 2008, 377 (383).

2425 So bspw. auch *Staudinger* in: Ferrari/Kieninger/Mankowski u. a., Internationales Vertragsrecht, EGBGB, Art. 46 b, Rn. 16; *Thorn* in: Palandt, 69. Aufl., EGBGB, Art. 46 b, Rn. 4.

2. Vorrangige Sonderregelungen – hier: Objektive Anknüpfung bei Verbraucherverträgen (Art. 6 Abs. 1 Rom I)

Nach der Sonderanknüpfung von Art. 6 Rom I unterliegt ein solcher Verbrauchervertrag abweichend von der Regelung des Art. 4 Rom I nicht der Rechtsordnung des Staates, in dem der Erbringer der für den Vertrag charakteristischen Leistung – dies ist in der Regel der Unternehmer – seinen Sitz hat, sondern dem Recht desjenigen Staates, in dem der Verbraucher seinen gewöhnlichen Aufenthalt hat (vgl. Abs. 1).[2426] Durch die Anknüpfung an den Ort des gewöhnlichen Aufenthalts des Verbrauchers wird dieser im Fall der Ausübung oder Ausrichtung einer unternehmerischen Tätigkeit in bzw. auf dessen heimischen Markt demnach so gestellt, als ob es sich dabei um ein reines Inlandsgeschäft handeln würde.[2427]

Wie bereits ausgeführt,[2428] ist für den gewöhnlichen Aufenthalt eines Verbrauchers der sich aus den tatsächlichen Verhältnissen ergebende Ort, an dem diese Person ihren Lebensmittelpunkt hat[2429] und der – in Abgrenzung zum schlichten Aufenthalt – auf eine gewisse Dauer angelegt ist, maßgeblich.[2430] Der Lebensmittelpunkt des Nutzers befindet sich – so nimmt es die Untersuchung an – stets in der Bundesrepublik Deutschland. Somit unterliegen die im Rahmen dieser Arbeit untersuchten Vertragsabschlüsse im Zusammenhang mit Abonnement- bzw. Vertragsfallen kraft der Sonderanknüpfung von Art. 6 Abs. 1 Rom I dem deutschen Recht.

Da der Anbieter einer Abonnement- bzw. Vertragsfalle weder die Anwendbarkeit dieser Sonderregelung für Verbraucherverträge verhindern[2431] noch in irgendeiner Form Einfluss auf den Ort des gewöhnlichen Aufenthalts des Nutzers nehmen kann[2432], führt

2426 So auch *Martiny* in: Münchener Kommentar, VO (EG) 593/2008, Art. 6, Rn. 40; *Staudinger* in: Ferrari/Kieninger/Mankowski u. a., Internationales Vertragsrecht, VO (EG) 593/2008, Art. 6, Rn. 75; *Thorn* in: Palandt, 69. Aufl., Rom I, Art. 6, Rn. 10.

2427 Vgl. allg. etwa *Martiny* in: Münchener Kommentar, VO (EG) 593/2008, Art. 6, Rn. 40; *Staudinger* in: Ferrari/Kieninger/Mankowski u. a., Internationales Vertragsrecht, VO (EG) 593/2008, Art. 6, Rn. 75.

2428 Siehe 5. Teil, C, II, 2, a.

2429 Vgl. etwa *Ferrari* in: Ferrari/Kieninger/Mankowski u. a., Internationales Vertragsrecht, VO (EG) 593/2008, Art. 19, Rn. 15 m. w. N.; *Magnus*, Die Rom I-Verordnung, IPRax 2010, 27 (35); *Martiny* in: Münchener Kommentar, VO (EG) 593/2008, Art. 19, Rn. 11; *Thorn* in: Palandt, 69. Aufl., Rom I, Art. 19, Rn. 6.

2430 Vgl. etwa *Ferrari* in: Ferrari/Kieninger/Mankowski u. a., Internationales Vertragsrecht, VO (EG) 593/2008, Art. 19, Rn. 15 m. w. N.; *Martiny* in: Münchener Kommentar, VO (EG) 593/2008, Art. 19, Rn. 11.

2431 Siehe 5. Teil, C, II, 2, c, dd.

2432 Siehe 5. Teil, C, II, 2, a.

dies im Ergebnis unvermeidbar zu einer entsprechenden Korrektur der durch den Anbieter beeinflussbaren objektiven Anknüpfung nach Art. 4 Abs. 1 lit. b Rom I.

3. Zwischenergebnis zur Anknüpfung bei fehlender Rechtswahl

Der Anbieter einer Abonnement- bzw. Vertragsfalle im Internet hat durch die Verlegung seiner Hauptverwaltung bzw. Hauptniederlassung ins Ausland zwar die Möglichkeit, entsprechend seinem Ziel auf dieses Merkmal und damit auch auf das Ergebnis einer solchen objektiven Anknüpfung Einfluss zu nehmen. Doch kommt es aufgrund der Anwendbarkeit der in Art. 6 Rom I enthaltenen Sonderregelung für Verbraucherverträge auch hier wieder zu einer entsprechenden Korrektur des Ergebnisses der durch den Anbieter beeinflussbaren objektiven Anknüpfung nach Art. 4 Abs. 1 lit. b Rom I. Diese Korrektur macht es ihm im Ergebnis unmöglich, die vorliegend untersuchten Vertragsverhältnisse der deutschen Rechtsordnung und damit auch den für den Schutz des Verbrauchers maßgeblichen Regelungsbereichen des deutschen Rechts im Wege der objektiven Anknüpfung zu entziehen.

D. Zwischenergebnis zum Internationalen Vertragsrecht

Wie die Untersuchung in diesem Teil gezeigt hat, ist es dem Anbieter im Rahmen des Internationalen Vertragsrechts durchaus möglich, Einfluss darauf zu nehmen, welche Rechtsordnung auf die vorliegend untersuchten Vertragsabschlüsse im Zusammenhang mit Abonnement- bzw. Vertragsfallen Anwendung findet. So kann er grundsätzlich bereits durch die Wahl einer ausländischen Rechtsordnung bzw. durch die Verlegung seiner Hauptverwaltung bzw. Hauptniederlassung ins Ausland einen entsprechenden Auslandsbezug und damit einhergehend eine Verbindung zum Recht verschiedener Staaten herbeiführen, um so diese an sich reinen Inlandsfälle quasi „künstlich" zu internationalisieren und hierdurch die notwendigen Voraussetzungen dafür zu schaffen, dass der Anwendungsbereich der Verordnung (EG) Nr. 593/2008 bei den vorliegend untersuchten Abonnement- bzw. Vertragsfallen im Internet überhaupt eröffnet ist.

Mit Hilfe einer entsprechenden Klausel in den Allgemeinen Geschäftsbedingungen kann er sodann das Vertragsstatut quasi selbst bestimmen und, indem er eine andere, für sein Ziel geeignetere Rechtsordnung im Wege einer solchen ausdrücklichen Rechtswahl zur Anwendung beruft, die vorliegend untersuchten Vertragsverhältnisse der deutschen Rechtsordnung entziehen. Durch die Verlegung seiner Hauptverwaltung bzw. Hauptniederlassung in einen Nichtmitgliedstaat im Sinne von Art. 1 Abs. 4 S. 2 Rom I kann der Anbieter zudem verhindern, dass sich gemäß Art. 3 Abs. 3 Rom I das zwingende Inlandsrecht gegenüber der von ihm zur Anwendung berufenen ausländischen Rechtsordnung durchsetzt, sowie vermeiden, dass gemäß Art. 3 Abs. 4 Rom I die zwingenden Bestimmungen des Gemeinschaftsrechts gleichfalls zur Anwendung gelangen. Allerdings führt die Anwendbarkeit der in Art. 6 Rom I enthaltenen Sonderregelung für Verbraucherverträge, genauer gesagt von Abs. 2 S. 2, durch den (in den hier untersuchten Fällen) die für den Nutzer günstigeren zwingenden verbraucherschützenden Vorschriften des deutschen Rechts zusätzlich zur Anwendung berufen werden, zu einer entsprechenden Korrektur und somit zu einer Beschränkung für die Wirkung der seitens des Anbieters vorgenommenen Rechtswahl. Durch diese Korrektur ist es dem Anbieter trotz seiner Einflussnahme auf das Vertragsstatut im Ergebnis unmöglich, die vorliegend untersuchten Vertragsverhältnisse den für den Schutz des Verbrauchers maßgeblichen Regelungsbereichen des deutschen Rechts zu entziehen.

Selbiges gilt für den Fall, dass der Anbieter durch die Verlegung seiner Hauptverwaltung bzw. Hauptniederlassung ins Ausland von der Möglichkeit Gebrauch macht, entsprechend seinem Ziel auf dieses Merkmal und damit auch auf das Ergebnis der objektiven Anknüpfung Einfluss zu nehmen. Denn auch hier führt die Anwendbarkeit dieser Sonderregelung für Verbraucherverträge, in diesem Fall von Art. 6 Abs. 1 Rom I, dazu, dass das Ergebnis der durch den Anbieter beeinflussbaren objektiven Anknüpfung nach Art. 4 Abs. 1 lit. b Rom I entsprechend zu korrigieren ist.

Dass der Anbieter die vorliegend untersuchten Vertragsabschlüsse letztlich nicht den für den Schutz des Verbrauchers maßgeblichen Regelungsbereichen des deutschen Rechts entziehen kann, stellt für ihn jedoch kein Problem dar. Denn wie in den vorangegangenen Teilen der Untersuchung bereits ausführlich dargestellt und begründet wurde, kann der Anbieter sämtliche Vorgaben, die ihm durch die deutsche Rechtsordnung auferlegt werden, erfüllen, ohne dabei das Funktionieren der Abonnement- bzw. Vertragsfalle zu vereiteln bzw. die Wahrscheinlichkeit zu erhöhen, dass ein durchschnittlich aufmerksamer Nutzer auf die versteckten bzw. verschleierten Vertragsbedingungen aufmerksam und diesem dadurch – und das ist der entscheidende Aspekt – bewusst wird, welche Tragweite seine Erklärung tatsächlich hat.

6. Teil: Ergebnisse der Untersuchung

A. Unzulänglichkeiten der bestehenden Schutzinstrumente im Hinblick auf den Schutz des Verbrauchers vor Abonnement- bzw. Vertragsfallen

Wie die Untersuchung gezeigt hat, ist das Niveau der bestehenden Schutzinstrumente der drei für den Schutz des Verbrauchers vor Abonnement- bzw. Vertragsfallen im Internet maßgeblichen Regelungsbereiche des Bürgerlichen Rechts, nämlich die im Zusammenhang mit dem Abschluss eines Vertrages einschlägigen Vorschriften des Allgemeinen Teils, das Recht der Allgemeinen Geschäftsbedingungen sowie das Fernabsatzrecht, schon recht hoch. So sorgen zum einen etwa die AGB-rechtlichen Vorschriften und hier insbesondere die für eine wirksame Einbeziehung des AGB-Werks zu erfüllenden Mindestvoraussetzungen des § 305 Abs. 2 BGB sowie das in § 307 Abs. 1 S. 2 BGB geregelte Transparenzgebot dafür, dass der Anbieter bei der Verwendung seiner Allgemeinen Geschäftsbedingungen „mit offenen Karten“ spielen muss, sodass der Nutzer stets die Möglichkeit hat, vom Inhalt des Klauselwerks bzw. vom Inhalt einzelner Bestimmungen – und damit auch vom Inhalt derjenigen Klauseln, die für das Funktionieren einer Abonnement- bzw. Vertragsfalle maßgeblich sind – Kenntnis zu nehmen, und sich somit des tatsächlichen Umfangs seiner Erklärung bewusst werden kann. Aber auch die sich aus dem Fernabsatzrecht ergebenden umfangreichen Informations- und Mitteilungspflichten des Anbieters sorgen dafür, dass der Nutzer erkennen kann, dass er durch das Ausfüllen und Absenden des Bestell- bzw. Registrierungsformulars eine Willenserklärung abgibt, die auf den Abschluss eines Vertrages mit einer Mindestlaufzeit von 24 Monaten gerichtet ist, der eine Dienstleistung zum Gegenstand hat, für die ein monatliches Entgelt erhoben wird.

Trotzdem können die bestehenden Schutzinstrumente dem Phänomen der Abonnement- bzw. Vertragsfalle im Internet nicht vollständig entgegenwirken und somit auch keinen effektiven und vollumfänglichen Schutz des Verbrauchers vor einem solchen „Geschäftsmodell“ gewährleisten. Denn wie in der Untersuchung ausführlich dargestellt und begründet wurde, kann ein Anbieter sämtliche gesetzlichen Vorgaben erfüllen, ohne dabei das Funktionieren der Abonnement- bzw. Vertragsfalle zu vereiteln bzw. die Wahrscheinlichkeit zu erhöhen, dass ein durchschnittlich aufmerksamer Nutzer auf die versteckten bzw. verschleierten Vertragsbedingungen aufmerksam wird und diesem dadurch – und das ist der entscheidende Aspekt – bewusst wird, welche Tragweite seine Erklärung tatsächlich hat. Dass der Nutzer nicht auf diese Vertragsbedingungen aufmerksam wird, ist vor allem darauf zurückzuführen, dass er von den ihm zur Verfügung stehenden Informationen keinen Gebrauch macht, d. h. weder den Inhalt der Allgemeinen Geschäftsbedingungen noch die aufgrund der fernabsatzrechtlichen Vorschriften zu erteilenden Informationen zur Kenntnis nimmt.

Das Problem liegt schlicht darin, dass der Nutzer zum einen davon ausgeht, dass er diese Leistung unentgeltlich erhält, und daher auch den oben genannten Informationen, die ihn eigentlich vor einem unbewussten Abschluss eines entgeltlichen Vertrages schützen könnten, wenig Beachtung schenkt. Vor allem ist dies aber auch dadurch bedingt, dass die Informationen meist sehr ausführlich sind und es dem Nutzer daher kaum zumutbar ist, diese Fülle an Informationen vor der Bestellung bzw. Registrierung gerade einer vermeintlich unentgeltlichen Leistung tatsächlich zu lesen, insbesondere im Internet, wo Rechtsgeschäfte generell schnell abgeschlossen werden. Wie Erkenntnisse aus der Verhaltenspsychologie und der Ökonomie zeigen, nehmen Verbraucher Informationen nur in dem Umfang wahr, den sie auch verarbeiten und für die konkrete Erwerbsentscheidung nutzen können.[2433] Welche und wie viele Informationen dabei aufgenommen und als relevant erachtet werden, richtet sich nach der situationsspezifischen Aufmerksamkeit des Verbrauchers sowie der Art und Weise, in der die Informationen aufbereitet sind.[2434] Beim Surfen im Internet ist die Aufmerksamkeit in der Regel vermindert, weswegen der Verbraucher die ihm angebotenen Informationen nur bruchstückhaft zur Kenntnis nimmt.[2435] Er wird daher nur die für ihn wichtigen und nützlich erscheinenden Informationen wahrnehmen.[2436]

2433 Vgl. *Blasek*, Kostenfallen im Internet – Ein Dauerbrenner, GRUR 2010, 396 (397 f.) m. w. N.

2434 Vgl. etwa *BGH*, Urt. v. 20.10.1999 - I ZR 167/97, NJW-RR 2000, 1490 (1491); *BGH*, Urt. v. 24.10.2002 - I ZR 100/00, NJW-RR 2003, 1039 (1039 f.); *BGH*, Urt. v. 13.03.2003 - I ZR 212/00, NJW 2003, 2096 (2097); *BGH*, Urt. v. 02.10.2003 - I ZR 150/01, BGHZ 156, 250 (252 f.) = NJW 2004, 1163 (1163); *BGH*, Urt. v. 16.12.2004 - I ZR 222/02, GRUR 2005, 438 (440); *OLG Frankfurt am Main*, Urt. v. 04.12.2008 - 6 U 186/07, GRUR-RR 2009, 265 (265); *Blasek*, Kostenfallen im Internet – Ein Dauerbrenner, GRUR 2010, 396 (398) m. w. N.

2435 Vgl. etwa *BGH*, Urt. v. 16.12.2004 - I ZR 222/02, GRUR 2005, 438 (441); *OLG Frankfurt am Main*, Urt. v. 04.12.2008 - 6 U 186/07, GRUR-RR 2009, 265 (265); *Blasek*, Kostenfallen im Internet – Ein Dauerbrenner, GRUR 2010, 396 (398).

2436 So bspw. auch *BGH*, Urt. v. 16.12.2004 - I ZR 222/02, GRUR 2005, 438 (441); *OLG Frankfurt am Main*, Urt. v. 04.12.2008 - 6 U 186/07, GRUR-RR 2009, 265 (265); *Blasek*, Kostenfallen im Internet – Ein Dauerbrenner, GRUR 2010, 396 (398).

Es zeigt sich also deutlich, dass die Informationen zwar vorhanden sind und den Nutzer durchaus schützen könnten, er diese Menge an Informationen jedoch nicht in seine Entscheidung, das Bestell- bzw. Registrierungsformulars auszufüllen und abzusenden, mit einbeziehen wird; er ist sich somit in der Regel gar nicht bewusst, welche rechtlichen Konsequenzen mit dieser Handlung tatsächlich verbunden sind. Das bedeutet aber auch, dass hier das klassische europarechtliche Instrument des Verbraucherschutzes, die umfangreiche Information des Verbrauchers, zumindest in diesem Zusammenhang ein relativ stumpfes Schwert ist, das so groß und so schwer ist, um in dieser bildlichen Sprache zu bleiben, dass es sich weder anheben noch nutzen lässt und damit den Zweck eines effektiven Instruments, mit dessen Hilfe sich der Verbraucher schützen könnte, nicht erfüllt.

Damit stellt sich also die Frage, wie ein bestehendes Schutzinstrument modifiziert werden bzw. ein neues Instrument ausgestaltet sein müsste, damit ein effektiver Schutz des Verbrauchers vor Abonnement- bzw. Vertragsfallen im Internet gewährleistet ist.

B. Ansätze für die Verbesserung des Schutzes des Verbrauchers

In der Fülle der Informationen liegt der wesentliche Ansatzpunkt bei der Verfolgung des Ziels, dem Nutzer bewusst zu machen, welche tatsächliche rechtliche Bedeutung dem Anklicken eines bestimmten (interaktiven) Elements zukommt: Es darf keinesfalls erforderlich sein, dass er das vollumfängliche AGB-Werk oder alle vorvertraglich zu erteilenden Informationen zur Kenntnis nehmen muss. Er muss vielmehr kurz und prägnant darüber informiert werden, welche Rechte und Pflichten sich aus dieser Handlung für ihn ergeben. Für den ersten Schritt, also die Entscheidung, ob er überhaupt einen Vertrag mit diesem Anbieter bzw. zu dessen Konditionen eingehen will, sind (gerade im Hinblick auf die hier untersuchten Abonnement- bzw. Vertragsfallen) nur einige wenige Informationen wesentlich.

Für den effektiven Schutz des Verbrauchers vor Abonnement- bzw. Vertragsfallen im Internet ist aber noch ein weiterer wichtiger Aspekt zu beachten: Wie bereits in der Einleitung zu dieser Untersuchung geschildert,[2437] besteht bei den Verbrauchern zumeist eine erhebliche Rechtsunsicherheit in Bezug auf die teilweise nur schwer zu beurteilende Frage, ob im Zusammenhang mit einer Abonnement- bzw. Vertragsfalle

[2437] Siehe 1. Teil, A.

überhaupt ein wirksames Vertragsverhältnis zwischen ihnen und dem Anbieter zustande gekommen ist, aus dem sich ein vertraglicher Anspruch des Anbieters auf Vergütung seiner Leistungen ergeben könnte. Zudem scheuen sich viele Verbraucher in der Regel vor einer lästigen juristischen Auseinandersetzung,[2438] sodass es eher unwahrscheinlich ist, dass sie ihre Rechte im Wege einer Klage durchsetzen werden. Vor allem aber ist es die Art und Weise, mit der die Anbieter ihren Zahlungsaufforderungen Nachdruck verleihen, die auf die betroffenen Verbraucher einschüchternd wirkt.[2439] Ein wirklich effektiver Schutz kann daher nur durch ein Schutzinstrument erreicht werden, das früh ansetzt, und zwar noch bevor der Verbraucher durch das Betätigen eines (interaktiven) Elements das ausgefüllte Bestell- bzw. Registrierungsformular absendet, und dadurch seine auf den Abschluss eines Vertrages gerichtete Willenserklärung – in den hier untersuchten Fällen also seine Annahme – abgibt.

Beides ist aufgrund der bisherigen Untersuchungsergebnisse aber nur dann möglich, wenn dem Verbraucher der tatsächliche Inhalt der vertraglichen Rechte und Pflichten derart vor Augen geführt wird, dass er sie mit nur einem Blick erfassen kann, und somit zumindest im Hinblick auf das wichtigste Entscheidungskriterium, nämlich die Entgeltlichkeit der angebotenen Leistung, von einer Kenntnisnahme und folglich einem Bewusstsein des Verbrauchers ausgegangen werden kann. Er könnte sich dann bewusst für oder gegen die entgeltliche Leistung entscheiden. Da der Verbraucher für das Angebot aber nichts bezahlen möchte, wird er sicherlich von einem Vertragsabschluss mit diesem Anbieter, genauer gesagt dessen Konditionen, absehen. Dadurch erübrigt sich dann auch die Frage, ob es überhaupt zu einem wirksamen Vertragsabschluss gekommen ist, sowie das Tätigwerden des Verbrauchers, um einen im Einzelfall wirksam zustande gekommenen Vertrag nach den fernabsatzrechtlichen Vorschriften zu widerrufen (vgl. §§ 312 b, 312 d BGB) oder diesen anzufechten, sofern ein Irrtum oder eine arglistige Täuschung vorliegt (vgl. §§ 119, 123 BGB).

Geeignete Ansatzpunkte dafür, dass der Verbraucher die vertraglichen Rechte und Pflichten, und hierbei insbesondere die Entgeltlichkeit der angebotenen Leistung, auf einen Blick erfassen kann, lassen sich sowohl im AGB-Recht als auch im Fernabsatzrecht finden:

[2438] Vgl. *OLG Frankfurt am Main*, Urt. v. 04.12.2008 - 6 U 186/07, GRUR-RR 2009, 265 (267); *Eisele*, Zur Strafbarkeit von sog. „Kostenfallen" im Internet, NStZ 2010, 193 (193); *Raue*, „Kostenpflichtig bestellen" – ohne Kostenfalle?, MMR 2012, 438 (439).

[2439] So auch *Blasek*, Kostenfallen im Internet – ein Dauerbrenner, GRUR 2010, 396 (397) m. w. N.

I. Ansatzpunkte im AGB-Recht

Zunächst einmal könnte beim Umfang des AGB-Textes, genauer gesagt dessen Strukturierung bzw. Gliederung, angesetzt werden. Sind die Allgemeinen Geschäftsbedingungen durch eine Strukturierung bzw. Gliederung entsprechend übersichtlich, ist der Nutzer nämlich nicht mehr gezwungen, den gesamten AGB-Text durchzulesen, um eine einschlägige Regelung zu finden.[2440] Werden die einzelnen Abschnitte dann noch um aussagekräftige Überschriften ergänzt, unterstützt dies die logische Gliederung und damit die Übersichtlichkeit des ganzen Werkes noch einmal wesentlich.[2441] Zwar besteht eine diesbezügliche Verpflichtung des Anbieters bereits aufgrund des Umfangs des verwendeten Klauselwerks (siehe hierzu die Ausführungen zur Strukturierung bzw. Gliederung des AGB-Textes[2442]), da sich in diesem üblicherweise auch die im Rahmen des Fernabsatzes gesetzlich vorgeschriebenen Verbraucherinformationen wiederfinden (siehe die Dartstellungen zur Integration in Allgemeine Geschäftsbedingungen[2443]), sodass der AGB-Text per se schon einen gewissen Umfang aufweist; der vollständige Informationskatalog aus Art. 246 § 1 Abs. 1 und § 2 Abs. 1 S. 1 Nr. 2 EGBGB umfasst immerhin schon zwei eng bedruckte DIN-A4-Seiten[2444]. Doch muss der Anbieter weder Vorgaben für die inhaltliche noch für die formelle Strukturierung des AGB-Textes beachten:[2445] Er kann die Reihenfolge der einzelnen Gliederungspunkte selbst festlegen und auch bei der Bezeichnung der Überschriften steht ihm die Wortwahl frei; diese müssen nur aussagekräftig sein, was ihm einen gewissen kreativen Spielraum eröffnet.

Daher erscheint es sinnvoll, diese Spielräume durch eine verbindliche gesetzliche Vorgabe in Bezug auf die Reihenfolge der einzelnen Gliederungspunkte sowie die Bezeichnung der Überschriften zumindest für die wesentlichen Merkmale des Vertrages (etwa die vertraglich geschuldete Leistung, das hierfür zu entrichtende Entgelt, eine

2440 So allg. auch *Schlosser* in: Staudinger, BGB, § 305, Rn. 140; *Thamm/Detzer*, Druckgröße und sonstige formelle Gestaltung von Allgemeinen Geschäftsbedingungen, BB 1989, 1133 (1135).

2441 So auch *BGH*, Urt. v. 03.02.1986 - II ZR 201/85, NJW-RR 1986, 1311 (1312); *Thamm/Detzer*, Druckgröße und sonstige formelle Gestaltung von Allgemeinen Geschäftsbedingungen, BB 1989, 1133 (1135) m. w. N.

2442 Siehe 3. Teil, C, I, 2, b, bb, ccc.

2443 Siehe 4. Teil, C, I, 3, d.

2444 Vgl. *Schlosser* in: Staudinger, BGB, § 305, Rn. 139; *Thüsing* in: Staudinger, BGB, § 312 c, Rn. 23.

2445 So auch *Thamm/Detzer*, Druckgröße und sonstige formelle Gestaltung von Allgemeinen Geschäftsbedingungen, BB 1989, 1133 (1135).

etwaige Mindestlaufzeit oder einzuhaltende Kündigungsfristen) einzuschränken, wobei sich die Reihenfolge der Gliederungspunkte am zeitlichen Ablauf des Geschäfts orientieren sollte[2446]. Somit wären die Regelungen zu den abschlussrelevanten Merkmalen des Vertrages bereits zu Beginn des Klauselwerks zu finden. Insbesondere sollte dabei aber das für die Leistung zu entrichtende Entgelt als erster Gliederungspunkt anzusetzen sein, da eine Beschreibung der Hauptleistung an erster Stelle den Blick auf die Entgeltregelung versperren könnte. Auch wenn der Anbieter, wie jeder andere AGB-Verwender, sicherlich ein Interesse daran hat, die von ihm zu erbringenden Leistungen als erstes zu beschreiben, so bestünde in dieser Vorgabe keine unangemessene Benachteiligung. Schließlich hat der Anbieter bereits bei der Präsentation der Produkte auf seiner Internetseite die Möglichkeit, dem potenziellen Vertragspartner die angebotene Leistung möglichst klar und umfassend darzustellen.

Eine solche verbindliche Gestaltungsvorgabe würde aber nur das Auffinden einzelner Regelungen erleichtern. Eine einfache und schnelle Kenntnisnahme des tatsächlichen Inhalts der durch die verwendeten AGB-Klauseln maßgeblich bestimmten vertraglichen Rechte und Pflichten ermöglicht sie jedoch nicht. Der Nutzer kann sie somit nicht auf einen Blick erfassen, sondern muss nach wie vor mehrere Regelungen lesen, um ein aussagekräftiges Bild vom Inhalt des Vertrages zu erhalten.

Für die Erfassbarkeit auf einen Blick könnte es daher beispielsweise sinnvoll sein, den AGB-Text für den Nutzer lesefreundlich und verständlich in Form einer tabellarischen Übersicht aufzubereiten und dem Regelungswerk voranzustellen. In dieser Tabelle wären systematisch die wesentlichen in den Allgemeinen Geschäftsbedingungen geregelten Merkmale des Vertrages zu erfassen und übersichtlich darzustellen. Die Strukturierung der Tabelle müsste standardisiert werden, damit der Nutzer mit einem Blick erfassen kann, was im nachfolgenden Klauselwerk grundsätzlich geregelt wird. Zu diesen wesentlichen Merkmalen zählen vor allem die für den Abschluss des Vertrages relevanten Regelungen: die vertraglich geschuldete Leistung, das hierfür zu entrichtende Entgelt, eine etwaige Mindestlaufzeit sowie einzuhaltende Kündigungsfristen.

Damit das Ganze auch auf den ersten Blick hin erfassbar bleibt, dürfen diese Informationen in der Tabelle keinesfalls ausformuliert erteilt werden, sondern sollen vielmehr

2446 So auch *Thamm/Detzer*, Druckgröße und sonstige formelle Gestaltung von Allgemeinen Geschäftsbedingungen, BB 1989, 1133 (1135).

stichpunktartig dargestellt werden, damit der Nutzer schnell einen Überblick über den wesentlichen Vertragsinhalt gewinnen kann.

Des Weiteren könnte es im Hinblick auf Datenbanken und andere Schutzsysteme durchaus interessant sein, dass im Internet verwendete und damit in digitaler Form vorliegende AGB-Bestimmungen kategorisiert und mit einem entsprechenden und verbindlich vorgegebenen, standardisierten, elektronischen Etikett (einem sogenannten Tag) versehen werden. Durch eine solche computerlesbare Markierung wäre es möglich, selbst umfangreiche AGB-Werke in Sekundenbruchteilen zu durchsuchen und so schneller auf für den Verbraucher kritische Regelungen zu stoßen. Diese Datenbanken und Schutzsysteme könnten dann quasi das Durchlesen der Allgemeinen Geschäftsbedingungen für den Nutzer übernehmen und ihm in Form eines kurzen Hinweises anzeigen, ob sich bestimmte kritische Regelungen im AGB-Text befinden – bei den hier untersuchten Abonnement- bzw. Vertragsfallen insbesondere die Entgeltregelung. Allerdings ist hierbei zu beachten, dass in den Allgemeinen Geschäftsbedingungen durchaus mehrere angebotene Leistungen geregelt sein können, die dem Nutzer angebotene Leistung aber trotzdem kostenlos sein kann, sodass mitunter auch Fehlmeldungen zu erwarten wären. Solange Datenbanken und andere Schutzsysteme aber nicht in der Lage sind, diesen Aspekt selbstständig und fehlerfrei zu bewerten – und davon kann zurzeit nicht ausgegangen werden – ist dieser Ansatzpunkt nicht weiter zu verfolgen.

Aber auch wenn die anderen Vorschläge sicherlich dafür sorgen könnten, dass der Nutzer einen besseren und schnelleren Überblick darüber erhält, welche Auswirkungen die Einbeziehung der Allgemeinen Geschäftsbedingungen hat – und der Vertragsinhalt wird gerade in den hier untersuchten Fällen maßgeblich davon bestimmt –, können sie dennoch keinen effektiven Schutz des Verbrauchers vor Abonnement- bzw. Vertragsfallen im Internet gewährleisten. Das entscheidende Problem bleibt nämlich bestehen: Der durchschnittliche Nutzer wird von der ihm nach § 305 Abs. 2 BGB zu verschaffenden Möglichkeit, vom Inhalt der Allgemeinen Geschäftsbedingungen Kenntnis zu nehmen, in der Regel keinen Gebrauch machen (wollen), obwohl er in den hier untersuchten Fällen dafür lediglich den auf dem Bestell- bzw. Registrierungsformular platzierten Hyperlink anklicken müsste, um die Seite mit dem Klauselwerk aufzurufen. Und selbst wenn dem Nutzer bekannt wäre, dass dem Klauselwerk eine tabellarische Übersicht vorangestellt werden müsste, und er somit nicht viel Zeit darauf zu verwenden hätte, die für den Abschluss relevanten AGB-Bestimmungen zu lesen, wird er sich kaum die Mühe machen, die Seite mit den Allgemeinen Geschäftsbedingungen aufzurufen. Dies liegt nicht zuletzt daran, dass er zum einen möglichst schnell an das gewünschte Produkt gelangen möchte und zum anderen nach wie vor die Vorstellung hat, dass er dieses Produkt, von dem er in der Regel auch genau weiß (oder jedenfalls davon ausgeht), dass es kostenlos über das Internet verfügbar ist, auch ohne die Entrichtung eines Entgelts über die Plattform des Anbieters beziehen kann. Daher sollen auch die verbliebenen Ansätze im Rahmen dieser Untersuchung nicht weiter verfolgt werden.

II. Ansatzpunkte im Fernabsatzrecht

Ebenfalls könnte im Fernabsatzrecht, genauer gesagt bei den umfangreichen Informations- und Mitteilungspflichten angesetzt werden, damit der Nutzer die vertraglichen Rechte und Pflichten, und hierbei insbesondere die Entgeltlichkeit der angebotenen Leistung, auf einen Blick erfassen kann. Denn diese, vor allem die vorvertraglichen Informationspflichten, vermitteln dem Nutzer ein umfassendes Bild über die wesentlichen Bestandteile des Vertrages und könnten ihn somit, wie die Kenntnisnahme des kompletten AGB-Werkes oder zumindest der abschlussrelevanten Klauseln, ebenfalls vor dem unbewussten Abschluss eines entgeltlichen Vertrages bewahren.

Wie diese Untersuchung bereits gezeigt hat, sind diejenigen Informationen, die dem Nutzer rechtzeitig vor Abgabe seiner Vertragserklärung zur Verfügung zu stellen sind, in den im Zusammenhang mit Abonnement- bzw. Vertragsfallen relevanten Punkten deckungsgleich zu den entsprechenden in den Allgemeinen Geschäftsbedingungen getroffenen und für das Funktionieren notwendigen Regelungen. Aber auch hier ist wieder zu beachten, dass die zu erteilenden Informationen in ihrer Gesamtheit für den Nutzer zu umfangreich sind, als dass er sie lesen würde und ihm damit bewusst werden kann, welche rechtlichen Konsequenzen mit dem Ausfüllen und Absenden des jeweiligen Bestell- bzw. Registrierungsformulars verbunden sind.

Für die Frage, ob ein Vertragsverhältnis mit dem jeweiligen Anbieter bzw. zu dessen Konditionen eingegangen werden soll, haben aber nicht alle der in dem Informationskatalog des Art. 246 § 1 Abs. 1 EGBGB aufgeführten Informationspflichten tatsächlich die gleiche Relevanz. Wie die Untersuchungsergebnisse gezeigt haben, sind im Hinblick auf den Schutz des Verbrauchers vor Abonnement- bzw. Vertragsfallen im Internet sogar nur einige wenige dieser Informationen relevant, sodass sich die Mitteilung auf genau diese Informationen beschränken sollte. Namentlich wären dies die wesentlichen Merkmale der Ware oder Dienstleistung (vgl. Nr. 4 Halbs. 1), die Angabe darüber, wie der Vertrag zustande kommt (vgl. Nr. 4 Halbs. 2), Angaben über den Gesamtpreis der Ware oder Dienstleistung bzw. die Offenlegung der Berechnungsgrundlage (vgl. Nr. 7), die Mitteilung über die Mindestlaufzeit, sofern ein Vertag über eine dauernde oder regelmäßig wiederkehrende Leistung geschlossen werden soll, sowie über die Dauer einer gegebenenfalls einzuhaltenden Kündigungsfrist (vgl. Nr. 5).

Diese Erkenntnis führt dann zu der Frage, wie und in welcher Form dem Nutzer diese ausgewählten Informationen und damit der tatsächliche Inhalt der vertraglichen Rechte und Pflichten, insbesondere aber die Entgeltlichkeit der angebotenen Leistung, derart vor Augen geführt werden kann, dass er sie mit nur einem Blick erfassen kann, und somit zumindest im Hinblick auf das wichtigste Entscheidungskriterium, nämlich die Entgeltlichkeit, von einer Kenntnisnahme und folglich einem Bewusstsein des Nutzers ausgegangen werden kann.

Das Zurverfügungstellen dieser Informationen durch Integration in die Allgemeinen Geschäftsbedingungen scheidet jedenfalls aus, selbst wenn diese in einer drucktechnisch hervorgehobenen Art und Weise oder direkt zu Beginn des Klauselwerks erfolgen würde, da der Nutzer – wie soeben bereits erläutert – die Allgemeinen Geschäftsbedingungen in der Regel nicht aufrufen wird. Und auch die Erteilung dieser ausgewählten Informationen entweder auf einer separaten Internetseite oder in einer drucktechnisch hervorgehobenen Art und Weise innerhalb bzw. direkt zu Beginn der Pflichtinformationen kann den damit verbundenen Zweck nicht erfüllen, da auch hier wieder nicht mit einem Aufruf der Seite und der darauf enthaltenen Informationen zu rechnen ist.

Eine Zwangsführung des Nutzers würde zwar den Aufruf dieser Seite gewährleisten können. Von einer inhaltlichen Kenntnisnahme der darauf befindlichen Informationen ist jedoch auch in diesem Fall nicht auszugehen. Denn wie bereits dargestellt (siehe hierzu die Ausführungen zur Verwendung von Hyperlinks im Rahmen der Form und Gestaltung der Informationspflicht[2447]) können einem Nutzer Informationen weder

[2447] Siehe 4. Teil, C, I, 3, b, aa.

durch eine obligatorische Zwangsführung noch auf eine andere Weise derart aufgedrängt werden, dass sichergestellt wäre, dass er sie auch tatsächlich liest.[2448] Es ist vielmehr zu befürchten, dass eine solche Zwangsführung sogar das Gegenteil bewirkt: Der Nutzer, der nur an das von ihm gesuchte Produkt gelangen will, wird dies eher als Belästigung empfinden[2449] und die Seite schnell wieder verlassen wollen.

Auch eine Zwangsführung in Form eines obligatorisch erscheinenden Fensters, welches nichts weiter beinhaltet als die ausgewählten Informationen, würde nicht den damit verbundenen Zweck erfüllen. Zwar würde eine vorübergehende Abdunkelung der dahinterliegenden Internetseite dazu führen, dass nur die relevanten Informationen zu sehen sind und sich der Blick des Nutzers quasi automatisch darauf richten wird. Allerdings wird dieser aus den genannten Gründen auch hier das Fenster schnell wieder schließen,[2450] um weiter zu dem gewünschten Produkt zu gelangen. Zudem gehört das Schließen diverser erscheinender Fenster (in der Regel handelt es sich hierbei um Werbeeinblendungen und ähnliche Hinweise) zu einer gewohnten und nicht weiter wahrgenommenen Handlungsweise beim Surfen im Internet. Dass also der Inhalt des Fensters und damit die ausgewählten Informationen tatsächlich vom Nutzer zur Kenntnis genommen werden, erscheint mehr als fraglich.

Da es im Ergebnis also keinesfalls ausreichend ist, die ausgewählten Informationen auf einer anderen Internetseite (und hierzu zählt auch die „umrahmte" Darstellung in einem Fenster) zur Verfügung zu stellen, ist es vielmehr erforderlich, dass der Anbieter diese Informationen auf der Seite mit dem Bestell- bzw. Registrierungsformular bereithält, was bei einer begrenzten Anzahl an Informationen im Gegensatz zur Darstellung sämtlicher Pflichtinformationen durchaus möglich und zumutbar erscheint. Denn nur an dieser Stelle können dem Nutzer die Informationen in der erforderlichen Art und Weise vor Augen geführt werden.

Damit der Blick des Nutzers noch vor dem Anklicken des (interaktiven) Elements, das zum Absenden des Bestell- bzw. Registrierungsformulars führt, auf die ausgewählten

---

2448 So bspw. auch *Klewitz*, S. 291; *Mankowski*, Fernabsatzrecht: Information über das Widerrufsrecht und Widerrufsbelehrung bei Internetauftritten, CR 2001, 767 (771); *Ott*, Informationspflichten im Internet und ihre Erfüllung durch das Setzen von Hyperlinks, WRP 2003, 945 (955); *Rott*, Informationspflichten in Fernabsatzverträgen als Paradigma für die Sprachenproblematik im Vertragsrecht, ZVglRWiss 1999, 382 (405).

2449 So allg. auch *Ott*, Informationspflichten im Internet und ihre Erfüllung durch das Setzen von Hyperlinks, WRP 2003, 945 (954).

2450 So allg. auch *Mankowski*, Fernabsatzrecht: Information über das Widerrufsrecht und Widerrufsbelehrung bei Internetauftritten, CR 2001, 767 (771).

Informationen fällt, ist es notwendig, dass diese in unmittelbarer Nähe, und zwar oberhalb dieses Elements platziert werden. Andernfalls könnten die Informationen nämlich durch eine entsprechende Gestaltung der Internetseite, genauer gesagt durch eine geschickte Platzierung des Bestell- bzw. Registrierungsformulars, so angeordnet werden, dass sie bei einer üblichen Bildschirmauflösung erst nach dem Scrollen sichtbar werden. Dabei besteht nämlich die Gefahr, dass der Nutzer nur bis zu dem Element scrollt, um dieses anzuklicken. Darunter befindliche Informationen würden ihm dann nicht mehr ins Auge fallen.

Doch selbst wenn die Platzierung wie gefordert erfolgt, ist noch keinesfalls gewährleistet, dass der Nutzer die Relevanz dieser Informationen auch erkennt oder diese gar inhaltlich zur Kenntnis nimmt. Denn werden die Informationen – wenn auch auf einige wenige beschränkt – auf der Bestell- bzw. Registrierungsseite selbst vollumfänglich und ausformuliert erteilt, so ergibt sich hieraus ein längerer Fließtext, in dem der Anbieter wiederum bestimmte Informationen verstecken kann; hierbei ist insbesondere an die Regelung der Entgeltlichkeit der Leistung zu denken. Trotz einer Beschränkung auf die wesentlichen Informationen wird dem Nutzer auch hier aufgrund ihrer Länge in der Regel die Motivation zum Durchlesen dieses Textes fehlen. Vor allem aber lässt sich ihr Inhalt nicht, wie gefordert, auf einen Blick erfassen.

Im Ergebnis – und das ist der entscheidende Punkt – müssten diese Informationen so stark verkürzt und prägnant dargestellt werden, dass eine Erfassung auf einen Blick möglich ist.

Wie bereits bei den möglichen Ansätzen im Zusammenhang mit Allgemeinen Geschäftsbedingungen vorgeschlagen, erscheint auch hier eine lesefreundliche und verständliche Aufbereitung in Form einer tabellarischen Übersicht eine geeignete Form der Informationserteilung zu sein: Die ausgewählten Informationen müssten, wie oben bereits ausgeführt, systematisch erfasst und stichpunktartig in einer standardisierten Tabelle dargestellt werden, um dem Nutzer eine schnelle Erfassung zu ermöglichen. Damit dem Nutzer der Bezug dieser Informationen zu dem jeweils anzuklickenden (interaktiven) Element nochmals verdeutlicht wird, könnte dieses Element selbst den abschließenden Teil dieser Tabelle bilden. Durch einen zusätzlichen Rahmen um das Element und die Tabelle wäre der Zusammenhang zwischen den dort erteilten Informationen und dem Element schließlich kaum noch zu verkennen.

Gerade im Hinblick auf die hier untersuchten Abonnement- bzw. Vertragsfallen ist aber, wie schon erwähnt, insbesondere eine Angabe wesentlich: die Angabe der Entgeltlichkeit, genauer gesagt die Angabe des für die angebotene Leistung zu entrichtenden Entgelts. Diese Angabe allein ist vollkommen ausreichend, um den Verbraucher effektiv vor dem unbewussten Abschluss eines entgeltlichen Vertrages zu schützen. Zudem ließe sie sich auch relativ kompakt zusammenfassen, sodass sie für den Verbraucher auf den ersten Blick erkennbar wäre. Am effektivsten und gleichzeitig unübersehbar wäre die alleinige Darstellung des zu entrichtenden Entgelts direkt auf dem (interaktiven) Element, das der Nutzer zum Absenden des ausgefüllten Bestell- bzw. Registrierungsformulars anklicken muss. So würde sich ihm nämlich auf den ersten Blick erschließen, dass die angebotene Leistung kostenpflichtig ist und welche Höhe das hierfür zu entrichtende Entgelt hat. Bei dieser Darstellung müsste sichergestellt sein, dass die Höhe des Entgelts in Ziffern angegeben wird und diese Angabe entweder ein „€"-Zeichen oder den ISO-Code „EUR" enthält, da diese Angabe nur so effektiv und schnellstmöglich erfasst werden kann. Eine Preisangabe an dieser Stelle hätte eine unübersehbare Signalwirkung.

Während sich die Bezeichnung des Elements bei einem einmaligen Leistungsaustausch auf die Angabe des Entgelts beschränken muss, wäre bei einem Dauerschuldverhältnis die Angabe des regelmäßig zu entrichtenden Entgelts um die Angabe der Mindestlaufzeit des Vertrages zu ergänzen. Bei den hier untersuchten Abonnement- bzw. Vertragsfallen im Internet wäre das Element, das zum Absenden des Formulars anzuklicken ist, somit beispielsweise mit der Bezeichnung „8,00 EUR pro Monat x 24 Monate" zu versehen. Die Angabe eines Mindestpreises (vgl. hierzu die Ausführungen zur Preisangabe im Rahmen der Informationspflicht[2451]) ist hingegen nicht nötig, denn der Verbraucher kann sich aufgrund der Angabe des regelmäßig zu entrichtenden Entgelts sowie der Mindestlaufzeit selbst ein Bild über die Höhe der Verpflichtungen machen. Es ist sogar davon auszugehen, dass der Verbraucher bei typischen Dauerschuldverhältnissen mit der Angabe beispielsweise eines monatlich zu entrichtenden Entgelts viel besser umgehen und so eine Entscheidung treffen kann, ob er diese Verpflichtung eingehen möchte oder nicht.

Sollte im Einzelfall und ausnahmsweise die Angabe des zu entrichtenden Entgelts auf dem entsprechenden Element nicht möglich sein (beispielsweise weil eine Offenlegung

[2451] Siehe 4. Teil, C, I, 2, c.

der Berechnungsgrundlage zu komplex wäre), so müsste die Bezeichnung des Elements durch eine vergleichbar prägnante Bezeichnung ersetzt werden. Hierzu wäre der Begriff „kostenpflichtig“ zu wählen, da er geeigneter und für den durchschnittlichen Verbraucher auch verständlicher wäre als etwa die Bezeichnung „entgeltpflichtig“. Dieser Begriff dürfte lediglich mit einem dem jeweiligen Vorgang entsprechenden Verb ergänzt werden (wie beispielsweise „bestellen“, „abonnieren“ oder „registrieren“) und müsste einen Sternchenhinweis enthalten, der unmittelbar unter dem Element aufzugreifen ist. Dort wäre ein Hinweis zu erteilen, wo die Entgeltlichkeit der Leistung geregelt ist, wobei dieser Hinweis durch eine Verlinkung auf die Seite mit der jeweiligen Regelung zu ergänzen ist.

Wie bereits erwähnt, ist der Schutz des Verbrauchers vor Abonnement- bzw. Vertragsfallen im Internet allein aufgrund der Angabe der Entgeltlichkeit bzw. dem eindeutigen Hinweis auf die Kostenpflicht gewährleistet: Da der Verbraucher in der Regel genau weiß (oder zumindest davon ausgeht), dass das von ihm gesuchte Produkt kostenlos über das Internet verfügbar ist, wird er nämlich sicherlich von dem Angebot dieses Anbieters bzw. dessen Vertragsbedingungen Abstand nehmen und sich nach einem anderen Angebot oder Anbieter umsehen.

Ein noch weitergehender Ansatzpunkt, um den Verbraucher effektiv vor dem unbewussten Abschluss eines entgeltlichen Vertrages zu schützen, bestünde darin, die beim Surfen typische und rein tatsächliche Handlung des „Vorwärts-Klickens“ zu unterbrechen und den Verbraucher somit praktisch daran zu hindern, durch ein übereiltes Anklicken eines bestimmten (interaktiven) Elements eine auf den Abschluss eines Vertrages gerichtete Willenserklärung abzugeben. Im Einzelnen:

Wie bereits dargestellt,[2452] dient das Anklicken bestimmter (interaktiver) Elemente auf einer Internetseite in der Regel bloß – als schlichte (im Sinne einer rein tatsächlichen) Handlung zur Nutzung des Internets, genauer gesagt des World Wide Web – der Navigation, d. h. der Nutzer will hierdurch nur weitere Seiten oder andere Inhalte auf- bzw. abrufen. Daher stellt sich die Frage, ob diese rein tatsächliche Navigationshandlung nicht durch einen Zwischenschritt unterbrochen werden müsste, sobald dem Anklicken eines bestimmten Elements eine andere Bedeutung als der Auf- bzw. Abruf

[2452] Siehe 2. Teil, B, I, 2, b, aa.

weiterer Seiten oder anderer Inhalte zukommen soll, insbesondere wenn einem solchen Mausklick in einem entsprechenden Kontext die Bedeutung einer rechtserheblichen Erklärung zukommt. Um den Nutzer vor dem unbedachten Anklicken eines solchen Elements zu schützen, sollte es im Internet also eine Handlungsform geben, die sich deutlich von der rein tatsächlichen Navigationshandlung unterscheidet, und zwar eine eigene und andersartige „Verpflichtungs- bzw. Bestätigungshandlung". Als eine solche Handlungsform erscheint die Eingabe von Zahlen über die Tastatur geeignet, denn Eingaben über die Tastatur muss der Nutzer ohnehin bereits vornehmen, um das Bestell- bzw. Registrierungsformular auszufüllen.

Umgesetzt werden könnte dies zum Beispiel, indem in den hier untersuchten Fällen auf dem (interaktiven) Element, das zum Absenden des Formulars und damit zum Abschluss des entgeltlichen Vertrages führt, das zu entrichtende Entgelt, wie soeben beschrieben, dargestellt wird. Wird dieses Element angeklickt, verschwindet die Angabe des zuvor genannten Entgelts und es erscheint dort ein Eingabefeld, in das der Nutzer sodann selbst den zuvor noch angezeigten Betrag (ob nun mit oder ohne Währungssymbol bzw. ISO-Code) per Tastatur eingeben und durch ein erneutes Anklicken oder Betätigen der Enter-Taste bestätigen muss, um die mit dem Element verbundene Funktion – hier also das Absenden des Formulars – zu aktivieren. Um dabei die Merkfähigkeit des Nutzers nicht zu überfordern, könnte dieser Betrag auch ausgegraut im Hintergrund des Eingabefeldes angezeigt werden.

Bei einem Dauerschuldverhältnis wären hingegen zwei Eingaben notwendig. Zunächst wären das regelmäßig zu entrichtende Entgelt und anschließend die Mindestlaufzeit des Vertrages, wie ursprünglich auf dem Element dargestellt, als Zahl einzugeben. Bei den hier untersuchten Abonnement- bzw. Vertragsfallen im Internet wäre demnach zum Beispiel zunächst der Betrag von „8,00" für das monatlich zu entrichtende Entgelt und in einem zweiten Schritt die Zahl „24" für die Mindestlaufzeit von 24 Monaten vom Nutzer einzugeben und jeweils zu bestätigen. Sollte, wie bereits beschrieben, im Einzelfall und ausnahmsweise die Angabe des zu entrichtenden Entgelts auf dem entsprechenden Element nicht möglich sein, weil beispielsweise die Offenlegung der Berechnungsgrundlage zu komplex wäre, so müsste der Nutzer stattdessen das Wort „kostenpflichtig" eingeben.

Somit könnte gewährleistet werden, dass die rein tatsächliche Handlung des „Vorwärts-Klickens" unterbrochen werden würde und hierdurch dem Nutzer bewusst wird, dass es durch seine weiteren Handlungen zum Abschluss eines Vertrages kommt. Spätestens mit der Eingabe des angegebenen Betrages müsste ihm eindeutig klar sein, dass ein Entgelt in dieser Höhe anfällt.

Diese „Verpflichtungs- bzw. Bestätigungshandlung“ würde dann quasi wie ein Formerfordernis dem Übereilungsschutz dienen, das den Nutzer vor einem schnellen und unbewussten Vertragsabschluss durch das Anklicken eines entsprechenden (interaktiven) Elements im Internet schützen soll. Gleichzeitig bedeutet dies, dass die Höhe des Entgelts vom Anbieter nur noch vorgegeben, aber nicht mehr selbstständig festgelegt werden könnte. Der Nutzer müsste die Vorgabe des Entgelts vielmehr durch seine Eingabe „bestätigen“.

C. Empfehlungen für eine effektive Gestaltung des Schutzes

Zur Sicherstellung eines effektiven und vollumfänglichen Schutzes des Verbrauchers vor Abonnement- bzw. Vertragsfallen im Internet ist eine verbindliche Bezeichnung des (interaktiven) Elements zu empfehlen, das der Verbraucher für die Abgabe seiner auf den Abschluss des Vertrags gerichteten Willenserklärung betätigen muss. Die Bezeichnung sollte, wie zuvor näher beschrieben, die alleinige Angabe des zu entrichtenden Entgelts sowie gegebenenfalls der Mindestlaufzeit des Vertrages umfassen bzw. im Einzelfall und ausnahmsweise den Begriff „kostenpflichtig“ sowie ein dem jeweiligen Vorgang entsprechendes Verb enthalten.

Durch eine solche Bezeichnung des Elements – in den hier untersuchten Fällen also das zum Absenden des ausgefüllten Bestell- bzw. Registrierungsformulars führende Element – wird dem Verbraucher unmittelbar vor Vertragsabschluss das wichtigste Entscheidungskriterium, nämlich die Information über die Entgeltlichkeit der angebotenen Leistung, derart vor Augen geführt, dass er sie mit nur einem Blick erfassen kann, sodass in der Folge von einer Kenntnisnahme und somit auch von einem Bewusstsein des Verbrauchers ausgegangen werden kann. Die Vorstellung des Verbrauchers, dass er das gewünschte Produkt bei diesem Anbieter unentgeltlich erhält, wird klar und eindeutig korrigiert. Der Verbraucher, der für das Angebot nichts bezahlen möchte, wird von dem Angebot dieses Anbieters bzw. zu dessen Vertragsbedingungen Abstand nehmen.

Der Schutz des Verbrauchers vor Abonnement- bzw. Vertragsfallen im Internet ist allein durch die Umsetzung dieses Ansatzes gewährleistet. Ein noch weitergehender Ansatzpunkt, wie beispielsweise die zuletzt vorgeschlagene Unterbrechung der beim Surfen typischen rein tatsächlichen Handlung des „Vorwärts-Klickens“ durch eine „Verpflichtungs- bzw. Bestätigungshandlung“ ist daher nicht mehr notwendig.

Allerdings muss gleichzeitig auch sichergestellt werden, dass der Anbieter diese Gestaltungsvorgabe auch einhalten wird. Denn es würde ihr an Schlagkraft fehlen, wenn ein Verstoß gegen sie beispielsweise „nur“ wie eine Verletzung der Informationspflichten gemäß § 312 c Abs. 1 BGB i. V. m. Art. 246 § 1 Abs. 1 EGBGB geahndet werden würde, nämlich faktisch gar nicht (siehe hierzu die Ausführungen zu den Rechtsfolgen der Missachtung vorvertraglicher Informationspflichten[2453]). Es bedarf hier vielmehr zusätzlich noch einer effektiven und starken Rechtsfolge, die die Verbindlichkeit dieser Vorgabe verdeutlicht. Eine solche Rechtsfolge kann hier nur die Nichtigkeit des Vertrages sein. Die Umsetzung einer entsprechenden rechtshindernden Einwendung ist hiermit ebenfalls zu empfehlen.

[2453] Siehe 4. Teil, C, I, 4.

7. Teil: Schutz des Verbrauchers durch die Buttonlösung

A. Einleitung

In diesem Teil der Arbeit rückt die Neufassung des § 312 g BGB, genauer gesagt die jüngst von der deutschen Bundesregierung auf europäischer Ebene initiierte und national bereits vorab in dieser Vorschrift umgesetzte sogenannte Buttonlösung in den Fokus der Untersuchung. Anhand der Untersuchungsergebnisse soll abschließend begutachtet und bewertet werden, ob die gesetzliche Neuregelung nun tatsächlich den erhofften effektiven Schutz des Verbrauchers vor Abonnement- bzw. Vertragsfallen im Internet gewährleisten kann.

In Kapitel B soll zunächst auf die Vorgaben der Richtlinie und ihre Umsetzung sowie auf die Einzelheiten der Neuregelungen, d. h. ihren Anwendungsbereich und Inhalt, eingegangen werden. Im Anschluss konzentriert sich die Untersuchung in Kapitel C auf die Begutachtung und Bewertung der Neuregelung zum besseren Schutz des Verbrauchers vor Kostenfallen im elektronischen Geschäftsverkehr.

B. Neuregelung zum besseren Schutz des Verbrauchers vor Kostenfallen im elektronischen Geschäftsverkehr

Am 01.08.2012 ist Art. 1 des Gesetzes zur Änderung des Bürgerlichen Gesetzbuchs zum besseren Schutz der Verbraucherinnen und Verbraucher vor Kostenfallen im elektronischen Geschäftsverkehr und zur Änderung des Wohnungseigentumsgesetzes vom 10. Mai 2012[2454] in Kraft getreten und mit ihm die von der deutschen Bundesregierung auf europäischer Ebene initiierte Buttonlösung. Diese gesetzliche Neuregelung, die in der Erweiterung der Vorschrift des § 312 g BGB besteht, beruht inhaltlich auf den Vorgaben der Richtlinie 2011/83/EU und ist ganz bewusst bereits vor Ablauf der Umsetzungsfrist am 13.12.2013 (vgl. Art. 28 Abs. 1 der Richtlinie) in nationales Recht umgesetzt worden.[2455]

[2454] *BGBl.* I 2012/21, S. 1084-1085.

[2455] So auch *BT-Drs.* 17/7745, S. 9; *Alexander*, Neuregelungen zum Schutz vor Kostenfallen im Internet, NJW 2012, 1985 (1987).

I. Vorgaben der Richtlinie und ihre Umsetzung in § 312 g BGB

Die Buttonlösung basiert auf Art. 8 Abs. 2 der Richtlinie 2011/83/EU, der die formalen Anforderungen bei Fernabsatzverträgen regelt und folgenden Inhalt hat:[2456]

> *„Wenn ein auf elektronischem Wege geschlossener Fernabsatzvertrag den Verbraucher zur Zahlung verpflichtet, weist der Unternehmer den Verbraucher klar und in hervorgehobener Weise, und unmittelbar bevor dieser seine Bestellung tätigt, auf die in Artikel 6 Absatz 1 Buchstaben a, e, o und p genannten Informationen hin.*
>
> *Der Unternehmer sorgt dafür, dass der Verbraucher bei der Bestellung ausdrücklich bestätigt, dass die Bestellung mit einer Zahlungsverpflichtung verbunden ist. Wenn der Bestellvorgang die Aktivierung einer Schaltfläche oder eine ähnliche Funktion umfasst, ist diese Schaltfläche oder entsprechende Funktion gut lesbar ausschließlich mit den Worten ‚zahlungspflichtig bestellen' oder einer entsprechenden eindeutigen Formulierung zu kennzeichnen, die den Verbraucher darauf hinweist, dass die Bestellung mit einer Zahlungsverpflichtung gegenüber dem Unternehmer verbunden ist. Wenn der Unternehmer diesen Unterabsatz nicht einhält, ist der Verbraucher durch den Vertrag oder die Bestellung nicht gebunden.“*[2457]

Das zentrale Element des Gesetzes zur Änderung des Bürgerlichen Gesetzbuchs zum besseren Schutz der Verbraucherinnen und Verbraucher vor Kostenfallen im elektronischen Geschäftsverkehr und zur Änderung des Wohnungseigentumsgesetzes vom 10. Mai 2012[2458] besteht in der Erweiterung der Vorschrift über die Pflichten im elektronischen Geschäftsverkehr (§ 312 g BGB).[2459] Diese Vorschrift wird aufgrund

2456 So auch *Alexander*, Neuregelungen zum Schutz vor Kostenfallen im Internet, NJW 2012, 1985 (1987).
2457 *ABlEU* Nr. L 304 v. 22.11.2011, S. 77.
2458 *BGBl.* I 2012/21, S. 1084-1085.
2459 So auch *Alexander*, Neuregelungen zum Schutz vor Kostenfallen im Internet, NJW 2012, 1985 (1987).

Art. 1 dieses Änderungsgesetzes um drei neue Absätze ergänzt, die nach dem ersten Absatz eingefügt werden und den folgenden Inhalt haben:[2460]

> *„(2) Bei einem Vertrag im elektronischen Geschäftsverkehr zwischen einem Unternehmer und einem Verbraucher, der eine entgeltliche Leistung des Unternehmers zum Gegenstand hat, muss der Unternehmer dem Verbraucher die Informationen gemäß Artikel 246 § 1 Absatz 1 Nummer 4 erster Halbsatz und Nummer 5, 7 und 8 des Einführungsgesetzes zum Bürgerlichen Gesetzbuche, unmittelbar bevor der Verbraucher seine Bestellung abgibt, klar und verständlich in hervorgehobener Weise zur Verfügung stellen. Diese Pflicht gilt nicht für Verträge über die in § 312 b Absatz 1 Satz 2 genannten Finanzdienstleistungen.*
>
> *(3) Der Unternehmer hat die Bestellsituation bei einem Vertrag nach Absatz 2 Satz 1 so zu gestalten, dass der Verbraucher mit seiner Bestellung ausdrücklich bestätigt, dass er sich zu einer Zahlung verpflichtet. Erfolgt die Bestellung über eine Schaltfläche, ist die Pflicht des Unternehmers aus Satz 1 nur erfüllt, wenn diese Schaltfläche gut lesbar mit nichts anderem als den Wörtern ‚zahlungspflichtig bestellen‘ oder mit einer entsprechenden eindeutigen Formulierung beschriftet ist.*
>
> *(4) Ein Vertrag nach Absatz 2 Satz 1 kommt nur zustande, wenn der Unternehmer seine Pflicht aus Absatz 3 erfüllt.“*[2461]

Die bisherigen Absätze 2 und 3 des § 312 g BGB werden mit den erforderlichen redaktionellen Anpassungen zu Absatz 5 bzw. zu Absatz 6.[2462]

2460 Vgl. *BGBl.* I 2012/21, S. 1084.

2461 *BGBl.* I 2012/21, S. 1084.

2462 Vgl. *BGBl.* I 2012/21, S. 1085; *Alexander*, Neuregelungen zum Schutz vor Kostenfallen im Internet, NJW 2012, 1985 (1987).

II. Einzelheiten der Neuregelungen des § 312 g Abs. 2 bis 4 BGB

Im Folgenden sollen der Anwendungsbereich der Absätze 2 bis 4 des § 312 g BGB sowie deren inhaltliche Regelungen näher dargestellt werden:

1. Anwendungsbereich

Der Anwendungsbereich der neuen Vorschrift ergibt sich aus § 312 g Abs. 2 S. 1 BGB. In persönlicher Hinsicht setzt der Anwendungsbereich voraus, dass der Vertrag zwischen einem Unternehmer im Sinne des § 14 BGB und einem Verbraucher im Sinne des § 13 BGB geschlossen wird und ist damit im Vergleich zum alten § 312 g BGB in seiner Reichweite bewusst[2463] enger geregelt worden.[2464]

In sachlicher Hinsicht setzt der Anwendungsbereich zunächst einmal das Vorliegen eines Vertrages im elektronischen Geschäftsverkehr voraus. Ein solcher Vertrag liegt nach der in § 312 g Abs. 1 S. 1 Halbs. 1 BGB enthaltenen Legaldefinition vor, wenn der Unternehmer sich zum Zwecke des Abschlusses eines Vertrages über die Lieferung von Waren oder über die Erbringung von Dienstleistungen der Telemedien bedient. Gegenstand dieses Vertrages muss des Weiteren eine entgeltliche Leistung des Unternehmers sein. Dieses Erfordernis findet sich auch in der Vorschrift des § 312 Abs. 1 S. 1 BGB und ist weit zu verstehen; von ihm erfasst werden sämtliche Arten von Waren oder Dienstleistungen, sofern der Vertragspartner für ihren Erhalt zur Erbringung einer vermögenswerten Gegenleistung verpflichtet ist.[2465]

Keine Anwendung finden die Anforderungen des § 312 g Abs. 2 bis 4 BGB hingegen dann, wenn der Vertrag ausschließlich aufgrund einer individuellen elektronischen Kommunikation zwischen dem Unternehmer und dem Verbraucher abgeschlossen wird (vgl. § 312 g Abs. 5 S. 1 BGB), sodass Verträge, die beispielsweise durch das wechselseitige Zusenden von E-Mails abgeschlossen werden, von dieser neuen Regelung aus-

[2463] Vgl. *BT-Drs*. 17/7745, S. 18.

[2464] So auch *Raue*, „Kostenpflichtig bestellen" – ohne Kostenfalle?, MMR 2012, 438 (440).

[2465] Vgl. etwa *BGH*, Beschl. v. 07.01.2003 - X ARZ 362/02, NJW 2003, 1190 (1191); *Alexander*, Neuregelungen zum Schutz vor Kostenfallen im Internet, NJW 2012, 1985 (1987) m. w. N.; *Grüneberg* in: Palandt, BGB, § 312, Rn. 7; *Thüsing* in: Staudinger, BGB, § 312, Rn. 14.

genommen sind.[2466] Auf diese Bereichsausnahme kommt es im Zusammenhang mit den hier untersuchten Abonnement- bzw. Vertragsfallen allerdings nicht an, da in diesen Fällen, wie bereits dargestellt[2467], nicht von einer individuellen elektronischen Kommunikation zwischen dem Anbieter und dem Nutzer auszugehen ist. Dass der Anwendungsbereich der Absätze 2 bis 4 des § 312 g BGB bei den hier untersuchten Abonnement- bzw. Vertragsfallen im Internet somit eröffnet ist, vermag nicht zu überraschen.

2. Inhalt der Neuregelung: Dreistufiger Schutzmechanismus

Sofern ein entsprechender Vertrag im elektronischen Geschäftsverkehr zwischen einem Unternehmer und einem Verbraucher vorliegt und dieser Vertrag eine entgeltliche Leistung des Unternehmers zum Gegenstand hat, begründen die Absätze 2 bis 4 des § 312 g BGB einen dreistufigen Schutzmechanismus:[2468] Für den Unternehmer gelten gemäß Absatz 2 verschärfte Anforderungen im Hinblick auf die Information des Verbrauchers (siehe a), der Vorgang der Bestellung wird durch Absatz 3 formalisiert (siehe b) und Absatz 4 ordnet schließlich die Unwirksamkeit des Vertrages an, sofern der Unternehmer seiner Verpflichtung aus Absatz 3 nicht ordnungsgemäß nachkommt (siehe c).

a) Verschärfte Informationsanforderungen (Abs. 2)

Zunächst einmal soll durch § 312 g Abs. 2 BGB sichergestellt werden, dass dem Verbraucher diejenigen Informationen, die für ihn bzw. hinsichtlich des abzuschließenden Vertragsverhältnisses besonders wichtig sind, deutlich vor Augen geführt werden.[2469] Zu diesen besonders wichtigen Informationen zählen nach Satz 1 der Vorschrift die gemäß Art. 246 § 1 Abs. 1 Nr. 4 Halbs. 1 EGBGB zur Verfügung zu stellenden Informationen über die wesentlichen Merkmale der Ware oder Dienstleistung, die nach Nr. 5 mitzuteilende Mindestlaufzeit bei einem Vertrag über eine dauernde oder regelmäßig wiederkehrende Leistung, die nach Nr. 7 erforderliche Angabe über den Gesamtpreis der Ware oder Dienstleistung bzw. die Offenlegung seiner Berechnungsgrundlage sowie die nach Nr. 8 zu erteilenden Informationen über gegebenenfalls zusätzlich anfallende Liefer- und Versandkosten wie auch weitere Steuern oder Kosten.

2466 Vgl. *BT-Drs.* 17/7745, S. 12; *Raue*, „Kostenpflichtig bestellen" – ohne Kostenfalle?, MMR 2012, 438 (440).
2467 Siehe 3. Teil, B, II, 1, e.
2468 So auch *Alexander*, Neuregelungen zum Schutz vor Kostenfallen im Internet, NJW 2012, 1985 (1987 f.).
2469 Ebd.

Diese Informationen müssen dem Verbraucher nicht nur klar und verständlich – also transparent – zur Verfügung gestellt werden, sondern auch unmittelbar vor Abgabe seiner Bestellung, und zwar in einer hervorgehobenen Weise. Hinsichtlich des Gebots klarer und verständlicher Informationen kann an dieser Stelle auf die Ausführungen im Zusammenhang mit der Form und Gestaltung der gemäß § 312 c Abs. 1 BGB i. V. m. Art. 246 § 1 EGBGB zur Verfügung zu stellenden Informationspflichten[2470] verwiesen werden. Auf die darüber hinausgehenden Erfordernisse des § 312 g Abs. 2 S. 1 BGB, nämlich auf die Vorgaben hinsichtlich des Zeitpunktes und die Gestaltung der vom Unternehmer zur Verfügung zu stellenden Informationen,[2471] soll im Folgenden näher eingegangen werden.

aa) Zeitliche Vorgaben

Aus dem Erfordernis der Unmittelbarkeit ergibt sich zunächst eine Vorgabe hinsichtlich des Zeitpunktes der Informationserteilung.[2472] Hiernach müssen die dem Verbraucher zur Verfügung zu stellenden Informationen nämlich unmittelbar, bevor dieser bestellt, gegeben werden. Die erforderliche Unmittelbarkeit verlangt dabei aus Sicht des Gesetzgebers, dass die Informationen direkt im zeitlichen Zusammenhang mit der Abgabe der Bestellung durch den Verbraucher angezeigt werden, d. h. zum Ende des Bestellvorgangs, und zwar dann, wenn der Verbraucher seine auf den Abschluss des Vertrages gerichtete Willenserklärung abgibt.[2473] Nicht ausreichend seien daher Informationen, die der Unternehmer bereits bei einem vorangegangenen Bestellschritt bereitgestellt hat, sofern der Verbraucher im Anschluss daran noch weitere Angaben, wie etwa Adressdaten oder Zahlungsinformationen, machen müsse,[2474] da er in diesem Fall die relevanten Informationen nicht direkt zum Zeitpunkt seiner Bestellung zur Kenntnis nehmen könne.[2475]

[2470] Siehe 4. Teil, C, I, 3, a.

[2471] So auch *Raue*, „Kostenpflichtig bestellen" – ohne Kostenfalle?, MMR 2012, 438 (441).

[2472] So auch *BT-Drs.* 17/7745, S. 10; *Raue*, „Kostenpflichtig bestellen" – ohne Kostenfalle?, MMR 2012, 438 (441).

[2473] Vgl. *BT-Drs.* 17/7745, S. 10; *Alexander*, Neuregelungen zum Schutz vor Kostenfallen im Internet, NJW 2012, 1985 (1988).

[2474] Vgl. *BT-Drs.* 17/7745, S. 10; *Raue*, „Kostenpflichtig bestellen" – ohne Kostenfalle?, MMR 2012, 438 (441).

[2475] Vgl. *BT-Drs.* 17/7745, S. 10.

bb) Gestalterische Vorgaben

Aus dem Erfordernis der Unmittelbarkeit folgen zudem aber auch Vorgaben hinsichtlich der räumlichen Anordnung dieser Informationen, da diese einen räumlich-funktionalen Zusammenhang mit der Abgabe der Bestellung aufweisen müssen.[2476] So müssen die Informationen etwa im Falle einer Bestellung über eine Schaltfläche in räumlicher Nähe zu dieser angezeigt werden, damit dem Erfordernis der Unmittelbarkeit Genüge getan wird.[2477] Denn der Verbraucher, der dabei ist, die Schaltfläche zu betätigen, soll seine Aufmerksamkeit auf diese Informationen richten können, ohne durch trennende Gestaltungselemente davon abgelenkt zu werden oder durch diese den Eindruck zu gewinnen, die bereitgestellten Informationen zum Inhalt des Vertrages stünden in keinem inneren sachlichen Zusammenhang mit der zum Bestellen vorgesehenen Schaltfläche.[2478] Er soll sich durch diese Informationen vielmehr bewusst werden, dass er mit dem Betätigen der Schaltfläche einen entgeltpflichtigen Vertrag abschließt.[2479] Hierzu ist es notwendig, dass – eine übliche Bildschirmauflösung unterstellt – sowohl die bereitgestellten Informationen als auch die Schaltfläche zeitgleich auf dem Bildschirm sichtbar sind.[2480]

Schließlich muss der Unternehmer die Informationen noch in einer hervorgehobenen Weise zur Verfügung stellen. Dieses erst vom Rechtsausschuss unter Hinweis auf die entsprechende Vorgabe in Art. 8 Abs. 2 der Richtlinie 2011/83/EU eingefügte Erfordernis[2481] macht es notwendig, dass der Unternehmer die betreffenden Informationen in unübersehbarer Weise von den übrigen Inhalten und Hinweisen sowie den sonstigen Gestaltungselementen absetzt und herausstellt.[2482] Hierzu muss der Unternehmer etwa die Schriftgröße, Schriftart und Schriftfarbe für den Text so auswählen, dass eine klare und einfache Erkennbarkeit der Informationen sichergestellt ist, sodass diese nicht im Gesamtlayout der Internetseite oder einem anderen Online-Angebot

---

2476 So auch *BT-Drs.* 17/7745, S. 10.
2477 Vgl. *BT-Drs.* 17/7745, S. 10.
2478 Vgl. ebd.
2479 Vgl. ebd.
2480 Vgl. *BT-Drs.* 17/7745, S. 10 f.
2481 Vgl. *BT-Drs.* 17/8805, S. 7.
2482 Vgl. *BT-Drs.* 17/7745, S. 11; *Alexander*, Neuregelungen zum Schutz vor Kostenfallen im Internet, NJW 2012, 1985 (1988).

untergehen und sich damit gleichsam in diesem verstecken.[2483] Zudem muss sich die Darstellung im Wesentlichen auf die in § 312 g Abs. 2 S. 1 BGB genannten wesentlichen Vertragsinformationen beschränken, damit diese von anderen Informationen deutlich abgesetzt und gut erfassbar sind.[2484] Eine mit einem Blickfang vergleichbare Hervorhebung der betreffenden Information dürfte hingegen nicht erforderlich sein, da hierdurch die Gestaltungsfreiheit des Unternehmers in einem unverhältnismäßig hohen Maße eingeschränkt werden würde.[2485]

b) Formalisierung des Bestellvorgangs (Abs. 3)

Das zweite wichtige Element des dreistufigen Schutzmechanismus stellt § 312 g Abs. 3 BGB dar, der den eigentlichen Bestellvorgang betrifft.[2486] Satz 1 verlangt dabei vom Unternehmer, dass dieser die Bestellsituation derart gestaltet, dass der Verbraucher mit seiner Bestellung eine ausdrückliche Bestätigung darüber abgibt, sich zu einer Zahlung zu verpflichten. Die erforderliche Ausdrücklichkeit der Bestätigung führt dazu, dass der sonst mögliche Abschluss eines Vertrages durch eine konkludente Willenserklärung bei den hier untersuchten Verträgen im elektronischen Geschäftsverkehr ausgeschlossen ist.[2487]

Ergänzt und konkretisiert wird diese Anforderung durch Satz 2, der den Fall regelt, dass der Verbraucher für seine Bestellung eine Schaltfläche betätigen muss.[2488] In diesem Fall muss der Unternehmer nämlich zur Beschriftung dieser Schaltfläche eine Kennzeichnung wählen, die gut lesbar ist und unmissverständlich erkennen lässt, dass durch das Betätigen der Schaltfläche ein kostenpflichtiger Vertrag geschlossen werden soll. Diesbezüglich verlangt Satz 2, dass sich eine dementsprechende Beschriftung auf die Verwendung der Wörter „zahlungspflichtig bestellen" beschränken muss oder eine damit vergleichbare eindeutige Formulierung zu wählen ist. Nach der amtlichen Begründung soll eine solche vergleichbare Formulierung etwa dann vorliegen, wenn die Schaltfläche mit Wörtern wie „kostenpflichtig bestellen", „zahlungspflichtigen Vertrag schließen" oder „kaufen" beschriftet ist und so unmissverständlich erken-

---

2483 Vgl. *BT-Drs*. 17/7745, S. 11.
2484 Vgl. ebd.
2485 Vgl. *Alexander*, Neuregelungen zum Schutz vor Kostenfallen im Internet, NJW 2012, 1985 (1988).
2486 So auch *Alexander*, Neuregelungen zum Schutz vor Kostenfallen im Internet, NJW 2012, 1985 (1988).
2487 So auch *Raue*, „Kostenpflichtig bestellen" – ohne Kostenfalle?, MMR 2012, 438 (442).
2488 So auch *Alexander*, Neuregelungen zum Schutz vor Kostenfallen im Internet, NJW 2012, 1985 (1988).

nen lässt, dass mit ihrer Betätigung auch eine finanzielle Verpflichtung eingegangen wird.[2489] Nicht ausreichend seien hingegen unklare Formulierungen wie etwa eine Beschriftung mit den Worten „Anmeldung" oder „weiter", und auch Formulierungen wie „bestellen" oder „Bestellung abgeben" seien in der Regel nicht dazu geeignet, dem Verbraucher die Entgeltlichkeit der angebotenen Leistung hinreichend deutlich zu machen, da er im Internet auch andere unentgeltliche Leistungen bestellen kann, wie beispielsweise Abonnements von Newslettern oder kostenlose Produktproben.[2490]

Unter den Begriff der Schaltfläche fallen nach der amtlichen Begründung all diejenigen grafischen Bedienelemente, die es dem Verbraucher erlauben, eine bestimmte Aktion in Gang zu setzen oder dem System eine Rückmeldung zu geben.[2491] Somit ist der Begriff der Schaltfläche keinesfalls etwa auf einen virtuellen Bedienknopf beschränkt; vielmehr wird auch die Verwendung anderer Bedienelemente mit einer ähnlichen Funktion erfasst, wie beispielsweise die Nutzung eines Hyperlinks oder eines Auswahlkastens (einer sogenannten Checkbox).[2492]

c) Unwirksamkeit des Vertrages (Abs. 4)

Komplettiert wird der dreistufige Schutzmechanismus schließlich durch den vierten Absatz des § 312 g BGB, wonach ein Vertrag nicht zustande kommt, wenn der Unternehmer den sich aus Absatz 3 ergebenden Anforderungen nicht ordnungsgemäß nachkommt. Diese scharfe Rechtsfolge ist nach Ansicht des Gesetzgebers dadurch gerechtfertigt, dass dieser Vorschrift eine vergleichbare Schutzwirkung wie einer Formvorschrift zukomme:[2493] So soll der Verbraucher durch die Absätze 3 und 4 des § 312 g BGB vor einer Irreführung aber auch vor einer Übereilung geschützt werden, welche sich durch die besondere Situation im Internet bzw. bei der Nutzung sonstiger elektronischer Medien ergeben.[2494]

[2489] Vgl. *BT-Drs.* 17/7745, S. 12. So auch *Alexander*, Neuregelungen zum Schutz vor Kostenfallen im Internet, NJW 2012, 1985 (1988).

[2490] Vgl. *BT-Drs.* 17/7745, S. 12.

[2491] Vgl. ebd.

[2492] Vgl. ebd.

[2493] Vgl. *BT-Drs.* 17/7745, S. 12; *Alexander*, Neuregelungen zum Schutz vor Kostenfallen im Internet, NJW 2012, 1985 (1988).

[2494] Vgl. *BT-Drs.* 17/7745, S. 12.

C. Begutachtung und Bewertung der Neuregelung

Wie der vorige Teil der Arbeit gezeigt hat, war ein gesetzgeberisches Tätigwerden zur Erreichung eines effektiven Schutzes des Verbrauchers vor Abonnement- bzw. Vertragsfallen im Internet geboten. Ob die von der deutschen Bundesregierung initiierte Buttonlösung die aufgezeigten Unzulänglichkeiten beheben kann, soll dieses Kapitel der Untersuchung zeigen.

I. Verschärfte Informationsanforderungen (Abs. 2)

Die vom Gesetzgeber getroffene Auswahl der gemäß § 312 g Abs. 2 S. 1 BGB gesondert zur Verfügung zu stellenden vorvertraglichen Pflichtinformationen aus dem Katalog des Art. 246 § 1 Abs. 1 EGBGB ist bis auf die Information über gegebenenfalls zusätzlich anfallende Liefer- und Versandkosten sowie weitere Steuern oder Kosten (vgl. Nr. 8), denen bei den in dieser Arbeit untersuchten Abonnement- bzw. Vertragsfallen im Internet keine weitere Bedeutung zukommt, richtig. Denn wie die Ergebnisse dieser Untersuchung gezeigt haben, kann sich der Nutzer anhand dieser Informationen bewusst werden, dass er eine Willenserklärung abgibt, die auf den Abschluss eines Vertrages mit einer Mindestlaufzeit von 24 Monaten gerichtet ist, der eine Dienstleistung zum Gegenstand hat, für die ein monatliches Entgelt erhoben wird. Er erhält somit ein umfangreiches Bild darüber, welche tatsächliche Tragweite seine Erklärung hat.

Auf den ersten Blick fehlt zwar die Angabe darüber, wie der Vertrag zustande kommt (vgl. Art. 246 § 1 Abs. 1 Nr. 4 Halbs. 2 EGBGB). Dies ist eine durchaus wichtige Information, da sie dem Nutzer gerade aufzeigt, welche Handlung den jeweiligen Vertrag zustande bringt und ihn damit darauf hinweist, dass beispielsweise in den hier untersuchten Fällen das Anklicken des (interaktiven) Elements, das dem Absenden des ausgefüllten Bestell- bzw. Registrierungsformulars dient, zum Abschluss eines Vertrages führt. Allerdings ergibt sich diese Information – zumindest ansatzweise – auch aus der Beschriftung der Schaltfläche mit dem Hinweis auf die Kostenpflichtigkeit der angebotenen Leistung, da der Nutzer wohl daraus schließen wird, dass mit dem Anklicken dieser Schaltfläche Kosten verbunden sind und ihm somit die Verbindlichkeit seiner Handlung verdeutlicht werden sollte.

Ebenfalls begrüßenswert sind die in § 312 g Abs. 2 S. 1 BGB geregelten Vorgaben hinsichtlich des Zeitpunkts und der Gestaltung der vom Unternehmer gesondert zur Verfügung zu stellenden Pflichtinformationen. Diese Vorgaben stellen sicher, dass dem Verbraucher zur richtigen Zeit und am richtigen Ort die benötigten Informationen zur Verfügung stehen, sodass er sich den tatsächlichen Umfang der von ihm abzugebenden Erklärung bewusst machen kann, sofern er die Informationen denn auch inhaltlich zur Kenntnis nimmt. Insbesondere durch die Notwendigkeit, dass im Falle einer Bestellung über eine Schaltfläche sowohl die bereitgestellten Informationen als auch die Schaltfläche gleichzeitig auf dem Bildschirm sichtbar sein müssen, um dem Erfordernis der Unmittelbarkeit Genüge zu tun, wird der Gefahr begegnet, dass die Informationen durch eine entsprechende Gestaltung der Internetseite, genauer gesagt durch eine geschickte Platzierung etwa des Bestell- bzw. Registrierungsformulars, so platziert werden, dass sie bei einer üblichen Bildschirmauflösung erst nach dem Scrollen sichtbar werden und dem Nutzer, der üblicherweise nur bis zu dem anzuklickenden Element scrollt, nicht mehr ins Auge fallen.

Obwohl sich die gesondert zur Verfügung zu stellenden Informationen auf einige wenige Pflichtinformationen beschränken, bestehen – wie bereits ausführlich dargestellt und begründet[2495] – Bedenken hinsichtlich ihres Umfangs: Denn werden diese Pflichtinformationen auf der entsprechenden Seite vollumfänglich und ausformuliert erteilt, so ergibt sich hieraus ein längerer Fließtext. Daraus resultiert aber zum einen wieder die Gefahr, dass der Verbraucher diese Informationen nicht lesen wird und damit auch keine Kenntnis von ihrem Inhalt erlangt, selbst wenn sie sich in unmittelbarer Nähe zur Schaltfläche befinden. Zum anderen hat der Anbieter dadurch wiederum die Möglichkeit, in dem Fließtext bestimmte Informationen zu verstecken, so zum Beispiel auch die Regelung der Entgeltlichkeit der angebotenen Leistung. Daran vermag im Ergebnis auch die geforderte hervorgehobene Weise, in der der Unternehmer die Informationen zur Verfügung zu stellen hat, nichts zu ändern. Denn die unübersehbare

[2495] Siehe 6. Teil, B, II.

Art und Weise, in der die betreffenden Informationen von den übrigen Inhalten und Hinweisen sowie den sonstigen Gestaltungselementen abzusetzen und herauszustellen sind, vermag allenfalls sicherzustellen, dass der Verbraucher diesen „Textblock" sieht. Aus den genannten Gründen[2496] wird er diesen Text aber nicht lesen.

Sollen all diese Informationen im letzten Schritt der Bestellung erteilt werden, so wäre eine Beschränkung der Darstellung in Bezug auf die Ausführlichkeit der Informationen anzuraten, beispielsweise in Form der bereits vorgeschlagenen stichpunktartigen tabellarischen Übersicht, um so die Erfassbarkeit der Informationen auf einen Blick zu ermöglichen.

Durch die verschärften Informationsanforderungen hat der Gesetzgeber im Ergebnis das Ziel, die Kostentransparenz zu verbessern, nicht erreicht.

II. Formalisierung des Bestellvorgangs (Abs. 3)

Die wohl wichtigste Neuerung ist das von § 312 g Abs. 3 S. 1 BGB aufgestellte Erfordernis einer ausdrücklichen Bestätigung des Verbrauchers, sich zu einer Zahlung zu verpflichten, die durch Satz 2 noch dahingehend ergänzt und konkretisiert wird, dass die für die Bestellung des Verbrauchers zu betätigende Schaltfläche mit einer verbindlichen Bezeichnung versehen werden muss, die gut lesbar ist und unmissverständlich erkennen lässt, dass durch das Betätigen der Schaltfläche ein kostenpflichtiger Vertrag geschlossen werden soll. Denn wie bereits ausgeführt, ist die Platzierung eines solchen Hinweises direkt auf dem entsprechenden (interaktiven) Element die bestmögliche Stelle, um sicherzustellen, dass der Nutzer diese Information auch wahrnimmt.

Positiv zu bewerten ist ebenfalls die verbindliche Vorgabe der für die Beschriftung zu wählenden Formulierungen. Dass dem Unternehmer allerdings auch die Wahl einer anderen, vergleichbar deutlichen Formulierung ermöglicht wird, ist hingegen zweifelhaft. Denn durch diese Möglichkeit hängt es nunmehr wieder von Gestaltungsfragen und Formulierungskünsten ab,[2497] ob den Anforderungen des § 312 g Abs. 3 S. 2 BGB mit der im Einzelfall verwendeten Kennzeichnung der Schaltfläche Genüge getan wird. Dem Anbieter einer Abonnement- bzw. Vertragsfalle werden hierdurch wiederum Ge-

---

[2496] Siehe 6. Teil, B, II.

[2497] So auch *Alexander*, Neuregelungen zum Schutz vor Kostenfallen im Internet, NJW 2012, 1985 (1988).

staltungsspielräume eröffnet, die für Rechtsunsicherheit beim Verbraucher sorgen können und sicherlich auch werden. Im Einzelfall wird man darüber streiten können, ob die gewählte Formulierung eindeutig im Sinne des Gesetzes war oder nicht.[2498] Da der durchschnittliche Verbraucher in der Regel jedoch nicht über das notwendige juristische Wissen verfügt, um eine Bewertung der Formulierung vornehmen zu können, werden zumindest Unsicherheiten bei ihm verbleiben, die ihn letztendlich dazu veranlassen werden, der Zahlungsaufforderung des Anbieters nachzukommen – insbesondere aufgrund der Art und Weise, mit der dieser seinen Zahlungsaufforderungen Nachdruck verleiht.[2499] Der Ansicht des Gesetzgebers, dass der Verbraucher aufgrund dieser Neuregelung nunmehr in der Lage sei, den vermeintlichen Anspruch gerade mit dem Einwand der Nichteinhaltung der verbindlichen Vorgaben einfacher als bisher zurückweisen zu können,[2500] ist somit nicht zuzustimmen. Es ist daher dringend anzuraten, diese bestehende Schutzlücke zu schließen und die verbindlichen Vorgaben für die Beschriftung der Schaltfläche auf die im Gesetz genannte Formulierung „zahlungspflichtig“ zu beschränken. Lediglich die Verwendung eines dem jeweiligen Vorgang entsprechenden Verbs sollte gestattet sein, sofern hierdurch die Eindeutigkeit der Formulierung nicht beeinflusst wird.

III. Unwirksamkeit des Vertrages (Abs. 4)

Begrüßenswert, weil wie gezeigt notwendig, ist hingegen die von § 312 g Abs. 4 BGB vorgesehene scharfe Rechtsfolge der Unwirksamkeit des Vertrages für den Fall, dass der Unternehmer den sich aus § 312 g Abs. 3 BGB ergebenden Verpflichtungen nicht ordnungsgemäß nachkommt. Hieran ändert auch der Umstand nichts, dass diese neuartige Rechtsfolge – der Gesetzgeber kombiniert in dieser Vorschrift eine vorvertragliche Informationspflicht mit der Rechtsfolge der Nichtigkeit[2501] – auf dogmatische Bedenken stößt.[2502]

2498 So auch *Alexander*, Neuregelungen zum Schutz vor Kostenfallen im Internet, NJW 2012, 1985 (1988).

2499 So auch *BT-Drs.* 17/7745, S. 6; *Blasek*, Kostenfallen im Internet – ein Dauerbrenner, GRUR 2010, 396 (397) m. w. N.; *Kredig/Uffmann*, Kostenfallen im elektronischen Geschäftsverkehr, ZRP 2011, 36 (38).

2500 Vgl. *BT-Drs.* 17/7745, S. 6; *Kredig/Uffmann*, Kostenfallen im elektronischen Geschäftsverkehr, ZRP 2011, 36 (39).

2501 So auch *Kredig/Uffmann*, Kostenfallen im elektronischen Geschäftsverkehr, ZRP 2011, 36 (39).

2502 Vgl. etwa *Alexander*, Neuregelungen zum Schutz vor Kostenfallen im Internet, NJW 2012, 1985 (1989); *Kirschbaum*, Die gesetzliche Neuregelung der sog. „Internetfalle“, MMR 2012, 8 (9).

IV. Schlussbemerkung zur Buttonlösung

Die deutsche Bundesregierung hat mit der von ihr auf europäischer Ebene initiierten und national bereits vorab umgesetzten Buttonlösung ihr Ziel erreicht: Unseriösen Anbietern wird es erschwert, Verbraucher durch das Verschleiern der Entgeltpflicht sowie durch unklare Preisangaben in Kostenfallen zu locken.[2503] Ob das Funktionieren einer Abonnement- bzw. Vertragsfalle im Internet hierdurch jedoch gänzlich vereitelt werden kann, wird sich erst noch zeigen. Ein großer Schritt zur Gewährleistung eines effektiven Schutzes der Verbraucher ist sicherlich getan. Das letzte Stück auf dem Weg zu einem umfassenden Schutz bleibt der Gesetzgeber jedoch schuldig.

Es ist somit zu hoffen und nicht zuletzt den Verbrauchern zu wünschen, dass die Neuregelung zu ihrem Schutz tatsächlich die in sie gesetzten Erwartungen zu erfüllen vermag.

2503 Vgl. *BT-Drs*. 17/7745, S. 6.

Literaturverzeichnis

AIGNER, Dietmar ; HOFMANN, Dietrich: *Fernabsatzrecht im Internet.* München : C. H. Beck, 2004 [zitiert: Aigner/Hofmann, Rn.]

ALEXANDER, Christian: Neuregelung zum Schutz vor Kostenfallen im Internet. In: *NJW* (2012), S. 1985-1990

ARNOLD, Dirk: Verbraucherschutz im Internet: Anforderungen an die Umsetzung der Fernabsatz-Richtlinie. In: *CR* (1997), S. 526-532

AUERBACH, Andreas: Bestellvorgänge mittels Bildschirmtext. In: *CR* (1988), S. 18-23

BÄHR, Otto: Über Irrungen im Contrahiren. In: JHERING, Rudolf von (Hrsg.) ; UNGER, Joseph (Hrsg.): *Jahrbücher für die Dogmatik des heutigen römischen und deutschen Privatrechts.* Jena : Hermann Dusst, 1875, S. 393-427 [zitiert: Bähr, Über Irrungen im Contrahiren, in: Jher. Jb., 14 (1875), S.]

BAMBERGER, Heinz G. (Hrsg.) ; ROTH, Herbert (Hrsg.): *Kommentar zum Bürgerlichen Gesetzbuch.* Bd. 1 : *§§ 1-610, CISG.* 3. Aufl. München : C. H. Beck, 2012 [zitiert: Bearbeiter in: Bamberger/H. Roth, Gesetz, §, Rn.]

BARTL, Harald: Aktuelle Rechtsfragen des Bildschirmtextes : Praktische Erfahrungen, Lösungsmöglichkeiten und notwendige Gesetzesänderungen. In: *DB* (1982), S. 1097-1103

BAUM, Michael ; TRAFKOWSKI, Armin: Anwaltstätigkeit und Fernabsatzgesetz. In: *CR* (2001), S. 459-463

BECKER, Rolf ; FÖHLISCH, Carsten: Von Quelle bis eBay: Reformaufarbeitung im Versandhandelsrecht. In: *NJW* (2005), S. 3377-3381

BLASEK, Katrin: Kostenfallen im Internet – ein Dauerbrenner. In: *GRUR* (2010), S. 396-402

BODENSTEDT, Kai: „Alles für einen Euro"? – Abgrenzung von Zugangsbestätigungen und Annahmeerklärungen im Internet. In: *MMR* (2004), S. 719-723

BOEHME-NEßLER, Volker: *CyberLaw : Lehrbuch zum Internet-Recht.* München : C. H. Beck, 2001 [zitiert: Boehme-Neßler, S.]

BORGES, Georg: Die Inhaltskontrolle von Verbraucherverträgen nach § 24 a AGBG. In: *DZWir* (1997), S. 402-409

BORGES, Georg: Verbraucherschutz beim Internet-Shopping. In: *ZIP* (1999), S. 130-136

BORGES, Georg: *Verträge im elektronischen Geschäftsverkehr : Vertragsabschluß, Beweis, Form, Lokalisierung, anwendbares Recht.* 2., unveränd. Aufl. Baden-Baden : Nomos, 2007 (Schriften des Rechtszentrums für Europäische und Internationale Zusammenarbeit (R.I.Z.) 30) [zitiert: Borges, S.]

BORGES, Georg: Gesetz gegen Internet-Kostenfallen – ein Button als Allheilmittel gegen „Abzocke"? In: *BB* (2011), S. 2369

BRANDNER, Hans-Erich: Maßstab und Schranken der Inhaltskontrolle bei Verbraucherverträgen. In: *MDR* (1997), S. 312-315

BRÄUTIGAM, Peter (Hrsg.) ; LEUPOLD, Andreas (Hrsg.): *Online-Handel : Betriebswirtschaftliche und rechtliche Grundlagen : Einzelne Erscheinungsformen des E-Commerce.* München : C. H. Beck, 2003 [zitiert: Bearbeiter in: Bräutigam/ Leupold, Online-Handel, Teil, Rn.]

BRINKMANN, Werner: Vertragsrechtliche Probleme bei Warenbestellungen über Bildschirmtext. In: *BB* (1981), S. 1183-1190

BROX, Hans: *Die Einschränkung der Irrtumsanfechtung : Ein Beitrag zur Lehre von der Willenserklärung und deren Auslegung.* Karlsruhe : C. F. Müller, 1960 [zitiert: Brox, S.]

BROX, Hans ; WALKER, Wolf-Dietrich: *Allgemeiner Teil des BGB.* 33., neu bearb. Aufl. Köln : Carl Heymanns, 2009 [zitiert: Brox/Walker, BGB AT, Rn.]

BRUCHNER, Helmut: Das Regelungsprinzip der „nachschüssigen Tilgungsverrechnung" bei Annuitätendarlehen. In: *WM* (1987), S. 449-463

BRUNST, Phillip W.: Umsetzungsprobleme der Impressumspflicht bei Webangeboten. In: *MMR* (2004), S. 8-13

BUCHMANN, Felix ; MAJER, Christian F. ; HERTFELDER, Johannes ; VÖGELEIN, Anna: „Vertragsfallen“ im Internet – Rechtliche Würdigung und Gegenstrategien. In: *NJW* (2009), S. 3189-3194

BUCHMANN, Felix ; MAJER, Christian F.: Eine „Button-Lösung“ für den elektronischen Geschäftsverkehr? : Kritik am geplanten § 312 e Abs. 1 a BGB. In: *K&R* (2010), S. 635-637

BÜLOW, Peter: Zum internationalen Anwendungsbereich des deutschen Verbraucherkreditgesetzes. In: *EuZW* (1993), S. 435-437

BÜLOW, Peter ; ARTZ, Markus: Fernabsatzverträge und Strukturen eines Verbraucherprivatrechts im BGB. In: *NJW* (2000), S. 2049-2056

BUNTE, Hermann-Josef: Die EG-Richtline über mißbräuchliche Klauseln in Verbraucherverträgen und ihre Umsetzung durch das Gesetz zur Änderung des AGB-Gesetzes. In: *DB* (1996), S. 1389-1393

BURGARD, Ulrich: Das Wirksamwerden empfangsbedürftiger Willenserklärungen im Zeitalter moderner Telekommunikation. In: *AcP 195* (1995), S. 74-136

BUSSE, Aliki: Softwarevertrieb in Netzen. In: *CR* (1996), S. 389-393

BYDLINSKI, Franz: Erklärungsbewusstsein und Rechtsgeschäft. In: *JZ* (1975), S. 1-6

CANARIS, Claus-Wilhelm: *Die Vertrauenshaftung im deutschen Privatrecht*. München : C. H. Beck, 1971 (Münchener Universitätsschriften 16) [zitiert: Canaris, S.]

CANARIS, Claus-Wilhelm: Zivilrechtliche Probleme des Warenhausdiebstahls. In: *NJW* (1974), S. 521-528

CANARIS, Claus-Wilhelm: Anmerkung zu BGH, Urt. v. 07.06.1984 - IX ZR 66/83. In: *NJW* (1984), S. 2281-2282

CANARIS, Claus-Wilhelm: Zinsberechnungs- und Tilgungsverrechnungsklauseln beim Annuitätendarlehen : Zugleich ein Beitrag zur Abgrenzung von § 8 und § 9 AGB-Gesetz. In: *NJW* (1987), S. 609-617

CLAUSNITZER, Jochen ; WOOPEN, Herbert: Internationale Vertragsgestaltung – Die neue EG-Verordnung für grenzüberschreitende Verträge (Rom I-VO). In: *BB* (2008), S. 1798-1808

CLEMENS, Rudolf: Die elektronische Willenserklärung – Chancen und Gefahren. In: *NJW* (1985), S. 1998-2005

COESTER-WALTJEN, Dagmar: Inhaltskontrolle von AGB – geltungserhaltende Reduktion – ergänzende Vertragsauslegung. In: *JURA* (1988), S. 113-116

CORNELIUS, Kai: Vertragsabschluss durch autonome elektronische Agenten. In: *MMR* (2002), S. 353-358

CRAUSHAAR, Götz von: Die Bedeutung der Rechtsgeschäftslehre für die Problematik der Scheinvollmacht. In: *AcP 174* (1974), S. 2-25

CZEGUHN, Ignacio: Vertragsschluss im Internet. In: *JA* (2001), S. 708-713

DETHLOFF, Nina: Vertragsschluss, Widerrufs- und Rückgaberecht im E-Commerce. In: *JURA* (2003), S. 730-737

DIEDRICH, Frank: Rechtswahlfreiheit und Vertragsstatut – eine Zwischenbilanz angesichts der Rom-I-Verordnung. In: *RIW* (2009), S. 379-385

DIETRICH, Christian: Der Zugang einer per E-Mail übermittelten Willenserklärung. In: *K&R* (2002), S. 138-142

DILGER, Petra: *Verbraucherschutz bei Vertragsabschlüssen im Internet*. München : C. H. Beck, 2002 (Schriftenreihe Information und Recht 32) [zitiert: Dilger, S.]

DÖRNER, Heinrich: Rechtsgeschäfte im Internet. In: *AcP 202* (2002), S. 363-396

EBNET, Peter: Rechtsprobleme bei der Verwendung von Telefax. In: *NJW* (1992), S. 2985-2991

ECKERT, Hans-Werner: Das neue Recht der Allgemeinen Geschäftsbedingungen. In: *ZIP* (1996), S. 1238-1241

EINSELE, Dorothee: Auswirkungen der Rom I-Verordnung auf Finanzdienstleistungen. In: *WM* (2009), S. 289-300

EISELE, Jörg: Zur Strafbarkeit von sog. „Kostenfallen" im Internet. In: *NStZ* (2010), S. 193-199

EISENHARDT, Ulrich: Zum subjektiven Tatbestand der Willenserklärung : Aktuelle Probleme der Rechtsgeschäftslehre. In: *JZ* (1986), S. 875-881

ELZER, Oliver ; JACOBY, Florian: Durch Fax übermittelte Willenserklärungen und Prozesshandlungen. In: *ZIP* (1997), S. 1821-1830

ENDE, Lothar ; KLEIN, Alexander: *Grundzüge des Vertriebsrechts im Internet : Fernabsatz und Vertrieb von Waren und Dienstleistungen.* München : C. H. Beck, 2001 [zitiert: Ende/Klein, S.]

ENNECCERUS, Ludwig: *Rechtsgeschäft, Bedingung und Anfangstermin.* Bd. 1 : *Erste Abtheilung: Die Grundlagen.* Marburg : N. G. Elwert, 1889 [zitiert: Enneccerus, S.]

ENNECCERUS, Ludwig ; NIPPERDEY, Hans C.: *Lehrbuch des Bürgerlichen Rechts.* Bd. 1, 2 : *Allgemeiner Teil des Bürgerlichen Rechts : Ein Lehrbuch : Entstehung, Untergang und Veränderung der Rechte : Ansprüche und Einreden, Ausübung und Sicherung der Rechte.* 15., neu bearb. Aufl. Tübingen : Mohr Siebeck, 1960 [zitiert: Enneccerus/Nipperdey, BR AT, S.]

ERNST, Stefan: Der Mausklick als Rechtsproblem – Willenserklärungen im Internet. In: *NJW-CoR* (1997), S. 165-167

ERNST, Stefan: Internet und Recht. In: *JuS* (1997), S. 776-782

ERNST, Stefan: Verbraucherschutzrechtliche Aspekte des Internets. In: *VuR* (1997), S. 259-264

ERNST, Stefan: Wirtschaftsrecht im Internet. In: *BB* (1997), S. 1057-1062

EVERLING, Ulrich: Zur Auslegung des durch EG-Richtlinien angeglichenen nationalen Rechts. In: *ZGR* (1992), S. 376-395

FABER, Wolfgang: Elemente verschiedener Verbraucherbegriffe in EG-Richtlinien, zwischenstaatlichen Übereinkommen und nationalem Zivil- und Kollisionsrecht. In: *ZEuP* (1998), S. 854-892

FABRICIUS, Fritz: Stillschweigen als Willenserklärung. In: *JuS* (1966), S. 1-11

FERRARI, Franco ; KIENINGER, Eva-Maria ; MANKOWSKI, Peter ; OTTE, Karsten ; SAENGER, Ingo ; SCHULZE, Götz ; STAUDINGER, Ansgar: *Internationales Vertragsrecht : Rom I-VO · CISG · CMR · FactÜ : Kommentar.* 2. Aufl. München : C. H. Beck, 2012 [zitiert: Bearbeiter in: Ferrari/Kieninger/Mankowski u. a., Internationales Vertragsrecht, Gesetz/Verordnung, Art., Rn.]

FLUME, Werner: *Allgemeiner Teil des Bürgerlichen Rechts : Bd. 2: Das Rechtsgeschäft.* 3., erg. Aufl. Berlin : Springer, 1992 [zitiert: Flume, AT II, S.]

FÖRSTER, Markus P.: Notwendige Angaben von Diensteanbietern im Internet – *Teil III: Allgemeine Geschäftsbedingungen.* In: *NIP* (2004), S. 16-23

FRANOSCH, Thomas: Rechtliche Fallstricke der anwaltlichen Impressumspflicht im Internet. In: *NJW* (2004), S. 3155-3157

FREITAG, Robert ; LEIBLE, Stefan: Ergänzung des kollisionsrechtlichen Verbraucherschutzes durch Art. 29 a EGBGB. In: *EWS* (2000), S. 342-350

FRINGUELLI, Pietro Graf ; WALLHÄUSER, Matthias: Formerfordernisse beim Vertragsschluß im Internet. In: *CR* (1999), S. 93-101

FRITZSCHE, Jörg ; MALZER, Hans M.: Ausgewählte zivilrechtliche Probleme elektronisch signierter Willenserklärungen. In: *DNotZ* (1995), S. 3-26

FROTZ, Gerhard: *Verkehrsschutz im Vertretungsrecht : Zugleich ein Beitrag zur sozialen Verantwortung als Korrelat privatautonomer Gestaltungsfreiheit.* Frankfurt am Main : Athenäum, 1972 [zitiert: Frotz, S.]

FUCHS, Andreas: Das Fernabsatzgesetz im neuen System des Verbraucherschutzrechts. In: *ZIP* (2000), S. 1273-1287

GAERTNER, Reinhard ; GIERSCHMANN, Sibylle: Das neue Fernabsatzgesetz. In: *DB* (2000), S. 1601-1606

GAMILLSCHEG, Franz: Rechtswahl, Schwerpunkt und mutmaßlicher Parteiwille im internationalen Vertragsrecht. In: *AcP* 157 (1958/59), S. 303-341

GIESEN, Dieter: Grundsätze der Konfliktlösung bei fehlgeschlagenen Rechtsverhältnissen. In: *JURA* (1980), S. 23-34

GÖßMANN, Christine: Electronic Commerce – Die EU-Fernabsatzrichtlinie und ihre Auswirkungen auf den Handel über neue Medien. In: *MMR* (1998), S. 88-93

GÖTZ, Volkmar: Europäische Gesetzgebung durch Richtlinien : Zusammenwirken von Gemeinschaft und Staat. In: *NJW* (1992), S. 1849-1856

GRABITZ, Eberhard (Begr.) ; HILF, Meinhard (Hrsg.) ; NETTESHEIM, Martin (Hrsg.): *Das Recht der Europäischen Union.* München : C. H. Beck. – Losebl.-Ausg., Lfg. 47. Stand: April 2012 [zitiert: Bearbeiter in: Grabitz/Hilf, Vertrag, Art., Rn.]

GRIGOLEIT, Christoph: Besondere Vertriebsformen im BGB. In: *NJW* (2002), S. 1151-1158

GUDIAN, Gunter: Fehlen des Erklärungsbewußtseins. In: *AcP 169* (1969), S. 232-236

HÄRTING, Niko: *Internetrecht.* Köln : Dr. Otto Schmidt, 1999 [zitiert: Härting, Rn.]

HÄRTING, Niko: Referentenentwurf für neues Fernabsatzgesetz. In: *CR* (1999), S. 507-511

HÄRTING, Niko ; SCHIRMBACHER, Martin: Fernabsatzgesetz – Ein Überblick über den Anwendungsbereich, die Systematik und die wichtigsten Regelungen. In: *MDR* (2000), S. 917-922

HART, Dieter: Zivilrechtspraxis zwischen Vertragskonsolidierung und Vertragsrechtsfortbildung : Am Beispiel der ergänzenden Vertragsauslegung und der Geschäftsgrundlage. In: *KritV* (1989), S. 179-200

HEERMANN, Peter W.: Vertrags- und wettbewerbsrechtliche Probleme bei der E-Mail-Nutzung. In: *K&R* (1999), S. 6-14

HEINRICHS, Helmut: Das Gesetz zur Änderung des AGB-Gesetzes Umsetzung der EG-Richtlinie über mißbräuchliche Klauseln in Verbraucherverträgen durch den Bundesgesetzgeber. In: *NJW* (1996), S. 2190-2197

HEINRICHS, Helmut: Die Entwicklung des Rechts der Allgemeinen Geschäftsbedingungen im Jahre 1996. In: *NJW* (1997), S. 1407-1420

HEINRICHS, Helmut: Die Entwicklung des Rechts der Allgemeinen Geschäftsbedingungen im Jahre 1998. In: *NJW* (1999), S. 1596-1611

HERGET, Harald von; REIMER, Mathias: Rechtsformen und Inhalte von Verträgen im Online-Bereich. In: *DStR* (1996), S. 1288-1294

HERRESTHAL, Carsten: Scheinunternehmer und Scheinverbraucher im BGB. In: *JZ* (2006), S. 695-707

HERWIG, Volker: Zugang und Zustellung in elektronischen Medien. In: *MMR* (2001), S. 145-149

HEUN, Sven-Erik: Die elektronische Willenserklärung : Rechtliche Einordnung, Anfechtung und Zugang. In: *CR* (1994), S. 595-600

HIPPEL, Eike von: *Verbraucherschutz bei Vertragsabschlüssen im Internet.* 3., neu bearb. Aufl. Tübingen : Mohr Siebeck, 1986 [zitiert: v. Hippel, S.]

HIRSCH, Christoph: *Der Allgemeine Teil des BGB : Systematisches Lehrbuch mit zahlreichen Fällen und Beispielen.* 6., neu bearb. Aufl. Köln : Carl Heymanns, 2009 [zitiert: Hirsch, BGB AT, Rn.]

HOENIKE, Mark ; HÜLSDUNK, Lutz: Die Gestaltung von Fernabsatzangeboten im elektronischen Geschäftsverkehr nach neuem Recht : Gesetzesübergreifende Systematik und rechtliche Vorgaben vor Vertragsschluss. In: *MMR* (2002), S. 415-420

HOENIKE, Mark ; HÜLSDUNK, Lutz: Rechtliche Vorgaben für Fernabsatzangebote im elektronischen Geschäftsverkehr bei und nach Vertragsschluss : Ein Überblick über die gesetzlichen Anforderungen und die Rechtsfolgensystematik bei Verstößen. In: *MMR* (2002), S. 516-520

HOEREN, Thomas: Anmerkung zu BGH, Urt. v. 18.10.1989 - VIII ZR 325/88. In: *JZ* (1990), S. 239-241

HOEREN, Thomas: *Allgemeine Geschäftsbedingungen bei Internet- und Softwareverträgen.* München : C. H. Beck, 2008 [zitiert: Hoeren, AGB, Rn.]

HOEREN, Thomas: *Internetrecht.* Stand März 2009. Abrufbar unter http://www.uni-muenster.de/Jura.itm/hoeren/materialien/Skript/Skript_Maerz2009.pdf (letzter Zugriff am 04.11.2012) [zitiert: Hoeren, Internetrecht, S.]

HOEREN, Thomas (Hrsg.) ; SIEBER, Ulrich (Hrsg.): *Handbuch Multimedia-Recht : Rechtsfragen des elektronischen Geschäftsverkehrs.* München : C. H. Beck. – Losebl.-Ausg., Lfg. 24. Stand: Dezember 2009 [zitiert: Bearbeiter in: Hoeren/ Sieber, Multimedia-Recht, Teil, Rn.]

HOFFMANN, Johannes: Art. 3 Abs. 4 Rom I-VO – Das Ende des Quellenpluralismus im europäischen internationalen Vertragsrecht?. In: *EWS* (2009), S. 254-261

HOMMELHOFF, Peter: Zivilrecht unter dem Einfluß europäischer Rechtsangleichung. In: *AcP 192* (1992), S. 71-107

HORN, Christian: Verbraucherschutz bei Internetgeschäften. In: *MMR* (2002), S. 209-214

HORN, Norbert: Die richterliche Entgeltkontrolle von Entgeltklauseln nach dem AGB-Gesetz am Beispiel der Kreditwirtschaft. In: *WM Sonderbeilage Nr. 1* (1997), S. 3-23

HOß, Dirk: Web-Impressum und Wettbewerbsrecht : Eine kritische Auseinandersetzung mit der ersten Rechtsprechung zu § 6 TDG. In: *CR* (2003), S. 687-691

HÜBNER, Heinz: *Allgemeiner Teil des Bürgerlichen Gesetzbuches*. Berlin : de Gruyter, 1985 [zitiert: H. Hübner, BGB AT, Rn.]

HÜBNER, Ulrich: Vertragsschluß und Probleme des Internationalen Privatrechts beim E-Commerce. In: *ZVersWiss* (2001), S. 351-378

JOHN, Uwe: Grundsätzliches zum Wirksamwerden empfangsbedürftiger Willenserklärungen. In: *AcP 184* (1984), S. 385-412

JOOST, Detlev: Der Ausschluss der Inhaltskontrolle bei Entgeltregelungen in Allgemeinen Geschäftsbedingungen. In: *ZIP* (1996), S. 1685-1693

JUNKER, Abbo: Die freie Rechtswahl und ihre Grenzen – Zur veränderten Rolle der Parteiautonomie im Schuldvertragsrecht. In: *IPRax* (1993), S. 1-10

KAESTNER, Jan ; TEWS, Nicole: Die Anbieterkennzeichnungspflichten nach § 6 Teledienstgesetz. In: *WRP* (2002), S. 1011-1016

KAISER, Andreas ; VOIGT, Dennis: Vertragsschluß und Abwicklung des Electronic Commerce im Internet – Chancen und Risiken. In: *K&R* (1999), S. 445-453

KAMANABROU, Sudabeh: Die Umsetzung der Fernabsatzrichtlinie. In: *WM* (2000), S. 1417-1468

KAPPUS, Andreas: „Lex mercatoria" als Geschäftsstatut vor staatlichen Gerichten im deutschen internationalen Schuldrecht. In: *IPRax* (1993), S. 137-142

KELLMANN, Christof: Grundprobleme der Willenserklärung. In: *JuS* (1971), S. 609-617

KINDLER, Peter: Zur Anknüpfung von Handelsvertreter- und Vertragshändlerverträgen im neuen bundesdeutschen IPR. In: *RIW* (1987), S. 660-666

KIRSCHBAUM, Jochen: Die gesetzliche Neuregelung der sog. „Internetfalle" : Zur dogmatischen Einordnung des § 312g Abs. 3 und 4 BGB n. F. In: *MMR* (2012), S. 8-12

KLAS, Benedikt ; KÜSTER, Dietmar: So geht's „Abofallen-Anwälten" an den Kragen. In: *NJW-aktuell Heft 39* (2009), S. XIV-XVI

KLAS, Benedikt ; SCHWARZ, Philipp: Neue Wege im Kampf gegen Kostenfallen im Internet. In: *VuR* (2009), S. 341-345

KLAS, Benedikt ; SCHWARZ, Philipp: Kostenfallen im Internet – Resumée nach einem Jahr. In: *VuR* (2010), S. 346-349

KLEIER, Ulrich: Bildschirmtext – Wirtschaftliche und rechtliche Auswirkungen. In: *WRP* (1983), S. 534-540

KLEIN-BLENKERS, Friedrich: Zwei Fälle „nicht gewollter" Willenserklärungen. In: *JURA* (1993), S. 640-643

KLEWITZ, Lilian: *Verbraucherschutz bei Rechtsgeschäften per Internet.* Hamburg : Dr. Kovac, 2006 (Schriftenreihe Recht der Neuen Medien 30) [zitiert: Klewitz, S.]

KLOEPFER, Michael ; NEUN, Andreas: *Informationsrecht.* München : C. H. Beck, 2002 [zitiert: Kloepfer/Neun, S.]

KOCH, Harald ; MAGNUS, Ulrich ; WINKLER VON MOHRENFELS, Peter: *IPR und Rechtsvergleichung : Ein Studien- und Übungsbuch zum Internationalen Privat- und Zivilverfahrensrecht und zur Rechtsvergleichung.* 4., neu bearb. Aufl. München : C. H. Beck, 2010 (Schriftenreihe der Juristischen Schulung / Studium 106) [zitiert: Koch/Magnus/Winkler von Mohrenfels, IPR, §, Rn.]

KOCHER, Eva: Neue Vorschriften für den Fernabsatz von Finanzdienstleistungen an Verbraucher. In: *DB* (2004), S. 2679-2684

KOEHLER, Philipp: Allgemeine Geschäftsbedingungen im Internet. In: *MMR* (1998), S. 289-294

KÖHLER, Helmut: Die Problematik automatisierter Rechtsvorgänge, insbesondere von Willenserklärungen. In: *AcP 182* (1982), S. 126-171

KÖHLER, Helmut: Die Rechte des Verbrauchers beim Teleshopping (TV-Shopping, Internet-Shopping). In: *NJW* (1998), S. 185-190

KÖHLER, Helmut: *BGB Allgemeiner Teil : Ein Studienbuch*. 34., völlig neu bearb. Aufl. München : C. H. Beck, 2010 [zitiert: H. Köhler, BGB AT, §, Rn.]

KÖHLER, Markus ; ARNDT, Hans-Wolfgang ; FETZER, Thomas: *Recht des Internet*. 6., völlig neu bearb. und erw. Aufl. Heidelberg : C. F. Müller, 2008 [zitiert: M. Köhler/Arndt/Fetzer, Rn.]

KREDIG, Alexander ; UFFMANN, Katharina: Kostenfallen im elektronischen Geschäftsverkehr : Verbesserung der Rechtslage durch die Buttonlösung des § 312 e II BGB RefE? In: *ZRP* (2011), S. 36-40

LACHMANN, Jens-Peter: Ausgewählte Probleme aus dem Recht des Bildschirmtextes. In: *NJW* (1984), S. 405-408

LANGE, Sonja: Die Willenserklärung : Teil 1. In: *JA* (2007), S. 687-691

LANGE, Sonja: Die Willenserklärung : Teil 2. In: *JA* (2007), S. 766-772

LARENZ, Karl: *Die Methode der Auslegung des Rechtsgeschäfts : Zugleich ein Beitrag zur Theorie der Willenserklärung*. Leipzig : A. Deichert, 1930 [zitiert: Larenz, S.]

LARENZ, Karl: *Allgemeiner Teil des deutschen Bürgerlichen Rechts*. 7., neu bearb. Aufl. München : C. H. Beck, 1989 [zitiert: Larenz, BR AT, S.]

LARENZ, Karl ; WOLF, Manfred: *Allgemeiner Teil des Bürgerlichen Rechts*. 9., neu bearb. und erw. Aufl. München : C. H. Beck, 2004 [zitiert: Larenz/Wolf, BR AT, §, Rn.]

LAUKTIEN, Annette-Tabea ; VARADINEK, Brigitta: Der Vertragsabschluss im Internet, In: *ZUM* (2000), S. 466-472

LEHMANN, Heinrich ; HÜBNER, Heinz: *Allgemeiner Teil des Bürgerlichen Gesetzbuches*. 15., neu bearb. Aufl. Berlin : de Gruyter, 1966 (Lehrbücher und Grundrisse der Rechtswissenschaft 1) [zitiert: H. Lehmann/H. Hübner, BGB AT, §]

LEIBLE, Stefan: Außenhandel und Rechtssicherheit. In: *ZVglRWiss* 97 (1998), S. 286-319

LEIBLE, Stefan: Internationales Vertragsrecht, die Arbeiten an einer Rom I-Verordnung und der Europäische Vertragsgerichtsstand. In: *IPRax* (2006), S. 365-371

LEIBLE, Stefan: Binnenmarkt, elektronischer Geschäftsverkehr und Verbraucherschutz. In: *JZ* (2010), S. 272-279

LEIBLE, Stefan ; LEHMANN, Matthias: Die Verordnung über das auf vertragliche Schuldverhältnisse anzuwendende Recht („Rom I"). In: *RIW* (2008), S. 528-543

LEUPOLD, Andreas (Hrsg.) ; GLOSSNER, Silke (Hrsg.): *Münchener Anwaltshandbuch IT-Recht*. München : C. H. Beck, 2008 (Münchener AnwaltsHandbücher) [zitiert: Bearbeiter in: Leupold/Glossner, IT-Recht, Teil, Rn.]

LÖHNIG, Martin: Die Einbeziehung von AGB bei Internet-Geschäften. In: *NJW* (1997), S. 1688-1689

LORENZ, Egon: Die Rechtswahlfreiheit im internationalen Schuldvertragsrecht : Grundsätze und Grenzen. In: *RIW* (1987), S. 569-584

LORENZ, Egon: Die Auslegung schlüssiger und ausdrücklicher Rechtswahlerklärungen im internationalen Schuldvertragsrecht. In: *RIW* (1992), S. 697-706

LORENZ, Stephan: Im BGB viel Neues: Die Umsetzung der Fernabsatzrichtlinie. In: *JuS* (2000), S. 833-843

LUTTER, Marcus: Die Auslegung angeglichenen Rechts. In: *JZ* (1992), S. 593-607

MAGNUS, Ulrich: Die Rom I-Verordnung. In: *IPRax* (2010), S. 27-44

MANKOWSKI, Peter: Das Internet im Internationalen Vertrags- und Deliktsrecht. In: *RabelsZ* 63 (1999), S. 203-294

MANKOWSKI, Peter: Fernabsatzrecht: Information über das Widerrufsrecht und Widerrufsbelehrung bei Internetauftritten. In: *CR* (2001), S. 767-775

MANKOWSKI, Peter: Überlegungen zur sach- und interessengerechten Rechtswahl für Verträge des internationalen Wirtschaftsverkehrs. In: *RIW* (2003), S. 2-15

MANKOWSKI, Peter: Zum Nachweis des Zugangs bei elektronischen Erklärungen. In: *NJW* (2004), S. 1901-1907

MANKOWSKI, Peter: Entwicklungen im Internationalen Privat- und Prozessrecht 2004/ 2005 (Teil 1). In: *RIW* (2005), S. 481-499

MANKOWSKI, Peter: Die Rom I-Verordnung – Änderungen im europäischen IPR für Schuldverträge. In: *IHR* (2008), S. 133-152

MANSEL, Heinz-Peter ; THORN, Karsten ; WAGNER, Rolf: Europäisches Kollisionsrecht 2008: Fundamente der Europäischen IPR-Kodifikation. In: *IPRax* (2009), S. 1-23

MARTINEK, Michael: Langfristige Laufzeitklauseln als Wettbewerbsinstrumente in Gasversorgungsverträgen. In: *BB* (1989), S. 1277-1290

MARTINEK, Michael: Verbraucherschutz im Fernabsatz – Lesehilfe mit Merkpunkten zur neuen EU-Richtlinie. In: *NJW* (1998), S. 207-208

MATUSCHE-BECKMANN, Annemarie: Die Bedingungsanpassungsklausel – Zulässiges Instrument für den Fall der Unwirksamkeit Allgemeiner Versicherungsbedingungen? In: *NJW* (1998), S. 112-117

MEDER, Stephan: Die Zulässigkeit einer isolierten Bepreisung des Auslandseinsatzes von Kreditkarten. In: *NJW* (1996), S. 1849-1854

MEDICUS, Dieter: *Allgemeiner Teil des BGB*. 9., neu bearb. Aufl. Heidelberg : C. F. Müller, 2006 [zitiert: Medicus, BGB AT, Rn.]

MEDICUS, Dieter: *Grundwissen zum Bürgerlichen Recht : Ein Basisbuch zu den Anspruchsgrundlagen*. 8., neu bearb. Aufl. Köln : Carl Heymanns, 2008 [zitiert: Medicus, Grundwissen BR, Rn.]

MEDICUS, Dieter ; PETERSEN, Jens: *Bürgerliches Recht : Eine nach Anspruchsgrundlagen geordnete Darstellung zur Examensvorbereitung*. 22., neu bearb. Aufl. Köln : Carl Heymanns, 2009 [zitiert: Medicus/Petersen, BR, Rn.]

MEENTS, Jan G.: Ausgewählte Probleme des Fernabsatzgesetzes bei Rechtsgeschäften im Internet. In: *CR* (2000), S. 610-614

MEHRINGS, Josef: Vertragsabschluß im Internet : Eine neue Herausforderung für das „alte“ BGB. In: *MMR* (1998), S. 30-33

MEHRINGS, Josef: Verbraucherschutz im Cyberlaw: Zur Einbeziehung von AGB im Internet. In: *BB* (1998), S. 2373-2380

MELULLIS, Klaus-Jürgen: Zum Regelungsbedarf bei der elektronischen Willenserklärung. In: *MDR* (1994), S. 109-114

MEUB, Michael H.: Fernabsatz und E-Commerce nach neuem Recht. In: *DB* (2002), S. 359-363

MEYER-SPARENBERG, Wolfgang: Rechtswahlvereinbarungen in Allgemeinen Geschäftsbedingungen. In: *RIW* (1989), S. 347-351

MEYER-VAN-RAAY, Oliver ; DEITERMANN, Jörg: Gefangen in der (Internet-) Kostenfalle? In: *VuR* (2009), S. 335-340

MICHAELS, Raft: Privatautonomie und Privatkodifikation : Zu Anwendbarkeit und Geltung allgemeiner Vertragsrechtsprinzipien. In: *RabelsZ* 62 (1998), S. 580-626

MICHALSKI, Lutz: Die Berücksichtigung von vertragsabschlußbegleitenden Umständen nach § 24a Nr. 3 AGBG. In: *DB* (1999), S. 677-680

MICKLITZ, Hans-Wolfgang: Verbraucherschutz und Bildschirmtext. In: *NJW* (1982), S. 263-268

MICKLITZ, Hans-Wolfgang: Die Fernabsatzrichtlinie 97/7/EG. In: *ZEuP* (1999), S. 875-902

MICKLITZ, Hans-Wolfgang: Fernabsatz und E-Commerce im Schuldrechtsmodernisierungsgesetz. In: *EuZW* (2001), S 133-143

MICKLITZ, Hans-Wolfgang ; REICH, Norbert: *Die Fernabsatzrichtlinie im deutschen Recht*. Baden-Baden : Nomos, 1998 (Schriftenreihe des Instituts für Europäisches Wirtschafts- und Verbraucherrecht e.V. 4) [zitiert: Bearbeiter in: Micklitz/ Reich, S.]

MIEBACH, Jürgen ; PATT, Joachim: Persönliche Leistungserbringung und Vertretung des Chefarztes bei wahlärztlichen Leistungen. In: *NJW* (2000), S. 3377-3385

MORAHT, Mona: Anwendbarkeit des Fernabsatzgesetzes auf Immobiliennachweis- und -vermittlungsverträge? : Erwiderung auf Neises. In: *NZM* (2001), S. 883-885

MORITZ, Hans-Werner: Quo vadis elektronischer Geschäftsverkehr? In: *CR* (2000), S. 61-72

MÖSCHEL, Wernhard: Dogmatische Strukturen des bargeldlosen Zahlungsverkehrs. In: *AcP 186* (1986), S. 187-236

MÜLLER, Sebastian: AGB-rechtliche Zulässigkeit von Diskontsatz-Verzugszinsklauseln. In: *NJW* (1996), S. 1520-1521

MÜNCHENER KOMMENTAR ZUM BÜRGERLICHEN GESETZBUCH ; RIXECKER, Roland (Hrsg.) ; SÄCKER, Franz J. (Hrsg. u. Red.). Bd. 1, 1 : *Allgemeiner Teil : §§ 1-240 · ProstG.* 5. Aufl. München : C. H. Beck, 2006 [zitiert: Bearbeiter in: Münchener Kommentar, Gesetz, §, Rn.]

MÜNCHENER KOMMENTAR ZUM BÜRGERLICHEN GESETZBUCH ; RIXECKER, Roland (Hrsg.) ; SÄCKER, Franz J. (Hrsg.) ; KRÜGER, Wolfgang (Red.). Bd. 2 : *Schuldrecht Allgemeiner Teil : §§ 241-432.* 5. Aufl. München : C. H. Beck, 2007 [zitiert: Bearbeiter in: Münchener Kommentar, Gesetz, §, Rn.]

MÜNCHENER KOMMENTAR ZUM BÜRGERLICHEN GESETZBUCH ; RIXECKER, Roland (Hrsg.) ; SÄCKER, Franz J. (Hrsg.) ; SONNENBERGER, Hans-Jürgen (Red.). Bd. 10 : *Internationales Privatrecht : Rom I-Verordnung, Rom II-Verordnung, Einführungsgesetz zum Bürgerlichen Gesetzbuche (Art. 1-24).* 5. Aufl. München : C. H. Beck, 2010 [zitiert: Bearbeiter in: Münchener Kommentar, Gesetz/Verordnung, Art., Rn.]

MÜNCHENER KOMMENTAR ZUR ZIVILPROZESSORDNUNG : MIT GERICHTSVERFASSUNGSGESETZ UND NEBENGESETZEN ; RAUSCHER, Thomas (Hrsg.) ; WAX, Peter (Hrsg.) ; WENZEL, Joachim (Hrsg.). Bd. 3 : *§§ 946-1086 : EGZPO · GVG · EGGVG · UKlaG : Internationales Zivilprozessrecht.* 3. Aufl. München : C. H. Beck, 2008 [zitiert: Bearbeiter in: Münchener Kommentar ZPO, Verordnung, Art., Rn.]

MUSCHELER, Karlheinz ; SCHEWE, Markus: Die invitatio ad offerendum auf dem Prüfstand. In: *JURA* (2000), S. 565–570

NIEBLING, Jürgen: Die Schranken der Inhaltskontrolle nach § 8 AGB-Gesetz. In: *BB* (1984), S. 1713-1718

NIEBLING, Jürgen: Die Inhaltskontrolle von Preisen und Leistungen nach dem AGBG. In: *WM* (1992), S. 845-852

NIGGEMANN, Friedrich: Eingriffsnormen auf dem Vormarsch : zu Cass. Mixte, 30.11.2007 – 06-14.006. In: *IPRax* (2009), S. 444-451

NOACK, Ulrich: Digitaler Rechtsverkehr: Elektronische Signatur, elektronische Form und Textform. In: *DStR* (2001), S. 1893-1897

Ott, Stephan: Informationspflichten im Internet und ihre Erfüllung durch das Setzen von Hyperlinks. In: *WRP* (2003), S. 945-955

Paefgen, Thomas C.: Forum: Bildschirmtext – Herausforderung zum Wandel der allgemeinen Rechtsgeschäftslehre? In: *JuS* (1988), S. 592-598.

Palandt, Otto (Begr.) ; Bassenge, Peter (Bearb.) ; Brudermüller, Gerd (Bearb.) ; Diederichsen, Uwe (Bearb.) ; Edenhofer, Wolfgang (Bearb.) ; Ellenberger, Jürgen (Bearb.) ; Grüneberg, Christian (Bearb.) ; Heinrichs, Helmut (Bearb.) ; Sprau, Hartwig (Bearb.) ; Thorn, Karsten (Bearb.) ; Weidenkaff, Walter (Bearb.): *Bürgerliches Gesetzbuch : Mit Nebengesetzen insbesondere mit Einführungsgesetz (Auszug), Allgemeines Gleichbehandlungsgesetz (Auszug), BGB-Informationspflichten-Verordnung, Unterlassungsklagengesetz, Produkthaftungsgesetz, Erbbaurechtsgesetz, Wohnungseigentumsgesetz, Lebenspartnerschaftsgesetz, Gewaltschutzgesetz*. 68., neu bearb. Aufl. München : C. H. Beck, 2009 (Beck'sche Kurz-Kommentare 7) [zitiert: Bearbeiter in: Palandt, Gesetz, §, Rn.]

Palandt, Otto (Begr.) ; Bassenge, Peter (Bearb.) ; Brudermüller, Gerd (Bearb.) ; Diederichsen, Uwe (Bearb.) ; Edenhofer, Wolfgang (Bearb.) ; Ellenberger, Jürgen (Bearb.) ; Grüneberg, Christian (Bearb.) ; Sprau, Hartwig (Bearb.) ; Thorn, Karsten (Bearb.) ; Weidenkaff, Walter (Bearb.): *Bürgerliches Gesetzbuch : Mit Nebengesetzen insbesondere mit Einfuhrungsgesetz (Auszug) einschließlich Rom I- und Rom II-Verordnungen, Allgemeines Gleichbehandlungsgesetz (Auszug), BGB-Informationspflichten-Verordnung, Wohn- und Betreuungsvertragsgesetz, Unterlassungsklagengesetz, Produkthaftungsgesetz, Erbbaurechtsgesetz, Wohnungseigentumsgesetz, Versorgungsausgleichsgesetz, Lebenspartnerschaftsgesetz, Gewaltschutzgesetz*. 69., neu bearb. Aufl. München : C. H. Beck, 2010 (Beck'sche Kurz-Kommentare 7) [zitiert: Bearbeiter in: Palandt, 69. Aufl., Gesetz, Art., Rn.]

Palandt, Otto (Begr.) ; Bassenge, Peter (Bearb.) ; Brudermüller, Gerd (Bearb.) ; Diederichsen, Uwe (Bearb.) ; Ellenberger, Jürgen (Bearb.) ; Grüneberg, Christian (Bearb.) ; Sprau, Hartwig (Bearb.) ; Thorn, Karsten (Bearb.) ; Weidenkaff, Walter (Bearb.) ; Weidlich, Dietmar (Bearb.): *Bürgerliches Gesetzbuch : Mit Nebengesetzen insbesondere mit Einfuhrungsgesetz (Auszug) einschließlich Rom I- und Rom II-Verordnung, Allgemeines Gleichbe-*

handlungsgesetz (Auszug), BGB-Informationspflichten-Verordnung, Unterlassungsklagengesetz, Wohn- und Betreuungsvertragsgesetz, Produkthaftungsgesetz, Erbbaurechtsgesetz, Wohnungseigentumsgesetz, Versorgungsausgleichsgesetz, Lebenspartnerschaftsgesetz, Gewaltschutzgesetz. 70., neu bearb. Aufl. München : C. H. Beck, 2011 (Beck'sche Kurz-Kommentare 7) [zitiert: Bearbeiter in: Palandt, 70. Aufl., Gesetz, §/Art., Rn.]

PETERSEN, Jens: Allgemeiner Teil des BGB und Internet. In: *JURA* (2002), S. 387-390

PETERSEN, Jens: Der Tatbestand der Willenserklärung. In: *JURA* (2006), S. 178-181

PFEIFFER, Thomas: Vom kaufmännischen Verkehr zum Unternehmensverkehr. In: *NJW* (1999), S. 169-174

PFEIFFER, Thomas: Neues Internationales Vertragsrecht : Zur Rom I-Verordnung. In: *EuZW* (2008), S. 622-629

PIEPENBROCK, Hermann-Josef ; SCHMITZ, Peter: Fernabsatzgesetz: Neuer Rechtsrahmen für E-Commerce. In: *K&R* (2000), S. 378-386

PULKOWSKI, Florian: Internationale Zuständigkeit und anwendbares Recht bei Streitigkeiten aus grenzüberschreitenden Bauverträgen : zu BGH, 25. 2. 1999 – VII ZR 408/97 und BGH, 14. 1. 1999 – VII ZR 19/98. In: *IPRax* (2001), S. 306-310

RADTKE, Rolf C.: Schuldstatut und Eingriffsrecht : Systematische Grundlagen der Berücksichtigung von zwingendem Recht nach deutschem IPR und dem EG-Schuldvertragsübereinkommen. In: *ZVglRWiss* 84 (1985), S. 325-357

RAUE, Benjamin: „Kostenpflichtig bestellen" – ohne Kostenfalle? : Die neuen Informations- und Formpflichten im Internethandel. In: *MMR* (2012), S. 438-443

REDEKER, Helmut: Geschäftsabwicklung mit externen Rechnern im Bildschirmtextdienst. In: *NJW* (1984), S. 2390-2394

REICH, Norbert: Die neue Richtlinie 97/7/EG über den Verbraucherschutz bei Vertragsabschlüssen im Fernabsatz. In: *EuZW* (1997), S. 581-589

RÖDER, Gerhard: Zur Übung: Bürgerliches Recht. In: *JuS* (1982), S. 125-129

ROEVER, Wilhelm: *Über die Bedeutung des Willens bei Willenserklärungen.* Rostock : Hermann Koch, 1874 [zitiert: Roever, S.]

ROTH, Birgit ; SCHULZE, Götz: Verbraucherschutz im Electronic Commerce. In: *RIW* (1999), S. 924-933

ROTH, Gregor ; GROß, Marco: Pflichtangaben auf Geschäftsbrief und Bestellschein im Internet. In: *K&R* (2002), S. 127-135

ROTH, Herbert: Zur gerichtlichen Inhaltskontrolle von Finanzierungs-Leasingverträgen. In: *AcP 190* (1990), S. 292-323

ROTH, Herbert: Das Fernabsatzgesetz. In: *JZ* (2000), S. 1013-1019

ROTHOEFT, Dietrich: *System der Irrtumslehre als Methodenfrage der Rechtsvergleichung : dargestellt am deutschen und englischen Vertragsrecht.* Tübingen : Mohr Siebeck, 1968 [zitiert: Rothoeft, S.]

ROTT, Peter: Informationspflichten in Fernabsatzverträgen als Paradigma für die Sprachenproblematik im Vertragsrecht. In: *ZVglRWiss* (1999), S. 382-409

RÜßMANN, Helmut: Die „ergänzende Auslegung" Allgemeiner Geschäftsbedingungen. In: *BB* (1987), S. 843-848

RÜßMANN, Helmut: Verbraucherschutz im Internet. In: *K&R* (1998), S. 129-137

RÜTHERS, Bernd: *Allgemeiner Teil des BGB.* 10., neu bearb. Aufl. München : C. H. Beck, 1997 (Grundrisse des Rechts) [zitiert: Rüthers, BGB AT, Rn.]

RÜTHERS, Bernd ; STADLER, Astrid: *Allgemeiner Teil des BGB.* 16., überarb. Aufl. München : C. H. Beck, 2009 [zitiert: Rüthers/Stadler, BGB AT, §, Rn.]

SANDROCK, Otto: Die Bedeutung des Gesetzes zur Neuregelung des Internationalen Privatrechts für die Unternehmenspraxis. In: *RIW* (1986), S. 841-855

SAVIGNY, Friedrich C. von: *System des heutigen Römischen Rechts.* Bd. 3. Berlin : Veit, 1840 [zitiert: Savigny, S.]

SCHMIDT-SALZER, Joachim: Subjektiver Wille und Willenserklärung. In: *JR* (1969), S. 281-289

SCHMITT, Hansjörg: Online-Kaufverträge über „Intangible Goods" und der Anwendungsbereich von Verbrauchergesetzen. In: *CR* (2001), S. 838-845

SCHMITTMANN, Jens: Zu Telefaxübermittlungen im Geschäftsverkehr und den Gefahren der Manipulation. In: *DB* (1993), S. 2575-2579

SCHMITTMANN, Jens: Aktuelle Entwicklungen im Fernabsatzrecht. In: *K&R* (2003), S. 385-393

SCHURIG, Klaus: Zwingendes Recht, „Eingriffsnormen“ und neues IPR. In: *RabelsZ* 54 (1990), S. 217-250

SCHWAB, Martin: Willenserklärung ohne Erklärungsbewusstsein? : Teil 1. In: *Iurratio* (2009), S. 86-90

SIEG, Oliver: Allgemeine Geschäftsbedingungen im grenzüberschreitenden Geschäftsverkehr. In: *RIW* (1997), S. 811-819

SIMITIS, Spiros: Aufgaben und Grenzen der Parteiautonomie im internationalen Vertragsrecht. In: *JuS* (1966), S. 209-217

SINGER, Reinhard: Geltungsgrund und Rechtsfolgen der fehlerhaften Willenserklärung. In: *JZ* (1989), S. 1030-1035

SINGER, Reinhard: *Selbstbestimmung und Verkehrsschutz im Recht der Willenserklärungen.* München : C. H. Beck, 1995 (Münchener Universitätsschriften 112) [zitiert: Singer, S.]

SOERGEL, Hans-Theodor (Begr.) ; SIEBERT, Wolfgang (Hrsg.) ; WOLF, Manfred (Wiss. Red. u. Bearb.) ; FAHSE, Hermann (Bearb.) ; HEFERMEHL, Wolfgang (Bearb.) ; LEPTIEN, Ulrich (Bearb.) ; NIEDENFÜHR, Werner (Bearb.): *Bürgerliches Gesetzbuch mit Einführungsgesetz und Nebengesetzen.* Bd. 2 : *Allgemeiner Teil 2 : §§ 104-240 BGB.* 13., neu bearb. Aufl. Stuttgart : W. Kohlhammer, 1999 [zitiert: Bearbeiter in: Soergel, Gesetz, §, Rn.]

SONNENBERGER, Hans-Jürgen: Eingriffsrecht – Das trojanische Pferd im IPR oder notwendige Ergänzung?. In: *IPRax* (2003), S. 104-116

SPINDLER, Gerald (Hrsg.) ; SCHUSTER, Fabian (Hrsg.): *Recht der elektronischen Medien : Kommentar.* München : C. H. Beck, 2008 [zitiert: Bearbeiter in: Spindler/ Schuster, Gesetz, §, Rn.]

STAUDINGER, Ansgar: Internationales Verbraucherschutzrecht made in Germany : Im Blickpunkt: der neue Art. 29a EGBGB. In: *RIW* (2000), S. 416-421

STAUDINGER, Ansgar: Das Transportrechtsreformgesetz und seine Bedeutung für das Internationale Privatrecht. In: *IPRax* (2001), S. 183-190

STAUDINGER, Julius von (Begr.) ; HABERMANN, Norbert (Hrsg.) ; HERTEL, Christian (Bearb.) ; JICKELI, Joachim (Bearb.) KNOTHE, Hans-Georg (Bearb.) ; SINGER, Reinhard (Bearb.) ; STIEPER, Malte (Bearb.): *J. von Saudingers Kommentar zum Bürgerlichen Gesetzbuch mit Einführungsgesetz und Nebengesetzen. Buch 1 · Allgemeiner Teil : §§ 90-133; §§ 1-54, 63 BeurkG : (Allgemeiner Teil 3 und Beurkundungsverfahren).* Neubearb. 2004. Berlin : Sellier – de Gruyter, 2004 [zitiert: Bearbeiter in: Staudinger, Gesetz, §, Rn.]

STAUDINGER, Julius von (Begr.) ; MARTINEK, Michael (Hrsg.) ; COESTER, Michael (Bearb.) ; COESTER-WALTJEN, Dagmar (Bearb.) ; SCHLOSSER, Peter (Bearb.): *J. von Saudingers Kommentar zum Bürgerlichen Gesetzbuch mit Einführungsgesetz und Nebengesetzen. Buch 2 · Recht der Schuldverhältnisse : §§ 305-310; UKlaG : (Recht der Allgemeinen Geschäftsbedingungen).* Neubearb. 2006. Berlin : Sellier – de Gruyter, 2006 [zitiert: Bearbeiter in: Staudinger, Gesetz, §, Rn.]

STAUDINGER, Julius von (Begr.) ; REUTER, Dieter (Hrsg.) ; LÖWISCH, Manfred (Bearb.) ; THÜSING, Gregor (Bearb.): *J. von Saudingers Kommentar zum Bürgerlichen Gesetzbuch mit Einführungsgesetz und Nebengesetzen. Buch 2 · Recht der Schuldverhältnisse : §§ 311, 311a, 312, 312a-f : (Vertragsschluss).* Neubearb. 2005. Berlin : Sellier – de Gruyter, 2005 [zitiert: Bearbeiter in: Staudinger, Gesetz, §, Rn.]

STEINLE, Edgar: Konkludente Rechtswahl und objektive Anknüpfung nach altem und neuem deutschen Internationalen Vertragsrecht. In: *ZVglRWiss* 93 (1994), S. 300-322

STEINS, Clemens T.: Anmerkung zu OLG Frankfurt am Main, Beschl. v. 17.04.2001 - 6 W 37/01 : Pflichtangaben beim Fernabsatz. In: *MMR* (2001), S. 530-531

STEINS, Clemens T.: Entwicklung der Informationspflichten im E-Commerce durch Rechtsprechung und Schuldrechtsreform : Zugleich Anmerkung zum Urteil des OLG München vom 25. Januar 2001 = WM 2001, 2394. In: *WM* (2002), S. 53-59

STOFFELS, Markus: *AGB-Recht.* 2., neu bearb. Aufl. München : C. H. Beck, 2009 [zitiert: Stoffels, AGB-Recht, Rn.]

SUSAT, Werner ; STOLZENBURG, Günter: Gedanken zur Automation. In: *MDR* (1957), S. 146-147

TAMM, Marina (Hrsg.) ; TONNER, Klaus (Hrsg.): *Verbraucherrecht : Rechtliches Umfeld | Vertragstypen | Rechtsdurchsetzung : Beratungshandbuch.* Baden-Baden : Nomos, 2012 [zitiert: Bearbeiter in: Tamm/Tonner, §, Rn.]

TAUPITZ, Jochen: Kaffeefahrten deutscher Urlauber auf Gran Canaria: Deutscher Verbraucherschutz im Urlaubsgepäck?. In: *BB* (1990), S. 642-652

TAUPITZ, Jochen ; KRITTER, Thomas: Electronic Commerce – Probleme bei Rechtsgeschäften im Internet. In: *JuS* (1999), S. 839-846

THAMM, Manfred ; DETZER, Klaus: Druckgröße und sonstige formelle Gestaltung von Allgemeinen Geschäftsbedingungen. In: *BB* (1989), S. 1133-1136

THIELE, Wolfgang: Zu einem Allgemeinen Teil des Deutschen Bürgerlichen Rechts. In: *JZ* (1969), S. 405-407

TONNER, Klaus: Das neue Fernabsatzgesetz – oder: System statt „Flickenteppich". In: *BB* (2000), S. 1413-1420

ULMER, Peter (Begr.) ; BRANDNER, Hans E. (Begr.) ; HENSEN, Horst-Diether (Begr.) ; CHRISTENSEN, Guido (Bearb.) ; FUCHS, Andreas (Bearb.) ; HABERSACK, Mathias (Bearb.) ; SCHÄFER, Carsten (Bearb.) ; SCHMIDT, Harry (Bearb.) ; WITT, Alexander (Bearb.): *AGB-Recht : Kommentar zu den §§ 305-310 BGB und zum UKlaG.* 11., neu bearb. Aufl. Köln : Dr. Otto Schmidt, 2011 [zitiert: Bearbeiter in: Ulmer/Brandner/Hensen, AGB-Recht, §, Rn.]

ULTSCH, Michael L.: Zivilrechtliche Probleme elektronischer Erklärungen : dargestellt am Beispiel der Electronic Mail. In: *DZWir* (1997), S. 466-473

ULTSCH, Michael L.: Zugangsprobleme bei elektronischen Willenserklärungen : Dargestellt am Beispiel der Electronic Mail. In: *NJW* (1997), S. 3007-3009

VEHSLAGE, Thorsten: Elektronisch übermittelte Willenserklärungen. In: *AnwBl* (2002), S. 86-88

VÖLKER, Stefan: Neue Entwicklungen im Recht der Preisangaben. In: *NJW* (2000), S. 2787-2792

WACKERBARTH, Ulrich: Unternehmer, Verbraucher und die Rechtfertigung der Inhaltskontrolle vorformulierter Verträge. In: *AcP 200* (2000), S. 45-90

WAGNER, Rolf: Zusammenführung verbraucherschützender Kollisionsnormen aufgrund EG-Richtlinien in einem neuen Art. 29a EGBGB : Ein Beitrag zur internationalprivatrechtlichen Umsetzung der Fernabsatz-Richtlinie. In: *IPRax* (2000), S. 249-258

WAGNER, Rolf: Der Grundsatz der Rechtswahl und das mangels Rechtswahl anwendbare Recht (Rom I-Verordnung) : Ein Bericht über die Entstehungsgeschichte und den Inhalt der Artikel 3 und 4 Rom I-Verordnung. In: *IPRax* (2008), S. 377-386

WALDENBERGER, Arthur: Grenzen des Verbraucherschutzes beim Abschluß von Verträgen im Internet. In: *BB* (1996), S. 2365-2371

WEILER, Frank: Der Zugang von Willenserklärungen. In: *JuS* (2005), S. 788-793

WESTPHALEN, Friedrich Graf von: AGB-Recht im Jahr 2002 : Allgemeiner Teil, Transparenzgebot, Generalklausel. In: *NJW* (2003), S. 1635-1641

WEYER, Hartmut: Handelsgeschäfte (§§ 343 ff. HGB) und Unternehmergeschäfte (§ 14 BGB). In: *WM* (2005), S. 490-502

WICHARD, Johannes C.: Die Anwendung der UNIDROIT-Prinzipien für internationale Handelsverträge durch Schiedsgerichte und staatliche Gerichte. In: *RabelsZ* 60 (1996), S. 269-302

WIEACKER, Franz H.: Die Methode der Auslegung des Rechtsgeschäfts. In: *JZ* (1967), S. 385-391

WIEBE, Andreas: *Die elektronische Willenserklärung : Kommunikationstheoretische und rechtsdogmatische Grundlagen des elektronischen Geschäftsverkehrs.* Tübingen : Mohr Siebeck, 2002 (Jus Privatum 72) [zitiert: Wiebe, S.]

WILLINGMANN, Armin: Auf dem Weg zu einem einheitlichen Vertriebsrecht für Waren und Dienstleistungen in der Europäischen Union? – Die Richtlinie über den Verbraucherschutz bei Vertragsabschlüssen im Fernabsatz (97/7/EG). In: *VuR* (1998), S. 395-402

WINDSCHEID, Bernhard ; KIPP, Theodor (Bearb.): *Lehrbuch des Pandektenrechts : unter vergleichender Darstellung des deutschen bürgerlichen Rechts*. Bd. 1. 9. Aufl. Neudruck der Ausgabe Frankfurt am Main 1906. Aalen : Scientia, 1963 [zititert: Windscheid, S.]

WOITKE, Thomas: Das „Wie" der Anbieterkennzeichnung gemäß § 6 TDG. In: *NJW* (2003), S. 871-873

WOITKE, Thomas: Informations- und Hinweispflichten im E-Commerce. In: *BB* (2003), S. 2469-2477

WOITKEWITSCH, Christopher: Automatische Verlängerung der „BahnCard" aufgrund Allgemeiner Geschäftsbedingungen. In: *MDR* (2006), S. 541-543

WOLF, Manfred (Hrsg. u. Bearb.) ; LINDACHER, Walter F. (Hrsg. u. Bearb.) ; PFEIFFER, Thomas (Hrsg. u. Bearb.) ; DAMMANN, Jens (Bearb.) ; HAU, Wolfgang (Bearb.) ; PAMP, Rüdiger (Bearb.) ; REIFF, Peter (Bearb.) ; SCHMIDT, Hubert (Bearb.) ; STOFFELS, Markus (Bearb.): *AGB-Recht : Kommentar*. 5. Aufl. München : C. H. Beck, 2009 [zitiert: Bearbeiter in: Wolf/Lindacher/Pfeiffer, AGB, §, Rn.]

ZITELMANN, Ernst: Die juristische Willenserklärung. In: JHERING, Rudolf von (Hrsg.) ; UNGER, Joseph (Hrsg.): *Jahrbücher für die Dogmatik des heutigen römischen und deutschen Privatrechts*. Bd. 16. Jena : Gustav Fischer, 1878, S. 357-436 [zitiert: Zitelmann, Die juristische Willenserklärung, in: Jher. Jb., 16 (1878), S.]

FSC
www.fsc.org
MIX
Papier | Fördert
gute Waldnutzung
FSC® C083411

Kolibri 360 GmbH
Ferdinand-Jühlke-Straße 7
99095 Erfurt, Deutschland
produktsicherheit@kolibri360.de